2015ANTIQUES

AUCTION RECORDS

拍卖年鉴 全彩版

2014.1.1～2014.12.31

欣弘 主编

cns | 湖南美术出版社

图书在版编目(CIP)数据

2015古董拍卖年鉴·瓷器 / 欣弘主编.—长沙：湖南美术出版社，2015.3

ISBN 978-7-5356-7150-9

I. ①2… II. ①欣… III.①历史文物－拍卖－价格－中国－2015－年鉴②瓷器（考古）－拍卖－价格－中国－2015－年鉴 IV. ①F724.787-54

中国版本图书馆CIP数据核字(2015)第019424号

2015古董拍卖年鉴·瓷器

主　　编：欣　弘

策　　划：易兴宏

责任编辑：李　坚

湖南美术出版社出版发行(长沙市东二环一段622号)

湖南省新华书店经销

雅昌文化(集团)有限公司制版、印刷

(本书采用CTP工艺制版、印刷)

开本：787×1092　1/16　印张：18

2015年3月第1版　2015年3月第1次印刷

ISBN 978-7-5356-7150-9

定价：136.00元

邮购联系：0731-84787105 邮编：410016 网址：http://www.arts-press.com/

电子邮箱：market@arts-press.com

目　录

凡 例

1.《2015古董拍卖年鉴》分瓷器卷、玉器卷、杂项卷、珠宝翡翠卷、书画卷共五册。收录了纽约、伦敦、香港、澳门、台北、北京、上海、广州、昆明、天津、重庆、成都、安徽、云南、南京、西安、沈阳、济南等城市或地区的几十家拍卖公司几百个专场的2014年度拍卖成交记录与拍品图片。

2.本书内文条目原则上保留了原拍卖记录，按拍品号、朝代、品名、估价、成交价、尺寸、拍卖公司名称、拍卖日期等排序，部分原内容缺或不详的，即不注明，书画卷内文条目还有作者姓名、作品形式、创作年代等内容。

3.因境外拍卖公司宿地不同，本书拍品中有多种币种：RMB人民币，USD美元，EUR欧元，GBP英磅，HKD港币，TWD台币。但本书所有拍品成交价均采用按汇率转换成RMB(人民币)币种。

4.需查看更多图片资料，请登陆“www.artron.net”进入“中国艺搜”栏目，输入要查看拍品的完整名称或名称的关键词语点击搜索即可。

陶 器

250 新石器时代 彩绘足形陶罐
估　价：HKD 200,000～300,000
成交价：RMB 296,625
邦瀚斯 2014.10.09

2 北魏 灰陶镇墓兽
估　价：GBP 3,000～5,000
成交价：RMB 32,950
高28cm 伦敦邦瀚斯 2014.05.15

256 西晋 酱釉兽形水滴
估　价：HKD 20,000～30,000
成交价：RMB 49,438
邦瀚斯 2014.10.09

1 汉 灰陶猪
估　价：GBP 4,000～6,000
成交价：RMB 52,720
长58.5cm 伦敦邦瀚斯 2014.05.15

3370 北魏 加彩陶文吏
估　价：HKD 20,000～40,000
成交价：RMB 42,002
高42cm 保利香港 2014.10.07

2067 初唐 彩绘磕头文官俑
估　价：USD 80,000～120,000
成交价：RMB 766,875
长58.5cm 纽约佳士得 2014.03.20

766 唐 巩县窑花卉碗
估　价：HKD 80,000～120,000
成交价：RMB 73,416
直径17.5cm 中国嘉德 2014.04.09

1623 唐 巩县窑蓝彩宝相花盖盒
估　价：HKD 800,000～1,000,000
成交价：RMB 903,405
口径11cm 宝港国际 2014.11.27

3610 唐 黑陶碗
估　价：HKD 80,000～120,000
成交价：RMB 98,750
直径12.3cm 香港苏富比 2014.04.07

2070 唐 彩绘仕女俑
估　价：USD 50,000～80,000
成交价：RMB 291,413
高85.7cm 纽约佳士得 2014.03.20

4 唐 三彩钵式水丞
估　价：GBP 3,000~5,000
成交价：RMB 36,904
直径5.4cm 伦敦邦瀚斯 2014.05.15

102 唐 三彩带盖陶罐（两件）
估　价：GBP 8,000~10,000
成交价：RMB 184,520
高23.5cm×2
伦敦苏富比 2014.05.14

183 唐 三彩陶钱柜
估　价：USD 80,000~100,000
成交价：RMB 2,018,415
高18.1cm；宽23.2cm
纽约苏富比 2014.03.18

3433 唐 三彩立马
估　价：HKD 3,000,000~5,000,000
成交价：RMB 2,725,500
高79.8cm 保利香港 2014.04.07

2071 唐 三彩马
估　价：USD 200,000~300,000
成交价：RMB 2,239,275
高71cm 纽约佳士得 2014.03.20

182 唐 三彩陶团花纹盆
估　价：USD 15,000～20,000
成交价：RMB 168,713
直径25.4cm 纽约苏富比 2014.03.18

457 唐 三彩坐鼓女俑
估　价：HKD 2,000,000～3,200,000
成交价：RMB 1,849,200
通高38cm 大唐国际 2014.05.27

823 明 石湾窑变绿釉鼓（一对）
估　价：RMB 10,000～30,000
成交价：RMB 56,500
直径55cm×2 广东省拍 2014.06.22

848 唐 鲁山窑花釉洒蓝斑大盖罐
估　价：HKD 60,000～80,000
成交价：RMB 203,412
高30cm 宝港国际 2014.05.27

760 宋/金 磁州窑绞胎碗
估　价：HKD 50,000～80,000
成交价：RMB 119,301
直径11.7cm 中国嘉德 2014.04.09

708 明 宜钧欧窑螭龙水丞
估　价：RMB 200,000～250,000
成交价：RMB 1,092,500
宽6.8cm 远方拍卖 2014.06.02

3799 清早期 宜均釉撇口大碗
估 价：RMB 60,000~80,000
成交价：RMB 78,200
直径22.8cm 中国嘉德 2014.05.18

125 宜均紫砂白泥胎蓝釉象耳瓶
估 价：RMB 150,000~200,000
成交价：RMB 240,000
高15.5cm 上海驰翰 2014.06.26

2203 清18世纪 紫泥炉钧釉汉方壶
估 价：USD 10,000~12,000
成交价：RMB 306,750
高19cm 纽约佳士得 2014.03.20

2210 清晚期 紫泥蓝彩兰竹诗文汉方壶
估 价：USD 12,000~18,000
成交价：RMB 153,375
高19cm 纽约佳士得 2014.03.20

青瓷

越窑

122 西晋 越窑青釉熊形尊
估 价：HKD 35,000~45,000
成交价：RMB 444,938
邦瀚斯 2014.10.09

1167 五代 越窑六棱刻花大碗
估 价：HKD 300,000~500,000
成交价：RMB 272,895
直径15cm 中国嘉德 2014.10.07

1634 北宋 越窑刻花牡丹纹粉盒
估　价：HKD 800,000～1,200,000
成交价：RMB 993,746
口径12.6cm 宝港国际 2014.11.27

524 元/明 越窑缠枝牡丹纹瓶
估　价：RMB 1,600,000～2,000,000
成交价：RMB 1,840,000
高15.6cm 北京东正 2014.05.18

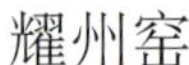

耀州窑

1833 五代 耀州窑莲瓣花口大温碗
估　价：HKD 1,200,000～1,500,000
成交价：RMB 1,806,810
口径16cm 宝港国际 2014.11.27

3219 北宋 耀州窑青瓷缠枝纹碗
估　价：HKD 1,200,000～1,800,000
成交价：RMB 996,960
直径21.3cm 佳士得 2014.05.28

66 宋 耀州窑青釉刻菊纹碗
估　价：GBP 5,000～7,000
成交价：RMB 224,060
直径18.5cm 伦敦苏富比 2014.05.14

109 北宋 耀州窑刻缠枝花卉纹盘
估　价：HKD 150,000～200,000
成交价：RMB 543,813
邦瀚斯 2014.10.09

215 北宋 耀州青釉刻缠枝牡丹纹执壶
估 价：USD 200,000～300,000
成交价：RMB 1,208,595
高12cm 纽约苏富比 2014.03.18

106 北宋 耀州窑青釉刻牡丹花双耳瓶
估 价：HKD 200,000～300,000
成交价：RMB 2,404,640
邦瀚斯 2014.10.09

1841 宋 耀州窑金钱纹刻花小梅瓶
估 价：HKD 1,200,000～1,600,000
成交价：RMB 1,084,086
高16cm 宝港国际 2014.11.27

3415 金 耀州窑带盖三足炉
估 价：HKD 1,000,000～1,500,000
成交价：RMB 1,073,387
高19cm 保利香港 2014.10.07

3419 金 耀州窑刻花梅瓶
估 价：HKD 4,500,000～5,500,000
成交价：RMB 4,013,534
高63cm 保利香港 2014.10.07

3418 金 耀州窑剔花牡丹纹折沿盘
估 价：HKD 320,000～450,000
成交价：RMB 298,682
直径18.3cm 保利香港 2014.10.07

汝窑

138 汝窑三足洗
估 价：HKD 23,500,000～47,000,000
成交价：RMB 19,200,000
口径14cm；底径13.5cm；高3.6cm 荣盛国际 2014.07.26

3988 元 临汝窑碗
成交价：RMB 46,000
直径21cm 中国嘉德 2014.09.21

官窑

2918 宋 南宋官窑粉青釉渣斗
估 价：RMB 600,000
成交价：RMB 690,000
高8cm；口径12.5cm 西泠拍卖 2014.05.06

3213 南宋 官窑菊花纹碟
成交价：RMB 20,807,520
宽18cm 佳士得 2014.05.28

3222 北宋 钧窑天蓝釉长颈瓶
估 价：HKD 4,000,000~6,000,000
成交价：RMB 4,277,280
高29.2cm 佳士得 2014.05.28

钧 窑

3210 宋或更晚 官窑瓶
估 价：HKD 400,000~600,000
成交价：RMB 3,408,960
高14.5cm 佳士得 2014.05.28

3686 北宋/金 钧窑天蓝釉紫斑碗
估 价：HKD 2,000,000~3,000,000
成交价：RMB 4,303,040
直径8.7cm 香港苏富比 2014.10.08

56 宋 钧窑天蓝釉莲苞式水盂
估 价：GBP 10,000~15,000
成交价：RMB 500,840
直径9.5cm 伦敦苏富比 2014.05.14

779 北宋 钧窑月白釉单柄洗
估　价：HKD 600,000～900,000
成交价：RMB 550,620
宽20cm 中国嘉德 2014.04.09

63 宋 钧窑天蓝釉紫斑盘
估　价：GBP 15,000～20,000
成交价：RMB 500,840
直径15.8cm 伦敦苏富比 2014.05.14

1 宋/金 钧窑天青釉碗
估　价：USD 40,000～60,000
成交价：RMB 913,817
纽约苏富比 2014.09.16

4 宋/金 钧窑天青釉紫斑碗
估　价：USD 50,000～70,000
成交价：RMB 987,413
纽约苏富比 2014.09.16

224 金 钧窑紫斑执壶
估　价：USD 8,000～12,000
成交价：RMB 61,350
高8.5cm 纽约苏富比 2014.03.18

4424 元 钧窑瓜棱水丞
成交价：RMB 74,750
直径7cm 中国嘉德 2014.03.23

1065 元 钧窑扳沿洗
估　价：HKD 100,000～200,000
成交价：RMB 1,046,098
宽20cm 中国嘉德 2014.10.07

6246 元 钧窑玫瑰紫釉鼓钉洗
估　价：RMB 2,600,000～3,600,000
成交价：RMB 4,025,000
直径17.5cm 北京保利 2014.06.0

8124 元 钧窑天蓝釉大碗
估　价：RMB 800,000～1,200,000
成交价：RMB 920,000
直径22cm 北京保利 2014.06.06

6247 元 钧窑玫瑰紫釉菱花式洗
估　价：RMB 6,000,000～8,000,000
成交价：RMB 8,165,000
直径25cm 北京保利 2014.06.04

6248 元 钧窑月白釉三足鼓钉洗
估　价：RMB 4,000,000～6,000,000
成交价：RMB 5,980,000
直径20cm 北京保利 2014.06.04

哥 窑

3545 元 哥窑敛口钵式洗
估 价：RMB 3,800,000～5,600,000
成交价：RMB 43,700,000
直径14.4cm；高5.5cm 中鸿信 2014.11.22

3457 宋 哥窑海棠式盆
估 价：HKD 680,000～880,000
成交价：RMB 617,780
长5.3cm 保利香港 2014.04.07

龙泉窑

2 南宋 龙泉窑青磁双鱼纹盘
估 价：USD 40,000～60,000
成交价：RMB 2,532,929
纽约苏富比 2014.09.16

218 南宋 龙泉青釉缠枝花卉纹三足香炉
估 价：USD 30,000～50,000
成交价：RMB 191,719
直径18.1cm 纽约苏富比 2014.03.18

112 南宋 龙泉青釉笠式碗
估 价：USD 20,000～30,000
成交价：RMB 459,975
直径15.2cm 纽约苏富比 2014.09.16

1885 南宋 龙泉窑仿官粉青釉水洗
估　价：HKD 800,000~1,200,000
成交价：RMB 1,355,108
口径14.5cm 宝港国际 2014.11.27

23 宋 龙泉窑青釉琮式瓶
估　价：GBP 25,000~30,000
成交价：RMB 2,406,085
高27cm 伦敦苏富比 2014.11.05

19 南宋/元 龙泉青釉净瓶
估　价：GBP 6,000~8,000
成交价：RMB 250,420
高18cm 伦敦邦瀚斯 2014.05.15

2103 宋 龙泉青釉双龙耳长颈瓶
估　价：USD 200,000~300,000
成交价：RMB 1,503,075
高32.5cm 纽约佳士得 2014.03.20

3402 南宋/元 龙泉窑琮式瓶
估　价：HKD 1,500,000~2,000,000
成交价：RMB 2,926,560
高41cm 佳士得 2014.05.28

71 宋 龙泉窑青釉花瓣小碗
估　价：GBP 4,000～6,000
成交价：RMB 118,620
直径9.3cm 伦敦苏富比 2014.05.14

3001 元 龙泉青釉菱口折沿大盘
估　价：HKD 1,800,000～2,500,000
成交价：RMB 4,771,600
直径61.7cm 香港苏富比 2014.04.08

2106 元 龙泉青釉刻缠枝牡丹纹大瓶
估　价：USD 12,000～18,000
成交价：RMB 122,700
高39cm 纽约佳士得 2014.03.20

3504 元 龙泉青瓷折枝花果纹六棱梅瓶
估　价：HKD 800,000～1,000,000
成交价：RMB 1,360,520
高31cm 香港苏富比 2014.10.08

3502 元 龙泉青釉贴“逐珠云龙”图双鱼龙耳瓶
估　价：HKD 8,000,000～10,000,000
成交价：RMB 5,726,840
高26.4cm 香港苏富比 2014.10.08

3534 元 龙泉窑仿官釉鱼耳盘口瓶
估 价：RMB 550,000~760,000
成交价：RMB 810,000
高24cm 中鸿信 2014.11.22

3401 元 龙泉窑碗
估 价：HKD 800,000~1,200,000
成交价：RMB 1,093,440
直径41.2cm 佳士得 2014.05.28

1721 元 龙泉窑鬲式炉
估 价：RMB 550,000~650,000
成交价：RMB 632,500
高11.2cm 北京翰海 2014.10.25

218 元 龙泉窑海浪纹火石红双鱼洗
估 价：RMB 250,000~300,000
成交价：RMB 322,000
直径29.7cm 北京东正 2014.11.20

7991 元 龙泉窑贯耳弦纹壶
估　价：RMB 2,600,000~3,600,000
成交价：RMB 3,450,000
高37.7cm 北京保利 2014.06.05

655 明洪武 龙泉窑青釉刻花缠枝牡丹纹玉壶春瓶
估　价：RMB 2,000,000~2,500,000
成交价：RMB 2,300,000
高33.6cm 北京诚轩 2014.05.19

654 明早期 龙泉窑划花菱花口折沿盘
估　价：RMB 1,800,000~2,800,000
成交价：RMB 3,220,000
直径48cm 北京华辰 2014.04.27

667 明或更早 龙泉窑刻花樽式香炉
估　价：RMB 1,200,000~1,800,000
成交价：RMB 1,380,000
直径14.3cm 北京华辰 2014.04.27

3503 元/明早期 龙泉青瓷玉壶春瓶
估　价：HKD 300,000~400,000
成交价：RMB 415,275
高19.7cm 香港苏富比 2014.10.08

7995 明永乐 龙泉官窑刻牡丹纹大盘
估　价：RMB 1,200,000~2,200,000
成交价：RMB 1,955,000
直径54cm 北京保利 2014.06.05

3404 明 龙泉葫芦瓶
估　价：HKD 400,000～600,000
成交价：RMB 753,750
高18.8cm 佳士得 2014.05.28

2928 明永乐 龙泉青釉刻折枝花果纹墩式碗
估　价：HKD 800,000～1,500,000
成交价：RMB 1,546,440
直径20.3cm 佳士得 2014.11.26

4696 明 龙泉窑琮式瓶
估　价：RMB 600,000～800,000
成交价：RMB 690,000
高40.5cm 北京翰海 2014.10.26

3582 明永乐 龙泉窑折沿菱口大盘
估　价：RMB 1,600,000～2,600,000
成交价：RMB 1,840,000
直径47cm 中国嘉德 2014.05.18

3215 明 龙泉窑青釉瓶
估　价：HKD 2,000,000～3,000,000
成交价：RMB 1,735,800
高30.2cm 佳士得 2014.11.26

1719 明 龙泉窑荷叶盖罐
估　价：RMB 260,000～320,000
成交价：RMB 322,000
高39cm 北京翰海 2014.10.25

221 明 龙泉青釉玉壶春瓶
估　价：USD 30,000～40,000
成交价：RMB 1,061,355
高33cm 纽约苏富比 2014.03.18

3690 明14世纪 龙泉青釉划花卉纹玉壶春瓶
估　价：HKD 800,000～1,200,000
成交价：RMB 1,740,200
高33.2cm 香港苏富比 2014.10.08

144 明 龙泉青釉观音骑象摆件
估　价：USD 5,000～7,000
成交价：RMB 114,994
高25.7cm 纽约苏富比 2014.09.16

3673 明 龙泉窑划花花卉石榴尊
估 价：RMB 450,000~550,000
成交价：RMB 575,000
高33cm 北京翰海 2014.05.11

220 明 龙泉青釉莲花纹盘
估 价：USD 25,000~30,000
成交价：RMB 153,375
直径19.5cm 纽约苏富比 2014.03.18

3537 明 龙泉窑刻花开光折枝花果鼓钉石榴尊
估 价：RMB 1,280,000~1,680,000
成交价：RMB 1,472,000
高36.4cm 中鸿信 2014.11.22

3689 明15世纪 龙泉青瓷观音龛
估 价：HKD 800,000~1,200,000
成交价：RMB 1,740,200
高51.3cm 香港苏富比 2014.10.08

3266 清雍正 龙泉青釉瓶
估 价：HKD 2,600,000~3,500,000
成交价：RMB 2,871,960
高18.5cm 佳士得 2014.11.26

其他窑

3420 三国 青釉莲花纹瓶
估 价：HKD 150,000~200,000
成交价：RMB 136,275
高18.6cm 保利香港 2014.04.07

3425 东晋 青釉辟邪
估 价：HKD 50,000~60,000
成交价：RMB 81,765
长17cm 保利香港 2014.04.07

3430 三国(吴)/西晋 青釉堆贴人物楼阁谷仓
估 价：HKD 250,000~300,000
成交价：RMB 227,125
高54cm 保利香港 2014.04.07

128 北齐 青釉贴花莲瓣蒜头瓶
估 价：HKD 700,000~1,000,000
成交价：RMB 543,813
邦瀚斯 2014.10.09

3047 隋 青瓷莲座八兽天女四系尊
成交价：RMB 253,000
高56.5cm 上海嘉泰 2014.06.19

130 隋/唐 北方青釉印花贴花碗
估　价：HKD 70,000~100,000
成交价：RMB 247,188
邦瀚斯 2014.10.09

3529 元 修内司窑暗刻莲瓣纹碗
估　价：RMB 660,000~820,000
成交价：RMB 759,000
直径21cm 中鸿信 2014.11.22

539 南宋 东沟窑绿钧碗
估　价：HKD 170,000~300,000
成交价：RMB 157,182
口径11cm 大唐国际 2014.05.27

765 金 青瓷三足香炉
估　价：HKD 80,000~120,000
成交价：RMB 73,416
直径12cm 中国嘉德 2014.04.09

8130 元 青釉莲花粉盒
估 价：RMB 350,000～550,000
成交价：RMB 483,000
直径10cm 北京保利 2014.06.06

白瓷

定窑白釉

7 北宋 定窑白磁刻莲花纹碗
估 价：USD 400,000～500,000
成交价：RMB 7,758,245
纽约苏富比 2014.09.16

3037 12世纪 高丽青瓷盏连托
估 价：RMB 130,000～180,000
成交价：RMB 172,500
杯9.2cm；托直径16cm 中国嘉德 2014.11.20

2924 北宋 定窑白釉划萱草纹香盒
估 价：HKD 1,500,000～2,500,000
成交价：RMB 1,451,760
直径13cm 佳士得 2014.11.26

158 北宋 定窑“官”字款莲瓣纹倒装壶
估 价：HKD 800,000～1,200,000
成交价：RMB 6,296,360
邦瀚斯 2014.10.09

11 北宋 定窑划花八棱大碗
成交价：RMB 116,003,600
直径22.2cm 香港苏富比 2014.04.08

3215 北宋 定窑白釉梅瓶
估 价：HKD 4,000,000～6,000,000
成交价：RMB 5,820,960
高24.6cm 佳士得 2014.05.28

3220 北宋 定窑白釉划花草纹碗
估 价：HKD 9,000,000～15,000,000
成交价：RMB 20,419,320
直径27.8cm 佳士得 2014.11.26

3211 北宋 定窑刻花花卉纹碗
估 价：HKD 16,000,000～25,000,000
成交价：RMB 22,608,480
宽20cm 佳士得 2014.05.28

162 北宋/金 定窑白釉划花莲塘双凫纹折腰盘
估 价：HKD 600,000～900,000
成交价：RMB 1,550,360
邦瀚斯 2014.10.09

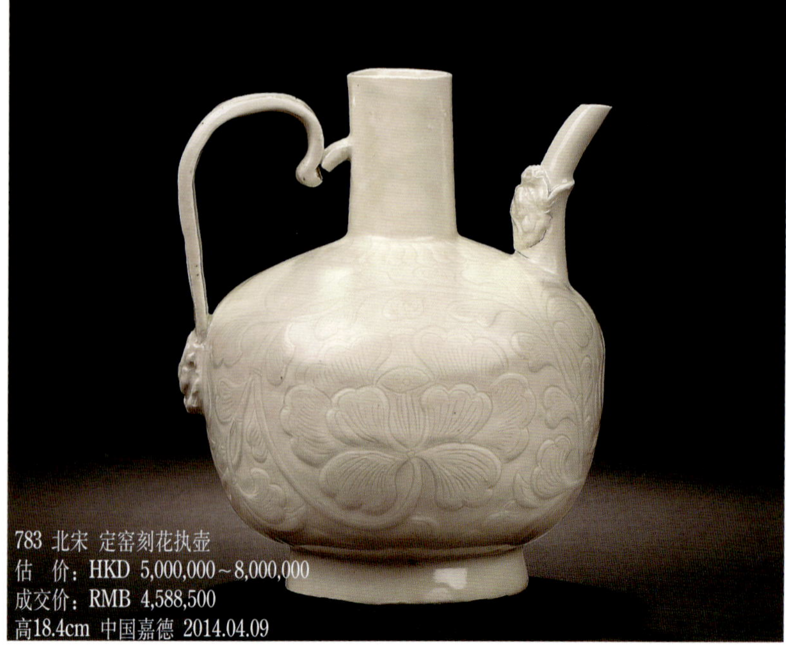

783 北宋 定窑刻花执壶
估 价：HKD 5,000,000～8,000,000
成交价：RMB 4,588,500
高18.4cm 中国嘉德 2014.04.09

3212 北宋 定窑白釉刻莲花纹碗
估　价：HKD 9,000,000～12,000,000
成交价：RMB 17,205,600
直径26.7cm 佳士得 2014.05.28

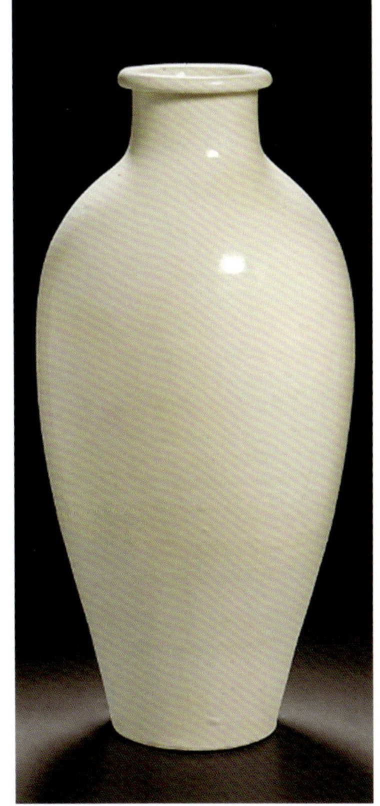

2076 辽/北宋 定窑白釉梅瓶
估　价：USD 80,000～120,000
成交价：RMB 1,134,975
高41.3cm 纽约佳士得 2014.03.20

7990 元 定窑刻龙纹大盘
估　价：RMB 1,200,000～1,800,000
成交价：RMB 2,702,500
直径25.8cm 北京保利 2014.06.05

3065 明或更早 定窑白釉御题诗花口盘
“乾隆御题诗”款
估　价：RMB 200,000～300,000
成交价：RMB 1,725,000
直径16.5cm 北京盈时 2014.05.31

60 宋 定窑白釉印穿云游龙纹盘
估　价：GBP 10,000～15,000
成交价：RMB 659,000
直径18.5cm 伦敦苏富比 2014.05.14

磁州窑

73 北宋 磁州窑白地刻牡丹纹梅瓶
估　价：GBP 15,000～25,000
成交价：RMB 197,700
高31.1cm 伦敦苏富比 2014.05.14

352 南宋 磁州窑莲花罐
估　价：HKD 70,000～100,000
成交价：RMB 64,722
高13.5cm 大唐国际 2014.05.27

198 北宋/金 磁州窑白釉剔花罐
估　价：HKD 800,000～1,000,000
成交价：RMB 741,563
邦瀚斯 2014.10.09

195 北宋 磁州窑白釉剔牡丹花卉纹盖罐
估　价：HKD 1,000,000～1,500,000
成交价：RMB 791,000
邦瀚斯 2014.10.09

邢窑

142 北朝/隋 邢窑白釉印胡人头像碗
估　价：HKD 120,000～200,000
成交价：RMB 316,400
邦瀚斯 2014.10.09

1136 唐 邢窑刻花穿带壶
估　价：HKD 450,000～650,000
成交价：RMB 409,343
高22cm 中国嘉德 2014.10.07

90 唐 邢窑龙纹酒壶（一套）
估　价：RMB 8,600,000～10,000,000
成交价：RMB 10,120,000
高10.5cm；口径13cm 中信拍卖 2014.07.14

140 唐/五代 邢窑白釉鹦鹉杯
估　价：HKD 350,000～450,000
成交价：RMB 1,360,520
邦瀚斯 2014.10.09

2075 唐/五代 邢窑白釉梨形执壶
估　价：USD 120,000～180,000
成交价：RMB 2,607,375
高33.2cm 纽约佳士得 2014.03.20

3064 明早期或更早 邢窑四带壶
估　价：RMB 2,500,000～3,500,000
成交价：RMB 4,140,000
高21.5cm 北京盈时 2014.05.31

德化窑

3120 明 德化白釉达摩立像
估　价：HKD 2,000,000～3,000,000
成交价：RMB 11,393,160
高40.8cm 佳士得 2014.11.26

614 明 德化白瓷螭龙执壶
估 价：RMB 380,000～480,000
成交价：RMB 437,000
高9.5cm 北京华辰 2014.04.27

957 明末/清早期 何朝宗风格德化窑白釉自在观音像
估 价：RMB 800,000～1,200,000
成交价：RMB 1,380,000
高20.5cm 保利厦门 2014.11.01

2164 明末18世纪 德化白釉持莲观音立像
估 价：USD 25,000～35,000
成交价：RMB 987,735
高39cm 纽约佳士得 2014.03.20

669 明末/清早期 德化窑白瓷螭龙执壶
估 价：RMB 120,000～150,000
成交价：RMB 287,500
高15.6cm 北京诚轩 2014.11.20

652 明 德化窑白釉仿古出戟四足方鼎
估 价：RMB 80,000～180,000
成交价：RMB 218,500
高11.5cm 保利厦门 2014.11.02

3624 清康熙 德化白瓷杯（一对）
估　价：HKD 80,000～120,000
成交价：RMB 247,188
直径5.5cm×2 香港苏富比 2014.10.08

27 清17世纪末/18世纪初 德化白瓷观音坐像 “林希宗印”印
估　价：GBP 20,000～30,000
成交价：RMB 4,201,784
高18.4cm 伦敦苏富比 2014.05.14

8024 明晚期 林孝宗制德化达摩坐像 “林孝宗印”款
估　价：RMB 800,000～1,200,000
成交价：RMB 1,322,500
高22cm 北京保利 2014.06.05

656 清18世纪 德化白釉观音坐像
估　价：USD 6,000～8,000
成交价：RMB 1,649,777
高35.6cm 纽约苏富比 2014.09.16

其他窑

81 隋 白釉双系旋纹盘口瓶
估　价：RMB 14,800,000～18,000,000
成交价：RMB 17,600,000
高31cm 中信拍卖 2014.07.14

景德镇窑白釉

3401 南宋 湖田窑盖盒
“郑家合子”款
估 价：HKD 130,000~150,000
成交价：RMB 121,339
直径13.5cm 保利香港 2014.10.07

772 宋 湖田窑龙纹瓶
估 价：HKD 160,000~260,000
成交价：RMB 146,832
高16.5cm 中国嘉德 2014.04.09

1837 宋 湖田窑影青釉划花缠枝牡丹纹梅瓶
估 价：HKD 2,200,000~3,000,000
成交价：RMB 3,523,280
高27cm 宝港国际 2014.11.27

71 北宋 青白刻折枝花卉纹花口瓶(一对)
估 价：GBP 30,000~40,000
成交价：RMB 372,075
高19cm×2 伦敦苏富比 2014.11.05

1141 宋 湖田窑青白釉洗
估 价：HKD 500,000～800,000
成交价：RMB 454,825
直径14cm 中国嘉德 2014.10.07

213 北宋 青白釉花口菊瓣碗
估 价：HKD 200,000～300,000
成交价：RMB 642,688
邦瀚斯 2014.10.09

211 南宋 青白釉瓜棱壶
估 价：HKD 400,000～600,000
成交价：RMB 980,840
邦瀚斯 2014.10.09

3233 南宋 青白釉梅瓶
估 价：HKD 2,000,000～3,000,000
成交价：RMB 7,268,160
高32.1cm 佳士得 2014.05.28

2101 南宋/元 青白釉凤首小执壶
估 价：USD 3,000～5,000
成交价：RMB 53,681
高11.7cm 纽约佳士得 2014.03.20

205 南宋/元 青白釉刻花花卉纹卧狮壶
估 价：HKD 250,000～400,000
成交价：RMB 1,740,200
邦瀚斯 2014.10.09

231 南宋 青白釉印缠枝莲花笔插
估　价：HKD 40,000~60,000
成交价：RMB 444,938
邦瀚斯 2014.10.09

771 宋 影青灯盏(一对)
估　价：HKD 220,000~320,000
成交价：RMB 256,956
高7cm×2 中国嘉德 2014.04.09

3053 元 卵白釉飞雁衔穗玉壶春瓶
估　价：RMB 3,500,000~4,500,000
成交价：RMB 5,750,000
高29cm 北京盈时 2014.05.31

770 宋 影青瓜式盒
估　价：HKD 350,000~550,000
成交价：RMB 504,735
直径14cm 中国嘉德 2014.04.09

3616 宋 青白瓷六孔连杯盏托
估　价：HKD 120,000~150,000
成交价：RMB 109,020
高8.5cm 保利香港 2014.04.07

3102 元 青白釉观音坐像
估 价：HKD 6,000,000～8,000,000
成交价：RMB 4,765,560
高32cm 佳士得 2014.11.26

773 元 青白釉刻花“枢府”折腰碗
估 价：HKD 50,000～70,000
成交价：RMB 150,750
直径12cm 香港苏富比 2014.5.27

8139 元 枢府卵白釉模印缠枝莲盘
估 价：RMB 180,000～250,000
成交价：RMB 207,000
直径16cm 北京保利 2014.06.06

7999 明永乐 甜白釉暗刻缠枝莲纹僧帽壶
“永乐年制”款
估 价：RMB 3,800,000～5,800,000
成交价：RMB 4,830,000
高20cm 北京保利 2014.06.05

7998 明永乐 甜白釉须弥座山子
估 价：RMB 300,000～500,000
成交价：RMB 345,000
高21cm 北京保利 2014.06.05

3567 明永乐 甜白釉印花凤纹碗(一对)
估 价：RMB 550,000～650,000
成交价：RMB 1,092,500
直径21.6cm×2 中国嘉德 2014.05.18

284 明早期 官窑甜白釉暗刻凤纹玉壶春瓶
估 价：RMB 2,000,000～2,200,000
成交价：RMB 2,530,000
高30.6cm 北京东正 2014.11.20

3692 明永乐 甜白釉执壶
估 价：HKD 2,800,000～3,500,000
成交价：RMB 4,018,280
高29.7cm 香港苏富比 2014.10.08

627 明宣德 甜白釉暗花刻莲瓣纹莲子碗
“大明宣德年制”楷书款
估　价：RMB 1,500,000~2,500,000
成交价：RMB 2,242,500
直径21cm；高10cm 保利厦门 2014.11.02

3085 清雍正 白釉暗刻龙纹葵式杯（一对）
“大清雍正年制”款
估　价：HKD 350,000~450,000
成交价：RMB 1,453,600
直径7cm×2 香港苏富比 2014.04.08

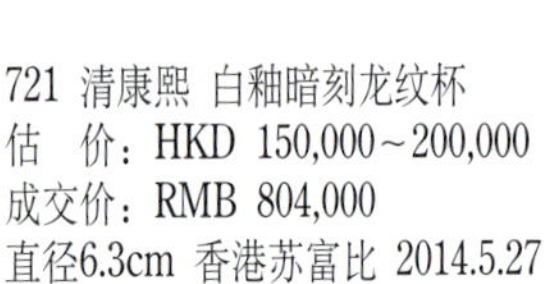

721 清康熙 白釉暗刻龙纹杯
估　价：HKD 150,000~200,000
成交价：RMB 804,000
直径6.3cm 香港苏富比 2014.5.27

3420 明成化 甜白釉罐
估　价：HKD 800,000~1,200,000
成交价：RMB 804,000
高17.8cm 佳士得 2014.05.28

8017 明成化十年 白釉双龙耳洗口瓶
“大明成化甲午年置”款
估　价：RMB 2,000,000~3,000,000
成交价：RMB 2,300,000
高50.4cm 北京保利 2014.06.05

5 卢建德 2014年作 “天籁” 一百厘米薄胎大碗
估　价：RMB 800,000～1,200,000
成交价：RMB 750,000
直径100cm 佳士得(上海) 2014.10.24

101 北宋 黑釉铁锈斑碗
估　价：USD 7,000～9,000
成交价：RMB 107,328
直径8.9cm 纽约苏富比 2014.09.16

3614 清乾隆 白釉暗花花卉纹碗
“大清乾隆年制”款
估　价：HKD 220,000～280,000
成交价：RMB 642,688
直径10.8cm 香港苏富比 2014.10.08

3624 南宋 吉州玳瑁釉茶碗
估　价：HKD 90,000～120,000
成交价：RMB 128,375
直径11cm 香港苏富比 2014.04.07

黑 瓷

1821 五代 定窑黑釉“官”字款枕
估　价：HKD 180,000～250,000
成交价：RMB 289,090
长15.5cm 宝港国际 2014.11.27

176 南宋 吉州窑仿玳瑁釉剪纸贴花文字盏
估　价：HKD 450,000～700,000
成交价：RMB 1,740,200
邦瀚斯 2014.10.09

3204 南宋/元 酱油葵口洗
估 价：HKD 1,500,000～2,000,000
成交价：RMB 1,479,360
宽18cm 佳士得 2014.05.28

768 金 山西窑油滴鸡心大碗(一对)
估 价：HKD 450,000～650,000
成交价：RMB 412,965
直径15cm×2 中国嘉德 2014.04.09

5 南宋 建窑兔毫天目茶碗
估 价：USD 80,000～100,000
成交价：RMB 613,300
纽约苏富比 2014.09.16

767 宋 吉州窑梅花纹小梅瓶
估 价：HKD 150,000～250,000
成交价：RMB 238,602
高19cm 中国嘉德 2014.04.09

74 金 磁州窑黑釉铁锈斑碗
估 价：GBP 8,000～12,000
成交价：RMB 105,440
直径16cm 伦敦苏富比 2014.05.14

7986 明 建窑茶盏及剔红云纹盏托
估 价：RMB 160,000~200,000
成交价：RMB 575,000
茶盏直径12.2cm；盏托宽15.5cm
北京保利 2014.06.05

2191 清18世纪 乌金釉子孙万代葫芦式瓶
估 价：USD 15,000~20,000
成交价：RMB 107,363
高60.3cm 纽约佳士得 2014.03.20

7987 元 吉州窑木叶盏
估 价：RMB 1,500,000~2,500,000
成交价：RMB 1,725,000
直径15cm 北京保利 2014.06.05

彩 瓷

褐绿彩

328 清光绪 黄地刻填褐绿彩二龙戏珠纹盘
“大清光绪年制”楷书款
估 价：RMB 35,000
成交价：RMB 61,600
直径10.7cm 天津文物 2014.11.15

褐彩

144 唐 白釉褐彩鞍鞯纹皮囊壶
估　价：HKD 150,000~200,000
成交价：RMB 672,350
邦瀚斯 2014.10.09

1127 南宋 吉州窑奔鹿纹盖罐(一对)
估　价：HKD 370,000~570,000
成交价：RMB 345,667
高18cm×2 中国嘉德 2014.10.07

101 唐 青釉贴花褐斑双系执壶
估　价：GBP 5,000~7,000
成交价：RMB 98,850
高22.2cm 伦敦苏富比 2014.05.14

203 宋 吉州窑褐彩河虾双鱼纹梅瓶
估　价：HKD 600,000~800,000
成交价：RMB 494,375
邦瀚斯 2014.10.09

245 唐/五代 长沙窑褐彩凤首壶
估　价：HKD 150,000~250,000
成交价：RMB 158,200
邦瀚斯 2014.10.09

234 北宋 青白釉褐彩胡人吹笙壶及暖杯
估　价：HKD 200,000～300,000
成交价：RMB 543,813
邦瀚斯 2014.10.09

2084 金 磁州系黑釉褐彩花卉纹罐
估　价：USD 7,000～10,000
成交价：RMB 95,859
高23cm 纽约佳士得 2014.03.20

212 元 磁州白地褐彩鸟纹玉壶春瓶
估　价：USD 6,000～8,000
成交价：RMB 53,681
高28cm 纽约苏富比 2014.03.18

2085 金/元 磁州系褐釉彩绘芦雁纹虎形枕
估　价：USD 20,000～30,000
成交价：RMB 421,781
长37cm 纽约佳士得 2014.03.20

青 花

3501 元 青花“百花亭”记人物图梅瓶(不全)
估　价：HKD 3,000,000～4,000,000
成交价：RMB 3,828,440
直径24.3cm 香港苏富比 2014.10.08

230 元14世纪 青花如意印花缠枝牡丹纹菱口盘
估　价：USD 200,000～300,000
成交价：RMB 25,748,595
直径45.7cm 纽约苏富比 2014.03.18

3066 元 青花人物船型水注
估　价：RMB 5,000,000～8,000,000
成交价：RMB 8,280,000
长15.5cm 北京盈时 2014.05.31

206 元 青花赶珠游龙纹高足杯
估　价：GBP 20,000～30,000
成交价：RMB 553,560
直径10.3cm 伦敦苏富比 2014.05.14

3691 元末/明早期 青花缠枝莲纹罐
估　价：HKD 5,000,000～7,000,000
成交价：RMB 4,777,640
高50.5cm 香港苏富比 2014.10.08

652 元 青花龙纹盘
估　价：RMB 5,000,000～8,000,000
成交价：RMB 5,750,000
直径30.2cm 北京华辰 2014.04.27

5700 元 青花缠枝牡丹罐
估 价：RMB 10,000,000～15,000,000
成交价：RMB 12,650,000
宽34.5cm 北京保利 2014.12.03

4148 元 青花缠枝纹罐
成交价：RMB 5,470,898
高26.7cm 香港九龙 2014.7.28

4117 元 青花龙纹梅瓶
成交价：RMB 31,913,574
高45cm 香港九龙 2014.7.28

4146 元 青花云龙纹象耳瓶一对
成交价：RMB 91,181,640
高63.8cm 香港九龙 2014.7.28

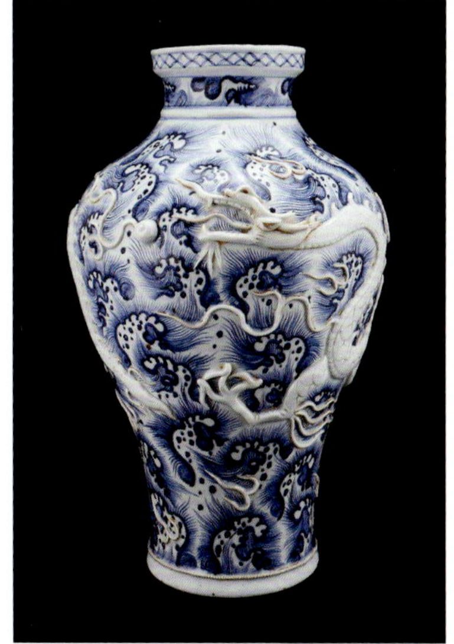

4206 元 青花海水龙纹浮雕梅瓶
成交价：RMB 273,544,920
高43cm 香港九龙 2014.7.28

7419 明永乐 青花葡萄纹折沿盘
估 价：RMB 5,000,000～8,000,000
成交价：RMB 7,820,000
直径37.5cm 北京保利 2014.12.04

8002 明永乐 青花如意垂肩折枝花果纹梅瓶
估 价：RMB 12,000,000～18,000,000
成交价：RMB 16,100,000
高36.5cm 北京保利 2014.06.05

3023 明永乐 青花折枝瑞果纹梅瓶
估　价：HKD 20,000,000～30,000,000
成交价：RMB 38,141,200
高28cm 香港苏富比 2014.04.08

580 明永乐 官窑青花四季花卉海水纹折沿葵口盘
估　价：RMB 3,200,000～3,800,000
成交价：RMB 5,405,000
直径33cm 北京东正 2014.05.18

3067 明永乐 青花一把莲盘
估　价：RMB 2,800,000～3,800,000
成交价：RMB 3,220,000
直径31cm 北京盈时 2014.05.31

3574 明永乐 青花石榴花纹菱口盘
估　价：RMB 4,000,000～5,000,000
成交价：RMB 4,600,000
直径20cm 中国嘉德 2014.05.18

3237 明永乐 青花花卉罐
估　价：HKD 2,000,000～3,000,000
成交价：RMB 1,735,800
宽13cm 佳士得 2014.11.26

3070 明永乐 青花四季花卉纹罐
估　价：RMB 25,000,000～35,000,000
成交价：RMB 37,950,000
高24.8cm 北京盈时 2014.05.31

1119 明永乐 青花花卉纹葵口盘
估　价：RMB 4,500,000～8,500,000
成交价：RMB 5,175,000
直径38cm 中贸圣佳 2014.07.06

3379 明永乐 青花缠枝莲花口盘
估　价：RMB 6,000,000～9,000,000
成交价：RMB 9,200,000
直径37.8cm 北京翰海 2014.10.25

283 明永乐 御窑青花缠枝佛莲托八宝纹罐
估　价：RMB 6,000,000～7,000,000
成交价：RMB 11,040,000
高15.6cm 北京东正 2014.11.20

581 明宣德 青花外莲瓣内轮花纹鸡心碗
“大明宣德年制”款
估　价：RMB 1,300,000～1,500,000
成交价：RMB 2,357,500
直径16cm 北京东正 2014.05.18

4157 明宣德 青花松竹梅纹花口盘
成交价：RMB 13,677,246
口径27.5cm 香港九龙 2014.7.28

582 明宣德 官窑青花四季花卉纹骰子碗
“大明宣德年制”款
估　价：RMB 3,600,000～3,800,000
成交价：RMB 5,405,000
直径27cm 北京东正 2014.05.18

748 明宣德 青花凤穿花纹瓶
“大明宣德年制”楷书款
估　价：HKD 2,600,000～3,600,000
成交价：RMB 4,588,500
高14cm 中国嘉德 2014.04.09

3694 明宣德 青花缠枝花卉纹撇口碗
“大明宣德年制”款
估 价：HKD 3,000,000～4,000,000
成交价：RMB 4,018,280
直径19.5cm 香港苏富比 2014.10.08

3515 明宣德 青花缠枝莲连托八吉祥纹罐
估 价：RMB 3,000,000～4,000,000
成交价：RMB 3,450,000
直径19.8cm 中国嘉德 2014.05.18

4069 明宣德 青花龙纹笔筒扇形
成交价：RMB 2,279,541
高20cm 香港九龙 2014.7.28

8007 明宣德 青花折枝花果纹大碗
“大明宣德年制”款
估 价：RMB 10,000,000～15,000,000
成交价：RMB 12,650,000
直径29.5cm 北京保利 2014.06.05

8006 明宣德 青花折枝花果纹葵口碗
“大明宣德年制”款
估 价：RMB 6,000,000～8,000,000
成交价：RMB 7,475,000
直径22.5cm 北京保利 2014.06.05

4064 明 青花松竹梅笔掭(三片)
“大明宣德年制”款
成交价：RMB 8,662,256
长22cm 香港九龙 2014.7.28

2466 明宣德 青花缠枝莲小罐
估 价：RMB 2,600,000～3,600,000
成交价：RMB 3,450,000
高8.2cm 北京翰海 2014.10.25

3068 明宣德 青花凤纹葵边盘
估 价：RMB 20,000,000～30,000,000
成交价：RMB 33,350,000
直径17.2cm 北京盈时 2014.05.31

3695 明宣德 青花灵芝纹竹节式鸟食罐
“大明宣德年制”款
估 价：HKD 600,000～800,000
成交价：RMB 838,460
高9.8cm 香港苏富比 2014.10.08

324 明空白期 青花携琴访友梅瓶
估 价：RMB 400,000～500,000
成交价：RMB 575,000
高32cm 江苏爱涛 2014.07.05

3699 明成化 青花婴戏图三层盖盒
估 价：HKD 600,000～800,000
成交价：RMB 593,250
高15cm 香港苏富比 2014.10.08

3024 明宣德 青花江崖海水图渣斗
“大明宣德年制”款
估 价：HKD 15,000,000～20,000,000
成交价：RMB 13,303,600
直径16.7cm 香港苏富比 2014.04.08

241 明成化 青花缠枝莲花卉纹僧帽壶
“大明成化年制”楷书款
估 价：RMB 550,000～600,000
成交价：RMB 598,000
高17.5cm 北京东正 2014.11.20

3698 明成化 青花缠枝秋葵纹宫碗
“大明成化年制”款
估 价：HKD 40,000,000～60,000,000
成交价：RMB 44,390,920
直径14.7cm 香港苏富比 2014.10.08

584 明弘治 官窑黄地青花栀子花卉纹盘
“大明弘治年制”款
估　价：RMB 800,000~1,200,000
成交价：RMB 1,840,000
直径26cm 北京东正 2014.05.18

585 明正德 御窑青花穿莲行龙纹盘
“正德年制”款
估　价：RMB 800,000~1,000,000
成交价：RMB 1,610,000
直径24cm 北京东正 2014.05.18

1109 明弘治 青花高士飞龙诸葛碗
估　价：HKD 70,000~100,000
成交价：RMB 154,641
直径17cm 中国嘉德 2014.10.07

3511 明嘉靖 青花缠枝莲纹葫芦瓶
“大明嘉靖年制”款
估　价：HKD 1,400,000~2,400,000
成交价：RMB 1,271,900
高29.8cm 保利香港 2014.04.07

3423 明成化 青花缸
估　价：HKD 500,000~700,000
成交价：RMB 1,286,400
直径28.8cm 佳士得 2014.05.28

8008 明正统 青花梵文八吉祥莲花式供碗
估 价：RMB 350,000～550,000
成交价：RMB 782,000
直径20.7cm 北京保利 2014.06.05

3312 明嘉靖 青花鱼藻纹洗
估 价：HKD 5,000,000～8,000,000
成交价：RMB 5,820,960
宽16.2cm 佳士得 2014.05.28

318 明嘉靖 青花喷泉纹执壶
“大明嘉靖年制”款
估 价：GBP 30,000～40,000
成交价：RMB 471,295
高32cm 伦敦苏富比 2014.11.05

245 明嘉靖 青花庭院婴戏图大罐
“大明嘉靖年制”楷书款
估 价：RMB 6,000,000～7,000,000
成交价：RMB 9,315,000
高35.4cm 北京东正 2014.11.20

3245 明万历 青花碗
估　价：HKD 600,000～800,000
成交价：RMB 1,357,080
直径23.8cm 佳士得 2014.11.26

3030 明万历 青花波涛海兽纹碗
“大明万历年制”款
估　价：HKD 800,000～1,200,000
成交价：RMB 1,074,400
直径20.3cm 香港苏富比 2014.04.08

21 明嘉靖 青花水波游龙纹缸
“大明嘉靖年制”款
估　价：GBP 60,000～80,000
成交价：RMB 739,189
74.2cm 伦敦苏富比 2014.11.05

4067 明万历 青花缠枝莲纹出戟瓶
估　价：RMB 120,000～150,000
成交价：RMB 230,000
高31cm 北京匡时 2014.06.04

28 明万历 青花衔芝游龙纹大梅瓶
“大明万历年制”款
估　价：GBP 70,000～90,000
成交价：RMB 1,691,701
高63.8cm 伦敦苏富比 2014.11.05

287 明万历 官窑青花四爱图大罐
“大明万历年制”款
估 价：RMB 800,000～1,200,000
成交价：RMB 943,000
高36cm 北京东正 2014.11.20

626 明万历 青花穿花翼龙纹罐
“大明万历年制”楷书款
估 价：RMB 1,800,000～3,000,000
成交价：RMB 3,220,000
高36.5cm 保利厦门 2014.11.02

8039 明万历 青花四爱人物八方盖盒
“大明万历年制”款
估 价：RMB 500,000～800,000
成交价：RMB 943,000
宽13.7cm 北京保利 2014.06.05

8005 明万历 黄地青花缠枝莲盘
“大明万历年制”款
估 价：RMB 500,000～800,000
成交价：RMB 943,000
直径17.5cm 北京保利 2014.06.05

586 明万历 官窑青花龙凤纹盖盒
“大明万历年制”款
估 价：RMB 800,000～1,200,000
成交价：RMB 1,092,500
直径24.5cm 北京东正 2014.05.18

319 明万历 青花象形军持两把
估　价：GBP 20,000～30,000
成交价：RMB 322,465
高20cm 伦敦苏富比 2014.11.05

3028 明万历 青花龙凤纹水盂
估　价：HKD 280,000～350,000
成交价：RMB 592,500
直径13.3cm 香港苏富比 2014.04.08

8040 明天启 青花人物公道杯
"损斋居士"款
估　价：RMB 100,000～150,000
成交价：RMB 402,500
直径8.5cm 北京保利 2014.06.05

686 明万历 青花花鸟铺首绣墩
估　价：RMB 200,000
成交价：RMB 253,000
高36.5cm 太平洋 2014.03.21

688 明崇祯 青花东山报捷纹筒瓶
估　价：RMB 500,000
成交价：RMB 908,500
高44cm 太平洋 2014.03.21

3575 明崇祯 青花昙花记之郊游点化人物故事图炉
估 价：RMB 280,000～380,000
成交价：RMB 368,000
直径21.5cm 中国嘉德 2014.09.21

8041 明崇祯 青花百子图大笔海
估 价：RMB 3,000,000～4,000,000
成交价：RMB 4,025,000
高20.4cm 北京保利 2014.06.05

8042 明末/清早期 青花雉鸡牡丹纹花觚
估 价：RMB 280,000～380,000
成交价：RMB 322,000
高45.7cm 北京保利 2014.06.05

2113 明15世纪末 青花携琴访友图梅瓶
估 价：USD 30,000～50,000
成交价：RMB 552,150
高36cm 纽约佳士得 2014.03.20

212 明16世纪 青花狮子滚球纹水注
估 价：GBP 20,000～30,000
成交价：RMB 785,528
高22cm 伦敦苏富比 2014.05.14

3749 清早期 青花山水携琴访友盖罐
估 价：RMB 260,000～360,000
成交价：RMB 345,000
高29.5cm 北京翰海 2014.05.11

187 清康熙 青花螭龙灵芝莲花纹将军瓶
估 价：USD 60,000～80,000
成交价：RMB 651,631
高92.7cm 纽约苏富比 2014.09.16

626 清顺治 青花平步青云纹笔筒
估 价：RMB 220,000～250,000
成交价：RMB 253,000
高20.8cm 北京东正 2014.05.18

186 清康熙 青花花卉纹龙纹葫芦大瓶
估 价：USD 50,000～70,000
成交价：RMB 383,313
高92.7cm 纽约苏富比 2014.09.16

3588 清康熙 青花缠枝莲开光山水人物瑞兽博古图大棒槌瓶
估 价：RMB 520,000～820,000
成交价：RMB 598,000
高70.8cm 中国嘉德 2014.09.21

471 清康熙 青花莲塘纹将军盖瓶（一对）
估 价：USD 150,000～250,000
成交价：RMB 1,429,455
高127cm×2 纽约苏富比 2014.03.18

3703 清康熙 青花“寿”字凤尾尊（一组三件）
估 价：HKD 1,000,000～1,500,000
成交价：RMB 885,920
高71.1cm 香港苏富比 2014.10.08

142 清康熙 青花饕餮纹花觚
“大清康熙年制”楷书款
估 价：RMB 583,300～729,200
成交价：RMB 626,327
高48cm 景薰楼 2014.06.15

3313 清康熙 青花摇铃尊
估 价：HKD 3,000,000～5,000,000
成交价：RMB 6,592,800
高24cm 佳士得 2014.05.28

2147 清康熙 青花携琴访友图棒槌瓶
估 价：USD 100,000～150,000
成交价：RMB 1,429,455
高50.2cm 纽约佳士得 2014.03.20

5010 清康熙 青花八卦纹铃铛杯（两件）
“大清康熙年制”楷书款
估　价：RMB 1,700,000～2,000,000
成交价：RMB 2,070,000
直径8cm×2 北京翰海 2014.10.26

6294 清康熙 青花花卉铃铛杯
“大清康熙年制”款
估　价：RMB 800,000～1,200,000
成交价：RMB 1,265,000
直径9.9cm 北京保利 2014.06.04

220 清康熙/雍正 青花一路连科纹鱼缸
估　价：GBP 60,000～80,000
成交价：RMB 1,165,112
直径66.7cm 伦敦苏富比 2014.05.14

3073 清康熙 青花秋葵图宫碗
“大明成化年制”款
估　价：RMB 200,000～300,000
成交价：RMB 1,092,500
直径14.8cm 北京盈时 2014.05.31

3128 清康熙 青花龙凤纹碗
“大清康熙年制”款
估　价：HKD 300,000～400,000
成交价：RMB 493,750
直径15.3cm 香港苏富比 2014.04.08

4832 清康熙 青花夜游赤壁诗文笔筒
“大清康熙年制”楷书款
估 价：RMB 700,000～900,000
成交价：RMB 897,000
高14cm 北京翰海 2014.10.26

4028 清康熙 青花龙纹经筒
“大清康熙年制”款
估 价：RMB 1,800,000～2,800,000
成交价：RMB 2,070,000
高26.5cm 北京匡时 2014.06.04

1096 清康熙 青花五月石榴花御题诗文花神杯
“大清康熙年制”款
估 价：RMB 1,500,000～2,000,000
成交价：RMB 1,904,000
高5cm 北京荣宝 2014.03.23

260 清康熙 黄地青花福寿龙纹碗（一对）
“大清康熙年制”楷书款
估 价：RMB 550,000～580,000
成交价：RMB 632,500
直径13.2cm×2 上海道明 2014.03.27

3258 清雍正 青花折枝花鸟抱月瓶
估 价：HKD 3,000,000～4,000,000
成交价：RMB 2,800,140
高25cm 保利香港 2014.10.07

1083 清雍正 黄地青花缠枝花卉纹荸荠瓶
"大清雍正年制"楷书款
估 价：HKD 18,000,000~28,000,000
成交价：RMB 21,831,600
高21cm 中国嘉德 2014.10.07

180 清雍正 青花缠枝花卉纹杯（一对）
"大清雍正年制"款
估 价：USD 8,000~12,000
成交价：RMB 536,638
直径6.9cm×2 纽约苏富比 2014.09.16

6249 清雍正 青花团花纹小蒜头瓶
“大清雍正年制”款
估 价：RMB 1,000,000～1,500,000
成交价：RMB 2,645,000
高11.5cm 北京保利 2014.06.04

36 清雍正 青花折枝花果纹小尊
“大清雍正年制”楷书款
估 价：RMB 2,000,000～3,000,000
成交价：RMB 2,300,000
高13cm 北京中汉 2014.05.17

635 清雍正 青花缠枝莲纹双螭耳带盖扁瓶
估 价：RMB 1,000,000～1,500,000
成交价：RMB 1,495,000
高32.5cm 北京诚轩 2014.05.19

6299 清雍正 青花缠枝花卉大天球瓶
估 价：RMB 3,000,000～5,000,000
成交价：RMB 4,370,000
高55.3cm 北京保利 2014.06.04

8191 清雍正 青花夔凤纹双陆尊
“大清雍正年制”款
估 价：RMB 600,000～800,000
成交价：RMB 2,300,000
高18.5cm 北京保利 2014.06.06

3509 清雍正 淡描青花花卉纹杯（一对）
“大清雍正年制”楷书款
估 价：RMB 400,000～600,000
成交价：RMB 690,000
直径7cm×2 中国嘉德 2014.05.18

3023 清雍正 青花八宝纹小高足杯
“大清雍正年制”楷书款
估 价：RMB 1,000,000～1,500,000
成交价：RMB 1,265,000
直径9.2cm 中国嘉德 2014.11.20

3129 清雍正 青花缠枝番莲纹碗（一对）
“大清雍正年制”款
估 价：HKD 700,000～900,000
成交价：RMB 691,250
直径11.7cm×2 香港苏富比 2014.04.08

3431 清雍正 青花龙纹碗
估 价：HKD 1,000,000～1,500,000
成交价：RMB 996,960
直径9.5cm 佳士得 2014.05.28

8193 清雍正 青花岁寒三友猿鹤图碗（一对）
“大清雍正年制”款
估 价：RMB 1,500,000～2,000,000
成交价：RMB 1,725,000
直径9.5cm×2 北京保利 2014.06.06

49 清雍正 青花寿桃纹碟
“大清雍正年制”款
估 价：GBP 6,000～8,000
成交价：RMB 117,824
直径11.5cm 伦敦苏富比 2014.11.05

1387 清雍正 青花荷塘鸳鸯卧足碗
“大清雍正年制”款
估　价：RMB 800,000~1,000,000
成交价：RMB 985,600
直径17.5cm 北京荣宝 2014.06.15

3378 清雍正 青花缠枝花卉盘
“大清雍正年制”楷书款
估　价：RMB 2,800,000~3,600,000
成交价：RMB 3,450,000
直径39.5cm 北京翰海 2014.10.25

3127 清雍正 青花番莲纹馒头心碗
“大清雍正年制”款
估　价：HKD 800,000~1,000,000
成交价：RMB 1,358,800
直径15.3cm 香港苏富比 2014.04.08

3074 清雍正 青花莲托八宝盘
“大清雍正年制”款
估　价：RMB 800,000~1,200,000
成交价：RMB 920,000
直径45cm 北京盈时 2014.05.31

3381 清雍正 黄地青花一束莲盘
“大清雍正年制”楷书款
估　价：RMB 15,000,000~18,000,000
成交价：RMB 18,400,000
直径40cm 北京翰海 2014.10.25

3120 清雍正 青花岁寒三友图小罐
“大清雍正年制”款
估　价：HKD 500,000~700,000
成交价：RMB 692,125
口径7cm 香港苏富比 2014.10.08

650 清雍正 青花缠枝莲团寿纹碗
“大清雍正年制”楷书款
估　价：RMB 700,000~800,000
成交价：RMB 805,000
直径19cm 北京诚轩 2014.11.20

3252 清雍正 青花反白花口碗
估　价：HKD 400,000~600,000
成交价：RMB 394,500
直径19.4cm 佳士得 2014.11.26

3256 清雍正 黄底青花缠枝莲盘
估　价：HKD 4,000,000 ~ 6,000,000
成交价：RMB 4,292,160
直径35cm 佳士得 2014.11.26

3704 清雍正 青花缠枝莲纹印盒
估　价：HKD 1,000,000 ~ 1,500,000
成交价：RMB 1,265,600
直径7cm 香港苏富比 2014.10.08

3258 清乾隆 青花山水纹大瓶
估　价：HKD 1,200,000 ~ 1,500,000
成交价：RMB 1,167,720
高53.4cm 佳士得 2014.11.26

422 清雍正 青花瓜果纹瓜棱罐
“大清雍正年制”楷书款
估　价：RMB 800,000
成交价：RMB 1,736,000
口径10.6cm 天津文物 2014.11.15

6307 清乾隆 青花缠枝花卉六方贯耳瓶
“大清乾隆年制”款
估　价：RMB 3,500,000 ~ 5,500,000
成交价：RMB 3,795,000
高35cm 北京保利 2014.06.04

713 清乾隆 青花如意万寿纹瓶（一对）
“大清乾隆年制”篆书款
估　价：RMB 1,500,000 ~ 2,500,000
成交价：RMB 1,897,500
高13.5cm × 2 北京华辰 2014.04.27

4892 清乾隆 青花三果梅瓶
“大清乾隆年制”篆书款
估 价：RMB 7,000,000～12,000,000
成交价：RMB 12,650,000
高32.5cm 北京翰海 2014.10.26

4891 清乾隆 青花竹石芭蕉玉壶春瓶
“大清乾隆年制”篆书款
估 价：RMB 4,000,000～6,000,000
成交价：RMB 5,750,000
高28.5cm 北京翰海 2014.10.26

270 清乾隆 官窑青花缠枝佛莲托八宝纹盉壶
“大清乾隆年制”款
估 价：RMB 1,800,000～2,000,000
成交价：RMB 2,070,000
高21cm 北京东正 2014.11.20

3383 清乾隆 黄地青花缠枝花卉梅瓶
"大清乾隆年制"篆书款
估 价：RMB 18,000,000~26,000,000
成交价：RMB 23,000,000
高35.3cm 北京翰海 2014.10.25

3433 清乾隆 青花八吉祥纹抱月瓶
估 价：HKD 1,500,000~2,000,000
成交价：RMB 4,856,160
高50.8cm 佳士得 2014.05.28

3008 清乾隆 黄地青花折枝花果纹天球瓶
"大清乾隆年制"款
估 价：HKD 25,000,000~35,000,000
成交价：RMB 32,832,400
高53cm 香港苏富比 2014.04.08

6218 清乾隆 青花海水缠枝花卉纹贯耳大尊
“大清乾隆年制”款
估　价：RMB 5,800,000～8,800,000
成交价：RMB 9,085,000
高51.2cm 北京保利 2014.06.04

425 清乾隆 青花缠枝莲托八吉祥纹铺首衔环耳尊
“大清乾隆年制”篆书款
估　价：RMB 3,000,000
成交价：RMB 4,816,000
高48.9cm 天津文物 2014.11.15

3577 清乾隆 青花缠枝莲纹贯耳尊
“大清乾隆年制”篆书款
估　价：RMB 4,000,000～5,000,000
成交价：RMB 5,175,000
高50cm 中国嘉德 2014.05.18

237 清乾隆 青花缠枝莲纹托八宝大尊
“大清乾隆年制”篆书款
估　价：RMB 2,200,000～2,600,000
成交价：RMB 3,680,000
高49cm 上海道明 2014.03.27

238 清乾隆 青花缠枝莲螭耳鹿头尊
“大清乾隆年制”篆书款
估　价：RMB 3,200,000～3,800,000
成交价：RMB 3,680,000
高43cm 上海道明 2014.03.27

565 清乾隆 御窑青花夔龙纹盖碗尊
“大清乾隆年制”款
估 价：RMB 900,000～1,200,000
成交价：RMB 2,990,000
高19.5cm 北京东正 2014.05.18

968 清乾隆 青花折枝花卉纹笠式碗
“大清乾隆年制”篆书款
估 价：RMB 500,000～1,000,000
成交价：RMB 690,000
高11.5cm 保利厦门 2014.11.01

242 清乾隆 青花饮中八仙碗（一对）
“大清乾隆年制”篆书款
估 价：RMB 400,000～600,000
成交价：RMB 2,530,000
直径9.8cm×2 上海道明 2014.03.27

8272 清乾隆 青花缠枝莲大碗
“大清乾隆年制”款
估 价：RMB 1,000,000～1,500,000
成交价：RMB 1,092,500
直径28.8cm 北京保利 2014.06.06

3502 清乾隆 青花留白云龙纹碗
“大清乾隆年制”青花篆书款
估　价：HKD 350,000～450,000
成交价：RMB 317,975
直径10.3cm 保利香港 2014.04.07

2332 清乾隆 青花高山水长碗
“乾隆丙午”款
估　价：RMB 30,000
成交价：RMB 333,500
直径17.5cm 北京翰海 2014.11.23

3131 清乾隆 青花莲托梵文高足杯
“大清乾隆年制”款
估　价：HKD 300,000～500,000
成交价：RMB 454,250
直径8.6cm 香港苏富比 2014.04.08

3705 清乾隆 黄地青花九桃盘
“大清乾隆年制”款
估　价：HKD 1,500,000～2,000,000
成交价：RMB 1,455,440
直径27cm 香港苏富比 2014.10.08

567 清乾隆 官窑青花龙凤纹折沿大盘
估　价：RMB 900,000～1,000,000
成交价：RMB 1,035,000
直径44cm 北京东正 2014.05.18

229 清乾隆 青花赶珠游龙纹炉
估　价：GBP 10,000～15,000
成交价：RMB 131,800
高37.5cm 伦敦苏富比 2014.05.14

6308 清乾隆 黄地青花一把莲盘
“大清乾隆年制”款
估　价：RMB 1,000,000~1,500,000
成交价：RMB 1,265,000
直径21cm 北京保利 2014.06.04

1384 清乾隆 青花海水鱼化龙纹高足盘
“大清乾隆年制”款
估　价：RMB 800,000~1,000,000
成交价：RMB 896,000
直径22.5cm 北京荣宝 2014.06.15

3084 清嘉庆 青花御题诗海棠式茶盘
“大清嘉庆年制”款
估　价：RMB 350,000~450,000
成交价：RMB 517,500
长16cm 北京盈时 2014.05.31

3598 清乾隆 青花云龙纹缸
“大清乾隆年制”篆书款
估　价：RMB 800,000~1,200,000
成交价：RMB 1,840,000
高13.8cm 北京翰海 2014.05.11

4882 清乾隆 青花锦地缠枝花卉盖罐
估　价：RMB 300,000~600,000
成交价：RMB 575,000
高28.3cm 北京翰海 2014.10.26

1082 清乾隆 青花海水模印龙纹壮罐
估　价：RMB 300,000~500,000
成交价：RMB 560,000
高24.5cm 北京荣宝 2014.03.23

317 清乾隆 青花缠枝莲纹渣斗
"大清乾隆年制"篆书款
估 价：RMB 600,000～700,000
成交价：RMB 828,000
高7.8cm 北京东正 2014.11.20

1696 清道光 青花缠枝花卉赏瓶
"大清道光年制"篆书款
估 价：RMB 1,300,000～1,500,000
成交价：RMB 1,495,000
高36.8cm 北京翰海 2014.10.25

6224 清道光 青花竹石芭蕉玉壶春瓶（一对）
"大清道光年制"款
估 价：RMB 1,600,000～2,600,000
成交价：RMB 2,875,000
高18.5cm×2 北京保利 2014.06.04

730 清乾隆 青花缠枝双钱纹绣墩
估 价：RMB 100,000～150,000
成交价：RMB 184,000
高35cm 保利厦门 2014.11.02

610 清道光 豆青地青花缠枝八宝纹执壶
“大清道光年制”篆书款
估 价：RMB 450,000~900,000
成交价：RMB 713,000
高26.5cm 保利厦门 2014.11.02

625 清嘉庆 青花竹石芭蕉玉壶春瓶
“大清嘉庆年制”篆书款
估 价：RMB 900,000~1,800,000
成交价：RMB 1,150,000
高29cm 保利厦门 2014.11.02

2159 清道光 青花缠枝花卉纹小渣斗（一对）
估 价：USD 25,000~35,000
成交价：RMB 460,125
高8.5cm×2 纽约佳士得 2014.03.20

1367 清道光 青花海水龙纹碗（一对）
“大清道光年制”款
估 价：RMB 250,000~350,000
成交价：RMB 336,000
直径10.3cm×2 北京荣宝 2014.06.15

3551 清咸丰 青花云鹤纹碗
“大清咸丰年制”楷书款
估 价：RMB 200,000~300,000
成交价：RMB 230,000
直径13.8cm 中国嘉德 2014.05.18

3889 清光绪 青花云龙纹大盘
“大清光绪年制”款
估 价：RMB 180,000~280,000
成交价：RMB 253,000
直径38.3cm 中国嘉德 2014.09.21

1219 清光绪 青花龙凤纹赏瓶
“大清光绪年制”款
估 价：RMB 80,000~100,000
成交价：RMB 109,250
高39.5cm 北京传是 2014.06.05

0321 清约1740年 青花开光射手图盖罐及水盆
估 价：GBP 40,000~60,000
成交价：RMB 739,189
尺寸不一 伦敦苏富比 2014.11.05

208 清宣统 青花缠枝花卉纹赏瓶
“大清宣统年制”楷书款
估 价：RMB 20,000~25,000
成交价：RMB 287,500
高38.7cm 上海道明 2014.03.27

1149 清18世纪 青花四方童子图双立耳香炉
估 价：RMB 220,000～450,000
成交价：RMB 253,000
高14.5cm 中贸圣佳 2014.07.06

1030 清光绪 青花云龙纹捧盒
“大清光绪年制”楷书款
估 价：RMB 200,000～250,000
成交价：RMB 230,000
直径28cm 上海敬华 2014.07.01

63 清18世纪 青花龙纹缸
估 价：GBP 15,000～20,000
成交价：RMB 2,177,336
直径61cm 伦敦邦瀚斯 2014.05.15

1397 清 青花百子图将军罐（两件）
估 价：RMB 6,000
成交价：RMB 94,300
高40cm×2 北京翰海 2014.01.11

3593 清 青花缠枝花卉三果天球瓶
“大清乾隆年制”篆书款
估 价：RMB 550,000～650,000
成交价：RMB 690,000
高50.2cm 北京翰海 2014.05.11

5022 清 青花三多蒜口瓶
“大清乾隆年制”篆书款
估 价：RMB 80,000～120,000
成交价：RMB 310,500
高28.5cm 北京翰海 2014.10.26

3202 民国 王步 青花渊明采菊图观音瓶
估 价：RMB 8,000,000～9,000,000
成交价：RMB 11,270,000
高25cm 北京匡时 2014.12.02

4071 民国 王步“梅花香自苦寒来”青花半圆笔洗
估 价：RMB 25,000～60,000
成交价：RMB 28,750
直径15cm 中国嘉德 2014.11.22

3474 民国 王步 青花海棠观雀图笔筒
“王步”款
估 价：RMB 4,600,000～4,800,000
成交价：RMB 5,060,000
高12.5cm 北京匡时 2014.06.03

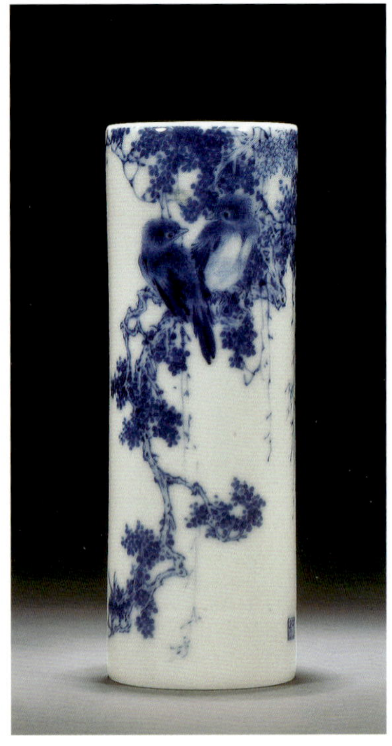

3657 民国 王步绘青花花鸟纹小笔筒
钤印“王步”
估 价：RMB 800,000～1,200,000
成交价：RMB 920,000
高16.5cm 中国嘉德 2014.09.21

99 清 青花龙纹大缸
成交价：RMB 392,000
高61.5cm 武汉中信 2014.10.23

1 清19世纪/20世纪 青花龙纹盘
成交价：RMB 4,504,924
直径51cm 里昂&腾博 2014.06.04

312 清 青花缠枝牡丹花弥勒佛
“魏洪泰造”款
成交价：RMB 287,500
高28.8cm 翰风国际 2014.04.30

2839 民国 王步(传) 寿山福海青花瓷板
估　价：RMB 1,500,000～2,000,000
成交价：RMB 1,897,500
35cm×23.5cm 北京匡时 2014.06.03

7783 2007年 黄卖九 青花四季花鸟长条瓷板（一套）
估　价：RMB 2,200,000～2,600,000
成交价：RMB 2,530,000
79cm×27.4cm×4 北京保利 2014.06.05

4008 白明 青山仁爱 青花山水瓷瓶
估　价：RMB 480,000～500,000
成交价：RMB 552,000
高46cm 中国嘉德 2014.05.20

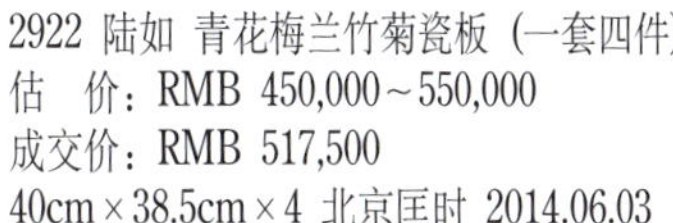

2922 陆如 青花梅兰竹菊瓷板（一套四件）
估　价：RMB 450,000～550,000
成交价：RMB 517,500
40cm×38.5cm×4 北京匡时 2014.06.03

77 20世纪50年代末 王步 泽乡天伦图青花堆白赏盘
“景德镇制”底
成交价：RMB 5,175,000
直径24cm 景德镇华艺 2014.05.25

720 明洪武 釉里红花卉纹菱花式杯 连釉里红缠枝寿菊纹菱口盏托
估 价：HKD 600,000～800,000
成交价：RMB 1,672,320
盏托直径19cm 香港苏富比 2014/5/27

2925 罗小聪 故乡情青花瓷板
估 价：RMB 350,000～450,000
成交价：RMB 575,000
90cm×80cm 北京匡时 2014.06.03

釉里红

3054 元 釉里红洒斑玉壶春
估 价：RMB 3,000,000～5,000,000
成交价：RMB 5,290,000
高21cm 北京盈时 2014.05.31

7994 明洪武 釉里红缠枝花卉玉壶春
估 价：RMB 1,500,000～2,000,000
成交价：RMB 1,725,000
高32cm 北京保利 2014.06.05

2908 明洪武 釉里红缠枝牡丹纹玉壶春瓶
估　价：HKD 15,000,000~20,000,000
成交价：RMB 14,504,160
高32cm 佳士得 2014.05.28

3505 明洪武 釉里红缠枝牡丹菊纹撇口碗
估　价：HKD 3,000,000~4,000,000
成交价：RMB 2,879,240
直径20.4cm 香港苏富比 2014.10.08

3001 明宣德 釉里红三鱼纹高足杯
估　价：HKD 40,000,000~60,000,000
成交价：RMB 34,645,800
高8.8cm 香港苏富比 2014.10.08

3428 清康熙 釉里红团龙纹碗
估　价：HKD 1,500,000～2,500,000
成交价：RMB 1,768,800
直径14.6cm 佳士得 2014.05.28

3119 清乾隆 釉里红团龙纹葫芦瓶
"大清乾隆年制"篆书款
估　价：RMB 13,500,000～18,000,000
成交价：RMB 16,100,000
高30.2cm 中国嘉德 2014.11.20

556 清康熙 御窑釉里红夔凤纹摇铃尊
"大清康熙年制"款
估　价：RMB 1,600,000～1,800,000
成交价：RMB 2,070,000
高17.6cm 北京东正 2014.05.18

3713 清康熙 釉里红狮纹长颈胆瓶
估　价：HKD 50,000～70,000
成交价：RMB 138,425
高14.9cm 香港苏富比 2014.10.08

651 清乾隆 釉里红双凤穿花纹象耳方瓶
“大清乾隆年制”款
估　价：RMB 3,200,000～4,000,000
成交价：RMB 8,280,000
高23cm 北京东正 2014.05.18

70 清 釉里红团龙纹葫芦瓶
估　价：RMB 20,000,000～50,000,000
成交价：RMB 26,400,000
高30.2cm 中信拍卖 2014.07.14

6210 清雍正 釉里红三鱼高足碗
成交价：RMB 575,000
直径15.3cm 北京保利 2014.06.04

4141 清康熙 釉里红摇铃尊
成交价：RMB 2,553,086
高19.5cm 香港九龙 2014.7.28

青花釉里红

4046 元末明初 青花釉里红寿星造像
成交价：RMB 8,206,348
高32.5cm 香港九龙 2014.7.28

332 清康熙 青花釉里红如意牡丹纹盖罐
估　价：GBP 8,000～12,000
成交价：RMB 434,088
高82cm 伦敦苏富比 2014.11.05

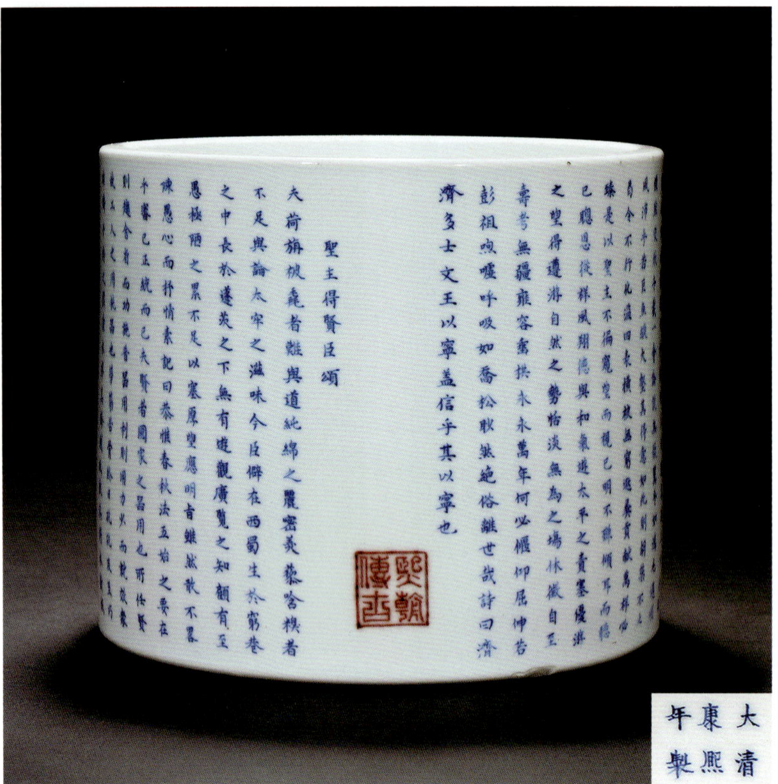

3260 清康熙 青花釉里红圣主得贤臣颂笔筒
“大清康熙年制”青花楷书款
估　价：HKD 1,800,000~2,200,000
成交价：RMB 1,586,746
高16cm；直径19cm 保利香港 2014.10.07

386 清康熙 青花釉里红通景山水人物图仰钟式碗
“大明宣德年制”楷书款
估　价：RMB 50,000
成交价：RMB 134,400
直径14.5cm 天津文物 2014.11.15

219 清康熙 豆青青花釉里红山水图四方瓶
“大清康熙年制”款
估　价：GBP 35,000~45,000
成交价：RMB 395,400
高55cm 伦敦苏富比 2014.05.14

54 清康熙 青花釉里红渔藻纹小缸
成交价：RMB 25,300
直径22cm 北京保利 2014.10.25

1059 清康熙 青花釉里红团花纹摇铃尊
估　价：HKD 5,000,000~8,000,000
成交价：RMB 4,548,250
高23cm 中国嘉德 2014.10.07

6309 清乾隆 青花釉里红缠枝花卉扁瓶
“大清乾隆年制”款
估　价：RMB 1,000,000～1,500,000
成交价：RMB 1,150,000
高26cm 北京保利 2014.06.04

1110 清乾隆 青花釉里红八仙人物福寿纹碗
估　价：RMB 280,000～600,000
成交价：RMB 322,000
直径13cm 中贸圣佳 2014.07.06

3765 清雍正 青花釉里红三果玉壶春
“大清雍正年制”楷书款
估　价：RMB 1,000,000～2,000,000
成交价：RMB 11,270,000
高38cm 北京翰海 2014.05.11

128 清乾隆 青花釉里红狮子绣球图蒜头瓶
“大清乾隆年制”篆书款
估　价：RMB 3,600,000～4,500,000
成交价：RMB 7,245,000
高35.5cm 上海道明 2014.12.11

3128 清乾隆 青花釉里红灵鹿寿老八仙过海图小盘（一对）
"养和堂制"款
估 价：HKD 150,000～250,000
成交价：RMB 444,938
直径7.6cm×2 香港苏富比 2014.10.08

176 清中期 青花釉里红云龙纹洗
估 价：RMB 100,000～150,000
成交价：RMB 115,000
直径26cm 北京保利 2014.10.25

4301 清乾隆 青釉青花釉里红诗文抱月瓶
估 价：RMB 650,000～950,000
成交价：RMB 747,500
高26.5cm 中国嘉德 2014.03.23

263 清乾隆 青花釉里红八仙过海纹六格攒盘
"彩华堂制"款
成交价：RMB 80,616
直径13.5cm 伦敦苏富比 2014.11.05

3558 清晚期 金品卿画青花釉里红花鸟诗文象耳尊
估 价：RMB 600,000～700,000
成交价：RMB 713,000
高40.5cm 中国嘉德 2014.05.18

733 清18世纪 青花釉里红赶珠龙纹玉壶春
估 价：RMB 350,000～550,000
成交价：RMB 575,000
高35.5cm 保利厦门 2014.11.02

97 上世纪50年代末 王步 白菜青花釉里红瓷板
钤印"王步"
成交价：RMB 9,545,000
高61cm；宽30cm 景德镇华艺 2014.05.25

72 民国 王步青花釉里红玉米盘
“竹溪”款
估 价：RMB 1,600,000～2,000,000
成交价：RMB 2,070,000
直径26.1cm 上海道明 2014.03.27

288 明万历 青花五彩龙凤盘
“大明万历年制”款
估 价：RMB 500,000～800,000
成交价：RMB 805,000
直径21.8cm 北京东正 2014.11.20

青花加彩

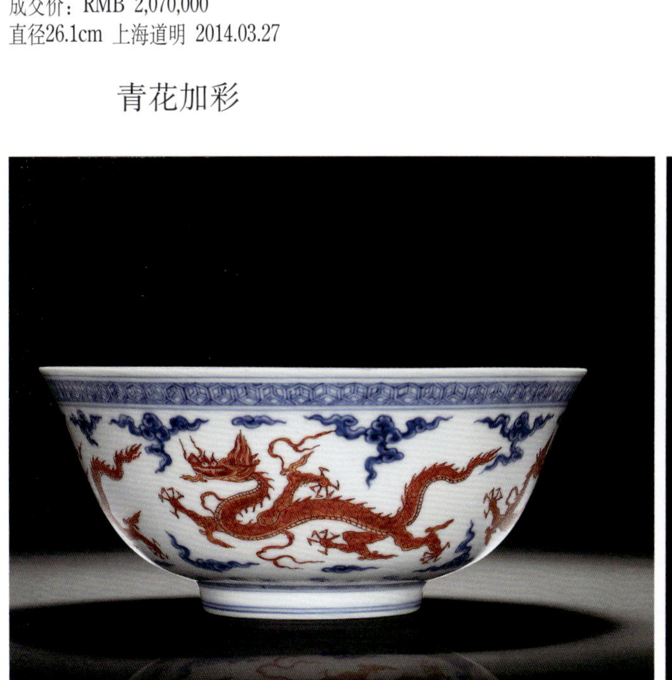

583 明成化 官窑青花矾红五龙宫碗
成交价：RMB 10,810,000
直径21.6cm 北京东正 2014.05.18

8035 明万历 青花五彩龙纹水盂
成交价：RMB 402,500
高5.5cm 北京保利 2014.06.05

638 清顺治 青花五彩双凤牡丹纹罐
成交价：RMB 112,700
高26cm 北京东正 2014.05.18

226 清康熙 青花五彩鸡缸杯
“大明成化年制”款
成交价：RMB 172,500
直径7.8cm 北京保利 2014.10.25

223 明万历 青花五彩人物碗
“大明万历年制”款
成交价：RMB 172,500
直径11cm 北京保利 2014.10.25

2151 清康熙 青花矾红云龙纹碗
成交价：RMB 460,125
直径18cm 纽约佳士得 2014.03.20

300 清康熙 青花五彩在川知乐鱼藻纹盘
“大明嘉靖年制”楷书款
成交价：RMB 667,000
直径20.7cm 北京东正 2014.11.20

327 清康熙 青花绿彩龙纹盘
“大清康熙年制”款
估 价：RMB 400,000～600,000
成交价：RMB 483,000
直径37cm 北京保利 2014.04.26

310 清雍正 青花矾红云龙纹盘
“大清雍正年制”篆书款
估 价：RMB 250,000～300,000
成交价：RMB 333,500
直径20.5cm 北京东正 2014.11.20

96 清雍正 青花矾红云蝠杯
“大清雍正年制”款
估 价：RMB 650,000～850,000
成交价：RMB 862,500
直径7cm 北京保利 2014.10.25

557 清康熙 青花绿彩云龙纹碗（一对）
“大清康熙年制”款
估 价：RMB 1,000,000～1,200,000
成交价：RMB 1,725,000
直径10.2cm×2 北京东正 2014.05.18

966 清雍正 青花红彩海兽纹天字罐
“天”字楷书款
估 价：RMB 800,000～1,200,000
成交价：RMB 1,035,000
高10cm 保利厦门 2014.11.01

3022 清雍正 青花红彩云蝠纹小杯
“大清雍正年制”楷书款
估 价：RMB 600,000～900,000
成交价：RMB 977,500
直径7cm 中国嘉德 2014.11.20

3460 清雍正 青花斗彩碗
估　价：HKD 1,200,000～2,000,000
成交价：RMB 4,373,760
直径15.2cm 佳士得 2014.05.28

2152 清乾隆/嘉庆 青花矾红双龙戏珠纹小杯及杯盏（一组）
估　价：USD 10,000～15,000
成交价：RMB 145,706
直径12.2cm 纽约佳士得 2014.03.20

230 清雍正 青花矾红水波云龙纹折沿大盘
"大清雍正年制"款
估　价：GBP 100,000～150,000
成交价：RMB 2,303,864
直径47.5cm 伦敦苏富比 2014.05.14

3592 清乾隆 青花加紫灵仙祝寿竹石纹瓶
估　价：RMB 780,000～880,000
成交价：RMB 920,000
高46.5cm 北京翰海 2014.05.11

48 清雍正 青花矾红彩灵芝纹盘
"大清雍正年制"款
估　价：GBP 8,000～10,000
成交价：RMB 173,635
直径11.5cm 伦敦苏富比 2014.11.05

6217 清乾隆 矾红地青花海八怪大碗
"大清乾隆年制"款
估 价：RMB 1,000,000~1,500,000
成交价：RMB 1,437,500
直径21cm 北京保利 2014.06.04

1091 清乾隆 青花海水矾红龙纹盘（一对）
"大清乾隆年制"款
估 价：RMB 800,000~1,200,000
成交价：RMB 1,120,000
直径17.5cm×2 北京荣宝 2014.03.23

1369 清道光 青花矾红金莲花纹碗 s(一对)
"大清道光年制"款
估 价：RMB 200,000~350,000
成交价：RMB 224,000
直径8cm×2 北京荣宝 2014.06.15

3587 清嘉庆 青花加紫花卉锥把瓶
估 价：RMB 300,000~400,000
成交价：RMB 345,000
高41.6cm 北京翰海 2014.05.11

3586 清 青花海水梵红彩九龙大盘
"大清乾隆年制"篆书款
估 价：RMB 400,000~600,000
成交价：RMB 667,000
直径51.2cm 北京翰海 2014.05.11

3699 清宣统 青花矾红云蝠纹大罐
“大清宣统年制”款
估　价：RMB 250,000~350,000
成交价：RMB 402,500
高31cm 中国嘉德 2014.09.21

3491 民国 黄地青花缠枝莲浅绛彩山水纹螭龙耳赏瓶
“大清乾隆年制”青花篆书款
估　价：HKD 500,000~700,000
成交价：RMB 454,250
高32.5cm 保利香港 2014.04.07

斗彩

1 明成化 斗彩鸡缸杯
“大明成化年制”款
成交价：RMB 222,179,600
直径8.2cm 香港苏富比 2014.04.08

3573 清康熙 斗彩龙凤纹浅腹碗（一对）
“大清康熙年制”楷书款
估　价：RMB 1,800,000~2,800,000
成交价：RMB 2,070,000
直径11.1cm×2 中国嘉德 2014.05.18

3632 清康熙 斗彩缠枝花卉“万寿”直口碗（一对）
“大清康熙年制”款
估　价：HKD 8,000,000~12,000,000
成交价：RMB 9,049,040
直径14.5cm×2 香港苏富比 2014.10.08

8081 清康熙 斗彩花卉寿桃纹碗
“大清康熙年制”款
估　价：RMB 60,000~80,000
成交价：RMB 724,500
直径14.5cm 北京保利 2014.06.06

6291 清康熙 斗彩鸡缸杯
“大明成化年制”款
估　价：RMB 1,200,000~1,800,000
成交价：RMB 1,380,000
直径8.3cm 北京保利 2014.06.04

964 清康熙 斗彩云鹤龙纹盘（一对）
“大清康熙年制”楷书款
估　价：RMB 750,000~950,000
成交价：RMB 1,035,000
直径14.5cm×2 保利厦门 2014.11.01

3568 清雍正 斗彩花蝶弦纹盉碗
"大清雍正年制"楷书款
估　价：RMB 600,000～800,000
成交价：RMB 1,437,500
直径17.5cm 中国嘉德 2014.05.18

3111 清雍正 斗彩三多碗
"大清雍正年制"款
估　价：HKD 800,000～1,000,000
成交价：RMB 3,065,200
直径16cm 香港苏富比 2014.04.08

2910 清雍正 斗彩团花纹碗
"大清雍正年制"楷书款
估　价：HKD 2,800,000～4,000,000
成交价：RMB 2,926,560
直径244cm 佳士得 2014.05.28

106 清雍正 斗彩缠枝花卉纹碗
"大清雍正年制"款
成交价：RMB 1,924,280
直径13.5cm 伦敦苏富比 2014.05.14

3716 清雍正 斗彩喜上眉梢图小瓶
"大清雍正年制"款
成交价：RMB 642,688
高8.7cm 香港苏富比 2014.10.08

256 清雍正 斗彩忍冬纹碗（一对）
“大清雍正年制”款
估 价：RMB 800,000～1,000,000
成交价：RMB 1,265,000
直径12.2cm×2 北京东正 2014.11.20

3112 清雍正 斗彩番莲纹碗（一对）
“大清雍正年制”款
估 价：HKD 1,600,000～1,800,000
成交价：RMB 1,548,400
直径10.2cm×2 香港苏富比 2014.04.08

3101 清雍正 斗彩梅鹊报喜图卧足杯
“大清雍正年制”款
估 价：HKD 1,200,000～1,500,000
成交价：RMB 4,777,640
直径6.9cm 香港苏富比 2014.10.08

560 清雍正 御窑斗彩团菊纹碗
“大清雍正年制”款
估 价：RMB 1,000,000～1,200,000
成交价：RMB 2,127,500
直径11.8cm 北京东正 2014.05.18

631 清雍正 斗彩暗八仙纹碗（一对）
“大清雍正年制”楷书款
估 价：RMB 1,200,000～1,500,000
成交价：RMB 2,990,000
直径15.2cm×2 北京诚轩 2014.05.19

3109 清雍正 斗彩鸡缸杯（一对）
“大清雍正年制”款
估 价：HKD 12,000,000～15,000,000
成交价：RMB 26,196,400
直径8cm×2 香港苏富比 2014.04.08

3960 清雍正 斗彩缠枝莲托梵文杯（一对）
“大清雍正年制”款
估 价：RMB 1,000,000～1,200,000
成交价：RMB 4,370,000
直径6cm；高5cm 北京匡时 2014.06.04

3631 清雍正 斗彩鸡缸杯（一对）
“成化年制”仿款
估 价：HKD 1,500,000～2,000,000
成交价：RMB 2,119,880
直径6.6cm×2 香港苏富比 2014.10.08

3103 清雍正 斗彩一路连科图卧足杯
“大清雍正年制”款
估 价：HKD 600,000～800,000
成交价：RMB 1,930,040
直径8cm 香港苏富比 2014.10.08

3630 清雍正 斗彩翠竹纹小酒杯
“大清雍正年制”款
估 价：HKD 1,000,000～1,500,000
成交价：RMB 1,835,120
直径6.5cm 香港苏富比 2014.10.08

624 清雍正 斗彩灵仙祝寿纹盘
“大清雍正年制”楷书款
估 价：RMB 1,200,000~2,200,000
成交价：RMB 2,645,000
直径20.6cm 保利厦门 2014.11.02

4927 清雍正 斗彩花卉盘
“大清雍正年制”楷书款
估 价：RMB 1,500,000~1,800,000
成交价：RMB 1,840,000
直径20cm 北京翰海 2014.10.26

2324 清雍正 斗彩福寿盖罐
“大清雍正年制”款
估 价：RMB 4,000,000
成交价：RMB 4,830,000
高18cm 北京翰海 2014.08.24

3633 清雍正 斗彩并蒂莲纹小盘（一对）
“大清雍正年制”款
估 价：HKD 1,200,000~1,500,000
成交价：RMB 1,170,680
直径11.7cm×2 香港苏富比 2014.10.08

257 清雍正 御窑斗彩福禄万代盘（一对）
“大清雍正年制”款
估 价：RMB 2,800,000~3,000,000
成交价：RMB 3,565,000
直径27cm×2 北京东正 2014.11.20

2911 清雍正 斗彩芝仙贺寿图盘（一对）
“大清雍正年制”楷书款
估 价：HKD 4,800,000~5,800,000
成交价：RMB 5,820,960
直径20.6cm×2 佳士得 2014.05.28

655 清乾隆 斗彩荷塘鸳鸯纹碗（一对）
“大清乾隆年制”款
估 价：RMB 300,000~350,000
成交价：RMB 1,138,500
直径10cm×2 北京东正 2014.05.18

2265 清道光 斗彩兰草杯
“大清道光年制”款
估 价：RMB 12,000
成交价：RMB 517,500
高5.8cm 北京翰海 2014.04.13

104 18世纪 斗彩道教神仙纹杯
“大明成化年制”仿款
估 价：GBP 5,000~7,000
成交价：RMB 289,960
直径7.8cm 伦敦苏富比 2014.05.14

3304 清乾隆 斗彩龙纹盘
估 价：HKD 1,500,000~2,600,000
成交价：RMB 1,357,080
直径20.1cm 佳士得 2014.11.26

239 清乾隆 斗彩缠枝莲纹花盆 一对连盆托
“大清乾隆年制”篆书款
估 价：RMB 1,000,000~1,200,000
成交价：RMB 1,150,000
长16.8cm；长17.2cm 上海道明 2014.03.27

6222 清嘉庆 斗彩荷塘鸳鸯卧足碗
“大清嘉庆年制”款
估 价：RMB 800,000～1,200,000
成交价：RMB 1,092,500
直径16.5cm 北京保利 2014.06.04

1078 清道光 斗彩宝相花纹碗（一对）
“大清道光年制”款
估 价：RMB 500,000～700,000
成交价：RMB 840,000
直径14.3cm×2 北京荣宝 2014.03.23

4092 清同治 斗彩荷塘鸳鸯纹碗（一对）
“大清同治年制”款
估 价：RMB 180,000～200,000
成交价：RMB 207,000
直径10.2cm×2 北京匡时 2014.06.04

红绿彩

3701 明嘉靖 红绿彩水波龙纹杯
“大明嘉靖年制”款
估 价：HKD 500,000～700,000
成交价：RMB 494,375
直径8.7cm 香港苏富比 2014.10.08

833 明万历 红绿彩花卉纹葫芦瓶
估 价：RMB 100,000～200,000
成交价：RMB 101,700
高33cm 广东省拍 2014.06.22

543 明嘉靖 红绿彩洞石花卉纹盖盒
“大明嘉靖年制”款
估　价：RMB 400,000～500,000
成交价：RMB 460,000
直径13.4cm 北京东正 2014.05.18

27 朱乐耕 2010年 待·红绿彩瓷板
估　价：RMB 500,000～700,000
成交价：RMB 713,000
高80cm；宽80cm 景德镇华艺 2014.10.20

30 明嘉靖 金襴手仕女执壶连木盖
估　价：GBP 20,000～30,000
成交价：RMB 322,465
高35.2cm 伦敦苏富比 2014.11.05

667 明万历 五彩博古图碗
“大明万历年制”楷书款
估　价：RMB 150,000～200,000
成交价：RMB 425,500
直径19.5cm 北京诚轩 2014.11.20

327 明万历 五彩云龙献寿纹大盘
“大明万历年制”款
估　价：RMB 2,200,000～2,600,000
成交价：RMB 3,105,000
直径32cm 江苏爱涛 2014.07.05

五 彩

3385 元 卵白釉暗刻五彩戗金碗
成交价：RMB 74,750,000
直径17cm 北京翰海 2014.10.25

3005 明万历 五彩花果纹盘
“大明万历年制”款
估　价：HKD 300,000~400,000
成交价：RMB 884,800
直径26.3cm 香港苏富比 2014.04.08

0246 明万历 五彩瑞兽纹促织罐
“大明万历年制”楷书款
估　价：RMB 800,000~900,000
成交价：RMB 920,000
高11.8cm 北京东正 2014.11.20

0285 17世纪 五彩婴戏瑞兽纹插屏
估　价：GBP 4,000~6,000
成交价：RMB 210,880
高12cm 伦敦苏富比 2014.05.14

243 明嘉靖 五彩鱼藻图罐
“大明嘉靖年制”款
估　价：USD 200,000~300,000
成交价：RMB 5,184,075
高36cm 纽约苏富比 2014.03.18

1397 明崇祯7年（公元1634年） 五彩海水龙纹盘
“甲戌春孟赵府造用”款
估　价：RMB 1,200,000~1,800,000
成交价：RMB 1,344,000
直径26.5cm 北京荣宝 2014.06.15

3105 明隆庆 五彩双龙戏珠纹盘
“大明隆庆年制”款
估　价：HKD 300,000~400,000
成交价：RMB 1,074,400
直径34cm 香港苏富比 2014.04.08

3384 清康熙 米黄釉五彩玉堂富贵玉壶春瓶
估　价：RMB 36,000,000～46,000,000
成交价：RMB 89,700,000
高25.3cm 北京翰海 2014.10.25

6295 清康熙 五彩菊花花神杯
“大清康熙年制”款
估　价：RMB 1,600,000～2,600,000
成交价：RMB 2,760,000
直径6.5cm 北京保利 2014.06.04

302 清顺治 五彩龙凤纹罐
估　价：RMB 40,000～50,000
成交价：RMB 74,750
高32cm 北京东正 2014.11.20

3317 清康熙 五彩龙纹碗
估　价：HKD 600,000～800,000
成交价：RMB 1,093,440
直径13.1cm 佳士得 2014.05.28

267 清康熙 五彩八仙观音瓶
“天都寄浮子”“吴”“玩”款
估　价：RMB 800,000～950,000
成交价：RMB 1,610,000
高45cm 上海道明 2014.03.27

3114 清康熙 五彩婴戏纹大碗（一对）
“大明成化年制”楷书款
估　价：RMB 400,000～600,000
成交价：RMB 598,000
直径22.7cm×2 中国嘉德 2014.11.20

3107 清康熙 五彩花鸟图卧足碗
“大清康熙年制”款
估　价：HKD 1,200,000～1,600,000
成交价：RMB 4,013,200
直径13.6cm 香港苏富比 2014.04.08

2127 清康熙 五彩昭君出塞图碗
估　价：USD 20,000～30,000
成交价：RMB 1,208,595
直径12.2cm 纽约佳士得 2014.03.20

433 清康熙 五彩麻姑献寿纹盘
估　价：USD 40,000～60,000
成交价：RMB 498,469
直径40cm 纽约苏富比 2014.03.18

1057 清康熙 五彩花神杯
“大清康熙年制”楷书款
估　价：HKD 500,000～800,000
成交价：RMB 1,637,370
高7cm 中国嘉德 2014.10.07

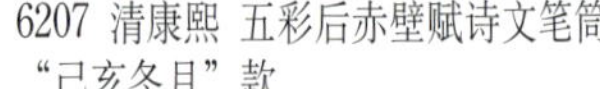

6207 清康熙 五彩后赤壁赋诗文笔筒
“己亥冬月”款
估　价：RMB 1,200,000～1,800,000
成交价：RMB 1,380,000
高16cm；直径18cm 北京保利 2014.06.04

3024 清嘉庆 珊瑚红地五彩描金婴戏图碗（一对）
“大清嘉庆年制”款
估　价：RMB 1,500,000～2,500,000
成交价：RMB 1,955,000
直径21cm×2 北京盈时 2014.05.31

3526 清康熙 五彩荷塘鸳鸯纹碗
“大清康熙年制”楷书款
估　价：RMB 550,000～850,000
成交价：RMB 1,150,000
直径17.7cm 中国嘉德 2014.05.18

3493 清雍正 墨地五彩缠枝番莲纹观音尊
估　价：RMB 850,000～950,000
成交价：RMB 977,500
高20.7cm 中国嘉德 2014.05.18

4009 清雍正 五彩鹬蚌相争图卧足杯
“大清雍正年制”款
估　价：RMB 1,200,000～1,700,000
成交价：RMB 1,380,000
直径7cm×2 北京匡时 2014.06.04

311 清康熙 五彩花卉纹冰盆
估 价：GBP 60,000～80,000
成交价：RMB 1,215,445
直径56cm 伦敦苏富比 2014.11.05

2933 戴荣华 映日荷花别样红古彩瓷瓶
估 价：RMB 400,000～550,000
成交价：RMB 575,000
高35.3cm 北京匡时 2014.06.03

0070 2011年 戴荣华 春江花月夜黑地古彩瓷盘
估 价：RMB 1,500,000～2,000,000
成交价：RMB 1,725,000
直径50.5cm 景德镇华艺 2014.05.25

7865 2014年 郭文光 釉下五彩阿罗汉图瓷板
估 价：RMB 300,000～380,000
成交价：RMB 437,000
112cm×106cm 北京保利 2014.06.05

三 彩

2077 唐 蓝釉三彩三足炉
估 价：USD 20,000～30,000
成交价：RMB 214,725
宽21.6cm 纽约佳士得 2014.03.20

3061 明中期 素三彩坐岩观音
估 价：RMB 16,000～25,000
成交价：RMB 74,750
高44cm 中鸿信 2014.11.22

3001 明 素三彩门神（一对）
估　价：RMB 50,000～80,000
成交价：RMB 172,500
高70cm×2 上海嘉泰 2014.06.19

650 明正德 素三彩荷叶形洗
“正德年制”楷书横款
估　价：RMB 1,000,000～1,200,000
成交价：RMB 2,070,000
直径24.5cm 北京诚轩 2014.05.19

3119 清康熙 素三彩暗划龙纹花果彩蝶图碗
“大清康熙年制”款
成交价：RMB 276,500
直径14.8cm 香港苏富比 2014.04.08

1101 清康熙 黄地素三彩喜鹊登梅纹大凤尾尊
“大明成化年制”款
估　价：RMB 800,000～1,200,000
成交价：RMB 952,000
北京荣宝 2014.03.23

2177 清康熙 黄地紫绿彩双龙戏珠纹盘
估　价：USD 40,000～60,000
成交价：RMB 766,875
直径35.5cm 纽约佳士得 2014.03.20

718 清康熙 墨地素三彩二龙戏珠纹折沿大盘
“大清康熙年制”青花楷书款
估　价：RMB 420,000
成交价：RMB 632,500
直径36cm 太平洋 2014.03.21

3112 清康熙 素三彩暗刻龙纹花果图盘
“大清康熙年制”楷书款
估　价：RMB 1,000,000～1,500,000
成交价：RMB 1,150,000
直径24.8cm 中国嘉德 2014.11.20

3303 清康熙 素三彩盘
估　价：HKD 800,000～1,200,000
成交价：RMB 1,073,040
直径25.1cm 佳士得 2014.11.26

946 清康熙 素三彩暗刻龙纹山石牡丹图大盘（一对）
“大清康熙年制”楷书款
估　价：RMB 1,200,000～1,500,000
成交价：RMB 1,495,000
直径32cm×2 上海敬华 2014.07.01

2839 清康熙 墨地三彩绣球花卉太白尊
“大清康熙年制”楷书款
估　价：RMB 4,800,000～6,000,000
成交价：RMB 6,440,000
高8.9cm 西泠拍卖 2014.12.13

112 清康熙 素三彩瑞果暗刻龙纹盘（一对）
“大清康熙年制”款
估　价：GBP 60,000～80,000
成交价：RMB 1,544,696
直径24.8cm×2 伦敦苏富比 2014.05.14

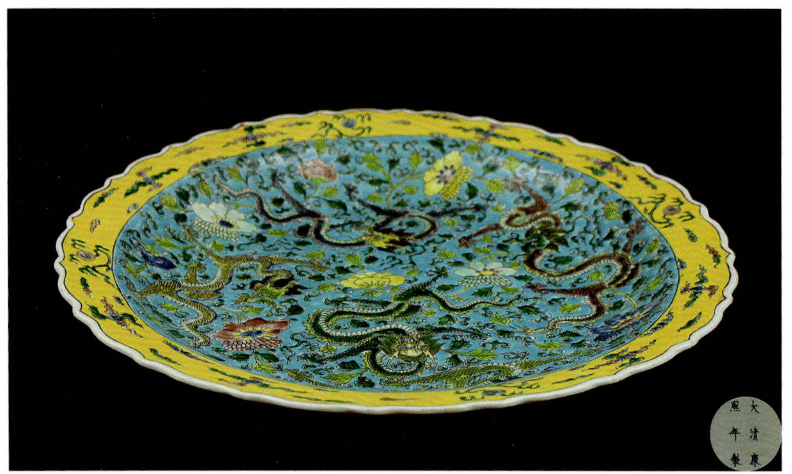

251 黄地素三彩龙纹大盘
估　价：RMB 6,900,000～7,500,000
成交价：RMB 3,520,000
口径45.3cm 中信拍卖 2014.07.14

275 乌金釉素三彩双龙捧珠抱月瓶
估　价：RMB 6,000,000～6,500,000
成交价：RMB 6,820,000
高39.3cm 中信拍卖 2014.07.14

4994 清康熙 素三彩人物海棠式四足几
估　价：RMB 55,000～65,000
成交价：RMB 64,400
长13.5cm 北京翰海 2014.10.26

390 清康熙 釉下三彩洞石花蝶纹观音瓶
“大明宣德年制”楷书款
估　价：RMB 120,000
成交价：RMB 134,400
高23.7cm 天津文物 2014.11.15

3481 清康熙 釉里三彩山水人物图笔筒
估　价：RMB 50,000～80,000
成交价：RMB 230,000
直径18cm 中国嘉德 2014.05.18

粉 彩

3316 清康熙 粉彩杯
估 价：HKD 400,000~600,000
成交价：RMB 753,750
直径6.3cm 佳士得 2014.05.28

3314 清康熙 粉彩鸡缸杯
估 价：HKD 600,000~800,000
成交价：RMB 1,189,920
直径6.7cm 佳士得 2014.05.28

2914 清雍正 粉彩玉堂富贵天球瓶
"大清雍正年制"篆书款
估 价：HKD 12,000,000~15,000,000
成交价：RMB 9,680,160
高51cm 佳士得 2014.05.28

3320 清雍正 粉彩撇口瓶
估 价：HKD 12,000,000~18,000,000
成交价：RMB 28,011,360
高24.5cm 佳士得 2014.05.28

3712 清雍正 粉彩菊花纹笠式杯
“大清雍正年制”款
估 价：HKD 2,200,000～2,800,000
成交价：RMB 4,018,280
直径10.1cm 香港苏富比 2014.10.08

3102 清雍正 斗彩加粉彩云蝠图小杯
“大清雍正年制”款
估 价：HKD 800,000～1,200,000
成交价：RMB 2,499,560
直径6.8cm 香港苏富比 2014.10.08

3641 清雍正 粉彩没骨花蝶纹碗
“大清雍正年制”款
成交价：RMB 494,375
直径14.8cm 香港苏富比 2014.10.08

3020 清雍正 粉彩喜鹊登梅图小杯
“大清雍正年制”楷书款
估 价：RMB 300,000～500,000
成交价：RMB 920,000
直径5.5cm 中国嘉德 2014.11.20

3461 清雍正 粉彩花鸟长颈瓶
估 价：HKD 900,000～1,200,000
成交价：RMB 1,672,320
高32cm 佳士得 2014.05.28

3643 清雍正 墨地粉彩缠枝花卉纹碗
估　价：HKD 150,000～200,000
成交价：RMB 593,250
直径7cm 香港苏富比 2014.10.08

3021 清雍正 粉彩蝶恋花小碗
“大清雍正年制”楷书款
估　价：RMB 600,000～800,000
成交价：RMB 1,265,000
直径9cm 中国嘉德 2014.11.20

562 清雍正 官窑粉彩富贵牡丹纹盘
“大清雍正年制”款
估　价：RMB 800,000～900,000
成交价：RMB 920,000
直径19.4cm 北京东正 2014.05.18

3376 清雍正 粉彩榴开百子花卉碗（两件）
“大清雍正年制”楷书款
估　价：RMB 2,000,000～2,600,000
成交价：RMB 2,530,000
直径12cm×2 北京翰海 2014.10.25

0563 清雍正 御窑黄地粉彩八鹤纹碗（一对）
“大清雍正年制”款
估　价：RMB 2,300,000～2,500,000
成交价：RMB 3,450,000
直径14.9cm×2 北京东正 2014.05.18

2213 清雍正 粉彩花卉纹碗（一对）
估　价：USD 60,000～80,000
成交价：RMB 2,828,235
直径9.2cm×2 纽约佳士得 2014.03.20

3319 清雍正 粉彩福寿纹盘
估 价：HKD 40,000,000~60,000,000
成交价：RMB 37,016,160
直径20.7cm 佳士得 2014.05.28

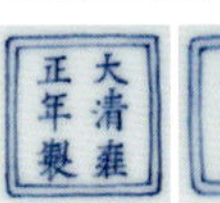

6211 清雍正 粉彩虞美人花卉碗（一对）
“大清雍正年制”款
估 价：RMB 5,000,000~7,000,000
成交价：RMB 6,325,000
直径9.5cm×2 北京保利 2014.06.04

2915 清雍正 粉彩过枝福寿双全盘
“大清雍正年制”楷书款
估 价：HKD 5,000,000~7,000,000
成交价：RMB 4,084,320
直径21cm 佳士得 2014.05.28

307 清雍正 粉彩仕女图盘（一对）
“大清雍正年制”楷书款
估 价：RMB 500,000~600,000
成交价：RMB 690,000
直径16.6cm×2 北京东正 2014.11.20

317 清乾隆 粉彩立鹰（一对）
估 价：GBP 20,000～30,000
成交价：RMB 434,088
高38cm×2 伦敦苏富比 2014.11.05

315 清雍正 粉彩花果山水纹八方盖罐（一对）
估 价：GBP 25,000～30,000
成交价：RMB 471,295
高69.5cm×2 伦敦苏富比 2014.11.05

3465 清乾隆 粉彩描金无量寿佛像
估 价：HKD 300,000～500,000
成交价：RMB 1,286,400
高30cm 佳士得 2014.05.28

268 清乾隆 御窑粉彩描金无量寿佛座像
估 价：RMB 4,000,000～4,500,000
成交价：RMB 6,210,000
高29cm 北京东正 2014.11.20

51A 清乾隆 绿地粉彩八吉祥莲纹长颈瓶（一对）
"大清乾隆年制"款
估 价：GBP 200,000～300,000
成交价：RMB 7,763,965
高31cm×2 伦敦苏富比 2014.11.05

3326 清乾隆 松石绿地粉彩双螭耳大瓶
估　价：HKD 20,000,000～30,000,000
成交价：RMB 23,508,960
高75.7cm 佳士得 2014.05.28

84 清乾隆 御制粉彩双龙桃蝠纹螭龙耳抱月瓶
“大清乾隆年制”篆书款
估　价：GBP 100,000～150,000
成交价：RMB 2,303,864
高21.5cm 伦敦邦瀚斯 2014.05.15

3575 清乾隆 松石绿地粉彩开光群仙祝寿双耳大瓶
估　价：RMB 800,000～1,200,000
成交价：RMB 1,380,000
高82cm 中国嘉德 2014.05.18

4884 清乾隆 黄地粉彩缠枝花卉八吉祥贲巴瓶
“大清乾隆年制”篆书款
估　价：RMB 2,600,000～3,000,000
成交价：RMB 3,450,000
高26cm 北京翰海 2014.10.26

3639 清乾隆 黄地洋彩轧道锦地折枝洋花玉壶春瓶
“乾隆年制”款
估　价：HKD 30,000,000～40,000,000
成交价：RMB 45,276,840
高29.3cm 香港苏富比 2014.10.08

3050 清乾隆 粉红地粉彩开光式御制诗花卉图灯笼瓶
“大清乾隆年制”款
估　价：HKD 6,000,000～8,000,000
成交价：RMB 15,578,800
高28.8cm 香港苏富比 2014.04.08

57 清乾隆 粉彩轧道花卉开光双耳转心瓶
估　价：RMB 8,000,000～9,000,000
成交价：RMB 17,600,000
高38cm 中信拍卖 2014.07.14

269 清乾隆 御窑洋彩蟠桃九熟天球尊
估　价：RMB 5,000,000～6,000,000
成交价：RMB 14,950,000
高50cm 北京东正 2014.11.20

965 清乾隆 粉彩福寿双龙纹抱月瓶
“大清乾隆年制”篆书款
估　价：RMB 2,500,000～3,500,000
成交价：RMB 3,680,000
高22cm 保利厦门 2014.11.01

1094 清乾隆 豆青釉粉彩竹节形壁瓶
“大清乾隆年制”款
估　价：RMB 1,200,000～1,800,000
成交价：RMB 1,680,000
高15.5cm 北京荣宝 2014.03.23

3327 清乾隆 粉彩六角瓶
估　价：HKD 3,000,000～5,000,000
成交价：RMB 3,698,400
高45cm 佳士得 2014.05.28

5514 清乾隆 松石绿地洋彩胭脂料彩苍龙教子天球瓶
"大清乾隆年制"款
估　价：RMB 12,000,000～22,000,000
成交价：RMB 14,375,000
高54.5cm 北京保利 2014.12.03

4128 清乾隆 黄地压道粉彩葫芦瓶
成交价：RMB 3,829,629
高39.5cm 香港九龙 2014.7.28

3646 清乾隆 粉彩过枝癞瓜纹碗（一对）
"大清乾隆年制"款
成交价：RMB 980,840
直径10.8cm 香港苏富比 2014.10.08

171 清乾隆 黄地粉彩缠枝花卉纹碗
"乾隆年制"款
估　价：USD 50,000～70,000
成交价：RMB 2,606,525
直径15.2cm 纽约苏富比 2014.09.16

8205 清乾隆 黄地粉彩花卉盘（一对）
"大清乾隆年制"款
估　价：RMB 350,000～550,000
成交价：RMB 552,000
直径19.5cm 北京保利 2014.06.06

322 清乾隆 黄地洋彩佛日长明碗
"乾隆年制"楷书款
成交价：RMB 517,500
直径11.5cm 北京东正 2014.11.20

724 清乾隆 粉彩过枝癞瓜纹碗
成交价：RMB 321,600
直径11.2cm 香港苏富比 2014/5/27

3579 清乾隆 松石绿地粉彩螭龙番莲纹长方花盆（一对）
“大清乾隆年制”篆书款
成交价：RMB 2,300,000
长25cm 中国嘉德 2014.05.18

1710 清乾隆 霁蓝釉描金开光粉彩山水瓜棱罐（两件）
“大清乾隆年制”篆书款
估 价：RMB 1,600,000～2,000,000
成交价：RMB 1,840,000
高9.5cm×2 北京翰海 2014.10.25

6215 清乾隆 粉彩御题诗鸡缸杯（一对）
“大清乾隆仿古”款
估 价：RMB 3,500,000～5,500,000
成交价：RMB 7,590,000
直径6.5cm 北京保利 2014.06.04

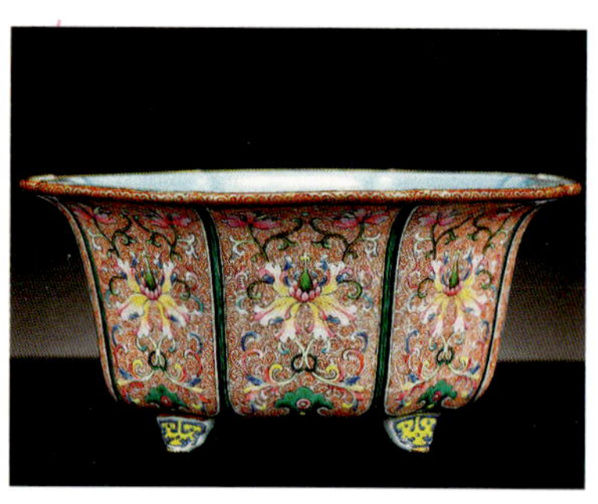

241 清乾隆 洋彩粉红锦地西番莲葵口花盆
估 价：RMB 900,000～1,200,000
成交价：RMB 1,012,000
长18.8cm 上海道明 2014.03.27

243 清乾隆 藕粉地粉彩西番莲纹折沿盘
“大清乾隆年制”篆书款
成交价：RMB 552,000
直径38.4cm 上海道明 2014.03.27

2215 清乾隆 粉彩云龙纹盖罐
估 价：USD 40,000～60,000
成交价：RMB 1,355,835
高21cm 纽约佳士得 2014.03.20

6301 清乾隆 粉彩百花不露地椭圆盘
“大清乾隆年制”款
估　价：RMB 500,000~800,000
成交价：RMB 2,070,000
长16.5cm 北京保利 2014.06.04

3106 清乾隆 粉彩墨书御制诗圆笔筒
“大清乾隆年制”款
估　价：HKD 2,500,000~3,500,000
成交价：RMB 10,947,440
直径10.2cm 香港苏富比 2014.10.08

1088 清乾隆 粉彩葫芦形斋戒牌
估　价：HKD 50,000~80,000
成交价：RMB 191,027
长6.7cm 中国嘉德 2014.10.07

461 清乾隆 粉彩婴戏图墨床
估　价：RMB 26,000
成交价：RMB 33,600
长8.5cm 天津文物 2014.11.15

0324 清乾隆 粉彩描金福禄“斋戒”牌
估　价：RMB 450,000~500,000
成交价：RMB 517,500
长6.5cm 北京东正 2014.11.20

6214 清乾隆 松石绿地粉彩福寿双喜大折沿洗
估 价：RMB 1,200,000～2,200,000
成交价：RMB 1,725,000
直径45cm 北京保利 2014.06.04

3118 清乾隆 粉彩御题诗牧牛图瓷板
估 价：RMB 450,000～550,000
成交价：RMB 517,500
25cm×9.5cm 中国嘉德 2014.11.20

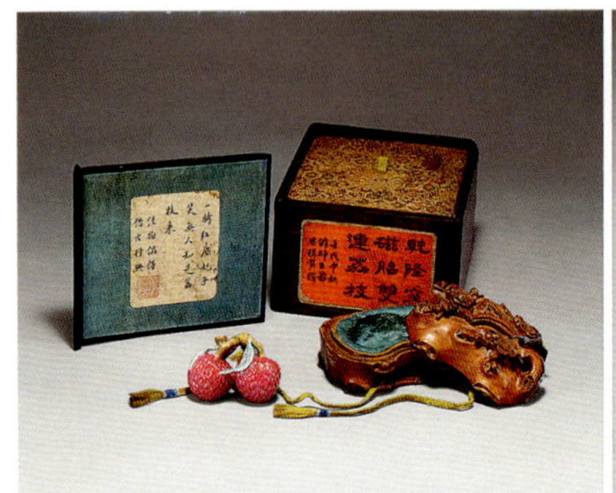

4914 清乾隆 粉彩仿生荔枝
成交价：RMB 690,000
长6cm 北京翰海 2014.10.26

3645 清乾隆 仿竹纹粉彩开光花卉纹方笔筒
“乾隆年制”款
估 价：HKD 400,000～600,000
成交价：RMB 1,075,760
直径8.3cm 香港苏富比 2014.10.08

3053 清乾隆 胭脂红地粉彩轧道缠枝花卉纹鼓墩式迎手
成交价：RMB 1,927,600
高20.7cm 香港苏富比 2014.04.08

4018 清乾隆 松石绿地粉彩缠枝莲开光五子登图洗
估　价：RMB 35,000～55,000
成交价：RMB 55,200
直径35.5cm 中国嘉德 2014.09.21

954 清乾隆 粉彩描金镂空夔龙莲花纹香熏
“乾隆年制”楷书款
估　价：RMB 450,000～550,000
成交价：RMB 747,500
高8.5cm 上海敬华 2014.07.01

2216 清乾隆 绿地粉彩缠枝佛塔
估　价：USD 100,000～150,000
成交价：RMB 766,875
高38cm 纽约佳士得 2014.03.20

3092 清乾隆 粉彩喜鹊登枝图诗文小插屏
估　价：RMB 20,000～30,000
成交价：RMB 437,000
高23cm 中国嘉德 2014.11.20

3030 清乾隆 粉彩浮雕佛塔
估　价：RMB 8,000,000～12,000,000
成交价：RMB 12,650,000
高42.5cm 北京盈时 2014.05.31

3650 清乾隆/嘉庆 粉彩山水人物图笔筒
估 价：HKD 300,000～400,000
成交价：RMB 593,250
高19cm 香港苏富比 2014.10.08

3466 清乾隆/嘉庆 粉彩瓶
估 价：HKD 600,000～800,000
成交价：RMB 1,093,440
高74.3cm 佳士得 2014.05.28

272 清嘉庆 御窑粉彩九秋图双龙耳瓶（一对）
估 价：RMB 4,200,000～4,500,000
成交价：RMB 5,405,000
高73.5cm 北京东正 2014.11.20

479 清乾隆/嘉庆 粉彩描金五云迎晓日挂瓶
估 价：USD 30,000～50,000
成交价：RMB 498,469
高18.7cm 纽约苏富比 2014.03.18

571 清嘉庆 御窑粉彩青绿地吉祥如意瓶
“大清嘉庆年制”款
估　价：RMB 3,800,000～4,000,000
成交价：RMB 6,785,000
高29cm 北京东正 2014.05.18

3487 清嘉庆 粉彩缠枝莲螭龙纹福寿撇口瓶
“大清嘉庆年制”篆书款
估　价：HKD 1,200,000～1,800,000
成交价：RMB 1,090,200
高28.6cm 保利香港 2014.04.07

3283 清嘉庆 嫩绿地粉彩群仙祝寿图双耳瓶
“大清嘉庆年制”篆书款
估　价：HKD 3,000,000～3,800,000
成交价：RMB 2,613,464
高70cm 保利香港 2014.10.07

273 清嘉庆 官窑粉彩过枝籁瓜杯（一对）
“大清嘉庆年制”款
估　价：RMB 800,000～1,000,000
成交价：RMB 920,000
直径11cm 北京东正 2014.11.20

3054 清嘉庆 粉红地粉彩年年有余图碗（一对）
“大清嘉庆年制”款
估　价：HKD 200,000～300,000
成交价：RMB 979,600
直径18.2cm×2 香港苏富比 2014.04.08

88 清嘉庆 御制黄花梨嵌粉彩山水人物图瓷板屏风十二扇
估　价：GBP 800,000～1,200,000
成交价：RMB 8,250,680
宽383cm×高175cm 伦敦邦瀚斯 2014.05.15

5738 清嘉庆 珊瑚红地开光御题诗椭圆盘（一对）
估　价：RMB 1,200,000～1,500,000
成交价：RMB 1,495,000
长16cm 北京保利 2014.12.03

170 清嘉庆 粉彩百子图碗
“大清嘉庆年制”款
估　价：USD 10,000～12,000
成交价：RMB 245,320
直径11.7cm 纽约苏富比 2014.09.16

3993 清嘉庆 粉彩七珍火焰形供器
“大清嘉庆年制”款
估　价：RMB 700,000～800,000
成交价：RMB 805,000
高30.7cm 北京匡时 2014.06.04

117 清嘉庆 粉彩龙凤呈祥纹罐
“大清嘉庆年制”款
估　价：GBP 80,000~120,000
成交价：RMB 1,291,640
高26cm 伦敦苏富比 2014.05.14

654 清嘉庆 粉彩缠枝莲托八宝纹香熏
“大清嘉庆年制”款
估　价：RMB 2,800,000~3,000,000
成交价：RMB 3,565,000
高27cm 北京东正 2014.05.18

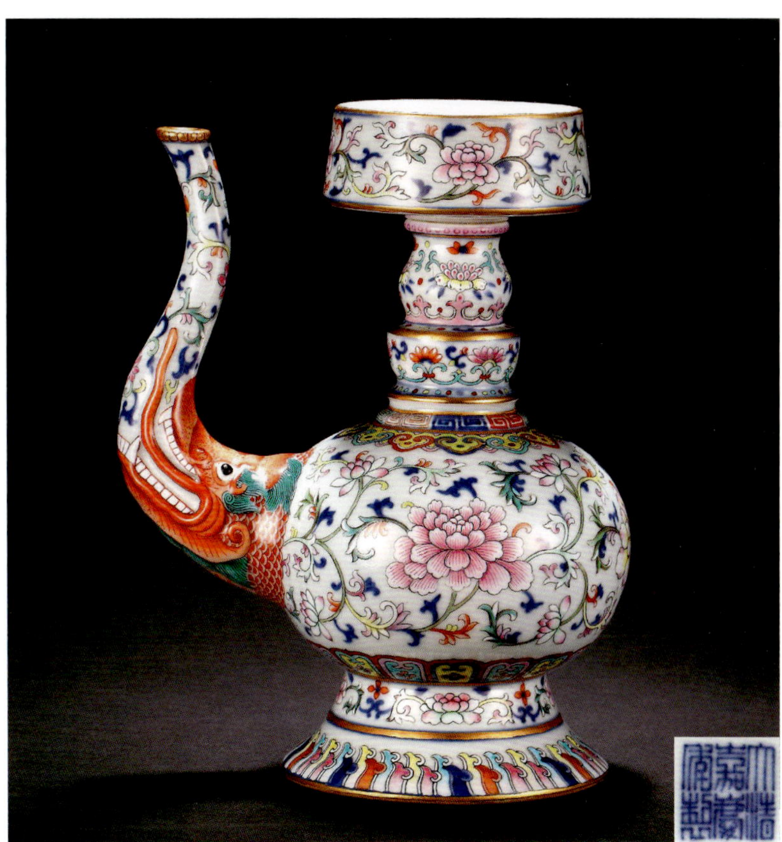

6302 清嘉庆 青花加粉彩缠枝花卉贲巴壶
“大清嘉庆年制”款
估　价：RMB 3,800,000~5,800,000
成交价：RMB 5,750,000
高18.7cm 北京保利 2014.06.04

336 清嘉庆 白地粉彩缠枝莲托八宝纹烛台（一对）
“大清嘉庆年制”篆书款
估　价：RMB 1,200,000~1,300,000
成交价：RMB 1,265,000
高28.6cm×2 北京东正 2014.11.20

335 清嘉庆 绿地粉彩缠枝莲八宝纹香炉
“大清嘉庆年制”篆书款
估　价：RMB 800,000～900,000
成交价：RMB 977,500
高28.9cm 北京东正 2014.11.20

4038 清道光 松石绿地粉彩花卉纹盘螭葫芦瓶
“慎德堂制”款
估　价：RMB 1,500,000～1,800,000
成交价：RMB 1,725,000
高28cm 北京匡时 2014.06.04

418 清道光 粉彩杏林春燕图瓶
“慎德堂制”楷书款
估　价：RMB 3,200,000
成交价：RMB 5,040,000
高30.2cm 天津文物 2014.11.15

952 清道光 绿地粉彩缠枝莲纹壶
“大清道光年制”篆书款
估　价：RMB 1,200,000～2,000,000
成交价：RMB 2,645,000
宽20.3cm×高17cm 保利厦门 2014.11.01

3634 清道光 粉彩喜上眉梢图梅瓶
“慎德堂制”款
估 价：HKD 5,000,000~7,000,000
成交价：RMB 6,676,040
高26cm 香港苏富比 2014.10.08

6226 清道光 粉彩百花不露地包袱大地瓶（一对）
估 价：RMB 1,600,000~2,600,000
成交价：RMB 2,645,000
高118.5cm×2 北京保利 2014.06.04

8281 清道光 蓝地轧道开光粉彩四季花卉碗
“大清道光年制”款
估 价：RMB 300,000~500,000
成交价：RMB 345,000
直径14.8cm 北京保利 2014.06.06

274 清道光 官窑黄地洋彩西洋花卉碗
“大清道光年制”款
估 价：RMB 100,000~200,000
成交价：RMB 460,000
直径18.1cm 北京东正 2014.11.20

4657 清道光 粉地粉彩花卉福寿喜字碗（两件）
“大清道光年制”篆书款
估 价：RMB 200,000~300,000
成交价：RMB 287,500
直径21cm×2 北京翰海 2014.10.26

341 清道光 洋彩莲瓣纹盖碗（一对）
“大清道光年制”篆书款
估　价：RMB 700,000～800,000
成交价：RMB 977,500
高9.4cm×2 北京东正 2014.11.20

2353 清道光 粉彩三羊开泰图墩式碗
“大清道光年制”款
估　价：RMB 400,000～500,000
成交价：RMB 483,000
直径15cm 中国嘉德 2014.06.21

688 清道光 粉彩花蝶纹碗
“大清道光年制”篆书款
估　价：HKD 600,000～900,000
成交价：RMB 550,620
直径15cm 中国嘉德 2014.04.09

5006 清道光 粉彩三羊开泰斗笠碗
“大清道光年制”篆书款
估　价：RMB 180,000～260,000
成交价：RMB 379,500
直径14cm 北京翰海 2014.10.26

349 清道光 胭脂紫地轧道开光粉彩花卉纹碗
“大清道光年制”篆书款
估　价：RMB 350,000
成交价：RMB 448,000
直径14.8cm 天津文物 2014.05.16

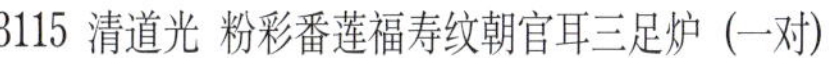

3115 清道光 粉彩番莲福寿纹朝官耳三足炉（一对）
“澹宁堂制”款
估　价：HKD 350,000～450,000
成交价：RMB 979,600
高32cm×2 香港苏富比 2014.04.08

608 清同治 黄地粉彩绿竹纹盘
“同治年制”楷书款
估　价：RMB 50,000～70,000
成交价：RMB 103,500
直径22.2cm 北京诚轩 2014.11.20

2136 清咸丰 粉彩花卉龙纹长方盆
“大清咸丰年制”款
估　价：RMB 160,000
成交价：RMB 184,000
长27cm 北京翰海 2014.01.12

6227 清同治 粉彩百蝶大地瓶
估　价：RMB 1,000,000～1,500,000
成交价：RMB 1,150,000
高137cm 北京保利 2014.06.04

606 清同治 胭脂红地粉彩岁寒三友图蟋蟀罐（一组）
估 价：RMB 80,000～100,000
成交价：RMB 184,000
罐直径13.2cm 北京诚轩 2014.11.20

275 清光绪 御窑粉彩花鸟纹蒜头瓶
“永庆长春”款
估 价：RMB 550,000～600,000
成交价：RMB 713,000
高21.5cm 北京东正 2014.11.20

606 清同治 粉彩折枝花卉纹捧盒（一对）
“同治年制”楷书款
估 价：RMB 700,000～900,000
成交价：RMB 943,000
直径31cm×2 保利厦门 2014.11.02

3796 清光绪 粉彩云蝠扁瓶
“大清光绪年制”楷书款
估 价：RMB 50,000～100,000
成交价：RMB 460,000
高32.7cm 北京翰海 2014.05.11

1073 清光绪 粉彩绿龙纹碗（一对）
“大清光绪年制”款
估 价：RMB 90,000～120,000
成交价：RMB 201,600
直径10.5cm×2 北京荣宝 2014.03.23

1360 清光绪 粉彩花卉纹牲头尊
“大清光绪年制”款
估 价：RMB 550,000~650,000
成交价：RMB 672,000
高35cm 北京荣宝 2014.06.15

1060 清光绪 粉彩花卉纹缸（一对）
“大雅斋”楷书款
估 价：HKD 600,000~900,000
成交价：RMB 1,910,265
高65.5cm×2 中国嘉德 2014.10.07

1704 清光绪 粉彩暗八仙纹长方形水仙盆
“大清光绪年制”楷书款
估 价：RMB 350,000~450,000
成交价：RMB 402,500
长47cm 北京翰海 2014.10.25

670 清光绪 粉彩万花堆大盘
“储秀宫制”款
估 价：USD 20,000~30,000
成交价：RMB 613,300
直径50.1cm 纽约苏富比 2014.09.16

85 清光绪 粉彩花鸟花盆
成交价：RMB 230,000
宽39cm 北京保利 2014.08.02

327 清约1720年 粉彩法国皇家徽章纹妇洗器
估　价：GBP 10,000～15,000
成交价：RMB 161,233
长52.3cm 伦敦苏富比 2014.11.05

3791 清宣统 粉彩百蝶赏瓶
“大清宣统年制”楷书款
估　价：RMB 160,000～260,000
成交价：RMB 460,000
高38.5cm 北京翰海 2014.05.11

98 清晚期 粉彩百鹿纹双耳尊（一对）
“大清乾隆年制”楷书款
估　价：GBP 15,000～20,000
成交价：RMB 487,660
高45cm×2 伦敦邦瀚斯 2014.05.15

385 清光绪 大雅斋款粉彩荷塘鹭鸶纹缸
“永庆长春”楷书款
估　价：RMB 150,000
成交价：RMB 168,000
直径29.1cm 天津文物 2014.11.15

669 19世纪 粉彩龙凤纹五供（一套）
估 价：USD 20,000~30,000
成交价：RMB 291,318
最高76.3cm 纽约苏富比 2014.09.16

493 19世纪 粉彩一路连封纹大缸
估 价：USD 6,000~8,000
成交价：RMB 690,188
直径62.2cm 纽约苏富比 2014.03.18

6116 民国 万云岩绘粉彩钟馗嫁妹图蝠耳瓶（一对）
估 价：RMB 1,500,000~1,800,000
成交价：RMB 2,497,000
高35cm×2 中拍国际 2014.06.04

93 19世纪 粉彩开光山水人物图葫芦瓶
估 价：GBP 10,000~15,000
成交价：RMB 250,420
高42cm 伦敦邦瀚斯 2014.05.15

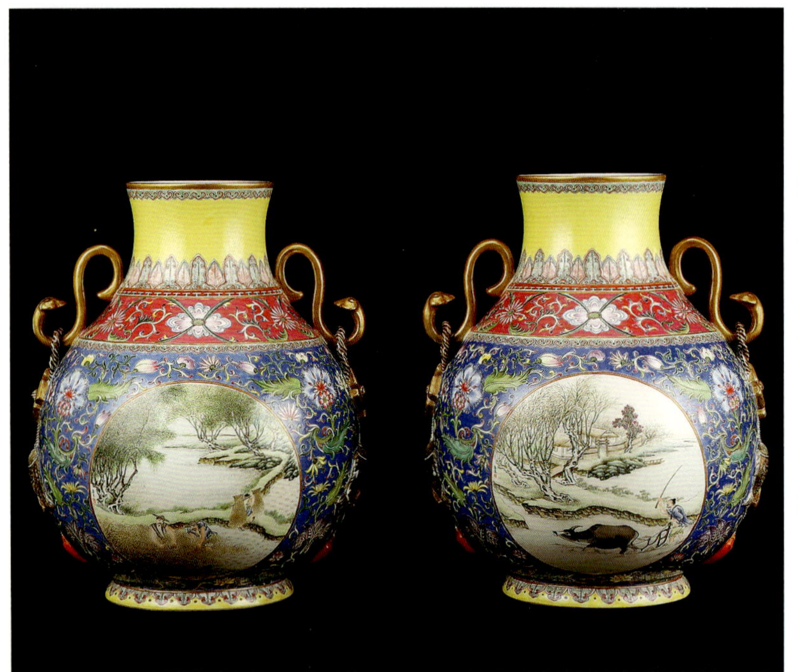

4121 民国 粉彩双面开光农耕图万字耳瓶（一对）
“景德镇制”款
估 价：RMB 1,800,000～2,000,000
成交价：RMB 1,955,000
高31.5cm×2 北京匡时 2014.06.04

3313 清 粉彩花瓶
估 价：HKD 1,200,000～2,500,000
成交价：RMB 1,735,800
高32cm 佳士得 2014.11.26

1335 民国 金地万花万事如意双耳缶尊双面开光“风尘三侠”粉彩赏瓶（一对）
估 价：RMB 880,000～1,800,000
成交价：RMB 920,000
高31.6cm×2 中贸圣佳 2014.07.06

347 民国初 粉彩九桃天球瓶
“大清乾隆年制”篆书款
估 价：RMB 250,000～300,000
成交价：RMB 322,000
高38.5cm 北京东正 2014.11.20

3309 民国 汪野亭制粉彩山水薄胎瓶
“平山”矾红款
估 价：HKD 300,000～380,000
成交价：RMB 280,014
高19.2cm 保利香港 2014.10.07

1107 民国 粉彩八骏图纹盘（一对）
“乾隆年制”款
估 价：RMB 400,000～600,000
成交价：RMB 560,000
直径18cm×2 北京荣宝 2014.03.23

62 民国 段子安粉彩绘山水纹花盆
“大清乾隆年制”篆书款
估 价：RMB 180,000～200,000
成交价：RMB 437,000
长42.8cm 上海道明 2014.03.27

440 民国 潘庸秉款铁骨泥描金开光粉彩山水人物图双耳尊
“江西陶专精制”篆书款
估 价：RMB 400,000
成交价：RMB 537,600
高18.4cm 天津文物 2014.11.15

428 民国 粉彩婴戏图盖罐
“大清嘉庆年制”篆书款
估 价：RMB 40,000
成交价：RMB 84,000
口径14.5cm 天津文物 2014.11.15

76 民国 刘雨岑粉彩四季花鸟瓷板（四块）
估　价：RMB 5,900,000～6,500,000
成交价：RMB 6,785,000
71cm×19cm 上海道明 2014.03.27

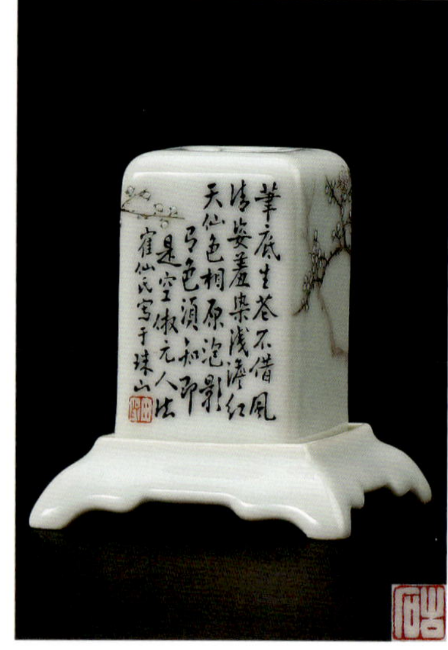

3473 民国 田鹤仙 梅清图文房之粉彩白梅糊斗
底款“古石”
估　价：RMB 900,000～1,000,000
成交价：RMB 1,058,000
6.3cm×6.3cm×6.7cm
北京匡时 2014.06.03

64 民国 何许人粉彩花鸟笔筒
估　价：RMB 350,000～450,000
成交价：RMB 805,000
高12.5cm 上海道明 2014.03.27

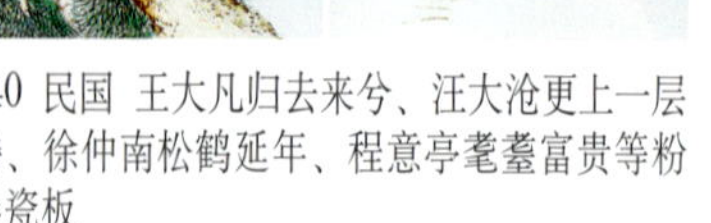

140 民国 王大凡归去来兮、汪大沧更上一层楼、徐仲南松鹤延年、程意亭耄耋富贵等粉彩瓷板
估　价：RMB 3,200,000～3,800,000
成交价：RMB 4,370,000
高39cm；宽26cm 景德镇华艺 2014.10.20

1334 民国 雪景粉彩文具（四件套）
估　价：RMB 1,200,000～1,800,000
成交价：RMB 1,265,000
尺寸不一 中贸圣佳 2014.07.06

3469 民国 徐仲南 粉彩竹石图诗文水盂
估　价：RMB 600,000～720,000
成交价：RMB 828,000
直径10.6cm 北京匡时 2014.06.03

463 民国 粉彩花卉纹水盂
估　价：RMB 28,000
成交价：RMB 112,000
直径6.4cm 天津文物 2014.11.15

109 1972年 毕渊明 威震山岗粉彩瓷板
估　价：RMB 800,000～1,300,000
成交价：RMB 1,380,000
35cm×23cm　景德镇华艺 2014.05.31

183 洋彩开光花鸟庭园六棱天球瓶
估　价：RMB 40,000,000～50,000,000
成交价：RMB 26,400,000
高50.5cm 中信拍卖 2014.07.14

74 1993年 戴荣华 娃娃乐粉彩瓷瓶
估　价：RMB 300,000～400,000
成交价：RMB 517,500
高29cm 景德镇华艺 2014.10.20

3492 20世纪 粉彩花卉纹螭耳六方瓶
“景德镇陶研所”篆书款
估　价：HKD 300,000～380,000
成交价：RMB 2,543,800
高43cm 保利香港 2014.04.07

7792 2005年 李小聪 粉彩四季山水四条屏（一套）
估　价：RMB 2,200,000～2,600,000
成交价：RMB 2,530,000
68cm×15cm×4 北京保利 2014.06.05

2813 毕伯涛 粉彩菊花小鸟瓶
估　价：RMB 850,000～1,000,000
成交价：RMB 977,500
高25.8cm 北京匡时 2014.06.03

46 1962年 刘仲卿 天青釉描金双面开光粉彩花鸟天球瓶
“景德镇陶瓷研究所一九六二.三”底款
估　价：RMB 2,000,000～2,600,000
成交价：RMB 2,875,000
高31.5cm；直径18cm 景德镇华艺 2014.05.25

47 2013年 戴荣华 雅趣盎然粉彩瓷瓶
"戴荣华"底款
估 价：RMB 1,800,000～2,800,000
成交价：RMB 2,070,000
高59cm 景德镇华艺 2014.05.25

76 2002年 陆如 春夏秋冬粉彩笔筒
估 价：RMB 350,000～500,000
成交价：RMB 552,000
高16.5cm 景德镇华艺 2014.10.20

2820 田鹤仙 粉彩山水瓷瓶
估 价：RMB 1,400,000～1,800,000
成交价：RMB 1,610,000
高22.3cm 北京匡时 2014.06.03

70 1993年 李峻 朱竹伴清音粉彩瓷瓶
估 价：RMB 400,000～500,000
成交价：RMB 517,500
高46cm 景德镇华艺 2014.10.20

136 1929年 田鹤仙 秋风落叶满空山粉彩瓷瓶
估 价：RMB 600,000～700,000
成交价：RMB 747,500
高19cm 景德镇华艺 2014.10.20

498 1939年画 汪野亭 粉彩山水图瓷板
成交价：RMB 498,469
81.9cm×20.7cm 纽约苏富比 2014.03.18

82 1988年 王秋霞 四大诗人粉彩四条屏
估　价：RMB 800,000～1,200,000
成交价：RMB 920,000
112cm×32cm 景德镇华艺 2014.05.25

3940 饶晓晴 马到成功 粉彩瓷盘
估　价：RMB 1,200,000～1,800,000
成交价：RMB 1,380,000
直径78cm 中国嘉德 2014.05.20

2815 汪晓棠 献寿图粉彩梅瓶
估　价：RMB 900,000～1,200,000
成交价：RMB 1,058,000
高31.5cm 北京匡时 2014.06.03

7805 1944年 王锡良 粉彩“蟠桃献寿”中堂瓷板配书法长条瓷板
估　价：RMB 2,200,000～2,600,000
成交价：RMB 2,530,000
41.7cm×27cm；41.7cm×12cm×2 北京保利 2014.06.05

2823 徐仲南 粉彩人物瓶（一对）
估　价：RMB 2,600,000～3,600,000
成交价：RMB 2,990,000
高15.5cm×2 北京匡时 2014.06.03

55 1973年 王锡良 庐山二景颜色釉刻花粉彩双耳瓶
成交价：RMB 4,830,000
高34cm 景德镇华艺 2014.05.25

3952 吴锦华 弦音绕秋树 粉彩瓷板
估　价：RMB 400,000～500,000
成交价：RMB 920,000
40cm×40cm 中国嘉德 2014.05.20

2983 赵惠民 童子观音薄胎粉彩瓶
估　价：RMB 680,000～850,000
成交价：RMB 805,000
高21.2cm 北京匡时 2014.06.03

95 1990年 张松茂 黄山四景粉彩山水四条屏
估 价：RMB 2,200,000～3,000,000
成交价：RMB 3,047,500
高30.5cm；宽22cm 景德镇华艺 2014.05.25

7818 张志汤(传) 豆青釉粉彩开光四季山水象耳尊
估 价：RMB 1,000,000～1,200,000
成交价：RMB 1,150,000
高35cm 北京保利 2014.06.05

3972 张松茂 粉彩瓷盘
估 价：RMB 3,980,000～4,000,000
成交价：RMB 4,600,000
直径48.5cm 中国嘉德 2014.05.20

2986 章鉴 重工粉彩四季四兽瓷板（一套四件）
估 价：RMB 6,800,000～8,800,000
成交价：RMB 8,280,000
75cm×21.5cm×4 北京匡时 2014.06.03

珐琅彩

2913 清康熙 御制黄地珐琅彩花卉纹碗
“康熙御制”楷书款
估 价：HKD 12,000,000～18,000,000
成交价：RMB 13,539,360
直径142cm 佳士得 2014.05.28

564 清雍正 御窑霁红釉珐琅彩梅花杯（一对）
“大清雍正年制”款
估 价：RMB 2,300,000～2,600,000
成交价：RMB 2,760,000
直径5.7cm×2 北京东正 2014.05.18

4118 清乾隆 御制珐琅彩描金花鸟纹双耳瓶
成交价：RMB 20,059,961
高43cm 香港九龙 2014.7.28

7029 清乾隆 珐琅彩开光花鸟纹贯耳小瓶
估 价：RMB 4,000,000～6,000,000
成交价：RMB 6,325,000
高9.8cm 上海泓盛 2014.12.15

4669 民国 珐琅彩人物螭龙耳瓶（两件）
“洪宪御制”楷书款
估 价：RMB 800,000～1,200,000
成交价：RMB 1,380,000
高33.5cm×2 北京翰海 2014.10.26

170 珐琅彩花卉碗
估 价：RMB 2,000,000～5,000,000
成交价：RMB 1,650,000
口径15.2cm 中信拍卖 2014.07.14

645 清雍正 珐琅彩暗龙穿花纹小碗
成交价：RMB 264,500
直径9.2cm 北京诚轩 2014.11.20

1361 民国 珐琅彩花卉诗文双耳瓶
估 价：RMB 800,000
成交价：RMB 920,000
高23.5cm 北京翰海 2014.01.11

3906 易查理 安居乐业新珐琅彩瓷瓶
估 价：RMB 50,000～80,000
成交价：RMB 184,000
高47cm 中国嘉德 2014.11.22

广彩

8198 清雍正 广彩仕女图花浇
估 价：RMB 300,000～500,000
成交价：RMB 345,000
高32.5cm 北京保利 2014.06.06

494 19世纪 广彩开光花鸟人物莲口瓶
估 价：USD 10,000～15,000
成交价：RMB 92,025
高94.2cm 纽约苏富比 2014.03.18

2507 清 广彩花蝶开光人物纹兽耳瓶（一对）
成交价：RMB 25,300
高62cm×2 中国嘉德 2014.06.21

1030 清中期 广彩通景人物故事图大碗
估 价：RMB 160,000～250,000
成交价：RMB 271,200
高41.5cm 广东省拍 2014.06.22

珐华彩

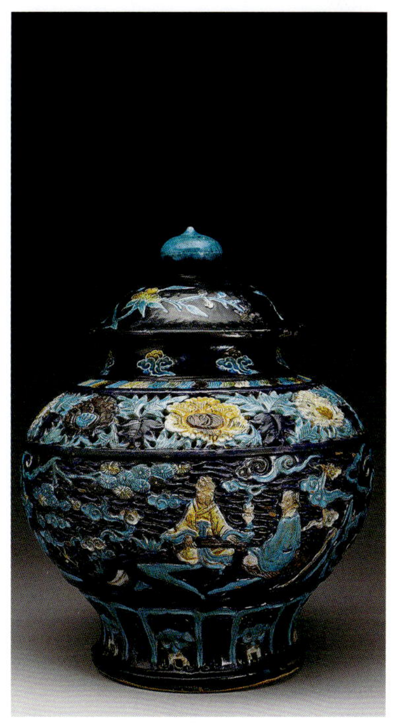

229 明 珐华镂雕人物图盖罐
估　价：USD 30,000～50,000
成交价：RMB 184,050
纽约苏富比 2014.03.18

249 明 珐华三彩佛塔
估　价：RMB 250,000～300,000
成交价：RMB 287,500
高95cm 北京东正 2014.11.20

8022 明中期 珐华人物纹大罐
估　价：RMB 350,000～550,000
成交价：RMB 483,000
高38.5cm 北京保利 2014.06.05

浅绛彩

3663 清晚期 王少维款浅绛彩山水纹象耳尊
成交价：RMB 1,012,000
高43.5cm 中国嘉德 2014.09.21

5254 清光绪 1881年 任焕章 浅绛彩绘画集锦兽耳琵琶方尊
估　价：RMB 800,000～1,000,000
成交价：RMB 1,380,000
高49cm 北京保利 2014.12.02

451 清光绪 金品卿款浅绛彩山水人物图茶壶
估　价：RMB 100,000
成交价：RMB 224,000
高17.2cm 天津文物 2014.11.15

285 民国 浅绛彩花卉诗文方花盆
成交价：RMB 770,500
长30cm 北京保利 2014.04.26

115 清光绪 浅绛彩诗文象耳瓶
成交价：RMB 448,500
高30cm 北京保利 2014.04.26

120 1877年 王少维 “晋爵添筹”浅绛彩瓷板
估　价：RMB 600,000～900,000
成交价：RMB 1,035,000
高43cm；宽33cm 景德镇华艺 2014.10.20

663 清康熙 绿地矾红彩龙纹盘
“大清康熙年制”楷书款
估　价：RMB 160,000～200,000
成交价：RMB 184,000
直径21.9cm 北京诚轩 2014.11.20

343 清雍正 豆青填红釉五蝠纹碗
“大清雍正年制”楷书款
估　价：RMB 150,000
成交价：RMB 168,000
直径15.5cm 天津文物 2014.11.15

红 彩

2275 明嘉靖 矾红九龙图杯
“大明嘉靖年制”款
估　价：RMB 250,000～350,000
成交价：RMB 287,500
直径8.8cm 中国嘉德 2014.06.21

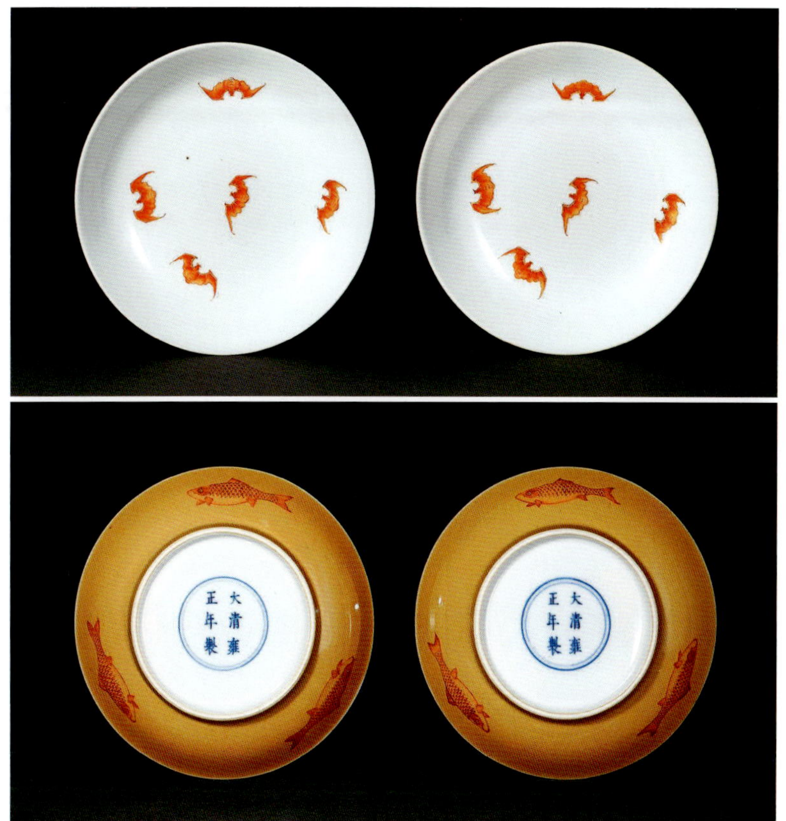

638 清雍正 米黄釉矾红彩三鱼五福纹盘（一对）
“大清雍正年制”楷书款
估　价：RMB 800,000~1,000,000
成交价：RMB 920,000
直径11.6cm×2 北京诚轩 2014.11.20

1388 清雍正 矾红缠枝莲纹盘（一对）
“大清雍正年制”款
估　价：RMB 1,000,000~1,500,000
成交价：RMB 1,232,000
直径15cm×2 北京荣宝 2014.06.15

682 清雍正 白釉胭脂红蟠螭尊
“毓秀轩制”楷书款
估　价：HKD 800,000~1,200,000
成交价：RMB 734,160
高19.5cm 中国嘉德 2014.04.09

3707 清乾隆 矾红彩双龙赶珠纹小杯（一对）
“大清乾隆年制”款
估　价：HKD 150,000~200,000
成交价：RMB 474,600
直径4.8cm×2 香港苏富比 2014.10.08

3706 清雍正 矾红彩描金云龙纹六方花觚
估　价：HKD 10,000,000～15,000,000
成交价：RMB 10,472,840
高42.8cm 香港苏富比 2014.10.08

3994 清乾隆 胭脂红描金八宝纹花觚
“大清乾隆年制 ”款
估　价：RMB 2,200,000～2,500,000
成交价：RMB 2,530,000
高27.6cm 北京匡时 2014.06.04

3113 清乾隆 矾红彩描金双龙四系牡丹纹壁瓶
估　价：RMB 1,000,000～2,000,000
成交价：RMB 1,150,000
高26.5cm 中国嘉德 2014.11.20

3485 清乾隆 矾红彩龙纹小杯（四只）
“大清乾隆年制”款
估　价：HKD 1,000,000～1,500,000
成交价：RMB 908,500
直径6.2cm×4 保利香港 2014.04.07

3129 清道光 矾红彩描金赶珠云龙图太白尊
“大清雍正年制”款
估　价：HKD 100,000～150,000
成交价：RMB 2,499,560
直径11.8cm 香港苏富比 2014.10.08

1217 清 矾红折枝西蕃莲纹甘露瓶
估　价：RMB 500,000～800,000
成交价：RMB 920,000
高22cm 北京传是 2014.06.05

337 清乾隆 矾红彩御题三清诗碗
“大清乾隆年制”篆书款
估　价：RMB 250,000
成交价：RMB 280,000
直径10.7cm 天津文物 2014.11.15

黄彩

3119 清康熙 蓝地黄彩赶珠云龙图撇口碗
“大清康熙年制”款
估　价：HKD 250,000~350,000
成交价：RMB 692,125
直径14cm 香港苏富比 2014.10.08

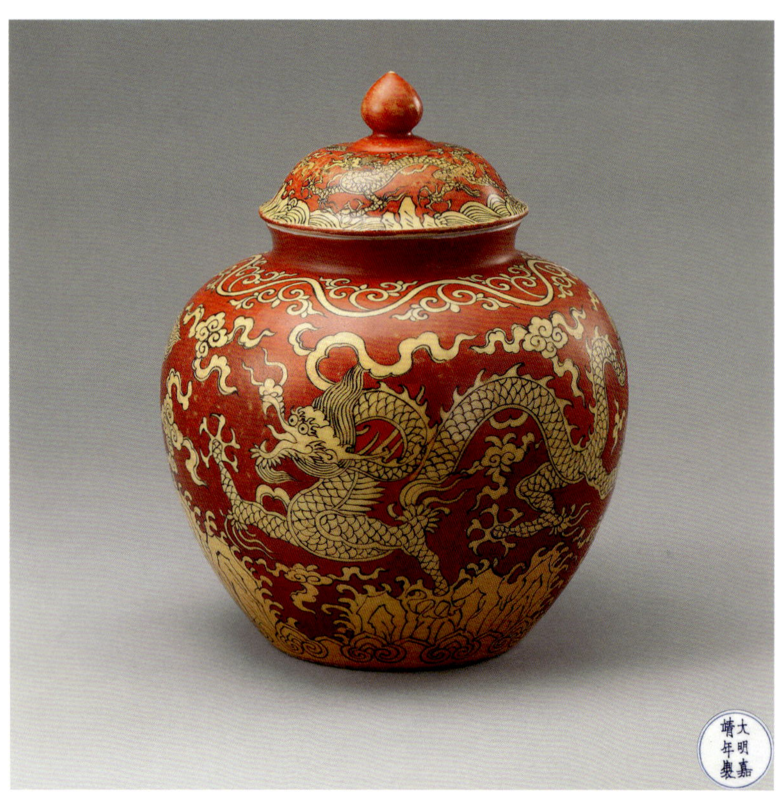

3683 明嘉靖 红地黄彩海水云龙纹盖罐
“大明嘉靖年制”楷书款
估　价：RMB 2,400,000~3,000,000
成交价：RMB 2,875,000
高27.5cm 北京翰海 2014.05.11

285 明弘治 御窑红底黄龙纹盘
“大明弘治年制”款
估　价：RMB 8,000,000~9,000,000
成交价：RMB 12,650,000
直径21.8cm 北京东正 2014.11.20

绿 彩

665 明万历 黄地绿彩双龙纹杯
“大明万历年制”楷书款
估　价：RMB 100,000～120,000
成交价：RMB 115,000
直径6.8cm 北京诚轩 2014.11.20

3709 清康熙 绿彩赶珠云龙图盘
“大清康熙年制”款
估　价：HKD 250,000～300,000
成交价：RMB 257,075
直径25.2cm 香港苏富比 2014.10.08

3375 清康熙 黄地绿彩花卉龙纹碗（两件）
“大清康熙年制”楷书款
估　价：RMB 600,000～900,000
成交价：RMB 805,000
直径11.5cm×2 北京翰海 2014.10.25

257 清雍正 黄地绿彩海水白鹤纹碗
“大清雍正年制”楷书款
估　价：RMB 1,000,000～1,200,000
成交价：RMB 1,782,500

1095 清雍正 黄地绿彩刻宝相花纹碟（一对）
“大清雍正年制”款
估　价：RMB 800,000～1,200,000
成交价：RMB 896,000
直径11.5cm×2 北京荣宝 2014.03.23

6293 清雍正 黄地绿彩云龙纹碗
“大清雍正年制”款
估　价：RMB 1,000,000～1,500,000
成交价：RMB 1,150,000
直径14.3cm 北京保利 2014.06.04

1430 清康熙 绿地紫龙纹碗
“大清康熙年制”款
估　价：RMB 700,000～900,000
成交价：RMB 747,500
直径13cm 北京华辰 2014.05.17

1963 清乾隆 白地外绿彩赶珠云龙纹内矾红五福纹盘（一对）
“大清乾隆年制”款
估　价：RMB 650,000～700,000
成交价：RMB 747,500
直径16.2cm×2 北京匡时 2014.09.17

3290 清康熙 绿地紫彩龙纹盘
估　价：HKD 1,000,000～1,500,000
成交价：RMB 978,360
直径25cm 佳士得 2014.11.26

紫彩

3702 清雍正 黄地绿彩婴戏图碗
“大清雍正年制”款
估　价：HKD 700,000～900,000
成交价：RMB 838,460
直径14.9cm 香港苏富比 2014.10.08

3116 清康熙 绿地紫彩云龙纹碗
“大清康熙年制”款
估　价：HKD 60,000～80,000
成交价：RMB 59,250
直径11.4cm 香港苏富比 2014.04.08

金彩

3061 清乾隆 豆青地描金团龙爵杯（一对）
估　价：RMB 3,000,000～5,000,000
成交价：RMB 5,175,000
高12.1cm×2 北京盈时 2014.05.31

2179 清乾隆 仿古铜酱釉描金银三羊洗
估　价：USD 200,000～300,000
成交价：RMB 5,184,075
宽26.2cm 纽约佳士得 2014.03.20

967 清乾隆 粉青地描金“瑞莲捧寿”纹铺兽耳鼓式花插（一对）
“大清乾隆年制”篆书款
估　价：RMB 5,000,000～6,000,000
成交价：RMB 6,670,000
高10.2cm×2 保利厦门 2014.11.01

3024 清乾隆 仿黑漆描金皮球花卧足小瓷杯
“大清乾隆年制”篆书款
估 价：RMB 600,000~800,000
成交价：RMB 690,000
直径6.7cm 中国嘉德 2014.11.20

6219 清乾隆/嘉庆 珊瑚红地描金加炉钧釉释迦牟尼像
估 价：RMB 200,000~300,000
成交价：RMB 1,782,500
高14.5cm 北京保利 2014.06.04

617 清嘉庆 蓝地描金云龙纹贲巴瓶
“大清嘉庆年制”篆书款
估 价：RMB 6,000,000~10,000,000
成交价：RMB 14,950,000
高19.3cm 北京华辰 2014.04.27

3280 清嘉庆 蓝地金彩瓶
估 价：HKD 2,600,000~4,000,000
成交价：RMB 4,102,800
高31.1cm 佳士得 2014.11.26

3107 清道光 粉青釉描金花卉荸荠瓶
“大清道光年制”款
估 价：RMB 4,000,000~6,000,000
成交价：RMB 5,750,000
高27cm 北京盈时 2014.05.31

4893 清嘉庆 青釉描金花卉福寿直颈瓶
“大清嘉庆年制”篆书款
估 价：RMB 800,000~1,000,000
成交价：RMB 1,035,000
高28.8cm 北京翰海 2014.10.26

342 清道光 慎德堂制霁蓝釉描金花口瓶
“慎德堂制”四字双行楷书款
估 价：RMB 550,000～600,000
成交价：RMB 690,000
高30.2cm 北京东正 2014.11.20

3281 清咸丰 红地金彩双耳瓶
估 价：HKD 1,500,000～2,800,000
成交价：RMB 2,682,600
高31.1cm 佳士得 2014.11.26

183 南宋 吉州窑仿剔犀如意云纹梅瓶
估 价：HKD 800,000～1,200,000
成交价：RMB 642,688
邦瀚斯 2014.10.09

85 清嘉庆 御制珊瑚红地描金缠枝莲纹葫芦瓶
“大清嘉庆年制”篆书款
估 价：GBP 30,000～50,000
成交价：RMB 1,797,752
高20.4cm 伦敦邦瀚斯 2014.05.15

白花

2083 北宋 磁州系白地划牡丹纹枕
估 价：USD 25,000～35,000
成交价：RMB 383,438
宽28cm 纽约佳士得 2014.03.20

3228 南宋 吉州窑黑地剔白龙凤梅瓶
估　价：HKD 800,000～1,500,000
成交价：RMB 2,303,880
高28.1cm 佳士得 2014.11.26

76 西夏 磁州窑茶叶末釉留白花卉扁壶
估　价：RMB 2,200,000～2,800,000
成交价：RMB 2,860,000
高29cm 中信拍卖 2014.07.14

1159 宋 磁州窑剔花花卉纹烛台
估　价：HKD 450,000～650,000
成交价：RMB 409,343
直径26cm 中国嘉德 2014.10.07

5000 清乾隆 珊瑚红地竹纹碗（两件）
“大清乾隆年制”篆书款
估　价：RMB 380,000～450,000
成交价：RMB 402,500
直径11.8cm×2 北京翰海 2014.10.26

3519 清乾隆 珊瑚红地留白缠枝花卉纹碗
“大清乾隆年制”篆书款
估　价：HKD 300,000～400,000
成交价：RMB 272,550
直径13cm 保利香港 2014.04.07

67 元 吉州窑黑地白斑纹罐
估　价：GBP 15,000～20,000
成交价：RMB 186,038
口径15.3cm 伦敦苏富比 2014.11.05

6225 清道光 珊瑚红留白缠枝花卉碗（一对）
“大清道光年制”款
估　价：RMB 350,000～550,000
成交价：RMB 483,000
直径13cm×2 北京保利 2014.06.04

608 清道光 松石绿釉堆白缠枝莲纹喜字瓶
“大清道光年制”篆书款
估　价：RMB 1,600,000～2,200,000
成交价：RMB 2,530,000
高28cm 保利厦门 2014.11.02

3822 清 炉钧釉贴塑瓜蝶罐
成交价：RMB 40,250
高39.6cm 中鸿信 2014.11.22

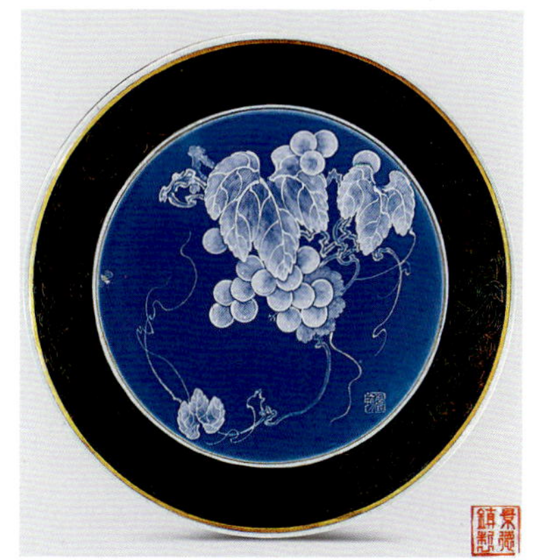

198 上世纪50年代 天青釉堆白葡萄纹挂盘
“景德镇制”款
估　价：RMB 500,000～600,000
成交价：RMB 575,000
直径46cm 景德镇华艺 2014.10.20

墨彩

2099 南宋 吉州窑仿剔犀开光如意纹瓶（一对）
估　价：USD 60,000～80,000
成交价：RMB 651,844
高23cm×2 纽约佳士得 2014.03.20

244 明嘉靖 绿地墨彩花卉纹盘
“大明嘉靖年制”楷书款
估　价：RMB 300,000～350,000
成交价：RMB 345,000
直径35.1cm 北京东正 2014.11.20

200 金/元 磁州窑黄地黑彩虎形小枕
估 价：HKD 15,000~20,000
成交价：RMB 49,438
邦瀚斯 2014.10.09

3483 清光绪 黄底墨彩牡丹花卉纹缸
估 价：HKD 600,000~900,000
成交价：RMB 900,480
直径53cm 佳士得 2014.05.28

683 清19世纪 绿地墨彩穿花龙纹狮耳大瓶（一对）
估 价：USD 20,000~30,000
成交价：RMB 367,980
高90cm×2 纽约苏富比 2014.09.16

3321 清雍正 墨彩笔筒
估 价：HKD 8,000,000~12,000,000
成交价：RMB 9,197,760
高17.9cm 佳士得 2014.05.28

3596 清同治 黄地墨彩牡丹花卉缸（两件）
“体和殿制”篆书款
估 价：RMB 1,600,000~2,200,000
成交价：RMB 2,645,000
高35.6cm×2 北京翰海 2014.05.11

310 清乾隆 矾红墨彩立犬（一对）
估 价：GBP 15,000~20,000
成交价：RMB 248,050
高25cm×2 伦敦苏富比 2014.11.05

1058 清乾隆 墨彩山水诗文笔筒
估 价：HKD 600,000～900,000
成交价：RMB 3,911,495
高10cm 中国嘉德 2014.10.07

3678 民国 汪晓棠款矾红墨彩仕女图灯笼瓶
“延庆楼制”款
估 价：RMB 100,000～200,000
成交价：RMB 172,500
高28.8cm 中国嘉德 2014.09.21

2938 王锡良 情歌墨彩人物画瓷瓶
估 价：RMB 385,000～600,000
成交价：RMB 575,000
高39cm 北京匡时 2014.06.03

仿古铜彩

8158 清乾隆 雕瓷仿古铜彩宝相花印盒
估 价：RMB 100,000～150,000
成交价：RMB 161,000
直径6cm 北京保利 2014.12.05

6242 清乾隆 唐英制仿古玉釉戟耳炉
“唐英”款
估 价：RMB 500,000～800,000
成交价：RMB 345,000
宽12.8cm 北京保利 2014.06.04

其他彩

665 清雍正 褐釉洒蓝釉梅瓶
估 价：RMB 200,000～220,000
成交价：RMB 230,000
高35cm 北京东正 2014.05.18

1703 清乾隆 抹红花口杯
“乾隆年制”款
估　价：RMB 4,000
成交价：RMB 207,000
直径8cm 北京翰海 2014.04.13

346 清 漆金瓷释迦牟尼佛大立像
估　价：GBP 200,000～300,000
成交价：RMB 2,556,920
高155cm 伦敦邦瀚斯 2014.05.15

46 民国 何许人 雪景瓷板（四块）
估　价：RMB 5,000,000～6,000,000
成交价：RMB 7,130,000
19cm×12cm×4 上海道明 2014.03.27

23 李菊生 2014年 帘卷西风高温颜色釉瓷板（一对）
估　价：RMB 800,000～1,200,000
成交价：RMB 2,300,000
高113.5cm；宽28.5cm×2
景德镇华艺 2014.10.20

2819 何许人 矾红描金四方琮式瓶
估　价：RMB 2,100,000～3,100,000
成交价：RMB 2,415,000
高27.3cm 北京匡时 2014.06.03

7829 20世纪70年代中期 釉下彩赤脚医生盘
“景德镇制”款
估　价：RMB 3,000,000～3,800,000
成交价：RMB 3,450,000
直径33.2cm 北京保利 2014.06.05

116 20世纪50年代末 美人醉太白尊
“景德镇制”底款
估　价：RMB 800,000～1,200,000
成交价：RMB 1,817,000
直径16.5cm 景德镇华艺 2014.05.25

3945 李菊生 高温颜色釉瓷瓶
估　价：RMB 800,000～900,000
成交价：RMB 1,035,000
高51cm 中国嘉德 2014.05.20

96 锡良 2006年 王庐山写生系列作品六条屏
估　价：RMB 2,600,000～3,200,000
成交价：RMB 5,980,000
40cm×40cm×6 景德镇华艺 2014.05.25

63 刘富安 益寿瓶
估　价：RMB 800,000
成交价：RMB 3,795,000
高度47.6cm 北京盘古 2014.06.25

196 20世纪70年代 张松茂 井冈山釉下彩瓷盘
“景德镇制”底款
估　价：RMB 500,000～600,000
成交价：RMB 575,000
直径39.5cm 景德镇华艺 2014.10.20

3 赵无极 1996年 无题
签名：ZAO无极
估　价：HKD 650,000～850,000
成交价：RMB 543,125
56cm×56.2cm 佳士得 2014.04.05

31 新中国 胡卢黄山四季风景瓷板（四块）
估 价：RMB 4,000,000～4,800,000
成交价：RMB 4,600,000
25cm×18cm×4 上海道明 2014.03.27

3265 清康熙 青釉壶
估 价：HKD 1,200,000～1,800,000
成交价：RMB 1,641,120
高9cm 佳士得 2014.11.26

3076 清康熙 冬青釉浮雕如意云纹马蹄尊
“大清康熙年制”款
估 价：HKD 1,200,000～1,600,000
成交价：RMB 1,264,000
高7.3cm 香港苏富比 2014.04.08

28 钟莲生 2007年 水木清华釉上彩瓷板
估 价：RMB 450,000～550,000
成交价：RMB 598,000
长113cm；宽57cm
景德镇华艺 2014.10.20

色釉瓷

青 釉

3502 元 粉青釉贴塑刻花龙纹盘
估 价：RMB 96,000～128,000
成交价：RMB 110,400
直径33.7cm 中鸿信 2014.11.22

156 清康熙 青釉海水云龙纹三弦尊
“大清康熙年制”款
估 价：USD 200,000～300,000
成交价：RMB 14,013,905
高19.6cm 纽约苏富比 2014.09.16

2918 清雍正 御制豆青釉料长颈瓶
“雍正年制”楷书刻款
估 价：HKD 1,500,000～2,000,000
成交价：RMB 2,154,720
高224cm 佳士得 2014.05.28

3601 清雍正 粉青釉双弦纹六方贯耳瓶
“大清雍正年制”款
估 价：HKD 2,500,000～3,000,000
成交价：RMB 13,320,440
高27.9cm 香港苏富比 2014.10.08

3603 清雍正 粉青釉印夔龙纹碗
“大清雍正年制”款
估 价：HKD 400,000～600,000
成交价：RMB 593,250
直径23.1cm 香港苏富比 2014.10.08

2901 清雍正 粉青釉弦纹碗
“大清雍正年制”楷书款
估 价：HKD 1,500,000～2,500,000
成交价：RMB 1,189,920
直径171cm 佳士得 2014.05.28

451 清雍正 粉青釉灯笼瓶
“大清雍正年制”款
估 价：USD 150,000～250,000
成交价：RMB 4,079,775
高25.3cm 纽约苏富比 2014.03.18

3305 清雍正 青釉瓶
估 价：HKD 12,000,000～18,000,000
成交价：RMB 11,609,760
高25.1cm 佳士得 2014.05.28

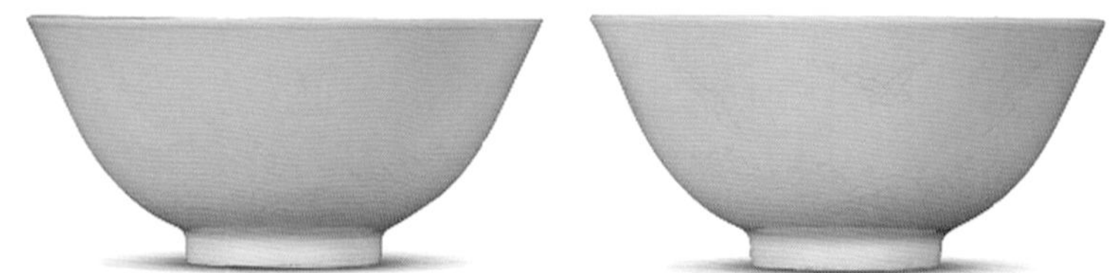

3438 清雍正 粉青釉碗
估 价：HKD 240,000～350,000
成交价：RMB 1,768,800
直径12cm 佳士得 2014.05.28

157 清雍正 粉青釉缠枝莲纹灵芝耳抱月瓶
“大清雍正年制”款
估 价：USD 1,500,000~2,500,000
成交价：RMB 12,541,985
高29.2cm 纽约苏富比 2014.09.16

6262 清乾隆 粉青釉五孔弦纹琮式瓶
“大清乾隆年制”款
估 价：RMB 3,800,000~5,800,000
成交价：RMB 9,200,000
高29cm 北京保利 2014.06.04

2181 清乾隆 粉青釉缠枝花卉纹贯耳瓶
估 价：USD 400,000~600,000
成交价：RMB 7,392,675
高33.3cm 纽约佳士得 2014.03.20

3619 清乾隆 豆青釉刻仿古夔龙纹盘口纸搥瓶
“大清乾隆年制”款
估 价：HKD 3,000,000~4,000,000
成交价：RMB 2,689,400
直径9.8cm 香港苏富比 2014.10.08

3234 清乾隆 粉青釉八棱长颈瓶
“大清乾隆年制”青花篆书款
估　价：HKD 1,200,000～1,800,000
成交价：RMB 1,120,056
高21cm 保利香港 2014.10.07

3308 清乾隆 粉青釉葫芦瓶
估　价：HKD 1,000,000～1,500,000
成交价：RMB 1,286,400
高32.3cm 佳士得 2014.05.28

3276 清乾隆 青釉仿古盘口尊
估　价：HKD 30,000,000～40,000,000
成交价：RMB 34,558,200
高38cm 佳士得 2014.11.26

2182 清乾隆 粉青釉夔龙纹双耳尊
估　价：USD 600,000～800,000
成交价：RMB 8,865,075
高22.2cm 纽约佳士得 2014.03.20

3092 清乾隆 粉青釉浮雕蝉纹四系盘口尊
“大清乾隆年制”款
估　价：HKD 1,500,000～1,800,000
成交价：RMB 2,686,000
高18.7cm 香港苏富比 2014.04.08

3901 清乾隆 粉青釉浮雕苍龙教子图罐
“大清乾隆年制”款
成交价：RMB 74,512,200
高34.4cm 香港苏富比 2014.10.08

4879 清乾隆 豆青釉日月罐
“大清乾隆年制”篆书款
估 价：RMB 200,000～300,000
成交价：RMB 471,500
高19cm 北京翰海 2014.10.26

4836 清乾隆 粉青釉暗刻夔龙花口洗
估 价：RMB 100,000～200,000
成交价：RMB 655,500
直径27.5cm 北京翰海 2014.10.26

5622 清乾隆 粉青釉雕龙凤呈祥八方瓶
“大清乾隆年制”款
估 价：RMB 5,500,000～8,500,000
成交价：RMB 13,225,000
高32.5cm 北京保利 2014.12.03

158 清乾隆 粉青釉福寿万代纹方壶
“大清乾隆年制”款
估　价：USD 1,200,000～1,600,000
成交价：RMB 8,862,185
高34.9cm 纽约苏富比 2014.09.16

3442 清乾隆 粉青釉花插
估　价：HKD 400,000～600,000
成交价：RMB 1,479,360
高6.8cm 佳士得 2014.05.28

6245 乾隆御题天青釉笠式碗
估　价：RMB 2,000,000～4,000,000
成交价：RMB 12,420,000
直径20.5cm 北京保利 2014.06.04

3546 清雍正 粉青釉浅浮雕刻缠枝莲纹碗（一对）
“大清雍正年制”款
估　价：RMB 4,000,000～4,500,000
成交价：RMB 4,715,000
直径11.6cm×2 北京匡时 2014.12.03

954 清乾隆 粉青釉暗刻缠枝莲纹直口洗
估　价：RMB 1,200,000～1,600,000
成交价：RMB 1,610,000
直径26cm×高7.5cm 保利厦门 2014.11.01

4690 清光绪 粉青釉八卦琮式瓶
“大清光绪年制”楷书款
估　价：RMB 160,000～260,000
成交价：RMB 287,500
高27.7cm 北京翰海 2014.10.26

3998 刘颖睿 山水间秋水 瓷雕
估　价：RMB 60,000～80,000
成交价：RMB 112,700
高59cm 中国嘉德 2014.11.22

4022 韩美林 青瓷瓶
“韩美林印”款
估　价：RMB 420,000～600,000
成交价：RMB 483,000
高34cm 中国嘉德 2014.11.22

红 釉

6208 清康熙 豇豆红釉柳叶瓶
“大清康熙年制”款
估　价：RMB 3,200,000～4,200,000
成交价：RMB 3,910,000
高15.5cm 北京保利 2014.06.04

8143 明成化 油红高足杯
“大明成化年制”款
估　价：HKD 3,100,000～5,600,000
成交价：RMB 4,647,120
高6.5cm 香港华洋 2014.06.26

681 明宣德 镶边红釉碗
“大明宣德年制”楷书款
估　价：RMB 600,000～800,000
成交价：RMB 920,000
直径9cm×高8.5cm 保利厦门 2014.11.02

154 清康熙 豇豆红釉镗锣洗
成交价：RMB 536,638
直径12.3cm 纽约苏富比 2014.09.16

155 清康熙 豇豆红釉印盒
估　价：USD 60,000～80,000
成交价：RMB 1,796,969
直径7.2cm 纽约苏富比 2014.09.16

3301 清康熙 豇豆红釉太白尊
估　价：HKD 1,200,000～1,800,000
成交价：RMB 1,382,880
直径12.6cm 佳士得 2014.05.28

5720 清康熙 豇豆红印盒
估　价：RMB 600,000～800,000
成交价：RMB 2,127,500
直径7.2cm 北京保利 2014.12.03

3653 清康熙 郎窑红釉刻乾隆御题诗胆瓶
“乾隆乙未仲春月御题”款
估　价：HKD 4,000,000～6,000,000
成交价：RMB 3,448,760
高18.1cm 香港苏富比 2014.10.08

159 清康熙 郎窑红釉观音瓶
估　价：GBP 30,000～50,000
成交价：RMB 372,075
高41.2cm 伦敦苏富比 2014.11.05

3102 清雍正 红釉斗笠碗（一对）
“大清雍正年制”楷书款
估　价：RMB 300,000～500,000
成交价：RMB 402,500
直径13.2cm×2 中国嘉德 2014.11.20

2180 清雍正 红釉大碗
估　价：USD 60,000～80,000
成交价：RMB 1,282,215
直径31.8cm 纽约佳士得 2014.03.20

3711 清雍正 红釉莲苞式水盂
估　价：HKD 400,000～600,000
成交价：RMB 1,455,440
直径6.2cm 香港苏富比 2014.10.08

2188 清雍正 胭脂红釉盘
估　价：USD 80,000～120,000
成交价：RMB 1,797,555
直径24cm 纽约佳士得 2014.03.20

1056 清雍正 祭红釉水盂
估　价：HKD 300,000～500,000
成交价：RMB 1,273,510
直径7cm 中国嘉德 2014.10.07

2522 清雍正 祭红釉玉壶春瓶
“大清雍正年制”款
估　价：RMB 1,800,000～2,500,000
成交价：RMB 2,070,000
高30cm 朵云轩 2014.06.29

3007 清雍正 御用红釉小水丞
“大清雍正年制”楷书款
估 价：HKD 1,200,000～1,800,000
成交价：RMB 1,865,280
高6.5cm 佳士得 2014.05.28

3613 清乾隆 红釉梅瓶
“大清乾隆年制”款
估 价：HKD 900,000～1,200,000
成交价：RMB 980,840
高29.2cm 香港苏富比 2014.10.08

3063 清乾隆 珊瑚红雕瓷仿漆帽架
估 价：RMB 8,000,000～12,000,000
成交价：RMB 13,800,000
高16.7cm 北京盈时 2014.05.31

3098 清乾隆 鲜红釉水呈
估 价：RMB 300,000～400,000
成交价：RMB 575,000
直径8.2cm 中国嘉德 2014.11.20

326 清乾隆 霁红釉梅瓶
“大清乾隆年制”篆书款
估　价：RMB 800,000~900,000
成交价：RMB 920,000
高22.5cm 北京东正 2014.11.20

412 清乾隆 霁红釉渣斗
“大清乾隆年制”篆书款
估　价：RMB 150,000
成交价：RMB 347,200
直径12cm 天津文物 2014.11.15

黄釉

3418 明宣德 柠檬黄碗
估　价：HKD 800,000~1,000,000
成交价：RMB 2,733,600
直径12.1cm 佳士得 2014.05.28

3527 明弘治 娇黄釉盘
“大明弘治年制”楷书款
估　价：RMB 1,000,000~1,500,000
成交价：RMB 1,150,000
直径21.8cm 中国嘉德 2014.05.18

261 明嘉靖 黄釉盖罐
“大明嘉靖年制”款
估　价：RMB 18,000~30,000
成交价：RMB 86,250
高20cm 北京保利 2014.10.25

243 明嘉靖 黄釉盘
“大明嘉靖年制”楷书款
估 价：RMB 250,000～350,000
成交价：RMB 287,500
直径17.2cm 北京东正 2014.11.20

2178 清康熙 黄釉大碗
估 价：USD 70,000～90,000
成交价：RMB 1,429,455
直径36.2cm 纽约佳士得 2014.03.20

32 清康熙 黄釉龙纹大盘
“大清康熙年制”楷书刻款
估 价：GBP 40,000～60,000
成交价：RMB 848,792
直径51.5cm 伦敦邦瀚斯 2014.05.15

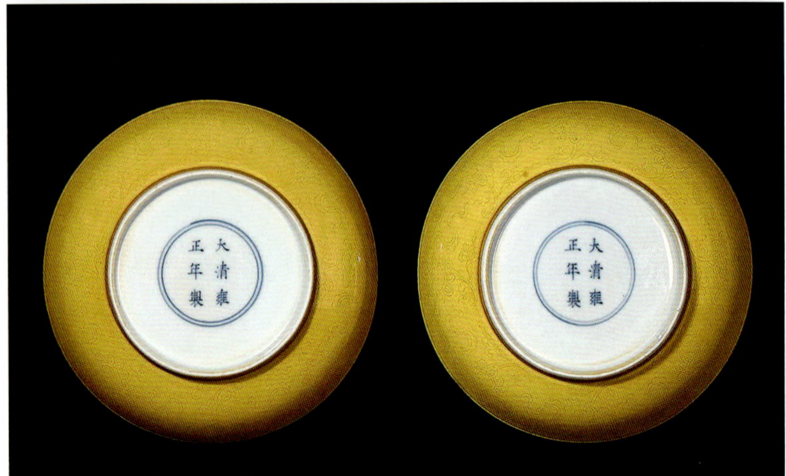

643 清雍正 黄釉暗刻龙凤纹盘（一对）
“大清雍正年制”楷书款
估 价：RMB 680,000～800,000
成交价：RMB 1,150,000
直径14cm×2 北京诚轩 2014.11.20

640 清雍正 黄釉茶圆（一对）
“大清雍正年制”楷书款
估 价：RMB 600,000～800,000
成交价：RMB 1,897,500
直径9.1cm×2 北京诚轩 2014.05.19

3602 清康熙 黄釉墩式碗
“大清康熙年制”款
估　价：HKD 180,000～280,000
成交价：RMB 494,375
直径13.8cm 香港苏富比 2014.10.08

3019 清雍正 柠檬黄釉小杯（一对）
“雍正年制”楷书款
估　价：RMB 1,500,000～1,800,000
成交价：RMB 1,955,000
直径6.4cm×2 中国嘉德 2014.11.20

4682 清乾隆 黄釉蒜头口小瓶
“大清乾隆年制”篆书款
估　价：RMB 500,000～700,000
成交价：RMB 575,000
高12cm 北京翰海 2014.10.26

259 清雍正 御窑柠檬黄釉墩子杯（一对）
“大清雍正年制”款
估　价：RMB 1,000,000～1,200,000
成交价：RMB 2,242,500
直径10cm×2 北京东正 2014.11.20

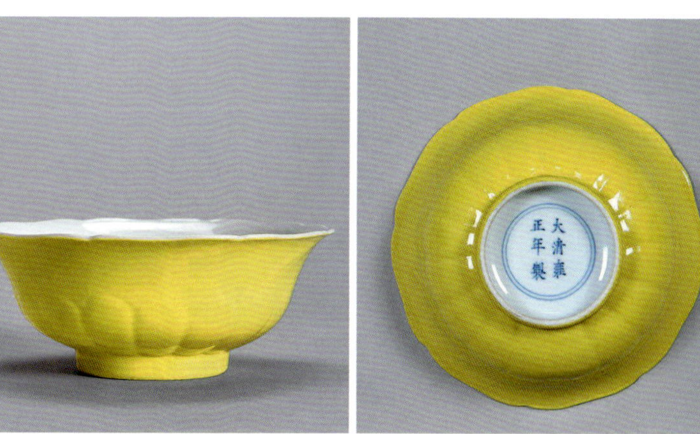

258 清雍正 御窑柠檬黄釉花口碗
“大清雍正年制”款
估　价：RMB 1,200,000～1,500,000
成交价：RMB 1,610,000
直径15.4cm 北京东正 2014.11.20

2916 清乾隆 御制黄料八棱瓶
"乾隆年制"楷书刻款
估 价：HKD 600,000～800,000
成交价：RMB 603,000
高144cm 佳士得 2014.05.28

263 黄釉龙纹象耳盘口瓶
估 价：RMB 1,800,000～2,500,000
成交价：RMB 1,650,000
高36.5cm 中信拍卖 2014.07.14

2917 清乾隆 御制黄料簋式炉
"乾隆年制"楷书刻款
估 价：HKD 1,800,000～2,500,000
成交价：RMB 3,698,400
高13cm 佳士得 2014.05.28

51 清雍正 御制柠檬黄釉碗（一对）
"大清雍正年制"款
估 价：GBP 40,000～60,000
成交价：RMB 1,096,381
直径9.9cm×2 伦敦苏富比 2014.11.05

254 黄釉龙纹绶带葫芦瓶（一对）
估 价：RMB 8,000,000～10,000,000
成交价：RMB 7,480,000
高24.5cm×2 中信拍卖 2014.07.14

绿 釉

2072 唐 绿釉盘口盖罐
估 价：USD 6,000~8,000
成交价：RMB 72,853
高15.7cm 纽约佳士得 2014.03.20

1125 宋 磁州窑绿釉枕
估 价：HKD 80,000~120,000
成交价：RMB 109,158
宽35.5cm 中国嘉德 2014.10.07

2078 辽 绿釉皮囊壶
成交价：RMB 53,681
高30.5cm 纽约佳士得 2014.03.20

601 清康熙 孔雀绿釉瓜形竹节执壶
估 价：HKD 40,000~60,000
成交价：RMB 129,444
高16.3cm 宝港国际 2014.05.27

2187 清康熙 绿釉罐
估 价：USD 8,000~12,000
成交价：RMB 138,038
高22cm 纽约佳士得 2014.03.20

3238 清乾隆 孔雀绿镂雕莲托八吉祥四系花罐
"大清乾隆年制"暗刻篆书款
估 价：HKD 2,600,000~3,600,000
成交价：RMB 2,613,464
高10cm；直径16.2cm 保利香港 2014.10.07

3272 清雍正 绿釉盘
估 价：HKD 1,500,000~2,500,000
成交价：RMB 2,114,520
直径21.2cm 佳士得 2014.11.26

413 清康熙 孔雀绿釉暗刻花卉纹八方花觚
"斯干草堂"楷书款
估 价：RMB 350,000
成交价：RMB 392,000
直径11cm 天津文物 2014.11.15

3302 清乾隆 绿釉雕瓷雅集笔筒
成交价：RMB 460,000
高19.5cm 上海嘉泰 2014.06.19

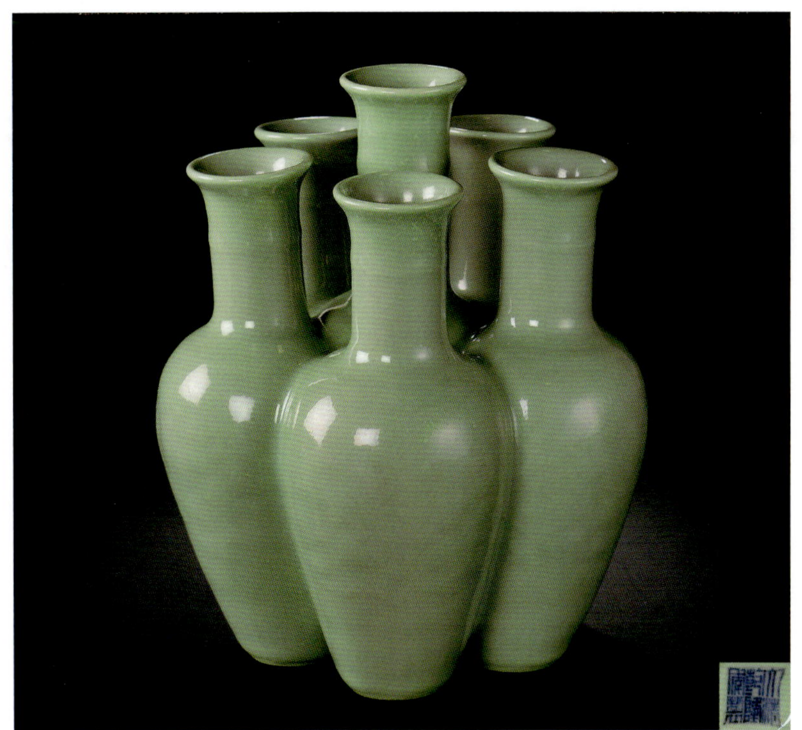

3471 清乾隆 淡绿釉暗花六联瓶
“大清乾隆年制”款
估 价：HKD 3,500,000～4,500,000
成交价：RMB 3,452,300
高17cm 保利香港 2014.04.07

6303 清嘉庆 松石绿釉加白吉庆有余双耳瓶
“大清嘉庆年制”款
估 价：RMB 1,200,000～1,800,000
成交价：RMB 2,300,000
高31.8cm 北京保利 2014.06.04

1669 清乾隆 松石绿釉雕瓷凤穿花纹梅瓶
“大清乾隆年制”款
估 价：RMB 2,500,000～3,500,000
成交价：RMB 3,220,000
高30cm 北京传是 2014.06.05

601 清乾隆 松石绿釉蕉叶螭龙纹花觚
“大清乾隆年制”篆书款
估 价：RMB 800,000～1,200,000
成交价：RMB 1,150,000
高13.1cm 北京华辰 2014.04.27

蓝 釉

37 明万历 蓝釉大碗
“大明万历年制”楷书刻款
估 价：GBP 16,000～20,000
成交价：RMB 210,880
直径30.5cm 伦敦邦瀚斯 2014.05.15

364 明宣德 霁蓝釉暗刻云龙纹盘
“大明宣德年制”楷书款
估　价：RMB 450,000
成交价：RMB 504,000
直径20cm 天津文物 2014.11.15

8167 明宣德 蓝釉留白龙凤碗
估　价：HKD 8,700,000~11,000,000
成交价：RMB 3,531,811
高9.5cm 香港华洋 2014.06.26

3018 清雍正 宝石蓝釉小杯
“大清雍正年制”楷书款
估　价：RMB 160,000~200,000
成交价：RMB 230,000
直径7.3cm 中国嘉德 2014.11.20

458 清康熙 天蓝釉线条罐
估　价：RMB 700,000~1,200,000
成交价：RMB 2,185,000
直径27cm 北京保利 2014.08.02

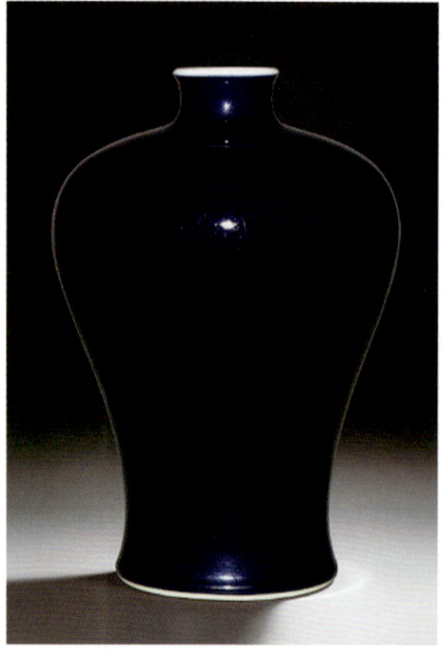

3304 清雍正 祭蓝釉梅瓶
估　价：HKD 2,800,000~3,500,000
成交价：RMB 3,408,960
高26.5cm 佳士得 2014.05.28

3267 清雍正 霁蓝釉观音瓶
估 价：HKD 6,500,000～7,500,000
成交价：RMB 8,552,760
高38.4cm 佳士得 2014.11.26

5008 清雍正 天蓝釉弦纹碗
“大清雍正年制”楷书款
估 价：RMB 220,000～280,000
成交价：RMB 287,500
直径18.2cm 北京翰海 2014.10.26

474 清雍正 蓝釉高足碗
“大清雍正年制”款
估 价：USD 15,000～20,000
成交价：RMB 287,578
直径15.2cm 纽约苏富比 2014.03.18

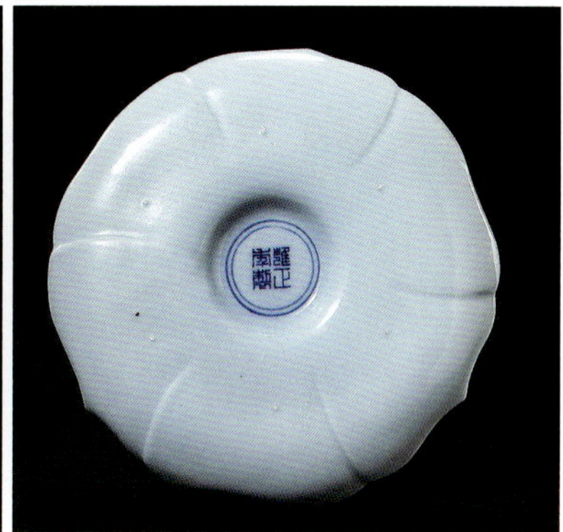

4036 清雍正 天蓝釉团寿心葵花式盏托
“雍正年制”款
估 价：RMB 3,800,000～4,200,000
成交价：RMB 4,140,000
长13.8cm 北京匡时 2014.06.04

3113 清雍正 蓝釉撇口碗
“大清雍正年制”款
估 价：HKD 250,000～350,000
成交价：RMB 474,600
直径12cm 香港苏富比 2014.10.08

3090 清乾隆 霁蓝釉象耳琮式瓶
"大清乾隆年制"款
估 价：HKD 250,000~350,000
成交价：RMB 395,000
高29.3cm 香港苏富比 2014.04.08

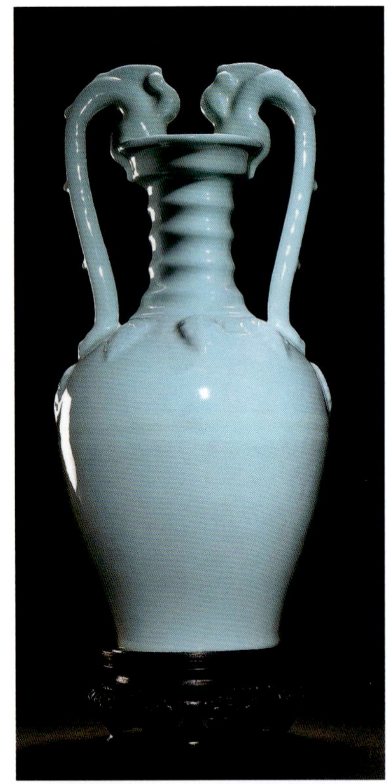

553 清乾隆 御窑天蓝釉双龙耳瓶
"大清乾隆年制"款
成交价：RMB 40,250,000
高31.8cm 北京东正 2014.05.18

608 清道光 霁蓝釉小杯（一对）
"大清道光年制"篆书款
估 价：RMB 120,000~160,000
成交价：RMB 138,000
直径9.1cm×2 北京诚轩 2014.05.19

2495 清 天蓝釉水仙盆
"大清雍正年制"款
估 价：RMB 150,000
成交价：RMB 172,500
长23cm 北京翰海 2014.08.24

3275 清乾隆 霁蓝釉天球瓶
估 价：HKD 2,200,000~3,500,000
成交价：RMB 2,493,240
高55.5cm 佳士得 2014.11.26

7832 1954年 紫蓝金釉金玉满堂瓶
“中国景德镇市制，一九五四年”底款
估　价：RMB 600,000～700,000
成交价：RMB 747,500
高33.5cm 北京保利 2014.06.05

1364 清咸丰 祭蓝釉豆

“大清咸丰年制”款
估　价：RMB 400,000～600,000
成交价：RMB 560,000
高24cm 北京荣宝 2014.06.15

金釉

162 黄金釉万寿开光松鹤龙耳瓶
估　价：RMB 8,000,000～10,000,000
成交价：RMB 7,150,000
高38.5cm 中信拍卖 2014.07.14

酱 釉

79 宋 定窑紫金釉花卉镂空雕碗(有残)
估　价：RMB 9,800,000～12,800,000
成交价：RMB 12,980,000
口径18cm 中信拍卖 2014.07.14

371 清光绪 紫金釉碗
“大清光绪年制”楷书款
估　价：RMB 35,000
成交价：RMB 42,560
直径12.5cm 天津文物 2014.11.15

105 宋 定窑柿釉瓣口碗
估　价：USD 20,000～30,000
成交价：RMB 498,306
直径17cm 纽约苏富比 2014.09.16

3216 北宋 耀州窑柿釉梅瓶
估　价：HKD 1,500,000～2,500,000
成交价：RMB 1,479,360
高25.4cm 佳士得 2014.05.28

2114 明嘉靖 酱釉盘
估　价：USD 20,000～30,000
成交价：RMB 498,469
直径15cm 纽约佳士得 2014.03.20

475 清康熙 酱釉堆白双龙赶珠纹碗
估 价：USD 8,000～12,000
成交价：RMB 230,063
直径19.6cm 纽约苏富比 2014.03.18

3757 清雍正 窑变釉斑鸠耳尊
“雍正年制”篆书款
估 价：RMB 1,200,000～2,000,000
成交价：RMB 1,610,000
高20cm 北京翰海 2014.05.11

窑变釉

3677 民国 曾龙升款酱釉罗汉像
“曾龙升造”款
估 价：RMB 80,000～120,000
成交价：RMB 92,000
高39.5cm 中国嘉德 2014.09.21

641 清雍正 窑变釉折沿尊
“雍正年制”篆书款
估 价：RMB 1,200,000～1,500,000
成交价：RMB 3,737,500
高27.3cm 北京诚轩 2014.05.19

3111 清乾隆 窑变釉双耳长颈瓶
“大清雍正年制”款
估 价：HKD 700,000~900,000
成交价：RMB 933,380
高2.1cm 香港苏富比 2014.10.08

668 清乾隆 窑变釉贯耳瓶
“大清乾隆年制”篆书款
估 价：RMB 500,000~900,000
成交价：RMB 1,092,500
高29.5cm 保利厦门 2014.11.02

251 清乾隆 官窑窑变釉杏圆贯耳瓶
“大清乾隆年制”款
估 价：RMB 300,000~400,000
成交价：RMB 897,000
高29.8cm 北京东正 2014.11.20

3079 清雍正 窑变釉如意耳弦纹瓶
“雍正年制”款
估 价：HKD 2,000,000~3,000,000
成交价：RMB 2,875,600
高37.7cm 香港苏富比 2014.04.08

3610 清乾隆 窑变釉玉壶春瓶
“大清乾隆年制”款
估 价：HKD 2,000,000～3,000,000
成交价：RMB 2,594,480
高30cm 香港苏富比 2014.10.08

2 清乾隆 窑变釉玉壶春瓶
成交价：RMB 1,911,100
高31cm 里昂&腾博 2014.06.04

4902 清乾隆 窑变釉梅瓶
“大清乾隆年制”篆书款
估 价：RMB 200,000～250,000
成交价：RMB 253,000
高30cm 北京翰海 2014.10.26

4699 清乾隆 窑变釉锥把瓶
“大清乾隆年制”篆书款
估 价：RMB 600,000～900,000
成交价：RMB 1,035,000
高46.3cm 北京翰海 2014.10.26

铁锈釉

1085 清乾隆 铁锈釉双耳尊
估 价：RMB 150,000～250,000
成交价：RMB 168,000
高31.2cm 北京荣宝 2014.03.23

炉钧釉

2950 清雍正 炉钧釉蚰耳炉
“大清雍正年制”篆书印款
估 价：HKD 3,000,000～4,000,000
成交价：RMB 5,712,360
直径17.5cm 佳士得 2014.11.26

3322 清雍正 炉钧釉三足洗
估 价：RMB 900,000～1,100,000
成交价：RMB 1,150,000
直径25cm 北京翰海 2014.05.11

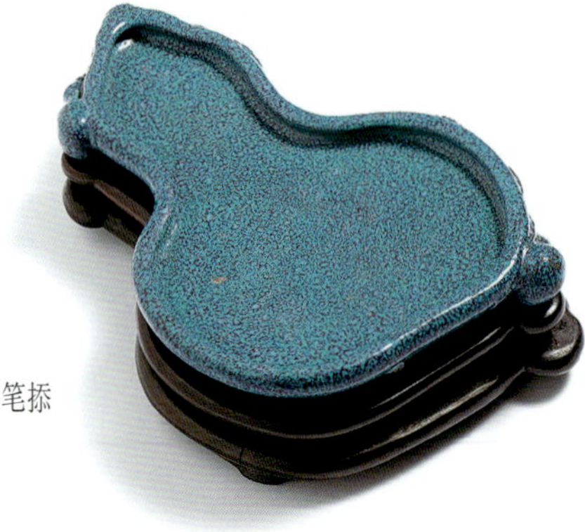

3620 清雍正 炉钧釉瓜瓞绵绵葫芦形笔掭
估 价：HKD 5,000,000～7,000,000
成交价：RMB 5,726,840
长24.1cm 香港苏富比 2014.10.08

4906 清乾隆 炉钧釉双龙耳尊
估 价：RMB 320,000～380,000
成交价：RMB 402,500
高21cm 北京翰海 2014.10.26

3099 清乾隆 炉钧釉盘口夔耳瓶
“大清乾隆年制”篆书款
估 价：RMB 600,000～800,000
成交价：RMB 2,875,000
高22cm 中国嘉德 2014.11.20

370 清同治 炉钧釉碗
“大清同治年制”楷书款
估 价：RMB 25,000
成交价：RMB 35,840
直径15.2cm 天津文物 2014.11.15

659 19世纪 炉钧釉供养菩萨跪像
估 价：RMB 360,000~460,000
成交价：RMB 414,000
高40.5cm 北京华辰 2014.04.27

3091 清乾隆 炉钧釉灯笼尊
“大清乾隆年制”款
估 价：HKD 300,000~400,000
成交价：RMB 740,625
高24.1cm 香港苏富比 2014.04.08

35 清乾隆 炉钧釉灯笼尊
“大清乾隆年制”款
估 价：GBP 15,000~25,000
成交价：RMB 186,038
高23.2cm 伦敦苏富比 2014.11.05

仿官釉

7983 元 郊坛官窑贯耳小瓶
估 价：RMB 300,000～500,000
成交价：RMB 391,000
高11.5cm 北京保利 2014.06.05

7407 明 官釉贯耳八方瓶
估 价：RMB 300,000～500,000
成交价：RMB 5,750,000
高14cm 北京保利 2014.12.04

3111 清雍正 仿官釉鱼篓尊
“大清雍正年制”款
估 价：RMB 2,000,000～3,000,000
成交价：RMB 2,300,000
高34cm 北京盈时 2014.05.31

6256 清雍正 仿官釉六方垂肩花大瓶
“大清雍正年制”款
估 价：RMB 5,000,000～8,000,000
成交价：RMB 7,475,000
高67cm 北京保利 2014.06.04

3269 清雍正 仿官釉瓶
估 价：HKD 1,800,000～2,500,000
成交价：RMB 2,114,520
高24cm 佳士得 2014.11.26

1127 清雍正 仿官釉橄榄瓶
“大清雍正年制”款
估　价：RMB 1,500,000～2,500,000
成交价：RMB 9,545,000
高29cm 北京盈时 2014.12.07

3618 清乾隆 仿官釉贯耳壶
“大清乾隆年制”款
估　价：HKD 2,000,000～3,000,000
成交价：RMB 2,024,960
高34.3cm 香港苏富比 2014.10.08

265 清乾隆 官窑仿官釉蒜头瓶
“大清乾隆年制”款
估　价：RMB 1,200,000～1,300,000
成交价：RMB 1,610,000
高27cm 北京东正 2014.11.20

3607 清乾隆 仿官釉莱菔尊
“大清乾隆年制”款
估　价：HKD 400,000～600,000
成交价：RMB 1,455,440
高21cm 香港苏富比 2014.10.08

254 清乾隆 御窑仿官釉双象耳橄榄尊
“大清乾隆年制”款
估　价：RMB 1,500,000～2,000,000
成交价：RMB 3,047,500
高30cm 北京东正 2014.11.20

3959 清 仿官釉花口碗
估　价：RMB 15,000～25,000
成交价：RMB 23,000
直径14cm 中国嘉德 2014.09.21

752 元/明 哥釉六角洗
估　价：HKD 800,000～1,200,000
成交价：RMB 734,160
宽14.6cm 中国嘉德 2014.04.09

仿哥釉

3570 清乾隆 仿官釉六方贯耳瓶
“大清乾隆年制”篆书款
估　价：RMB 1,600,000～2,200,000
成交价：RMB 2,070,000
高30.6cm 中国嘉德 2014.05.18

3321 元 仿哥窑倭角八方洗
估　价：RMB 450,000～550,000
成交价：RMB 575,000
直径11.5cm 北京翰海 2014.05.11

7981 元/明 哥窑小洗
估　价：RMB 150,000～250,000
成交价：RMB 1,322,500
直径9.8cm 北京保利 2014.06.05

4207 元末明初 哥釉大碗
成交价：RMB 10,350
直径22cm 中国嘉德 2014.03.23

3234 明 哥窑瓶
估　价：HKD 400,000～500,000
成交价：RMB 931,020
高14cm 佳士得 2014.11.26

8137 明 哥釉双鱼耳炉
估　价：RMB 150,000～250,000
成交价：RMB 172,500
宽15cm 北京保利 2014.06.06

3530 清早期 仿哥釉罗汉坐像
估　价：RMB 150,000～200,000
成交价：RMB 172,500
高28cm 中国嘉德 2014.05.18

955 清雍正 仿哥釉弦纹瓶
"大清雍正年制"篆书款
估　价：RMB 1,800,000～2,800,000
成交价：RMB 3,335,000
高18.5cm 保利厦门 2014.11.01

3229 明 仿哥窑花口盘
估　价：HKD 25,000～45,000
成交价：RMB 46,669
直径16.5cm 保利香港 2014.10.07

3274 清雍正 仿哥釉双耳抱月瓶
估　价：HKD 2,600,000～3,500,000
成交价：RMB 4,008,120
高52cm 佳士得 2014.11.26

338 清雍正 仿哥釉太白罐
成交价：RMB 28,750
高33cm 北京保利 2014.10.25

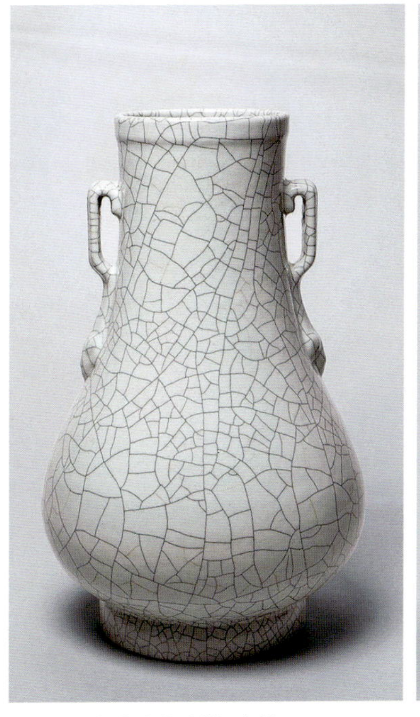

262 清乾隆 御窑仿哥釉汉壶尊
“大清乾隆年制”款
估 价：RMB 5,500,000~6,000,000
成交价：RMB 8,050,000
高32.7cm 北京东正 2014.11.20

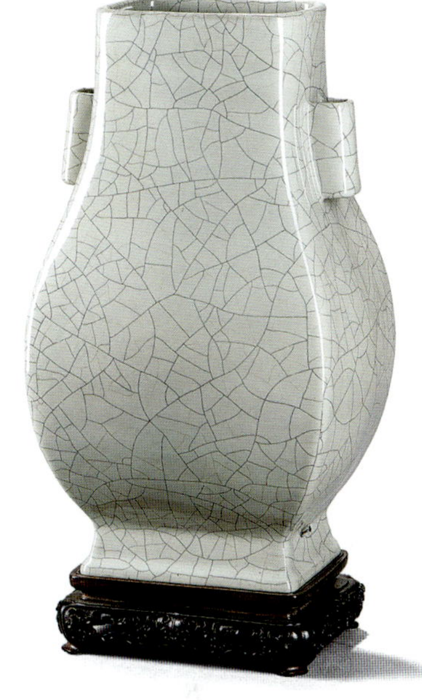

953 清乾隆 仿哥釉贯耳穿带方瓶
“大清乾隆年制”篆书款
估 价：RMB 5,000,000~7,500,000
成交价：RMB 7,820,000
高49.5cm 保利厦门 2014.11.01

32 清乾隆 仿哥釉缠枝莲纹炉
“大清乾隆年制”款
估 价：GBP 12,000~15,000
成交价：RMB 396,880
直径22.7cm 伦敦苏富比 2014.11.05

665 清乾隆 仿哥釉案缸
“大清乾隆年制”篆书款
估 价：RMB 550,000~800,000
成交价：RMB 920,000
直径21cm；高14cm 保利厦门 2014.11.02

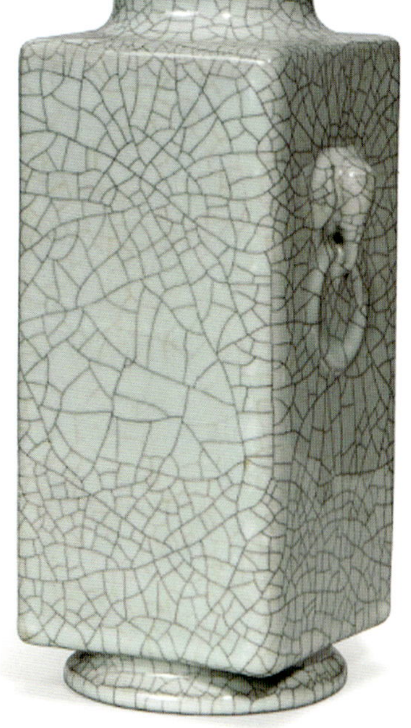

643 清乾隆 仿哥釉琮式瓶
估 价：GBP 20,000~30,000
成交价：RMB 1,036,849
高29.8cm 伦敦佳士得 2014.11.07

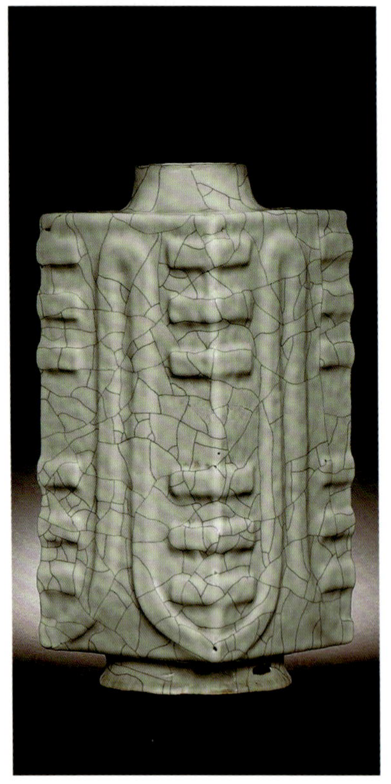

28 清乾隆 仿哥釉八卦纹琮式瓶
“大清乾隆年制”篆书款
估 价：GBP 30,000～50,000
成交价：RMB 1,418,168
高28.9cm 伦敦邦瀚斯 2014.05.15

仿汝釉

3569 清雍正 仿汝釉尊
“大清雍正年制”篆书款
估 价：RMB 3,000,000～3,500,000
成交价：RMB 4,485,000
高32.8cm 北京匡时 2014.12.03

253 清乾隆 仿汝釉八方灯笼瓶
“大清乾隆年制”款
估 价：RMB 500,000～600,000
成交价：RMB 1,092,500
高32.6cm 北京东正 2014.11.20

3146 清 仿哥釉花觚
估 价：RMB 80,000～120,000
成交价：RMB 92,000
高22.5cm 中国嘉德 2014.11.20

1071 清乾隆 仿汝釉双耳三足鱼篓尊
“大清乾隆年制”篆书款
估 价：HKD 12,000,000～22,000,000
成交价：RMB 10,915,800
宽25cm 中国嘉德 2014.10.07

3759 清乾隆 仿汝釉鱼篓尊
“大清乾隆年制”篆书款
估 价：RMB 16,000,000~26,000,000
成交价：RMB 19,550,000
高29.8cm 北京翰海 2014.05.11

3007 清乾隆 仿汝釉桃式洗
估 价：HKD 1,600,000~2,200,000
成交价：RMB 1,548,400
长25.1cm 香港苏富比 2014.04.08

3109 清雍正 仿汝釉六方长颈瓶
“大清雍正年制”篆书款
估 价：RMB 1,800,000~2,800,000
成交价：RMB 2,415,000
高66.4cm 中国嘉德 2014.11.20

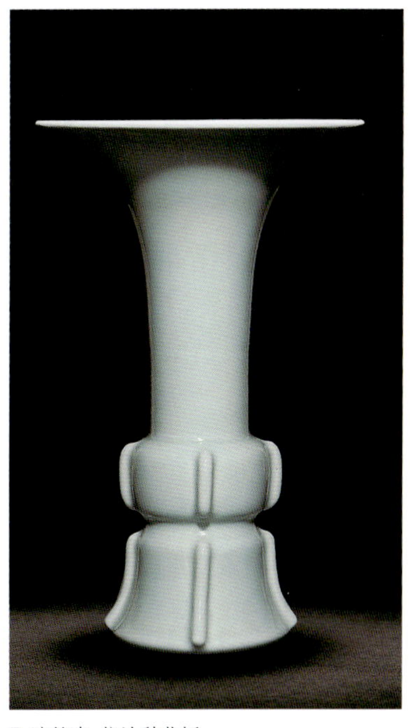

7 清乾隆 仿汝釉花觚
“大清乾隆年制”款
估 价：GBP 100,000~200,000
成交价：RMB 3,596,725
高27.2cm 伦敦苏富比 2014.11.05

3508 清乾隆 仿汝釉贯耳六方壶
“大清乾隆年制”款
估　价：HKD 3,000,000～4,000,000
成交价：RMB 2,879,240
高47.5cm 香港苏富比 2014.10.08

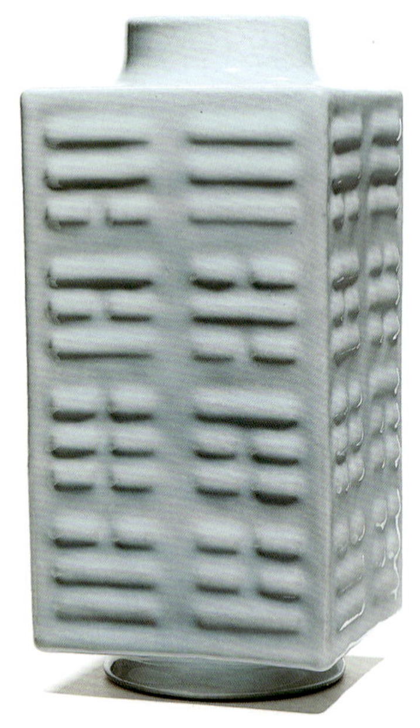

36 清乾隆 仿汝釉八卦纹琮式瓶
“大清乾隆年制”款
估　价：GBP 30,000～40,000
成交价：RMB 917,785
高28.7cm 伦敦苏富比 2014.11.05

3062 清乾隆 仿汝釉出戟　耳尊
“大清乾隆年制”款
估　价：RMB 10,000,000～15,000,000
成交价：RMB 17,825,000
高26.5cm 北京盈时 2014.05.31

9 清乾隆 仿汝釉耳杯
“大清乾隆年制”款
估　价：GBP 20,000～30,000
成交价：RMB 322,465
直径11.5cm 伦敦苏富比 2014.11.05

仿钧釉

225 明 钧窑镂雕贴花座
估　价：USD 40,000~60,000
成交价：RMB 249,234
高15.5cm 纽约苏富比 2014.03.18

2925 明宣德 仿钧窑玫瑰紫釉茶钟
估　价：HKD 800,000~1,500,000
成交价：RMB 3,345,360
直径10.2cm 佳士得 2014.11.26

672 明或更早 钧窑天蓝釉盘
估　价：RMB 50,000~80,000
成交价：RMB 57,500
直径14.3cm 保利厦门 2014.11.02

1722 明 钧窑玫瑰紫花盆
估　价：RMB 180,000~240,000
成交价：RMB 253,000
直径21cm 北京翰海 2014.10.25

7 明早期 钧窑月白釉鼓钉洗
估　价：RMB 380,000~500,000
成交价：RMB 494,500
直径19.7cm 北京中汉 2014.04.16

仿古铜釉

1076 清乾隆 仿古铜釉出戟尊
“大清乾隆年制”篆书款
估 价：HKD 120,000~220,000
成交价：RMB 181,930
高20.5cm 中国嘉德 2014.10.07

261 清乾隆 仿古铜釉三足香炉
“大清乾隆年制”款
估 价：RMB 300,000~400,000
成交价：RMB 437,000
直径8.7cm 北京东正 2014.11.20

3503 清乾隆 古铜彩螭龙纹方杯
估 价：RMB 80,000~120,000
成交价：RMB 92,000
高7.5cm 中国嘉德 2014.05.18

仿木釉

3194 清雍正 仿木纹釉提桶
估 价：RMB 1,000,000~1,500,000
成交价：RMB 1,725,000
37.2cm×22cm 上海嘉泰 2014.06.19

423 清嘉庆 仿木釉桶（一对）
“大清嘉庆年制”款
估 价：RMB 40,000~60,000
成交价：RMB 57,500
直径17cm×2 北京保利 2014.10.25

255 清乾隆 官窑仿黄花梨木纹釉桶
估 价：RMB 800,000~1,200,000
成交价：RMB 2,070,000
高22.5cm 北京东正 2014.11.20

3472 清乾隆 仿木纹釉折沿碗
估 价：RMB 10,000~20,000
成交价：RMB 59,800
直径12.6cm 中国嘉德 2014.05.18

茄皮紫釉

673 清康熙 茄皮紫釉暗刻龙纹盘
“大清康熙年制”楷书款
估 价：RMB 250,000~450,000
成交价：RMB 287,500
直径25.3cm 保利厦门 2014.11.02

3439 清雍正 茄皮紫釉暗刻龙纹碗
估 价：HKD 300,000~500,000
成交价：RMB 2,154,720
直径10.5cm 佳士得 2014.05.28

3080 清雍正 茄皮紫釉刻八吉祥小盘（一对）
“大清雍正年制”款
估 价：HKD 380,000～450,000
成交价：RMB 543,125
直径11.3cm×2 香港苏富比 2014.04.08

6261 清乾隆 茄皮紫釉弦纹蒜头瓶（一对）
“大清乾隆年制”款
估 价：RMB 7,000,000～9,000,000
成交价：RMB 8,510,000
高24.5cm×2 北京保利 2014.06.04

3696 清光绪 茄皮紫釉暗刻云龙纹碗（两件）
“大清光绪年制”楷书款
估 价：RMB 130,000～160,000
成交价：RMB 161,000
直径15.3cm×2 北京翰海 2014.05.11

724 清乾隆 茄皮紫釉爵杯
“乾隆年制”篆书款
估 价：RMB 600,000～800,000
成交价：RMB 805,000
高12.5cm 保利厦门 2014.11.02

仿石釉

8195 清乾隆 仿石纹釉折沿题诗碗
“大清乾隆年制”款
估　价：RMB 120,000～180,000
成交价：RMB 92,000
直径20.5cm 北京保利 2014.06.06

3833 清 仿石纹釉御题诗文洗
估　价：RMB 53,000～75,000
成交价：RMB 60,950
直径13.5cm 中鸿信 2014.11.22

1943 清 仿石釉开光诗文印盒
估　价：RMB 6,000
成交价：RMB 63,250
长7cm 北京翰海 2014.04.13

茶叶末釉

6366 元 王世襄藏、赠韵苏茶叶末釉大罐
估　价：RMB 30,000～40,000
成交价：RMB 34,500
高58cm 北京保利 2014.06.05

3303 清雍正 茶叶末釉梅瓶
估　价：HKD 1,500,000～2,500,000
成交价：RMB 5,338,560
高29cm 佳士得 2014.05.28

655 清雍正 茶叶末釉灯笼瓶
“雍正年制”篆书款
估 价：RMB 2,800,000～4,800,000
成交价：RMB 4,107,000
高27.3cm 北京华辰 2014.04.27

263 清乾隆 官窑茶叶末釉鸠耳尊
“大清乾隆年制”款
估 价：RMB 1,600,000～2,000,000
成交价：RMB 2,530,000
高19.5cm 北京东正 2014.11.20

4838 清乾隆 茶叶末釉长方倭角四足炉
“大清乾隆年制”篆书款
估 价：RMB 400,000～600,000
成交价：RMB 690,000
长22.5cm 北京翰海 2014.10.26

5725 清乾隆 茶叶末釉鸠耳尊
估 价：RMB 3,000,000～5,000,000
成交价：RMB 3,680,000
高19.5cm 北京保利 2014.12.03

666 清乾隆 茶叶末釉贯耳瓶
“大清乾隆年制”篆书款
估　价：RMB 800,000～1,500,000
成交价：RMB 1,437,500
高31cm 保利厦门 2014.11.02

6258 清乾隆 蟹甲青釉荸荠瓶
“大清乾隆年制”款
估　价：RMB 600,000～800,000
成交价：RMB 1,265,000
高26.5cm 北京保利 2014.06.04

4023 清乾隆 茶叶末釉羊首尊
“大清乾隆年制”款
估　价：RMB 3,200,000～4,000,000
成交价：RMB 3,680,000
高26.2cm 北京匡时 2014.06.04

3112 清乾隆 茶叶末釉阔口瓶
“大清乾隆年制”款
估　价：HKD 800,000～1,200,000
成交价：RMB 1,360,520
口径13.6cm 香港苏富比 2014.10.08

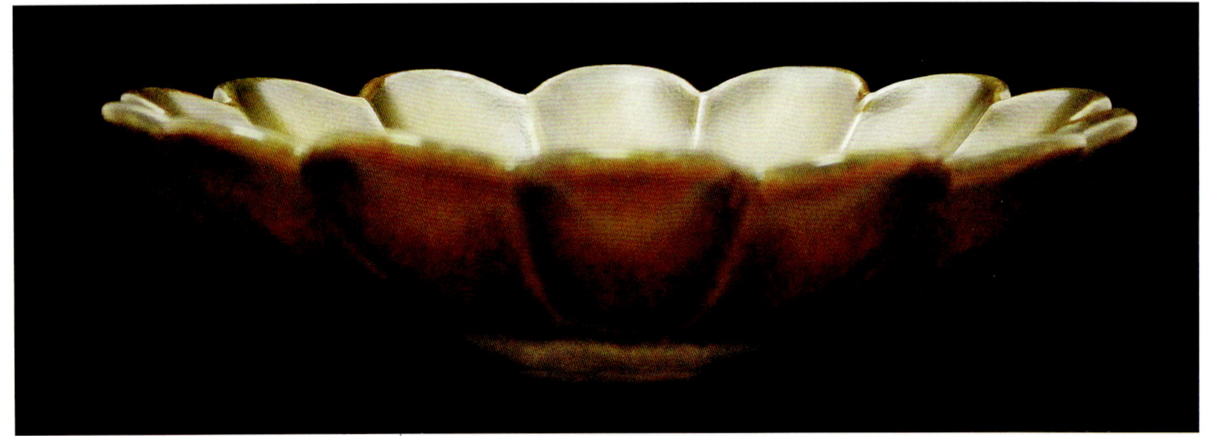

95 茶叶末釉菊瓣碟
估 价：RMB 5,800,000～6,800,000
成交价：RMB 6,820,000
口径9cm 中信拍卖 2014.07.14

3094 清乾隆 茶叶末釉荸荠瓶
“大清乾隆年制”款
估 价：HKD 900,000～1,200,000
成交价：RMB 884,800
高32.8cm 香港苏富比 2014.04.08

4079 谢集贤 高浮雕镂空青山人家笔筒
估 价：RMB 35,000～50,000
成交价：RMB 40,250
高13cm 中国嘉德 2014.11.22

2432 清 反瓷镂空云鹤开光人物笔筒
估 价：RMB 80,000
成交价：RMB 92,000
高16.5cm 北京翰海 2014.08.24

反瓷

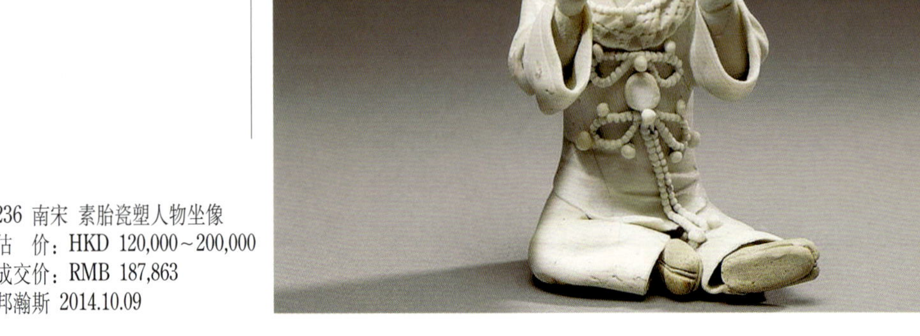

236 南宋 素胎瓷塑人物坐像
估 价：HKD 120,000～200,000
成交价：RMB 187,863
邦瀚斯 2014.10.09

2014瓷器拍卖成交汇总

(成交价RMB：1万元以上)

拍品名称	物品尺寸	成交价RMB	拍卖公司	拍卖日期
一、陶器				
新石器时代 彩绘足形陶罐		296,625	邦瀚斯	2014.10.09
新石器时代 彩陶网纹罐		54,381	邦瀚斯	2014.10.09
战国 灰陶印布纹双系小罐		39,550	邦瀚斯	2014.10.09
汉 灰陶猪	长58.5cm	52,720	伦敦邦瀚斯	2014.05.15
西晋 酱釉兽形水滴		49,438	邦瀚斯	2014.10.09
西晋 酱釉兽形水滴		39,550	邦瀚斯	2014.10.09
北魏 灰陶镇墓兽	高28cm	32,950	伦敦邦瀚斯	2014.05.15
北魏 加彩陶文吏	高42cm	42,002	保利香港	2014.10.07
北朝 彩绘镂空雕石灰岩香熏	高9.5cm	72,272	宝港国际	2014.11.27
初唐 彩绘磕头文官俑	长58.5cm	766,875	纽约佳士得	2014.03.20
三彩骆驼	高25cm	2,603,700	中国艺海	2014.11.15
三彩陶马	高38cm	15,622,200	中国艺海	2014.11.15
唐 彩绘仕女俑	高85.7cm	291,413	纽约佳士得	2014.03.20
唐 巩县窑 蓝彩宝相花盖盒	口径11cm	903,405	宝港国际	2014.11.27
唐 巩县窑 绞胎方枕	长15cm	92,460	宝港国际	2014.05.27
唐 巩县窑花卉碗	直径17.5cm	73,416	中国嘉德	2014.04.09
唐 黑陶碗	直径12.3cm	98,750	香港苏富比	2014.04.07
唐 蓝釉三彩豆	通高12.7cm	78,591	大唐国际	2014.05.27
唐 三彩钵式水丞	直径5.4cm	36,904	伦敦邦瀚斯	2014.05.15
唐 三彩带盖陶罐（两件）	高23.5cm×2	184,520	伦敦苏富比	2014.05.14
唐 三彩立马	高79.8cm	2,725,500	保利香港	2014.04.07
唐 三彩立马	高59cm	1,090,200	保利香港	2014.04.07
唐 三彩马	高71cm	2,239,275	纽约佳士得	2014.03.20
唐 三彩盘口陶瓶、杯盘及小杯（五件）	瓶高14.2cm	49,610	伦敦苏富比	2014.11.05
唐 三彩人物塑像	高29cm	289,090	宝港国际	2014.11.27
唐 三彩仕女纹盒	高4.9cm	56,003	保利香港	2014.10.07
唐 三彩陶马	高53.3cm	268,406	纽约苏富比	2014.03.18
唐 三彩陶马	高60.4cm	214,655	纽约苏富比	2014.09.16
唐 三彩陶马（两件）	高52cm×2	421,760	伦敦苏富比	2014.05.14
唐 三彩陶钱柜	高18.1cm；宽23.2cm	2,018,415	纽约苏富比	2014.03.18
唐 三彩陶团花纹盆	直径25.4cm	168,713	纽约苏富比	2014.03.18
唐 三彩天王立像	高92.7cm	214,725	纽约佳士得	2014.03.20
唐 三彩鸭式水丞	长9.8cm	13,180	伦敦邦瀚斯	2014.05.15
唐 三彩盏	直径10cm	44,496	台湾世家	2014.04.13
唐 三彩坐鼓女俑	通高38cm	1,849,200	大唐国际	2014.05.27
唐 陶加彩陶骆驼	高84.5cm	30,675	纽约苏富比	2014.03.18
唐 鲁山窑 花釉洒蓝斑大盖罐	高30cm	203,412	宝港国际	2014.05.27
唐 鲁山窑花釉罐		59,325	邦瀚斯	2014.10.09
唐 鲁山窑花釉注子		158,200	邦瀚斯	2014.10.09
宋 当阳峪窑　绞胎羽毛纹小钵	口径9.6cm	67,755	宝港国际	2014.11.27
宋 绞胎钵	直径13.2cm	212,658	澳门中信	2014.06.08
宋/金 磁州窑绞胎碗	直径11.7cm	119,301	中国嘉德	2014.04.09
元/明 磁州窑绿釉地黄釉面绞胎枕	长22.4cm	115,000	北京东正	2014.05.18
明 石湾窑变绿釉鼓（一对）	直径55cm×2	56,500	广东省拍	2014.06.22
明 石湾窑瓶（两件）	尺寸不一	36,800	中国嘉德	2014.03.23
明 石湾窑小琮式瓶 海棠洗各一件	尺寸不一	34,500	中国嘉德	2014.03.23
明 宜钧欧窑螭龙水丞	宽6.8cm	1,092,500	远方拍卖	2014.06.02
明或更早 陶胎大漆孩儿枕	长38.4	34,500	北京中汉	2014.09.22
明晚期清早期 宜兴窑仿钧执荷童子摆件	长362cm	172,500	北京中汉	2014.11.21
清早期 宜钧双龙苹果尊	高20.5cm	230,000	远方拍卖	2014.06.02
清早期 宜均釉撇口大碗	直径22.8cm	78,200	中国嘉德	2014.05.18
清早期 宜钧双龙耳瓶	高40cm	207,000	远方拍卖	2014.06.03
清中期 宜钧大观音瓶	高54cm	34,500	远方拍卖	2014.06.03
清中期 宜钧凤尾尊	高28cm	103,500	远方拍卖	2014.06.03
清中期 宜钧花觚	高41cm	115,000	远方拍卖	2014.06.02
清中期 宜钧梅瓶	高35cm	69,000	远方拍卖	2014.06.03
清中期 宜钧双耳海棠瓶	高29.5cm	92,000	远方拍卖	2014.06.03
清中期 宜钧玉兰瓶	高30cm	109,250	远方拍卖	2014.06.03
清中期 紫砂胎仿古铜釉小贯耳瓶	高10.1cm	20,700	中国嘉德	2014.09.21
清 仿搅胎六方壶	长19.5cm	63,250	中国嘉德	2014.09.21
清 高浮雕荷花纹铺首陶缸	直径40cm	13,800	中国嘉德	2014.03.22
清 挂釉盘	直径16cm	32,200	北京保利	2014.06.04
清 潘玉书制石湾陶塑罗汉像	高14cm	45,885	中信国际	2014.04.19

拍品名称	物品尺寸	成交价RMB	拍卖公司	拍卖日期
清 石湾窑关公	高26cm	36,800	北京保利	2014.04.26
清 石湾窑罗汉坐像	高7.7cm	20,700	北京中汉	2014.09.22
清 石湾窑叶形笔舔	宽10cm	20,700	北京保利	2014.04.26
清 宜钧贯耳瓶	高33cm	57,500	远方拍卖	2014.06.03
清 宜钧贯耳尊	高30.7cm	34,500	远方拍卖	2014.06.03
清 宜钧葵形水盆	宽21.5cm	103,500	远方拍卖	2014.06.03
清 宜钧釉八瓣形茶叶罐	高11.5cm	17,250	北京保利	2014.06.04
清 宜钧釉鼓钉纹四足洗	长30cm	57,500	北京保利	2014.12.03
清18世纪 紫泥炉钧釉汉方壶	高19cm	306,750	纽约佳士得	2014.03.20
清19世纪 宜兴加彩茶壶两件	高24.5cm×2	42,178	纽约苏富比	2014.03.18
约19世纪 德国彩绘陶瓷大瓶 柏林皇家窑厂制（一对）	高49.5cm	57,500	北京保利	2014.12.04
清晚期 紫泥蓝彩兰竹诗文汉方壶	高19cm	153,375	纽约佳士得	2014.03.20
民国 长方宜均釉花盆	长52.5cm	23,000	上海道明	2014.04.12
石湾罗汉像	高24cm	97,750	华艺国际	2014.04.13
石湾素胎鹅"黄古珍"造	32cm×22cm	34,873	香港今是	2014.05.04
石湾窑白釉'鲁智深'	高39cm	32,416	香港普艺	2014.01.04
日本 18世纪 濑户窑陶盘（一对）	大者直径28cm	22,999	纽约苏富比	2014.09.16
陈景亮制 义气壶二代		18,400	北京翰海	2014.10.25
陈景亮制 逸云壶"一瓢明月和泉烹"		55,200	北京翰海	2014.10.25
诚斋 围炉茶叙	尺寸不一	74,750	中国嘉德	2014.11.20
黄大安 南玉柴烧茶盏	直径8cm	20,700	北京保利	2014.04.29
黄大安 云水茶盏对杯（两件）	直径8cm×2	27,600	北京保利	2014.04.29
江有庭制 彩宸藏色天目茶盏	口径15.2cm	57,500	北京翰海	2014.10.25
江玗作天目茶器（一组六件）	尺寸不一	23,000	北京匡时	2014.06.05
李伶美 2009年作 迎亲	长46cm	25,608	新加坡33拍卖	2014.10.11
李思桦 2014年作 烟瘾	长41cm	29,100	新加坡33拍卖	2014.10.11
田承泰制 柴烧茶具（一组）	尺寸不一	46,000	北京翰海	2014.10.25
田承泰制 柴烧圆钵	直径20.5cm	20,700	北京翰海	2014.10.25
田承泰制 斗茶碗	直径13cm	18,400	北京翰海	2014.10.25
田承泰制 志野茶碗	直径12.5cm	17,250	北京翰海	2014.10.25
田承泰制 志野柴烧茶仓	口径15cm	17,250	北京翰海	2014.10.25
许明香 2007年作 窗外	85cm×85cm×15cm	104,760	新加坡33拍卖	2014.10.11
宜钧紫砂白泥胎蓝釉象耳瓶	高15.5cm	240,000	上海驰翰	2014.06.26
宜钧紫砂蓝釉海棠双耳瓶	高52cm	55,000	上海驰翰	2014.06.26
宜兴钧窑梅瓶	高28.5cm	23,000	上海道明	2014.04.12
袁野 2010年作 梅花	直径38cm	23,000	上海天衡	2014.06.29
袁野 2010年作 水仙	直径38cm	23,000	上海天衡	2014.06.29
二、瓷器				
1.青瓷				
越窑				
西晋 越窑青釉蛙形水丞		158,200	邦瀚斯	2014.10.09
西晋 越窑青釉熊形尊		444,938	邦瀚斯	2014.10.09
唐 越窑　青釉葫芦型执壶	高18.5cm	323,610	宝港国际	2014.05.27
唐 越窑　青釉针刻花口大碗	口径16.2cm	147,936	宝港国际	2014.05.27
唐 越窑双龙尊	31cm×8cm	46,000	上海嘉泰	2014.06.19
五代 越窑凤首壶	高35cm	333,500	安徽艺海	2014.04.30
五代 越窑六棱刻花大碗	直径15cm	272,895	中国嘉德	2014.10.07
五代 越窑青瓷点彩鸡首壶		346,063	邦瀚斯	2014.10.09
五代 越窑青釉刻莲瓣纹盖罐		346,063	邦瀚斯	2014.10.09
五代/宋 越窑牡丹鹦鹉纹盖盒	口径13cm	451,703	宝港国际	2014.11.27
北宋 越窑刻花牡丹纹粉盒	口径12.6cm	993,746	宝港国际	2014.11.27
北宋 越窑粉盒	直径14.3cm	554,760	大唐国际	2014.05.27
北宋 越窑青釉刻牡丹纹碗	直径15cm	85,670	伦敦邦瀚斯	2014.05.15
宋 越窑佛灯	高11cm	722,724	宝港国际	2014.11.27
宋 越窑刻花四足方壶	高25cm	1,201,980	澳门中信	2014.06.08
宋 越窑青釉三连瓜形盖盒		41,528	邦瀚斯	2014.10.09
金 越窑青釉印花纹盖盒		23,730	邦瀚斯	2014.10.09
元/明 越窑缠枝牡丹纹瓶	高15.6cm	1,840,000	北京东正	2014.05.18
越窑青瓷飞凤纹盖盒	直径136cm	101,200	北京中汉	2014.11.21
耀州窑				
五代 耀州窑贴塑灵龟纹花口盏	口径12.2cm	99,375	宝港国际	2014.11.27
五代 耀州窑花式碗		395,500	邦瀚斯	2014.10.09
五代 耀州窑花式碗		187,863	邦瀚斯	2014.10.09
五代 耀州窑莲瓣花口大温碗	口径16cm	1,806,810	宝港国际	2014.11.27

*查看图片请参照凡例4方法

2014瓷器拍卖成交汇总

(成交价RMB：1万元以上)

拍品名称	物品尺寸	成交价RMB	拍卖公司	拍卖日期
北宋 耀州青釉刻缠枝牡丹纹执壶	高12cm	1,208,595	纽约苏富比	2014.03.18
北宋 耀州窑刻缠枝花卉纹盘		543,813	邦瀚斯	2014.10.09
北宋 耀州窑刻花大碗		158,200	邦瀚斯	2014.10.09
北宋 耀州窑刻花叶纹瓜棱罐		642,688	邦瀚斯	2014.10.09
北宋 耀州窑青瓷缠枝纹碗	直径21.3cm	996,960	佳士得	2014.05.28
北宋 耀州窑青釉刻花盖盒		316,400	邦瀚斯	2014.10.09
北宋 耀州窑青釉刻牡丹花双耳瓶		2,404,640	邦瀚斯	2014.10.09
北宋 耀州窑青釉双鬼游院图碗		257,075	邦瀚斯	2014.10.09
北宋 耀州窑印花双婴攀枝纹碗		64,269	邦瀚斯	2014.10.09
北宋 耀州窑印花仙鹤祥云纹碗		148,313	邦瀚斯	2014.10.09
宋 耀州青釉刻花碗	直径13.7cm	229,988	纽约苏富比	2014.09.16
宋 耀州窑瓜棱执壶	高29cm	542,043	宝港国际	2014.11.27
宋 耀州窑划花大碗	口径21.7cm	225,851	宝港国际	2014.11.27
宋 耀州窑划花莲花纹小盘	口径13.5cm	126,477	宝港国际	2014.11.27
宋 耀州窑划花牡丹金钱纹碗	口径20.8cm	108,409	宝港国际	2014.11.27
宋 耀州窑划花三婴戏纹大盘	口径17.5cm	135,511	宝港国际	2014.11.27
宋 耀州窑金钱纹刻花小梅瓶	高16cm	1,084,086	宝港国际	2014.11.27
宋 耀州窑刻莲瓣青釉小碗	口径13cm	90,341	宝港国际	2014.11.27
宋 耀州窑模印荷塘水鸭纹笠式盏	口径9.2cm	58,721	宝港国际	2014.11.27
宋 耀州窑印花“海中四鱼”纹小茶盏	口径9.5cm	45,170	宝港国际	2014.11.27
宋 耀州窑印花笠式盏	口径16.5cm	99,375	宝港国际	2014.11.27
宋 耀州窑印花民间故事“加官进爵”纹茶盏	口径14.5cm	271,022	宝港国际	2014.11.27
宋 耀州窑印花婴戏纹茶盏	口径12cm	90,341	宝港国际	2014.11.27
宋 耀州窑印花游鱼纹圆盒	口径4.5cm	13,551	宝港国际	2014.11.27
宋 耀州窑“大观”铭印花缠枝牡丹纹茶盏	口径9.5cm	369,840	宝港国际	2014.05.27
宋 耀州窑“长命”铭印花缠枝纹小茶盏	口径9.3cm	166,428	宝港国际	2014.05.27
宋 耀州窑青釉花口出戟印刻花大碗	口径17.6cm	231,150	宝港国际	2014.05.27
宋 耀州窑青釉刻花“吴牛喘月”纹碗	口径17cm	184,920	宝港国际	2014.05.27
宋 耀州窑青釉刻花牡丹纹碗	口径20.3cm	92,460	宝港国际	2014.05.27
宋 耀州窑青釉刻菊纹碗	直径18.5cm	224,060	伦敦苏富比	2014.05.14
宋 耀州窑青釉刻牡丹纹执壶	高11cm	197,700	伦敦苏富比	2014.05.14
宋 耀州窑印缠枝牡丹纹大碗	直径20.5cm	227,125	保利香港	2014.04.07
金 耀州青釉鱼乐图碗	直径12.1cm	69,019	纽约苏富比	2014.03.18
金 耀州窑兽足大香炉	宽13cm	135,511	宝港国际	2014.11.27
金 耀州窑兽足小琴炉	高5.5cm	54,204	宝港国际	2014.11.27
金 耀州窑小琴炉	高7cm	153,579	宝港国际	2014.11.27
金 耀州窑印花花口碗	口径12.5cm	108,409	宝港国际	2014.11.27
金 耀州窑青釉刻花盘	口径17.8cm	203,412	宝港国际	2014.05.27
金 耀州窑青釉印花三足香炉	高8.5cm	55,476	宝港国际	2014.05.27
金 耀州窑带盖三足炉	高19cm	1,073,387	保利香港	2014.10.07
金 耀州窑灯盏	直径10.3cm	73,416	中国嘉德	2014.04.09
金 耀州窑刻花梅瓶	高63cm	4,013,534	保利香港	2014.10.07
金 耀州窑剔花牡丹纹折沿盘	直径18.3cm	298,682	保利香港	2014.10.07
金 耀州窑犀牛望月纹刻花碗	直径18.7cm	100,212	景薰楼	2014.06.15
明以前 耀州窑青釉剔花花口钵	直径17.3cm	132,250	上海泓盛	2014.06.26
耀州窑刻花茶碗	直径10cm	40,250	上海泛华	2014.10.29
耀州窑刻花花口碗	口径19cm	1,280,000	荣盛国际	2014.07.26
耀州窑刻花花口碗	口径14.7	1,000,000	荣盛国际	2014.07.26
耀州窑剃花斗笠碗	口径15.1cm	2,800,000	荣盛国际	2014.07.26
耀州窑印花缠枝莲纹小碗 影青釉菊瓣小罐 仿哥釉铁绣花花卉纹水丞各一件	尺寸不一	17,250	中国嘉德	2014.09.21
耀州窑印花小盏	直径11.3cm	17,250	北京中汉	2014.11.21
元 耀州窑茶盏	直径11.3cm	23,000	北京保利	2014.06.06
元 耀州窑刻花宝相花纹碗	直径19cm	74,750	中鸿信	2014.11.22
元 耀州窑青釉斗笠盏	口径14cm	34,050	中拍国际	2014.06.04
元 耀州窑青釉刻花龙虎纹碗	口径13.1cm	544,800	中拍国际	2014.06.04
汝窑				
北宋 汝窑八莲花瓣三足香炉	高14.5cm	21,265,800	澳门中信	2014.06.08
北宋 汝窑香熏	高17cm	5,362,680	澳门中信	2014.06.08
北宋 天青釉汝窑三足洗	直径14cm	12,019,800	澳门中信	2014.06.08
北宋 天青釉汝窑水仙盆	直径23.3cm	35,134,800	澳门中信	2014.06.08
北宋 天青釉汝窑洗	直径14cm	16,642,800	澳门中信	2014.06.08
北宋 汝窑笔洗	高4cm；B.17.8cm；底径11cm	18,147,000	澳门中信	2014.11.30
宋 临汝窑小洗	直径12.8cm	33,900	广东省拍	2014.06.22
宋 汝窑洗	16.5cm×2.5cm	2,787,600	中信国际	2014.03.30
元 临汝窑碗	直径21cm	46,000	中国嘉德	2014.09.21
汝窑三足洗	口径14cm；底径13.5cm；高3.6cm	19,200,000	荣盛国际	2014.07.26
汝窑纸槌瓶	高13cm	4,165,920	中国艺海	2014.11.15
官窑				
北宋 官窑片（张公巷）	直径17cm	6,657,120	澳门中信	2014.06.08
南宋 “郊坛下”款官窑贯耳瓶	高17cm	57,500	上海嘉泰	2014.06.19
南宋 官窑菊花纹碟	宽18cm	20,807,520	佳士得	2014.05.28
南宋 官窑象耳六棱尊	高23.3cm	14,336,130	澳门中信	2014.11.30
宋 北宋官窑椭圆洗	14.5cm×10.1cm	60,099,000	澳门中信	2014.06.08
宋 官窑鬲式炉	高13cm	370,800	台湾世家	2014.04.13
宋 官窑贯耳扁肚瓶	高15.2cm	40,250	上海嘉泰	2014.06.19
宋 官窑三足琴炉	高7.2cm	34,500	上海嘉泰	2014.06.19
宋 官窑渣斗	口径12.7cm	166,428	大唐国际	2014.05.27
宋 官窑直颈瓶	高15cm	80,500	上海嘉泰	2014.06.19
宋 官釉贯耳尊	高21.5cm	299,000	上海嘉泰	2014.06.19
宋 官釉嵌宝珠瓜棱瓶	高22cm	115,000	上海嘉泰	2014.06.19
宋 官釉斜纹瓶	高22cm	59,651	中信国际	2014.04.19
宋 南宋官窑粉青釉渣斗	高8cm 口径12.5cm	690,000	西泠拍卖	2014.05.06
宋或更晚 官窑瓶	高14.5cm	3,408,960	佳士得	2014.05.28
宋 官窑笔舔	宽12.3cm	370,800	台湾世家	2014.04.13
钧窑				
北宋 钧窑天蓝釉长颈瓶	高29.2cm	4,277,280	佳士得	2014.05.28
北宋 钧窑天青釉小碗		933,380	邦瀚斯	2014.10.09
北宋 钧窑月白釉单柄洗	宽20cm	550,620	中国嘉德	2014.04.09
北宋/金 钧窑天蓝釉紫斑碗	直径8.7cm	4,303,040	香港苏富比	2014.10.08
三足鼎 晋家钧窑	高39cm	48,300	河南原田	2014.08.17
北宋/金 钧窑天青釉紫斑小碗		838,460	邦瀚斯	2014.10.09
宋 均釉碟	直径18cm	33,037	中信国际	2014.04.19
宋 钧窑碟（一对）	直径15.5cm×2	166,428	大唐国际	2014.05.27
宋 钧窑绿釉大碗	直径23.5cm	163,737	中国嘉德	2014.10.07
宋 钧窑三足炉	高7cm	69,000	西泠拍卖	2014.05.06
宋 钧窑天蓝釉莲苞式水盂	直径9.5cm	500,840	伦敦苏富比	2014.05.14
宋 钧窑天蓝釉盘	直径11.1cm	245,320	纽约苏富比	2014.09.16
宋 钧窑天蓝釉盘	直径17.8cm	124,025	伦敦苏富比	2014.11.05
宋 钧窑天蓝釉碗	直径22.5cm	560,028	保利香港	2014.10.07
宋 钧窑天蓝釉碗（两件）	直径9cm×2	210,880	伦敦苏富比	2014.05.14
宋 钧窑天蓝釉小茶盏	口径9cm	45,170	宝港国际	2014.11.27
宋 钧窑天蓝釉紫斑盘	直径15.8cm	500,840	伦敦苏富比	2014.05.14
宋 钧窑天蓝釉紫斑碗	直径19.3cm	65,900	伦敦苏富比	2014.05.14
宋 钧窑天蓝釉紫斑碗	直径19.7cm	65,900	伦敦苏富比	2014.05.14
宋 钧窑碗	直径14.9cm	383,438	纽约苏富比	2014.03.18
宋 钧窑月白釉鼓钉三足洗	直径11.6cm	2,588,880	澳门中信	2014.06.08
宋 钧窑月白釉三足香炉	高8cm	135,511	宝港国际	2014.11.27
宋/金 钧窑三足炉	高7.5cm	38,344	纽约苏富比	2014.03.18
宋/金 钧窑天青釉碗		913,817	纽约苏富比	2014.09.16
宋/金 钧窑天青釉紫斑碗		987,413	纽约苏富比	2014.09.16
宋/金 钧窑 天蓝釉大碗	口径21cm	231,150	宝港国际	2014.05.27
金 钧窑红斑小耳杯	口径4.7cm	16,261	宝港国际	2014.11.27
金 钧窑双系罐	高13cm	46,000	广州皇玛	2014.01.02
金 钧窑天青釉敛口大碗	口径20cm	162,613	宝港国际	2014.11.27
金 钧窑紫斑执壶	高8.5cm	61,350	纽约苏富比	2014.03.18
金 钧窑瑰紫斑碗	口径18cm	253,000	西泠拍卖	2014.12.13
金/元 钧窑 天蓝釉紫斑胆式瓶	高27cm	1,017,060	宝港国际	2014.05.27
金/元 钧窑天蓝釉大碗	直径18.2cm	105,421	伦敦苏富比	2014.11.05
元 钧瓷笔舔	长6cm	28,750	北京翰海	2014.05.10
元 钧窑 天蓝釉朝冠耳三足炉	高12.6cm	78,591	宝港国际	2014.05.27
元 钧窑 贴花朝冠耳三足炉	高16cm	166,428	宝港国际	2014.05.27

拍品名称	物品尺寸	成交价RMB	拍卖公司	拍卖日期
元 钧窑扳沿洗	宽20cm	1,046,098	中国嘉德	2014.10.07
元 钧窑笔舔	高2.5cm	13,800	西泠拍卖	2014.05.06
元 钧窑茶盏	直径6.6cm	23,000	北京保利	2014.06.06
元 钧窑瓜棱水丞	直径7cm	74,750	中国嘉德	2014.03.23
元 钧窑红斑大碗	直径21cm	136,448	中国嘉德	2014.10.07
元 钧窑红斑盏	直径10.3cm	69,000	北京保利	2014.06.06
元 钧窑菊瓣碗	直径26.5cm	92,000	北京保利	2014.10.25
元 钧窑玫瑰红钵式碗	直径16.5cm	172,500	北京保利	2014.06.06
元 钧窑玫瑰紫釉鼓钉洗	直径17.5cm	4,025,000	北京保利	2014.06.04
元 钧窑玫瑰紫釉菱花式洗	直径25cm	8,165,000	北京保利	2014.06.04
元 钧窑盘	直径20.5cm	32,200	中国嘉德	2014.09.21
元 钧窑天蓝釉大碗	直径22cm	920,000	北京保利	2014.06.06
元 钧窑天蓝釉玫瑰斑小罐	高8.5cm	69,000	西泠拍卖	2014.05.06
元 钧窑天蓝釉三足炉	高9.8cm	114,994	纽约苏富比	2014.09.16
元 钧窑天蓝釉紫斑碗	直径18.4cm	46,013	纽约佳士得	2014.03.20
元 钧窑天蓝紫斑釉碗	直径21cm	85,670	伦敦邦瀚斯	2014.05.15
元 钧窑碗	直径18cm	40,250	北京保利	2014.04.26
元 钧窑碗	直径18cm	32,569	景薰楼	2014.06.15
元 钧窑月白釉三足鼓钉洗	直径20cm	5,980,000	北京保利	2014.06.04
元 钧窑月白釉三足炉	高11.8cm	45,400	中拍国际	2014.06.04
元 钧窑红斑碗	直径18.7cm	207,000	北京保利	2014.12.05
元 钧窑天蓝釉梅瓶	高36.5cm	483,000	北京保利	2014.12.04
元 钧窑天蓝釉盘	直径18.5cm	155,250	中宝拍卖	2014.07.06
元/明 钧窑天蓝玫瑰紫四方花盆	高14.5cm	257,500	北京中联	2014.09.09
钧窑鬲式炉	高7cm	33,350	上海泛华	2014.10.29
钧窑盘	口径19.3cm	391,400	北京中联	2014.09.09
钧窑天青釉玫瑰紫斑笔舔		148,313	邦瀚斯	2014.10.09
哥窑				
宋 哥窑海棠式盆	长5.3cm	617,780	保利香港	2014.04.07
宋 哥窑黄釉洗	直径13.8cm	10,170,600	澳门中信	2014.06.08
宋 哥窑直颈瓶	高13.5cm	36,800	上海嘉泰	2014.06.19
宋 哥窑直颈贯耳八棱瓶	高25cm	14,517,600	澳门中信	2014.11.30
元 哥窑敛口钵式洗	直径14.4cm；高5.5cm	43,700,000	中鸿信	2014.11.22
龙泉窑				
南宋 龙泉粉青碗	口径9cm	101,706	大唐国际	2014.05.27
南宋 龙泉青釉缠枝花卉纹三足香炉	直径18.1cm	191,719	纽约苏富比	2014.03.18
南宋 龙泉青釉笠式碗	直径15.2cm	459,975	纽约苏富比	2014.09.16
南宋 龙泉青釉瓶	高16.2cm	99,694	纽约佳士得	2014.03.20
南宋 龙泉窑葱绿釉鬲式炉	高10.5cm	993,746	宝港国际	2014.11.27
南宋 龙泉窑仿官窑笠式盏	口径13.8cm	225,851	宝港国际	2014.11.27
南宋 龙泉窑粉青釉竹节弦纹瓶	高19.5cm	4,530,540	宝港国际	2014.05.27
南宋 龙泉窑青釉斗笠盏	口径12.6cm	110,952	宝港国际	2014.05.27
南宋 龙泉窑仿官粉青釉水洗	口径14.5cm	1,355,108	宝港国际	2014.11.27
南宋 龙泉窑仿官釉小洗	口径9cm	135,511	宝港国际	2014.11.27
南宋 龙泉窑花口鬲式炉	直径11cm	272,895	中国嘉德	2014.10.07
南宋 龙泉窑青磁双鱼纹盘		2,532,929	纽约苏富比	2014.09.16
南宋 龙泉窑青釉荷叶小碗		128,538	邦瀚斯	2014.10.09
南宋 龙泉窑青釉莲瓣碗	直径12.7cm	34,500	深圳市拍	2014.01.05
南宋 龙泉窑青釉莲纹碗	直径17.4cm	161,233	伦敦苏富比	2014.11.05
南宋 龙泉窑青釉三足炉	直径11cm	218,500	深圳市拍	2014.01.05
南宋/元 龙泉青釉净瓶	高18cm	250,420	伦敦邦瀚斯	2014.05.15
南宋/元 龙泉窑琮式瓶	高41cm	2,926,560	佳士得	2014.05.28
宋 龙泉琮式瓶	高25cm	1,672,963	香港华洋	2014.06.26
宋 龙泉点彩鬲式炉	高8.7cm	304,056	台湾世家	2014.04.13
宋 龙泉青釉双龙耳长颈瓶	高32.5cm	1,503,075	纽约佳士得	2014.03.20
宋 龙泉双鱼洗	直径13cm	161,000	华艺国际	2014.05.31
宋 龙泉窑　敛口小盏	口径11cm	252,953	宝港国际	2014.11.27
宋 龙泉窑　小茶盏	口径8.9cm	117,443	宝港国际	2014.11.27
宋 龙泉窑仿官窑直颈瓶	高21.3cm	536,268	澳门中信	2014.06.08
宋 龙泉窑凤耳瓶	高26.4cm	184,920	大唐国际	2014.05.27
宋 龙泉窑青釉琮式瓶	高27cm	2,406,085	伦敦苏富比	2014.11.05
宋 龙泉窑青釉鬲	直径13.2cm	297,660	伦敦苏富比	2014.11.05
宋 龙泉窑青釉花瓣小碗	直径9.3cm	118,620	伦敦苏富比	2014.05.14
宋 龙泉窑青釉莲瓣碗	直径16.5cm	65,900	伦敦苏富比	2014.05.14
宋 龙泉窑青釉双耳三足炉	高10.8cm	105,440	伦敦苏富比	2014.05.14
宋/元 龙泉长颈瓶	高15.7cm	110,124	中国嘉德	2014.04.09

拍品名称	物品尺寸	成交价RMB	拍卖公司	拍卖日期
元 龙泉葵口大盘	直径34cm	46,000	广州皇玛	2014.04.27
元 龙泉模印菊花盘	直径17.5cm	10,350	北京保利	2014.08.02
元 龙泉青瓷折枝花果纹六棱梅瓶	高31cm	1,360,520	香港苏富比	2014.10.08
元 龙泉青釉刻缠枝牡丹纹大瓶	高39cm	122,700	纽约佳士得	2014.03.20
元 龙泉青釉菱口折沿大盘	直径61.7cm	4,771,600	香港苏富比	2014.04.08
元 龙泉青釉贴逐珠云龙图双鱼龙耳瓶	高26.4cm	5,726,840	香港苏富比	2014.10.08
元 龙泉三足小炉	直径10cm	86,250	广州皇玛	2014.01.02
元 龙泉剔花盘	高4.9cm	92,942	香港华洋	2014.06.26
元 龙泉弦纹瓶	高21cm	40,250	广州皇玛	2014.04.27
元 龙泉窑 梅子青釉葵口贴花莲瓣纹大水呈	口径23.8cm	443,808	宝港国际	2014.05.27
元 龙泉窑“天下天平”水滴	高9.5cm	43,700	中鸿信	2014.11.22
元 龙泉窑暗花荷叶盖罐	高22cm	92,000	中鸿信	2014.11.22
元 龙泉窑仿官釉鱼耳盘口瓶	高24cm	810,000	中鸿信	2014.11.22
元 龙泉窑粉青釉暗刻竹节盖盒	直径11.5cm	103,500	中鸿信	2014.11.22
元 龙泉窑粉青釉花觚	高24cm	782,000	中鸿信	2014.11.22
元 龙泉窑高足杯	高14cm	86,250	北京保利	2014.06.06
元 龙泉窑鬲式炉	高11.2cm	632,500	北京翰海	2014.10.25
元 龙泉窑鬲式炉	高6cm	207,000	北京翰海	2014.10.25
元 龙泉窑贯耳瓶	高21.2cm	34,500	中鸿信	2014.11.22
元 龙泉窑贯耳弦纹壶	高37.7cm	3,450,000	北京保利	2014.06.05
元 龙泉窑海浪纹火石红双鱼洗	直径29.7cm	322,000	北京东正	2014.11.20
元 龙泉窑壶形水滴	长6.4cm	34,500	中鸿信	2014.11.22
元 龙泉窑花卉蒜头瓶（一对）	高14.2cm×2	120,750	西泠拍卖	2014.05.06
元 龙泉窑颈瓶	高16.5cm	287,500	远方拍卖	2014.06.02
元 龙泉窑菊瓣碗	直径12.8cm	11,500	中国嘉德	2014.09.21
元 龙泉窑刻花“清香美酒”罐	高26.5cm	647,220	大唐国际	2014.05.27
元 龙泉窑刻花莲瓣敛口碗	直径19.2cm	33,750	中鸿信	2014.11.22
元 龙泉窑刻花莲瓣纹塔式盖瓶	高38cm	253,000	中鸿信	2014.11.22
元 龙泉窑龙纹折沿大盘	直径33.3cm	388,500	北京华辰	2014.04.27
元 龙泉窑青釉葵口洗	直径11.5cm	437,000	北京诚轩	2014.05.19
元 龙泉窑青釉莲瓣纹碗	直径16.3cm	99,220	伦敦苏富比	2014.11.05
元 龙泉窑青釉盏托	直径13.8cm	57,500	北京诚轩	2014.05.19
元 龙泉窑三足琴炉	直径5.5cm	41,400	中鸿信	2014.11.22
元 龙泉窑诗文方形印盒	6cm×6.1cm	172,500	中鸿信	2014.11.22
元 龙泉窑双鱼盘	直径21.1cm	149,500	中鸿信	2014.11.22
元 龙泉窑双鱼洗	直径21.8cm	218,500	中国嘉德	2014.09.21
元 龙泉窑双鱼洗	直径14.9cm	28,750	中国嘉德	2014.09.21
元 龙泉窑双鱼洗	直径13.2cm	13,800	中国嘉德	2014.09.21
元 龙泉窑双鱼洗	直径11.5cm	11,500	中国嘉德	2014.09.21
元 龙泉窑双鱼折沿洗	直径21.5cm	138,000	中鸿信	2014.11.22
元 龙泉窑贴花双鱼洗	直径13.4cm	34,500	中国嘉德	2014.03.23
元 龙泉窑碗	直径41.2cm	1,093,440	佳士得	2014.05.28
元 龙泉窑弦纹梅瓶（一对）	高24.6cm 高23.8cm	529,000	中鸿信	2014.11.22
元 龙泉窑弦纹长颈瓶	高13.3cm	184,000	中鸿信	2014.11.22
元 龙泉窑小折沿洗	直径11cm	138,000	中国嘉德	2014.03.23
元 龙泉釉玉壶春瓶		1,075,760	邦瀚斯	2014.10.09
元 龙泉云龙狮耳罐	高34cm	34,500	上海嘉泰	2014.06.19
元 龙泉长颈瓶	高13.3cm	92,000	中鸿信	2014.11.22
元 龙泉盘口胆式瓶	高13.8cm	207,000	北京保利	2014.12.04
元 龙泉青釉高足杯	直径12.5cm	80,500	北京保利	2014.12.05
元明 龙泉窑漏胎“月影梅花”盘	直径16.4cm	46,000	北京东正	2014.06.07
元 明 龙泉窑梅花小碗	直径7.9cm	48,300	北京东正	2014.06.07
元 明 龙泉窑碗 花卉纹八方盘 影青釉荷叶粉盒各一件	尺寸不一	23,000	中国嘉德	2014.03.23
元 明早期 龙泉窑雷公像	高23.5cm	34,500	北京翰海	2014.04.12
元/明 龙泉青釉模印双鱼纹菱口小盘（一对）	直径10.2cm×2	34,500	北京中汉	2014.04.16
元/明 龙泉窑粉青釉鬲式炉	高11.6cm	80,500	北京东正	2014.05.18
元/明 龙泉窑贯耳弦纹小方瓶	高8.4cm	55,200	北京东正	2014.05.18
元/明 龙泉窑葵口盘	直径13.4cm	345,000	北京东正	2014.05.18
元/明 龙泉窑七弦瓶	高16.5cm	230,000	北京东正	2014.05.18
元/明 龙泉窑双鱼洗	直径21.5cm	356,500	北京东正	2014.05.18
元/明 龙泉窑折沿盘	直径17.5cm	80,500	北京东正	2014.05.18
元/明早期 龙泉青瓷玉壶春瓶	高19.7cm	415,275	香港苏富比	2014.10.08

2014瓷器拍卖成交汇总

(成交价RMB：1万元以上)

拍品名称	物品尺寸	成交价RMB	拍卖公司	拍卖日期
元末明早期 龙泉窑刻花大碗	直径32cm	350,743	景薰楼	2014.06.15
元末明早期 龙泉窑印花莲花纹大盘	直径34.5cm	11,500	中国嘉德	2014.09.21
明以前 龙泉窑敞口杯	口径10cm	230,000	西泠拍卖	2014.12.13
明以前 龙泉窑长颈鼓腹瓶、龙耳衔环瓶及唇口杯一对（一组四件）	尺寸不一	207,000	西泠拍卖	2014.12.13
元至明 龙泉窑青釉小器座	直径9.8cm	36,800	北京中汉	2014.05.17
明早期 龙泉刻莲花梅瓶	高20cm	172,500	广州皇玛	2014.01.02
明早期 龙泉窑暗刻花卉纹爵杯	高13.3cm	28,750	中国嘉德	2014.09.21
明早期 龙泉窑划花菱花口折沿盘	直径48cm	3,220,000	北京华辰	2014.04.27
明早期 龙泉窑划花折枝花卉纹盖罐	高25cm	322,000	北京华辰	2014.04.27
明早期 龙泉窑刻花花卉大碗	直径31.8cm	322,000	北京华辰	2014.04.27
明早期 龙泉窑刻花卉大盘	直径47.8cm	345,000	北京翰海	2014.10.26
明早期 龙泉窑青釉刻花四季花卉纹碗	直径20.7cm	667,000	北京诚轩	2014.05.19
明早期 龙泉窑玉壶春	高32.8cm	120,750	北京翰海	2014.10.26
明早期 龙泉花卉纹大盘	直径37cm	86,250	北京东正	2014.06.07
明早期 龙泉划花玉壶春瓶	高32cm	33,350	上海嘉泰	2014.06.19
明早期 龙泉窑鹰形香薰	高32.7cm	1,495,000	北京匡时	2014.12.03
明洪武 处州龙泉窑卧足盏	直径8.5cm	138,000	中国嘉德	2014.11.20
明洪武 龙泉官窑刻缠枝花卉卧足折沿盘	直径19cm	529,000	北京保利	2014.06.05
明洪武 龙泉窑刻席纹花卉折沿大盘	直径50cm	575,000	北京东正	2014.11.20
明洪武 龙泉窑青釉刻花缠枝牡丹纹玉壶春瓶	高33.6cm	2,300,000	北京诚轩	2014.05.19
明洪武 龙泉窑刻菊纹菱口大盘	直径46.5cm	1,150,000	北京保利	2014.12.04
明或更早 龙泉窑刻花樽式香炉	直径14.3cm	1,380,000	北京华辰	2014.04.27
明永乐 龙泉官窑刻牡丹纹大盘	直径54cm	1,955,000	北京保利	2014.06.05
明永乐 龙泉葵口大盘	直径56.8cm	1,840,000	翰风国际	2014.04.30
明永乐 龙泉青釉刻折枝花果纹墩式碗	直径20.3cm	1,546,440	佳士得	2014.11.26
明永乐 龙泉窑折沿菱口大盘	直径47cm	1,840,000	中国嘉德	2014.05.18
明永乐 处州龙泉官窑青釉暗刻碧桃翠竹梅瓶	高38cm	2,875,000	北京保利	2014.12.04
明永乐 龙泉官窑刻折枝花果纹碗	口径22cm	920,000	西泠拍卖	2014.12.13
明成化 龙泉窑青釉马上封侯纹爵杯	12.3cm	248,050	伦敦苏富比	2014.11.05
明成化 处州龙泉官窑刻宝相花卧足洗	直径13cm	253,000	北京保利	2014.12.04
明中期 龙泉窑贴塑菊瓣纹大碗	直径33.5cm	63,250	北京保利	2014.12.05
明 龙泉窑鬲式炉	宽11.7cm	92,000	北京保利	2014.12.05
明 龙泉窑鬲式炉	高10.7cm	575,000	北京匡时	2014.12.03
明 龙泉窑露胎刻花大碗	直径20.3cm	207,000	北京匡时	2014.12.03
明 龙泉葫芦瓶	高18.8cm	753,750	佳士得	2014.05.28
明 龙泉花卉大梅瓶	高50cm	97,750	北京保利	2014.04.26
明 龙泉刻花梅瓶	高26cm	43,700	广州皇玛	2014.01.02
明 龙泉镂空瓶	高27cm	142,600	香港淳浩	2014.07.30
明 龙泉青釉梅瓶	高41cm	74,750	华艺国际	2014.04.13
明 龙泉青釉双凤耳瓶	高28.5cm	153,325	纽约苏富比	2014.09.16
明 龙泉青釉玉壶春瓶	高33cm	1,061,355	纽约苏富比	2014.03.18
明 龙泉象腿瓶	高39cm	63,250	广州皇玛	2014.04.27
明 龙泉窑八卦琮式瓶	高19cm	63,250	北京匡时	2014.06.04
明 龙泉窑琮式瓶	高40.5cm	690,000	北京翰海	2014.10.26
明 龙泉窑菊花双耳瓶	高41cm	25,300	北京保利	2014.10.25
明 龙泉窑瓶	高26cm	36,800	中国嘉德	2014.09.21
明 龙泉窑青釉刻缠枝花卉纹玉壶春瓶	高34cm	105,440	伦敦苏富比	2014.05.14
明 龙泉窑青釉瓶	高30.2cm	1,735,800	佳士得	2014.11.26
明 龙泉窑玉壶春瓶	高35.2cm	66,700	中鸿信	2014.11.22
明 龙泉窑长颈瓶	高19.8cm	98,900	中鸿信	2014.11.22
明 龙泉窑镂空花卉玉壶春瓶	高26cm	17,250	北京保利	2014.10.25
明 龙泉窑青釉刻缠枝莲纹执壶	直径13.3cm	74,415	伦敦苏富比	2014.11.05
明 龙泉窑青釉觚式花插	高23.1cm	78,200	北京中汉	2014.05.17
明 龙泉暗花花觚	高40cm	63,250	广州皇玛	2014.04.27
明 龙泉窑划花花卉石榴尊	高33cm	575,000	北京翰海	2014.05.11

拍品名称	物品尺寸	成交价RMB	拍卖公司	拍卖日期
明 龙泉窑刻花凤尾尊	高33.6cm	207,000	南京经典	2014.01.06
明 龙泉窑刻花开光折枝花果鼓钉石榴尊	高36.4cm	1,472,000	中鸿信	2014.11.22
明 龙泉窑刻花尊	高36cm	12,650	北京保利	2014.08.02
明 龙泉窑刻花大碗	直径20.5cm	34,500	北京保利	2014.06.06
明 龙泉窑刻花莲瓣碗	直径31cm	13,800	北京保利	2014.04.26
明 龙泉刻花花口盘	直径26cm	11,500	北京传是	2014.06.05
明 龙泉青釉莲花纹盘	直径19.5cm	153,375	纽约苏富比	2014.03.18
明 龙泉青釉莲花纹盘	直径32.3cm	38,331	纽约苏富比	2014.09.16
明 龙泉青釉折沿盘	直径34.8cm	49,831	纽约苏富比	2014.09.16
明 龙泉窑暗刻龙纹大盘	直径38cm	11,500	北京保利	2014.08.02
明 龙泉窑刻花大盘	直径36.5cm	103,500	南京经典	2014.04.27
明 龙泉窑刻花花口盘	直径27cm	63,250	南京经典	2014.04.27
明 龙泉窑刻花花盘	直径31.7cm	23,000	中鸿信	2014.11.22
明 龙泉窑刻花牡丹纹八棱盘	直径33.2cm	207,000	中鸿信	2014.11.22
明 龙泉窑印花大盘	直径46cm	207,000	远方拍卖	2014.06.02
明 龙泉龙耳三足小炉	高9cm	43,700	广州皇玛	2014.04.27
明 龙泉三足炉	直径10.5cm	23,000	北京翰海	2014.01.12
明 龙泉双耳鬲式炉	高11.1cm	20,700	保利厦门	2014.11.02
明 龙泉窑刻画牡丹纹樽式炉	直径26.9cm	92,000	中鸿信	2014.11.22
明 龙泉刻花卉纹罐	直径28cm	10,350	北京保利	2014.10.25
明 龙泉窑荷叶盖罐	高39cm	322,000	北京翰海	2014.10.25
明 龙泉窑线条罐	直径29cm	10,350	北京保利	2014.10.25
明 龙泉刻花鼓榄	高33.8cm	39,560	香港淳浩	2014.07.30
明 龙泉青釉观音骑象摆件	高25.7cm	114,994	纽约苏富比	2014.09.16
明 龙泉青釉座	直径23.5cm	46,013	纽约佳士得	2014.03.20
明 龙泉窑“一统江山”	高19.8cm	64,400	中鸿信	2014.11.22
明 龙泉窑暗刻花卉纹鼓墩	高36.7cm	32,200	中国嘉德	2014.06.21
明 龙泉窑魁星点斗砚屏	高11.5cm	34,500	北京盘古	2014.06.25
明 龙泉窑青釉刻花鼓式绣墩	高35cm	149,500	北京中汉	2014.05.17
明 龙泉窑双鱼折沿洗	直径13.7cm	92,000	北京翰海	2014.10.26
明 龙泉堆雕龙盘	直径14.2cm	43,700	广州皇玛	2014.01.02
明 龙泉花口大碟	高33cm	40,250	广州皇玛	2014.01.02
明 龙泉窑缠枝花卉纹香炉	16.8cm×15.2cm	69,216	台湾世家	2014.04.13
明 龙泉窑印花卉纹盘	直径26cm	115,000	中宝拍卖	2014.07.06
14世纪 龙泉青釉大碗	直径26.7cm	791,000	香港苏富比	2014.10.08
14世纪 龙泉青釉划花卉纹玉壶春瓶	高33.2cm	1,740,200	香港苏富比	2014.10.08
15世纪 龙泉青釉高足碗	直径13.4cm	39,540	伦敦邦瀚斯	2014.05.15
14世纪/15世纪 龙泉窑青釉三足香炉	直径17cm	177,525	佳士得	2014.11.26
15世纪 龙泉青瓷观音龛	高51.3cm	1,740,200	香港苏富比	2014.10.08
15世纪 龙泉窑青釉刻缠枝花卉纹鬲式炉	高11.2cm	85,670	伦敦苏富比	2014.05.14
15世纪 龙泉窑青釉刻缠枝莲纹盘	直径36.5cm	72,490	伦敦苏富比	2014.05.14
明晚期清早期 龙泉窑暗刻龙凤纹花觚	高55.8cm	207,000	中鸿信	2014.11.22
清雍正 龙泉青釉瓶	高18.5cm	2,871,960	佳士得	2014.11.26
清乾隆 仿龙泉釉小花觚	高14cm	34,500	广州皇玛	2014.01.02
清嘉庆 仿龙泉青釉模印缠枝西番莲纹玉壶春瓶	高17.2cm	48,300	北京中汉	2014.09.22
清道光 仿龙泉釉刻花卉碗	直径14.5cm	86,250	北京盈时	2014.05.31
清 龙泉窑贴塑海水龙纹盘	长34.5cm	74,750	浙江世贸	2014.07.27
清 龙泉窑狮子香薰	高24cm	17,250	中国嘉德	2014.03.23
清 龙泉窑鬲式炉	高8.3cm	11,500	西泠拍卖	2014.05.06
龙泉八卦纹刻花炉	直径29cm	16,100	上海泛华	2014.10.29
龙泉青釉三联小罐	高6.9cm	32,200	北京中汉	2014.04.16
龙泉窑刻花盆	直径30cm	25,300	上海泛华	2014.10.29
龙泉窑螺纹瓶	高24cm	2,323,560	香港华洋	2014.06.26
龙泉窑梅子青高足碗	高13.4cm	4,620,000	中信拍卖	2014.07.14
龙泉窑青釉花口盘	直径167cm	101,200	北京中汉	2014.09.22
龙泉窑青釉渣斗	直径11.9cm	172,500	北京中汉	2014.11.21
龙泉窑三足弦纹炉	直径12.2cm	92,000	北京中汉	2014.04.16
龙泉窑折枝花纹盘	口径29.5cm	935,000	中信拍卖	2014.07.14
其他窑				
三国 青釉莲花纹瓶	高18.6cm	136,275	保利香港	2014.04.07
三国（吴）/西晋 青釉堆贴人物楼阁谷仓	高54cm	227,125	保利香港	2014.04.07

拍品名称	物品尺寸	成交价RMB	拍卖公司	拍卖日期
东晋 青釉辟邪	长17cm	81,765	保利香港	2014.04.07
南朝/北朝 草灰釉七连杯		11,865	邦瀚斯	2014.10.09
北齐 青釉贴花莲瓣蒜头瓶		543,813	邦瀚斯	2014.10.09
隋 青瓷莲座八兽天女四系尊	高56.5cm	253,000	上海嘉泰	2014.06.19
隋/唐 北方青釉印花贴花碗		247,188	邦瀚斯	2014.10.09
隋代 青瓷四系盘口罐	高37.5cm	126,500	安徽艺海	2014.04.30
唐 青釉长颈瓶		148,313	邦瀚斯	2014.10.09
唐/五代 青釉瓜棱形盖罐		54,381	邦瀚斯	2014.10.09
北宋 青釉观音座像	高31.3cm	16,642,800	澳门中信	2014.06.08
北宋 天青釉花口洗	直径22cm	25,888,800	澳门中信	2014.06.08
南宋 东沟窑绿钧碗	口径11cm	157,182	大唐国际	2014.05.27
宋 粉青印花碗	直径17cm	39,552	台湾世家	2014.04.13
宋 粉青釉鬲式炉	高10.5cm	49,440	台湾世家	2014.04.13
宋 青釉贯耳瓶	高27.1cm	18,492,000	澳门中信	2014.06.08
金 青瓷三足香炉	直径12cm	73,416	中国嘉德	2014.04.09
元 瓷豆式炉	高9cm	34,500	北京翰海	2014.04.12
元 青釉莲花粉盒	直径10cm	483,000	北京保利	2014.06.06
元 修内司窑暗刻莲瓣纹盘	直径22.9cm	402,500	中鸿信	2014.11.22
元 修内司窑暗刻莲瓣纹碗	直径21cm	759,000	中鸿信	2014.11.22
元 修内司窑暗刻莲瓣纹碗	直径15.3cm	299,000	中鸿信	2014.11.22
元 修内司窑长颈瓶	高15.8cm	253,000	中鸿信	2014.11.22
12世纪 高丽青瓷盏连托	杯9.2cm；托直径16cm	172,500	中国嘉德	2014.11.20
12世纪 高丽青瓷盏托连白瓷杯	杯8.8cm；托直径11.8cm	13,800	中国嘉德	2014.11.20
14世纪 高丽青瓷花卉仙鹤纹枕	长21.6cm	103,500	北京东正	2014.05.18
高丽青瓷碗	直径12.9cm	48,300	中国嘉德	2014.09.21
2. 白瓷				
定窑白釉				
五代 定窑风炉	高16.6cm	162,613	宝港国际	2014.11.27
五代 定窑高足杯	高8.4cm	25,053	景薰楼	2014.06.15
五代 定窑花口碟	直径16.5cm	233,345	保利香港	2014.10.07
五代 定窑印花花卉纹五角花口洗	口径13cm	162,613	宝港国际	2014.11.27
五代/北宋 定窑仿金银器盒子	口径9.7cm	316,192	宝港国际	2014.11.27
五代 白釉蝴蝶纹圆盖盒		49,438	邦瀚斯	2014.10.09
北宋 定窑 白釉刻莲瓣纹大温碗	口径18cm	207,783	宝港国际	2014.11.27
北宋 定窑 划花萱花纹大盘	口径19.1cm	587,213	宝港国际	2014.11.27
北宋 定窑 内出筋十二瓣菊花盘（一对）	口径16.5cm×2	406,532	宝港国际	2014.11.27
北宋 定窑 白釉包铜边花口洗	口径11.7cm	332,856	宝港国际	2014.05.27
北宋 定窑 白釉划花萱草纹洗	口径11.4cm	351,348	宝港国际	2014.05.27
北宋 定窑 白釉剔花莲花纹六绖花口盘	口径21.6cm	120,198	宝港国际	2014.05.27
北宋 定窑 白釉印花牡丹纹碗	口径17cm	693,450	宝港国际	2014.05.27
北宋 定窑"官"字款莲瓣纹倒装壶		6,296,360	邦瀚斯	2014.10.09
北宋 定窑白磁刻莲花纹碗		7,758,245	纽约苏富比	2014.09.16
北宋 定窑白釉划花草纹碗	直径27.8cm	20,419,320	佳士得	2014.11.26
北宋 定窑白釉划萱草纹香盒	直径13cm	1,451,760	佳士得	2014.11.26
北宋 定窑白釉刻莲花纹碗	直径26.7cm	17,205,600	佳士得	2014.05.28
北宋 定窑白釉刻莲纹小盘	直径13.1cm	122,700	纽约佳士得	2014.03.20
北宋 定窑白釉梅瓶	高24.6cm	5,820,960	佳士得	2014.05.28
北宋 定窑盖盒	直径16.1cm	122,700	纽约佳士得	2014.03.20
北宋 定窑划花八棱大碗	直径22.2cm	116,003,600	香港苏富比	2014.04.08
北宋 定窑刻花花卉纹碗	宽20cm	22,608,480	佳士得	2014.05.28
北宋 定窑刻花执壶	高18.4cm	4,588,500	中国嘉德	2014.04.09
北宋 定窑镶金口刻莲纹洗	直径12cm	140,007	保利香港	2014.10.07
北宋/金 定窑白釉划花莲塘双凫纹折腰盘		1,550,360	邦瀚斯	2014.10.09
北宋/金 定窑白釉印花龟鹤齐龄图百褶盘		474,600	邦瀚斯	2014.10.09
辽/北宋 定窑白釉梅瓶	高41.3cm	1,134,975	纽约佳士得	2014.03.20
10世纪 白釉瓣口碗	直径12.4cm	158,160	伦敦邦瀚斯	2014.05.15
宋 白瓷孩儿枕	高14.3cm	23,115,000	澳门中信	2014.06.08
宋 定窑花口小茶盏	口径10cm	36,136	宝港国际	2014.11.27
宋 定窑印花荷花纹大碗	口径18.3cm	433,634	宝港国际	2014.11.27
宋 定窑白釉划花芙蓉花纹折腰花口碗	口径18.7cm	166,428	宝港国际	2014.05.27

拍品名称	物品尺寸	成交价RMB	拍卖公司	拍卖日期
宋 定窑白釉划花萱草纹茶托连杯（一套）	托口径11.8cm；杯口径8.9cm	48,079	宝港国际	2014.05.27
宋 定窑白釉划花萱花纹钵状注碗	口径16.5cm	323,610	宝港国际	2014.05.27
宋 定窑白釉盘口大梅瓶	高24.5cm	758,172	宝港国际	2014.05.27
宋 定窑白釉花口小蝶	直径10cm	37,208	伦敦苏富比	2014.11.05
宋 定窑白釉刻莲纹盘	直径22.5cm	197,700	伦敦苏富比	2014.05.14
宋 定窑白釉刻莲纹小碗及定窑白釉盘	直径11.3cm	65,900	伦敦苏富比	2014.05.14
宋 定窑白釉小杯	7.7cm	62,013	伦敦苏富比	2014.11.05
宋 定窑白釉印穿云游龙纹盘	直径18.5cm	659,000	伦敦苏富比	2014.05.14
宋 定窑白釉印石榴龙纹盘	直径14cm	369,040	伦敦苏富比	2014.05.14
宋 定窑白釉执壶	口径9.1cm	65,900	伦敦苏富比	2014.05.14
宋 定窑瓣莲花卉瓶	高19cm	69,000	上海嘉泰	2014.06.19
宋 定窑雕瓷自在观音	高10.8cm	74,670	保利香港	2014.10.07
宋 定窑花卉纹盘	直径11.5cm	86,417	中国嘉德	2014.10.07
宋 定窑划花盘口瓶	高27cm	55,200	上海嘉泰	2014.06.19
宋 定窑刻凤穿花卉纹盘	直径18.5cm	54,384	台湾世家	2014.04.13
宋 定窑刻花大碗	直径24.5cm	818,685	中国嘉德	2014.10.07
宋 定窑刻花花口盘	直径23cm	209,220	中国嘉德	2014.10.07
宋 定窑刻花卉花口盘	宽20.7cm	181,700	保利香港	2014.04.07
宋 定窑刻花卉龙纹盘	直径14.3cm	344,981	纽约苏富比	2014.09.16
宋 定窑刻花盏	直径8.7cm	39,552	台湾世家	2014.04.13
宋 定窑刻牡丹葫芦壶	高23cm	46,000	上海嘉泰	2014.06.19
宋 定窑葵口盏	口径12cm	57,500	西泠拍卖	2014.05.06
宋 定窑弦纹洗	口径12.4cm	298,124	宝港国际	2014.11.27
宋 定窑玉壶春瓶	高26cm	420,021	保利香港	2014.10.07
宋 定窑紫金釉花卉镂空雕碗（有残）	口径18cm	12,980,000	中信拍卖	2014.07.14
金 定窑白釉双狮唐草纹枕	长22.2cm；阔10.5cm；高10.8cm	45,170	宝港国际	2014.11.27
金 定窑小茶盏连托（一对）	尺寸不一	45,170	宝港国际	2014.11.27
金 定窑白釉印花凤纹大盘	口径26.7cm	166,428	宝港国际	2014.05.27
金 定窑白釉碗	直径29cm	1,215,060	佳士得	2014.11.26
金 定窑酱釉印花卉纹碟	直径13.1cm	112,739	景薰楼	2014.06.15
金/元 仿定釉印山茶纹碗	直径19cm	496,100	伦敦苏富比	2014.11.05
元 定窑白釉玉壶春	高31cm	759,000	北京保利	2014.06.05
元 定窑划花盘	直径11.8cm	138,000	北京保利	2014.06.06
元 定窑划花小盖盒	直径7cm	57,500	北京保利	2014.06.06
元 定窑刻划花卉纹小盘	直径11cm	161,000	北京华辰	2014.05.17
元 定窑刻莲花盘、霍县窑刻凤纹盘（两件）	盘口径12.4cm×2	34,500	西泠拍卖	2014.05.06
元 定窑刻龙纹大盘	直径25.8cm	2,702,500	北京保利	2014.06.05
元 定窑印牡丹纹大盘	直径29.4cm	1,495,000	北京保利	2014.06.05
元 定窑花口盘	宽13cm	172,500	北京保利	2014.12.04
元 定窑内刻"莲池鳜鱼"外莲瓣纹大碗	直径33cm	7,475,000	北京保利	2014.12.03
元 定窑双鹿纹盘	直径22cm	126,500	北京保利	2014.12.04
元/明 定窑白釉起筋葵口斗笠碗	直径18.9cm	218,500	北京东正	2014.05.18
元/明 定窑柿红釉小盖罐	直径6.6cm	218,500	北京东正	2014.05.18
明 定窑白釉折沿凤纹盘	直径16.8cm	632,500	翰风国际	2014.04.30
明以前 定窑白釉划花莲纹盘	口径21cm	149,500	西泠拍卖	2014.12.13
明或更早 定窑白釉御题诗花口盘	直径16.5cm	1,725,000	北京盈时	2014.05.31
明以前 定窑白瓷茶盏	高7cm	74,750	西泠拍卖	2014.05.06
明以前 定窑白釉盏、托（一套）	托直径13.0cm	32,200	上海泓盛	2014.06.26
明以前 定窑桃形盖合	长10cm 宽8cm	32,200	西泠拍卖	2014.05.06
清乾隆 仿定窑釉刻花瓶	高21.5cm	175,100	北京中联	2014.09.09
清中期 仿定窑雕花狮耳扁瓶	高24cm	34,500	华艺国际	2014.04.13
定窑划花莲花纹杯盏（一套）	盏托直径12cm；杯直径9cm	51,750	中国嘉德	2014.09.21
定窑刻花大碗	直径23.5cm	276,000	中国嘉德	2014.11.20
定窑模印洞石龟鹤纹花口折沿盘	直径143cm	115,000	北京中汉	2014.11.21
定窑印花吉彩鸿雁纹碗	直径18cm	471,500	北京中汉	2014.05.17
定窑执壶	高10.2cm	288,000	荣盛国际	2014.07.26

2014瓷器拍卖成交汇总

(成交价RMB：1万元以上)

拍品名称	物品尺寸	成交价RMB	拍卖公司	拍卖日期
清晚期 仿定釉暗刻灵芝纹海棠形蟠龙瓶	高15.5cm	11,500	中国嘉德	2014.03.23
磁州窑				
北宋 磁州窑白地刻牡丹纹梅瓶	高31.1cm	197,700	伦敦苏富比	2014.05.14
北宋 磁州窑白釉剔牡丹花卉纹盖罐		791,000	邦瀚斯	2014.10.09
北宋/金 磁州窑白釉刻花小钵		93,931	邦瀚斯	2014.10.09
北宋/金 磁州窑白釉剔花罐		741,563	邦瀚斯	2014.10.09
南宋 磁州窑莲花罐	高13.5cm	64,722	大唐国际	2014.05.27
宋 磁州窑 白釉盖碗	碗口径11cm	72,272	宝港国际	2014.11.27
宋 磁州窑 白釉高桩盖盒	高8.3cm	45,170	宝港国际	2014.11.27
宋 磁州窑 刻花金钱纹梅瓶	高38cm	180,681	宝港国际	2014.11.27
宋 磁州窑绞釉小碗		79,100	邦瀚斯	2014.10.09
宋 耀州窑 月白釉墩式碗	口径11cm	36,136	宝港国际	2014.11.27
宋耀州窑 月白釉小盘（一对）	口径13cm×2	90,341	宝港国际	2014.11.27
元 白釉炉	高11.5cm	34,500	北京保利	2014.06.06
元 磁州窑白釉刻牡丹纹盘口瓶	高49cm	920,000	远方拍卖	2014.06.02
元 磁州窑白釉梅瓶	高30cm	31,780	中拍国际	2014.06.04
元 磁州窑瓷枕（三件）	尺寸不一	34,500	中鸿信	2014.11.22
磁州窑白釉刻花四系壶	高34cm	1,041,480	中国艺海	2014.11.15
邢窑				
北朝/隋 邢窑白釉印胡人头像碗		316,400	邦瀚斯	2014.10.09
唐 邢窑白釉罐	高25cm	345,667	中国嘉德	2014.10.07
唐 邢窑白釉小注壶		49,438	邦瀚斯	2014.10.09
唐 邢窑刻花穿带壶	高22cm	409,343	中国嘉德	2014.10.07
唐 邢窑龙纹酒壶（一套）	高10.5cm；口径13cm	10,120,000	中信拍卖	2014.07.14
唐/五代 邢窑 白釉人面纹贴花小水盂	宽7.8cm	166,428	宝港国际	2014.05.27
唐/五代 邢窑白釉盖罐		187,863	邦瀚斯	2014.10.09
唐/五代 邢窑白釉梨形执壶	高33.2cm	2,607,375	纽约佳士得	2014.03.20
唐/五代 邢窑白釉鹦鹉杯		1,360,520	邦瀚斯	2014.10.09
晚唐 邢窑 五棱三足小盖盒	高7cm	76,789	宝港国际	2014.11.27
晚唐/五代 白釉双鱼形穿带瓶		395,500	邦瀚斯	2014.10.09
五代 邢窑白瓷执壶	高18.5cm	460,000	安徽艺海	2014.04.30
五代/北宋 邢窑 印花游鱼纹海棠杯	口径15cm	135,511	宝港国际	2014.11.27
宋 邢窑白釉盘	直径14.8cm	63,595	保利香港	2014.04.07
元 邢窑短流执壶	高18.5cm	34,500	北京保利	2014.06.06
元 邢窑花口碟	直径12.9cm	17,250	北京保利	2014.06.06
明早期或更早 邢窑四带壶	高21.5cm	4,140,000	北京盈时	2014.05.31
德化窑				
明 德化白瓷螭龙执壶	高9.5cm	437,000	北京华辰	2014.04.27
明 德化白釉达摩立像	高40.8cm	11,393,160	佳士得	2014.11.26
明 德化白釉戟耳炉	直径10.5cm	161,000	翰风国际	2014.04.30
明 德化白釉弥勒佛坐像	高12.5cm	920,000	翰风国际	2014.04.30
明 德化白釉诗文卧足洗	直径14cm	120,750	翰风国际	2014.04.30
明 德化白釉狮耳炉	直径11.3cm	103,500	翰风国际	2014.04.30
明 德化瓷千手观音	高68cm	437,000	河南日信	2014.06.01
明 德化窑白釉仿古出戟四足方鼎	高11.5cm	218,500	保利厦门	2014.11.02
明 德化窑达摩像	高15cm	48,300	华艺国际	2014.04.13
明 德化窑鬲式炉	直径14.5cm	24,150	北京翰海	2014.11.23
明 德化窑关公像	高20.5cm	103,500	华艺国际	2014.05.31
明 德化窑观音	高18.8cm	184,000	北京翰海	2014.10.26
明 德化窑何朝宗款观音站像	高77cm	1,870,000	中信拍卖	2014.07.14
明 德化窑祥云观音立像	高35.1cm	74,750	上海道明	2014.03.27
明 德化窑自在观音像	高14.9cm	34,050	中拍国际	2014.06.04
明 太师少师钮“乙丑进士”德化瓷大印	高7.5cm	51,750	北京保利	2014.04.27
明 德化窑观音立像	高44.5cm	1,380,000	北京保利	2014.12.04
明晚期 德化贴塑梅花纹橄榄瓶	高38cm	138,000	北京保利	2014.12.04
明晚期 德化印弦纹双龙耳炉	宽19cm	115,000	北京保利	2014.12.04
明晚期 德化观音坐像	高20cm	253,000	北京保利	2014.06.05
明晚期 德化观音坐像	高18.3cm	54,510	保利香港	2014.04.07
明晚期 林孝宗制德化达摩坐像	高22cm	1,322,500	北京保利	2014.06.05
明晚期 德化窑童子拜观音坐像	高24cm	48,300	北京中汉	2014.09.22
明晚期/清18世纪 德化白釉持莲观音立像	高39cm	987,735	纽约佳士得	2014.03.20

拍品名称	物品尺寸	成交价RMB	拍卖公司	拍卖日期
明晚期/清18世纪 德化白釉铺首耳炉	宽14cm	65,184	纽约佳士得	2014.03.20
明晚期/清早期 德化白釉加彩双螭执壶	高15.9cm	57,516	纽约佳士得	2014.03.20
明晚期清早期 德化窑白瓷螭龙执壶	高15.6cm	287,500	北京诚轩	2014.11.20
明晚期清早期 德化窑观音坐像	高36.2cm	172,500	上海道明	2014.03.27
明晚期清早期 何朝宗风格德化窑白釉自在观音像	高20.5cm	1,380,000	保利厦门	2014.11.01
明晚期清初 德化窑如意观音坐像	高29cm	598,000	北京保利	2014.12.05
清早期 德化窑观音坐像	高22.5cm	425,500	翰风国际	2014.04.30
清早期 德化窑壶	宽17cm	109,158	中国嘉德	2014.10.07
清早期 德化窑戟耳炉	直径10cm	63,250	保利厦门	2014.11.02
清早期 德化窑刻花统瓶	高35cm	63,250	广州皇玛	2014.01.02
清早期 德化窑如意纹三足炉	直径10.5cm	34,500	广州皇玛	2014.01.02
清早期 德化窑诗文笔筒	高11.5cm	69,000	翰风国际	2014.04.30
清早期 德化窑兽面纹鼎	高15.8cm	23,000	北京翰海	2014.05.11
清早期 德化窑自在观音	高35.8cm	63,250	北京翰海	2014.05.11
清早期 德化窑自在观音像	高21.3cm	103,500	中鸿信	2014.11.22
清早期 德化窑关羽坐像	高36cm	57,500	北京保利	2014.12.05
清早期 德化窑龙柄执壶	高15cm	57,500	北京保利	2014.12.05
清早期 德化窑罗汉像	高21cm	172,500	北京保利	2014.12.05
清康熙 德化白瓷杯（一对）	直径5.5cm×2	247,188	香港苏富比	2014.10.08
清康熙 德化窑白釉瓷三件及白釉狮纹胆瓶胆瓶	尺寸不一	79,080	伦敦苏富比	2014.05.14
清康熙 德化窑白釉送子观音坐像	38cm	26,360	伦敦苏富比	2014.05.14
清康熙 德化窑贴花花卉纹竹节笔筒	直径14.2cm	36,800	中国嘉德	2014.09.21
清康熙 德化珠顶茶壶	12cm×17cm	28,750	上海嘉泰	2014.06.19
清中期 德化白瓷浮雕牡丹纹圆盒	口径11.2cm	31,619	宝港国际	2014.11.27
清中期 德化观音坐像	高31.5cm	230,000	北京保利	2014.06.06
清中期 德化窑白釉送子观音坐像	高32cm	11,500	北京中汉	2014.11.21
清中期 德化窑達摩	高16.5cm	127,351	中国嘉德	2014.10.07
清中期 德化窑观音立像	高42.1cm	46,000	北京中汉	2014.04.16
清中期 德化窑鹤鹿同春杯	高8.5cm	11,200	北京荣宝	2014.03.23
清中期 德化窑双龙耳炉	宽21cm	281,992	中国嘉德	2014.10.07
清中期 德化窑执莲观音像	高20cm	20,700	北京翰海	2014.08.24
清中期 德化如意观音像	高49cm	172,500	北京保利	2014.12.05
清中期 德化文官坐像	高31cm	64,960	北京荣宝	2014.11.30
清 德化持如意观音立像	高48.2cm	454,250	保利香港	2014.04.07
清 德化瓷观音牧牛童子	高34.5cm	57,500	河南日信	2014.06.01
清 德化瓷兽钮章（两方）	高4cm；高4.6cm	23,000	北京保利	2014.04.27
清 德化如意观音坐像	高33.5cm	460,000	翰风国际	2014.04.30
清 德化双铺首瓶	高30cm	57,500	广州皇玛	2014.01.02
清 德化窑暗刻兽面纹狮耳尊	高29cm	69,000	北京翰海	2014.08.24
清 德化窑白瓷观音	高17cm	74,750	古天一	2014.06.05
清 德化窑白釉香炉	高19cm	33,900	广东省拍	2014.06.22
清 德化窑杯 碗 盘（七只）	尺寸不一	11,500	中国嘉德	2014.03.23
清 德化窑螭龙纹三足炉	高9cm	109,250	上海敬华	2014.07.01
清 德化窑持卷观音立像	高43cm	54,480	中拍国际	2014.06.04
清 德化窑持卷观音坐像	高26.5cm	39,725	中拍国际	2014.06.04
清 德化窑持卷观音坐像	高30cm	195,500	保利厦门	2014.11.02
清 德化窑鼎式炉	高11.2cm	11,500	中国嘉德	2014.03.23
清 德化窑观音	高43cm	23,000	北京翰海	2014.11.23
清 德化窑观音（两件）	高24cm×2	17,250	北京保利	2014.06.06
清 德化窑观音立像	高41cm	29,900	北京翰海	2014.08.24
清 德化窑观音像	高40.5cm	36,800	北京翰海	2014.01.12
清 德化窑观音像	高12.7cm	17,250	中国嘉德	2014.03.23
清 德化窑观音坐像	高20.8cm	115,000	中国嘉德	2014.11.20
清 德化窑观音坐像	高12.5cm	18,400	北京翰海	2014.08.24
清 德化窑观音坐像	高24.8cm	17,250	北京翰海	2014.01.12
清 德化窑观音坐像	高25.5cm	322,000	古天一	2014.06.05
清 德化窑和合二仙像	高23.5cm	40,250	北京中汉	2014.09.22
清 德化窑花卉纹鼎式炉	高15cm	34,500	中国嘉德	2014.03.23
清 德化窑老子像	高22.3cm	40,250	北京匡时	2014.06.04
清 德化窑莲花观音	长28.5cm	32,200	北京翰海	2014.08.24
清 德化窑麻姑献寿立像	高40cm	34,500	中国嘉德	2014.11.20
清 德化窑如意观音坐像	高16cm	18,400	北京翰海	2014.08.24

拍品名称	物品尺寸	成交价RMB	拍卖公司	拍卖日期
清 德化窑三足炉	直径10.7cm	17,250	中国嘉德	2014.11.20
清 德化窑诗文杯（四只）	尺寸不一	20,700	中国嘉德	2014.03.23
清 德化窑诗文杯 模印八仙人物纹杯（四只）	尺寸不一	11,500	中国嘉德	2014.03.23
清 德化窑狮子（两件）	高34cm	57,500	北京翰海	2014.01.11
清 德化窑兽面纹花觚	高44cm	17,250	中国嘉德	2014.03.23
清 德化窑双兽耳瓶	高32.5cm	43,700	南京经典	2014.04.27
清 德化窑双兽耳象腿瓶	高32.5cm	46,000	南京经典	2014.01.06
清 德化窑文昌君坐像	高34cm	23,000	中国嘉德	2014.11.20
清 德化窑武财神坐像	高34.5cm	68,100	中拍国际	2014.06.04
清 德化窑云龙纹抱月瓶	高38cm	48,300	中国嘉德	2014.03.23
17世纪 德化白瓷关帝立像	高46cm	131,800	伦敦邦瀚斯	2014.05.15
清17世纪末/18世纪初 德化白瓷观音坐像	高18.4cm	4,201,784	伦敦苏富比	2014.05.14
清18世纪 德化暗刻龙纹铺首瓶	高36cm	34,500	苏州东方	2014.05.30
清18世纪 德化白釉观音坐像	高35.6cm	1,649,777	纽约苏富比	2014.09.16
清18世纪 德化白釉文昌坐像	高27.3cm	30,665	纽约苏富比	2014.09.16
清18世纪 德化白釉蟹	长17.7cm	38,331	纽约苏富比	2014.09.16
清18世纪/19世纪 德化白釉佛坐像	高35.6cm	76,688	纽约佳士得	2014.03.20
清18世纪/19世纪 德化白釉千手观音坐像	高36.7cm	229,988	纽约苏富比	2014.09.16
清19世纪 德化白釉八仙过海摆件（一对）	高26.6cm；长26cm	84,329	纽约苏富比	2014.09.16
清19世纪 德化白釉佛立像	高39.7cm	107,328	纽约苏富比	2014.09.16
清19世纪 德化白釉观音坐像	高34.3cm	30,665	纽约苏富比	2014.09.16
清19世纪 德化鎏金持莲观音（一对）	高73cm×2	218,500	上海嘉泰	2014.06.18
清19世纪 德化窑白釉八仙纹如意耳瓶（一对）	高32.8cm×2	49,610	伦敦苏富比	2014.11.05
清19世纪/20世纪 德化白釉和合二仙像	高34.3cm	107,328	纽约苏富比	2014.09.16
清19世纪初 德化窑白釉如意观音立像	高41.8cm	74,415	伦敦苏富比	2014.11.05
清晚期/民初 德化白釉观音坐像	高27cm	38,344	纽约佳士得	2014.03.20
清晚期 德化窑白瓷文殊 普贤菩萨坐像各一尊	高44.5cm；高43.2cm	368,000	北京诚轩	2014.05.19
清晚期 德化白釉普贤、文殊菩萨骑坐像（一对）	高42cm×2	383,438	纽约佳士得	2014.03.20
德化白釉加彩美人图瓶	高23.5cm	45,998	纽约苏富比	2014.09.16
其他窑				
北齐 白釉观音像		247,188	邦瀚斯	2014.10.09
隋 白釉双系旋纹盘口瓶	高31cm	17,600,000	中信拍卖	2014.07.14
隋/唐 白釉塑贴狮纹凤首壶		474,600	邦瀚斯	2014.10.09
唐 白釉高足盘（一对）		296,625	邦瀚斯	2014.10.09
唐 白釉双龙耳瓶		128,538	邦瀚斯	2014.10.09
唐 白釉长颈瓶		494,375	邦瀚斯	2014.10.09
唐 白釉执壶	高19cm	26,360	伦敦邦瀚斯	2014.05.15
北宋/金 白釉罐	直径15cm	118,620	伦敦邦瀚斯	2014.05.15
宋 白釉执壶	高14cm	108,768	台湾世家	2014.04.13
辽 白釉印双蝶纹花口方盘		39,550	邦瀚斯	2014.10.09
金 白釉长颈瓶	高37.7cm	52,720	伦敦苏富比	2014.05.14
金 河南扒村窑 白瓷贴朵花盖罐	口径10.2cm	40,653	宝港国际	2014.11.27
清中期 漳州窑坐莲观音像	高25.5cm	23,000	北京中汉	2014.09.22
清18世纪 粉定白釉夔龙耳瓶	高13cm	114,994	纽约苏富比	2014.09.16
清 建瓷观音像	高34.5cm	17,250	北京翰海	2014.04.13
青塘山房 甜白釉刻梵文文房茶器（一套）	尺寸不一	230,000	北京保利	2014.06.05
景德镇窑白釉				
北宋 湖田窑 剔花婴戏纹镜盒	口径12.5cm	343,294	宝港国际	2014.11.27
南宋 湖田窑 青白釉茶叶盖罐	高7cm	203,412	宝港国际	2014.05.27
南宋 湖田窑 青白釉花口盘（一对）	口径14.3cm×2	44,381	宝港国际	2014.05.27
南宋 湖田窑 青白釉划花湖水莲纹粉盒	口径13cm	72,119	宝港国际	2014.05.27
南宋 湖田窑 青白釉刻花卉纹盘	口径17.2cm	129,444	宝港国际	2014.05.27
南宋 湖田窑盖盒	直径13.5cm	121,339	保利香港	2014.10.07
宋 湖田窑 花口小盏	口径12.5cm	22,585	宝港国际	2014.11.27
宋 湖田窑 六方印花粉盒	口径6cm	31,757	宝港国际	2014.11.27
宋 湖田窑 影青素釉梅瓶	高27cm	343,294	宝港国际	2014.11.27
宋 湖田窑 影青釉八棱形胭脂盒（两件）	口径5cm×2	36,136	宝港国际	2014.11.27
宋 湖田窑 影青釉瓜棱鸡心盖罐	高11.5cm	108,409	宝港国际	2014.11.27
宋 湖田窑 影青釉瓜棱瓶	口径15cm	99,375	宝港国际	2014.11.27
宋 湖田窑 影青釉划花缠枝牡丹纹花口瓶	高24cm	343,294	宝港国际	2014.11.27
宋 湖田窑 影青釉划花缠枝牡丹纹梅瓶	高27cm	3,523,280	宝港国际	2014.11.27
宋 湖田窑 影青釉瑞兽钮执壶	高20cm	271,022	宝港国际	2014.11.27
宋 湖田窑 青白釉花式盏托	口径12cm	490,038	宝港国际	2014.05.27
宋 湖田窑 青白釉小盘（一组）	尺寸不一	36,984	宝港国际	2014.05.27
宋 湖田窑葵口刻花碗（一对）	直径18.2cm×2	140,007	保利香港	2014.10.07
宋 湖田窑龙纹瓶	高16.5cm	146,832	中国嘉德	2014.04.09
宋 湖田窑青白瓷茶托	盏11.5cm	184,000	安徽艺海	2014.04.30
宋 湖田窑青白瓷观音	高29cm	402,500	安徽艺海	2014.04.30
宋 湖田窑青白瓷罗汉	高11.5cm	138,000	安徽艺海	2014.04.30
宋 湖田窑青白瓷文房（三件）	尺寸不一	230,000	安徽艺海	2014.04.30
宋 湖田窑青白瓷香炉	直径8.5cm	55,200	安徽艺海	2014.04.30
宋 湖田窑青白瓷小渣斗	直径6.5cm	32,200	安徽艺海	2014.04.30
宋 湖田窑青白瓷鸳鸯埙	长10.5cm	46,000	安徽艺海	2014.04.30
宋 湖田窑青白瓷枕	长21cm	92,000	安徽艺海	2014.04.30
宋 湖田窑青白釉洗	直径14cm	454,825	中国嘉德	2014.10.07
宋 湖田窑影青暗刻牡丹纹大碗	直径18.7cm	65,337	保利香港	2014.10.07
宋 湖田窑执壶	高18.5cm	112,006	保利香港	2014.10.07
元 湖田窑缠枝莲花口瓶	高23.5cm	115,000	远方拍卖	2014.06.02
元 湖田窑螭龙熏炉	高8cm	115,000	远方拍卖	2014.06.02
元 湖田窑瓷观音座像	高15cm	172,500	北京东正	2014.05.18
元 湖田窑瓜棱瓶	高20.5cm	109,250	远方拍卖	2014.06.02
元 湖田窑娃娃碗	直径21.5cm	40,250	远方拍卖	2014.06.02
北宋 青白刻折枝花卉纹花口瓶（一对）	高19cm×2	372,075	伦敦苏富比	2014.11.05
北宋 青白釉杯	直径7.3cm	248,050	伦敦苏富比	2014.11.05
北宋 青白釉花口菊瓣碗		642,688	邦瀚斯	2014.10.09
北宋 青白釉刻花六瓣式花口碗	直径19.7cm	214,725	纽约佳士得	2014.03.20
北宋 影青莲纹刻花葵口碗		39,981	日本伊斯特	2014.01.19
南宋 白釉刻花注壶及注碗		336,175	邦瀚斯	2014.10.09
南宋 白釉小盖罐		59,325	邦瀚斯	2014.10.09
南宋 白釉小盖罐（三件）		168,088	邦瀚斯	2014.10.09
南宋 青白刻花斗笠碗		93,931	邦瀚斯	2014.10.09
南宋 青白刻花莲瓣斗笠碗		177,975	邦瀚斯	2014.10.09
南宋 青白釉瓜棱壶		980,840	邦瀚斯	2014.10.09
南宋 青白釉瓜棱形盖盒（一对）		98,875	邦瀚斯	2014.10.09
南宋 青白釉瓜棱形执壶		118,650	邦瀚斯	2014.10.09
南宋 青白釉花卉纹圆盖盒		474,600	邦瀚斯	2014.10.09
南宋 青白釉菊瓜棱盖盒		543,813	邦瀚斯	2014.10.09
南宋 青白釉菊瓜棱盖盒		276,850	邦瀚斯	2014.10.09
南宋 青白釉刻花胆瓶		791,000	邦瀚斯	2014.10.09
南宋 青白釉刻花盖碗		128,538	邦瀚斯	2014.10.09
南宋 青白釉刻花梅瓶	高32.1cm	7,268,160	佳士得	2014.05.28
南宋 青白釉刻牡丹纹棱口碗		296,625	邦瀚斯	2014.10.09
南宋 青白釉莲藤三连盖盒		11,865	邦瀚斯	2014.10.09
南宋 青白釉莲枝三连小盖盒		15,820	邦瀚斯	2014.10.09
南宋 青白釉梅瓶	高34.9cm	2,493,240	佳士得	2014.11.26
南宋 青白釉深印花栀子花纹盘	口径19cm	46,230	宝港国际	2014.05.27
南宋 青白釉双鸟盖盒		29,663	邦瀚斯	2014.10.09
南宋 青白釉双鸟形盖盒		15,820	邦瀚斯	2014.10.09
南宋 青白釉胎瓷塑人物坐像		217,525	邦瀚斯	2014.10.09
南宋青白釉弦纹四系盖罐（一对）	高8.5cm×2	50,853	宝港国际	2014.05.27
南宋 青白釉香炉		375,725	邦瀚斯	2014.10.09
南宋 青白釉印缠枝莲花笔插		444,938	邦瀚斯	2014.10.09
南宋 青白釉印花双鱼海棠洗		39,550	邦瀚斯	2014.10.09
南宋 影青瓜型小盒、影青小圆盒	尺寸不一	40,653	宝港国际	2014.11.27
南宋/元 青白釉凤首小执壶	高11.7cm	53,681	纽约佳士得	2014.03.20
南宋/元 青白釉刻花花卉纹卧狮壶		1,740,200	邦瀚斯	2014.10.09
南宋/元 青白釉刻牡丹纹碗		346,063	邦瀚斯	2014.10.09

2014瓷器拍卖成交汇总

(成交价RMB：1万元以上)

拍品名称	物品尺寸	成交价RMB	拍卖公司	拍卖日期
宋 青白瓷刻宝鸭穿莲纹碗	直径17.6cm	145,360	保利香港	2014.04.07
宋 青白瓷六孔连杯盏托	高8.5cm	109,020	保利香港	2014.04.07
宋 青白瓷印折枝牡丹纹八角盒	直径6.2cm	72,680	保利香港	2014.04.07
宋 青白釉刻缠枝花卉纹碗（一对）	直径19.7cm×2	496,100	伦敦苏富比	2014.11.05
宋 青白釉长颈瓶	高18.7cm	51,336	保利香港	2014.10.07
宋 影青灯盏（一对）	高7cm×2	256,956	中国嘉德	2014.04.09
宋 影青凤纹斗笠碗	直径12.4cm	462,300	澳门中信	2014.06.08
宋 影青瓜式盒	直径14cm	504,735	中国嘉德	2014.04.09
宋 影青刻花葵口盘（一对）	直径17cm×2	32,200	广州皇玛	2014.04.27
宋 影青莲瓣小盒	口径8cm	18,068	宝港国际	2014.11.27
宋 影青露胎普贤菩萨坐像	高32cm	34,500	上海嘉泰	2014.06.19
宋 影青双鱼纯金口碗	直径16.3cm	18,170	保利香港	2014.04.07
宋 影青釉 梅花式素粉盒	口径7.5cm	43,363	宝港国际	2014.11.27
宋 影青釉菊花式印花粉盒	口径6cm	43,363	宝港国际	2014.11.27
宋 影青釉梅花式印花粉盒	口径8cm	43,363	宝港国际	2014.11.27
宋 影青釉南瓜式粉盒	口径7cm	81,306	宝港国际	2014.11.27
元 影青栀子花纹深刻盘	直径19.3cm	218,500	北京保利	2014.12.04
元 卵白釉暗刻五彩戗金碗	直径17cm	74,750,000	北京翰海	2014.10.25
元 卵白釉飞雁衔穗玉壶春	高29cm	5,750,000	北京盈时	2014.05.31
元 青白釉瓣式高足杯	高12cm	59,310	伦敦邦瀚斯	2014.05.15
元 青白釉观音公道杯		741,563	邦瀚斯	2014.10.09
元 青白釉观音坐像	高32cm	4,765,560	佳士得	2014.11.26
元 青白釉划花海水牡丹纹梅瓶	高27.5cm	388,332	宝港国际	2014.05.27
元 青白釉刻花“枢府”折腰碗	直径12cm	150,750	香港苏富比	5/27/2014
元 青白釉莲瓣道士盘		177,975	邦瀚斯	2014.10.09
元 青白釉印缠枝花卉纹碗	直径21.2cm	172,500	北京保利	2014.06.06
元 枢府卵白釉模印缠枝莲盘	直径16cm	207,000	北京保利	2014.06.06
元 枢府釉模印花卉纹盘	直径17.6cm	11,500	中国嘉德	2014.03.23
元 枢府釉模印云纹碗	直径20cm	73,416	中国嘉德	2014.04.09
元 枢府釉印缠枝莲盘（一对）	直径13.8cm×2	80,500	北京保利	2014.06.06
元 影青釉杯盏（两套）	直径13.8cm；直径7.8cm	46,000	中国嘉德	2014.06.21
元 影青釉花口杯盏（一套）	直径15cm；直径11.3cm	17,250	中国嘉德	2014.06.21
元/明 影青刻花葵口碗	直径17.5cm	74,750	北京东正	2014.05.18
元 青白瓷观音	高38cm	207,000	河南日信	2014.06.01
明或以前 白釉掛斑花口瓶	高22cm	46,000	北京翰海	2014.04.12
明早期 官窑甜白釉暗刻凤纹玉壶春瓶	高30.6cm	2,530,000	北京东正	2014.11.20
明洪武 白釉盘	口径15cm	85,125	中拍国际	2014.06.04
明永乐 白釉暗花云龙赶珠纹高足碗	高12cm	536,813	纽约苏富比	2014.03.18
明永乐 白釉罐	高17.2cm	210,843	伦敦苏富比	2014.11.05
明永乐 白釉盘	直径37.8cm	195,500	北京翰海	2014.05.11
明永乐 白釉盘	直径33.5cm	115,000	北京翰海	2014.05.11
明永乐 甜白连通器残件	高17.7cm	34,500	北京东正	2014.06.07
明永乐 甜白釉暗刻缠枝莲纹僧帽壶	高20cm	4,830,000	北京保利	2014.06.05
明永乐 甜白釉暗刻四季花卉纹碗	直径21.2cm	126,500	北京诚轩	2014.05.19
明永乐 甜白釉须弥座山子	高21cm	345,000	北京保利	2014.06.05
明永乐 甜白釉印花凤纹碗（一对）	直径21.6cm×2	1,092,500	中国嘉德	2014.05.18
明永乐 甜白釉执壶	高29.7cm	4,018,280	香港苏富比	2014.10.08
明永乐 甜白釉暗刻穿花龙纹僧帽壶	长21.8cm；高20cm	310,500	北京匡时	2014.12.03
明永乐 甜白釉刻缠枝莲纹大盘	直径40.5cm	2,070,000	北京保利	2014.12.04
明宣德 甜白釉暗花刻莲瓣纹莲子碗	直径21cm；高10cm	2,242,500	保利厦门	2014.11.02
明宣德 甜白釉暗刻莲瓣纹大莲子碗	直径204cm	690,000	北京中汉	2014.11.21
明宣德 甜白釉暗刻莲瓣纹碗	直径21.5cm	1,552,500	保利厦门	2014.11.01
明宣德 甜白釉小盘	直径14cm	1,380,000	北京华辰	2014.05.17
明中期 白釉堆花云龙纹葫芦瓶	高34.5cm	126,500	华艺国际	2014.05.31
明中期 白釉罐	高14.7cm	11,500	北京中汉	2014.09.22
明中期 甜白釉暗刻云凤纹罐	高16.7cm	264,500	苏州东方	2014.05.30
明成化 甜白釉罐	高17.8cm	804,000	佳士得	2014.05.28
明成化10年 白釉双龙耳洗口瓶	高50.4cm	2,300,000	北京保利	2014.06.05

拍品名称	物品尺寸	成交价RMB	拍卖公司	拍卖日期
明弘治 白釉素胎龙纹盘	直径22.4cm	460,000	北京东正	2014.05.18
明嘉靖 白釉暗刻火焰纹盘	直径13cm	34,873	中国嘉德	2014.04.09
明嘉靖 白釉暗刻龙凤纹瓶	高27cm	181,930	中国嘉德	2014.10.07
明嘉靖 白釉暗刻云龙纹罐	高15.5cm	45,400	中拍国际	2014.06.04
明嘉靖 白釉茶叶罐	高15cm	92,000	北京保利	2014.06.06
明嘉靖 白釉罐	高16.5cm	172,500	北京东正	2014.06.07
明嘉靖 白釉太白罐	高29cm	109,250	北京保利	2014.10.25
明万历 甜白釉盘	直径20.5cm	138,000	华艺国际	2014.05.31
明天启七年 白釉象耳方口炉	直径17cm	13,800	北京中汉	2014.11.21
明天启 白釉碗	直径12.5cm	61,600	北京荣宝	2014.11.30
明 “忠壮公裔”影青瓷印	边长4.0cm	11,500	北京保利	2014.04.27
明 白瓷文财神坐像	高25cm	220,000	中信拍卖	2014.07.14
明 白釉螭龙执壶	高16cm	23,000	北京翰海	2014.11.23
明 甜白釉暗刻花大碗	直径21cm	1,725,000	江苏爱涛	2014.07.05
明16世纪 甜白釉暗刻花卉纹葫芦瓶	高24.6cm	493,750	香港苏富比	2014.04.08
明晚期清早期 白釉罗汉像	高18cm	43,700	西泠拍卖	2014.05.06
明晚期 白釉塑贴螭龙纹蒜头瓶	长28.5cm	444,000	北京华辰	2014.04.27
清早期 白釉大洗	直径36.3cm	115,000	北京保利	2014.06.06
清早期 白釉太狮水盂	长5.5cm	11,500	北京匡时	2014.06.04
清康熙 白釉暗刻缠枝花棒槌瓶	高45.5cm	59,800	广州皇玛	2014.01.02
清康熙 白釉暗刻缠枝莲纹炉	直径9.5cm	43,700	华艺国际	2014.05.31
清康熙 白釉暗刻菊花纹水丞	高5.3cm	34,500	北京匡时	2014.06.04
清康熙 白釉暗刻龙纹杯	直径6.3cm	804,000	香港苏富比	5/27/2014
清康熙 白釉暗刻龙纹杯	直径6.5cm	363,860	中国嘉德	2014.10.07
清康熙 白釉暗刻龙纹斗笠小碗	直径9.6cm	74,750	北京中汉	2014.09.22
清康熙 白釉暗刻龙纹缸	直径33cm	184,000	广州皇玛	2014.01.02
清康熙 白釉鼓钉花觚	高19cm	321,195	中国嘉德	2014.04.09
清康熙 白釉海水龙纹瓶	高22cm；直径9.5cm	74,750	安徽艺海	2014.04.30
清康熙 白釉莲瓣杯	直径9.3cm	13,800	中国嘉德	2014.09.21
清康熙 白釉清白廉洁云龙纹盘	直径21.8cm	34,498	纽约苏富比	2014.09.16
清康熙 白釉凸花海水云龙纹三弦瓶	高18.3cm	38,331	纽约苏富比	2014.09.16
清康熙 白釉小杯（一对）	直径4.4cm×2	80,500	中国嘉德	2014.11.20
清康熙 白釉印螭龙笔筒	直径19.5cm	46,000	北京保利	2014.01.11
清康熙 白釉印花花卉笔筒	直径19cm	230,000	北京保利	2014.10.25
清康熙 白釉暗刻龙纹洗	高13.5cm	115,000	北京翰海	2014.10.26
清康熙 白釉暗刻云纹水盂	高7.2cm	598,000	西泠拍卖	2014.12.13
清康熙/清雍正 白釉暗龙纹小碗（一对）	直径9.5cm×2	230,000	北京诚轩	2014.11.20
清雍正 白釉暗花莲花式杯	直径7cm	79,080	伦敦邦瀚斯	2014.05.15
清雍正 白釉暗刻蕉叶纹花觚	高19.5cm	1,012,000	翰风国际	2014.04.30
清雍正 白釉暗刻蕉叶纹尊	高10.6cm	23,000	北京翰海	2014.08.24
清雍正 白釉暗刻莲托八宝纹高足碗（一对）	高10.8cm×2	517,500	北京诚轩	2014.05.19
清雍正 白釉暗刻龙纹葵式杯（一对）	直径7cm×2	1,453,600	香港苏富比	2014.04.08
清雍正 白釉暗刻饕餮纹觚	高123cm	51,750	北京中汉	2014.11.21
清雍正 白釉菊瓣盘	直径18cm	115,000	北京保利	2014.08.02
清雍正 白釉刻花一把莲纹大盘	直径34cm	230,000	中国嘉德	2014.05.18
清雍正 白釉莲瓣形盘	直径12.1cm	257,600	天津文物	2014.11.15
清雍正 白釉龙纹莲瓣鸡心碗	直径20.5cm	747,500	翰风国际	2014.04.30
清雍正 白釉印夔龙纹尊	高13.3cm	392,000	天津文物	2014.11.15
清雍正 白釉印团龙碗	直径21cm	55,200	北京保利	2014.01.11
清雍正 白釉锥拱荷塘鹭鸶小杯	直径7cm	667,000	中国嘉德	2014.11.20
清雍正 仿永乐填白釉暗刻龙纹盘（一对）	直径19cm×2	560,000	北京荣宝	2014.03.23
清乾隆 白釉“玉兰富贵”图梅瓶	高47cm	402,500	广州皇玛	2014.01.02
清乾隆 白釉暗花花卉纹碗	直径10.8cm	642,688	香港苏富比	2014.10.08
清乾隆 白釉暗刻缠枝莲纹高足碗	直径14.7cm	40,250	北京中汉	2014.09.22
清乾隆 白釉仿定窑暗刻花卉纹瓶	高31.5cm	414,000	北京华辰	2014.05.17
清乾隆 白釉甪端香薰（一对）	高17.5cm×2	69,000	中国嘉德	2014.03.23
清乾隆 白釉松虬小笔筒	高9.9cm	48,300	中国嘉德	2014.09.21
清乾隆 白釉蒜头瓶	高19.4cm	51,750	北京中汉	2014.11.21
清乾隆 白釉碗	直径15cm	197,500	香港苏富比	2014.04.08
清乾隆 白釉云福旋纹瓶	35cm×20cm	299,000	安徽艺海	2014.04.30
清乾隆 白釉雕瓷缠枝莲纹瓶	高37cm	368,000	北京保利	2014.12.03
清乾隆 白釉夔龙纹水盂	口径7cm	172,500	西泠拍卖	2014.12.13

拍品名称	物品尺寸	成交价RMB	拍卖公司	拍卖日期
清乾隆 青白釉暗刻龙凤纹碗	直径20.7cm	172,500	北京翰海	2014.05.11
清乾隆 青花座白釉观音像	高19.6cm	57,500	中国嘉德	2014.09.21
清乾隆 甜白暗刻一束莲大盘	直径34cm	149,500	八益拍卖	2014.10.24
清乾隆 甜白釉双牺耳尊	高27.2cm	517,500	中国嘉德	2014.11.20
清同治 白釉雕瓷山水笔筒	高13.5cm	69,000	北京保利	2014.10.25
清晚期白釉镂空亭台楼阁双联笔筒	长15.1cm	34,500	北京中汉	2014.04.16
清晚期 德化白釉镂雕十八罗汉纹香筒	高19.7cm	22,999	纽约苏富比	2014.09.16
清中期 白釉暗刻花果纹四方小瓶	高14.1cm	17,250	北京中汉	2014.11.21
清中期 白釉螭攀石榴形水注	长9.7cm	23,000	北京诚轩	2014.05.19
清中期 白釉仿定模印荷花纹瓶	高18.4cm	20,700	北京中汉	2014.11.21
清中期 白釉罐	高30.1cm	57,500	北京翰海	2014.10.26
清中期 白釉爵杯	宽17cm	32,200	北京保利	2014.04.26
清中期 白釉模印缠枝花卉纹胆瓶	高23.6cm	51,750	北京中汉	2014.04.16
清道光 白釉暗刻海水绿龙盘（两件）	直径17.9cm	138,000	北京翰海	2014.05.11
清光绪 白瓷镲	28.8cm	560,000	天津文物	2014.11.15
清光绪 白釉暗刻二龙戏珠纹大盘	直径33cm	59,800	太平洋	2014.06.25
清光绪 白釉暗刻龙纹大盘	直径32.5cm	80,500	北京翰海	2014.10.25
清光绪 白釉暗刻龙纹太白尊	直径13cm	43,700	北京保利	2014.04.26
清光绪 白釉暗刻双龙戏珠盘	直径32.5cm	13,800	北京翰海	2014.08.24
清光绪 白釉雕花卉人物瓶	高39cm	25,300	北京翰海	2014.08.24
清光绪 白釉团螭纹太白尊	直径12.5cm	17,250	中国嘉德	2014.06.21
清光绪 甜白釉暗刻龙纹斗笠碗（一对）	直径11.8cm×2	78,400	北京荣宝	2014.06.15
清光绪 月白釉八卦琮式瓶	高27.2cm	184,000	北京匡时	2014.06.04
清光绪至同治 白釉盘（十四件）	尺寸不一	11,500	北京保利	2014.08.02
清 白釉暗刻蕉叶纹花觚	高39cm	25,300	北京保利	2014.10.25
清 白釉雕瓷绶带鸟纹笔筒	高13.7cm	17,250	西泠拍卖	2014.05.06
清 白釉弥勒像	高16cm	10,350	北京保利	2014.04.26
清 白釉盘	直径16.5cm	28,750	北京翰海	2014.11.23
清 白釉文殊像	宽13cm	11,500	北京保利	2014.10.25
清陈国治款白釉雕山水人物图笔筒	高13cm	42,560	天津文物	2014.11.15
清 雕白瓷“杖策游春图”圆盒	直径14.5cm	161,000	保利厦门	2014.11.02
清 影青釉暗刻持荷童子调色盒	直径12.3cm	57,500	北京翰海	2014.10.26
清 影青釉暗刻龙纹碗	直径13.8cm	80,500	北京翰海	2014.05.11
清 影青釉暗刻云龙纹碗	直径14.2cm	57,500	北京翰海	2014.05.11
清18世纪 白釉箫	长61.5cm	138,690	宝港国际	2014.05.27
清19世纪白瓷雕文房用器（三件）	尺寸不一	46,013	纽约佳士得	2014.03.20
青塘山房 甜白釉堆石竹纹盖碗及杯（一套）	尺寸不一	11,500	北京保利	2014.06.05
青塘山房 甜白釉刻荷叶纹净水钵	宽15cm	20,700	北京保利	2014.06.05
青塘山房 甜白釉三足弦纹香炉、灵芝螭龙花觚（一组）	尺寸不一	13,800	北京保利	2014.06.05
民国“双照楼制”款白釉暗刻花纹碗（一对）	直径9.3cm×2	34,500	中国嘉德	2014.11.20
上世纪70年代 罗晓涛 影青釉半刀泥文房（七头）	高15cm	224,250	景德镇华艺	2014.10.20
卢建德 2014年作 “天籁”五十八厘米薄胎大碗	直径58cm	300,000	佳士得（上海）	2014.10.24
卢建德 2014年作 “天籁” 一百厘米薄胎大碗	直径100cm	750,000	佳士得（上海）	2014.10.24
3. 黑瓷				
五代 定窑黑釉“官”字款枕	长15.5cm	289,090	宝港国际	2014.11.27
北宋 黑釉贴花线纹盖盒		197,750	邦瀚斯	2014.10.09
北宋 黑釉铁锈斑菱口碗		118,650	邦瀚斯	2014.10.09
北宋 黑釉铁锈斑碗	直径9.1cm	114,994	纽约苏富比	2014.09.16
北宋 黑釉铁锈斑碗	直径8.9cm	107,328	纽约苏富比	2014.09.16
北宋 黑釉铁锈斑碗		64,269	邦瀚斯	2014.10.09
北宋 黑釉油滴釉碗		316,400	邦瀚斯	2014.10.09
北宋 紫金釉圆盖盒		74,156	邦瀚斯	2014.10.09
南宋 吉州玳瑁釉茶碗	直径11cm	128,375	香港苏富比	2014.04.07
南宋 吉州窑仿玳瑁花菱碗		276,850	邦瀚斯	2014.10.09
南宋 吉州窑仿玳瑁釉剪纸贴花文字盏		1,740,200	邦瀚斯	2014.10.09
南宋 吉州窑黑釉仿剔犀纹盏		494,375	邦瀚斯	2014.10.09
南宋 吉州窑黑釉过墙木叶盏		593,250	邦瀚斯	2014.10.09

拍品名称	物品尺寸	成交价RMB	拍卖公司	拍卖日期
南宋 吉州窑黑釉描金寿山福海茶碗		593,250	邦瀚斯	2014.10.09
南宋 吉州窑黑釉木叶纹盏		247,188	邦瀚斯	2014.10.09
南宋 吉州窑黑釉木叶盏		1,123,220	邦瀚斯	2014.10.09
南宋 吉州窑黑釉剔花折枝梅花纹梅瓶		316,400	邦瀚斯	2014.10.09
南宋 吉州鹧鸪釉碗	直径11.3cm	118,500	香港苏富比	2014.04.07
南宋 建窑 黑釉兔毫斗笠盏	口径12.9cm	55,476	宝港国际	2014.05.27
南宋 建窑黑釉“供御”款兔毫盏		316,400	邦瀚斯	2014.10.09
南宋 建窑黑釉“供御”款兔毫盏		276,850	邦瀚斯	2014.10.09
南宋 建窑黑釉褐斑兔毫盏		118,650	邦瀚斯	2014.10.09
南宋 建窑黑釉碗		39,550	邦瀚斯	2014.10.09
南宋 建窑兔毫天目茶碗		613,300	纽约苏富比	2014.09.16
南宋/金 磁州系黑釉银彩“寿山福海”茶盏	直径11.7cm	84,356	纽约佳士得	2014.03.20
南宋/元 吉州窑黑釉月下寒梅纹碗	直径16.8cm	79,080	伦敦苏富比	2014.05.14
南宋/元 酱油葵口洗	宽18cm	1,479,360	佳士得	2014.05.28
宋 白沿天目釉油滴茶盏	直径13cm	41,535	万昌斯	2014.05.25
宋 磁州窑黑釉碗	直径15.7cm	102,672	保利香港	2014.10.07
宋 定窑褐釉双鱼纹小盘	口径11cm	162,613	宝港国际	2014.11.27
宋 黑釉瓜形洗	6cm×16cm	149,500	上海嘉泰	2014.06.19
宋 黑釉笠式碗	直径15.2cm	383,313	纽约苏富比	2014.09.16
宋 黑釉铁锈斑碗	直径18.1cm	38,331	纽约苏富比	2014.09.16
宋 吉州窑冰花纹剪纸漏花笠式盏	口径15cm	54,204	宝港国际	2014.11.27
宋 吉州窑玳瑁釉茶盏	口径12cm	108,409	宝港国际	2014.11.27
宋 吉州窑玳瑁釉小盖碗	碗口径8cm	43,363	宝港国际	2014.11.27
宋 吉州窑海浪纹八方梅瓶	高30cm	43,700	上海嘉泰	2014.06.19
宋 吉州窑黑釉彩绘月梅碗		39,550	邦瀚斯	2014.10.09
宋吉州窑黑釉木叶茶盏（一对）	口径10cm×2	343,294	宝港国际	2014.11.27
宋 吉州窑黑釉泼墨斑茶盏	口径10cm	40,653	宝港国际	2014.11.27
宋 吉州窑黑釉四凤纹梅瓶	高32cm	406,532	宝港国际	2014.11.27
宋 吉州窑剪纸漏花双凤纹盏	口径14.5cm	79,500	宝港国际	2014.11.27
宋 吉州窑梅花纹小梅瓶	高19cm	238,602	中国嘉德	2014.04.09
宋 吉州窑木叶盏	直径11.2cm	233,345	保利香港	2014.10.07
宋吉州窑喜鹊梅花剪纸漏花笠式盏	口径15cm	67,755	宝港国际	2014.11.27
宋 吉州永和窑　罗汉钵	口径13cm	45,170	宝港国际	2014.11.27
宋 建窑黑釉油滴天目茶盏	口径12cm	849,201	宝港国际	2014.11.27
宋 建窑黑釉油滴小茶盏	口径10.5cm	99,375	宝港国际	2014.11.27
宋 建窑黑釉盏	直径10cm	45,425	保利香港	2014.04.07
宋 建窑花斑盏	直径12.3cm	72,680	保利香港	2014.04.07
宋 建窑蓝兔毫黑釉茶盏	口径12.5cm	49,687	宝港国际	2014.11.27
宋 建窑天目盏	高7.3cm	49,440	台湾世家	2014.04.13
宋 建窑兔毫釉碗	直径10.5cm	55,356	伦敦苏富比	2014.05.14
宋 建窑兔毫盏	直径11.8cm	45,885	中国嘉德	2014.04.09
宋 建窑兔毫盏	高7cm；直径12cm	42,002	保利香港	2014.10.07
宋 建窑银油滴盏	直径9.8cm	33,900	广东省拍	2014.06.22
宋 建窑油滴碗	直径12cm	74,160	台湾世家	2014.04.13
宋 建窑油滴盏	直径11.1cm	110,952	澳门中信	2014.06.08
宋 天目釉花口瓶	高17cm	46,968	台湾世家	2014.04.13
宋 耀州窑黑釉油滴笠式盏	口径11.8cm	81,306	宝港国际	2014.11.27
宋 定窑紫釉折扣梅瓶	高24.5cm	32,664,600	澳门中信	2014.11.30
宋 紫定吐鲁瓶	19cm×4.5cm	28,750	上海嘉泰	2014.06.19
宋/金 河南窑黑釉窑变笠式盏	口径13.8cm	63,238	宝港国际	2014.11.27
宋/金 山西怀仁窑黑釉兔毫及油滴小茶盏连托	托口径13cm	198,749	宝港国际	2014.11.27
西夏 灵武窑 黑釉剔花菊花纹盖盒	口径12.5cm	38,833	宝港国际	2014.05.27
金 磁州系黑釉铁锈斑盖罐	高13.3cm	92,025	纽约佳士得	2014.03.20
金 磁州系黑釉铁锈斑碗	直径11.2cm	30,675	纽约佳士得	2014.03.20
金 磁州窑 黑釉油滴敛口大碗	口径16.6cm	36,984	宝港国际	2014.05.27
金 磁州窑黑釉剔花卉纹玉壶春瓶		741,563	邦瀚斯	2014.10.09
金 磁州窑黑釉铁锈斑碗	直径16cm	105,440	伦敦苏富比	2014.05.14
金 山西窑黑釉铁锈花凤凰纹梅瓶	口径19cm	135,511	宝港国际	2014.11.27
金山西窑油滴鸡心大碗（一对）	直径15cm×2	412,965	中国嘉德	2014.04.09
金 山西窑油滴小盏	口径9cm	90,341	宝港国际	2014.11.27
金 吉州窑玳瑁斑荸荠瓶	高26.8cm	54,384	台湾世家	2014.04.13
元 建窑油滴盏	直径12cm	57,500	北京保利	2014.12.05
元 建窑兔毫盏及黑漆盏托	托直径15.5cm	333,500	北京保利	2014.12.04

2014瓷器拍卖成交汇总

(成交价RMB：1万元以上)

拍品名称	物品尺寸	成交价RMB	拍卖公司	拍卖日期
元 黑釉斗笠碗	直径15.3cm	34,500	北京保利	2014.06.06
元 黑釉铁锈花玉壶春	高18cm	17,250	北京保利	2014.10.25
元 黑釉兔毫盏	直径12.7cm	103,500	中鸿信	2014.11.22
元 吉州窑木叶盏	直径15cm	1,725,000	北京保利	2014.06.05
元 建窑黑釉天目碗	直径13.2cm	299,000	中鸿信	2014.11.22
元 耀州窑黑釉高足花口盏	口径11.6cm	107,825	中拍国际	2014.06.04
元 紫金釉梅瓶	高25.6cm	92,000	中鸿信	2014.11.22
元/明 河南窑天目釉铁锈斑“瀑布纹”罐	高22.1cm	195,500	北京东正	2014.11.20
元/明 吉州窑玳瑁斑茶盏	直径11cm	32,200	北京东正	2014.05.18
元/明 吉州窑玳瑁釉剪纸飞凤碗	直径15.5cm	34,500	北京东正	2014.05.18
元/明 建窑兔毫茶盏	直径11.1cm	97,750	北京东正	2014.05.18
元/明 耀州窑黑釉兔毫碗	直径19.2cm	28,750	北京东正	2014.05.18
元 明嘉靖 建窑兔毫盏及雕漆花卉纹盏托	托直径15.5cm	598,000	北京保利	2014.12.04
瓷仿灵璧石小山子	长9cm	76,663	纽约苏富比	2014.09.16
定窑系紫金釉刻龙纹盘	直径30cm	690,000	北京中汉	2014.11.21
怀仁窑油滴小盏	直径7.9cm	149,500	北京中汉	2014.05.17
吉州窑玳瑁纹贴花盏	直径11.1cm	59,800	北京中汉	2014.09.22
吉州窑黑釉木叶纹盏	直径105cm	103,500	北京中汉	2014.11.21
吉州窑梅花茶碗	直径12cm	40,250	上海泛华	2014.10.29
建窑黑釉兔毫纹斗笠茶盏	直径141cm	299,000	北京中汉	2014.11.21
建窑乌金釉标准束口盏	直径12.8cm	1,150,000	北京中汉	2014.05.17
明 黑釉木叶碗	直径12cm	17,250	北京保利	2014.10.25
明 建窑茶盏及剔红云纹盏托	茶盏直径12.2cm；盏托宽15.5cm	575,000	北京保利	2014.06.05
明 王世襄藏、赠韵荪建窑天目盏	直径12.2cm	46,000	北京保利	2014.06.05
明以前 建窑兔毫盏	口径12cm	36,800	西泠拍卖	2014.05.06
清康熙 乌金釉洗	直径26cm	10,350	中国嘉德	2014.03.23
清康熙 乌金釉笔筒	高134cm	34,500	北京中汉	2014.11.21
清康熙 乌金釉小棒槌瓶	高25.3cm	57,500	北京诚轩	2014.11.20
清 瓷仿灵璧石山子	高29cm	28,750	北京艺融	2014.06.03
清光绪 黑釉雕瓷兽面纹炉	宽27cm	11,500	北京保利	2014.04.26
清18世纪乌金釉子孙万代葫芦式瓶	高60.3cm	107,363	纽约佳士得	2014.03.20
上世纪80年代 王金田 油滴天目盏	直径11.5cm	103,500	景德镇华艺	2014.05.25
紫（酱）釉盖钵	直径10cm	1,232,000	成都金沙	2014.11.16
4. 彩瓷				
褐绿彩				
唐 长沙窑褐绿彩碗		59,325	邦瀚斯	2014.10.09
唐 长沙铁铜饰瓜棱罐		84,044	邦瀚斯	2014.10.09
元 长沙窑点彩水盂	宽8.2cm	10,350	北京保利	2014.06.06
清康熙 黄地褐绿彩龙纹盘	直径13.7cm	60,000	嘉德在线	2014.03.14
清中期 黄地褐绿彩云龙纹盘	直径13.9cm	10,350	中国嘉德	2014.06.21
清光绪 黄地刻填褐绿彩二龙戏珠纹盘	直径10.7cm	61,600	天津文物	2014.11.15
清光绪黄地褐绿彩龙纹盘（一对）	直径13cm×2	38,205	中国嘉德	2014.10.07
褐彩				
隋 白釉褐彩双龙柄双联小瓶		64,269	邦瀚斯	2014.10.09
唐 白釉褐彩鞍鞯纹皮囊壶		672,350	邦瀚斯	2014.10.09
唐 青釉贴花褐斑双系执壶	高22.2cm	98,850	伦敦苏富比	2014.05.14
唐 长沙窑褐彩小方枕		59,325	邦瀚斯	2014.10.09
唐 长沙窑花耳褐斑注子		148,313	邦瀚斯	2014.10.09
唐/五代 长沙窑褐彩凤首壶		158,200	邦瀚斯	2014.10.09
北宋 磁州窑白釉褐彩枝叶纹盖盒		247,188	邦瀚斯	2014.10.09
北宋青白釉褐彩胡人吹笙壶及暖杯		543,813	邦瀚斯	2014.10.09
南宋 吉州窑奔鹿纹盖罐（一对）	高18cm×2	345,667	中国嘉德	2014.10.07
宋 磁州窑 白釉褐彩花蝶纹粉盒	口径11cm	49,687	宝港国际	2014.11.27
宋 磁州窑易经供	39cm×18cm	66,700	上海嘉泰	2014.06.19
宋 吉州窑　彩绘蝴蝶纹小炉	口径10cm	45,170	宝港国际	2014.11.27
宋 吉州窑 蝶恋花小盒子	口径6.6cm	36,136	宝港国际	2014.11.27
宋 吉州窑 荷花纹粉盒	口径8.5cm	27,102	宝港国际	2014.11.27
宋 吉州窑褐彩河虾双鱼纹梅瓶		494,375	邦瀚斯	2014.10.09
金 磁州系黑釉褐彩花卉纹罐	高23cm	95,859	纽约佳士得	2014.03.20
金 磁州窑鱼草纹四系瓶	高54.2cm	37,080	台湾世家	2014.04.13
金 吉州窑　白地黑花鸳鸯纹盖罐	高16.2cm	108,409	宝港国际	2014.11.27
金/元 磁州系褐釉彩绘芦雁纹虎形枕	长37cm	421,781	纽约佳士得	2014.03.20

拍品名称	物品尺寸	成交价RMB	拍卖公司	拍卖日期
金/元 磁州窑人物盆	直径40.8cm	126,500	北京翰海	2014.05.11
元 磁州白地褐彩鸟纹玉壶春瓶	高28cm	53,681	纽约苏富比	2014.03.18
元 龙泉窑褐彩小盖罐	高8.8cm	138,690	澳门中信	2014.06.08
元 青白釉褐彩胡人牵马像		24,719	邦瀚斯	2014.10.09
元 青白釉褐彩胡人小枕		44,494	邦瀚斯	2014.10.09
清道光 绿地褐彩云龙纹小碗	直径11.5cm	25,300	中国嘉德	2014.09.21
青 花				
元 青花凤穿牡丹玉壶春瓶	高29.5cm	92,000	北京保利	2014.12.05
元 青花海水龙纹浮雕梅瓶	高43cm	273,544,920	香港九龙	2014.7.28
元 青花龙纹梅瓶	高45cm	31,913,574	香港九龙	2014.7.28
元 青花牡丹纹梅瓶	高35.6cm	13,610,250	澳门中信	2014.11.30
元 青花云凤纹梅瓶	高34.5cm	16,332,300	澳门中信	2014.11.30
元 青花云龙纹象耳瓶一对	高63.8cm	91,181,640	香港九龙	2014.7.28
元 青花折枝花卉八棱玉壶春瓶	高29cm	402,500	北京保利	2014.12.05
元 青花“百花亭”记人物图梅瓶（不全）	直径24.3cm	3,828,440	香港苏富比	2014.10.08
元 青花凸雕海水龙纹象耳瓶（一对）	高63.5cm×2	203,412,000	澳门中信	2014.06.08
元 青花带盖梅瓶	高36.5cm	278,827	香港华洋	2014.06.26
元 青花开光花卉虫草凤纹葫芦瓶	高58cm	5,720,000	中信拍卖	2014.07.14
元 青花龙纹玉壶春瓶	高32.6cm	1,386,900	澳门中信	2014.06.08
元 青花铜鎏金掐丝珐琅人物故事纹梅瓶	高52cm	29,587,200	澳门中信	2014.06.08
元 青花鸳鸯穿莲纹瓶	高19cm	36,708	中信国际	2014.04.19
元 青花云凤纹玉壶春瓶	高24.7cm；	1,386,900	澳门中信	2014.06.08
元 青花云龙纹四系扁方瓶	高48.5cm	8,321,400	澳门中信	2014.06.08
元 青花高士清音图匜	口径17.2cm	309,000	北京中联	2014.09.09
元 青花赶珠游龙纹高足杯	直径10.3cm	553,560	伦敦苏富比	2014.05.14
元 青花赶珠游龙纹高足杯	直径9.5cm	112,030	伦敦苏富比	2014.05.14
元 青花暗刻龙纹高足碗	直径10cm	13,800	北京翰海	2014.08.24
元 青花凤纹高足碗	直径11.5cm	18,400	北京翰海	2014.08.24
元 青花荷塘花卉纹碗	直径16.7cm	69,000	北京中汉	2014.04.16
元 青花孔雀穿花纹高足碗	高11.4cm	535,600	北京中联	2014.09.09
元 青花凤穿牡丹纹盘	直径29.2cm	3,513,480	澳门中信	2014.06.08
元 青花荷塘鸳鸯图折沿菱口盘	直径27.4cm	46,000	北京中汉	2014.09.22
元 青花花草大盘	直径37cm	563,500	安徽艺海	2014.04.30
元 青花龙纹盘	直径30.2cm	5,750,000	北京华辰	2014.04.27
元 青花牡丹缠枝莲纹双圈足大盘	直径48cm	13,869,000	澳门中信	2014.06.08
元 青花缠枝莲纹虎钮盖罐	高15.8cm	1,102,335	景薰楼	2014.06.15
元 青花缠枝牡丹纹罐	高25cm	1,030,000	北京中联	2014.09.09
元 青花堆塑龙云纹盖罐	高42.6cm	35,134,800	澳门中信	2014.06.08
元 青花荷花纹罐	高10cm	63,250	广州皇玛	2014.01.02
元 青花花卉纹兽耳小罐	高15.5cm	46,000	中国嘉德	2014.03.23
元 青花莲蓬形鸟食罐	直径4.5cm	207,000	广州皇玛	2014.04.27
元 青花人物故事武松打虎罐	高28cm	323,610,000	澳门中信	2014.06.08
元 青花云龙纹大罐	高28cm	6,657,120	澳门中信	2014.06.08
元 青花缠枝牡丹罐	宽34.5cm	12,650,000	北京保利	2014.12.03
元 青花缠枝纹罐	高26.7cm	5,470,898	香港九龙	2014.7.28
元 青花人物故事罐	高27.3cm	254,058,000	澳门中信	2014.11.30
元 青花三国人物大罐	高43cm	58,977,750	澳门中信	2014.11.30
元 青花花卉纹双流壶	高13.3cm	924,600	澳门中信	2014.06.08
元 青花人物船型水注	长15.5cm	8,280,000	北京盈时	2014.05.31
元 青花四季花卉纹八方执壶带盖	高29.5cm	92,460,000	澳门中信	2014.06.08
元 青花鸳鸯水盂	宽9cm	43,700	北京保利	2014.06.06
元14世纪 青花如意印花缠枝牡丹纹菱口盘	直径45.7cm	25,748,595	纽约苏富比	2014.03.18
元末/明早期 青花缠枝莲纹罐	高50.5cm	4,777,640	香港苏富比	2014.10.08
元末明早期 青花缠枝牡丹大罐	高46cm	4,158,000	中信拍卖	2014.07.14
元末明早期 青花道教人物故事纹大吉瓶	高42.8cm	4,438,080	澳门中信	2014.06.08
明早期 青花缠枝莲纹净水瓶	高20.2cm	23,000	中国嘉德	2014.09.21
明早期 青花瓜果纹罐	高29cm	203,400	中都国际	2014.05.24
明早期 青花鸳鸯笔洗	长11.5cm	345,000	安徽艺海	2014.04.30
明早期 青花云龙纹笔洗	直径20.5cm	1,545,000	北京中联	2014.09.09
明洪武 青花缠枝花卉牡丹回纹盘	口径20.5cm	313,600	成都金沙	2014.11.16
明洪武 青花缠枝菊纹花口盘	直径20.3cm	299,000	北京保利	2014.06.05
明洪武 青花缠枝牡丹纹双龙耳玉壶春赏瓶	高45.3cm	30,511,800	澳门中信	2014.06.08

拍品名称	物品尺寸	成交价RMB	拍卖公司	拍卖日期
明永乐 梅瓶	高35cm	111,531	香港华洋	2014.06.26
明永乐 青花缠枝莲纹梅瓶	高24.1cm	29,900,000	北京盈时	2014.05.31
明永乐 青花如意垂肩折枝花果纹梅瓶	高36.5cm	16,100,000	北京保利	2014.06.05
明永乐 青花四季花卉纹抱月瓶	高48.3cm	247,200	台湾世家	2014.04.13
明永乐 青花折枝瑞果纹梅瓶	高28cm	38,141,200	香港苏富比	2014.04.08
明永乐 官窑青花四季花卉海水纹折沿葵口盘	直径33cm	5,405,000	北京东正	2014.05.18
明永乐 官窑青花四季花卉海水纹折沿葵口盘	直径33.5cm	3,565,000	北京东正	2014.11.20
明永乐 青花"一把莲"盘	直径27.7cm	1,927,600	香港苏富比	2014.04.08
明永乐青花缠枝花卉海浪纹折沿盘	直径41.5cm	3,450,000	中国嘉德	2014.05.18
明永乐 青花缠枝花卉纹大盘	直径38cm	4,772,500	上海敬华	2014.07.01
明永乐 青花缠枝莲花口盘	直径38.1cm	6,785,000	北京翰海	2014.05.11
明永乐 青花缠枝莲花口盘	直径37.8cm	9,200,000	北京翰海	2014.10.25
明永乐 青花缠枝四季花卉海浪纹折沿菱口大盘	直径334cm	3,795,000	北京中汉	2014.11.21
明永乐 青花缠枝四季花卉折沿海浪纹大盘	直径40.6cm	5,405,000	北京中汉	2014.05.17
明永乐 青花海浪缠枝花卉纹折沿大盘	直径41.5cm	896,000	北京荣宝	2014.06.15
明永乐 青花海水缠枝花卉纹折沿盘	直径41cm	2,990,000	北京华辰	2014.04.27
明永乐 青花花卉纹葵口盘	直径38cm	5,175,000	中贸圣佳	2014.07.06
明永乐 青花石榴花纹菱口盘	直径20cm	4,600,000	中国嘉德	2014.05.18
明永乐 青花一把莲盘	直径31cm	3,220,000	北京盈时	2014.05.31
明永乐 青花一把莲纹盘	直径32cm	2,587,500	华艺国际	2014.05.31
明永乐 青花一束莲大盘	直径31.5cm	1,120,056	保利香港	2014.10.07
明永乐 青花一束莲纹盘	直径31.1cm	2,070,000	北京匡时	2014.06.04
明永乐 青花一束莲纹盘	直径34.3cm	2,415,000	保利厦门	2014.11.01
明永乐 青花葡萄纹折沿盘	直径37.5cm	7,820,000	北京保利	2014.12.04
明永乐 青花缠枝牡丹纹罐	高28cm	412,000	北京中联	2014.09.09
明永乐 青花花卉罐	宽13cm	1,735,800	佳士得	2014.11.26
明永乐 青花双耳瑞兽盖罐	高23cm	2,602,387	香港华洋	2014.06.26
明永乐 青花四季花卉纹罐	高24.8cm	37,950,000	北京盈时	2014.05.31
明永乐 御窑青花缠枝佛莲托八宝纹罐	高15.6cm	11,040,000	北京东正	2014.11.20
明永乐/宣德 青花花卉纹香盒	口径5cm	135,511	宝港国际	2014.11.27
明宣德 青花凤穿花纹瓶	高14cm	4,588,500	中国嘉德	2014.04.09
明宣德 青花轮花绶带耳葫芦扁瓶	高25.9cm	989,000	北京中汉	2014.05.17
明宣德 青花凤穿牡丹纹撇口尊	高17.7cm	2,311,500	澳门中信	2014.06.08
明宣德官窑青花四季花卉纹骰子碗	直径27cm	5,405,000	北京东正	2014.05.18
明宣德 官窑青花外莲瓣内轮花纹鸡心碗	直径16cm	2,357,500	北京东正	2014.05.18
明宣德 青花缠枝花卉纹撇口碗	直径19.5cm	4,018,280	香港苏富比	2014.10.08
明宣德 青花缠枝莲纹馒头心碗	直径14cm	461,300	伦敦苏富比	2014.05.14
明宣德 青花莲瓣纹鸡心碗	直径15cm	43,700	中鸿信	2014.11.22
明宣德 青花外菊瓣内缠枝花卉纹大鸡心碗	直径208cm	3,565,000	北京中汉	2014.11.21
明宣德 青花折枝花果纹大碗	直径29.5cm	12,650,000	北京保利	2014.06.05
明宣德 青花折枝花果纹葵口碗	直径22.5cm	7,475,000	北京保利	2014.06.05
明宣德 青花折枝四季花果纹大碗	直径305cm	1,840,000	北京中汉	2014.11.21
明宣德青花缠枝莲连托八吉祥纹罐	直径19.8cm	3,450,000	中国嘉德	2014.05.18
明宣德 青花缠枝莲小罐	高8.2cm	3,450,000	北京翰海	2014.10.25
明宣德 青花花卉纹鸟食罐	宽9cm	90,965	中国嘉德	2014.10.07
明宣德 青花灵芝纹竹节式鸟食罐	高9.8cm	838,460	香港苏富比	2014.10.08
明宣德 青花"江崖海水"图渣斗	直径16.7cm	13,303,600	香港苏富比	2014.04.08
明宣德 青花缠枝花卉纹豆	高10.3cm	1,518,000	北京中汉	2014.05.17
明宣德 青花凤纹葵边盘	直径17.2cm	33,350,000	北京盈时	2014.05.31
明宣德 青花缠枝花卉纹盘	直径27.7cm	4,600,000	北京保利	2014.12.04
明宣德 青花松竹梅纹花口盘	口径27.5cm	13,677,246	香港九龙	2014.7.28
明宣德 青花留白暗刻云龙纹脉枕	长20cm	448,000	未来四方	2014.05.23
明宣德 青花缠枝花卉纹豆	高10cm	2,300,000	北京保利	2014.12.04
明宣德 青花龙纹笔筒扇形	高20cm	2,279,541	香港九龙	2014.7.28
明宣德 青花双凤纹笔洗	底径21.6cm	5,926,807	香港九龙	2014.7.28
明空白期 青花高士图梅瓶	高36.3cm	184,000	中国嘉德	2014.09.21
明空白期 青花人物故事大罐	高45cm	1,980,000	中信拍卖	2014.07.14
明空白期 青花携琴访友梅瓶	高32cm	575,000	江苏爱涛	2014.07.05

拍品名称	物品尺寸	成交价RMB	拍卖公司	拍卖日期
明成化 青花"婴戏图"三层盖盒	高15cm	593,250	香港苏富比	2014.10.08
明成化 青花暗八仙碗	高5cm	562,800	香港华洋	2014.06.25
明成化 青花百合花孔明碗	直径16.3cm	1,643,200	香港苏富比	2014.04.08
明成化 青花缠枝莲花卉纹僧帽壶	高17.5cm	598,000	北京东正	2014.11.20
明成化 青花缠枝秋葵纹宫碗	直径14.7cm	44,390,920	香港苏富比	2014.10.08
明成化 青花缸	直径28.8cm	1,286,400	佳士得	2014.05.28
明成化 青花海兽纹盘	直径15cm	540,500	上海敬华	2014.07.01
明成化 青花海水云纹罐	高14.6cm	36,800	北京中汉	2014.09.22
明成化 青花龙纹盘	直径21cm	97,750	北京保利	2014.04.26
明成化 青花棉格纹笔舔	直径15cm	184,000	北京东正	2014.11.20
明成化 青花婴戏图碗	直径12.5cm	34,500	北京中汉	2014.04.16
明成化 携琴访友青花罐	高15cm	69,000	翰风国际	2014.04.30
明成化 黄地青花折枝花卉纹大盘	直径30.6cm	3,220,000	上海泓盛	2014.12.15
明成化 青花高士人物图圆形瓷板	直径29.5cm	1,897,500	北京保利	2014.12.04
明成化/弘治 青花财神图插屏	直径32cm	575,000	北京保利	2014.06.05
明弘治 官窑黄地青花栀子花卉纹盘	直径26cm	1,840,000	北京东正	2014.05.18
明弘治 青花高士飞龙诸葛碗	直径17cm	154,641	中国嘉德	2014.10.07
明弘治 青花云龙纹盘	直径15.4cm	33,350	北京中汉	2014.04.16
明正德 黄地青花缠枝牡丹石榴尊	高16cm	828,000	远方拍卖	2014.06.02
明正德 黄地青花祥云螭龙纹碗	直径16cm	321,195	中国嘉德	2014.04.09
明正德 黄地青花栀子花纹盘	直径25.5cm	1,101,240	中国嘉德	2014.04.09
明正德 青花阿拉伯文莲纹带盖长方笔盒	长21cm	848,792	伦敦苏富比	2014.05.14
明正德 青花缠枝莲阿拉伯文盘	直径15.5cm	36,800	北京中汉	2014.11.21
明正德 青花缠枝莲炉	直径11cm	23,000	北京保利	2014.08.02
明正德 青花穿花龙纹渣斗	直径14.1cm	460,000	北京中汉	2014.11.21
明正德 青花莲花鸭纹罐	高11.7cm	45,998	纽约苏富比	2014.09.16
明正德 青花游龙穿花纹盘	直径21cm	498,469	纽约佳士得	2014.03.20
明正德 御窑青花穿莲行龙纹盘	直径24cm	1,610,000	北京东正	2014.05.18
明正统 青花梵文八吉祥莲花式供碗	直径20.7cm	782,000	北京保利	2014.06.05
明正统 青花云龙纹大罐	高35cm	1,265,000	北京保利	2014.12.04
明中期 青花缠枝莲罐	宽19cm	28,750	北京保利	2014.10.25
明中期 青花花卉纹八卦炉	直径14cm	115,000	北京保利	2014.06.05
明中期 青花龙纹罐	高35cm	34,500	北京保利	2014.10.25
明中期 青花龙纹荷叶罐	直径13.5cm	32,200	北京保利	2014.10.25
明中期 青花龙纹梅瓶	高35cm	20,700	北京保利	2014.04.26
明中期 青花人物纹玉壶春瓶	高32cm	175,100	北京中联	2014.09.09
明中期 青花喜鹊登梅图高足碗	直径14.2cm	20,700	中国嘉德	2014.06.21
明中期 青花携琴访友罐	高26cm	23,000	北京保利	2014.08.02
明嘉靖 青花缠枝莲纹葫芦瓶	高29.8cm	1,271,900	保利香港	2014.04.07
明嘉靖 青花圣主纳贤大壁瓶	高31cm	1,380,000	上海道明	2014.12.11
明嘉靖 青花天圆地方八卦云鹤纹葫芦瓶	高33.5cm	110,000	北京九歌	2014.12.17
明嘉靖 黄地青花龙纹寿字碗	长13.5cm	23,000	北京保利	2014.10.25
明嘉靖 内沥粉缠枝菊纹外青花璎珞纹高足碗	直径14.6cm	25,300	中国嘉德	2014.09.21
明嘉靖 内青花外红地描金缠枝牡丹纹碗	直径12cm	36,800	中国嘉德	2014.09.21
明嘉靖 内青花鹦桃图外白釉碗	直径12.4cm	23,000	中国嘉德	2014.09.21
明嘉靖 青花缠枝灵芝托八宝大碗	直径32.5cm	920,000	北京华辰	2014.05.17
明嘉靖 青花龙纹六角菱花碗	口径12.5cm	138,000	西泠拍卖	2014.12.13
明嘉靖 青花龙纹金钟碗	直径16.5cm	92,000	上海道明	2014.03.27
明嘉靖 青花人物纹碗	直径17.5cm	13,800	北京中汉	2014.11.21
明嘉靖 青花鱼藻纹大碗	直径38.2cm	230,000	北京翰海	2014.05.11
明嘉靖 青花穿花龙纹大盘	直径39.1cm	207,000	北京中汉	2014.09.22
明嘉靖 青花飞龙纹盘	直径35.5cm	537,600	北京荣宝	2014.06.15
明嘉靖 青花花卉纹大盘	直径43cm	345,000	北京保利	2014.06.05
明嘉靖 青花双龙盘	直径16.2cm	345,000	北京东正	2014.05.18
明嘉靖 青花鱼莲纹盘	直径22.2cm	35,840	天津文物	2014.05.16
明嘉靖 青花喷泉纹执壶	高32cm	471,295	伦敦苏富比	2014.11.05
明嘉靖 青花喷泉纹执壶	高32.5cm	372,075	伦敦苏富比	2014.11.05
明嘉靖 青花凤鹤纹方形盖盒	宽14cm	46,000	北京保利	2014.10.25
明嘉靖 青花喜象纹圆盖盒	直径8.25cm	46,013	纽约苏富比	2014.03.18
明嘉靖 青花缠枝莲纹罐	高28cm	69,000	中鸿信	2014.11.22
明嘉靖 青花缠枝牡丹罐	高15cm	34,500	北京保利	2014.08.02
明嘉靖 青花穿花龙纹四方罐	高10.6cm	25,300	北京中汉	2014.09.22
明嘉靖 青花凤穿花纹四方盖罐	高20.1cm	25,300	北京中汉	2014.11.21

2014瓷器拍卖成交汇总

(成交价RMB：1万元以上)

拍品名称	物品尺寸	成交价RMB	拍卖公司	拍卖日期
明嘉靖 青花凤纹四方罐	高21cm	34,500	北京传是	2014.06.05
明嘉靖 青花龙凤纹盖罐	高18cm	977,500	八益拍卖	2014.10.24
明嘉靖 青花四季花卉纹罐	直径30cm	115,000	苏州东方	2014.05.30
明嘉靖 青花庭院婴戏图大罐	高35.4cm	9,315,000	北京东正	2014.11.20
明嘉靖 青花璎珞海马纹罐	高25.6cm	191,719	纽约苏富比	2014.03.18
明嘉靖 青花云鹤开光"国泰民安"纹罐	高25.9cm	40,250	北京中汉	2014.09.22
明嘉靖 云鹤八卦纹罐	高13.5cm	368,000	北京匡时	2014.09.17
明嘉靖 青花福禄寿大罐	高34cm	402,500	北京保利	2014.12.05
明嘉靖 青花双龙赶珠纹罐	高20.5cm	575,000	北京保利	2014.12.04
明嘉靖 青花孔雀牡丹纹绣墩（一对）	高36cm×2	828,000	远方拍卖	2014.06.02
明嘉靖 青花龙凤云鹤纹花口洗	直径16.6cm	99,220	伦敦苏富比	2014.11.05
明嘉靖 青花芦雁杯	直径7.8cm	86,250	北京保利	2014.06.06
明嘉靖 青花仕女婴戏水呈	直径12cm	57,500	中国嘉德	2014.11.20
明嘉靖 青花水波游龙纹缸	74.2cm	739,189	伦敦苏富比	2014.11.05
明嘉靖 青花鱼藻纹笔插	直径13cm	43,700	太平洋	2014.03.21
明嘉靖 青花鱼藻纹洗	宽16.2cm	5,820,960	佳士得	2014.05.28
明嘉靖 青花花鸟纹双狮耳鼓墩	高38cm	276,000	北京保利	2014.12.04
明嘉靖 青花鱼藻纹大缸	高39cm	5,290,000	北京盈时	2014.12.07
明嘉靖窑 仿宣德青花留白花卉纹八方盏托	直径13.5cm	175,674	宝港国际	2014.05.27
明嘉靖/万历 青花团龙花卉纹大罐	高45.8cm	395,400	伦敦苏富比	2014.05.14
明嘉靖/万历 青花婴戏图碗	直径18.3cm	210,880	伦敦苏富比	2014.05.14
明隆庆 青花加彩荷塘鸳鸯纹大碗	直径22.8cm	747,500	北京保利	2014.12.04
明万历 青花八仙葫芦瓶	高50cm	149,500	北京保利	2014.10.25
明万历 青花缠枝莲纹出戟瓶	高31cm	230,000	北京匡时	2014.06.04
明万历 青花淡描凤穿花卉纹瓜棱形葫芦瓶	高27.3cm	36,800	北京中汉	2014.04.16
明万历 青花花卉纹双螭龙耳瓶	高38.8cm	172,500	北京中汉	2014.04.16
明万历 青花开光式花果纹镶银口长颈瓶	高32.5cm	21,088	伦敦苏富比	2014.05.14
明万历 青花莲鹭纹蒜头瓶	高27cm	52,720	伦敦苏富比	2014.05.14
明万历 青花龙凤纹葫芦瓶	高22cm	28,750	中鸿信	2014.11.22
明万历 青花人物故事纹壁瓶	高31cm	782,000	翰风国际	2014.04.30
明万历 青花人物纹梅瓶	高41cm	30,000	北京华辰	2014.03.15
明万历 青花衔芝游龙纹大梅瓶	高63.8cm	1,691,701	伦敦苏富比	2014.11.05
明万历 青花龙凤洞石花卉纹出戟尊	高19.3cm	25,300	北京中汉	2014.11.21
明万历青花龙纹卧足碗（一对）	直径14.4cm×2	55,200	太平洋	2014.06.25
明万历 青花波涛海兽纹碗	直径20.3cm	1,074,400	香港苏富比	2014.04.08
明万历 青花缠枝莲纹大碗	直径21cm	379,500	北京盈时	2014.05.31
明万历 青花高士图碗	直径22.2cm	20,700	中国嘉德	2014.03.23
明万历 青花花蝶净水碗	直径14cm	17,250	北京保利	2014.10.25
明万历 青花花鸟碗	直径21.5cm	138,000	北京翰海	2014.04.13
明万历 青花加紫云龙纹碗	直径14cm	494,500	辽宁中正	2014.05.25
明万历 青花龙纹鸡心碗	直径15.9cm	425,500	苏州东方	2014.10.30
明万历 青花龙纹碗	直径18.5cm	313,600	武汉中信	2014.10.23
明万历 青花人物故事图诸葛碗	直径14cm	59,800	中国嘉德	2014.05.18
明万历 青花双龙戏珠纹碗	宽12.7cm	421,781	纽约佳士得	2014.03.20
明万历 青花碗	直径23.8cm	1,357,080	佳士得	2014.11.26
明万历 青花渔藻纹卧足碗	直径11cm	207,000	北京保利	2014.01.11
明万历 青花龙纹碗	直径15.5cm	224,000	北京荣宝	2014.11.30
明万历 青花云龙寿字碗	直径12.2cm	172,500	北京保利	2014.12.04
明万历 青花云龙人物纹杯	直径9.2cm	207,000	北京保利	2014.12.04
明万历 青花花鸟盘（两件）	直径14cm	13,800	北京翰海	2014.04.13
明万历 黄地青花缠枝莲盘	直径17.5cm	943,000	北京保利	2014.06.05
明万历 青花缠枝莲纹格盘	直径15.4cm	25,300	北京中汉	2014.09.22
明万历 青花荷塘月色盘	直径30cm	11,500	北京保利	2014.08.02
明万历 青花莲纹盘	直径17.2cm	78,400	天津文物	2014.05.16
明万历 青花人物故事盘	直径19.2cm	207,000	八益拍卖	2014.10.24
明万历 青花双龙戏珠纹盘	直径32cm	345,000	北京保利	2014.06.05
明万历 青花岁寒三友图盘	直径17.5cm	172,500	北京华辰	2014.05.17
明万历 青花尉迟恭战秦琼人物故事图大盘	直径30.8cm	138,000	中国嘉德	2014.03.23
明万历 青花五子八卦纹盘	直径20cm	34,500	北京保利	2014.10.25
明万历 青花一路连科图盘	直径15.1cm	55,200	中国嘉德	2014.09.21

拍品名称	物品尺寸	成交价RMB	拍卖公司	拍卖日期
明万历 青花高士图小贯耳炉	长12cm	11,500	中国嘉德	2014.09.21
明万历 青花锦地开光山水纹三足炉	直径11.5cm	48,300	华艺国际	2014.05.31
明万历 青花茅山道士纹三足炉	高19.5cm	74,750	太平洋	2014.03.21
明万历 青花龙凤纹提梁壶	高21.5cm	299,000	北京保利	2014.06.05
明万历 官窑青花龙凤纹盖盒	直径24.5cm	1,092,500	北京东正	2014.05.18
明万历 青花缠枝花卉托八宝纹圆盖盒	直径15.2cm	145,706	纽约苏富比	2014.03.18
明万历 青花人物纹捧盒	直径26cm	42,940	中都国际	2014.05.24
明万历 青花十六子婴戏图方盒	长13.5cm	395,500	香港苏富比	2014.10.08
明万历 青花四爱人物八方盖盒	宽13.7cm	943,000	北京保利	2014.06.05
明万历 官窑青花"四爱图"大罐	高36cm	943,000	北京东正	2014.11.20
明万历 青花百子图罐	高31.5	395,400	伦敦邦瀚斯	2014.05.15
明万历 青花缠枝莲罐	高35cm	126,500	苏州东方	2014.10.30
明万历 青花缠枝莲四系大罐	高40cm	109,250	北京保利	2014.04.26
明万历 青花缠枝莲纹八棱罐	高19.5cm	19,770	伦敦苏富比	2014.05.14
明万历 青花缠枝莲纹瓜棱罐	高19.5cm	32,200	北京中汉	2014.09.22
明万历 青花穿花翼龙纹罐	高36.5cm	3,220,000	保利厦门	2014.11.02
明万历 青花底白描人物大罐	高40cm	1,980,000	中信拍卖	2014.07.14
明万历 青花花鸟方罐	宽13cm	103,500	北京保利	2014.04.26
明万历 青花花鸟纹大罐	高40cm	184,000	中贸圣佳	2014.07.06
明万历 青花鹿纹大罐	高36cm	103,500	北京保利	2014.10.25
明万历 青花婴戏盖罐	高17.5cm	20,700	北京保利	2014.10.25
明万历 青花百寿纹大罐	高43cm	920,000	北京保利	2014.12.04
明万历 青花缠枝莲大罐	高40.5cm	71,300	北京保利	2014.12.05
明万历 青花龙凤纹渣斗	直径122cm	78,200	北京中汉	2014.11.21
明万历 青花龙凤纹水盂	直径13.3cm	592,500	香港苏富比	2014.04.08
明万历 青花花卉纹水洗	长27cm	207,000	雍和嘉诚	2014.05.31
明万历 青花道教神仙纹小杯	直径9.2cm	105,440	伦敦苏富比	2014.05.14
明万历 青花凤穿花墨床		11,500	中鸿信	2014.11.22
明万历 青花海水云龙纹笔杆	高21cm	69,000	北京翰海	2014.05.11
明万历 青花花鸟铺首绣墩	高36.5cm	253,000	太平洋	2014.03.21
明万历 青花人物纹绣墩	高35cm	35,000	北京华辰	2014.03.15
明万历 青花象形军持两把	高20cm	322,465	伦敦苏富比	2014.11.05
明天启 青花花鸟碗（十六件）	直径14cm	28,750	北京保利	2014.08.02
明天启 青花莲池花蝶纹盘	直径18cm	13,800	太平洋	2014.09.19
明天启 青花人物公道杯	直径8.5cm	402,500	北京保利	2014.06.05
明天启 青花寒林高士图盖盒	宽16.3cm	207,000	北京保利	2014.12.04
明崇祯 青花人物故事图筒瓶（一对）	高29.8cm×2	92,000	北京中汉	2014.09.22
明崇祯 青花芭蕉人物纹赏瓶	高49cm	299,000	东拍国际	2014.07.31
明崇祯 青花东山报捷纹筒瓶	高44cm	908,500	太平洋	2014.03.21
明崇祯 青花韩康采药图筒瓶	高45cm	920,000	北京中汉	2014.05.17
明崇祯 青花花卉纹蒜头瓶	高36cm	128,800	武汉中信	2014.10.23
明崇祯 青花人物故事筒瓶	高46cm	529,000	北京保利	2014.01.11
明崇祯 青花人物故事筒瓶	高46cm	402,500	华艺国际	2014.05.31
明崇祯 青花人物故事筒瓶	高45.5cm	44,800	北京荣宝	2014.06.15
明崇祯 青花人物故事长颈瓶	高38.5cm	115,000	北京保利	2014.06.06
明崇祯 青花人物图葫芦瓶	高36.2cm	50,084	伦敦邦瀚斯	2014.05.15
明崇祯 青花三国故事图筒瓶	高39cm	124,025	伦敦苏富比	2014.11.05
明崇祯 青花山水人物图筒瓶	高44cm	527,200	伦敦邦瀚斯	2014.05.15
明崇祯 青花通景山水人物图筒瓶	高41.5cm	280,000	天津文物	2014.11.15
明崇祯 青花折枝花卉纹葫芦瓶	高36cm	23,724	伦敦苏富比	2014.05.14
明崇祯 青花指日高升图撇口瓶	高28.3cm	59,800	北京中汉	2014.05.17
明崇祯 青花钟馗人物筒瓶	高 56cm	61,600	武汉中信	2014.10.23
明崇祯约1640年青花人物故事纹瓶	高36cm	92,260	伦敦苏富比	2014.05.14
明崇祯 青花"文王求贤"图长颈瓶	高37cm	126,500	北京保利	2014.12.05
明崇祯 青花人物故事花觚	高43cm	632,500	北京盈时	2014.12.07
明崇祯 青花人物故事图花觚	高40cm	230,000	北京传是	2014.06.05
明崇祯 青花人物故事图花觚	高45cm	105,440	伦敦邦瀚斯	2014.05.15
明崇祯 青花山水人物图花觚	高46cm	250,420	伦敦邦瀚斯	2014.05.15
明崇祯 青花洗象图花觚	高36.5cm	897,000	北京中汉	2014.05.17
明崇祯 青花萧何月下追韩信花觚	高45cm	460,000	翰风国际	2014.04.30
明崇祯 青花人物纹壶	高22.5cm	46,000	中国嘉德	2014.09.21
明崇祯 青花博古纹罐	高19.5cm	92,260	伦敦邦瀚斯	2014.05.15
明崇祯 青花荷塘双鸭莲子罐	高14cm	17,250	北京保利	2014.10.25

拍品名称	物品尺寸	成交价RMB	拍卖公司	拍卖日期
明崇祯 青花花蝶纹小罐	高16.5cm	28,750	中国嘉德	2014.03.23
明崇祯 青花花鸟莲子罐	高17.5cm	14,950	北京翰海	2014.11.23
明崇祯 青花蕉叶博古罐	高17cm	33,600	武汉中信	2014.10.23
明崇祯 青花菊花莲子罐	高17cm	11,500	北京保利	2014.10.25
明崇祯 青花罗汉观音图莲子罐	高14.4cm	57,500	北京中汉	2014.04.16
明崇祯 青花人物故事图八棱罐	高30.8cm	72,100	北京中联	2014.09.09
明崇祯 青花人物故事粥罐	直径21cm	20,700	北京保利	2014.08.02
明崇祯 青花人物莲子罐	高17cm	287,500	安徽艺海	2014.04.30
明崇祯 青花人物纹莲子罐	高28cm	71,300	中国嘉德	2014.03.23
明崇祯 青花人物纹莲子罐	高16cm	19,000	北京华辰	2014.03.15
明崇祯 青花通景人物故事图罐	直径16.8cm	67,200	天津文物	2014.11.15
明崇祯 青花婴戏图莲子盖罐	高18cm	82,800	中国嘉德	2014.05.18
明崇祯 青花婴戏纹莲子罐	高16cm	63,250	太平洋	2014.06.25
明崇祯 青花人物炉	直径22cm	69,000	北京保利	2014.01.11
明崇祯 青花人物纹炉	直径22.3cm	43,700	北京东正	2014.06.07
明崇祯 青花昙花记之郊游点化人物故事图炉	直径21.5cm	368,000	中国嘉德	2014.09.21
明崇祯 青花花鸟小缸	高9.8cm	82,800	中国嘉德	2014.05.18
明崇祯 青花落花流水纹小缸	高6.7cm	63,250	北京匡时	2014.06.04
明崇祯 青花如意纹缸	高13.8cm	110,000	武汉中信	2014.10.23
明崇祯 青花松竹梅花鸟纹案缸	高17.1cm	32,200	北京中汉	2014.09.22
明崇祯 青花折桂图小缸	直径19.5cm	32,200	中国嘉德	2014.03.23
明崇祯 青花博古图笔筒	高19.3cm	195,500	苏州东方	2014.05.30
明崇祯 青花刀马人物纹笔筒	高22.7cm	253,000	北京东正	2014.05.18
明崇祯 青花花卉笔筒	高25.3cm	483,000	八益拍卖	2014.10.24
明崇祯 青花花卉诗文笔筒	高21cm	345,000	中国嘉德	2014.05.18
明崇祯 青花罗汉图笔筒	直径20cm	454,825	中国嘉德	2014.10.07
明崇祯 青花麒麟芭蕉纹笔筒	高21cm	402,500	北京匡时	2014.06.04
明崇祯 青花麒麟图笔筒	高18.8cm	59,800	深圳市拍	2014.01.05
明崇祯 青花人物笔筒	高18cm	138,000	保利厦门	2014.11.02
明崇祯 青花人物故事图笔筒	高15cm	43,700	深圳市拍	2014.01.05
明崇祯 青花人物故事纹笔筒	高16.1cm	115,000	北京东正	2014.11.20
明崇祯 青花山水纹笔筒	高19.7cm	138,000	太平洋	2014.03.21
明崇祯 青花五老观画笔筒	直径20.5cm	43,700	北京保利	2014.04.26
明崇祯 青花戏曲人物纹笔筒	直径21cm	203,400	广东省拍	2014.06.22
明崇祯 青花婴戏纹笔筒	高21cm	529,000	太平洋	2014.06.25
明崇祯 青花百子图大笔海	高20.4cm	4,025,000	北京保利	2014.06.05
明15世纪 青花莲纹蕉叶梅瓶	高32cm	268,406	纽约佳士得	2014.03.20
明15世纪末 青花携琴访友图梅瓶	高36cm	552,150	纽约佳士得	2014.03.20
明约1600年 青花岁寒三友纹罐	高18cm	37,208	伦敦苏富比	2014.11.05
明16世纪 青花狮子滚球纹水注	高22cm	785,528	伦敦苏富比	2014.05.14
明 青花缠枝花长颈瓶	高30cm	115,000	广州皇玛	2014.04.27
明 青花缠枝莲梅瓶	高28cm	13,800	北京保利	2014.10.25
明 青花穿花龙纹大蒜头瓶	高46cm	13,800	中国嘉德	2014.09.21
明 青花高仕人物故事图玉壶春瓶	高35cm	8,580,000	中信拍卖	2014.07.14
明 青花荷塘纹一统瓶	高27cm	74,750	南京经典	2014.01.06
明 青花花卉纹梅瓶	高23.5cm	115,000	北京盘古	2014.06.25
明 青花开光折枝花纹葫芦瓶	高29cm	275,000	中信拍卖	2014.07.14
明 青花牡丹纹梅瓶	高17cm	13,440	武汉中信	2014.10.23
明 青花轮花纹绶带耳式扁壶	高23.7cm	17,239,650	澳门中信	2014.11.30
明 青花云龙纹壶	高22.2cm	18,147,000	澳门中信	2014.11.30
明 青花凤凰牡丹纹海棠形花盆	长23.5cm	82,490	广东省拍	2014.06.22
明 青花福禄寿碗（一对）	直径9.5cm×2	69,000	北京保利	2014.10.25
明 黄地青花龙纹碗	直径15cm	598,000	北京保利	2014.06.06
明 青花缠枝花卉浅碗	直径12.1cm	138,000	北京翰海	2014.05.11
明 青花加红海水波涛瑞兽纹高足碗	高23.3cm	5,280,000	中信拍卖	2014.07.14
明 青花龙云纹碗	直径20.5cm	7,396,800	澳门中信	2014.06.08
明 青花团龙卧足碗	直径11.5cm	57,500	北京翰海	2014.10.26
明 青花莲池游鱼纹碗	直径15cm	13,610,250	澳门中信	2014.11.30
明 黄地青花狮纹盘	直径20.5cm	23,000	北京保利	2014.08.02
明 青花缠枝花卉八宝纹大盘	长50cm	39,550	广东省拍	2014.06.22
明 青花缠枝莲盘	直径27.1cm	103,500	苏州东方	2014.10.30
明 青花花鸟葵口盘	直径36cm	47,040	武汉中信	2014.10.23
明 青花松竹梅盘	直径14.5cm	11,500	北京翰海	2014.01.11
明 青花岁寒三友盘	口径19.4cm	9,460,000	中信拍卖	2014.07.14
明 青花瑞兽纹执壶	高35.2cm	46,000	中国嘉德	2014.06.21

拍品名称	物品尺寸	成交价RMB	拍卖公司	拍卖日期
明 青花龙凤纹盖盒	长10cm	23,000	中国嘉德	2014.06.21
明 青花龙凤纹印盒	直径9.7cm	17,250	中国嘉德	2014.09.21
明 青花龙纹方盒	长48cm	172,500	北京保利	2014.06.06
明 青花缠枝莲罐	直径15cm	46,000	北京保利	2014.10.25
明 青花飞马纹小罐	高11cm	40,250	南京经典	2014.01.06
明 青花高士人物罐	高17.5cm	17,250	北京保利	2014.04.26
明 青花高士图小盖罐	高18.7cm	13,800	中国嘉德	2014.09.21
明 青花荷塘鸳鸯图大罐	高37.5cm	43,700	中国嘉德	2014.03.23
明 青花花鸟鼓式罐	高23.5cm	34,500	北京翰海	2014.11.23
明 青花开光瑞兽罐	高35cm	32,200	北京保利	2014.01.11
明 青花人物罐	高22cm	46,000	南京经典	2014.01.06
明 青花留白网格纹罐	高23cm	18,147,000	澳门中信	2014.11.30
明 青花花鸟大缸	直径61cm	74,750	北京保利	2014.01.11
明 青花花鸟缸	直径29cm	13,800	北京保利	2014.01.11
明 青花庭院十六子婴戏图大缸	口径61cm	1,344,000	成都金沙	2014.11.16
明 青花钟馗探母大缸	直径55.5cm	550,000	中信拍卖	2014.07.14
明 青花龙凤呈祥如意	长50cm	57,500	河南日信	2014.06.01
明 青花龙纹砚	长23.5cm	10,350	北京保利	2014.04.26
明 “大明宣德年制”青花松竹梅笔掭（三片）	长22cm	8,662,256	香港九龙	2014.7.28
明 青花人物纹瓷板	直径22.5cm	13,800	中国嘉德	2014.03.23
明晚期 漳州窑青花山水高士纹三足炉	高27cm	72,490	伦敦苏富比	2014.05.14
明晚期/清早期 青花高士图小笔筒	高16.7cm	92,025	纽约佳士得	2014.03.20
明晚期/清早期青花开光双鹿图筒瓶	高44.5cm	153,375	纽约佳士得	2014.03.20
明晚期/清早期 青花山水图如意蕉叶纹花觚	高41.9cm	199,388	纽约佳士得	2014.03.20
明晚期/清早期17世纪 青花鸟语花香纹筒瓶（一对）	高25.8cm×2	84,356	纽约苏富比	2014.03.18
明晚期清早期 青花穿花龙纹小锥把瓶	高20.8cm	13,800	中国嘉德	2014.06.21
明晚期清早期 青花婴戏纹杯	直径8.5cm	28,750	中国嘉德	2014.11.20
明晚期清早期 青花雉鸡牡丹纹花觚	高45.7cm	322,000	北京保利	2014.06.05
明晚期 青花人物葫芦瓶	高32cm	28,750	北京保利	2014.01.11
明晚期 青花人物纹小缸	直径19cm	51,750	中国嘉德	2014.09.21
明晚期 青花狩猎图八方罐	高31.5cm	10,350	中国嘉德	2014.03.23
明晚期 束腰青花梅瓶（一对）	高17cm×2	139,414	香港华洋	2014.06.26
明晚期 青花花卉诗文小缸	直径22cm	101,700	江苏爱涛	2014.07.05
17世纪 青花柳燕折枝纹圆盖盒	直径19cm	186,038	伦敦苏富比	2014.11.05
17世纪 青花琴棋书画纹高足杯	直径14.2cm	38,331	纽约苏富比	2014.09.16
17世纪 青花琴棋书画纹高足碗	直径14.2cm	115,031	纽约苏富比	2014.03.18
清早期 青花麒麟盘	直径37cm	10,350	北京翰海	2014.01.12
清早期 青花松竹梅筒瓶	高46cm	20,700	北京保利	2014.08.02
清早期 青花山水携琴访友盖罐	高29.5cm	345,000	北京翰海	2014.05.11
清早期 青花人物图笔筒	高13.2cm	51,500	北京中联	2014.09.09
清早期 青花麻姑献寿小花觚	高18.5cm	20,700	北京保利	2014.01.11
清早期 青花冰梅开光钟鼎插花温酒器（两件）	高12.5cm	299,000	北京翰海	2014.05.11
清早期 青花“红拂传”图笔筒	口径19.2cm	144,200	北京中联	2014.09.09
清顺治 青花仕女婴戏将军罐	高38cm	34,500	北京保利	2014.10.25
清顺治 青花仕女婴戏盖罐	高39cm	32,200	北京保利	2014.01.11
清顺治 青花麒麟芭蕉盖罐	高27cm	78,400	武汉中信	2014.10.23
清顺治 青花龙纹双耳瓶	高47.5cm	34,500	华艺国际	2014.04.13
清顺治 青花莲托梵文团狮纹碗	直径14.4cm	13,800	中国嘉德	2014.03.23
清顺治 青花花鸟纹小筒瓶	高21.5cm	33,600	北京荣宝	2014.06.15
清顺治 青花花鸟纹花觚	高49.5cm	82,800	广州皇玛	2014.04.27
清顺治 青花花鸟纹花觚	高45cm	11,500	中国嘉德	2014.06.21
清顺治 青花花卉纹笔筒	高14.5cm	69,000	中宝拍卖	2014.07.06
清顺治 青花“平步青云”纹笔筒	高20.8cm	253,000	北京东正	2014.05.18
清康熙 淡描青花开光人物故事图钵缸	直径18.5cm	95,200	天津文物	2014.11.15
清康熙 豆青地青花魁星点斗图笔筒	高15.5cm	153,375	纽约佳士得	2014.03.20
清康熙豆青釉青花鹤鹿同春图花觚	高46cm	112,700	中鸿信	2014.11.22
清康熙 仿宣德青花花卉纹碗	直径17cm	92,000	中宝拍卖	2014.07.06
清康熙 黄地青花福寿龙纹碗（一对）	直径13.2cm×2	632,500	上海道明	2014.03.27

2014瓷器拍卖成交汇总

(成交价RMB：1万元以上)

拍品名称	物品尺寸	成交价RMB	拍卖公司	拍卖日期
清康熙 浆胎青花人物纹小梅瓶	高12cm	48,300	中国嘉德	2014.09.21
清康熙 蓝釉青花龙纹小缸	直径13cm	13,800	北京保利	2014.10.25
清康熙 青花‘指日高升’图笔筒	高14cm	36,800	华艺国际	2014.05.31
清康熙 青花“碟恋花”纹笔筒	高13cm	46,000	广州皇玛	2014.04.27
清康熙 青花“寿”字凤尾尊（一组三件）	高71.1cm	885,920	香港苏富比	2014.10.08
清康熙 青花“御赐纯一堂”款过枝凤竹纹斗笠小杯	直径6.9cm	103,500	北京中汉	2014.05.17
清康熙 青花“祝寿图”笔筒	高15cm	402,500	翰风国际	2014.04.30
清康熙 青花阿弥陀佛香炉	直径21cm	89,600	北京荣宝	2014.06.15
清康熙 青花八宝纹碟（一对）	直径20cm×2	39,491	中信国际	2014.03.30
清康熙青花八卦纹铃铛杯（两件）	直径8cm	2,070,000	北京翰海	2014.10.26
清康熙青花八骏图折腰碗（两件）	直径18cm×2	34,500	北京翰海	2014.04.13
清康熙 青花八仙人物纹莲瓣碗	直径16.3cm	28,750	中国嘉德	2014.03.23
清康熙 青花芭蕉纹花觚	高25cm	48,300	广州皇玛	2014.04.27
清康熙 青花芭蕉纹花觚	高25cm	46,000	广州皇玛	2014.01.02
清康熙 青花芭蕉纹花觚	高25cm	46,000	广州皇玛	2014.04.27
清康熙 青花百寿图笔筒	直径19cm	345,000	华艺国际	2014.05.31
清康熙 青花北山移文诗文笔筒	直径19.7cm	207,000	中国嘉德	2014.06.21
清康熙 青花冰梅开光博古图盖罐	高25.2cm	17,250	中国嘉德	2014.03.23
清康熙 青花冰梅开光瑞兽纹缸	直径24.5cm	17,250	中国嘉德	2014.03.23
清康熙 青花冰梅开光山水人物博古图罐	高23cm	11,500	中国嘉德	2014.09.21
清康熙 青花冰梅纹盖罐	高24cm	11,500	中国嘉德	2014.06.21
清康熙 青花冰梅纹将军罐	高40cm	34,500	中国嘉德	2014.09.21
清康熙 青花冰梅纹将军罐	高34.5cm	13,800	中国嘉德	2014.03.23
清康熙 青花博古棒槌瓶	高49cm	55,200	北京保利	2014.04.26
清康熙 青花博古图笔筒	高13.5cm	25,300	中国嘉德	2014.03.23
清康熙 青花博古图壶	高12.5cm	32,200	北京中汉	2014.09.22
清康熙 青花博古图炉	直径15.4cm	25,300	中国嘉德	2014.09.21
清康熙 青花博古图瓶	高25.2cm	24,640	天津文物	2014.05.16
清康熙青花博古图小花觚（一对）	高25.3cm；高25.7cm	13,800	中国嘉德	2014.03.23
清康熙 青花博古纹葫芦瓶	高19cm	34,500	广州皇玛	2014.01.02
清康熙 青花博古纹折沿茶碗	直径11.3cm	10,350	中国嘉德	2014.11.21
清康熙 青花缠枝花大碗	直径16cm	34,500	广州皇玛	2014.01.02
清康熙 青花缠枝花缸	高16.5cm	51,750	广州皇玛	2014.01.02
清康熙 青花缠枝花卉大缸	直径61cm	92,000	安徽艺海	2014.04.30
清康熙 青花缠枝花卉大盘	直径35cm	11,500	北京保利	2014.04.26
清康熙 青花缠枝花卉大碗	直径20.6cm	55,200	北京传是	2014.06.05
清康熙 青花缠枝花卉盘	直径15.4cm	80,500	北京翰海	2014.05.11
清康熙 青花缠枝花卉盘	直径15.4cm	63,250	北京翰海	2014.05.11
清康熙 青花缠枝花卉碗	直径13cm	13,800	北京保利	2014.04.26
清康熙 青花缠枝花卉纹大碗	直径19cm	224,000	北京荣宝	2014.06.15
清康熙青花缠枝花卉纹碗（一对）	直径13cm×2	575,000	北京东正	2014.05.18
清康熙 青花缠枝花纹粉盒	直径5cm	63,250	广州皇玛	2014.04.27
清康熙 青花缠枝花纹罐	高23cm	253,000	华艺国际	2014.05.31
清康熙 青花缠枝莲花觚	高56.5cm	92,000	北京翰海	2014.10.26
清康熙 青花缠枝莲花纹小盘	直径15.2cm	65,184	纽约苏富比	2014.03.18
清康熙 青花缠枝莲开光山水人物瑞兽博古图大棒槌瓶	高70.8cm	598,000	中国嘉德	2014.09.21
清康熙 青花缠枝莲寿字盘	直径15.5cm	28,750	北京保利	2014.10.25
清康熙 青花缠枝莲纹花觚	高47.5cm	99,694	纽约佳士得	2014.03.20
清康熙 青花缠枝莲纹盘	直径21cm	483,000	北京华辰	2014.04.27
清康熙 青花缠枝莲纹盘	直径15.4cm	52,091	伦敦苏富比	2014.11.05
清康熙 青花缠枝莲纹盘	直径15.2cm	23,000	中国嘉德	2014.03.23
清康熙青花缠枝莲纹盘（一对）	直径15.3cm×2	115,000	北京诚轩	2014.11.20
清康熙青花缠枝莲纹盘（一对）	直径15.2cm×2	207,000	北京匡时	2014.12.03
清康熙 青花缠枝莲纹碗	直径19.2cm	92,000	中国嘉德	2014.03.23
清康熙 青花缠枝莲纹碗	直径19.2cm	40,250	北京中汉	2014.04.16
清康熙 青花缠枝莲纹碗	直径16.2cm	20,700	中国嘉德	2014.06.21
清康熙青花缠枝莲纹碗（一对）	直径16cm×2	230,000	中国嘉德	2014.03.23
清康熙青花缠枝莲纹碗（一对）	直径19cm×2	184,000	华艺国际	2014.05.31
清康熙 青花缠枝莲小观音瓶	高19.8cm	11,200	北京荣宝	2014.03.23
清康熙青花缠枝灵芝纹杯（一对）	口径5.5cm	172,500	西泠拍卖	2014.12.13
清康熙 青花缠枝牡丹纹大盘	直径35cm	13,800	中国嘉德	2014.03.23

拍品名称	物品尺寸	成交价RMB	拍卖公司	拍卖日期
清康熙 青花缠枝牡丹纹碗	直径16.2cm	91,995	纽约苏富比	2014.09.16
清康熙 青花螭龙灵芝莲花纹将军瓶	高92.7cm	651,631	纽约苏富比	2014.09.16
清康熙 青花螭龙纹小瓶	高14cm	13,800	中国嘉德	2014.06.21
清康熙 青花赤壁赋山水人物图撇口笔筒	高14.5cm	20,700	中国嘉德	2014.09.21
清康熙 青花赤壁夜游图洗	直径11.7cm	13,800	中国嘉德	2014.03.23
清康熙 青花瓷“西厢记”图插屏	瓷屏长25.3cm	61,330	纽约苏富比	2014.09.16
清康熙 青花大富贵亦寿考人物故事图大碗	直径35cm	115,000	中国嘉德	2014.03.23
清康熙 青花淡描高士图诗文笔筒	高11.5cm	105,800	华艺国际	2014.05.31
清康熙 青花淡描云龙纹撇口瓶	高43.3cm	25,300	北京中汉	2014.09.22
清康熙 青花刀马人物纹琵琶尊	高47.5cm	71,300	中国嘉德	2014.06.21
清康熙 青花刀马人物纹折沿大盘	直径34.5cm	43,700	中国嘉德	2014.03.23
清康熙 青花洞石牡丹花鸟笔筒	直径18cm	161,000	广州皇玛	2014.01.02
清康熙 青花二月玉兰花神杯	直径6cm	805,000	北京保利	2014.06.04
清康熙 青花仿古纹双耳尊	高45cm	316,320	伦敦邦瀚斯	2014.05.15
清康熙 青花仿上古铜器纹尊	高23.7cm	12,650	北京中汉	2014.11.21
清康熙 青花凤穿牡丹罐	高22cm	32,200	北京保利	2014.10.25
清康熙 青花凤穿牡丹将军罐	高43cm	80,500	深圳市拍	2014.01.05
清康熙 青花凤穿牡丹将军罐	高43cm	46,000	深圳市拍	2014.01.05
清康熙 青花凤凰牡丹图笔筒	高12.8cm	25,300	中国嘉德	2014.09.21
清康熙 青花凤凰牡丹纹碗	直径20.7cm	46,130	伦敦邦瀚斯	2014.05.15
清康熙 青花凤首壶（一对）	高23cm×2	322,000	八益拍卖	2014.10.24
清康熙 青花凤纹碗	直径15.8cm	14,498	伦敦苏富比	2014.05.14
清康熙青花富贵如意盖罐（两件）	高59.7cm×2	214,725	纽约苏富比	2014.03.18
清康熙 青花高士图斗笠碗	直径10cm	28,000	天津文物	2014.11.15
清康熙青花高士图斗笠盏（一对）	直径10cm×2	46,000	华艺国际	2014.05.31
清康熙 青花高士图壶	长15cm	17,250	中国嘉德	2014.03.23
清康熙 青花郭子仪祝寿罐	高23cm	112,000	武汉中信	2014.10.23
清康熙 青花郭子仪祝寿罐	高22cm	89,600	武汉中信	2014.10.23
清康熙 青花海马纹盘（一对）	直径17.5cm	138,000	北京保利	2014.12.05
清康熙 青花海兽图棒槌瓶	高46cm	322,088	纽约佳士得	2014.03.20
清康熙 青花海兽纹大罐	高48.2cm	172,500	北京中汉	2014.04.16
清康熙 青花海兽纹花觚	高45.6cm	59,800	北京中汉	2014.04.16
清康熙 青花海屋添筹盘（一对）	直径16cm	345,000	北京保利	2014.12.03
清康熙 青花鹤鹿同春图 寒江独钓图杯各一只	尺寸不一	10,350	中国嘉德	2014.03.23
清康熙 青花后赤壁赋图文笔筒	直径18.1cm	143,750	北京中汉	2014.09.22
清康熙 青花花虫诗文笔筒	高11.8cm	34,500	中国嘉德	2014.09.21
清康熙 青花花卉博古图茶叶罐（一对）	高22.9cm×2	28,750	中国嘉德	2014.03.23
清康熙 青花花卉福禄寿纹葫芦瓶	高18.6cm	53,760	北京荣宝	2014.11.30
清康熙 青花花卉高足盘	直径19.4cm	34,500	太平洋	2014.03.21
清康熙 青花花卉罐	高15cm	25,300	北京翰海	2014.04.13
清康熙 青花花卉铃铛杯	直径9.9cm	1,265,000	北京保利	2014.06.04
清康熙 青花花卉龙纹纹葫芦大瓶	高92.7cm	383,313	纽约苏富比	2014.09.16
清康熙 青花花卉盘	直径35cm	20,700	北京翰海	2014.04.13
清康熙 青花花卉盘（两件）	直径27cm×2	17,250	北京翰海	2014.01.12
清康熙青花花卉人物花觚（两件）	高30cm	172,500	北京翰海	2014.05.11
清康熙 青花花卉人物纹 山水纹壶各一把	尺寸不一	10,350	中国嘉德	2014.03.23
清康熙 青花花卉人物纹壶	长15.5cm	10,350	中国嘉德	2014.03.23
清康熙 青花花卉如意耳抱月瓶	高23cm	322,000	北京翰海	2014.05.11
清康熙 青花花卉寿字荷花花口碗	直径16cm	46,000	北京翰海	2014.05.11
清康熙 青花花卉纹 人物纹小罐（三件）	尺寸不一	11,500	中国嘉德	2014.09.21
清康熙 青花花卉纹罐	高21.2cm	17,250	中国嘉德	2014.03.23
清康熙 青花花卉纹葫芦式水滴	高33.5cm	26,360	伦敦苏富比	2014.05.14
清康熙 青花花卉纹提梁方壶	高10.6cm	17,250	中国嘉德	2014.11.21
清康熙 青花花卉纹筒瓶	高21cm	86,250	西泠拍卖	2014.12.13
清康熙 青花花鸟博古图小缸	直径23.7cm	20,700	中国嘉德	2014.06.21
清康熙 青花花鸟莲子罐	高26.6cm	92,000	北京翰海	2014.05.11
清康熙 青花花鸟碗	直径20.5cm	28,750	北京保利	2014.10.25
清康熙 青花花鸟碗	直径21cm	28,750	北京保利	2014.08.02
清康熙 青花花鸟碗（一对）	直径21cm×2×2	92,000	广州皇玛	2014.04.27
清康熙 青花花鸟纹棒槌瓶	高26cm	36,800	华艺国际	2014.04.13

拍品名称	物品尺寸	成交价RMB	拍卖公司	拍卖日期
清康熙 青花花鸟纹盘（一对）	直径16.4cm×2	40,250	中国嘉德	2014.03.23
清康熙 青花花鸟纹小棒槌瓶	高24.2cm	17,250	中国嘉德	2014.06.21
清康熙 青花花盆	直径42.5cm	862,500	安徽艺海	2014.04.30
清康熙 青花绘刀马人物故事图棒槌瓶	高46.6cm	149,500	苏州东方	2014.10.30
清康熙 青花绘人物故事图瓶	高26.5cm	115,000	苏州东方	2014.10.30
清康熙 青花火焰八卦纹铃铛杯	直径8cm	91,770	中国嘉德	2014.04.09
清康熙 青花蕉叶纹折沿花盆	直径32.3cm	71,300	北京中汉	2014.11.21
清康熙 青花教子图撇口杯连托（两件套）	尺寸不一	11,500	中国嘉德	2014.05.18
清康熙 青花教子图小罐（一对）	尺寸不一	10,350	中国嘉德	2014.09.21
清康熙 青花锦地开光八仙图花觚	高43.7cm	230,063	纽约佳士得	2014.03.20
清康熙 青花锦地开光八仙纹花觚	高46.5cm	336,000	北京荣宝	2014.06.15
清康熙 青花锦地开光寿字纹碗	直径21.3cm	32,209	纽约佳士得	2014.03.20
清康熙 青花开光“才子春游”图观音瓶	高43cm	207,000	广州皇玛	2014.04.27
清康熙 青花开光八仙人物碗（一对）	直径18.5cm×2	32,200	南京经典	2014.04.27
清康熙 青花开光博古图盖罐（一对）	高32.5cm×2	131,800	伦敦邦瀚斯	2014.05.15
清康熙 青花开光博古纹觚	高46cm	46,000	华艺国际	2014.05.31
清康熙 青花开光花卉纹盖罐（一对）	高60.5cm×2	248,050	伦敦苏富比	2014.11.05
清康熙 青花开光人物故事图花盆	直径24cm	32,200	北京中汉	2014.09.22
清康熙 青花开光瑞兽卷缸	直径21.5cm	46,000	北京保利	2014.04.26
清康熙 青花开光山水博古图笔筒	直径19cm	218,500	远方拍卖	2014.06.02
清康熙 青花开光山水方笔筒	高14cm	34,500	北京保利	2014.01.11
清康熙 青花开光山水花卉纹盖罐	高61cm	34,727	伦敦苏富比	2014.11.05
清康熙 青花开光山水人物博古图棒槌瓶	高47cm	46,000	中国嘉德	2014.06.21
清康熙 青花开光山水人物纹罐	直径20.5cm	11,500	北京中汉	2014.09.22
清康熙 青花开光山水纹瓷器（五件）	瓷瓶连盖57.2cm	153,325	纽约苏富比	2014.09.16
清康熙 青花魁星点斗图笔筒	高13.3cm	69,000	北京中汉	2014.05.17
清康熙青花老子出关海屋添筹图盘	直径20cm	149,500	北京中汉	2014.09.22
清康熙 青花莲瓣式花卉纹盘	直径38.4cm	42,176	伦敦苏富比	2014.05.14
清康熙 青花莲塘纹将军盖瓶（一对）	高127cm×2	1,429,455	纽约苏富比	2014.03.18
清康熙 青花翎毛走兽图四方花觚	高40.5cm	138,000	太平洋	2014.03.21
清康熙 青花留白梅石纹凤尾尊	高46cm	257,600	上海国拍	2014.06.28
清康熙 青花龙穿牡丹开光菊纹瓶（一对）	高44.4cm×2	199,388	纽约佳士得	2014.03.20
清康熙 青花龙凤呈祥纹盘	直径15.5cm	57,516	纽约苏富比	2014.03.18
清康熙 青花龙凤双兽耳盘口瓶	高34cm	10,925	太平洋	2014.09.19
清康熙 青花龙凤纹墩式碗	直径14.9cm	69,000	中国嘉德	2014.09.21
清康熙 青花龙凤纹盘	直径16.1cm	94,300	中国嘉德	2014.03.23
清康熙 青花龙凤纹碗	直径15.3cm	493,750	香港苏富比	2014.04.08
清康熙 青花龙纹经筒	高26.5cm	2,070,000	北京匡时	2014.06.04
清康熙 青花龙纹小长颈瓶	高20cm	13,800	北京保利	2014.10.25
清康熙 青花鹿鹤同春花觚	高44cm	63,250	北京保利	2014.04.26
清康熙 青花罗汉图净水杯	高14cm	39,100	华艺国际	2014.04.13
清康熙 青花罗汉图炉	直径9.5cm	115,031	纽约佳士得	2014.03.20
清康熙 青花美人花卉纹盖瓶	高56cm	79,080	伦敦苏富比	2014.05.14
清康熙 青花牡丹纹盘	直径35.7cm	20,160	北京荣宝	2014.06.15
清康熙 青花瓶	高13cm	195,500	北京翰海	2014.08.24
清康熙 青花七月兰花花神杯	直径6cm	747,500	北京保利	2014.06.04
清康熙 青花麒麟凤鸟图花觚	高42cm	65,184	纽约佳士得	2014.03.20
清康熙 青花千寿观音瓶	高48cm	690,000	翰风国际	2014.04.30
清康熙 青花秋葵图宫碗	直径14.8cm	1,092,500	北京盈时	2014.05.31
清康熙 青花人物棒槌瓶	高45cm	92,000	中宝拍卖	2014.07.06
清康熙 青花人物笔筒	直径18cm	368,000	广州皇玛	2014.01.02
清康熙 青花人物笔筒	高15cm	483,000	八益拍卖	2014.10.24
清康熙 青花人物盖罐（一对）	高16cm×2	11,500	北京保利	2014.01.11
清康熙 青花人物故事笔筒	高12cm	57,500	北京保利	2014.08.02
清康熙 青花人物故事凤尾尊	高45cm	230,000	北京盘古	2014.06.25
清康熙 青花人物故事罐	高21.5cm	46,000	北京匡时	2014.06.04
清康熙 青花人物故事罐	高21cm	23,000	北京保利	2014.04.26
清康熙 青花人物故事图笔筒	高19.4cm	322,000	上海敬华	2014.07.01
清康熙 青花人物故事图笔筒	直径17.3cm	172,500	苏州东方	2014.10.30
清康熙 青花人物故事图笔筒	直径19.1cm	34,500	北京中汉	2014.09.22
清康熙 青花人物故事图大盘	直径31.5cm	168,713	纽约佳士得	2014.03.20
清康熙 青花人物故事图凤尾尊	高44.8cm	355,860	伦敦邦瀚斯	2014.05.15
清康熙 青花人物故事图盖钟	高273cm	172,500	北京中汉	2014.11.21
清康熙 青花人物故事图折沿碗	直径21cm	12,650	北京中汉	2014.11.21
清康熙 青花人物故事纹笔筒	直径17.5cm	92,000	太平洋	2014.03.21
清康熙 青花人物故事纹茶叶罐（带盖）	高22cm	108,480	广东省拍	2014.06.22
清康熙 青花人物故事纹观音瓶	高38cm	189,750	太平洋	2014.09.19
清康熙 青花人物故事纹双耳盖罐	直径22cm	79,080	伦敦苏富比	2014.05.14
清康熙 青花人物罐	高20cm	11,500	北京保利	2014.10.25
清康熙 青花人物花觚	高21.8cm	56,000	成都金沙	2014.11.16
清康熙 青花人物花卉杯（四只）	直径6.1cm×4	11,500	中国嘉德	2014.05.18
清康熙 青花人物炉	直径22cm	48,300	北京保利	2014.10.25
清康熙 青花人物山水图六棱碗	阔11.7cm	30,665	纽约苏富比	2014.09.16
清康熙 青花人物山水图盘	直径26cm	30,675	纽约苏富比	2014.03.18
清康熙 青花人物山水图瓶	高47cm	230,063	纽约苏富比	2014.03.18
清康熙 青花人物山水纹棒槌瓶	高44.5cm	197,700	伦敦苏富比	2014.05.14
清康熙 青花人物诗文碗	直径22cm	92,000	安徽艺海	2014.04.30
清康熙 青花人物水洗	直径13.8cm	36,800	南京经典	2014.04.27
清康熙 青花人物碗	直径20cm	46,000	广州皇玛	2014.01.02
清康熙 青花人物纹盘（一对）	直径20.4cm×2	28,750	中国嘉德	2014.06.21
清康熙 青花人物纹尊	高34.3cm	17,250	中国嘉德	2014.03.23
清康熙 青花如意寿字碗	直径13.5cm	92,000	北京保利	2014.08.02
清康熙 青花瑞兽纹花觚	高49cm	145,600	武汉中信	2014.10.23
清康熙 青花瑞兽纹瓶	高44.8cm	184,520	伦敦邦瀚斯	2014.05.15
清康熙 青花三娘教子图杯连托（两件套）	杯直径6.8cm；底托10.2cm	13,800	中国嘉德	2014.11.21
清康熙青花三友图斗笠碗（一对）	直径20.5cm×2	368,000	华艺国际	2014.05.31
清康熙 青花山水八吉祥纹通景炉	口径15cm	39,200	成都金沙	2014.11.16
清康熙 青花山水棒槌瓶	高45cm	345,000	广州皇玛	2014.04.27
清康熙 青花山水凤尾尊	高46cm	201,600	武汉中信	2014.10.23
清康熙 青花山水缸	高18cm	115,000	北京翰海	2014.11.23
清康熙青花山水高士图杯（一对）	直径5.1cm×2	66,074	中国嘉德	2014.04.09
清康熙 青花山水人物棒槌瓶	高47cm	161,000	上海敬华	2014.07.01
清康熙 青花山水人物棒槌瓶	高46.5cm	86,250	北京翰海	2014.10.26
清康熙 青花山水人物笔筒	高16.2cm	161,000	北京翰海	2014.10.26
清康熙 青花山水人物笔筒	直径21cm	74,750	北京保利	2014.10.25
清康熙 青花山水人物博古图笔筒	高16cm	230,000	北京东正	2014.11.20
清康熙 青花山水人物凤尾尊	高44.5cm	161,000	北京保利	2014.06.06
清康熙 青花山水人物凤尾尊	高46.5cm	149,500	北京翰海	2014.05.11
清康熙 青花山水人物凤尾尊	高46cm	18,400	北京保利	2014.04.26
清康熙 青花山水人物罐	直径17cm	69,000	广州皇玛	2014.01.02
清康熙 青花山水人物梅瓶	高30cm	310,500	苏州东方	2014.10.30
清康熙 青花山水人物诗文笔筒	直径19.9cm	23,000	北京中汉	2014.09.22
清康熙 青花山水人物诗文天圆地方瓶	高52.3cm	20,700	中国嘉德	2014.03.23
清康熙 青花山水人物图凤尾尊	高45cm	245,400	纽约佳士得	2014.03.20
清康熙 青花山水人物图瓶	高43.5cm	79,080	伦敦邦瀚斯	2014.05.15
清康熙 青花山水人物纹棒槌瓶	高45.7cm	632,500	翰风国际	2014.04.30
清康熙 青花山水人物纹棒槌瓶	高22.5cm	21,850	太平洋	2014.09.19
清康熙 青花山水人物纹笔海	高19cm	358,400	武汉中信	2014.10.23
清康熙 青花山水人物纹笔筒	高16.5cm	230,000	北京东正	2014.11.20
清康熙 青花山水人物纹敞口笔筒	高17.5cm	200,000	北京九歌	2014.12.17
清康熙 青花山水人物纹橄榄瓶	高36.5cm	51,750	中国嘉德	2014.03.23
清康熙 青花山水人物纹花觚	高53cm	126,500	太平洋	2014.03.21
清康熙 青花山水人物纹花觚	高45.3cm	28,750	北京中汉	2014.11.21
清康熙 青花山水人物纹小棒槌瓶	高29.2cm	17,250	中国嘉德	2014.06.21
清康熙 青花山水图盘	直径16.9cm	118,620	伦敦苏富比	2014.05.14
清康熙 青花山水纹凤尾尊	高44.6cm	20,700	太平洋	2014.09.19
清康熙 青花山水纹缸	直径19.5cm	195,500	华艺国际	2014.05.31
清康熙 青花山水纹人物洗	直径11.5cm	20,700	中鸿信	2014.11.22

2014瓷器拍卖成交汇总

(成交价RMB：1万元以上)

拍品名称	物品尺寸	成交价RMB	拍卖公司	拍卖日期
清康熙 青花山水纹三足炉	高7cm	80,500	北京匡时	2014.06.04
清康熙 青花山水渔唱舟行图花觚	高464cm	97,750	北京中汉	2014.11.21
清康熙 青花山水长颈瓶	高42cm	172,500	北京保利	2014.10.25
清康熙 青花神仙人物纹罐	直径20cm	23,000	中国嘉德	2014.03.23
清康熙 青花诗文笔筒	直径18cm	63,250	北京保利	2014.10.25
清康熙 青花十八学士登瀛洲人物故事图折沿碗	直径21.7cm	28,750	中国嘉德	2014.09.21
清康熙 青花十八学士图琵琶尊	高37.8cm	57,500	中国嘉德	2014.03.23
清康熙 青花仕女博弈图莲子罐	高9.4cm	13,800	中国嘉德	2014.11.21
清康熙 青花仕女罐	高27cm	89,600	武汉中信	2014.10.23
清康熙 青花仕女人物双耳瓶	高28cm	42,940	广东省拍	2014.06.22
清康熙 青花仕女图 山水人物纹壶各一把	长15.6cm；长15cm	32,200	中国嘉德	2014.06.21
清康熙 青花仕女图茶叶罐	高15.7cm	25,300	中国嘉德	2014.11.21
清康熙 青花仕女图罐	高22cm	63,264	伦敦邦瀚斯	2014.05.15
清康熙 青花仕女婴戏纹鼓钉盖盒	直径10cm	71,300	北京中汉	2014.05.17
清康熙 青花寿字观音瓶	高48.6cm	138,000	北京翰海	2014.05.11
清康熙 青花寿字罐	高14.5cm	18,400	北京翰海	2014.01.11
清康熙青花狩猎图花口盘（一对）	直径20cm×2	11,500	中国嘉德	2014.06.21
清康熙 青花兽面纹双兽耳盘口梅瓶	高34cm	92,000	太平洋	2014.03.21
清康熙 青花兽面纹蒜头瓶	高41.5cm	66,700	中国嘉德	2014.05.18
清康熙 青花四妃十六子图罐	直径21.5cm	103,500	中国嘉德	2014.06.21
清康熙 青花四艺图观音尊	高45.7cm	186,038	伦敦苏富比	2014.11.05
清康熙 青花松竹梅庭院仕女图盘	直径21.5cm	17,250	北京中汉	2014.09.22
清康熙 青花松竹梅纹缸	高24cm	224,000	北京荣宝	2014.11.30
清康熙 青花送孟东野序笔筒	高14cm	690,000	西泠拍卖	2014.12.13
清康熙 青花苏轼“海棠”诗意图直口碗	直径19.7cm	437,000	北京保利	2014.06.04
清康熙 青花踏雪寻梅诗文折沿盆	直径38cm	246,400	北京荣宝	2014.06.15
清康熙 青花饕餮纹花觚	高48cm	626,327	景薰楼	2014.06.15
清康熙 青花天官赐福图笔筒	高20.6cm	34,500	中国嘉德	2014.03.23
清康熙青花通景加官进爵图观音瓶	高18.9cm	123,200	天津文物	2014.11.15
清康熙 青花通景仕女图观音瓶	高20.4cm	106,400	天津文物	2014.11.15
清康熙 青花团花胆铃瓶	高22cm	36,800	广州皇玛	2014.01.02
清康熙 青花团龙团凤纹瓜棱罐	高27.5cm	13,800	中国嘉德	2014.03.23
清康熙 青花外婴戏纹内模印龙凤纹盘	直径20.3cm	80,500	北京中汉	2014.11.21
清康熙 青花万寿文束腰笔筒	高19.3cm	74,750	上海嘉泰	2014.06.19
清康熙 青花威虎盘	直径26cm	74,750	中宝拍卖	2014.07.06
清康熙 青花魏征梦中斩龙人物故事图棒槌瓶（一对）	高46.5cm×2	230,000	中国嘉德	2014.09.21
清康熙青花文王访贤人物故事图缸	直径19cm	92,000	中国嘉德	2014.03.23
清康熙 青花五月石榴花神杯	直径6cm	805,000	北京保利	2014.06.04
清康熙 青花五月石榴花御题诗文花神杯	高5cm	1,904,000	北京荣宝	2014.03.23
清康熙 青花西厢记大碗	直径20.5cm	402,500	北京保利	2014.10.25
清康熙 青花西厢记人物故事图茶叶罐	高10cm	23,000	中国嘉德	2014.03.23
清康熙 青花西厢记四折故事纹折沿碗	直径20cm	69,000	太平洋	2014.03.21
清康熙 青花西洋仕女图供瓶（四件）	高58cm	1,155,913	伦敦苏富比	2014.11.05
清康熙 青花线描花卉纹花觚	高7.5cm	34,500	太平洋	2014.03.21
清康熙 青花携琴访友图 狩猎图花口盘各一只	尺寸不一	10,350	中国嘉德	2014.06.21
清康熙 青花携琴访友图棒槌瓶	高50.2cm	1,429,455	纽约佳士得	2014.03.20
清康熙 青花携琴访友图炉	直径20.9cm	28,750	中国嘉德	2014.06.21
清康熙 青花摇铃尊	高24cm	6,592,800	佳士得	2014.05.28
清康熙 青花夜游赤壁诗文笔筒	高14cm	897,000	北京翰海	2014.10.26
清康熙 青花衣锦还乡图大笔筒	高17.1cm	207,000	北京中汉	2014.05.17
清康熙 青花银烛红妆庭院嬉春图碗	直径22.9cm	506,000	北京中汉	2014.05.17
清康熙 青花婴戏图将军罐	高41cm	46,000	中国嘉德	2014.03.23
清康熙 青花婴戏图瓶（一对）	高22.7cm×2	118,620	伦敦邦瀚斯	2014.05.15
清康熙 青花婴戏碗	直径17cm	115,000	北京保利	2014.10.25
清康熙 青花婴戏纹花口碗	直径21cm	61,600	北京荣宝	2014.06.15
清康熙 青花游龙穿云纹花盆	直径25.5cm	55,356	伦敦苏富比	2014.05.14

拍品名称	物品尺寸	成交价RMB	拍卖公司	拍卖日期
清康熙 青花鱼化龙诗文笔筒	高16cm	483,000	八益拍卖	2014.10.24
清康熙 青花鱼化龙纹大洗	直径35.6cm	207,000	北京中汉	2014.09.22
清康熙 青花鱼化龙纹印盒	直径16.5cm	97,750	中国嘉德	2014.03.23
清康熙 青花鱼化龙印盒	直径16.5cm	16,800	北京荣宝	2014.06.15
清康熙 青花鱼龙变化纹盆	直径35.8cm	158,160	伦敦苏富比	2014.05.14
清康熙 青花鱼龙纹盘	直径16.1cm	28,750	北京中汉	2014.09.22
清康熙 青花渔家乐图小棒槌瓶	高20.8cm	36,800	中国嘉德	2014.09.21
清康熙 青花渔家乐图纸槌瓶	高20.8cm	34,500	中国嘉德	2014.09.21
清康熙 青花月影梅花小卷缸	直径21cm	184,000	上海道明	2014.03.27
清康熙 青花云凤纹盘（一对）	直径16.7cm×2	552,000	八益拍卖	2014.10.24
清康熙 青花云鹤开光博古图罐	高21.8cm	20,700	中国嘉德	2014.09.21
清康熙 青花云龙花卉纹筒瓶	高26.3cm	65,184	纽约佳士得	2014.03.20
清康熙 青花云龙炉	直径24.5cm	36,800	北京翰海	2014.11.23
清康熙 青花云龙盘	直径16.6cm	276,000	八益拍卖	2014.10.24
清康熙 青花云龙纹棒槌瓶	高44.7cm	51,750	中国嘉德	2014.09.21
清康熙 青花云龙纹盖盒	直径16.3cm	13,800	中国嘉德	2014.09.21
清康熙 青花云龙纹碗（一对）	直径10.3cm×2	345,000	北京匡时	2014.12.03
清康熙 青花云龙折腰盆	直径39.5cm	276,000	北京翰海	2014.10.26
清康熙 青花昭君出塞棒槌瓶	高46cm	287,500	太平洋	2014.03.21
清康熙 青花折桂图 山水纹罐各一件	高17.3cm；高11.9cm	17,250	中国嘉德	2014.09.21
清康熙 青花折桂图狮钮盖缸	直径17cm	184,000	太平洋	2014.09.19
清康熙 青花折枝花卉仕女图小罐	高11cm	11,500	中国嘉德	2014.09.21
清康熙青花折枝花纹花觚（一对）	高46cm×2	172,500	广州皇玛	2014.01.02
清康熙 青花指日高升图凤尾尊	高43cm	368,000	中贸圣佳	2014.07.06
清康熙 青花竹林高士纹斗笠盏	口径10.5cm	45,400	中拍国际	2014.06.04
清康熙 青花竹林七贤撇口瓶	高25.5cm	23,000	北京保利	2014.10.25
清康熙 青花竹林七贤碗	直径21cm	32,200	中宝拍卖	2014.07.06
清康熙 青花竹石芭蕉人物笔筒	高15cm	345,000	北京翰海	2014.05.11
清康熙 青花醉翁亭记诗文笔筒	高17.3cm	207,000	北京翰海	2014.10.26
清康熙 外珊瑚红内青花“一路连科”纹碗	直径113cm	172,500	北京中汉	2014.11.21
清康熙/雍正 青花牵牛花纹四方倭角兽耳瓶	高17cm	69,000	中国嘉德	2014.03.23
清康熙/雍正 青花深山访友图笔筒	直径18cm	184,000	中国嘉德	2014.03.23
清康熙/雍正 青花四时竹石芭蕉图方形花盆	长40.5cm	138,000	北京诚轩	2014.05.19
清康熙/雍正 青花一路连科纹鱼缸	直径66.7cm	1,165,112	伦敦苏富比	2014.05.14
清康熙约1780年 珊瑚红地青花折枝花卉纹蒜头瓶（一对）		48,720	斯沃德	2014.04.29
清康熙早期 青花山水人物图盘（两件）	直径20.3cm×2	50,084	伦敦邦瀚斯	2014.05.15
清雍正或更早 淡描青花洞石花蝶纹罐	高8.7cm	460,000	上海泓盛	2014.06.26
清雍正 淡描青花凤穿莲纹斗笠碗	直径9.6cm	47,040	天津文物	2014.05.16
清雍正淡描青花花卉纹杯（一对）	直径7cm×2	690,000	中国嘉德	2014.05.18
清雍正淡描青花花卉纹盘（一对）	直径14cm×2	156,800	武汉中信	2014.10.23
清雍正 仿成化青花花鸟小杯（一对）	直径6cm×2	345,000	中国嘉德	2014.11.20
清雍正 仿宣德青花折枝花卉纹盘	直径23.5cm	46,000	中宝拍卖	2014.07.06
清雍正 黄底青花缠枝莲盘	直径35cm	4,292,160	佳士得	2014.11.26
清雍正 黄地青花八宝花卉海浪纹折沿大盘	直径46cm	2,875,000	翰风国际	2014.04.30
清雍正 黄地青花缠枝花卉纹荸荠瓶	高21cm	21,831,600	中国嘉德	2014.10.07
清雍正 黄地青花花卉抱月瓶	高29.5cm	632,500	八益拍卖	2014.10.24
清雍正 黄地青花一束莲盘	直径40cm	18,400,000	北京翰海	2014.10.25
清雍正 青花“岁寒三友”图小罐	口径7cm	692,125	香港苏富比	2014.10.08
清雍正 青花暗刻缠枝纹海棠形洗	直径44.5cm	805,000	华艺国际	2014.05.31
清雍正 青花八宝高足杯	高8cm	966,000	北京保利	2014.12.03
清雍正 青花八宝纹菱花口盘（一对）	直径15.4cm×2	345,000	北京诚轩	2014.05.19
清雍正 青花八宝纹小高足杯	直径9.2cm	1,265,000	中国嘉德	2014.11.20
清雍正 青花八吉祥福禄万代纹高足盘	直径17.4cm	437,000	北京华辰	2014.04.27
清雍正 青花八桃献寿纹盘	直径27.2cm	105,440	伦敦苏富比	2014.05.14
清雍正 青花八仙贺寿图碗	直径20.8cm	80,500	北京诚轩	2014.05.19

拍品名称	物品尺寸	成交价RMB	拍卖公司	拍卖日期
清雍正 青花并蒂莲纹杯（一对）	直径6.3cm×2	45,200	广东省拍	2014.06.22
清雍正 青花博古纹双耳瓶	高40cm	36,800	太平洋	2014.03.21
清雍正 青花草龙纹观音瓶	高43cm	230,000	广州皇玛	2014.01.02
清雍正 青花缠枝遍体莲盘	口径41.5cm	3,520,000	中信拍卖	2014.07.14
清雍正 青花缠枝番莲纹盘	直径26.7cm	474,000	香港苏富比	2014.04.08
清雍正青花缠枝番莲纹碗（一对）	直径 11.7cm×2	691,250	香港苏富比	2014.04.08
清雍正 青花缠枝罐	高10cm	287,500	北京保利	2014.10.25
清雍正 青花缠枝花卉大天球瓶	高55.3cm	4,370,000	北京保利	2014.06.04
清雍正 青花缠枝花卉盘	直径39.5cm	3,450,000	北京翰海	2014.10.25
清雍正 青花缠枝花卉盘	直径20.5cm	11,500	北京保利	2014.08.02
清雍正 青花缠枝花卉纹杯	直径7.2cm	253,000	北京诚轩	2014.11.20
清雍正青花缠枝花卉纹杯（一对）	直径7.4cm×2	575,000	北京诚轩	2014.05.19
清雍正青花缠枝花卉纹杯（一对）	直径6.9cm×2	536,638	纽约苏富比	2014.09.16
清雍正 青花缠枝花卉纹大缸	高33cm	575,000	北京保利	2014.06.04
清雍正青花缠枝花卉纹盘（一对）	直径 14.7cm×2	322,000	北京东正	2014.05.18
清雍正 青花缠枝花卉纹水洗	直径7.5cm	322,000	北京匡时	2014.12.03
清雍正 青花缠枝花卉纹天球瓶	高33.5cm	92,000	北京中汉	2014.04.16
清雍正 青花缠枝花卉纹小罐	高108cm	402,500	北京中汉	2014.11.21
清雍正青花缠枝花卉小罐（两件）	高7.9cm	207,000	北京翰海	2014.10.26
清雍正 青花缠枝莲花盆	直径46.5cm	195,500	广州皇玛	2014.01.02
清雍正 青花缠枝莲宽口瓶	高25cm	253,000	广州皇玛	2014.01.02
清雍正 青花缠枝莲莲子缸	高50cm	460,000	广州皇玛	2014.01.02
清雍正 青花缠枝莲梅瓶	高31.7cm	74,750	苏州东方	2014.05.30
清雍正 青花缠枝莲盘	直径28cm	39,200	武汉中信	2014.10.23
清雍正 青花缠枝莲团寿纹碗	直径19cm	805,000	北京诚轩	2014.11.20
清雍正 青花缠枝莲托八宝纹碗	直径15.7cm	414,000	北京东正	2014.11.20
清雍正 青花缠枝莲托福寿字盘（一对）	直径 20.2cm×2	34,500	中国嘉德	2014.09.21
清雍正 青花缠枝莲纹杯（一对）	直径7.3cm×2	667,000	广州皇玛	2014.01.02
清雍正 青花缠枝莲纹荸荠瓶	高30cm	5,750,000	北京华辰	2014.05.17
清雍正 青花缠枝莲纹盘	直径21cm	51,750	中国嘉德	2014.03.23
清雍正 青花缠枝莲纹盘（一对）	直径15cm×2	690,000	北京盈时	2014.05.31
清雍正 青花缠枝莲纹双螭耳带盖扁瓶	高32.5cm	1,495,000	北京诚轩	2014.05.19
清雍正 青花缠枝莲纹小梅瓶	高18.3cm	80,500	北京诚轩	2014.05.19
清雍正 青花缠枝莲纹小瓶	高9cm	313,600	北京荣宝	2014.06.15
清雍正 青花缠枝莲纹印盒	直径7cm	1,265,600	香港苏富比	2014.10.08
清雍正 青花缠枝苜蓿纹盘	直径15.6cm	112,000	天津文物	2014.05.16
清雍正 青花缠枝牵牛花倭角尊	高11.7cm	55,200	北京中汉	2014.09.22
清雍正 青花淡描八宝纹马蹄杯（一对）	直径6.5cm×2	48,300	华艺国际	2014.04.13
清雍正 青花淡描花卉纹小杯	直径6.7cm	253,000	北京保利	2014.12.05
清雍正 青花蝶恋花图小盘	直径9.2cm	299,000	中国嘉德	2014.09.21
清雍正 青花番莲纹馒头心碗	直径15.3cm	1,358,800	香港苏富比	2014.04.08
清雍正 青花矾红龙纹小盘（一对）	直径7.5cm×2	155,250	翰风国际	2014.04.30
清雍正 青花反白花口碗	直径19.4cm	394,500	佳士得	2014.11.26
清雍正 青花梵文缠枝花卉盘	直径15.4cm	276,000	北京翰海	2014.05.11
清雍正青花方胜锦桃纹盘（一对）	直径 20.9cm×2	690,000	苏州东方	2014.05.30
清雍正 青花凤纹炉	直径23cm	18,400	北京翰海	2014.11.23
清雍正 青花佛莲杯（一对）	直径7cm×2	920,000	北京华辰	2014.05.17
清雍正 青花福寿万代纹盘	直径19.3cm	237,731	纽约苏富比	2014.03.18
清雍正 青花勾莲水仙盆	长24cm	10,350	北京翰海	2014.01.12
清雍正 青花瓜果纹瓜棱罐	口径10.6cm	1,736,000	天津文物	2014.11.15
清雍正青花海水福寿纹杯（一对）	直径7cm×2	89,600	北京荣宝	2014.03.23
清雍正 青花荷塘鸳鸯卧足碗	直径17.5cm	985,600	北京荣宝	2014.06.15
清雍正 青花花蝶纹小盘	直径9.2cm	329,500	伦敦苏富比	2014.05.14
清雍正 青花花叶小碗（两件）	直径8cm×2	253,000	北京翰海	2014.11.23
清雍正 青花绘人物加官进爵图琵琶尊	高38.5cm	345,000	中贸圣佳	2014.07.06
清雍正 青花锦桃纹盘	直径20.8cm	172,500	北京诚轩	2014.05.19
清雍正青花菊花纹八棱碗（一对）	直径 10.2cm×2	690,000	北京中汉	2014.05.17
清雍正 青花夔凤纹双陆尊	高18.5cm	2,300,000	北京保利	2014.06.06
清雍正 青花夔龙纹盘	直径19.5cm	32,200	华艺国际	2014.04.13

拍品名称	物品尺寸	成交价RMB	拍卖公司	拍卖日期
清雍正 青花夔龙纹双陆尊	高18.2cm	920,000	北京保利	2014.12.03
清雍正 青花莲花纹碗	直径10.1cm	249,234	纽约苏富比	2014.03.18
清雍正 青花莲托八宝盘	直径45cm	920,000	北京盈时	2014.05.31
清雍正 青花莲托八宝纹碗	直径15.9cm	241,500	苏州东方	2014.05.30
清雍正 青花灵猴献瑞图碗	直径18cm	20,700	中国嘉德	2014.09.21
清雍正 青花灵芝八方小瓶	高9.4cm	345,000	北京保利	2014.06.06
清雍正青花灵芝花卉纹碗（一对）	直径7.8cm	862,500	上海道明	2014.12.11
清雍正 青花龙纹盘	直径17.2cm	690,000	苏州东方	2014.05.30
清雍正 青花龙纹碗	直径9.5cm	996,960	佳士得	2014.05.28
清雍正 青花龙纹碗	直径14cm	218,500	北京保利	2014.04.26
清雍正 青花鹿鹤同春罐	高22cm	1,897,500	西泠拍卖	2014.12.13
清雍正 青花轮花纹双耳绶带扁瓶	高27.5cm	1,150,000	华艺国际	2014.05.31
清雍正 青花吕布戏貂蝉图杯连托（两件套）	尺寸不一	20,700	中国嘉德	2014.11.21
清雍正 青花苜蓿纹盘	直径15.6cm	161,000	苏州东方	2014.05.30
清雍正 青花内宝杵纹外缠枝莲托八宝纹盘	直径16cm	36,800	中国嘉德	2014.06.21
清雍正 青花内结带宝杵纹外梵文盘	长17.4cm	392,000	天津文物	2014.11.15
清雍正 青花人物故事碗	直径12cm	13,800	北京保利	2014.10.25
清雍正 青花人物花觚	高44.5cm	138,000	广州皇玛	2014.01.02
清雍正 青花人物盘	直径26.5cm	368,000	中鸿信	2014.11.22
清雍正 青花人物小碟（一对）	直径8.5cm×2	32,200	华艺国际	2014.04.13
清雍正 青花三多纹尊	高34cm	207,000	苏州东方	2014.05.30
清雍正 青花三多纹尊	高34.3cm	264,500	中鸿信	2014.11.22
清雍正 青花三友图仰钟式杯	直径6cm	43,700	华艺国际	2014.05.31
清雍正 青花山水人物纹盘	直径27cm	18,000	北京华辰	2014.03.15
清雍正 青花十字宝杵梵文盘	直径17.3cm	276,000	北京匡时	2014.06.04
清雍正 青花寿山福海图马蹄碗	直径17.7cm	253,000	北京诚轩	2014.05.19
清雍正 青花寿桃纹碟	直径11.5cm	117,824	伦敦苏富比	2014.11.05
清雍正 青花双凤穿花纹盘	直径31cm	95,000	北京九歌	2014.12.17
清雍正 青花四季花卉纹盘	直径20cm	322,000	北京东正	2014.05.18
清雍正 青花松鹿纹盘口尊	高34.5cm	92,000	太平洋	2014.06.25
清雍正 青花松竹梅小罐	高6.5cm	575,000	北京保利	2014.06.04
清雍正青花岁寒三友庭院仕女图碗	直径19.1cm	13,800	北京中汉	2014.11.21
清雍正 青花岁寒三友图棒槌瓶	高42.2cm	23,000	中国嘉德	2014.03.23
清雍正 青花岁寒三友仙猿云鹤长春图杯	直径93cm	287,500	北京中汉	2014.11.21
清雍正 青花岁寒三友猿鹤图碗（一对）	直径9.5cm×2	1,725,000	北京保利	2014.06.06
清雍正青花陶渊明赏菊碟（一对）	直径8.8cm×2	50,400	北京荣宝	2014.11.30
清雍正 青花团凤盖碗	直径15cm	34,500	中鸿信	2014.11.22
清雍正 青花团花高足杯	直径13.5cm	23,000	太平洋	2014.09.19
清雍正 青花团花纹小蒜头瓶	高11.5cm	2,645,000	北京保利	2014.06.04
清雍正 青花托八宝纹花口盘	直径14.5cm	230,000	北京华辰	2014.05.17
清雍正 青花喜鹊登梅图大盘	直径33cm	184,000	中国嘉德	2014.03.23
清雍正 青花一把莲盘	直径34.2cm	272,550	保利香港	2014.04.07
清雍正 青花一束莲盘	直径16.5cm	27,600	朵云轩	2014.06.29
清雍正 青花云凤纹碗	直径19cm	34,500	上海敬华	2014.07.01
清雍正青花云龙纹杯连托（两件套）	杯直径6.8cm	10,350	中国嘉德	2014.11.21
清雍正 青花云龙纹碗	直径14.6cm	345,000	北京华辰	2014.04.27
清雍正 青花杂宝纹小高足碗	直径9.6cm	17,250	中国嘉德	2014.06.21
清雍正 青花折枝花果纹小尊	高13cm	2,300,000	北京中汉	2014.05.17
清雍正 青花折枝花鸟抱月瓶	高25cm	2,800,140	保利香港	2014.10.07
清雍正 青花竹石芭蕉玉壶春瓶	高31cm	13,800	北京保利	2014.04.26
清雍正 狮子戏球青花碗	直径13cm	32,200	华艺国际	2014.04.13
清乾隆 豆青釉开光青花山水大盘	直径37cm	46,000	朵云轩	2014.06.29
清乾隆 豆青釉青花加白贯套蝠莲纹双耳瓶	高35.8cm	100,800	天津文物	2014.05.16
清乾隆 仿永乐青花锦格纹高壮罐	高22.5cm	184,000	北京东正	2014.11.20
清乾隆 仿永宣青花执壶	高26.2cm	805,000	北京匡时	2014.12.03
清乾隆 哥釉青花三多鸡心碗	直径13.5cm	69,000	北京翰海	2014.05.11
清乾隆 官窑青花缠枝佛莲铺首尊	高25.5cm	1,495,000	北京东正	2014.11.20
清乾隆 官窑青花缠枝佛莲托八宝纹盉壶	高21cm	2,070,000	北京东正	2014.11.20
清乾隆 官窑青花龙凤纹折沿大盘	直径44cm	1,035,000	北京东正	2014.05.18
清乾隆 官窑青花竹石芭蕉纹玉壶春瓶	高28.5cm	3,105,000	北京东正	2014.05.18

2014瓷器拍卖成交汇总

(成交价RMB：1万元以上)

拍品名称	物品尺寸	成交价RMB	拍卖公司	拍卖日期
清乾隆 黄地青花缠枝花卉梅瓶	高35.3cm	23,000,000	北京翰海	2014.10.25
清乾隆 黄地青花缠枝花卉盘	直径27.6cm	690,000	北京翰海	2014.10.25
清乾隆 黄地青花缠枝莲八宝纹瓶	高27cm	104,535	中信国际	2014.03.30
清乾隆 黄地青花花卉纹折沿碗	直径26cm	145,706	纽约佳士得	2014.03.20
清乾隆 黄地青花九桃盘	直径27cm	1,455,440	香港苏富比	2014.10.08
清乾隆 黄地青花九桃庆寿纹盘	直径26.5cm	368,000	北京保利	2014.12.03
清乾隆 黄地青花龙纹盘	直径25cm	230,000	华艺国际	2014.05.31
清乾隆 黄地青花团菊寿字纹大碗	直径24.1cm	287,500	北京中汉	2014.05.17
清乾隆 黄地青花一把莲盘	直径21cm	1,265,000	北京保利	2014.06.04
清乾隆 黄地青花折枝花果纹天球瓶	高53cm	32,832,400	香港苏富比	2014.04.08
清乾隆 黄地青花折枝四季花卉纹折沿笠式大碗	直径25.8cm	862,500	北京中汉	2014.05.17
清乾隆 蓝地青花龙纹盘	直径25cm	287,500	华艺国际	2014.05.31
清乾隆柠檬黄地青花折枝九桃纹盘	直径265cm	460,000	北京中汉	2014.11.21
清乾隆 青花“岁寒三友”图盘	直径17.8cm	177,975	香港苏富比	2014.10.08
清乾隆青花“一路连科”纹太白尊	高33cm	126,500	广州皇玛	2014.04.27
清乾隆 青花暗八仙盘	直径16cm	80,500	北京保利	2014.10.25
清乾隆 青花八宝联春纹双龙耳六方瓶		580,496	斯沃德	2014.04.29
清乾隆 青花八吉祥碗（两件）	直径11.2cm	253,000	北京翰海	2014.10.26
清乾隆 青花八吉祥纹抱月瓶	高50.8cm	4,856,160	佳士得	2014.05.28
清乾隆 青花八仙茶托	长19.5cm	25,300	北京匡时	2014.06.04
清乾隆青花八仙人物纹碗（一对）	直径15cm×2	1,265,000	北京盈时	2014.05.31
清乾隆 青花博古图瓷板	长17.8cm	20,700	北京中汉	2014.09.22
清乾隆 青花苍龙捧寿福山寿海纹折沿大盘	直径44.7cm	1,782,500	北京中汉	2014.05.17
清乾隆 青花缠枝花卉笔洗	直径33.3cm	120,750	北京翰海	2014.10.26
清乾隆 青花缠枝花卉大罐	高47cm	34,500	北京保利	2014.10.25
清乾隆 青花缠枝花卉梵纹高足碗	直径16.2cm	97,750	北京翰海	2014.05.11
清乾隆 青花缠枝花卉高足盘	直径15.5cm	13,800	北京翰海	2014.04.13
清乾隆 青花缠枝花卉贯耳方壶	高35.5cm	74,750	北京保利	2014.06.06
清乾隆 青花缠枝花卉贯耳瓶	高37.5cm	138,000	北京保利	2014.12.05
清乾隆 青花缠枝花卉海水六方贯耳瓶	高45cm	2,070,000	北京翰海	2014.05.11
清乾隆 青花缠枝花卉夔龙纹方盆	高19.5cm	138,000	北京翰海	2014.10.26
清乾隆 青花缠枝花卉六方贯耳瓶	高35cm	3,795,000	北京保利	2014.06.04
清乾隆 青花缠枝花卉赏瓶	高36.7cm	977,500	北京翰海	2014.05.11
清乾隆 青花缠枝花卉赏瓶	高37.8cm	920,000	北京翰海	2014.10.26
清乾隆 青花缠枝花卉纹矾红绶带包袱纹瓶	高19.1cm	51,750	北京中汉	2014.11.21
清乾隆 青花缠枝花卉纹鼓钉绣墩	高48cm	32,200	北京中汉	2014.04.16
清乾隆 青花缠枝花卉纹卷缸	高14cm	50,400	北京荣宝	2014.11.30
清乾隆 青花缠枝花卉纹鸟食罐	长9.8cm	10,350	中国嘉德	2014.09.21
清乾隆 青花缠枝花卉纹碗	直径16.1cm	36,904	伦敦苏富比	2014.05.14
清乾隆 青花缠枝花托梵文高足杯	高11cm	43,700	北京匡时	2014.06.04
清乾隆 青花缠枝花纹高足杯	高9.5cm	86,250	北京盈时	2014.05.31
清乾隆 青花缠枝花纸槌瓶	高31cm	3,220,000	广州皇玛	2014.01.02
清乾隆青花缠枝莲八宝纹夔龙耳尊	高45cm	2,127,500	北京保利	2014.06.06
清乾隆 青花缠枝莲螭耳鹿头尊	高43cm	3,680,000	上海道明	2014.03.27
清乾隆 青花缠枝莲大碗	直径28.8cm	1,092,500	北京保利	2014.06.06
清乾隆 青花缠枝莲高足杯	高10cm	34,500	北京保利	2014.04.26
清乾隆 青花缠枝莲高足碗	直径22cm	50,400	武汉中信	2014.10.23
清乾隆 青花缠枝莲鼓墩	高50cm	101,200	广州皇玛	2014.04.27
清乾隆 青花缠枝莲贯耳瓶	高42cm	26,450	北京保利	2014.08.02
清乾隆 青花缠枝莲贯耳尊	高22cm	201,600	武汉中信	2014.10.23
清乾隆 青花缠枝莲花卉盘	直径13cm	57,500	北京盈时	2014.05.31
清乾隆 青花缠枝莲花卉纹小碗（四件）	直径9.5cm	235,200	蓝天国拍	2014.02.28
清乾隆 青花缠枝莲花纹盘	直径30.3cm	72,853	纽约苏富比	2014.03.18
清乾隆 青花缠枝莲鹿头尊	高44cm	3,220,000	北京保利	2014.06.06
清乾隆 青花缠枝莲盘（一对）	直径 20.5cm×2	22,400	武汉中信	2014.10.23
清乾隆 青花缠枝莲盘口小水盂	宽7.5cm	460,000	北京保利	2014.12.03
清乾隆 青花缠枝莲盘口尊	高33cm	172,500	中鸿信	2014.11.22
清乾隆 青花缠枝莲赏瓶	高38cm	1,380,000	广州皇玛	2014.04.27
清乾隆 青花缠枝莲赏瓶	高37.5cm	414,000	北京保利	2014.06.06
清乾隆 青花缠枝莲赏瓶	高38cm	195,500	北京保利	2014.01.11

拍品名称	物品尺寸	成交价RMB	拍卖公司	拍卖日期
清乾隆 青花缠枝莲赏瓶	高36cm	51,750	北京保利	2014.08.02
清乾隆 青花缠枝莲赏瓶	高37.5cm	1,955,000	八益拍卖	2014.10.24
清乾隆 青花缠枝莲托八宝大碗	直径25.5cm	667,000	北京华辰	2014.05.17
清乾隆 青花缠枝莲托八宝盉壶	宽23.5cm	2,070,000	北京保利	2014.04.26
清乾隆 青花缠枝莲托八宝开光万寿无疆大碗	直径18.3cm	51,750	中国嘉德	2014.03.23
清乾隆 青花缠枝莲托八宝开光万寿无疆大碗（一对）	直径 18.3cm×2	264,500	中国嘉德	2014.09.21
清乾隆 青花缠枝莲托八宝碗	直径14cm	34,500	北京保利	2014.04.26
清乾隆 青花缠枝莲托八宝纹大碗	直径26cm	59,800	中国嘉德	2014.09.21
清乾隆 青花缠枝莲托八宝纹如意耳葫芦瓶	高17.5cm	97,750	中国嘉德	2014.03.23
清乾隆 青花缠枝莲托八吉祥纹铺首衔环耳尊	高48.9cm	4,816,000	天津文物	2014.11.15
清乾隆 青花缠枝莲托梵文盘（一对）	直径 25.2cm×2	32,200	中国嘉德	2014.03.23
清乾隆 青花缠枝莲纹扁壶	高36.5cm	575,156	纽约佳士得	2014.03.20
清乾隆 青花缠枝莲纹大盘	直径47.5cm	322,000	远方拍卖	2014.06.02
清乾隆 青花缠枝莲纹大盘	直径35cm	28,750	中国嘉德	2014.03.23
清乾隆 青花缠枝莲纹缸	直径39cm	437,000	华艺国际	2014.05.31
清乾隆 青花缠枝莲纹高足碗	高13.4cm	363,400	保利香港	2014.04.07
清乾隆 青花缠枝莲纹格式洗	直径34cm	126,500	太平洋	2014.03.21
清乾隆 青花缠枝莲纹贯耳瓶	高39cm	161,000	华艺国际	2014.05.31
清乾隆 青花缠枝莲纹贯耳尊	高50cm	5,175,000	中国嘉德	2014.05.18
清乾隆 青花缠枝莲纹六方印盒	长8cm	17,250	中国嘉德	2014.09.21
清乾隆 青花缠枝莲纹梅瓶	高20.5cm	138,000	北京匡时	2014.12.03
清乾隆 青花缠枝莲纹盘	直径16cm	28,750	中国嘉德	2014.09.21
清乾隆 青花缠枝莲纹撇口尊	高59.7cm	280,000	天津文物	2014.05.16
清乾隆 青花缠枝莲纹铺首尊	高25.2cm	575,000	中国嘉德	2014.03.23
清乾隆 青花缠枝莲纹铺首尊	高25cm	149,500	中国嘉德	2014.03.23
清乾隆 青花缠枝莲纹铺首尊	高24.8cm	1,344,000	天津文物	2014.11.15
清乾隆 青花缠枝莲纹赏瓶	高37.5cm	1,840,000	北京匡时	2014.12.03
清乾隆 青花缠枝莲纹双耳瓶	高36.5cm	161,000	华艺国际	2014.05.31
清乾隆 青花缠枝莲纹太白罐	高40cm	69,000	中国嘉德	2014.03.23
清乾隆 青花缠枝莲纹托八宝大尊	高49cm	3,680,000	上海道明	2014.03.27
清乾隆 青花缠枝莲纹象耳尊	高34.2cm	166,750	北京诚轩	2014.05.19
清乾隆青花缠枝莲纹小盘（一对）	直径 8.3cm×2	10,350	中国嘉德	2014.06.21
清乾隆 青花缠枝莲纹烟筒	高27.7cm	71,300	中国嘉德	2014.03.23
清乾隆 青花缠枝莲纹渣斗	直径8.4cm	97,750	北京保利	2014.12.04
清乾隆 青花缠枝莲纹渣斗	高8.3cm	499,675	保利香港	2014.04.07
清乾隆 青花缠枝莲纹渣斗	高7.8cm	828,000	北京东正	2014.11.20
清乾隆 青花缠枝莲小鱼缸	直径23cm	32,200	广州皇玛	2014.04.27
清乾隆 青花缠枝莲绣墩	直径21cm	20,700	北京保利	2014.10.25
清乾隆 青花缠枝牡丹纹盘	直径13.3cm	55,062	中国嘉德	2014.04.09
清乾隆青花缠枝牡丹纹盘（一对）	直径 13.5cm×2	137,655	中国嘉德	2014.04.09
清乾隆 青花缠枝牡丹纹碗	直径16.6cm	36,800	太平洋	2014.03.21
清乾隆 青花缠枝苜蓿花纹碗（一对）	直径 9.7cm×2	138,000	苏州东方	2014.05.30
清乾隆 青花缠枝蜀葵花纹盘	直径19.3cm	92,025	纽约苏富比	2014.03.18
清乾隆 青花缠枝双钱纹绣墩	高35cm	184,000	保利厦门	2014.11.02
清乾隆 青花缠枝四季花卉海浪纹双龙耳尊	高513cm	4,140,000	北京中汉	2014.11.21
清乾隆 青花缠枝团凤纹大瓶	高66cm	203,400	辽宁建投	2014.06.08
清乾隆 青花螭龙花卉纹灯笼瓶	高54cm	322,000	中国嘉德	2014.05.18
清乾隆 青花螭龙如意纹天球瓶	高50cm	1,854,000	北京中联	2014.09.09
清乾隆 青花簇菊纹碗	直径15.3cm	34,500	中国嘉德	2014.09.21
清乾隆 青花地黄龙盘（一对）	直径25cm×2	517,500	八益拍卖	2014.10.24
清乾隆 青花矾红龙生九子图盘	直径17.5cm	207,000	苏州东方	2014.05.30
清乾隆 青花矾红龙生九子图盘	直径17.5cm	172,500	苏州东方	2014.05.30
清乾隆 青花矾红龙生九子图盘	直径17.9cm	86,250	苏州东方	2014.05.30
清乾隆 青花矾红云龙纹盘	直径16.4cm	10,350	中国嘉德	2014.03.23
清乾隆 青花梵文高足杯	高8.5cm	280,000	北京荣宝	2014.03.23
清乾隆 青花梵文高足杯（一对）	直径 11.2cm×2	207,000	北京保利	2014.06.06
清乾隆 青花梵文铃铛杯	高9cm	57,500	北京翰海	2014.01.12
清乾隆 青花梵文盘	直径24cm	172,500	八益拍卖	2014.10.24

拍品名称	物品尺寸	成交价RMB	拍卖公司	拍卖日期
清乾隆 青花福禄寿人物灯笼瓶	高36cm	230,000	广州皇玛	2014.04.27
清乾隆 青花福禄万代盘	直径20.1cm	57,500	北京诚轩	2014.11.20
清乾隆 青花赶珠龙纹盘（一对）	直径17cm×2	358,400	北京荣宝	2014.06.15
清乾隆 青花赶珠龙纹盘（一对）	直径15cm×2	230,000	华艺国际	2014.05.31
清乾隆 青花赶珠游龙纹炉	高37.5cm	131,800	伦敦苏富比	2014.05.14
清乾隆 青花高山水长碗	直径17.5cm	333,500	北京翰海	2014.11.23
清乾隆 青花勾莲九子攒盘		25,300	北京翰海	2014.01.12
清乾隆 青花勾莲赏瓶	高36cm	195,500	北京翰海	2014.04.13
清乾隆 青花勾莲碗	直径11cm	32,200	北京翰海	2014.04.13
清乾隆 青花海水缠枝花卉纹贯耳大尊	高51.2cm	9,085,000	北京保利	2014.06.04
清乾隆 青花海水矾红龙纹荸荠瓶	高33.2cm	309,000	北京中联	2014.09.09
清乾隆 青花海水矾红龙纹盘	直径17.5cm	138,000	北京诚轩	2014.05.19
清乾隆 青花海水龙纹缸	直径21cm	1,035,000	北京保利	2014.10.25
清乾隆 青花海水龙纹缸	直径19.8cm	402,500	北京翰海	2014.10.26
清乾隆 青花海水龙纹盘	直径17.5cm	23,000	中国嘉德	2014.03.23
清乾隆 青花海水龙纹盘	直径17.3cm	17,250	中国嘉德	2014.09.21
清乾隆 青花海水模印龙纹壮罐	高24.5cm	560,000	北京荣宝	2014.03.23
清乾隆 青花海水鱼化龙纹高足盘	直径22.5cm	896,000	北京荣宝	2014.06.15
清乾隆 青花花果纹瓶	高21.6cm	168,713	纽约佳士得	2014.03.20
清乾隆 青花花卉纹蒲槌瓶	高31cm	210,843	伦敦苏富比	2014.11.05
清乾隆 青花花卉纹壮罐	高28cm	138,000	中国嘉德	2014.03.23
清乾隆 青花花卉纹壮罐	高28cm	80,500	中国嘉德	2014.09.21
清乾隆 青花花鸟纹大盘	直径42.2cm	23,000	中国嘉德	2014.09.21
清乾隆 青花加彩花卉盘	直径21cm	172,500	八益拍卖	2014.10.24
清乾隆 青花加彩花卉盘（一对）	直径11.5cm×2	115,000	北京保利	2014.10.25
清乾隆 青花结带宝杵八吉祥纹镗锣洗	直径152cm	138,000	北京中汉	2014.11.21
清乾隆 青花锦地缠枝花卉盖罐	高28.5cm	575,000	北京翰海	2014.05.11
清乾隆 青花锦地缠枝花卉盖罐	高28.3cm	575,000	北京翰海	2014.10.26
清乾隆 青花锦地几何纹壮罐	高28.6cm	470,400	天津文物	2014.11.15
清乾隆青花夔龙缠枝莲纹螭耳方瓶	高38cm	115,000	中鸿信	2014.11.22
清乾隆 青花夔龙浆胎瓶	高19cm	48,300	北京翰海	2014.08.24
清乾隆 青花夔龙纹绣墩	高50cm	126,500	北京盈时	2014.05.31
清乾隆 青花立龙纹镗锣洗	直径15.4cm	149,500	北京东正	2014.05.18
清乾隆 青花莲托八宝“山高水长”纹碗	直径13cm	92,000	远方拍卖	2014.06.02
清乾隆 青花莲托八宝纹盉	高22.2cm	1,150,000	广州皇玛	2014.01.02
清乾隆 青花莲托八吉祥纹盘	直径20.2cm	67,200	天津文物	2014.05.16
清乾隆 青花莲托梵文高足杯	直径8.6cm	454,250	香港苏富比	2014.04.08
清乾隆 青花灵芝花卉碗（两件）	直径11.8cm×2	34,500	北京翰海	2014.04.13
清乾隆 青花留白云龙纹盘	直径25.3cm	253,000	翰风国际	2014.04.30
清乾隆青花留白云龙纹盘（一对）	直径25.1cm×2	94,300	中国嘉德	2014.03.23
清乾隆 青花留白云龙纹碗	直径10.3cm	317,975	保利香港	2014.04.07
清乾隆 青花六方缠枝莲迎手	直径23cm	24,200	武汉中信	2014.10.23
清乾隆 青花六方贯耳尊	高45cm	8,970,000	八益拍卖	2014.10.24
清乾隆 青花龙纹盘	直径16.8cm	115,000	北京东正	2014.06.07
清乾隆 青花龙纹盘	直径17cm	85,670	伦敦邦瀚斯	2014.05.15
清乾隆 青花龙纹盘（两件）	直径17.3cm；直径16.7cm	92,000	北京保利	2014.12.05
清乾隆 青花龙纹碗	直径17cm	186,676	保利香港	2014.10.07
清乾隆 青花龙纹碗（一对）	直径11cm×2	218,500	北京保利	2014.04.26
清乾隆 青花龙纹攒盘	直径36cm	11,500	北京保利	2014.04.26
清乾隆 青花绿龙纹盖罐	高21.2cm	828,000	翰风国际	2014.04.30
清乾隆 青花墨彩“袁昆”诗文印盒	长8.5cm	690,000	北京保利	2014.12.03
清乾隆 青花牡丹花纹鱼缸	高19cm	37,950	广州皇玛	2014.01.02
清乾隆 青花苜蓿花纹盘	直径16cm	57,500	北京盈时	2014.05.31
清乾隆 青花内岁寒三友图外仕女婴戏图盘	直径18.1cm	69,000	中国嘉德	2014.06.21
清乾隆 青花铺耳尊	高25cm	1,552,500	雍和嘉诚	2014.05.31
清乾隆青花麒麟送子盖罐（一对）	高20cm×2×2	40,250	广州皇玛	2014.01.02
清乾隆 青花群仙贺寿图双耳大瓶	高86cm	690,000	广州皇玛	2014.01.02
清乾隆 青花人物缸	直径23cm	34,500	广州皇玛	2014.01.02
清乾隆 青花人物海棠形口双耳瓶	高39cm	115,000	广州皇玛	2014.01.02

拍品名称	物品尺寸	成交价RMB	拍卖公司	拍卖日期
清乾隆 青花人物纹盘（一对）	直径21cm×2	20,000	北京华辰	2014.03.15
清乾隆 青花忍冬纹碗	直径10.2cm	34,500	南京经典	2014.08.04
清乾隆 青花忍冬纹小碗	直径10cm	41,400	南京经典	2014.01.06
清乾隆青花如意万寿纹瓶（一对）	高13.5cm×2	1,897,500	北京华辰	2014.04.27
清乾隆 青花如意万寿小尊	高13.5cm	805,000	北京保利	2014.06.06
清乾隆 青花三多蒜口瓶	高29cm	172,500	广州皇玛	2014.01.02
清乾隆 青花三多纹蒜头瓶	高25cm	345,000	西泠拍卖	2014.05.06
清乾隆 青花三果梅瓶	高32.5cm	12,650,000	北京翰海	2014.10.26
清乾隆 青花三羊开泰双耳瓶	高37cm	69,000	广州皇玛	2014.01.02
清乾隆 青花山水茶壶	宽16cm	36,800	中国嘉德	2014.11.20
清乾隆 青花山水观音瓶	高23cm	55,200	广州皇玛	2014.04.27
清乾隆 青花山水花盆（一对）	直径24.5cm×2	19,550	北京保利	2014.08.02
清乾隆青花山水六方盘（一对）	宽8.5cm×2	23,000	北京保利	2014.08.02
清乾隆青花山水人物大盘（一对）	直径41cm×2	74,750	广州皇玛	2014.04.27
清乾隆 青花山水人物碗	直径15.6cm	161,000	南京经典	2014.01.06
清乾隆 青花山水纹大瓶	高53.4cm	1,167,720	佳士得	2014.11.26
清乾隆 青花山水纹盘口瓶	高36cm	59,651	中信国际	2014.04.19
清乾隆青花寿桃纹折腰碗（一对）	直径19.5cm×2	69,000	中鸿信	2014.11.22
清乾隆 青花双凤纹盘	直径16.8cm	34,500	中鸿信	2014.11.22
清乾隆 青花双凤纹盘（一对）	直径16.5cm×2	230,000	北京华辰	2014.05.17
清乾隆 青花双龙捧寿纹碗	直径13.2cm	69,000	北京中汉	2014.04.16
清乾隆 青花松鼠葡萄图碗	直径22.3cm	57,500	中国嘉德	2014.03.23
清乾隆 青花松鼠葡萄纹盘	直径28cm	12,000	北京华辰	2014.03.15
清乾隆 青花松竹梅盘	直径17.5cm	218,500	北京盈时	2014.05.31
清乾隆青花岁寒三友盘（一对）	直径18cm×2	747,500	八益拍卖	2014.10.24
清乾隆 青花通景山水人物图碗	直径30.5cm	89,600	天津文物	2014.11.15
清乾隆 青花团凤蝶纹仿铜式双耳方瓶	高14cm	207,000	西泠拍卖	2014.12.13
清乾隆 青花团花纹碗	直径16.5cm	63,250	北京匡时	2014.06.04
清乾隆 青花外八仙内福禄寿纹碗（一对）	直径10.6cm×2	690,000	北京东正	2014.05.18
清乾隆 青花万寿无疆碗	直径18cm	212,800	武汉中信	2014.10.23
清乾隆 青花万寿无疆纹碗	直径19cm	230,000	中国嘉德	2014.05.18
清乾隆青花西番莲纹盘（一对）	直径11.5cm×2	103,500	翰风国际	2014.04.30
清乾隆 青花一把莲纹盘	直径41.4cm	574,969	纽约苏富比	2014.09.16
清乾隆 青花翼龙拐龙缠枝花盘	口径39.5cm	3,080,000	中信拍卖	2014.07.14
清乾隆青花饮中八仙碗（一对）	直径9.8cm×2	2,530,000	上海道明	2014.03.27
清乾隆 青花釉里红八仙图水丞	直径5.1cm	69,000	中国嘉德	2014.06.21
清乾隆 青花云龙高足盘	直径22.5cm	667,000	八益拍卖	2014.10.24
清乾隆 青花云龙盘	直径16.5cm	32,200	北京翰海	2014.04.13
清乾隆 青花云龙盘	直径16cm	17,250	北京翰海	2014.04.13
清乾隆 青花云龙碗	直径14cm	241,500	北京翰海	2014.11.23
清乾隆 青花云龙纹大盘	高52.5cm	360,500	北京中联	2014.09.09
清乾隆 青花云龙纹缸	高13.8cm	1,840,000	北京翰海	2014.05.11
清乾隆 青花云龙纹卷缸	高13.5cm	1,344,000	北京荣宝	2014.06.15
清乾隆 青花云龙纹夔凤耳大尊	高76cm	517,500	华艺国际	2014.04.13
清乾隆 青花云龙纹盘	直径16.8cm	105,800	中国嘉德	2014.06.21
清乾隆 青花云龙纹盘	直径17cm	47,720	中国嘉德	2014.04.09
清乾隆 青花云龙纹盘	直径16.8cm	40,250	北京翰海	2014.05.11
清乾隆 青花云龙纹碗（两件）	直径13.5cm	322,000	北京翰海	2014.10.26
清乾隆 青花云龙纹碗（一对）	直径13.6cm×2	345,000	北京中汉	2014.05.17
清乾隆 青花折枝花果六方大瓶	高66.5cm	1,648,000	北京中联	2014.09.09
清乾隆 青花折枝花卉纹笠式碗	高11.5cm	690,000	保利厦门	2014.11.01
清乾隆 青花折枝莲蝠纹碗	直径20.8cm	57,500	中国嘉德	2014.09.21
清乾隆 青花折枝瑞果纹灯笼瓶	高36.4cm	34,500	北京中汉	2014.04.16
清乾隆 青花竹石芭蕉图玉壶春瓶	高22.6cm	115,000	北京中汉	2014.09.22
清乾隆 青花竹石芭蕉玉壶春瓶	高28.5cm	5,750,000	北京翰海	2014.10.26
清乾隆 青花壮罐	高22.5cm	115,000	华艺国际	2014.04.13
清乾隆 清乾隆 青花龙纹盘	直径16.8cm	61,667	日本伊斯特	2014.05.31
清乾隆 天蓝釉青花喜鹊登梅图摇铃尊	高16.8cm	13,800	中国嘉德	2014.09.21
清乾隆 御窑青花夔龙纹盖碗尊	高19.5cm	2,990,000	北京东正	2014.05.18
清嘉庆 青花竹石芭蕉玉壶春瓶	高29cm	1,150,000	保利厦门	2014.11.02

拍品名称	物品尺寸	成交价RMB	拍卖公司	拍卖日期
清嘉庆 青花皮球花包袱瓶	高23.8cm	23,000	深圳市拍	2014.01.05
清嘉庆 青花花鸟瓶	高61.5cm	97,750	安徽艺海	2014.04.30
清嘉庆 青花缠枝莲纹赏瓶	高366cm	805,000	北京中汉	2014.11.21
清嘉庆 豆青釉青花花蝶瓶	高20.5cm	20,700	北京翰海	2014.08.24
清嘉庆 青花夔龙纹盖碗尊	高20cm	1,725,000	翰风国际	2014.04.30
清嘉庆青花岁寒三友纹碗（一对）	直径13cm×2	784,000	北京荣宝	2014.06.15
清嘉庆 青花花卉碗（两件）	直径15.3cm	103,500	北京翰海	2014.10.26
清嘉庆 青花云龙纹碗	直径13.4cm	69,000	北京翰海	2014.10.26
清嘉庆 青花松鼠葡萄纹大碗	直径22cm	32,200	北京保利	2014.04.26
清嘉庆 青花吉祥如意碗	直径9cm	32,200	北京翰海	2014.04.13
清嘉庆 青花缠枝苜蓿花纹碗	直径15.5cm	11,500	中国嘉德	2014.09.21
清嘉庆 青花御题诗海棠式茶盘	长16cm	517,500	北京盈时	2014.05.31
清嘉庆 青花山水茶盘	长28cm	28,750	北京保利	2014.10.25
清嘉庆 青花龙纹盘	直径17cm	41,400	北京翰海	2014.08.24
清嘉庆 青花龙纹盘	直径16.5cm	32,200	北京翰海	2014.04.13
清嘉庆 青花黄釉小盘	径13.5cm	36,800	北京传是	2014.06.05
清嘉庆 青花缠枝牡丹大盘	直径41.5cm	11,500	北京保利	2014.10.25
清嘉庆 青花缠枝莲纹大格盘	直径28.6cm	57,500	中国嘉德	2014.06.21
清嘉庆 青花莲托八宝朝冠耳炉	高36cm	632,500	远方拍卖	2014.06.02
清嘉庆 青花龙纹方杯（3件）	长9.5cm	23,000	北京翰海	2014.04.13
清嘉庆 青花花鸟图纸镇	直径9.2cm	10,350	深圳市拍	2014.01.05
清嘉庆 青花花卉腰圆水仙盆	直径22.5cm	13,800	朵云轩	2014.06.29
清嘉庆 青花“苍龙教子”摇铃尊	高19cm	3,680,000	翰风国际	2014.04.30
清嘉庆 豆青地青花堆白八仙聚会图象耳尊	高46.5cm	134,400	成都金沙	2014.11.16
清道光 青花竹石芭蕉玉壶春瓶（一对）	高18.5cm×2	2,875,000	北京保利	2014.06.04
清道光 青花竹石芭蕉玉壶春瓶（一对）	高20.5cm×2	1,610,000	八益拍卖	2014.10.24
清道光 青花折枝花纸槌瓶	高31cm	1,150,000	广州皇玛	2014.01.02
清道光 青花狮子戏球大胆瓶	高70cm	43,700	北京保利	2014.04.26
清道光 青花山水纹盘口瓶	高61.5cm	32,200	北京匡时	2014.09.17
清道光 青花开光山水盘口瓶	高63cm	17,250	北京翰海	2014.01.12
清道光 青花加彩定军山双耳大瓶	高59.5cm	51,750	太平洋	2014.09.19
清道光 青花绘福山寿海九狮图天球瓶	高73.5cm	1,322,500	苏州东方	2014.10.30
清道光 青花花鸟赏瓶	高36cm	25,300	北京保利	2014.10.25
清道光 青花花卉纸椎瓶	高23cm	253,000	远方拍卖	2014.06.02
清道光 青花缠枝莲纹赏瓶	高30.5cm	62,425	中拍国际	2014.06.04
清道光 青花缠枝莲纹赏瓶	高39.5cm	23,000	中国嘉德	2014.06.21
清道光 青花缠枝莲赏瓶	高38cm	805,000	雍和嘉诚	2014.05.31
清道光 青花缠枝莲赏瓶	高38cm	897,000	八益拍卖	2014.10.24
清道光 青花缠枝花卉赏瓶	高36.8cm	1,495,000	北京翰海	2014.10.25
清道光 青花缠枝花卉赏瓶	高37cm	977,500	北京翰海	2014.10.25
清道光 青花缠枝花卉赏瓶	高36.8cm	782,000	北京翰海	2014.10.26
清道光 豆青青花人物天球瓶	高41cm	42,550	北京翰海	2014.11.23
清道光 豆青青花花卉狮耳瓶	高39cm	28,750	北京翰海	2014.04.13
清道光 青花竹石芭蕉纹玉壶春瓶	高20.5cm	69,000	北京匡时	2014.12.03
清道光青花缠枝喜字花觚（两件）	高40cm	34,500	北京翰海	2014.01.11
清道光 青花花卉开光折枝瑞果纹执壶	高29cm	805,000	北京中汉	2014.11.21
清道光豆青地青花缠枝八宝纹执壶	高26.5cm	713,000	保利厦门	2014.11.02
清道光 青花团龙纹杯	直径7.5cm	13,800	北京中汉	2014.09.22
清道光 青花梵文高足杯	高9.5cm	160,680	台湾世家	2014.04.13
清道光青花矾红花卉杯（一对）	直径8cm×2	172,500	太平洋	2014.03.21
清道光 青花缠枝莲梵文高足杯	高11cm	115,000	北京保利	2014.06.04
清道光 青花夔凤纹盖碗尊	高20cm	517,500	翰风国际	2014.04.30
清道光 光绪 宣统 青花云鹤纹碗、粉彩福禄万代纹碗等四只一组	尺寸不一	43,700	北京中汉	2014.04.16
清道光青花人物八仙纹碗（一对）	直径15.2cm×2	287,500	上海道明	2014.03.27
清道光青花牡丹花卉纹碗（一对）	直径10.8cm×2	114,994	纽约苏富比	2014.09.16
清道光 青花龙纹碗（一对）	直径14.5cm×2	109,250	北京保利	2014.06.06
清道光 青花龙纹碗（一对）	直径11cm×2	14,950	北京保利	2014.08.02

拍品名称	物品尺寸	成交价RMB	拍卖公司	拍卖日期
清道光 青花花卉纹碗（一对）	直径15.4cm×2	86,250	中国嘉德	2014.05.18
清道光青花海水龙纹碗（一对）	直径10.3cm×2	336,000	北京荣宝	2014.06.15
清道光 青花海水赶珠龙纹茶碗（一对）	直径112cm×2	172,500	北京中汉	2014.11.21
清道光青花缠枝花卉碗（两件）	直径10.8cm	253,000	北京翰海	2014.05.11
清道光青花缠枝花卉碗（两件）	直径16.8cm	172,500	北京翰海	2014.05.11
清道光 胭脂红地青花海水八仙纹碗	直径22.3cm	17,250	北京中汉	2014.11.21
清道光 外矾红八宝内青花花卉纹碗	直径14.8cm	69,000	北京匡时	2014.06.04
清道光 青花云龙纹折腰碗	直径17.3cm	115,000	中国嘉德	2014.03.23
清道光 青花云龙纹折腰碗	直径17.3cm	392,000	天津文物	2014.11.15
清道光 青花云龙纹碗	直径14.9cm	280,000	天津文物	2014.05.16
清道光 青花云龙纹碗	直径11cm	89,600	天津文物	2014.05.16
清道光 青花云龙纹碗	直径14.5cm	106,400	天津文物	2014.11.15
清道光 青花云龙福寿碗	直径13.1cm	172,500	北京翰海	2014.10.26
清道光 青花牡丹花大碗	直径16.7cm	11,200	北京荣宝	2014.06.15
清道光 青花留白云龙纹碗	直径10.2cm	89,600	天津文物	2014.11.15
清道光 青花花卉梵文碗	直径15cm	28,750	北京保利	2014.10.25
清道光 青花荷塘鸳鸯图卧足碗	直径16.8cm	17,250	中国嘉德	2014.03.23
清道光 青花海兽纹大碗	直径19cm	13,800	中国嘉德	2014.03.23
清道光 青花淡描荷塘鸳鸯纹卧足碗	直径16.6cm	172,500	北京东正	2014.11.20
清道光 青花穿花祥凤纹碗	直径26.6cm	287,500	保利厦门	2014.11.02
清道光 青花缠枝莲纹碗	直径16.5cm	89,700	华艺国际	2014.05.31
清道光 青花缠枝莲纹碗	直径19.7cm	65,184	纽约佳士得	2014.03.20
清道光 青花缠枝莲纹碗	直径11.5cm	172,500	八益拍卖	2014.10.25
清道光 青花缠枝莲纹碗	直径16.6cm	20,700	北京诚轩	2014.11.20
清道光 青花缠枝花卉碗	直径16cm	46,000	北京翰海	2014.05.11
清道光 青花八仙人物碗	直径14.8cm	184,000	北京匡时	2014.06.04
清道光 青花八卦纹碗	直径15.3cm	40,250	南京经典	2014.01.06
清道光 内青花外蓝地轧道粉彩云纹开光天河配神仙人物故事图碗	直径14.8cm	230,000	中国嘉德	2014.03.23
清道光 青花双凤纹盘（一对）	直径26.5cm×2	253,000	广州皇玛	2014.04.27
清道光 青花双凤纹盘（一对）	直径27cm×2	280,000	武汉中信	2014.10.23
清道光 青花忍冬纹盘（一对）	直径15cm×2	172,500	北京盈时	2014.05.31
清道光 青花龙纹盘（一对）	直径17cm×2	138,000	苏州东方	2014.05.30
清道光 青花龙纹盘（一对）	直径17cm×2	358,400	武汉中信	2014.10.23
清道光 青花龙纹盘（一对）	直径16.5cm×2	63,250	北京保利	2014.10.25
清道光 青花立龙纹盘（一对）	直径26.5cm×2	345,000	北京东正	2014.11.20
清道光 青花贯套花纹盘（一对）	直径15.5cm×2	32,200	北京匡时	2014.06.04
清道光 青花缠枝莲盘（一对）	直径15.3cm×2	230,000	八益拍卖	2014.10.24
清道光 青花寿字盘（两件）	直径15cm×2	32,200	北京翰海	2014.01.12
清道光 青花云鹤盘（两件）	直径16.5cm	138,000	北京翰海	2014.05.11
清道光 青花人物岁寒三友盘（两件）	直径18.1cm	506,000	北京翰海	2014.05.11
清道光 青花缠枝花卉盘（两件）	直径15.2cm	103,500	北京翰海	2014.05.11
清道光 青花云龙盘	直径26.5cm	51,750	北京翰海	2014.04.13
清道光 青花万寿紋盘	直径27.2cm	170,850	香港苏富比	5/27/2014
清道光 青花岁寒三友纹盘	直径18.1cm	392,000	天津文物	2014.05.16
清道光 青花岁寒三友人物故事盘	直径18cm	63,250	中鸿信	2014.11.22
清道光 青花双龙赶珠纹盘	直径27cm	25,300	北京中汉	2014.11.21
清道光 青花三龙戏珠纹盘	直径25.2cm	115,031	纽约佳士得	2014.03.20
清道光 青花龙纹盘	直径26.7cm	89,600	天津文物	2014.05.16
清道光 青花龙纹盘	直径16.5cm	11,500	北京翰海	2014.11.23
清道光 青花勾莲盘	直径15cm	59,800	北京翰海	2014.11.23
清道光 青花矾红海水龙纹盘	直径17.5cm	161,000	中国嘉德	2014.03.23
清道光 青花淡描龙纹盘	直径17.3cm	69,000	太平洋	2014.03.21
清道光 青花缠枝四季花卉纹盘	直径13.6cm	63,250	北京诚轩	2014.05.19

(成交价RMB：1万元以上)

拍品名称	物品尺寸	成交价RMB	拍卖公司	拍卖日期
清道光 青花缠枝莲纹盘	直径15.2cm	29,900	中国嘉德	2014.06.21
清道光 青花缠枝莲纹盘	直径15.4cm	28,750	中国嘉德	2014.03.23
清道光 青花缠枝莲纹盘	直径15.2cm	23,000	中国嘉德	2014.06.21
清道光 青花缠枝花卉盘	直径13.6cm	109,250	北京翰海	2014.05.11
清道光 青花把莲纹盘	直径11.6cm	33,600	天津文物	2014.05.16
清道光 青花龙纹盘（一对）	直径16.6cm	71,300	北京保利	2014.12.05
清道光 青花忍冬纹盘（一对）	口径15.6cm	172,500	西泠拍卖	2014.12.13
清道光 青花釉里红大印泥盒	直径12.7cm	109,250	太平洋	2014.06.25
清道光 青花云龙大缸	直径42cm	1,725,000	广州皇玛	2014.01.02
清道光 青花龙纹缸	直径40cm	43,700	北京保利	2014.04.26
清道光 青花龙凤小碟	直径10cm	20,700	北京保利	2014.04.26
清道光 青花缠枝莲纹渣斗	直径8.6cm	280,000	天津文物	2014.05.16
清道光 青花缠枝花卉纹小渣斗（一对）	高8.5cm×2	460,125	纽约佳士得	2014.03.20
清道光 青花八骏花盆（一对）	高25cm×2	34,500	北京保利	2014.08.02
清道光 青花开光博古图双联笔筒	长16.7cm	322,000	苏州东方	2014.05.30
清道光 青花缠枝莲纹笔筒	高12cm	230,000	北京保利	2014.12.03
清道光 外青花云龙纹内粉彩鱼戏图洗	直径23cm	13,800	中鸿信	2014.11.22
清中期 青花喜字天球瓶	高41cm	34,500	北京翰海	2014.11.23
清中期 青花松鹤延年图纹大瓶	高89cm	138,000	广州皇玛	2014.04.27
清中期 青花山水人物诗文穿带瓶	高21.3cm	34,500	中国嘉德	2014.09.21
清中期 青花三多盘口瓶	高44cm	10,350	北京保利	2014.10.25
清中期 青花瑞果纹葫芦瓶	高21cm	92,000	中国嘉德	2014.05.18
清中期 青花鹿鹤同春大瓶	高79cm	34,500	北京保利	2014.08.02
清中期 青花花鸟纹双象耳瓶	高27cm	17,250	北京匡时	2014.09.17
清中期 青花花卉象耳方瓶	高31cm	51,750	广州皇玛	2014.01.02
清中期 青花东坡游湖纹竹节贯耳大瓶	高55cm	109,250	太平洋	2014.06.25
清中期 青花缠枝牡丹纹灯笼瓶	高20cm	46,000	中国嘉德	2014.06.21
清中期 青花缠枝莲纹长颈瓶	高34cm	32,200	中国嘉德	2014.06.21
清中期 青花缠枝莲纹小贯耳瓶	高10.8cm	13,800	中国嘉德	2014.09.21
清中期 青花缠枝莲盘口瓶	高48cm	17,250	北京保利	2014.10.25
清中期 青花缠枝莲六方瓶	高27cm	25,300	北京保利	2014.01.11
清中期 青花缠枝莲八吉祥纹贯耳瓶	高73cm	74,750	保利厦门	2014.11.02
清中期 青花冰梅牡丹方瓶	高24.5cm	20,700	北京翰海	2014.04.13
清中期 酱釉青花龙纹瓶	高27cm	11,500	北京保利	2014.10.25
清中期 豆青地青花松竹梅三清图盘口瓶	高41.3cm	35,650	苏州东方	2014.05.30
清中期 青花缠枝莲纹长颈瓶	高33.8cm	46,000	中鸿信	2014.11.22
清中期 青花荷叶式杯（一对）	直径8.1cm×2	11,500	北京中汉	2014.09.22
清中期 青花山水人物诗文杯	直径6.5cm	23,000	北京中汉	2014.11.21
清中期 青花淡描花卉纹爵杯	高8.1cm	69,000	北京中汉	2014.05.17
清中期 青花云龙纹海棠式花盆（两件）	长18.7cm	92,000	北京翰海	2014.05.11
清中期 青花寿字方盆	41cm×28cm	36,800	广州皇玛	2014.04.27
清中期 青花缠枝莲纹小花盆	直径14.3cm	109,250	北京诚轩	2014.05.19
清中期 青花人物故事图小罐	高9.8cm	11,500	北京中汉	2014.09.22
清中期 青花卢仝煮茶图诗文小罐	高6cm	17,250	中国嘉德	2014.06.21
清中期 青花花卉壮罐	高23cm	11,500	北京保利	2014.04.26
清中期 青花矾红福庆连绵图罐	高18.3cm	40,250	中国嘉德	2014.06.21
清中期 青花花卉缸（两件）	直径24.5cm×2	11,500	北京翰海	2014.11.23
清中期 青花山水人物鱼缸	直径40cm	92,000	广州皇玛	2014.04.27
清中期 青花人物缸	直径36cm	11,500	北京保利	2014.04.26
清中期 青花牡丹花卉大缸	高49cm	172,500	北京翰海	2014.10.26
清中期 青花九龙闹海画缸	直径74.5cm	402,500	北京盈时	2014.05.31
清中期 青花花鸟大缸	直径59cm	39,100	北京保利	2014.04.26
清中期 青花勾莲大缸	直径53cm	92,000	北京翰海	2014.11.23
清中期 煨瓷青花冰梅纹盏托（一组五只）	长16cm	62,425	中拍国际	2014.06.04
清中期 青花龙纹洗	直径33cm	28,750	北京保利	2014.04.26
清中期青花龙纹雕瓷屏心（一对）	直径27cm×2	81,869	中国嘉德	2014.10.07
清中期 青花勾莲帽筒（两件）	高31cm×2	48,300	北京翰海	2014.11.23
清中期 青花刀马人物图笔筒	直径25.7cm	144,200	北京中联	2014.09.09
清中期青花淡描云龙盅（一对）	长5.5cm×2	34,500	上海嘉泰	2014.06.19
清中期 青花缠枝莲纹出戟花插	高31.2cm	51,750	中国嘉德	2014.06.21

拍品名称	物品尺寸	成交价RMB	拍卖公司	拍卖日期
清咸丰 青花冰梅开光人物双耳扁瓶	高43.5cm	86,250	北京翰海	2014.11.23
清咸丰 青花八仙人物纹八方瓶（一对）	高45.5cm×2	113,000	辽宁建投	2014.06.08
清咸丰 青花云鹤纹碗	直径13.8cm	230,000	中国嘉德	2014.05.18
清咸丰 青花三果碗	直径15.4cm	184,000	北京翰海	2014.10.26
清咸丰 青花三多纹碗	直径15.4cm	34,500	中国嘉德	2014.03.23
清咸丰 青花工笔调色盘砚	长15.6cm	17,250	北京传是	2014.06.05
清咸丰 青花缠枝莲纹碗	直径16.5cm	14,950	北京中汉	2014.11.21
清同治 青花缠枝花卉赏瓶	高39cm	402,500	西泠拍卖	2014.12.13
清同治 青花缠枝莲赏瓶	高38.8cm	517,500	北京匡时	2014.12.03
清同治 青花缠枝莲赏瓶	高40cm	69,000	北京保利	2014.04.26
清同治 青花缠枝花卉纹赏瓶	高37.4cm	224,060	伦敦苏富比	2014.05.14
清同治 青花缠枝花卉赏瓶	高38.6cm	828,000	北京翰海	2014.05.11
清同治 青花云凤纹盘（一对）	直径17cm×2	189,750	上海敬华	2014.07.01
清同治 青花福寿纹盘（一对）	直径14.3cm×2	80,500	太平洋	2014.09.19
清同治青花缠枝纹大盘（一对）	直径25.1cm×2	23,000	中国嘉德	2014.09.21
清同治 青花缠枝莲纹盘（一对）	直径15.5cm×2	39,550	广东省拍	2014.06.22
清同治青花缠枝莲纹盘（一对）	直径25.3cm×2	25,300	中国嘉德	2014.06.21
清同治青花一把莲纹小盘（六只）	直径11cm×6	230,000	北京匡时	2014.06.04
清同治 青花云龙纹盘	直径26.6cm	82,800	北京翰海	2014.10.26
清同治 青花松竹梅盘	直径18.5cm	115,000	华艺国际	2014.05.31
清同治 青花松竹梅盘	直径17.5cm	57,500	北京盈时	2014.05.31
清同治 青花勾莲盘	直径13.5cm	48,300	北京翰海	2014.11.23
清同治 青花缠枝莲纹盘	直径15.6cm	61,600	天津文物	2014.11.15
清同治 青花缠枝莲纹盘	直径15.5cm	13,800	中国嘉德	2014.09.21
清同治 青花山水缸	直径47cm	46,000	北京保利	2014.04.26
清同治 青花龙纹炉	直径25cm	23,000	北京保利	2014.08.02
清同治 青花缠枝莲如意纹渣斗（一对）	高9cm×2	299,000	北京东正	2014.05.18
清同治 青花缠枝莲花盆	直径36cm	13,800	北京保利	2014.04.26
清同治 青花缠枝莲福寿纹碗（一对）	直径16cm×2	69,000	香港拍得高	2014.08.01
清同治青花缠枝莲纹盘（一对）	直径15.5cm×2	44,160	香港拍得高	2014.08.01
清光绪青花缠枝莲纹赏瓶（一对）	高38.5cm×2	1,035,000	苏州东方	2014.10.30
清光绪青花缠枝莲纹赏瓶（一对）		517,500	保利厦门	2014.11.02
清光绪 青花缠枝莲赏瓶（一对）	高39.2cm×2	299,000	北京保利	2014.06.04
清光绪 青花竹石芭蕉玉壶春瓶	高28cm	161,000	八益拍卖	2014.10.24
清光绪 青花竹石芭蕉纹玉壶春瓶	高29.5cm	115,000	苏州东方	2014.05.30
清光绪 青花云龙梅瓶	高33cm	55,200	广州皇玛	2014.04.27
清光绪 青花饕餮纹贯耳瓶	高35.9cm	179,200	天津文物	2014.11.15
清光绪 青花松鹤葫芦瓶	高57cm	34,500	北京保利	2014.04.26
清光绪 青花松鹤葫芦瓶	高58cm	36,800	北京保利	2014.10.25
清光绪 青花三果梅瓶	高23cm	20,700	北京翰海	2014.04.13
清光绪 青花龙纹天球瓶	高43.5cm	57,500	北京保利	2014.04.26
清光绪 青花龙凤纹赏瓶	高39.5cm	109,250	北京传是	2014.06.05
清光绪 青花龙凤纹赏瓶	高40cm	103,500	八益拍卖	2014.10.25
清光绪 青花开光博古梅瓶	高55cm	13,800	北京保利	2014.04.26
清光绪 青花绘竹石芭蕉玉壶春瓶	高28.9cm	310,500	苏州东方	2014.10.30
清光绪 青花洞石芭蕉图玉壶春瓶	高29cm	17,250	北京中汉	2014.09.22
清光绪 青花翠竹芭蕉纹玉壶春瓶	高28.5cm	74,415	伦敦苏富比	2014.11.05
清光绪 青花穿花龙纹大梅瓶	高47cm	23,000	中国嘉德	2014.06.21
清光绪 青花螭龙纹荸荠瓶	高33.5cm	287,500	八益拍卖	2014.10.24
清光绪 青花缠枝莲纹赏瓶	高39cm	289,960	伦敦邦瀚斯	2014.05.15
清光绪 青花缠枝莲纹赏瓶	高39cm	236,509	中国嘉德	2014.10.07
清光绪 青花缠枝莲纹赏瓶	高385cm	218,500	北京中汉	2014.11.21
清光绪 青花缠枝莲纹赏瓶	高39cm	207,000	中国嘉德	2014.09.21
清光绪 青花缠枝莲托八宝纹贯耳大瓶	高71.5cm	46,000	中国嘉德	2014.03.23
清光绪 青花缠枝莲托八宝贯耳瓶	高49cm	28,750	北京保利	2014.08.02
清光绪 青花缠枝莲赏瓶	高39cm	345,000	广州皇玛	2014.01.02
清光绪 青花缠枝莲赏瓶	高38cm	293,250	北京保利	2014.06.06
清光绪 青花缠枝莲赏瓶	高37.5cm	276,000	北京盈时	2014.05.31

2014瓷器拍卖成交汇总

(成交价RMB：1万元以上)

拍品名称	物品尺寸	成交价RMB	拍卖公司	拍卖日期
清光绪 青花缠枝莲赏瓶	高39.5cm	368,000	八益拍卖	2014.10.24
清光绪 青花缠枝莲赏瓶	高39.5cm	368,000	八益拍卖	2014.10.24
清光绪 青花缠枝花卉纹赏瓶	高34cm	613,500	纽约佳士得	2014.03.20
清光绪 青花缠枝花卉纹赏瓶	高38.3cm	322,000	中国嘉德	2014.05.18
清光绪 青花缠枝花卉赏瓶	高39.4cm	379,500	北京翰海	2014.05.11
清光绪 青花缠枝花卉赏瓶	高38.7cm	86,250	北京翰海	2014.05.11
清光绪 青花缠枝花卉赏瓶	高38.9cm	299,000	北京翰海	2014.10.26
清光绪 青花缠枝花卉赏瓶	高39cm	287,500	北京翰海	2014.10.26
清光绪 青花冰梅开光人物抱月瓶	高28cm	10,350	北京保利	2014.08.02
清光绪 青花百蝶葫芦瓶	高45cm	32,200	北京保利	2014.04.26
清光绪 豆青青花山水瓶	高33cm	36,800	北京保利	2014.04.26
清光绪 黄地青花描金蝠寿纹方瓶（一对）	高44.5cm×2	130,000	北京九歌	2014.12.17
清光绪 青花芭蕉竹石纹玉壶春瓶	高29cm	368,000	西泠拍卖	2014.12.13
清光绪 豆青青花八骏图瓶	高40cm	92,000	北京保利	2014.04.26
清光绪 青花十八学士登瀛洲人物故事图花觚	高46cm	13,800	中国嘉德	2014.09.21
清光绪 青花缠枝花卉小花觚	高9.5cm	11,500	北京保利	2014.10.25
清光绪 青花岁寒三友鹿头尊	高33cm	184,000	太平洋	2014.09.19
清光绪 青花鹿头尊	高48cm	184,000	北京保利	2014.10.25
清光绪 青花凤凰牡丹图凤尾尊	高47.4cm	11,500	中国嘉德	2014.09.21
清光绪 青花缠枝莲托八宝纹辅首尊	高44.2cm	287,500	北京匡时	2014.06.04
清光绪 青花缠枝莲托八宝辅首尊	高49cm	13,800	北京保利	2014.04.26
清光绪 青花山水纹杯（一对）	直径6.3cm×2	11,500	中国嘉德	2014.09.21
清光绪青花洞石兰花图杯（三只）	直径5.6cm	17,250	中国嘉德	2014.09.21
清光绪 青花双龙戏珠纹仰钟式杯	直径13cm	86,250	北京诚轩	2014.05.19
清光绪 青花龙纹盖杯	直径10.5cm	40,250	广州皇玛	2014.01.02
清光绪 青花花神杯	高4.5cm	11,500	北京翰海	2014.08.24
清光绪青花云鹤八卦纹碗（一对）	直径13.8cm×2	40,250	中鸿信	2014.11.22
清光绪青花西番莲纹碗（一对）	直径14.5cm×2	11,500	北京保利	2014.01.11
清光绪青花岁寒三友纹碗（一对）	直径13cm×2	92,000	太平洋	2014.03.21
清光绪 青花双龙赶珠纹盖碗（一对）	直径11.5cm×2	149,500	华艺国际	2014.04.13
清光绪青花矾红云蝠碗（一对）	口径14cm×2	63,250	西泠拍卖	2014.05.06
清光绪 青花矾红莲托八宝碗（一对）	直径10.3cm×2	92,000	太平洋	2014.03.21
清光绪青花缠枝花卉纹碗（一对）	直径11.4cm×2	74,750	北京诚轩	2014.05.19
清光绪 青花八仙碗（一对）	直径11cm×2	46,000	广州皇玛	2014.01.02
清光绪 青花八仙图碗（一对）	直径15.4cm×2	23,000	中国嘉德	2014.06.21
清光绪窑 青花海水八卦仙鹤纹碗（一对）	口径13.7cm×2	73,968	宝港国际	2014.05.27
清光绪 青花花卉碗（两件）	直径11.5cm×2	36,800	北京翰海	2014.08.24
清光绪 青花勾莲碗（两件）	直径11cm×2	40,250	北京翰海	2014.04.13
清光绪 青花八卦纹碗（两件）	直径12cm×2	48,300	北京翰海	2014.04.13
清光绪 胭脂红地青花海水八仙纹碗	直径22cm	34,500	北京中汉	2014.11.21
清光绪 青花云龙纹碗	直径20cm	112,000	天津文物	2014.05.16
清光绪 青花云龙纹碗	直径11.2cm	67,200	天津文物	2014.05.16
清光绪 青花云龙纹碗	直径10.8cm	53,760	天津文物	2014.05.16
清光绪 青花云龙纹盖碗	直径10.5cm	28,750	太平洋	2014.09.19
清光绪 青花云龙碗	直径10.5cm	13,800	北京翰海	2014.11.23
清光绪 青花云鹤八卦纹碗	直径13.5cm	40,250	太平洋	2014.09.19
清光绪 青花松竹梅碗	直径13cm	13,800	北京保利	2014.10.25
清光绪 青花松虬纹碗	直径12.9cm	11,500	中国嘉德	2014.06.21
清光绪 青花龙纹碗	直径22.3cm	46,000	上海道明	2014.03.27
清光绪 青花莲托八宝万寿无疆纹碗	直径18.3cm	10,350	北京中汉	2014.09.22
清光绪 青花花卉纹碗	口径11.5cm	11,500	西泠拍卖	2014.05.06
清光绪 青花花卉碗	直径11.5cm	46,000	北京翰海	2014.11.23
清光绪 青花荷花碗	直径15.5cm	13,800	北京翰海	2014.01.12
清光绪 青花矾红五福碗	直径14cm	34,500	广州皇玛	2014.01.02
清光绪 青花缠枝莲纹碗	直径16.8cm	22,400	天津文物	2014.05.16

拍品名称	物品尺寸	成交价RMB	拍卖公司	拍卖日期
清光绪 青花缠枝花卉碗	直径16.3cm	63,250	北京翰海	2014.10.26
清光绪 青花八仙碗	直径22.3cm	40,250	北京匡时	2014.06.04
清光绪 青花八仙碗	直径22cm	28,750	北京匡时	2014.06.04
清光绪 青花八仙图碗	直径22.5cm	63,250	中国嘉德	2014.06.21
清光绪 青花八卦云鹤纹碗	直径13.8cm	50,400	武汉中信	2014.10.23
清光绪 青花八卦云鹤纹碗	直径13.7cm	43,700	中国嘉德	2014.09.21
清光绪 黄地轧道开光内青花花卉碗	直径15.2cm	59,800	广州皇玛	2014.04.27
清光绪 青花山水花盆（一对）	直径27cm×2	48,300	北京保利	2014.04.26
清光绪 青花花盆（两件）	直径26cm;直径24cm	34,500	北京保利	2014.08.02
清光绪 青花岁寒三友图温盆	直径19.5cm	57,500	中国嘉德	2014.06.21
清光绪 青花花鸟花盆	直径27cm	11,500	北京保利	2014.04.26
清光绪 青花云龙纹小盘（一对）	直径10cm×2	11,500	中国嘉德	2014.09.21
清光绪 青花松树盘（一对）	直径15cm×2	36,800	北京保利	2014.08.02
清光绪 青花龙纹盘（一对）	直径18.7cm×2	97,750	北京诚轩	2014.11.20
清光绪 青花缠枝莲纹盘（一对）	直径15.4cm×2	46,000	中国嘉德	2014.03.23
清光绪 青花缠枝莲纹盘（一对）	直径15.6cm×2	36,800	中国嘉德	2014.09.21
清光绪 青花缠枝莲纹盘（一对）	直径15.7cm×2	34,500	中国嘉德	2014.09.21
清光绪 青花缠枝莲纹盘（一对）	直径15.4cm×2	17,250	中国嘉德	2014.09.21
清光绪 青花缠枝莲盘（一对）	直径15cm×2	46,000	广州皇玛	2014.01.02
清光绪 青花云龙纹盘（两件）	直径12.5cm	34,500	北京翰海	2014.10.26
清光绪 青花正龙纹大盘	直径33.5cm	172,500	南京经典	2014.01.06
清光绪 青花云龙纹盘	直径38.7cm	138,000	北京翰海	2014.05.11
清光绪 青花云龙纹盘	直径16.4cm	34,500	中国嘉德	2014.09.21
清光绪 青花云龙纹盘	直径18.7cm	23,000	北京翰海	2014.05.11
清光绪 青花云龙纹大盘	直径38.3cm	253,000	中国嘉德	2014.09.21
清光绪 青花云龙纹大盘	直径26.6cm	40,250	中国嘉德	2014.09.21
清光绪 青花松树纹盘	直径19.7cm	22,400	天津文物	2014.11.15
清光绪 青花松虬纹盘	直径19.7cm	20,700	中国嘉德	2014.06.21
清光绪 青花松鹤延年盘	直径19.3cm	57,500	南京经典	2014.01.06
清光绪 青花双龙戏珠大盘	直径34.5cm	13,800	北京保利	2014.08.02
清光绪 青花寿字盘	直径26.5cm	43,700	北京翰海	2014.08.24
清光绪 青花内岁寒三友图外仕女婴戏图盘	直径18.1cm	11,500	中国嘉德	2014.09.21
清光绪 青花龙纹盘	直径16.5cm	36,800	华艺国际	2014.05.31
清光绪 青花龙纹盘	直径27cm	36,386	中国嘉德	2014.10.07
清光绪 青花龙纹大盘	直径26.5cm	23,000	北京保利	2014.06.06
清光绪 青花贯套花卉纹大盘	直径26.7cm	43,700	中国嘉德	2014.09.21
清光绪 青花二龙戏珠纹盘	直径19.1cm	35,840	天津文物	2014.05.16
清光绪 青花缠枝莲纹盘	直径15.5cm	31,360	天津文物	2014.05.16
清光绪 青花缠枝莲纹盘	直径13.8cm	25,300	中国嘉德	2014.03.23
清光绪 青花缠枝莲纹盘	直径19.1cm	17,250	中国嘉德	2014.06.21
清光绪 青花缠枝莲纹盘	直径13.3cm	10,350	中国嘉德	2014.06.21
清光绪 青花缠枝花卉盘	直径15.4cm	13,800	北京翰海	2014.05.11
清光绪 黄地青花九桃牵牛花盘	直径27cm	575,000	北京保利	2014.12.03
清光绪 青花炉（五件）	尺寸不一	28,750	北京保利	2014.08.02
清光绪 青花云龙纹捧盒	直径28cm	230,000	上海敬华	2014.07.01
清光绪 青花穿花龙纹罐 花觚 葫芦瓶各两件	尺寸不一	43,700	中国嘉德	2014.06.21
清光绪 青花龙纹花卉罐	直径40cm	40,250	北京保利	2014.04.26
清光绪 青花龙纹盖罐	宽18cm	172,500	北京保利	2014.06.06
清光绪 青花花鸟纹盖罐	高42cm	46,000	太平洋	2014.03.21
清光绪 青花缠枝莲纹罐	高37.9cm	78,400	天津文物	2014.11.15
清光绪 青花缠枝莲盖罐	高29cm	13,800	北京保利	2014.01.11
清光绪 青花缠枝花卉罐	高39cm	172,500	北京翰海	2014.10.26
清光绪 青花百子将军罐	高34cm	20,700	北京保利	2014.04.26
清光绪 青花人物缸（一对）	直径56cm×2	218,500	北京保利	2014.04.26
清光绪 青花云龙纹缸	直径39cm	25,300	中国嘉德	2014.09.21
清光绪 青花山水人物缸	直径47cm	69,000	北京保利	2014.04.26
清光绪 青花人物故事大缸	直径47cm	63,250	北京保利	2014.04.26
清光绪 青花人物缸	直径40cm	23,000	北京保利	2014.04.26
清光绪 青花龙纹缸	直径41cm	55,200	北京保利	2014.04.26

拍品名称	物品尺寸	成交价RMB	拍卖公司	拍卖日期
清光绪 青花龙纹大缸	直径62.5cm	51,750	北京保利	2014.04.26
清光绪 青花花鸟缸	直径40.5cm	23,000	北京保利	2014.04.26
清光绪 青花花鸟大缸	直径54cm	32,200	北京保利	2014.10.25
清光绪 青花凤凰牡丹缸	直径42cm	36,800	北京保利	2014.04.26
清光绪 青花缠枝花卉纹渣斗（三件）	高8.2cm×3	131,800	伦敦邦瀚斯	2014.05.15
清光绪 青花花果纹渣斗	直径9.1cm	33,600	天津文物	2014.11.15
清光绪 青花云龙纹水洗	直径27cm	15,718	中信国际	2014.06.22
清光绪 青花双龙戏珠纹钵	直径20.5cm	36,904	伦敦邦瀚斯	2014.05.15
清光绪 青花梅兰竹菊双联笔筒	宽19cm	20,700	北京保利	2014.08.02
清光绪 青花龙纹瓷板	长50cm	34,500	北京保利	2014.08.02
清光绪 青花花鸟箭筒	高58cm	17,250	北京保利	2014.04.26
清宣统 青花云龙福寿碗	直径13cm	32,200	北京翰海	2014.11.23
清宣统 青花云鹤八卦纹碗	直径13.5cm	72,800	天津文物	2014.05.16
清宣统 青花云鹤八卦纹碗	直径13.3cm	51,750	北京翰海	2014.05.11
清宣统 青花云鹤八卦纹碗	直径13.5cm	40,250	北京保利	2014.04.26
清宣统 青花寿纹盘	直径25cm	13,800	北京保利	2014.10.25
清宣统 青花山水亭台人物纹双狮耳炉	直径19.8cm	149,500	北京中汉	2014.04.16
清宣统青花秋葵纹卧足杯（四只）	直径8cm×4	22,400	北京荣宝	2014.03.23
清宣统 青花抹红云蝠纹天球瓶	高27cm	47,040	蓝天国拍	2014.02.28
清宣统 青花开光皮球花盖碗（一对）	直径11.2cm×2	57,500	南京经典	2014.01.06
清宣统 青花矾红云蝠捧盒	长20.5cm	32,200	上海嘉泰	2014.06.19
清宣统 青花缠枝莲纹盘	直径15cm	34,500	中国嘉德	2014.09.21
清宣统 青花缠枝莲纹赏瓶	高39cm	179,200	北京荣宝	2014.11.30
清宣统 青花缠枝莲赏瓶	高38.5cm	172,500	上海嘉泰	2014.06.19
清宣统 青花缠枝花卉纹赏瓶	高38.7cm	287,500	上海道明	2014.03.27
清宣统 青花蚕食纹碗（一对）	直径15.7cm×2	23,000	太平洋	2014.09.19
清晚期 青釉地青花瑞兽纹榄（一对）	高47.6cm×2	34,498	纽约苏富比	2014.09.16
清晚期 青花折枝三果纹贯耳瓶	高52cm	276,780	伦敦邦瀚斯	2014.05.15
清晚期青花岁寒三友图杯（三只）	直径10.7cm	28,750	中国嘉德	2014.03.23
清晚期青花山水人物大瓶（一对）	高64cm×2	32,200	北京保利	2014.10.25
清晚期 青花罗汉图大缸	直径60cm	59,800	中国嘉德	2014.03.23
清晚期 青花留白穿花凤纹螭耳大瓶（一对）	高63.5cm×2	28,750	中国嘉德	2014.03.23
清晚期 青花穿花狮纹大缸	直径55cm	57,500	中国嘉德	2014.03.23
清晚期 青花缠枝莲纹大缸	直径54cm	69,000	中国嘉德	2014.03.23
清晚期 青花百鹿尊	高47cm	92,000	中国嘉德	2014.09.21
清晚期 青花八仙人物象耳尊	高35cm	11,500	北京保利	2014.08.02
清晚期 青花岁寒三友双耳瓶	高27cm	47,242	香港富得	2014.03.29
清约1740年 青花开光射手图盖罐及水盆	尺寸不一	739,189	伦敦苏富比	2014.11.05
清19世纪中 一组成套青花缠枝花卉纹花觚一对及盖瓶三件		49,757	斯沃德	2014.04.29
清19世纪 青花穿云游龙纹长颈胆瓶	高47.3cm	37,208	伦敦苏富比	2014.11.05
清18世纪末/19世纪初 青花开光式松下仙鹿纹方瓶	高45.7cm	49,610	伦敦苏富比	2014.11.05
清18世纪 青花云龙戏珠纹梅瓶	高30.3cm	117,824	伦敦苏富比	2014.11.05
清18世纪 青花羲之爱鹅图酒杯	直径6.2cm	122,700	纽约佳士得	2014.03.20
清18世纪 青花龙凤穿花圆盆	直径64.5cm	368,100	纽约佳士得	2014.03.20
清18世纪 青花蝙蝠葫芦纹瓶	高39cm	210,880	伦敦邦瀚斯	2014.05.15
清18世纪 青花龙纹缸	直径61cm	2,177,336	伦敦邦瀚斯	2014.05.15
清18世纪 青花事事如意抱月瓶	高29.6cm	1,495,000	北京华辰	2014.04.27
清18世纪 青花四方童子图双立耳香炉	高14.5cm	253,000	中贸圣佳	2014.07.06
清 青釉堆白青花神仙人物纹兽耳大瓶（一对）	高61.7cm×2	23,000	中国嘉德	2014.06.21
清 青花云纹人物瓶（一对）	高61cm×2	34,500	北京保利	2014.01.11
清青花喜上眉梢图灯笼瓶（一对）	高45cm×2	57,500	华艺国际	2014.04.13
清 青花狮子戏球瓶（一对）	高46cm×2	25,300	北京保利	2014.10.25
清 青花缠枝龙纹瓶（一对）	高44cm×2	55,200	广州皇玛	2014.04.27
清 豆青釉青花荷塘图大螭耳盘口瓶（一对）	高80cm×2	11,500	中国嘉德	2014.09.21
清 青花瓶（两件）	尺寸不一	11,500	北京翰海	2014.11.23

拍品名称	物品尺寸	成交价RMB	拍卖公司	拍卖日期
清 青花料彩壁瓶（两件）	尺寸不一	10,350	北京翰海	2014.11.23
清 青花喜字狮耳瓶（两件）	高63cm	20,700	北京翰海	2014.04.13
清 青釉青花福字瓶	高36.5cm	13,800	中国嘉德	2014.06.21
清 青花竹石芭蕉玉壶春瓶	高28cm	23,000	北京传是	2014.06.05
清 青花折枝花果纹梅瓶	高25.5cm	985,600	成都金沙	2014.11.16
清 青花折枝瓜果蒜头瓶	高28cm	10,350	北京保利	2014.08.02
清 青花云龙纹长颈瓶	高31cm	20,700	中鸿信	2014.11.22
清 青花云龙纹长颈瓶	高51cm	13,800	北京翰海	2014.08.24
清 青花云龙纹大天球瓶	高51cm	161,000	北京保利	2014.08.02
清 青花云龙天球瓶	高52cm	253,000	北京保利	2014.01.11
清 青花云福八卦方瓶	高36.2cm	230,000	北京翰海	2014.05.11
清 青花洋莲双耳扁瓶	高53cm	1,456,000	成都金沙	2014.11.16
清 青花携琴访友梅瓶	高29cm	207,000	北京翰海	2014.11.23
清 青花西洋莲长颈赏瓶	高61.5cm	336,000	成都金沙	2014.11.16
清 青花团凤雕螭虎瓶	高17cm	23,000	北京翰海	2014.11.23
清 青花松竹梅筒式瓶	高47cm	40,250	北京翰海	2014.01.12
清 青花石榴纹净水瓶	高14.5cm	51,750	南京经典	2014.01.06
清 青花山水直颈瓶	高51cm	11,500	北京保利	2014.10.25
清 青花山水人物纹大瓶	高56.8cm	20,700	中国嘉德	2014.06.21
清 青花山水人物狮耳瓶	高45cm	13,800	北京翰海	2014.01.12
清 青花山水人物瓶	高46cm	43,700	北京翰海	2014.11.23
清 青花山水人物棒槌瓶	高29cm	32,200	北京翰海	2014.11.23
清 青花山水梅瓶	高26cm	28,750	北京保利	2014.10.25
清 青花牡丹纹梅瓶	高43.6cm	9,980,850	澳门中信	2014.11.30
清 青花山水棒槌瓶	高46cm	138,000	北京翰海	2014.08.24
清 青花三多蒜口瓶	高28.5cm	310,500	北京翰海	2014.10.26
清 青花三多蒜口瓶	高24.2cm	92,000	北京翰海	2014.10.26
清 青花人物纹天球瓶	高55cm	20,700	中国嘉德	2014.09.21
清 青花人物狮耳瓶	高20cm	11,500	北京翰海	2014.01.11
清 青花人物六孔瓶	高26cm	69,000	北京翰海	2014.01.11
清 青花龙纹瓶	高35cm	11,500	北京翰海	2014.11.23
清 青花龙纹观音瓶	高44cm	40,250	北京保利	2014.08.02
清 青花龙纹大瓶	高58cm	13,800	北京翰海	2014.01.12
清 青花龙凤纹灯笼瓶	高38.5cm	17,250	中国嘉德	2014.03.23
清 青花龙凤盘口瓶	高60cm	23,000	北京翰海	2014.01.11
清 青花龙穿莲纹天球瓶	高59cm	1,344,000	成都金沙	2014.11.16
清 青花龙穿花大瓶	高63cm	13,800	北京翰海	2014.08.24
清 青花开光花卉天球瓶	高32cm	17,250	北京翰海	2014.01.12
清 青花加彩双龙耳葫芦瓶	高18cm	89,700	华艺国际	2014.05.31
清 青花花鸟纹一统瓶	高16.5cm	92,000	南京经典	2014.01.06
清 青花花鸟纹抱月瓶	高49cm	172,500	北京盘古	2014.06.25
清 青花花鸟双耳瓶	高35cm	17,250	北京翰海	2014.04.13
清 青花和合二仙图棒槌瓶	高44.8cm	69,000	中国嘉德	2014.03.23
清 青花海水波涛龙纹梅瓶	高35.5cm	14,300,000	中信拍卖	2014.07.14
清 青花福寿葫芦瓶	高12.8cm	23,000	北京翰海	2014.10.26
清 青花矾红云蝠纹葫芦瓶	高31cm	92,000	西泠拍卖	2014.05.06
清 青花淡描花卉天球瓶	高43cm	23,000	北京翰海	2014.04.13
清 青花穿花龙纹瓶	高38cm	4,480,000	成都金沙	2014.11.16
清 青花穿花龙纹梅瓶	高34.5cm	1,344,000	成都金沙	2014.11.16
清 青花缠枝莲纹赏瓶	高39cm	34,500	中国嘉德	2014.09.21
清 青花缠枝莲纹盘口瓶	高51cm	34,500	中国嘉德	2014.03.23
清 青花缠枝莲托八宝瓶	高64cm	63,250	北京保利	2014.04.26
清 青花缠枝莲天球瓶	高55cm	25,300	北京保利	2014.08.02
清 青花缠枝莲赏瓶	高40cm	13,800	北京保利	2014.01.11
清 青花缠枝花卉喜字天球瓶	高33cm	18,400	北京翰海	2014.04.13
清 青花缠枝花卉纹琮式瓶	高36.5cm	672,000	成都金沙	2014.11.16
清 青花缠枝花卉团寿纹螭耳扁瓶	高50.5cm	1,232,000	成都金沙	2014.11.16
清 青花缠枝花卉赏瓶	高39.5cm	92,000	北京翰海	2014.01.11
清 青花缠枝花卉三果天球瓶	高50.2cm	690,000	北京翰海	2014.05.11
清 青花缠枝花卉龙纹双耳瓶	高22cm	34,500	北京翰海	2014.10.26
清 青花冰梅葫芦瓶	高28cm	23,000	北京翰海	2014.01.12
清 青花百寿字大盘口瓶	高54cm	43,700	中国嘉德	2014.09.21
清 仿永宣青花三多纹小抱月瓶	高12cm	80,500	北京翰海	2014.05.10
清 豆青釉青花狮球图天球瓶	高36cm	20,700	中国嘉德	2014.09.21
清 豆青青花双耳瓶	高33cm	44,800	武汉中信	2014.10.23
清 青花三多玉壶春瓶	高24cm	29,900	北京保利	2014.04.26
清青花花卉 红彩描金壶（两件）	尺寸不一	13,800	北京翰海	2014.08.24
清 青花折枝瑞果纹执壶	高22cm	1,849,200	澳门中信	2014.06.08

2014瓷器拍卖成交汇总

(成交价RMB：1万元以上)

拍品名称	物品尺寸	成交价RMB	拍卖公司	拍卖日期
清 青花缨络纹铺首双耳尊	高29cm	694,400	成都金沙	2014.11.16
清 青花寿字摇铃尊	高18.5cm	103,500	北京翰海	2014.08.24
清 青花神面兽出戟双耳尊	高36.8cm	385,000	中信拍卖	2014.07.14
清 青花加紫人物石榴尊	高28cm	17,250	北京翰海	2014.04.13
清 青花花卉石榴尊	高43cm	63,250	北京保利	2014.04.26
清 青花勾莲八宝双耳尊	高49cm	345,000	北京翰海	2014.04.13
清 青花缠枝牡丹兽耳尊	高25cm	149,500	北京保利	2014.01.11
清 青花缠枝莲纹铺首尊	高25.6cm	34,500	中国嘉德	2014.06.21
清 青花缠枝莲纹铺首衔环耳尊	高38.7cm	56,000	天津文物	2014.05.16
清 青花缠枝莲双兽耳尊	高13cm	17,250	北京保利	2014.10.25
清 青花缠枝花卉纹螭耳尊	高45.5cm	952,000	成都金沙	2014.11.16
清 暗刻海水青花鱼戏图鹿头尊	高44.5cm	92,000	香港淳浩	2014.07.30
清青花忍冬如意卧足碗（一对）	直径11cm×2	23,000	上海嘉泰	2014.06.19
清 青花福寿八宝纹花口折腰碗（一对）	直径10cm×2	11,500	北京保利	2014.04.26
清 青花二龙赶珠盖碗（一对）	径10.8cm×2	10,350	北京传是	2014.06.05
清 青花缠枝莲纹碗（一对）	口径20cm×2	34,500	浙江世贸	2014.07.27
清 青花八卦海水纹碗（一对）	直径9.5cm×2	34,500	北京保利	2014.04.26
清 青花夔龙碗（两件）	直径15cm×2	32,200	北京翰海	2014.01.12
清 青花黄地开光花卉碗（两件）	直径15.5cm	138,000	北京翰海	2014.01.11
清 青花云龙碗（两件）	直径13cm×2	126,500	北京翰海	2014.04.13
清 青花余庆堂对碗	高7.7cm	6,320,083	香港华洋	2014.06.26
清 青花双龙戏珠碗	直径19.7cm	36,800	河南日信	2014.06.01
清 内青花云龙纹外酱釉折腰碗	直径19.5cm	13,800	中国嘉德	2014.09.21
清 青花高足碗	直径21.5cm	48,240	罗芙奥	2014.05.25
清 青花山水人物帽筒	高28.5cm	11,500	北京翰海	2014.08.24
清 青花卉纹水仙盆（一对）	长25.5cm×2	358,400	成都金沙	2014.11.16
清 青花缠枝莲纹花盆（一对）	直径37cm×2	23,000	中国嘉德	2014.09.21
清 青花云龙纹海棠式水仙盆	长18.7cm	13,800	北京中汉	2014.09.22
清 青花山水纹方盆	长48cm	218,500	南京经典	2014.04.27
清 青花夔凤穿莲纹花盆	直径36cm	42,560	天津文物	2014.05.16
清 青花盘（四只）	尺寸不一	11,500	中国嘉德	2014.06.21
清 青花云龙纹盘（两件）	直径19cm	84,000	蓝天国拍	2014.02.28
清 青花婴戏图折沿盘	长22cm	36,800	华艺国际	2014.04.13
清 青花山水人物茶盘	长28cm	32,200	北京保利	2014.01.11
清 青花人物故事盘	直径27cm	34,500	北京盘古	2014.06.25
清 青花乾隆龙纹盘	直径16.5cm	34,500	辽宁中正	2014.05.25
清 青花花蝶纹文具盘	长41.8cm	20,700	中国嘉德	2014.09.21
清 青花海水龙纹盘	长17.7cm	46,000	浙江世贸	2014.07.27
清 青花洞石花鸟纹盘	口径29cm	35,840	成都金沙	2014.11.16
清 青花缠枝莲纹盘	长34cm	103,500	浙江世贸	2014.07.27
清 青花宝相花盘	直径20cm	11,500	北京保利	2014.10.25
清 青花山水纹香炉	直径11.8cm	40,250	南京经典	2014.01.06
清 青花山水三足炉	直径24cm	14,950	北京翰海	2014.11.23
清 青花人物香炉	宽21cm	20,700	北京保利	2014.10.25
清 青花龙纹香炉	直径17.5cm	40,250	南京经典	2014.01.06
清 青花衣锦还乡印盒	直径6.5cm	23,000	深圳市拍	2014.01.05
清 青花狮纹鸟食罐 粉彩狮纹鸟食罐	尺寸不一	44,800	天津文物	2014.05.16
清青花胭脂红缠枝莲盖罐（一对）	高23.6cm×2	172,500	苏州东方	2014.05.30
清青花岁寒三友图小盖罐（一对）	高9.8cm×2	25,300	中国嘉德	2014.03.23
清 青花花卉纹小将军罐（一对）	单只高11cm×2	63,250	南京经典	2014.01.06
清 青花冰梅纹罐（一对）	高25cm×2	23,000	西泠拍卖	2014.05.06
清 青花罐（五件）	尺寸不一	17,250	北京保利	2014.08.02
清 豆青釉青花人物罐（两件）	高21cm×2	23,000	北京翰海	2014.08.24
清 青花百子图将军罐（两件）	高40cm	94,300	北京翰海	2014.01.11
清 青花山水纹罐	高26cm	59,800	南京经典	2014.01.06
清 青花山水人物莲子罐	高23.8cm	32,200	北京翰海	2014.01.12
清 青花人物罐	长28cm	17,250	北京翰海	2014.08.24
清 青花麒麟罐	高25cm	17,250	北京翰海	2014.11.23
清 青花开光龙虎罐	高31cm	13,800	北京翰海	2014.01.12
清 青花花鸟鸡腿罐	高25.5cm	20,700	北京翰海	2014.01.11
清 青花花鸟罐	高29cm	23,000	北京翰海	2014.04.13
清 青花花卉壮罐	高23cm	10,350	北京保利	2014.08.02
清 青花勾莲莲子罐	高28cm	17,250	北京翰海	2014.04.13
清 青花虫草罐	高26.5cm	74,750	北京盘古	2014.06.25
清 青花藏草纹壮罐	高23cm	721,188	澳门中信	2014.06.08

拍品名称	物品尺寸	成交价RMB	拍卖公司	拍卖日期
清 青花冰梅将军罐	高31cm	13,800	北京翰海	2014.01.12
清 青花花卉人物花觚	高20cm	11,500	北京翰海	2014.11.23
清 青花缠枝莲纹花觚	高52cm	71,415	中信国际	2014.05.18
清 青花山水人物鱼缸	直径23.5cm	99,360	香港富得	2014.07.25
清 青花山水人物鱼缸	直径21.5cm	65,320	香港富得	2014.07.25
清 青花山水人物纹缸	直径40cm	11,500	中国嘉德	2014.06.21
清 青花山水人物缸	高15cm	28,750	北京翰海	2014.08.24
清 青花龙纹大缸	高61.5cm	392,000	武汉中信	2014.10.23
清 青花开光花鸟缸	高35cm	13,800	北京翰海	2014.01.12
清 青花瓜棱小缸	高12cm	13,800	北京保利	2014.08.02
清 青花缠枝莲纹大缸	直径59.7cm	46,000	中国嘉德	2014.06.21
清 黄地青花鱼藻纹大缸	高46cm	46,000	北京翰海	2014.10.26
清 哥瓷青花狮纹缸	直径31.5cm	36,800	北京翰海	2014.04.13
清 青花山水人物纹瓷板	直径58.8cm	23,000	中国嘉德	2014.06.21
清 青花缠枝莲托八宝纹瓷板	直径57cm	69,000	中国嘉德	2014.03.23
清 青花缠枝莲八宝瓷板	直径56cm	23,000	北京保利	2014.08.02
清 青花八宝瓷板	直径53cm	20,700	北京翰海	2014.11.23
清 青花钟馗笔筒	高20.5cm	13,800	北京保利	2014.08.02
清 青花万寿纹笔筒	口径19.5cm	918,400	成都金沙	2014.11.16
清 青花仕女图笔筒	直径18cm	17,250	北京保利	2014.01.11
清 青花山水纹笔筒	高15cm	34,500	南京经典	2014.01.06
清 青花山水人物诗文笔筒	直径18.5cm	138,000	广州皇玛	2014.01.02
清 青花山水人物笔筒	直径14.5cm	92,000	广州皇玛	2014.01.02
清 青花山水人物笔筒	高17.5cm	57,500	北京翰海	2014.01.12
清 青花百寿笔筒	直径20cm	28,750	北京保利	2014.04.26
清 青花花卉仕女杯（两件）	直径8.7cm	48,300	北京翰海	2014.05.11
清 青花山水纹直口杯（一对）	口径5.3cm×2	20,600	北京中联	2014.09.09
清 青花花卉缠枝莲纹碟	直径16cm	44,160	香港富得	2014.07.25
清 青花送子观音像	高39.3cm	48,300	苏州东方	2014.05.30
清 青花神仙人物纹太平有象（一对）	长25cm×2	10,350	中国嘉德	2014.06.21
清 青花缠枝牡丹花弥勒佛	高28.8cm	287,500	翰风国际	2014.04.30
清 青花山水提篮	直径19cm	80,500	北京翰海	2014.01.12
清 青花花卉轴头，哥窑开片画轴头	尺寸不一	20,700	西泠拍卖	2014.05.06
清 青花单色釉瓷器（五件）	尺寸不一	23,000	中国嘉德	2014.09.21
清 青花瓷水承	高6cm	23,000	北京翰海	2014.04.12
清 青花瓷器（八件）	尺寸不一	13,800	中国嘉德	2014.06.21
清 青花缠枝莲纹小鼓墩	直径21.5cm	17,250	中国嘉德	2014.06.21
清19世纪/20世纪 青花龙纹盘	直径51cm	4,504,924	里昂&腾博	2014.06.04
民国 青花缠枝莲龙凤纹抱月瓶（一对）	高45.9cm×2	425,500	中国嘉德	2014.06.21
民国 青花加彩八仙瓶（一对）	高18.5cm×2	28,750	北京保利	2014.04.26
民国 黄地青花龙纹橄榄瓶	高13.7cm	322,000	北京翰海	2014.10.26
民国 青花花鸟瓶	高15.5cm	20,700	北京保利	2014.10.25
民国 青花花鸟双象耳瓶	高63cm	230,000	北京保利	2014.10.25
民国 青花加彩牡丹天球瓶	高33cm	69,000	广州皇玛	2014.04.27
民国 青花人物故事瓶	高29.5cm	17,250	北京保利	2014.10.25
民国 青花人物筒瓶	高44cm	32,200	北京保利	2014.08.02
民国 传王步 铁骨泥青花鸲鹆饲雏图螭耳瓶	高30.5cm	862,500	北京匡时	2014.12.02
民国 王步 青花渊明采菊图观音瓶	高25cm	11,270,000	北京匡时	2014.12.02
民国青花云龙纹花盆带佤（一对）	直径18.1cm×2	59,800	中国嘉德	2014.03.23
民国 青花八骏图花盆（一对）	直径20.5cm×2	31,050	太平洋	2014.06.25
民国 青花花鸟花盆	直径25cm	20,700	北京保利	2014.04.26
民国 青花夔龙纹花盆	直径23cm	31,360	天津文物	2014.11.15
民国 青花印盒（两件）	直径7.5cm×2	25,300	北京翰海	2014.04.13
民国 青花花鸟印盒	直径8cm	13,800	北京翰海	2014.01.12
民国 青花花鸟纹印盒	直径7.3cm	22,400	天津文物	2014.11.15
民国 青花龙凤纹印盒	直径8cm	20,160	天津文物	2014.11.15
民国 王步风格青花印盒	直径5.6	23,000	中鸿信	2014.11.22
民国 青花开光山水人物小盖罐（一对）	高8.5cm×2	18,400	北京保利	2014.04.26
民国 王步 龙腾图·青花瓷板	长39cm；宽26cm	862,500	景德镇华艺	2014.10.20
民国 青花二龙戏珠纹笔筒	高12cm	22,400	天津文物	2014.11.15

(成交价RMB：1万元以上)

拍品名称	物品尺寸	成交价RMB	拍卖公司	拍卖日期
民国 王步 青花海棠观雀图笔筒	高12.5cm	5,060,000	北京匡时	2014.06.03
民国 王步 "愿闻吾过之斋"款青花人物笔筒	直径15.2cm	345,000	中国嘉德	2014.11.20
民国 王步绘青花花鸟纹小笔筒	高16.5cm	920,000	中国嘉德	2014.09.21
民国 王步青花喜闻多子笔筒	高10.5cm	172,500	中鸿信	2014.11.22
民国 王步 "梅花香自苦寒来"青花半圆笔洗	直径15cm	28,750	中国嘉德	2014.11.22
民国 王步(传) 寿山福海青花瓷板	35cm×23.5cm	1,897,500	北京匡时	2014.06.03
民国 青花花鸟纹鹿头尊	高48cm	10,350	中国嘉德	2014.06.21
民国 青花加彩狮钮小炉	高13cm	20,700	北京保利	2014.08.02
民国 青花帽筒（四件）	尺寸不一	17,250	北京保利	2014.08.02
民国 青花帽筒（四件）	尺寸不一	11,500	北京保利	2014.08.02
民国青花山水册页（一套四片）	长26.cm；宽8.8cm	402,500	上海道明	2014.03.27
民国 青花松鹿图帽筒	高34.5cm	28,000	天津文物	2014.05.16
民国 青花通景山水人物图鹿头尊	高32.4cm	67,200	天津文物	2014.11.15
民国 青花团凤纹蟠龙水丞	高16.6cm	11,500	中国嘉德	2014.03.23
民国 青花云龙纹洗	直径24cm	11,500	北京匡时	2014.09.17
青花缠枝菊纹梅瓶	高26cm	2,430,120	中国艺海	2014.11.15
青花梅瓶	高30cm	1,562,220	中国艺海	2014.11.15
青花八棱双兽耳瓶	高40cm	17,358,000	中国艺海	2014.11.15
青花缠枝花纹赏瓶	高35cm	1,388,640	中国艺海	2014.11.15
青花缠枝花卉梅瓶	高43.9cm	8,800,000	中信拍卖	2014.07.14
青花缠枝莲纹赏瓶	高36.4cm	323,610	澳门中信	2014.06.08
青花花卉花鸟带盖四方瓶	高42cm	8,580,000	中信拍卖	2014.07.14
青花开窗山水人物清供纹瓶	高48cm	44,381	香港普艺	2014.05.31
青花开光鹤云纹玳瑁玉壶春瓶	高22cm	1,078,000	中信拍卖	2014.07.14
青花莲塘纹蒜头瓶	高41cm	3,298,020	中国艺海	2014.11.15
青花莲塘鸳鸯纹玉壶春瓶	高30cm	2,430,120	中国艺海	2014.11.15
青花人物花鸟缠枝花卉六方贯耳瓶	高55cm	2,603,700	中国艺海	2014.11.15
青花人物纹梅瓶	高43cm	1,301,850	中国艺海	2014.11.15
青花瑞兽盘口梅瓶	高36cm	8,250,000	中信拍卖	2014.07.14
青花胭脂红瑞兽长颈瓶	高45cm	3,080,000	中信拍卖	2014.07.14
青花云龙纹抱月瓶	高44cm	3,471,600	中国艺海	2014.11.15
青花缠枝花卉六棱贯耳尊	高46cm	2,603,700	中国艺海	2014.11.15
青花缠枝莲花纹罗汉尊	高37cm	5,732,520	澳门中信	2014.06.08
青花外回莲花鸳鸯纹压手杯	直径9cm	16,642,800	澳门中信	2014.06.08
青花外回莲纹葵花款压手杯	直径9cm	16,642,800	澳门中信	2014.06.08
青花缠枝花碗	口径18.8cm	385,000	中信拍卖	2014.07.14
青花凤纹碗	口径19.3cm	4,480,000	荣盛国际	2014.07.26
青花瑞兽碗	口径11.6cm	360,000	荣盛国际	2014.07.26
青花云龙纹大碗	口径24.3cm	528,000	中信拍卖	2014.07.14
青花镶铜口盘、杯	口径17cm	11,500	北京翰海	2014.10.25
青花缠枝莲纹大盘	直径94cm	3,384,810	中国艺海	2014.11.15
青花缠枝莲纹折沿盘	直径12.5cm	132,000	北京贞观	2014.09.27
青花花卉纹高足盘	直径15.8cm	332,856	澳门中信	2014.06.08
青花葵花盘	直径28.5cm	13,800	上海泛华	2014.10.29
青花留白牡丹鹿鹤纹菱口盘	口径46.5cm	8,960,000	成都金沙	2014.11.16
青花葡萄纹菱口盘	直径43cm	3,124,440	中国艺海	2014.11.15
青花折沿菱口大盘	口径48cm	1,041,480	中国艺海	2014.11.15
青花折枝花果盘	口径26.5cm	132,000	中信拍卖	2014.07.14
青花花卉纹扁壶	高29cm	4,339,500	中国艺海	2014.11.15
青花缠枝牡丹纹兽耳罐	高38cm	6,720,000	成都金沙	2014.11.16
青花鱼藻缠枝花卉纹罐	高27.5cm	4,480,000	成都金沙	2014.11.16
青花云龙纹罐	高24cm	4,480,000	成都金沙	2014.11.16
青花葡萄纹笔筒	高12cm	34,500	景德镇华艺	2014.10.20
青花山水笔筒	高15.2cm	480,000	荣盛国际	2014.07.26
青花人物纹茶具	杯口径8cm	13,800	北京翰海	2014.10.25
青花四季花卉纹烛台	高26cm	2,343,330	中国艺海	2014.11.15
青塘山房青花荷露烹茶杯（一套）	直径9cm	17,250	北京保利	2014.06.05
青塘山房 青花四品读书乐盖碗（一套）	直径9cm	13,800	北京保利	2014.06.05
青塘山房 青花心经盖碗及杯（一套）	尺寸不一	11,500	北京保利	2014.06.05
1954年 太平盛世青花瓷瓶	高35cm	690,000	景德镇华艺	2014.05.25
2011年 方航 秋实·青花分水观音瓶	高54cm	25,300	景德镇华艺	2014.10.20

拍品名称	物品尺寸	成交价RMB	拍卖公司	拍卖日期
2013年 干道甫 迹·青花瓷板	长112cm；宽55cm	218,500	景德镇华艺	2014.10.20
2013年 金亮 玉雨青石探芭蕉·青花盖罐	高45cm	17,250	景德镇华艺	2014.10.20
2014年 范敏祺 梅花开五福·青花梅瓶	高55cm	126,500	景德镇华艺	2014.10.20
2014年 胡昭军 弄潮儿·青花泼彩瓷板	高80cm；宽44cm	34,500	景德镇华艺	2014.10.20
2014年 刘静 蝶闹春暖·青花六条屏	高120cm；宽20cm	17,250	景德镇华艺	2014.10.20
2014年 罗小聪 梦中故乡·青花瓷板	高80cm；宽55cm	172,500	景德镇华艺	2014.10.20
2014年作 "清莲" 金地青花莲纹杯（四件）	尺寸不一	275,000	佳士得（上海）	2014.10.24
2014年 干道甫青花"梵之一"瓷板	172cm×86cm	460,000	北京保利	2014.12.02
2014年 卢伟 青花秋趣图瓷板	56.5cm×111cm	149,500	北京保利	2014.12.02
20世纪50年代-60年代 青花鱼藻纹水洗	直径14.2cm	41,400	上海道明	2014.03.27
20世纪50年代末 王步 泽乡天伦图青花堆白赏盘	直径24cm	5,175,000	景德镇华艺	2014.05.25
20世纪90年代 田慧棣 青花"葡萄图"瓷瓶	高51cm	172,500	浙江骏成	2014.06.22
Jared 人之精神　青花瓷板	79cm×42.5cm×2	34,500	中国嘉德	2014.11.22
白明 青山仁爱 青花山水瓷瓶	高46cm	552,000	中国嘉德	2014.05.20
干道甫 2013年 青花"水"瓷板	55.5cm×111cm	161,000	北京保利	2014.06.05
干道甫 青花 丝	110cm×48cm	116,400	新加坡33拍卖	2014.10.11
胡达民 2013年 乐在竹声里青花瓷板	高80cm；宽40cm	69,000	景德镇华艺	2014.05.31
黄地青花喜鹊花卉玉壶瓶	高19cm	18,400	中贸圣佳	2014.07.06
黄卖九 1991年 青花"远瞩"瓷盘	直径23cm	34,500	浙江骏成	2014.06.22
黄卖九 1994年 秋酣青花瓷板	高72cm；宽42cm	678,500	景德镇华艺	2014.05.31
黄卖九 1996年 青花"梅雀鸟相"四方瓶	24cm×18cm	207,000	浙江骏成	2014.06.22
2007年 黄卖九 青花四季花鸟长条瓷板（一套）	79cm×27.4cm×4	2,530,000	北京保利	2014.06.05
黄志勇 瑞雪丰年 青花瓷瓶	高69.5cm	11,500	中国嘉德	2014.05.20
江爱民 2012年作 江南风情 青花装饰瓷板	30cm×54cm	51,750	翰文今博	2014.06.28
李东明 梅、兰、竹、菊　青花瓷板（一组四件）	110cm×31cm×4	11,500	中国嘉德	2014.11.22
林振龙 墨韵 青花陶艺	高42.5cm	48,300	中国嘉德	2014.05.20
卢伟 2013年 青花芦苇瓷板	110cm×55cm	149,500	北京保利	2014.06.05
陆军 2006年 青花"山妹"瓷瓶	37cm×29cm	34,500	浙江骏成	2014.06.22
陆如 青花梅兰竹菊瓷板（一套四件）	40cm×38.5cm×4	517,500	北京匡时	2014.06.03
罗小聪 2014年 山村人家青花瓷板	高80cm；宽50cm	230,000	景德镇华艺	2014.05.31
罗小聪 故乡情青花瓷板	90cm×80cm	575,000	北京匡时	2014.06.03
吕金泉 2014年 茶圣陆羽·青花四条屏	高58cm；宽19cm	517,500	景德镇华艺	2014.10.20
齐克 青花山水刻边铜罗瓷盘	直径35.5cm	13,800	北京匡时	2014.06.03
秦胜照 寿鹤青花釉下彩梅瓶	高60cm	51,750	北京匡时	2014.06.03
上世纪70年代 陈云凤 青花山水瓷瓶	高20cm	23,000	景德镇华艺	2014.10.20
上世纪70年代 蝶恋花·青花玲珑瓷瓶	高40cm	287,500	景德镇华艺	2014.10.20
孙立新 春江耸翠　青花瓷瓶	高69.5cm	23,000	中国嘉德	2014.11.22
唐圣耀 2014年作青花"虔诚"瓷板	111cm×56cm	92,000	北京万隆	2014.06.04
汪向军 2009年 青花"畅想"瓷板	100cm×100cm	63,250	浙江骏成	2014.06.22
汪向军 青花"怒放的生命"瓷板	98.5cm×78cm	92,000	浙江骏成	2014.06.22
汪向军 青花"山涧聚秀"瓷板	95cm×100cm	69,000	浙江骏成	2014.06.22
王华生 2013年作 江清月近人 青花装饰瓷板	43cm×39cm	32,200	翰文今博	2014.06.28
王华生 溪居晚色 青花装饰瓷板	79cm×43cm	59,800	翰文今博	2014.06.28
王家银 青花春牛图水洗	26cm×33cm	34,500	南京经典	2014.01.05
王家银 青花牧归水洗	26cm×23cm	36,800	南京经典	2014.01.05
王希怀 1981年 青花"年年有余"盘	直径30.5cm	230,000	北京保利	2014.06.05

2014瓷器拍卖成交汇总

(成交价RMB：1万元以上)

拍品名称	物品尺寸	成交价RMB	拍卖公司	拍卖日期
吴晶文 2013年 色地青花“松风图”瓷板四条屏	110cm×27cm×4	63,250	浙江骏成	2014.06.22
吴志辉2013年作青花“硕果”瓷瓶	高37cm	48,300	北京万隆	2014.06.04
夏春秋 2013年作 一鹭平安 青花装饰瓷板	36cm×28cm	55,200	翰文今博	2014.06.28
夏春秋 2014年作 梅兰竹菊 青花装饰镶器	高50cm	71,300	翰文今博	2014.06.28
约1640年青花人物故事图莲子盖罐	高18.3cm	158,160	伦敦苏富比	2014.05.14
约1640年 青花人物故事纹烛台（两件）	高16.3cm×2	39,540	伦敦苏富比	2014.05.14
约1640年 青花折枝花卉纹莲子罐（两件）	高26cm×2	72,490	伦敦苏富比	2014.05.14
约1640至1650年 青花人物故事图葫芦瓶	高20.9cm	144,980	伦敦邦瀚斯	2014.05.15
张国君 意山 青花葫芦瓶	高43cm	51,750	中国嘉德	2014.11.22
赵强 水色系列 青花瓷瓶	高41cm	46,000	中国嘉德	2014.05.20
邹乐2012年作夏花舞青花装饰瓷瓶	高45cm	40,250	翰文今博	2014.06.28
邹乐 醉心花 青花装饰瓷瓶	高54cm	34,500	翰文今博	2014.06.28
釉里红				
元 釉里红玉壶春瓶（一对）	高30cm×2	517,500	安徽艺海	2014.04.30
元 釉里红洒斑玉壶春	高21cm	5,290,000	北京盈时	2014.05.31
元 釉里红缠枝花鸟纹高足杯（一对）	直径8.9cm×2	2,323,560	香港华洋	2014.06.26
元 釉里红“天圆地方”琮瓶（一对）	高11.5cm×2	57,500	广州皇玛	2014.01.02
明洪武 釉裹红花卉纹菱花式杯连釉里红缠枝寿菊纹菱口盏托	盏托直径19cm	1,672,320	香港苏富比	5/27/2014
明洪武 釉里红玉壶春瓶	高34cm	1,150,000	中宝拍卖	2014.07.06
明洪武 釉里红牡丹纹花口大盘	直径56cm	1,545,000	北京中联	2014.09.09
明洪武 釉里红缠枝牡丹纹玉壶春瓶	高32cm	14,504,160	佳士得	2014.05.28
明洪武 釉里红缠枝牡丹菊纹撇口碗	直径20.4cm	2,879,240	香港苏富比	2014.10.08
明洪武 釉里红缠枝莲海碗	直径42.2cm	92,000	上海嘉泰	2014.06.19
明洪武 釉里红缠枝花卉玉壶春	高32cm	1,725,000	北京保利	2014.06.05
明洪武 釉里红缠枝莲玉壶春瓶	高31.5cm	2,464,000	成都金沙	2014.11.16
明宣德 釉里红三鱼纹高足杯	高8.8cm	34,645,800	香港苏富比	2014.10.08
清早期 釉里红竹石芭蕉执壶	高33cm	575,000	北京保利	2014.12.05
清康熙 御窑釉里红夔凤纹摇铃尊	高17.6cm	2,070,000	北京东正	2014.05.18
清康熙 釉里红鱼藻纹大缸	直径58cm	322,000	北京中汉	2014.09.22
清康熙 釉里红五彩花卉纹马蹄尊	直径13cm	287,500	北京中汉	2014.09.22
清康熙 釉里红万寿图笔筒	口径18.5cm	181,600	中拍国际	2014.06.04
清康熙 釉里红团龙纹碗	直径14.6cm	1,768,800	佳士得	2014.05.28
清康熙 釉里红团龙碗	直径14.5cm	69,000	北京保利	2014.06.06
清康熙 釉里红狮纹长颈胆瓶	高14.9cm	138,425	香港苏富比	2014.10.08
清康熙 釉里红三果暗刻云纹盘	直径24cm	69,000	北京盈时	2014.05.31
清康熙 釉里红描金异兽图油锤瓶	高20.1cm	115,000	北京诚轩	2014.11.20
清康熙 釉里红留白鱼化龙纹大碗	直径24.5cm	115,000	北京诚轩	2014.11.20
清康熙 釉里红凤纹摇铃尊	高17.5cm	1,897,500	上海道明	2014.12.11
清康熙 釉里红摇铃尊	高19.5cm	2,553,086	香港九龙	2014.7.28
清雍正 釉里红三鱼纹碗	直径22.8cm	593,100	伦敦邦瀚斯	2014.05.15
清雍正 釉里红三鱼纹碗	直径15cm	858,253	伦敦苏富比	2014.11.05
清雍正 釉里红三鱼纹高足碗	高16cm	181,500	武汉中信	2014.10.23
清雍正 釉里红三鱼盘（一对）	直径15cm×2	1,127,000	华艺国际	2014.05.31
清雍正 釉里红三鱼盘（一对）	直径14.8cm×2	345,000	北京保利	2014.06.04
清雍正 釉里红三鱼高足碗	直径15.3cm	575,000	北京保利	2014.06.04
清雍正釉里红三果纹碗（一对）	直径12cm×2	563,270	保利香港	2014.04.07
清雍正 釉里红三果纹碗	直径18.5cm	276,000	中国嘉德	2014.05.18
清雍正 釉里红三多梅瓶	高18cm	34,500	北京保利	2014.10.25
清乾隆 釉里红鱼藻纹轴缸	直径43.2cm	230,000	苏州东方	2014.05.30
清乾隆 釉里红团龙纹葫芦瓶	高30.2cm	16,100,000	中国嘉德	2014.11.20
清乾隆 釉里红团凤纹碗	直径145cm	322,000	北京中汉	2014.11.21
清乾隆 釉里红团凤纹碗	直径14.3cm	103,500	华艺国际	2014.09.28
清乾隆釉里红双凤穿花纹象耳方瓶	高23cm	8,280,000	北京东正	2014.05.18
清乾隆 釉里红三鱼纹杯（一对）	直径87cm×2	1,725,000	北京中汉	2014.11.21
清乾隆 釉里红梅瓶	高31.1cm	1,264,000	香港苏富比	2014.04.08
清乾隆 釉里红龙凤穿花纹长颈瓶	高8cm	89,700	北京东正	2014.06.07

拍品名称	物品尺寸	成交价RMB	拍卖公司	拍卖日期
清嘉庆 釉里红云蝠描金御题诗挂屏	直径27cm	218,500	北京保利	2014.04.26
清光绪 釉里红鱼纹盘（一对）	直径17.3cm×2	46,000	太平洋	2014.03.21
清道光 釉里红团凤纹碗	直径14.6cm	107,363	纽约苏富比	2014.03.18
清道光 釉里红团凤碗（一对）	直径14.5cm×2	184,000	安徽艺海	2014.04.30
清道光 釉里红龙纹笔洗	直径27cm	57,500	上海道明	2014.03.27
清晚期 釉里红云蝠纹长颈瓶	高18.6cm	11,500	中国嘉德	2014.06.21
清晚期 釉里红八宝缠枝花卉纹花觚	高27.5cm	109,250	北京保利	2014.06.06
清晚期 釉里红三果高足碗	直径15.7cm	20,700	北京翰海	2014.11.23
清19世纪中 釉里红描金流云百福二龙戏珠纹三足香炉连狮钮盖		41,464	斯沃德	2014.04.29
清 釉里红摇铃尊	高20cm	31,050	北京保利	2014.01.11
清 釉里红团龙纹葫芦瓶	高30.2cm	26,400,000	中信拍卖	2014.07.14
清 釉里红松鹤延年图六方瓶 素三彩花卉纹花觚 素三彩小梅瓶各一件	尺寸不一	25,300	中国嘉德	2014.03.23
彭竞强 釉里红瓷瓶	高39.5cm	57,500	中国嘉德	2014.11.22
釉里红缠牡丹纹玉壶春瓶	高37cm	3,645,180	中国艺海	2014.11.15
釉里红宝花纹环带蒜头扁瓶	高39.1cm	26,813,400	澳门中信	2014.06.08
上世纪70年代 鱼跃龙门釉里红赏盘	直径26.5cm	103,500	景德镇华艺	2014.05.25
刘伟1996年釉里红“金秋图”瓷瓶	高41cm	48,300	浙江骏成	2014.06.22
青花釉里红				
元青花釉里红贴花开光花卉纹大罐	高39cm	13,869,000	澳门中信	2014.06.08
元末明初青花釉里红寿星造像	高32.5cm	8,206,348	香港九龙	2014.7.28
明宣德 青花釉里红梵文高足碗	口径21.3cm	515,000	北京中联	2014.09.09
明 青花釉里红鱼草纹高足碗	高9.6cm	13,610,250	澳门中信	2014.11.30
清康熙 青花釉里红团花纹摇铃尊	高23cm	4,548,250	中国嘉德	2014.10.07
清康熙 青花釉里山水渔唱舟行图束腰笔筒	高155cm	287,500	北京中汉	2014.11.21
清康熙 青花釉里红渔藻纹小缸	直径22cm	25,300	北京保利	2014.10.25
清康熙 青花釉里红渔藻纹缸	直径22cm	36,800	北京保利	2014.01.11
清康熙 青花釉里红鱼藻纹卷缸	直径37.5cm	322,000	远方拍卖	2014.06.02
清康熙 青花釉里红通景山水人物图仰钟式碗	直径14.5cm	134,400	天津文物	2014.11.15
清康熙 青花釉里红圣主得贤臣颂笔筒	直径19.7cm	138,000	上海泓盛	2014.06.26
清康熙 青花釉里红山水纹凤尾尊	高44cm	287,500	浙江世贸	2014.04.13
清康熙青花釉里红如意牡丹纹盖罐	高82cm	434,088	伦敦苏富比	2014.11.05
清康熙 青花釉里红莲纹梅瓶及青花釉里红狮纹长颈胆瓶	梅瓶17.7cm	184,520	伦敦苏富比	2014.05.14
清康熙 青花釉里红九龙闹海纹盘	直径17.4cm	287,500	北京东正	2014.05.18
清康熙 青花釉里红加白花鸟纹罐	高20cm	11,500	中国嘉德	2014.06.21
清康熙 青花釉里红仿古团花锯齿纹摇铃尊	高21.6cm	1,453,600	香港苏富比	2014.04.08
清康熙 青花釉里红百寿图花觚	高45.8cm	149,500	中国嘉德	2014.09.21
清康熙 青花釉里红“圣主得贤臣颂”笔筒	高16cm；直径19cm	1,586,746	保利香港	2014.10.07
清康熙 刻花豆青地青花釉里红开光人物故事图花觚	高46cm	76,688	纽约佳士得	2014.03.20
清康熙 豆青青花釉里红山水图四方瓶	高55cm	395,400	伦敦苏富比	2014.05.14
清康熙 豆青地青花釉里红花鸟纹瓶	高43cm	92,025	纽约苏富比	2014.03.18
清康熙 青花釉里红小胆瓶	高16.2cm	149,500	北京匡时	2014.12.03
清康熙 青花釉里三彩花卉图花觚	高40cm	322,000	西泠拍卖	2014.12.13
清雍正 青花釉里红三果玉壶春	高38cm	11,270,000	北京翰海	2014.05.11
清雍正 青花釉里红三果纹高足碗	直径16.3cm	517,500	北京中汉	2014.05.17
清雍正 青花釉里红人物酒杯（一对）	高6.5cm×2×2	46,000	安徽艺海	2014.04.30
清乾隆 青花釉里红狮子绣球图蒜头瓶	高35.5cm	7,245,000	上海道明	2014.12.11
清乾隆 釉里红青花三果灯笼瓶	高24cm	32,200	北京翰海	2014.01.12
清乾隆 天蓝釉青花釉里红三元报春图小梅瓶	高214cm	74,750	北京中汉	2014.11.21

拍品名称	物品尺寸	成交价RMB	拍卖公司	拍卖日期
清乾隆 青釉青花釉里红诗文抱月瓶	高26.5cm	747,500	中国嘉德	2014.03.23
清乾隆 青花釉里红盏托	直径16cm	747,500	江苏爱涛	2014.07.05
清乾隆 青花釉里红云龙纹双鸠耳花口杯	长10.7cm	74,750	北京翰海	2014.10.26
清乾隆 青花釉里红云龙纹大锥把瓶	高50.5cm	112,700	中国嘉德	2014.03.23
清乾隆 青花釉里红松竹梅纹胆瓶	高35cm	74,750	广州皇玛	2014.04.27
清乾隆 青花釉里红山水纹贯耳瓶	高17.5cm	51,750	华艺国际	2014.05.31
清乾隆 青花釉里红三多图纹瓶	高46cm	126,500	广州皇玛	2014.04.27
清乾隆 青花釉里红人物故事大瓶	高50cm	63,250	北京传是	2014.06.05
清乾隆 青花釉里红梅瓶	高35cm	98,176	帝图艺术	2014.06.22
清乾隆青花釉里红六合同春盘口瓶	高50.5cm	97,750	深圳市拍	2014.01.05
清乾隆 青花釉里红开光“四季平安”纹大天球瓶	高61cm	1,840,000	广州皇玛	2014.01.02
清乾隆 青花釉里红花卉双耳瓶	高24.5cm	20,700	北京保利	2014.10.25
清乾隆青花釉里红海水云纹抱月瓶	高30.7cm	178,250	苏州东方	2014.05.30
清乾隆 青花釉里红缠枝莲纹玉壶春瓶	高30.0cm	575,000	上海泓盛	2014.06.26
清乾隆 青花釉里红缠枝花卉扁瓶	高26cm	1,150,000	北京保利	2014.06.04
清乾隆 青花釉里红八仙碗	直径12cm	69,000	太平洋	2014.03.21
清乾隆 青花釉里红八仙碗	直径22cm	115,000	八益拍卖	2014.10.24
清乾隆 青花釉里红八仙人物福寿纹碗	直径13cm	322,000	中贸圣佳	2014.07.06
清乾隆 青花釉里红八仙过海纹六格攒盘	直径13.5cm	80,616	伦敦苏富比	2014.11.05
清乾隆青花釉里红八仙杯（一对）	直径6.7cm×2	138,000	翰风国际	2014.04.30
清乾隆 青花釉里红“灵鹿寿老”八仙过海图小盘（一对）	直径7.6cm×2	444,938	香港苏富比	2014.10.08
清乾隆 蓝釉青花釉里红花卉纹梅瓶	高22.8cm	32,200	苏州东方	2014.05.30
清乾隆 蓝地青花釉里红狮子戏球大瓶	直径75cm	81,360	广东省拍	2014.06.22
清乾隆 豆青釉青花釉里红梅纹尊	高28cm	33,900	广东省拍	2014.06.22
清乾隆 豆青青花釉里红梅花罐	高20cm	17,250	北京保利	2014.10.25
清乾隆 豆青开光青花釉里红文字瓶	高40cm	299,000	安徽艺海	2014.04.30
清乾隆 豆青开窗青花釉里红双耳瓶	高85cm	1,035,000	广州皇玛	2014.01.02
清中期 青花釉里红云龙纹洗	直径26cm	115,000	北京保利	2014.10.25
清中期 青花釉里红云龙纹瓶	高38.3cm	20,700	中国嘉德	2014.09.21
清中期 青花釉里红山水楼阁图梅瓶	高32cm	36,800	中国嘉德	2014.03.23
清中期 青花釉里红三多壮罐	高24cm	17,250	北京保利	2014.04.26
清中期 青花釉里红人物纹壶	长13.5cm	23,000	中国嘉德	2014.06.21
清道光 青花釉里红云龙纹碗	直径15.5cm	138,000	太平洋	2014.03.21
清道光 青花釉里红盘古三皇纹四方瓶（一对）	高39cm×2	103,500	太平洋	2014.06.25
清光绪 青花釉里红松鹿图瓶	高47cm	11,500	中国嘉德	2014.06.21
清光绪 青花釉里红双骏图蒜头瓶	高38.8cm	34,500	中国嘉德	2014.06.21
清光绪 青花釉里红海兽锥把瓶	高32.5cm	86,250	北京保利	2014.06.06
清光绪 青花釉里红“三杰得鹿”小尊	高8.5cm	16,800	北京荣宝	2014.06.15
清18世纪 青花釉里红三多纹盘	直径18cm	131,800	伦敦苏富比	2014.05.14
清18世纪 青花釉里红桃蝠纹玉壶春瓶	高48.5cm	395,400	伦敦邦瀚斯	2014.05.15
清18世纪 青花釉里红赶珠龙纹玉壶春	高35.5cm	575,000	保利厦门	2014.11.02
清晚期 金品卿画青花釉里红花鸟诗文象耳尊	高40.5cm	713,000	中国嘉德	2014.05.18
清 青花釉里红云龙纹尊	高32.5cm	12,650	太平洋	2014.09.19
清 青花釉里红印泥盒	直径7.5cm	17,250	中鸿信	2014.11.22
清 青花釉里红龙虎斗尊	高33cm	17,250	北京保利	2014.08.02
清 青花釉里红九桃梅瓶	高52.5cm	287,500	苏州东方	2014.05.30
清 青花釉里红花鸟长劲瓶	高45cm	23,000	北京翰海	2014.08.24
清 青花釉里红花卉瓶	高33cm	34,500	北京保利	2014.04.26
清 青花釉里红花蝶瓶	高29cm	11,500	北京保利	2014.04.26
清 青花釉里红螭耳尊	高46.5cm	3,360,000	成都金沙	2014.11.16
清 青花釉里红 素三彩水丞各一件	尺寸不一	13,800	中国嘉德	2014.09.21

拍品名称	物品尺寸	成交价RMB	拍卖公司	拍卖日期
清 豆青釉堆白青花釉里红八骏图花觚	高47cm	43,700	中国嘉德	2014.09.21
青花釉里红缠枝花卉纹八方带盖梅瓶	通高38cm	3,905,550	中国艺海	2014.11.15
青花釉里红八宝带盖罐	高19.6cm	418,000	中信拍卖	2014.07.14
秦锡麟 青花釉里红瓷瓶	高33cm	71,300	中国嘉德	2014.11.22
民国 王步青花釉里红玉米盘	直径26.1cm	2,070,000	上海道明	2014.03.27
罗玲鑫 青花釉里红瓷瓶	高59cm	11,500	中国嘉德	2014.11.22
王锡良与奇峰对话青花釉里红瓷瓶	高43cm	322,000	北京匡时	2014.06.03
上世纪60年代 孔雀青花釉里红荷口瓶	高17cm	138,000	景德镇华艺	2014.05.25
上世纪50年代末 王步 白菜青花釉里红瓷板	高61cm；宽30cm	9,545,000	景德镇华艺	2014.05.25
饶晓晴 2008年 青花釉里红“一帆风顺”瓷瓶	高45cm	40,250	浙江骏成	2014.06.22
龚建勇 2012年作 青花釉里红“硕果累累”瓷瓶	高38cm	57,500	北京万隆	2014.06.04
青花加彩				
元 青花五彩鬼谷下山大罐	高32cm	54,441,000	澳门中信	2014.11.30
明成化 官窑青花矾红五龙宫碗	直径21.6cm	10,810,000	北京东正	2014.05.18
明嘉靖 青花矾红黄彩花鸟纹八方盒	直径31.7cm	17,250	中国嘉德	2014.06.21
明万历 青花紫彩云龙纹碗	直径13.9cm	517,500	苏州东方	2014.10.30
明万历 青花五彩一鹭连科罐	高18cm	71,300	北京保利	2014.10.25
明万历 青花五彩弦纹三足炉	直径17.7cm	322,000	北京中汉	2014.11.21
明万历 青花五彩人物碗	直径11cm	172,500	北京保利	2014.10.25
明万历 青花五彩龙纹水盂	高5.5cm	402,500	北京保利	2014.06.05
明万历 青花五彩龙凤纹毛笔	长21cm	184,000	北京东正	2014.11.20
明万历 青花五彩高仕图碗	直径15.4cm	34,500	北京中汉	2014.11.21
明万历青花红绿彩龙纹香插（一对）	高3.7cm×2	11,500	中贸圣佳	2014.06.01
明万历 青花五彩龙凤盘	直径21.8cm	805,000	北京东正	2014.11.20
明万历 青花五彩花卉图插屏	高35cm	138,000	西泠拍卖	2014.12.13
明万历 青花五彩龙凤纹盘	直径22cm	483,000	北京保利	2014.12.04
明万历 青花五彩寿星图小盘及青花云龙纹小盘	尺寸不一	322,000	北京保利	2014.12.04
明晚期 青花五彩狮子戏球葫芦瓶	高45cm	40,250	北京保利	2014.04.26
明晚期清早期 青花五彩洞石花卉龙纹四方觚	高299cm	82,800	北京中汉	2014.11.21
明16世纪 矾红地青花人物图瓶	高25.4cm	42,178	纽约佳士得	2014.03.20
明16世纪 彩绘开光执壶	高16cm	92,025	纽约佳士得	2014.03.20
明 宣德官窑青花五彩河塘鸢鹭纹僧帽壶	高24cm	5,362,680	澳门中信	2014.06.08
明 青花五彩缠枝莲纹双耳炉	宽36cm	13,800	北京保利	2014.08.02
清早期青花矾红海水云龙纹天球瓶	高38.5cm	69,000	北京保利	2014.12.05
清顺治 青花五彩鱼藻纹罐	高29.5cm	92,000	华艺国际	2014.04.13
清顺治 青花五彩双凤牡丹纹罐	高26cm	112,700	北京东正	2014.05.18
清顺治 青花五彩麒麟观音瓶	高38cm	149,500	广州皇玛	2014.01.02
清顺治 青花五彩花卉纹小缸	直径20.8cm	20,700	中国嘉德	2014.09.21
清顺治 青花五彩花卉瓶（一对）	高31.5cm×2	69,000	深圳市拍	2014.01.05
清顺治 青花五彩八仙庆寿图炉	直径21.8cm	34,500	中国嘉德	2014.09.21
清康熙 青花五彩云龙纹碗	直径11cm	50,000	北京九歌	2014.12.17
清康熙/雍正青花粉彩茶壶（一组）	尺寸不一	57,500	北京中汉	2014.09.22
清康熙/雍正 青花 青花粉彩 粉彩壶各一把	尺寸不一	17,250	中国嘉德	2014.06.21
清康熙/光绪 青花·粉彩·黄釉盘（一组）	尺寸不一	20,700	北京中汉	2014.09.22
清康熙 青釉开光青花四季花鸟纹四方花盆（一对）	长38.2cm×2	36,800	中国嘉德	2014.03.23
清康熙 青花五彩指日高升图花觚	高40cm	156,800	天津文物	2014.05.16
清康熙 青花五彩山水人物纹将军大罐	高47.5cm	55,476,000	澳门中信	2014.06.08
清康熙 青花五彩三多大盘	直径37cm	115,000	北京保利	2014.01.11
清康熙 青花五彩人物罐	高32cm	34,500	北京翰海	2014.04.13
清康熙 青花五彩鸡缸杯	直径7.8cm	172,500	北京保利	2014.10.25
清康熙 青花五彩花鸟纹杯	高5cm	28,000	北京荣宝	2014.03.23
清康熙 青花五彩花卉诗文小瓶	高8.9cm	32,200	北京中汉	2014.11.21
清康熙 青花五彩八仙花鸟盘（一对）	直径32cm×2	34,500	南京经典	2014.08.04

2014瓷器拍卖成交汇总

(成交价RMB：1万元以上)

拍品名称	物品尺寸	成交价RMB	拍卖公司	拍卖日期
清康熙 青花五彩“在川知乐”鱼藻纹盘	直径20.7cm	667,000	北京东正	2014.11.20
清康熙 青花绿彩龙纹碗	直径14cm	287,500	北京东正	2014.11.20
清康熙 青花绿彩龙纹盘	直径37cm	483,000	北京保利	2014.04.26
清康熙 青花粉彩福山寿海盘	直径17.3cm	506,000	苏州东方	2014.10.30
清康熙 青花矾红云龙纹碗	直径18cm	460,125	纽约佳士得	2014.03.20
清康熙 青花矾红云龙纹碗	直径17.7cm	268,406	纽约佳士得	2014.03.20
清康熙 青花矾红描金山水楼阁图八方盘（一对）	直径23.3cm×2	20,700	中国嘉德	2014.06.21
清康熙 青花矾红描金博古图壶	长16cm	17,250	中国嘉德	2014.09.21
清康熙 青花斗彩龙纹盘	直径25cm	160,800	香港拍得高	2014.05.27
清康熙青花绿彩云龙纹碗（一对）	直径10.2cm×2	1,725,000	北京东正	2014.05.18
清康熙 矾红地青花山水人物纹凤尾尊	高44cm	40,250	中国嘉德	2014.03.23
清康熙 豆青釉青花加紫麒麟纹琵琶尊	高31.8cm	172,500	北京翰海	2014.05.11
清康熙“敬”字款青花洋彩万福万寿盘	直径17.2cm	483,000	翰风国际	2014.04.30
清康熙/清中期 青花五彩卧足碗、青花斗彩花蝶小盘	直径7cm；直径10.3cm	34,500	北京保利	2014.06.06
清中期 青花描金无双谱人物故事诗文狮耳方瓶	高32cm	34,500	中国嘉德	2014.03.23
清中期 青花红彩云蝠葫芦瓶	高21.5cm	43,700	北京翰海	2014.10.26
清雍正 青花矾红螭龙纹碟	直径15cm	138,000	南京经典	2014.08.04
清雍正 青花五彩云龙纹花口盘	直径15.5cm	207,000	上海道明	2014.03.27
清雍正 青花五彩江崖海水云龙纹小盖盂	直径72cm	264,500	北京中汉	2014.11.21
清雍正 青花红彩云蝠纹小杯	直径7cm	977,500	中国嘉德	2014.11.20
清雍正 青花红彩海兽纹天字罐	高10cm	1,035,000	保利厦门	2014.11.01
清雍正青花粉彩花卉开光山水纹瓶	高23cm	23,000	中国嘉德	2014.03.23
清雍正 青花矾红云龙纹盘	直径20.5cm	333,500	北京东正	2014.11.20
清雍正 青花矾红云龙纹格盘	直径13.2cm	17,250	北京中汉	2014.11.21
清雍正 青花矾红云蝠杯	直径7cm	862,500	北京保利	2014.10.25
清雍正 青花矾红水波云龙纹折沿大盘	直径47.5cm	2,303,864	伦敦苏富比	2014.05.14
清雍正 青花矾红夔龙纹直口盘（一对）	直径11.5cm×2	240,753	香港拍得高	2014.03.30
清雍正 青花矾红海水龙纹盘	高21cm	920,000	北京盈时	2014.05.31
清雍正 青花矾红彩灵芝纹盘	直径11.5cm	173,635	伦敦苏富比	2014.11.05
清雍正 青花矾红彩“灵芝”图盘	直径11.5cm	148,125	香港苏富比	2014.04.08
清雍正 青花矾红宝相花纹小杯	直径81cm	253,000	北京中汉	2014.11.21
清雍正 青花斗彩碗	直径15.2cm	4,373,760	佳士得	2014.05.28
清乾隆/嘉庆 青花矾红双龙戏珠纹小杯及杯盏（一组）	直径12.2cm	145,706	纽约佳士得	2014.03.20
清乾隆 青花五彩忍冬纹盘	直径21cm	138,000	北京保利	2014.04.26
清乾隆 青花五彩福花缠枝莲纹双耳瓶	高18.2cm	1,017,060	澳门中信	2014.06.08
清乾隆 青花山水加描金大盘	50cm×44cm	46,000	广州皇玛	2014.01.02
清乾隆 青花描金玉壶春瓶	高15cm	89,700	南京经典	2014.01.06
清乾隆青花加紫灵仙祝寿竹石纹瓶	高46.5cm	920,000	北京翰海	2014.05.11
清乾隆 青花黄彩龙纹盘	直径21.2cm	184,000	苏州东方	2014.10.30
清乾隆 青花海水矾红龙纹盘（一对）	直径17.5cm×2	1,120,000	北京荣宝	2014.03.23
清乾隆青花矾红九龙盘（一对）	直径17cm×2	287,500	华艺国际	2014.05.31
清乾隆 青花红彩云龙碗	直径14cm	57,500	北京翰海	2014.05.11
清乾隆青花红彩云龙盘（两件）	直径9.2cm	25,300	北京翰海	2014.05.11
清乾隆 青花海水矾红龙纹盘	直径17.5cm	207,000	保利厦门	2014.11.02
清乾隆 青花粉彩笔筒	高8cm	120,600	香港华洋	2014.06.25
清乾隆 青花粉彩宝相花纹贯耳罐	直径17cm	367,080	中国嘉德	2014.04.09
清乾隆青花矾红三清诗文寿字茶碗	直径11.6cm	11,500	中国嘉德	2014.06.21
清乾隆 青花矾红龙纹盘	直径18cm	134,400	武汉中信	2014.10.23
清乾隆 青花矾红立龙双耳葫芦瓶	高39.5cm	14,300,000	中信拍卖	2014.07.14
清乾隆 青花矾红九龙盘	直径18cm	115,000	北京保利	2014.06.06
清乾隆 青花矾红海水云龙纹盘（一对）	直径17.5cm×2	728,531	纽约佳士得	2014.03.20
清乾隆 青花矾红海水云龙纹盘	直径17.1cm	245,320	纽约苏富比	2014.09.16
清乾隆 青花矾红海水云龙纹盘	直径17.5cm	99,661	纽约苏富比	2014.09.16
清乾隆 青花矾红海水云龙纹盘	直径17.4cm	76,663	纽约苏富比	2014.09.16
清乾隆 青花矾红海水龙纹盘	直径17.9cm	36,800	中国嘉德	2014.03.23
清乾隆 青花矾红海水龙纹盘	直径17.5cm	32,200	北京保利	2014.10.25
清乾隆 青花矾红彩云龙纹格碟	直径13.5cm	145,600	天津文物	2014.11.15
清乾隆 青花矾红宝相花碗	直径8.2cm	23,000	深圳市拍	2014.01.05
清乾隆 青花斗彩荷花塘大瓶	高64cm	575,000	东拍国际	2014.07.31
清乾隆 矾红青花水波九龙纹盘	直径17.5cm	144,980	伦敦苏富比	2014.05.14
清乾隆 矾红地青花海八怪大碗	直径21cm	1,437,500	北京保利	2014.06.04
清乾隆 青花矾红海水龙纹盘（一对）	直径17.5cm×2	82,800	北京匡时	2014.12.03
清乾隆 青花矾红开光墨彩诗文海棠形笔筒	高7.8cm	63,250	北京匡时	2014.12.03
清乾隆 青花粉彩福寿缠枝花卉纹八方花盆连托（一对）	直径17.2cm×2；高8.8cm×2	1,725,000	北京匡时	2014.12.03
清中期青花加粉彩轮花纹双耳扁壶	高33.5cm	80,500	北京保利	2014.12.05
清嘉庆 青花胭脂水八仙人物碗	直径23.2cm	92,000	北京翰海	2014.10.26
清嘉庆 青花描金丛竹瓷砚	直径12cm	48,300	西泠拍卖	2014.05.06
清嘉庆 青花加紫花卉锥把瓶	高41.6cm	345,000	北京翰海	2014.05.11
清嘉庆 青花红龙碗	直径16.5cm	29,900	北京翰海	2014.11.23
清道光 青花胭脂红八仙祝寿纹碗	直径21.5cm	138,000	八益拍卖	2014.10.25
清道光 青花五彩龙凤纹碗	直径14.8cm	78,400	上海国拍	2014.06.28
清道光 青花五彩龙凤纹碗	直径15.2cm	64,400	中鸿信	2014.11.22
清道光 青花五彩龙凤呈祥纹碗	直径16cm×7cm	57,960	香港拍得高	2014.08.01
清道光 青花五彩绘海水龙纹花盆	直径33.5cm	253,000	苏州东方	2014.10.30
清道光 青花五彩花神杯	高4.5cm	218,500	北京传是	2014.06.05
清道光 青花五彩花神杯	直径6.5cm	36,800	北京保利	2014.04.26
清道光 青花五彩花神杯	直径6cm	138,000	苏州东方	2014.10.30
清道光 青花黄彩云龙盘	直径25.5cm	172,500	北京翰海	2014.10.26
清道光 青花矾红云龙盘	直径37.6cm	112,700	八益拍卖	2014.10.24
清道光 青花矾红龙纹盘	直径18cm	126,500	北京保利	2014.04.26
清道光 青花矾红绘海八怪纹大碗	直径21.5cm	138,000	苏州东方	2014.10.30
清道光 青花矾红海水龙纹盘	直径172cm	69,000	北京中汉	2014.11.21
清道光 青花矾红海兽纹大碗	直径21.3cm	43,700	中国嘉德	2014.09.21
清道光青花矾红宝相花碗（一对）	直径8cm×2	207,000	保利厦门	2014.11.02
清道光 青花矾红金莲花纹碗（一对）	直径8cm×2	224,000	北京荣宝	2014.06.15
清道光 青花地绿龙碗（一对）	直径10.2cm×2	322,000	八益拍卖	2014.10.24
清道光内青花莲纹外粉彩福寿纹碗	直径14.5cm	57,500	太平洋	2014.09.19
清道光 光绪 青花 青花胭脂红釉大碗（三只）	尺寸不一	59,800	中国嘉德	2014.06.21
清同治 青花五彩桃花诗文杯	直径6.7cm	17,250	北京中汉	2014.09.22
清同治 青花五彩花神杯（一对）	直径6.7cm×2	25,300	中国嘉德	2014.03.23
清同治 青花粉彩兰花杯	直径5.5cm	82,800	北京翰海	2014.11.23
清光绪 青花胭脂水八仙碗	直径21cm	18,400	北京保利	2014.10.25
清光绪 青花五彩鱼藻纹盘	直径20.3cm	11,500	北京中汉	2014.11.21
清光绪 青花五彩蒜头瓶	高34cm	26,450	北京保利	2014.10.25
清光绪 青花五彩人物棒槌瓶（一对）	高49cm×2	34,500	北京保利	2014.10.25
清光绪 青花五彩花蝶将军罐	高30cm	13,800	北京保利	2014.08.02
清光绪 青花加彩九桃梅瓶	高25cm	25,300	北京保利	2014.04.26
清光绪 青花黄彩云龙盘	直径25cm	46,000	北京翰海	2014.04.13
清光绪 青花海水梵红彩海八怪碗	直径21cm	92,000	北京翰海	2014.05.11
清光绪 青花粉彩缠枝莲纹碗	直径15.7cm	39,200	天津文物	2014.05.16
清光绪 青花矾红莲托八宝碗	直径10.6cm	55,200	北京保利	2014.06.06
清光绪 青花矾红绘莲托八宝纹碗（一对）	直径10.5cm×2	103,500	苏州东方	2014.10.30
清光绪 青花矾红蝠纹盘	直径15.3cm	25,300	北京东正	2014.06.07
清光绪 青花矾红“洪福齐天”纹杯（一对）	直径7.2cm×2	43,700	翰风国际	2014.04.30
清宣统 青花樊红描金橄榄瓶（一对）	单只高16.3cm×2	138,000	南京经典	2014.01.06
清宣统 青花矾红云蝠纹大罐	高31cm	402,500	中国嘉德	2014.09.21
清宣统 青花矾红云蝠碗（一对）	直径14cm×2	18,400	北京保利	2014.01.11
清晚期青花五彩描金凤穿花纹花觚	高42.8cm	17,250	北京中汉	2014.09.22
清晚期 青花五彩龙纹花觚	高30cm	17,250	北京保利	2014.04.26

拍品名称	物品尺寸	成交价RMB	拍卖公司	拍卖日期
清晚期 青五彩花卉纹水丞（一对）	直径9.3cm×2	13,800	中国嘉德	2014.09.21
清晚期 青花矾红云蝠纹盘、碗（一组十一件）	盘直径24.4cm	55,200	北京保利	2014.06.06
清18世纪/19世纪 青花矾红彩赶珠云龙纹小蝶（一对）	直径9.2cm×2	99,220	伦敦苏富比	2014.11.05
清 青花胭脂红彩云龙纹螭耳抱月瓶	高30.5cm	1,456,000	成都金沙	2014.11.16
清 青花五彩人物纹花浇	高20cm	12,000	北京华辰	2014.03.15
清 青花五彩人物瓶	高42cm	92,000	北京翰海	2014.04.13
清 青花五彩人物将军罐	高38cm	11,500	北京保利	2014.08.02
清 青花五彩龙凤碗	直径15cm	23,000	北京保利	2014.01.11
清 青花五彩花鸟盘	直径10cm	55,200	北京保利	2014.08.02
清 青花五彩花蝶杯	高8cm	10,350	北京传是	2014.06.05
清 青花五彩海八怪图纹罐	高14cm	13,800	中鸿信	2014.11.22
清 青花五彩福禄寿棒槌瓶	高47cm	109,250	北京传是	2014.06.05
清 青花珊瑚红描金龙纹瓶	高11cm	13,800	北京保利	2014.10.25
清青花青釉矾红笔筒炉（五件）	尺寸不一	13,800	中国嘉德	2014.06.21
清 青花墨彩诗文盖碗（一对）	直径11cm×2	20,700	北京保利	2014.08.02
清 青花描金蝴蝶纹印泥盒	长9.7cm	103,500	西泠拍卖	2014.05.06
清 青花开光珐琅彩八吉纹夔耳尊	高22cm	224,000	成都金沙	2014.11.16
清 青花加粉彩人物瓶	高25cm	34,500	北京保利	2014.10.25
清青花加粉盘、粉彩花卉盘（两件）	尺寸不一	17,250	北京保利	2014.10.25
清 青花红蝠赏瓶	高40cm	32,200	北京翰海	2014.11.23
清 青花红彩云龙碗（两件）	直径14cm	11,500	北京翰海	2014.04.13
清 青花海水梵红彩九龙大盘	直径51.2cm	667,000	北京翰海	2014.05.11
清 青花粉彩碗（四件）	尺寸不一	18,400	北京保利	2014.01.11
清 青花粉彩山水纹仕女图壶一把 杯两只	壶长19.5cm	11,500	中国嘉德	2014.09.21
清 青花粉彩三多碗（一对）	直径10cm×2	66,000	武汉中信	2014.10.23
清 青花粉彩开光山水鱼耳尊	高54.5cm	690,000	北京翰海	2014.08.24
清 青花粉彩开光花卉纹赏瓶	高66.5cm	203,400	辽宁建投	2014.06.08
清 青花粉彩鸡缸杯	口径8cm	34,960	香港淳浩	2014.07.30
清青花矾红云蝠纹三才盖碗（一对）	高10cm×2	67,200	成都金沙	2014.11.16
清 青花矾红彩鱼藻纹鸟食罐 青花釉里红马纹鸟食罐	尺寸不一	61,600	天津文物	2014.05.16
清 青花矾红彩缠枝花卉纹碗（一对）	直径12cm×2	172,500	苏州东方	2014.05.30
清 青花斗彩缠枝花卉纹碗	长17cm	34,500	浙江世贸	2014.07.27
清 豆青青花麒麟盘口瓶	高59cm	11,500	北京翰海	2014.01.11
清 斗彩宝相花青花缠枝梵红彩花卉大盘	直径51.5cm	552,000	北京翰海	2014.05.11
民国 王步青花红彩‘苏频尊者’像瓷板画	长55cm；宽32cm	1,456,000	成都金沙	2014.11.16
民国 青花五彩人物故事罐	高30cm	19,550	北京保利	2014.08.02
民国 青花灵芝龙纹开光粉彩东坡赏砚诗文象耳尊（一对）	高20.5cm×2	299,000	中国嘉德	2014.03.23
民国 青花开光粉彩花鸟花盆	直径25cm	20,700	北京保利	2014.04.26
民国 青花开光粉彩花卉纹花盆（一对）	直径22.3cm×2	20,700	中国嘉德	2014.03.23
民国 青花粉彩仕女图灯笼瓶	高20cm	23,000	中国嘉德	2014.09.21
民国 青花粉彩人物印盒（两件）	尺寸不一	16,100	北京翰海	2014.11.23
民国 青花粉彩花盆（三件）	直径21cm	28,750	北京保利	2014.08.02
民国 青花粉彩花卉纹帽筒	高33cm	20,160	天津文物	2014.05.16
民国 黄地青花缠枝莲浅绛彩山水纹螭龙耳赏瓶	高32.5cm	454,250	保利香港	2014.04.07
青花五彩鳳纹斗笠碗	口径24cm	600,000	荣盛国际	2014.07.26
青花粉彩群仙贺寿双鹿耳尊	高34cm	46,230	香港普艺	2014.05.31
青花斗彩凤纹碗	口径14.3cm	2,080,000	荣盛国际	2014.07.26
青花斗彩龙纹罐	高12cm	1,301,850	中国艺海	2014.11.15
曹木林 2006年作 青花斗彩“松下问童子”瓷瓶	高59cm	69,000	北京万隆	2014.06.04
范双梅2014年荷·青花斗彩三条屏	高109cm	172,500	景德镇华艺	2014.10.20
龚华 2014年 青花斗彩“报春图”瓶	高36.5cm	207,000	北京保利	2014.06.05
陆如 2012年 种瓜得瓜·青花斗彩瓷瓶	高36cm	230,000	景德镇华艺	2014.10.20
陆如 苍苍者寿青花斗彩瓷瓶	高37.3cm	299,000	北京匡时	2014.06.03

拍品名称	物品尺寸	成交价RMB	拍卖公司	拍卖日期
饶晓晴 2013年 青花斗彩“吉祥图”瓷瓶	44cm×12cm	34,500	浙江骏成	2014.06.22
王恩怀 1991年作 青花斗彩“春色绸漫应朝霞”瓷板	56cm×32cm	218,500	北京万隆	2014.06.04
王恩怀 国色长春青花斗彩瓶	高45cm	414,000	北京匡时	2014.06.03
徐国琴 童趣 青花五彩镶器	高63cm	80,500	中国嘉德	2014.05.20
养和堂青花珊瑚红龙纹盘（一对）	直径9.1cm×2	36,800	香港拍得高	2014.08.01
余欣 青花斗彩瓷瓶	高41.5cm	28,750	中国嘉德	2014.11.22
斗彩				
斗彩龙纹摇铃尊	高20cm	3,037,650	中国艺海	2014.11.15
明成化 斗彩花蝶纹杯（一对）	直径7.1cm；直径7.2cm	351,348,000	澳门中信	2014.06.08
明成化 斗彩鸡缸杯	直径8.2cm	222,179,600	香港苏富比	2014.04.08
明成化 斗彩鸡缸杯	高3.7cm	927,000	北京中联	2014.09.09
明成化 斗彩龙纹杯（一对）	高6.8cm×2	6,041,256	香港华洋	2014.06.26
明成化 斗彩葡萄杯	直径8.2cm	175,674,000	澳门中信	2014.06.08
明成化 斗彩葡萄纹杯（一对）	直径6.5cm×2	128,478	中信国际	2014.04.19
明成化 斗彩人物纹天字罐带盖	高11cm	138,690,000	澳门中信	2014.06.08
明成化 斗彩团花纹小碟	直径8.6cm	876,858	景薰楼	2014.06.15
明嘉靖 斗彩灵芝纹盘	直径14.7cm	747,500	北京中汉	2014.05.17
明嘉靖 斗彩鸳鸯小碗、回青地红彩鸳鸯盘（一对）	直径9.8cm；直径11.9cm	920,000	北京保利	2014.06.05
明万历 斗彩八吉祥小碗	直径9.5cm	483,000	北京匡时	2014.06.04
明 斗彩缠枝莲纹高足杯	高8cm	18,147,000	澳门中信	2014.11.30
清康熙 斗彩双龙戏珠纹梅瓶	高34cm	322,465	伦敦苏富比	2014.11.05
清康熙 斗彩人物纹花觚	高40.4cm	48,300	中国嘉德	2014.03.23
清康熙 斗彩凤竹过枝纹斗笠碗	直径9.7cm	109,020	保利香港	2014.04.07
清康熙 斗彩花卉寿桃纹碗	直径14.5cm	724,500	北京保利	2014.06.06
清康熙 斗彩江崖海水云龙纹碗	直径18.5cm	195,500	北京中汉	2014.05.17
清康熙 斗彩人物纹小碗	直径8.6cm	69,000	北京中汉	2014.04.16
清康熙 斗彩三多碗	直径15cm	69,000	北京保利	2014.08.02
清康熙 斗彩团龙纹碗	直径14.2cm	248,050	伦敦苏富比	2014.11.05
清康熙 斗彩携琴访友碗	直径6.6cm	253,000	北京翰海	2014.05.11
清康熙 斗彩婴戏纹碗	直径11.7cm	65,900	伦敦苏富比	2014.05.14
清康熙 斗彩婴戏纹碗	直径11.7cm	186,038	伦敦苏富比	2014.11.05
清康熙 斗彩云龙碗	直径18.5cm	655,500	八益拍卖	2014.10.24
清康熙 斗彩缠枝花卉“万寿”直口碗（一对）	直径14.5cm×2	9,049,040	香港苏富比	2014.10.08
清康熙斗彩龙凤纹浅腹碗（一对）	直径11.1cm×2	2,070,000	中国嘉德	2014.05.18
清康熙 斗彩婴戏碗（一对）	直径15cm×2	322,000	北京保利	2014.06.04
清康熙 斗彩鸡缸杯	直径8.3cm	1,380,000	北京保利	2014.06.04
清康熙 斗彩鸡缸杯	直径8cm	92,000	北京中汉	2014.05.17
清康熙 斗彩鸡缸杯	直径8.2cm	978,360	佳士得	2014.11.26
清康熙 斗彩人物故事纹小杯	直径9cm	977,500	八益拍卖	2014.10.25
清康熙 斗彩鸡缸杯（一对）	直径7.2cm×2	36,800	中国嘉德	2014.03.23
清康熙 郎廷极制斗彩过墙翠竹丹凤纹笠式小杯（一对）	口径6.7cm×2	600,990	宝港国际	2014.05.27
清康熙 斗彩团花纹碟	直径10cm	276,000	华艺国际	2014.05.31
清康熙 斗彩龙纹盘	直径21cm	310,500	中国嘉德	2014.05.18
清康熙 斗彩寿桃纹盘	直径21cm	210,880	伦敦邦瀚斯	2014.05.15
清康熙 斗彩松鹿盘	直径15.7cm	34,500	北京保利	2014.06.06
清康熙斗彩外八蛮进宝内立龙纹盘	直径26.3cm	92,000	北京中汉	2014.05.17
清康熙 斗彩鱼化龙纹盘	直径20cm	34,500	北京保利	2014.10.25
清康熙 斗彩“梅鹊报喜”图盘（一对）	直径15.8cm×2	415,275	香港苏富比	2014.10.08
清康熙 斗彩立龙纹盘（一对）	直径21cm×2	1,380,000	北京华辰	2014.05.17
清康熙斗彩云鹤龙纹盘（一对）	直径14.5cm×2	1,035,000	保利厦门	2014.11.01
清康熙 斗彩郭子仪拜寿纹将军罐	高35cm	172,500	太平洋	2014.03.21
清康熙 斗彩洞石花卉纹盖罐（一对）	高12cm×2×2	782,000	华艺国际	2014.05.31
清康熙 斗彩人物小印盒	直径7cm	80,500	上海道明	2014.03.27
清康熙 斗彩人物笔筒	直径13cm	230,000	广州皇玛	2014.01.02
清康熙 斗彩红果纹盘（一对）	直径15.9cm	55,200	北京保利	2014.12.05
清康熙/雍正 斗彩莲瓣开光杂宝纹碗	直径9.6cm	245,400	纽约佳士得	2014.03.20
清雍正 斗彩蕉石禽鸡纹碗	直径15cm	405,216	罗芙奥	2014.05.25

2014瓷器拍卖成交汇总

(成交价RMB：1万元以上)

拍品名称	物品尺寸	成交价RMB	拍卖公司	拍卖日期
清雍正 斗彩“并蒂莲”纹小盘（一对）	直径11.7cm×2	1,170,680	香港苏富比	2014.10.08
清雍正斗彩“梅鹊报喜”图卧足杯	直径6.9cm	4,777,640	香港苏富比	2014.10.08
清雍正 斗彩“喜上眉梢”图小瓶	高8.7cm	642,688	香港苏富比	2014.10.08
清雍正 斗彩“喜上眉梢”图小瓶	高8.7cm	572,750	香港苏富比	2014.04.08
清雍正 斗彩“仙人祝寿”图碗	直径15.2cm	444,938	香港苏富比	2014.10.08
清雍正斗彩“一路连科”图卧足杯	直径8cm	1,930,040	香港苏富比	2014.10.08
清雍正 斗彩暗八仙纹碗（一对）	直径15.2cm×2	2,990,000	北京诚轩	2014.05.19
清雍正 斗彩八蛮进宝图碗	直径17.7cm	517,500	北京诚轩	2014.11.20
清雍正 斗彩八仙图盘	直径15.4cm	805,000	广州皇玛	2014.01.02
清雍正 斗彩宝相花盘	直径15.7cm	448,000	北京荣宝	2014.11.30
清雍正 斗彩扁菊图碗	直径15cm	275,310	中国嘉德	2014.04.09
清雍正 斗彩缠枝花卉纹盘（一对）	直径17cm×2	1,035,000	北京匡时	2014.12.03
清雍正 斗彩缠枝花卉纹碗	直径13.5cm	1,924,280	伦敦苏富比	2014.05.14
清雍正 斗彩缠枝花卉纹碗	直径14.8cm	1,207,500	上海道明	2014.12.11
清雍正 斗彩缠枝花卉纹碗（一对）	口径9.6cm	207,000	西泠拍卖	2014.12.13
清雍正 斗彩缠枝莲托八宝梵文盖碗	口径10.5cm	96,475	中拍国际	2014.06.04
清雍正 斗彩缠枝莲托梵文杯	直径6.5cm	727,720	中国嘉德	2014.10.07
清雍正 斗彩缠枝莲托梵文杯（一对）	直径6cm；高5cm	4,370,000	北京匡时	2014.06.04
清雍正 斗彩缠枝莲托梵文小杯	高5cm	501,062	景薰楼	2014.06.15
清雍正 斗彩缠枝莲纹盘（一对）	直径16cm×2	529,000	华艺国际	2014.05.31
清雍正 斗彩翠竹纹小酒杯	直径6.5cm	1,835,120	香港苏富比	2014.10.08
清雍正 斗彩番莲纹碗（一对）	直径10.2cm×2	1,548,400	香港苏富比	2014.04.08
清雍正 斗彩矾红团龙纹碗	直径13cm	143,750	苏州东方	2014.05.30
清雍正 斗彩矾红团龙纹碗	口径13cm	402,500	西泠拍卖	2014.12.13
清雍正 斗彩凤纹碗	直径19cm	34,500	华艺国际	2014.04.13
清雍正斗彩凤竹过枝纹杯（一对）	直径10cm×2	130,369	纽约苏富比	2014.03.18
清雍正 斗彩福禄万代盘	直径27.5cm	1,610,000	八益拍卖	2014.10.24
清雍正 斗彩福山寿海纹盘	直径15.4cm	920,000	北京华辰	2014.05.17
清雍正 斗彩福寿盖罐	高18cm	4,830,000	北京翰海	2014.08.24
清雍正 斗彩福寿盘	直径15.5cm	28,750	北京保利	2014.08.02
清雍正 斗彩海水龙纹斗笠盖碗	直径21cm	1,322,500	南京经典	2014.01.06
清雍正 斗彩荷塘水鸟纹盘	直径16cm	56,000	天津文物	2014.05.16
清雍正 斗彩荷塘鸳鸯盘（一对）	直径17.7cm×2	3,680,000	上海道明	2014.03.27
清雍正 斗彩荷塘鸳鸯图小碗（一对）	直径10cm×2	40,250	中国嘉德	2014.03.23
清雍正 斗彩荷塘鸳鸯卧足盘	直径17.5cm	494,500	北京保利	2014.06.04
清雍正 斗彩荷塘鸳鸯小杯（一对）	直径7cm×2	71,300	广州皇玛	2014.01.02
清雍正 斗彩花蝶弦纹盉碗	直径17.5cm	1,437,500	中国嘉德	2014.05.18
清雍正 斗彩花卉盘	直径20cm	1,840,000	北京翰海	2014.10.26
清雍正 斗彩花卉盘	直径16cm	280,000	武汉中信	2014.10.23
清雍正 斗彩花卉纹盘	直径20.2cm	690,000	中贸圣佳	2014.07.06
清雍正 斗彩花卉纹小盘	直径8.4cm	118,650	香港苏富比	2014.10.08
清雍正 斗彩花卉卧足杯（两件）	直径7.3cm	253,000	北京翰海	2014.10.26
清雍正 斗彩鸡缸杯	直径8.2cm	1,840,000	中国嘉德	2014.05.18
清雍正 斗彩鸡缸杯	直径5.9cm	1,380,000	北京中汉	2014.05.17
清雍正 斗彩鸡缸杯	直径7.9cm	230,000	北京中汉	2014.05.17
清雍正 斗彩鸡缸杯	直径8.2cm	747,500	中鸿信	2014.11.22
清雍正 斗彩鸡缸杯（一对）	直径8cm×2	26,196,400	香港苏富比	2014.04.08
清雍正 斗彩鸡缸杯（一对）	直径6.6cm×2	2,119,880	香港苏富比	2014.10.08
清雍正 斗彩笺筒	高10cm	103,500	安徽艺海	2014.04.30
清雍正 斗彩菊花纹碟（一对）	直径11.5cm×2	34,500	北京保利	2014.08.02
清雍正 斗彩开光“云龙戏珠”图罐	直径16.8cm	276,500	香港苏富比	2014.04.08
清雍正 斗彩开光莲纹罐	高12.1cm	172,500	北京中汉	2014.09.22
清雍正 斗彩夔龙双连盒	长10cm	460,000	八益拍卖	2014.10.24
清雍正 斗彩莲花纹盘	直径16cm	63,840	武汉中信	2014.10.23
清雍正 斗彩灵仙祝寿纹盘	直径20.6cm	2,645,000	保利厦门	2014.11.02
清雍正 斗彩灵仙祝寿纹盘（一对）	直径20.6cm×2	5,290,000	北京中汉	2014.05.17

拍品名称	物品尺寸	成交价RMB	拍卖公司	拍卖日期
清雍正 斗彩灵芝团寿花口盘	直径20.5cm	1,150,000	北京保利	2014.12.03
清雍正 斗彩龙纹盖盒	直径124cm	149,500	北京中汉	2014.11.21
清雍正 斗彩龙纹笠式碗	直径21cm	287,500	北京保利	2014.12.05
清雍正 斗彩龙纹盘	直径16cm	13,800	北京保利	2014.04.26
清雍正 斗彩龙纹折腰碗	直径12cm	14,950	北京保利	2014.10.25
清雍正 斗彩苜蓿纹盘	直径17.1cm	126,500	北京中汉	2014.09.22
清雍正 斗彩皮球花碗（一对）	单只直径4cm×2	33,350	南京经典	2014.04.27
清雍正 斗彩人物图盘	直径15.7cm	168,658	纽约苏富比	2014.09.16
清雍正 斗彩忍冬纹盘	直径27cm	172,500	北京东正	2014.11.20
清雍正 斗彩三多碗	直径16cm	3,065,200	香港苏富比	2014.04.08
清雍正斗彩三多纹小杯（一对）	直径7.2cm×2	1,835,120	香港苏富比	2014.10.08
清雍正 斗彩山石花卉纹盘	直径21.2cm	747,500	保利厦门	2014.11.02
清雍正 斗彩寿字纹碟（一对）	直径11.5cm	862,500	北京保利	2014.12.03
清雍正 斗彩寿字纹小盘（一对）	直径11.3cm×2	862,500	北京诚轩	2014.11.20
清雍正 斗彩松鹿图盘	直径16cm	40,250	太平洋	2014.06.25
清雍正 斗彩团花花鸟纹小杯（一对）	直径7.3cm×2	78,200	北京中汉	2014.11.21
清雍正 斗彩团花纹碗	直径244cm	2,926,560	佳士得	2014.05.28
清雍正 斗彩团菊纹杯	直径7.5cm	368,000	中国嘉德	2014.03.23
清雍正 斗彩团龙纹卧足碗	直径9.6cm	1,207,500	北京东正	2014.05.18
清雍正 斗彩碗	直径10.7cm	1,189,920	佳士得	2014.05.28
清雍正 斗彩五福捧寿纹盘	直径16.5cm	747,500	北京匡时	2014.09.17
清雍正 斗彩云龙纹碟	直径11.5cm	155,250	北京盈时	2014.05.31
清雍正 斗彩云龙纹盘	直径11.5cm	34,500	上海敬华	2014.07.01
清雍正 斗彩云龙纹天球瓶	高50.2cm	1,380,000	北京保利	2014.12.03
清雍正 斗彩云龙纹碗（一对）	直径12.5cm×2	345,000	北京匡时	2014.06.04
清雍正 斗彩折枝花果纹花口盘	直径16cm	287,500	华艺国际	2014.05.31
清雍正斗彩芝仙贺寿图盘（一对）	直径20.6cm×2	5,820,960	佳士得	2014.05.28
清雍正 仿成化斗彩花鸟小杯	直径7.8cm	69,000	中国嘉德	2014.11.20
清雍正官窑斗彩忍冬纹碗（一对）	直径12.2cm×2	1,265,000	北京东正	2014.11.20
清雍正 御窑斗彩“福禄万代”盘（一对）	直径27cm×2	3,565,000	北京东正	2014.11.20
清雍正 御窑斗彩福寿纹小碟（一对）	直径11.4cm×2	977,500	北京东正	2014.05.18
清雍正 御窑斗彩团菊纹碗	直径11.8cm	2,127,500	北京东正	2014.05.18
清乾隆 斗彩花卉蒜头瓶	高22.8cm	667,000	南京经典	2014.01.06
清乾隆 斗彩花卉纹摇铃瓶	高17cm	138,000	南京经典	2014.01.06
清乾隆 斗彩绘走兽葫芦瓶	高29.7cm	230,000	苏州东方	2014.10.30
清乾隆 斗彩竹石芭蕉图玉壶春瓶	高22.1cm	69,000	北京中汉	2014.09.22
清乾隆 斗彩穿花龙纹贯耳尊	高57cm	566,500	北京中联	2014.09.09
清乾隆 斗彩螭龙穿花纹花觚	高32.2cm	46,000	北京中汉	2014.11.21
清乾隆 斗彩螭龙纹杯	直径14.5cm	126,500	广州皇玛	2014.01.02
清乾隆 斗彩福寿纹卧足杯	直径8.4cm	322,000	苏州东方	2014.05.30
清乾隆 斗彩云鹤纹爵杯	高12.5cm	1,756,740	宝港国际	2014.05.27
清乾隆 斗彩暗八仙纹折腰碗（一对）	直径20.2cm×2	517,500	中国嘉德	2014.03.23
清乾隆 斗彩八吉祥纹束腰碗（一对）	直径20cm×2	235,648	伦敦苏富比	2014.11.05
清乾隆 斗彩缠枝花卉纹盖碗（一对）	口径12cm×2	68,100	中拍国际	2014.06.04
清乾隆斗彩荷塘鸳鸯纹碗（一对）	直径10cm×2	1,138,500	北京东正	2014.05.18
清乾隆 忍冬纹斗彩碗（两件）	直径10.5cm×2	207,000	北京翰海	2014.08.24
清乾隆 斗彩福庆连绵碗	直径16.7cm	172,500	北京保利	2014.06.04
清乾隆 斗彩瓜瓞绵绵壁碗	长7.8cm	40,250	苏州东方	2014.05.30
清乾隆 斗彩忍冬纹小碗	直径10.5cm	34,500	中国嘉德	2014.03.23
清乾隆 斗彩忍冬纹小碗	直径10.8cm	20,700	中国嘉德	2014.03.23
清乾隆 斗彩团花马蹄碗	直径15cm	667,000	南京经典	2014.01.06
清乾隆 斗彩鸳鸯荷花碗	直径10cm	322,000	北京翰海	2014.11.23
清乾隆 斗彩夔凤纹盘（一对）	直径16.8cm×2	184,000	上海泓盛	2014.06.26
清乾隆 斗彩缠枝花卉盘（两件）	直径15.3cm	207,000	北京翰海	2014.10.26
清乾隆 斗彩暗八仙花卉折腰盘	直径20cm	322,000	中国嘉德	2014.11.20

拍品名称	物品尺寸	成交价RMB	拍卖公司	拍卖日期
清乾隆 斗彩穿莲祥凤纹盘	直径19cm	369,040	伦敦苏富比	2014.05.14
清乾隆 斗彩花卉八吉祥大盘	直径46.1cm	333,500	北京翰海	2014.10.26
清乾隆 斗彩花卉盘	直径20cm	11,500	北京保利	2014.06.06
清乾隆 斗彩花卉纹盘	直径16cm	135,600	辽宁建投	2014.06.08
清乾隆 斗彩夔凤番莲纹盘	直径19cm	375,250	香港苏富比	2014.04.08
清乾隆 斗彩夔凤盘	直径18.5cm	207,000	北京保利	2014.10.25
清乾隆 斗彩龙纹盘	直径20.1cm	1,357,080	佳士得	2014.11.26
清乾隆 斗彩寿团如意纹盘	直径20.7cm	249,234	纽约苏富比	2014.03.18
清乾隆 斗彩寿纹盘	直径14.4cm	72,800	天津文物	2014.05.16
清乾隆 斗彩寿字盘	直径14.5cm	189,750	上海敬华	2014.07.01
清乾隆 斗彩寿字纹盘	直径20.5cm	207,000	华艺国际	2014.05.31
清乾隆 斗彩寿字纹盘	直径14.4cm	78,200	北京诚轩	2014.11.20
清乾隆 斗彩云龙纹盘	直径16.2cm	17,250	中国嘉德	2014.03.23
清乾隆 斗彩福寿香炉	高32cm	2,300,000	八益拍卖	2014.10.24
清乾隆 斗彩绿龙纹盖罐	高21cm	196,352	帝图艺术	2014.06.22
清乾隆 斗彩绿龙纹盖罐	高21.5cm	575,000	北京东正	2014.11.20
清乾隆 斗彩绿龙纹罐	高21cm	1,624,000	北京荣宝	2014.06.15
清乾隆 斗彩绿龙纹罐	高20cm	713,000	北京东正	2014.05.18
清乾隆 斗彩团花卷草莲纹盖罐	高12.3cm	1,782,500	北京匡时	2014.06.04
清乾隆 斗彩团菊盖罐	高11.1cm	943,000	上海道明	2014.03.27
清乾隆 斗彩团菊盖罐	高11.7cm	322,000	北京保利	2014.06.04
清乾隆 斗彩团菊纹盖罐	高12cm	69,000	北京保利	2014.08.02
清乾隆 斗彩婴戏图小罐	高157cm	207,000	北京中汉	2014.11.21
清乾隆 官窑斗彩团菊盖罐	高12cm	828,000	北京东正	2014.11.20
清乾隆 斗彩缠枝莲纹花盆一对连盆托	长16.8cm；长17.2cm	1,150,000	上海道明	2014.03.27
清乾隆 斗彩花卉纹烛台	直径16cm	40,250	苏州东方	2014.05.30
清乾隆 斗彩鸡纹盏托（一对）	直径12cm×2	161,000	华艺国际	2014.05.31
清乾隆 斗彩龙纹水盂		36,800	中鸿信	2014.11.22
清乾隆 斗彩贯套花卉盖杯	高9cm	345,000	西泠拍卖	2014.12.13
清乾隆 斗彩海屋添筹盘（一对）	直径15.6cm	575,000	北京保利	2014.12.03
清乾隆 斗彩夔凤纹盘	直径19cm	172,500	北京保利	2014.12.05
清乾隆 斗彩调色盘	直径14.8cm	67,200	北京荣宝	2014.11.30
清嘉庆 斗彩荷塘鸳鸯纹"满池娇"小碗（一对）	直径10.1cm×2	322,000	北京中汉	2014.05.17
清嘉庆 斗彩荷塘鸳鸯卧足碗	直径16.5cm	1,092,500	北京保利	2014.06.04
清嘉庆 斗彩灵芝桃树寿字纹盘	直径14.6cm	153,375	纽约佳士得	2014.03.20
清嘉庆 斗彩龙纹罐	高20cm	299,000	北京保利	2014.06.04
清中期 斗彩缠枝莲纹缸	直径22cm	25,300	中国嘉德	2014.03.23
清中期 斗彩荷塘鸳鸯图盘	直径15.2cm	32,200	中国嘉德	2014.09.21
清中期 斗彩寿字葫芦瓶	高13cm	51,750	北京保利	2014.06.06
清中期 斗彩松竹梅盘	直径19cm	23,000	北京翰海	2014.11.23
清道光 斗彩宝相花纹碗（一对）	直径14.3cm×2	840,000	北京荣宝	2014.03.23
清道光斗彩贯套折枝花卉纹碗（一对）	直径15cm×2	575,000	保利厦门	2014.11.02
清道光 斗彩荷塘鸳鸯纹小碗（一对）	直径10.2cm×2	184,000	中国嘉德	2014.05.18
清道光 斗彩花卉碗（一对）	直径15cm×2	690,000	雍和嘉诚	2014.05.31
清道光 斗彩花卉碗（一对）	直径15cm×2	368,000	八益拍卖	2014.10.24
清道光 斗彩花卉纹碗（一对）	直径15cm×2	368,000	苏州东方	2014.05.30
清道光 斗彩团果纹碗（一对）	直径15cm×2	79,080	伦敦苏富比	2014.05.14
清道光 斗彩鸳鸯荷花纹碗（一对）	直径10cm×2	246,400	武汉中信	2014.10.23
清道光 斗彩折枝花卉纹碗（一对）	直径15.2cm	367,980	纽约苏富比	2014.09.16
清道光 斗彩并蒂莲纹碗	直径12.5cm	154,641	中国嘉德	2014.10.07
清道光 斗彩缠枝花卉纹碗	直径14.5cm	145,706	纽约苏富比	2014.03.18
清道光 斗彩缠枝花卉纹碗	直径14.4cm	57,500	中国嘉德	2014.09.21
清道光 斗彩荷塘鸳鸯墩式碗	直径16.5cm	322,000	北京保利	2014.06.06
清道光 斗彩荷塘鸳鸯图小碗	直径10.3cm	57,500	中国嘉德	2014.03.23
清道光 斗彩荷塘鸳鸯纹碗	直径10.3cm	168,000	天津文物	2014.05.16
清道光 斗彩卷草纹碗	直径14.2cm	207,000	北京保利	2014.06.06
清道光 斗彩鸳鸯荷花碗	直径10cm	207,000	北京翰海	2014.11.23
清道光 斗彩寿字纹盘（一对）	直径21cm×2	212,800	北京荣宝	2014.06.15
清道光 斗彩花卉夔凤纹盘	直径19cm	87,400	香港富得	2014.07.25
清道光 斗彩暗八仙纹折腰盘	直径20.5cm	230,000	北京华辰	2014.05.17
清道光 斗彩灵仙祝寿纹盘	直径14.3cm	80,500	北京匡时	2014.06.04
清道光 斗彩绿龙盘	直径17.5cm	46,000	北京盈时	2014.05.31

拍品名称	物品尺寸	成交价RMB	拍卖公司	拍卖日期
清道光 斗彩寿字纹盘	直径21cm	92,000	华艺国际	2014.05.31
清道光 斗彩寿字纹盘	直径14.7cm	69,000	苏州东方	2014.05.30
清道光 斗彩寿字纹盘	直径21cm	68,224	中国嘉德	2014.10.07
清道光 斗彩灵芝纹杯（一对）	直径8.2cm×2	345,000	北京诚轩	2014.11.20
清道光 斗彩兰草杯	高5.8cm	517,500	北京翰海	2014.04.13
清道光 斗彩兰草杯	高5.8cm	80,500	北京翰海	2014.08.24
清道光 斗彩兰草杯	高5.8cm	69,000	北京翰海	2014.08.24
清道光 斗彩暗八仙纹折腰盘（一对）	口径20cm	345,000	西泠拍卖	2014.12.13
清道光 斗彩暗八仙纹折腰盘（一对）	口径20cm	103,500	西泠拍卖	2014.12.13
清道光 斗彩荷塘鸳鸯卧足碗	高16.5cm	75,000	北京九歌	2014.12.17
清道光 斗彩西洋花卉纹碗（一对）	直径14cm×2	690,000	北京匡时	2014.12.03
清同治 斗彩荷塘鸳鸯纹碗（一对）	直径10.2cm×2	207,000	北京匡时	2014.06.04
清同治 斗彩水仙纹杯	直径5cm	36,800	华艺国际	2014.05.31
清光绪 斗彩花卉瓶	高23cm	20,700	北京保利	2014.04.26
清光绪 斗彩开光山水棒槌瓶	高49cm	40,250	北京保利	2014.04.26
清光绪 斗彩缠枝莲纹碗（一对）	直径16cm×2	57,500	南京经典	2014.01.06
清光绪 斗彩荷塘鸳鸯图小碗（一对）	直径10.3cm	46,000	中国嘉德	2014.09.21
清光绪 斗彩过墙凤鸣在竹纹笠式碗（一对）	直径10.3cm×2	46,130	伦敦苏富比	2014.05.14
清光绪 斗彩河塘鸳鸯碗	直径10cm	37,950	北京保利	2014.08.02
清光绪 斗彩花卉碗	直径15cm	36,800	北京保利	2014.06.06
清光绪 斗彩鸳鸯荷花碗	直径10.5cm	105,800	北京翰海	2014.11.23
清光绪 斗彩忍冬纹盘（一对）	直径21.5cm×2	51,750	中国嘉德	2014.03.23
清光绪 斗彩暗八仙纹束腰盘	直径20.7cm	36,340	保利香港	2014.04.07
清光绪 斗彩暗八仙折腰盘	直径21cm	20,700	北京保利	2014.10.25
清光绪 斗彩八宝纹折腰盘	口径20.8cm	39,725	中拍国际	2014.06.04
清光绪 斗彩八吉祥纹束腰盘	直径20.5cm	97,750	北京中汉	2014.09.22
清光绪 斗彩灵芝杯（一对）	直径7cm×2	20,700	北京保利	2014.04.26
清光绪 斗彩山石兰花杯（一对）	直径5.5cm×2	10,350	北京保利	2014.01.11
清光绪 斗彩花神杯（两件）	直径6.3cm	13,800	北京翰海	2014.05.11
清光绪 斗彩洞石兰花图杯	直径5.6cm	46,000	中国嘉德	2014.09.21
清光绪 斗彩兰花小杯	直径5.5cm	17,250	北京匡时	2014.06.04
清光绪 斗彩三秋杯	直径5.6cm	20,700	北京翰海	2014.10.25
清宣统 斗彩花神杯	直径6cm	20,700	北京翰海	2014.08.24
清 斗彩八吉祥纹大盘	直径52.2cm	339,000	辽宁建投	2014.06.08
清 斗彩八仙人物兽耳大尊	高47cm	1,386,900	澳门中信	2014.06.08
清 斗彩矾红九龙抱月瓶	高31cm	230,000	北京保利	2014.06.06
清 斗彩福山寿海马蹄碗	直径18cm	11,500	北京保利	2014.08.02
清 斗彩福寿纹葫芦瓶	高17.3cm	10,350	北京中汉	2014.09.22
清 斗彩荷莲墩式碗	直径15cm	115,000	北京翰海	2014.08.24
清 斗彩荷趣碗	直径10.5cm	57,500	北京保利	2014.08.02
清 斗彩荷塘鸳鸯纹碟（一对）	直径14.5cm×2	36,800	香港淳浩	2014.07.30
清 斗彩荷塘鸳鸯纹小碗（一对）	口径11cm×2	36,800	香港淳浩	2014.07.30
清 斗彩花卉杯（两件）	高5cm×2	13,800	北京翰海	2014.11.23
清 斗彩鸡纹小蝶	直径8cm	11,500	北京翰海	2014.01.12
清 斗彩龙凤花盆（一对）	直径25cm×2	11,500	北京保利	2014.10.25
清 斗彩龙凤忍冬纹螭耳瓶	高33.5cm	2,016,000	成都金沙	2014.11.16
清 斗彩松竹花卉云鹤纹盘	口径17.2cm	336,000	成都金沙	2014.11.16
清 斗彩团菊盘	直径11cm	13,800	北京保利	2014.04.26
清 斗彩云蝠罐	高18cm	14,950	北京保利	2014.08.02
清 斗彩冲耳炉	高11.5cm	97,750	西泠拍卖	2014.12.13
清18世纪 斗彩道教神仙纹杯	直径7.8cm	289,960	伦敦苏富比	2014.05.14
清晚期 斗彩缠枝莲开光农家乐渔家乐诗文大瓶（一对）	高73cm×2	391,000	中国嘉德	2014.09.21
民国 斗彩龙凤梅瓶	高41cm	25,300	北京保利	2014.08.02
民国 斗彩花卉甘露瓶	高20.5cm	10,350	北京保利	2014.08.02
民国 斗彩花卉斗笠碗	直径11cm	12,650	北京保利	2014.08.02
斗彩麒麟送子葵口碗	口径21cm	1,880,000	荣盛国际	2014.07.26
斗彩龙纹斗笠碗	口径12.7cm	880,000	荣盛国际	2014.07.26
斗彩鸡缸杯（一对）	口径8cm×2	638,000	中信拍卖	2014.07.14
斗彩鸡缸杯	直径8.3cm	73,968,000	澳门中信	2014.06.08
斗彩鸡缸杯	口径8cm	2,240,000	荣盛国际	2014.07.26

(成交价RMB：1万元以上)

拍品名称	物品尺寸	成交价RMB	拍卖公司	拍卖日期
斗彩花鸟纹盘（一对）	直径16cm×2	69,000	南京经典	2014.08.04
斗彩福寿开窗双龙穿莲双耳扁瓶	高31cm	33,037	香港普艺	2014.04.12
斗彩福禄瓶	高22.3cm	3,360,000	荣盛国际	2014.07.26
李峻 梅鸟斗彩长寿瓷瓶	高27.8cm	299,000	北京匡时	2014.06.03
徐江云 2010年 色釉斗彩“春华秋实”瓷瓶	高33cm	46,000	浙江骏成	2014.06.22
戴玉梅1999年作斗彩“清影”瓷瓶	高24cm	138,000	北京万隆	2014.06.04
2014年 李申盛 徐国明 幽谷兰·宝蓝釉斗彩镶器	高44cm	17,250	景德镇华艺	2014.10.20
2014年 龚华 斗彩开光西厢记图瓶	高45.9cm	322,000	北京保利	2014.12.02
红绿彩				
元 铜鎏金掐丝珐琅麒麟法器花卉纹大罐	高41.8cm	27,738,000	澳门中信	2014.06.08
宋 白地红绿彩花鸟花口瓶	高47cm	40,250	上海嘉泰	2014.06.19
明嘉靖 红绿彩水波龙纹杯	直径8.7cm	494,375	香港苏富比	2014.10.08
明嘉靖 红绿彩洞石花卉纹盖盒	直径13.4cm	460,000	北京东正	2014.05.18
明16世纪 漳州窑红绿彩降龙伏虎罗汉纹盘	直径39cm	49,610	伦敦苏富比	2014.11.05
明 红绿彩海马图笔山	长12cm	17,250	中国嘉德	2014.09.21
明万历 红绿彩花卉纹葫芦瓶	高33cm	101,700	广东省拍	2014.06.22
金 磁州窑 红绿彩人物塑像	高28cm	180,681	宝港国际	2014.11.27
清 红绿彩暗花杯碟（两套）	尺寸不一	92,000	广州皇玛	2014.01.02
李磊颖 童心童趣 红绿彩瓷盘	直径26cm	69,000	翰文今博	2014.06.28
崔迪 2014年 红绿彩如意纹碧水红鱼宝珠罐	高35cm	80,500	北京保利	2014.06.05
朱乐耕 2010年 待·红绿彩瓷板	高80cm；宽80cm	713,000	景德镇华艺	2014.10.20
五彩				
明嘉靖 五彩鱼藻图罐	高36cm	5,184,075	纽约苏富比	2014.03.18
明嘉靖 五彩葡萄纹杯	直径8cm	40,000	北京华辰	2014.03.15
明嘉靖 金襴手“仕女”执壶连木盖	高35.2cm	322,465	伦敦苏富比	2014.11.05
明宣德 五彩盘口罐	高32.6cm	4,253,160	澳门中信	2014.06.08
明中期 漳州窑五彩人物纹大盘	直径31.8cm	40,250	中国嘉德	2014.09.21
明万历 五彩瑞兽纹蒜头瓶	高42cm	207,000	中国嘉德	2014.05.18
明万历 五彩龙鹤纹六方葫芦瓶	高25cm	288,400	北京中联	2014.09.09
明万历 五彩瑞兽纹瓜棱花觚	高31.7cm	82,800	北京中汉	2014.04.16
明万历 五彩缠枝花果开光龙纹觚	高23.3cm	257,500	北京中联	2014.09.09
明万历 五彩人物龙纹碗	直径11.2cm	115,000	北京翰海	2014.05.11
明万历 五彩博古图碗	直径19.5cm	425,500	北京诚轩	2014.11.20
明万历 五彩云龙赶珠纹盆	直径40cm	250,848	罗芙奥	2014.05.25
明万历 五彩云龙献寿纹大盘	直径32cm	3,105,000	江苏爱涛	2014.07.05
明万历 五彩龙凤纹大盘	直径36.2cm	109,250	北京东正	2014.11.20
明万历 五彩花鸟盘	直径16cm	172,500	北京保利	2014.10.25
明万历 五彩花卉洞石图盘	直径23cm	552,000	江苏爱涛	2014.07.05
明万历 五彩花果纹盘	直径26.3cm	884,800	香港苏富比	2014.04.08
明万历 五彩双龙赶珠花卉纹方盒	长29.5cm	322,000	中国嘉德	2014.05.18
明万历 五彩镂空缠枝九如纹长方盖盒	长20.8cm	161,000	北京诚轩	2014.05.19
明万历 五彩龙纹盖盒	直径27cm	517,500	北京华辰	2014.04.27
明万历 五彩鱼藻纹花口小罐	高11.8cm	57,500	北京保利	2014.06.06
明万历 五彩瑞兽纹促织罐	高11.8cm	920,000	北京东正	2014.11.20
明万历 五彩花鸟盖罐	高29cm	2,788,272	香港华洋	2014.06.26
明万历 五彩花卉纹方碟	长6.5cm	28,000	北京荣宝	2014.06.15
明天启 五彩爵禄封侯纹盘	直径20.2cm	18,452	伦敦苏富比	2014.05.14
明隆庆 五彩双龙戏珠纹盘	直径34cm	1,074,400	香港苏富比	2014.04.08
明崇祯7年（公元1634年）五彩海水龙纹盘	直径26.5cm	1,344,000	北京荣宝	2014.06.15
明 五彩云龙小圆盒	口径5cm	180,681	宝港国际	2014.11.27
明 五彩鱼藻纹盖罐	高46.5cm	53,760,000	成都金沙	2014.11.16
明 五彩葡萄纹小杯	直径8.3cm	747,500	江苏爱涛	2014.07.05
明 五彩龙纹笔杆	长18cm	40,250	北京保利	2014.08.02
明 五彩花鸟纹盘（一对）	直径14.5cm×2	13,800	中国嘉德	2014.09.21
明 荷塘五彩花口碟	直径14cm	32,200	南京经典	2014.04.27
明晚期清早期五彩瓷器（七件）	尺寸不一	43,700	中国嘉德	2014.06.21
明晚期五彩松鼠葡萄纹罐（一对）	高14.2cm×2	13,800	北京中汉	2014.09.22
17世纪 五彩婴戏瑞兽纹插屏	高12cm	210,880	伦敦苏富比	2014.05.14

拍品名称	物品尺寸	成交价RMB	拍卖公司	拍卖日期
清顺治 五彩山水花卉纹花觚	高38cm	85,670	伦敦邦瀚斯	2014.05.15
清顺治 五彩三狮牡丹将军罐	高37cm	115,000	广州皇玛	2014.01.02
清顺治 五彩麒麟图笔筒	高16.5cm	74,750	中国嘉德	2014.09.21
清顺治 五彩龙凤纹罐	高32cm	74,750	北京东正	2014.11.20
清顺治 五彩加官进爵图小筒瓶	高19cm	11,500	中国嘉德	2014.06.21
清康熙/雍正 五彩莲塘鸳鸯纹碗	高9.8cm	115,031	纽约佳士得	2014.03.20
清康熙 御製珊瑚红地外五彩九秋图内粉彩佳果纹碗	直径121cm	3,105,000	北京中汉	2014.11.21
清康熙 御制珊瑚红地五彩九秋图碗	直径11cm	920,000	北京中汉	2014.05.17
清康熙 五彩云龙纹小梅瓶	高12cm	56,650	北京中联	2014.09.09
清康熙 五彩喜上眉梢图棒槌瓶	高27cm	184,050	纽约佳士得	2014.03.20
清康熙 五彩松竹梅观音瓶	高46.2cm	149,500	苏州东方	2014.05.30
清康熙 五彩仕女婴戏棒槌瓶	高25cm	20,700	北京保利	2014.10.25
清康熙 五彩仕女人物观音瓶	高48cm	57,500	北京保利	2014.04.26
清康熙 五彩山水人物观音瓶	高54cm	517,500	广州皇玛	2014.04.27
清康熙 五彩山水人物出行图方瓶	高71.8cm	345,000	北京盈时	2014.05.31
清康熙 五彩瑞兽花卉海棠形瓶	高27cm	57,500	广州皇玛	2014.01.02
清康熙 五彩人物故事图棒槌瓶	高48cm	20,700	北京保利	2014.08.02
清康熙 五彩人物故事图棒槌瓶	高25cm	11,500	北京保利	2014.04.26
清康熙 五彩人物故事诗文棒槌瓶	高44.6cm	460,000	苏州东方	2014.10.30
清康熙 五彩人物故事棒槌瓶	高47cm	138,000	北京翰海	2014.11.23
清康熙 五彩穆桂英挂帅纹棒槌瓶	高45.4cm	609,500	翰风国际	2014.04.30
清康熙 五彩美人带子小棒槌瓶	高27cm	136,275	保利香港	2014.04.07
清康熙 五彩开光式猛将图瓶	高53.5cm	79,080	伦敦苏富比	2014.05.14
清康熙 五彩开窗山水人物花卉棒槌瓶	高45cm	460,000	广州皇玛	2014.01.02
清康熙 五彩锦地花鸟纹梅瓶	高31cm	25,300	中国嘉德	2014.03.23
清康熙 五彩缠枝花卉纹长颈瓶	高23cm	72,829	纽约苏富比	2014.09.16
清康熙 五彩八仙观音瓶	高45cm	1,610,000	上海道明	2014.03.27
清康熙 洒蓝开光五彩花鸟纹棒槌瓶	高46cm	60,950	太平洋	2014.09.19
清康熙 蓝釉开光五彩鹤鹿同春博古图棒槌瓶	高46.5cm	32,200	中国嘉德	2014.06.21
清康熙 五彩高士图瓶（一对）	高23.5cm×2	89,700	中国嘉德	2014.09.21
清康熙 米黄釉五彩玉堂富贵玉壶春瓶	高25.3cm	89,700,000	北京翰海	2014.10.25
清康熙五彩花鸟纹竹节式带盖茶壶	高13.5cm	79,080	伦敦苏富比	2014.05.14
清康熙 五彩花鸟提梁壶	高18cm	80,500	安徽艺海	2014.04.30
清康熙 五彩花蝶纹摇铃尊	高18.4cm	322,000	北京保利	2014.06.06
清康熙 五彩三秋图花觚	高25cm	40,250	华艺国际	2014.04.13
清康熙 五彩人物花觚	高43.5cm	287,500	北京盈时	2014.05.31
清康熙 五彩人物图花觚（一对）	高40cm×2	161,000	中国嘉德	2014.05.18
清康熙 五彩婴戏纹花觚	高23cm	101,706	宝港国际	2014.05.27
清康熙 五彩西厢记人物图杯	高11cm	145,706	纽约苏富比	2014.03.18
清康熙 五彩菊花花神杯	直径6.5cm	2,760,000	北京保利	2014.06.04
清康熙 五彩花神杯	直径6.5cm	59,310	伦敦苏富比	2014.05.14
清康熙 五彩花神杯	高7cm	1,637,370	中国嘉德	2014.10.07
清康熙 五彩桂花花诗文杯	直径6.6cm	230,000	中国嘉德	2014.11.20
清康熙五彩“安居乐业”图铃铛杯	直径8cm	57,500	广州皇玛	2014.01.02
清康熙 米黄地五彩人物杯	直径10cm	92,000	中国嘉德	2014.11.20
清康熙 五彩仕女婴戏铃铛杯（一对）	直径10cm×2	230,000	中国嘉德	2014.11.20
清康熙 五彩石榴花花神杯	直径6.5cm	1,610,000	北京保利	2014.12.03
清康熙 五彩月季花神杯	直径6.5cm	897,000	北京保利	2014.12.03
清康熙 五彩雉鸡牡丹纹碗	直径19.6cm	69,000	北京翰海	2014.05.11
清康熙 五彩昭君出塞图碗	直径12.2cm	1,208,595	纽约佳士得	2014.03.20
清康熙 五彩鱼纹碗	直径15.5cm	57,500	广州皇玛	2014.04.27
清康熙 五彩群仙拱寿纹高足碗	直径15.6cm	641,875	香港苏富比	2014.04.08
清康熙 五彩龙纹碗	直径13.1cm	1,093,440	佳士得	2014.05.28
清康熙 五彩花鸟图卧足碗	直径13.6cm	4,013,200	香港苏富比	2014.04.08
清康熙 五彩荷塘鸳鸯纹碗	直径17.7cm	1,150,000	中国嘉德	2014.05.18
清康熙 洒蓝开光五彩山水大碗	直径29cm	32,200	广州皇玛	2014.01.02
清康熙 矾红五彩群仙福寿碗	直径21cm	437,000	北京保利	2014.10.25
清康熙五彩婴戏纹大碗（一对）	直径22.7cm×2	598,000	中国嘉德	2014.11.20
清康熙 仿明式五彩鱼藻纹盘（一对）	口径16.5cm×2	73,968	宝港国际	2014.05.27

拍品名称	物品尺寸	成交价RMB	拍卖公司	拍卖日期
清康熙 五彩竹林七贤图大盘	直径33.4cm	32,200	北京中汉	2014.04.16
清康熙 五彩鱼藻纹盘	直径20.9cm	517,500	北京保利	2014.06.04
清康熙 五彩仕女图盘	直径34.3cm	66,700	中国嘉德	2014.05.18
清康熙 五彩人物纹大盘	直径34.5cm	51,750	中国嘉德	2014.09.21
清康熙 五彩麻姑献寿纹盘	直径40cm	498,469	纽约苏富比	2014.03.18
清康熙 五彩开光式花卉徽章纹盘	直径43cm	237,240	伦敦苏富比	2014.05.14
清康熙 五彩教子图大盘	直径36cm	55,200	中国嘉德	2014.09.21
清康熙 五彩荷塘鸳鸯盘	直径14.8cm	40,250	北京保利	2014.06.06
清康熙 五彩大乔小乔图大盘	直径39cm	115,000	广州皇玛	2014.01.02
清康熙 外珊瑚红内五彩“溪山闲钓”图盘	直径19cm	237,300	香港苏富比	2014.10.08
清康熙 外珊瑚红地开光花卉纹内五彩麻姑献寿图盘	直径18.8cm	28,750	北京中汉	2014.11.21
清康熙 内暗刻五彩荷塘鸳鸯图外酱釉盘	直径27.3cm	20,700	中国嘉德	2014.06.21
清康熙 五彩花卉诗文盘（四只）	直径15.8cm	17,250	中国嘉德	2014.03.23
清康熙五彩麒麟凤鸟图盘（一对）	直径38cm×2	138,038	纽约佳士得	2014.03.20
清康熙五彩花鸟纹八方盘（一对）	长35cm;长33.5cm	25,300	中国嘉德	2014.06.21
清康熙 五彩花鸟盘（一对）	直径22.5cm×2	46,000	广州皇玛	2014.04.27
清康熙五彩凤凰牡丹大盘（一对）	直径30cm×2	28,750	中鸿信	2014.11.22
清康熙 五彩过枝“喜报三元”图盘（疑非原彩）	直径21.1cm	1,380,000	北京中汉	2014.05.17
清康熙 五彩折桂图罐	高28.5cm	57,500	中国嘉德	2014.06.21
清康熙 五彩一路连科图将军罐	高35.2cm	34,500	中国嘉德	2014.06.21
清康熙 五彩牡丹锦鸡纹罐	高25cm	30,314	伦敦苏富比	2014.05.14
清康熙 五彩锦鸡牡丹花卉纹将军罐	高46cm	28,000	北京荣宝	2014.06.15
清康熙 五彩福禄寿三星图罐	高20.3cm	69,000	北京中汉	2014.04.16
清康熙 五彩缠枝菊开光花蝶鱼藻纹罐	高23.8cm	20,700	中国嘉德	2014.03.23
清康熙 五彩“锦上添花”将军罐	高40.5cm	46,000	北京东正	2014.05.18
清康熙 五彩四妃十六子人物故事图将军罐（一对）	高39.5cm×2	345,000	中国嘉德	2014.03.23
清康熙 五彩人物罐（一对）	高35.6cm	310,500	北京保利	2014.12.05
清康熙 五彩红拂记人物纹茶叶罐（带盖、带座）	高26.5cm	40,680	广东省拍	2014.06.22
清康熙 五彩花鸟诗文小缸	直径22cm	17,250	北京保利	2014.08.02
清康熙 白釉暗刻龙纹内绘五彩鱼藻纹缸	直径32cm	230,000	中国嘉德	2014.11.20
清康熙 五彩张仙护儿图笔筒	高13cm	130,369	纽约苏富比	2014.03.18
清康熙 五彩通景渔家乐图笔筒	高15cm	184,000	北京保利	2014.04.26
清康熙 五彩人物图笔筒	高13.3cm	145,706	纽约苏富比	2014.03.18
清康熙 五彩人物故事图笔筒	高13cm	86,250	华艺国际	2014.05.31
清康熙 五彩人物故事笔筒	直径19cm	40,250	北京保利	2014.08.02
清康熙 五彩花蝶纹笔筒	高14cm	52,091	伦敦苏富比	2014.11.05
清康熙 五彩后赤壁赋诗文笔筒	高16cm;直径18cm	1,380,000	北京保利	2014.06.04
清康熙 五彩荷塘图笔筒	高13.4cm	23,000	中国嘉德	2014.09.21
清康熙 五彩“鹬蚌相争”图笔筒	高13.3cm	109,250	北京保利	2014.06.06
清康熙 五彩教子图笔筒	高13.3cm	69,000	北京保利	2014.12.05
清康熙 五彩人物故事纹笔筒	高15cm	220,000	北京九歌	2014.12.17
清康熙 五彩云龙纹笔洗	长13.6cm	168,000	天津文物	2014.11.15
清康熙 五彩童子像	高27cm	17,250	中国嘉德	2014.03.23
清康熙五彩双面花卉瓷砖（一对）	19cm×7.5cm×2	34,500	广州皇玛	2014.01.02
清康熙 五彩人物瓷砖（四件）	18.5cm×8cm×4	34,500	广州皇玛	2014.01.02
清康熙 五彩麒麟纹水洗	直径14cm	57,500	北京保利	2014.04.26
清康熙 五彩花鸟纹大花盆	直径45cm	126,500	北京保利	2014.04.26
清康熙 五彩花卉纹箭筒	高70cm	57,500	中贸圣佳	2014.06.01
清康熙 五彩花卉纹冰盆	直径56cm	1,215,445	伦敦苏富比	2014.11.05
清雍正 五彩鹬蚌相争图卧足杯	直径7cm×2	1,380,000	北京匡时	2014.06.04
清雍正 五彩人物故事图套杯		805,000	华艺国际	2014.05.31
清雍正 五彩模印瑞兽纹杯	直径9.1cm	10,350	中国嘉德	2014.06.21
清雍正 五彩龙凤纹碗	直径15cm	280,000	武汉中信	2014.10.23
清雍正 五彩龙凤纹盘	直径19.9cm	31,050	北京中汉	2014.04.16
清雍正 五彩“福禄寿”纹马蹄杯	直径93cm	184,000	北京中汉	2014.11.21
清雍正 珊瑚红地五彩九秋纹碗	直径11cm	460,000	北京东正	2014.05.18

拍品名称	物品尺寸	成交价RMB	拍卖公司	拍卖日期
清雍正 墨地五彩缠枝番莲纹观音尊	高20.7cm	977,500	中国嘉德	2014.05.18
清乾隆 五彩忍冬纹盘	直径21.1cm	280,000	天津文物	2014.05.16
清乾隆 五彩龙纹盘	直径20cm	48,300	北京保利	2014.06.06
清乾隆 五彩龙凤纹碗	直径15.4cm	250,420	伦敦邦瀚斯	2014.05.15
清乾隆 五彩龙凤纹碗	直径15.5cm	24,640	天津文物	2014.05.16
清乾隆 五彩龙凤纹碗	直径15cm	23,000	北京中汉	2014.09.22
清乾隆 五彩龙凤呈祥纹碗	直径15.5cm	57,516	纽约苏富比	2014.03.18
清乾隆 五彩龙凤呈祥碗	直径14.9cm	421,781	纽约佳士得	2014.03.20
清嘉庆 五彩人物故事大盘	直径68.5cm	92,000	北京传是	2014.06.05
清嘉庆 五彩龙纹马蹄碗	直径15.5cm	59,800	南京经典	2014.01.06
清嘉庆 五彩龙凤纹碗（一对）	直径14.7cm×2	253,000	北京保利	2014.06.06
清嘉庆 五彩龙凤纹碗	直径15cm	358,400	北京荣宝	2014.03.23
清嘉庆 珊瑚红地五彩描金婴戏图碗（一对）	直径21cm×2	1,955,000	北京盈时	2014.05.31
清道光 五彩题诗十月芙蓉花神杯（一对）	高5cm×2	166,750	太平洋	2014.09.19
清道光 五彩忍冬纹碗	直径10.1cm	97,750	北京诚轩	2014.11.20
清道光 五彩龙凤纹碗	直径15cm	253,000	上海道明	2014.03.27
清道光 五彩龙凤纹碗	直径15cm	230,000	上海道明	2014.03.27
清道光 五彩龙凤纹碗	直径15.5cm	172,500	北京盈时	2014.05.31
清道光 五彩龙凤纹碗	直径15.8cm	92,000	中国嘉德	2014.03.23
清道光 五彩龙凤纹碗	直径15.1cm	230,000	苏州东方	2014.10.30
清道光 五彩龙凤纹碗	口径15.7cm	154,500	北京中联	2014.09.09
清道光 五彩龙凤纹碗	直径15cm	126,500	北京翰海	2014.10.26
清道光 五彩龙凤纹碗	直径16cm	115,000	华艺国际	2014.09.28
清道光 五彩龙凤纹碗	直径15.6cm	17,250	北京中汉	2014.09.22
清道光 五彩龙凤纹碗	直径13.1cm	13,800	北京中汉	2014.11.21
清道光 五彩龙凤碗（一对）	直径15cm×2	46,000	北京保利	2014.08.02
清道光 五彩龙凤碗	直径15cm	379,500	北京翰海	2014.05.11
清道光 五彩龙凤碗	直径13cm	345,000	北京翰海	2014.05.11
清道光 五彩龙凤碗	直径15.8cm	138,000	北京翰海	2014.05.11
清道光 五彩龙凤碗	直径17.1cm	115,000	北京翰海	2014.05.11
清道光 五彩“龙凤呈祥”纹碗	直径15cm	197,750	香港苏富比	2014.10.08
清中期 五彩一路连科图凤尾尊	高47.5cm	17,250	中国嘉德	2014.09.21
清中期 五彩锦鸡牡丹纹瓶	高24cm	57,500	广州皇玛	2014.04.27
清中期 五彩花神杯	直径6cm	34,500	中国嘉德	2014.09.21
清中期 五彩刀马人物大瓶	高79cm	248,600	辽宁建投	2014.06.08
清中期 矾红五彩海水龙纹罐	高25cm	13,800	中鸿信	2014.11.22
清同治 五彩水仙花神杯	直径5.5cm	336,000	天津文物	2014.11.15
清同治 五彩忍冬纹盘	直径21.2cm	22,400	天津文物	2014.05.16
清同治 五彩龙凤纹碗	直径8cm	48,300	保利厦门	2014.11.02
清光绪 五彩云龙花觚	高24cm	29,900	北京翰海	2014.11.23
清光绪 五彩寿星图小棒槌瓶	高25.8cm	10,350	中国嘉德	2014.06.21
清光绪 五彩人物纹瓶罐（三件）	尺寸不一	51,750	中国嘉德	2014.09.21
清光绪 五彩人物纹将军罐	高47cm	13,800	中国嘉德	2014.06.21
清光绪 五彩人物仕女罐	高20cm	17,250	北京保利	2014.04.26
清光绪 五彩人物瓶（一对）	高35.5cm×2	11,500	北京保利	2014.08.02
清光绪 五彩人物瓶	高47cm	23,000	北京保利	2014.04.26
清光绪 五彩人物瓶	高29cm	13,800	北京保利	2014.08.02
清光绪 五彩人物观音瓶	高34cm	46,000	广州皇玛	2014.04.27
清光绪 五彩人物观音瓶	高46cm	34,500	广州皇玛	2014.01.02
清光绪 五彩人物故事瓶（一对）	高24cm×2	13,800	北京保利	2014.04.26
清光绪 五彩人物故事笔筒	直径18.5cm	51,750	北京保利	2014.04.26
清光绪 五彩人物方瓶	高27cm	43,700	北京保利	2014.04.26
清光绪 五彩人物棒槌瓶	高24cm	18,400	北京保利	2014.10.25
清光绪 五彩麒麟斗凤瓶	高44cm	17,250	北京保利	2014.04.26
清光绪 五彩龙凤纹碗（一对）	直径15.2cm×2	153,375	纽约佳士得	2014.03.20
清光绪 五彩龙凤纹碗（一对）	直径16cm×2	103,500	北京盈时	2014.05.31
清光绪 五彩龙凤纹碗	直径14.3cm	48,300	中国嘉德	2014.09.21
清光绪 五彩龙凤纹碗	直径16cm	28,750	中国嘉德	2014.09.21
清光绪 五彩开光仕女婴戏大碗	直径40cm	17,250	北京保利	2014.04.26
清光绪 五彩开光山水瓶	高57cm	32,200	北京保利	2014.04.26
清光绪 五彩开光花鸟将军罐	高52cm	46,000	北京保利	2014.04.26
清光绪 五彩开光花鸟缸	直径46cm	63,250	北京保利	2014.04.26

2014瓷器拍卖成交汇总

(成交价RMB：1万元以上)

拍品名称	物品尺寸	成交价RMB	拍卖公司	拍卖日期
清光绪 五彩金陵十二钗人物故事图大观音尊	高61.3cm	43,700	中国嘉德	2014.06.21
清光绪 五彩花鸟六角双桃耳大瓶（一对）	高59cm×2	92,000	广州皇玛	2014.01.02
清光绪 五彩花鸟花觚（一对）	高44cm×2	11,500	北京保利	2014.01.11
清光绪 五彩花鸟缸	直径34cm	25,300	北京保利	2014.10.25
清光绪 五彩花鸟棒槌瓶	高25cm	17,250	北京翰海	2014.08.24
清光绪 五彩花卉人物瓶（四件）	尺寸不一	20,700	北京保利	2014.08.02
清光绪 五彩花卉捧盒	直径24.6cm	112,700	八益拍卖	2014.10.24
清光绪 五彩凤凰牡丹罐	高30cm	13,800	北京保利	2014.04.26
清光绪 五彩缠枝牡丹瓶	高55cm	66,700	广州皇玛	2014.01.02
清光绪 洒蓝开光五彩人物缸	直径36cm	34,500	北京保利	2014.04.26
清光绪 墨地五彩花鸟凤尾尊	高76cm	126,500	北京保利	2014.08.02
清光绪 黄地五彩杂宝万寿无疆碟	直径14.5cm	36,800	南京经典	2014.01.06
清光绪 黄地五彩开光人物故事图缸（一对）	直径41.6cm×2	85,670	伦敦邦瀚斯	2014.05.15
清19世纪 五彩瓜瓞连绵印泥盒	直径12.5cm	79,920	北京华辰	2014.04.27
清19世纪 五彩凤凰牡丹纹筒瓶（一对）	高45cm×2	36,904	伦敦邦瀚斯	2014.05.15
清19世纪 五彩八仙人物像（一组八件）	高30cm×8	329,500	伦敦邦瀚斯	2014.05.15
清19世纪 五彩伦叙图大盘	直径62cm	138,038	纽约佳士得	2014.03.20
清19世纪 黑地五彩福字形酒壶	高21.6cm	10,733	纽约苏富比	2014.09.16
清晚期 五彩仕女婴戏图盖缸	高33cm	20,700	中国嘉德	2014.09.21
清晚期 五彩人物纹狮耳方瓶（一对）	高56.8cm×2	11,500	中国嘉德	2014.09.21
清晚期 五彩人物纹铺首方瓶（一对）	高56.5cm×2	59,800	中国嘉德	2014.03.23
清晚期 五彩人物纹六方狮耳瓶	高41.3cm	17,250	中国嘉德	2014.09.21
清晚期 五彩人物纹棒槌瓶	高46cm	13,800	中国嘉德	2014.03.23
清晚期 五彩花鸟人物纹大缸	直径55cm	11,500	中国嘉德	2014.03.23
清晚期 五彩花蝶开光刀马人物纹大缸	直径48.5cm	71,300	中国嘉德	2014.03.23
清晚期 五彩刀马人物纹花口花盆	直径44.8cm	23,000	中国嘉德	2014.09.21
清晚期 五彩冰梅开光花鸟纹天球瓶	高58cm	11,500	中国嘉德	2014.09.21
清晚期 矾红加五彩人物笔筒	直径19.5cm	34,500	北京保利	2014.04.26
清 五彩轧道龙纹笔筒	高14cm	17,250	北京翰海	2014.11.23
清 五彩云龙人物方瓶	高49cm	11,500	北京翰海	2014.11.23
清 五彩太狮少狮天球瓶（两件）	高49cm	862,500	北京翰海	2014.05.11
清 五彩松竹梅小瓶	高25cm	34,500	北京翰海	2014.11.23
清 五彩四方格洗	长15.5cm	230,000	北京翰海	2014.08.24
清 五彩蔬果图盘（一对）	直径15cm×2	10,350	中国嘉德	2014.03.23
清 五彩人物纹笔筒	直径20cm	97,750	中国嘉德	2014.03.23
清 五彩人物碗	直径13cm	13,800	北京翰海	2014.08.24
清 五彩人物双耳尊	高22cm	69,000	北京翰海	2014.01.12
清 五彩人物花觚	高25cm	10,350	北京翰海	2014.11.23
清 五彩人物故事花觚	高18.3cm	32,200	中鸿信	2014.11.22
清 五彩人物故事葫芦瓶	高44cm	20,700	北京保利	2014.01.11
清 五彩人物橄榄瓶	高16.5cm	17,250	北京翰海	2014.11.23
清 五彩人物棒槌瓶	高46.5cm	172,500	北京翰海	2014.01.12
清 五彩描金开光花鸟瑞兽瓶	高44.5cm	36,800	香港淳浩	2014.07.30
清 五彩龙凤象耳瓶	高22cm	32,200	北京翰海	2014.08.24
清 五彩龙凤贯耳尊	高29cm	17,250	北京翰海	2014.11.23
清 五彩开光人物方枕	高55cm	57,500	河南日信	2014.06.01
清 五彩花鸟花觚	高45cm	23,000	北京翰海	2014.04.13
清 五彩花鸟棒槌瓶	高46cm	36,800	广州皇玛	2014.04.27
清 五彩花卉小瓶	高17cm	36,800	北京翰海	2014.11.23
清 五彩花卉海水云鹤纹印盒	直径7.1cm	57,500	北京翰海	2014.10.26
清 五彩海水九龙纹钟	高18.2cm	69,000	北京翰海	2014.05.11
清 五彩富贵花蝶瓶	高37cm	57,500	北京翰海	2014.01.11
清 五彩福寿人物棒槌瓶	高48cm	47,840	香港淳浩	2014.07.30
清 五彩刀枪马大盘	直径37.5cm	13,800	朵云轩	2014.06.29
清 五彩慈母教子纹瓶	高21cm	32,120	中信国际	2014.04.19
清 五彩博古纹对瓶（一对）	高61cm×2	55,200	河南日信	2014.06.01
清 五彩八骏人物罐（两件）	高26cm×2	32,200	北京翰海	2014.04.13

拍品名称	物品尺寸	成交价RMB	拍卖公司	拍卖日期
清铁锈花五彩刀马人物罐（两件）	高21.5cm	29,900	北京翰海	2014.01.11
清 霁蓝开光五彩刀马人棒槌瓶	高45cm	17,250	北京翰海	2014.04.13
清 仿康熙五彩山水瓶	高22cm	17,250	北京翰海	2014.11.23
民国 五彩龙凤蒜头瓶	高23cm	28,750	北京翰海	2014.11.23
民国 五彩花鸟瓶（两件）	高45cm×2	12,650	北京翰海	2014.11.23
民国 醴陵花鸟瓶	高45cm	207,000	北京保利	2014.04.26
民国 醴陵瓷孔雀图花口花盆	直径25cm	36,800	北京保利	2014.04.26
民国 醴陵瓷孔雀图花口花盆	直径25cm	32,200	北京保利	2014.04.26
五彩天字盖罐	高12cm	2,516,910	中国艺海	2014.11.15
五彩人物故事赏瓶	高35.8cm	2,400,000	荣盛国际	2014.07.26
五彩人物故事葫芦瓶	高19.1cm	715,000	中信拍卖	2014.07.14
五彩瓶	高36cm	36,800	河南原田	2014.08.17
五彩龙凤粉盒	口径22cm	3,471,600	中国艺海	2014.11.15
五彩故事人物瓶	高46cm	42,320	香港普艺	2014.08.02
五彩龙纹葫芦瓶	高34cm	1,388,640	中国艺海	2014.11.15
陈淑娟 2011年 古彩“赏梅一梦”瓷瓶	47cm×17cm	46,000	浙江骏成	2014.06.22
陈淑娟 2013年 古彩仕女“莺莺”瓷板	54cm×30cm	46,000	浙江骏成	2014.06.22
陈淑娟 2013年 五彩“夏韵”瓶	高46cm	184,000	北京保利	2014.06.05
陈淑娟 四大才女粉古彩落地镶器	高98cm	402,500	北京匡时	2014.06.03
陈淑娟 夏韵 古彩花鸟瓷瓶	高39.5cm	34,500	中国嘉德	2014.05.20
戴荣华 2002年 映日荷花别样红·古彩影青瓷瓶	高35cm	805,000	景德镇华艺	2014.10.20
2011年 戴荣华 春江花月夜黑地古彩瓷盘	直径50.5cm	1,725,000	景德镇华艺	2014.05.25
戴荣华 古彩瓷瓶	高34.7cm	862,500	中国嘉德	2014.05.20
戴荣华 映日荷花别样红古彩瓷瓶	高35.3cm	575,000	北京匡时	2014.06.03
戴荣华 摘取芙蓉花莫摘芙蓉叶古彩瓷瓶	高36.2cm	782,000	北京匡时	2014.06.03
戴玉俊 古彩描金荷艳瓷瓶	高37cm	57,500	北京万隆	2014.06.04
戴玉梅 事事丰盛古彩瓷瓶	高31.2cm	241,500	北京匡时	2014.06.03
戴玉梅 芙蓉清香古彩瓶	高30.3cm	264,500	北京匡时	2014.12.02
方复 2010年 拜月记古彩梅瓶	高48cm	109,250	景德镇华艺	2014.05.31
方复 2012年 西厢初遇古彩瓷瓶	高39.5cm	80,500	景德镇华艺	2014.05.31
方复 三千宠爱在一身 古彩瓷瓶	高48.6cm	437,000	中国嘉德	2014.05.20
2014年 郭文光 釉下五彩“阿罗汉图”瓷板	112cm×106cm	437,000	北京保利	2014.06.05
郭文光 2014年 釉下五彩“阿罗汉图”瓷板	109cm×54.5cm	207,000	北京保利	2014.06.05
郭文光 2014年 釉下五彩“遍洒甘露图”瓷板	109cm×54.5cm	207,000	北京保利	2014.06.05
郭文光 2014年 釉下五彩“风云际会图”瓷板	109cm×54.5cm	230,000	北京保利	2014.06.05
郭文光 2014年 釉下五彩“菩萨显瑞图”瓷板	110cm×54cm	207,000	北京保利	2014.06.05
黄釉五彩蒜头瓶	高28.8cm	34,500	太和国际	2014.06.22
江亚彬 梅开五福 古彩瓷瓶	高47.7cm	10,350	中国嘉德	2014.05.20
江月光 2014年 秋声·古彩瓷瓶	高31cm	32,200	景德镇华艺	2014.10.20
揭金平 2013年 花开四季·古彩瓷瓶	高56cm	32,200	景德镇华艺	2014.10.20
揭金平 2014年 五伦图古彩瓷板	对联高155cm；画高158cm	92,000	景德镇华艺	2014.05.31
蓝国华 2008年 古彩“四季花”天圆地方镶器	43cm×18cm	46,000	浙江骏成	2014.06.22
蓝国华 2008年 古彩“四美图”天圆地方镶器	43cm×18cm	46,000	浙江骏成	2014.06.22
蓝国华 梅林曲古彩瓷盘	直径64.4cm	48,300	北京匡时	2014.06.03
李华军 洞庭秋月图 釉下五彩瓷瓶	高47cm	46,000	中国嘉德	2014.11.22
李华军 潇湘夜雨图 釉下五彩瓷瓶	高47cm	28,750	中国嘉德	2014.11.22
李盛春 上世纪50年代 红梅黑地古彩狮耳瓶	高24cm	460,000	景德镇华艺	2014.05.25
林正茂 2013年作 古彩“金凤朝阳”瓷瓶	高43cm	36,800	北京万隆	2014.06.04

拍品名称	物品尺寸	成交价RMB	拍卖公司	拍卖日期
林正茂 2013年作 黄釉斗古彩"硕果"瓷瓶	高51cm	71,300	北京万隆	2014.06.04
秦锡麟 1978年 朝鲜舞·釉下五彩笔筒	高12cm	172,500	景德镇华艺	2014.10.20
夏墨境 釉中五彩瓷板	123cm×40cm	36,800	中国嘉德	2014.05.20
熊晖 烂轲图 釉下五彩瓷瓶	高21cm	55,200	中国嘉德	2014.05.20
熊声贵 秋声 釉下五彩瓷瓶	高18.7cm	115,000	中国嘉德	2014.05.20
徐小明 和谐古彩瓷瓶	高39.5cm	36,800	北京匡时	2014.06.03
易查理 寒雀图　釉下五彩瓷瓶	高50cm	40,250	中国嘉德	2014.11.22
易查理 齐眉图　釉下五彩瓷瓶	高46cm	40,250	中国嘉德	2014.11.22
易查理 日照高林　釉下五彩瓷瓶	高68cm	40,250	中国嘉德	2014.11.22
占昌赣 2012年作 三友图 古彩装饰瓷板	80cm×44cm	42,560	翰文今博	2014.06.28
张万莲 2013年作 英姿 古彩装饰菱形镶器	高49cm	161,000	翰文今博	2014.06.28
周小娟 2013年作 古彩"渔樵耕读"四条屏	55cm×30cm×4	59,800	北京万隆	2014.06.04
周小娟 古彩瓷板（四件）	30.5cm×54.5cm	69,000	中国嘉德	2014.05.20
周小娟 荷韵　古彩瓷板	80cm×43.5cm	40,250	中国嘉德	2014.11.22
三彩				
唐 蓝釉三彩三足炉	宽21.6cm	214,725	纽约佳士得	2014.03.20
晚唐/五代 三彩锦地双鹦鹉纹倭角长方盒	长11.5cm	361,362	宝港国际	2014.11.27
辽 素面三彩碗		17,798	邦瀚斯	2014.10.09
元/明 三彩卧牛形脉枕	长13.7cm	172,500	北京东正	2014.06.07
明正德 素三彩荷叶形洗	直径24.5cm	2,070,000	北京诚轩	2014.05.19
明中期 素三彩坐岩观音	高44cm	74,750	中鸿信	2014.11.22
明 三彩罗汉像（一组两件）	高82.5cm	713,000	西泠拍卖	2014.12.13
明 素三彩门神（一对）	高70cm×2	172,500	上海嘉泰	2014.06.19
清早期 三彩双狮耳炉	直径10.4cm	43,700	华艺国际	2014.05.31
清康熙 釉下三彩洞石花蝶纹观音瓶	高23.7cm	134,400	天津文物	2014.11.15
清康熙 素三彩长颈瓶	高34cm	57,500	中宝拍卖	2014.07.06
清康熙 墨地三彩绣球花卉太白尊	高8.9cm	6,440,000	西泠拍卖	2014.12.13
清康熙 黄地素三彩喜鹊登梅纹大凤尾尊		952,000	北京荣宝	2014.03.23
清康熙 虎皮三彩撇口碗	直径13.5cm	92,000	太平洋	2014.03.21
清康熙 虎皮三彩碗	直径15cm	52,900	南京经典	2014.04.27
清康熙 虎皮三彩碗	直径15cm	46,000	南京经典	2014.04.27
清康熙 黄地暗刻三彩二龙戏珠盘	直径10.8cm	17,250	中鸿信	2014.11.22
清康熙 黄地暗刻三彩龙纹盘	直径13.2	57,500	中鸿信	2014.11.22
清康熙 黄地素三彩双龙戏珠纹盘	直径10.5cm	112,000	北京荣宝	2014.06.15
清康熙 素三彩盘	直径25.1cm	1,073,040	佳士得	2014.11.26
清康熙 素三彩瑞果暗刻龙纹盘（一对）	直径24.8cm×2	1,544,696	伦敦苏富比	2014.05.14
清康熙 素三彩三多果纹盘	直径25cm	92,000	北京华辰	2014.05.17
清康熙 白地素三彩暗花石榴纹盘	口径25cm	517,500	西泠拍卖	2014.12.13
清康熙 黄地素三彩双龙戏珠纹盘	直径10.5cm	89,600	北京荣宝	2014.11.30
清康熙 绿地素三彩桃花流水杂宝盘	直径27cm	92,000	北京保利	2014.12.03
清康熙 黄地紫绿彩双龙戏珠纹盘	直径35.5cm	766,875	纽约佳士得	2014.03.20
清康熙 墨地素三彩二龙戏珠纹折沿大盘	直径36cm	632,500	太平洋	2014.03.21
清康熙 素三彩暗花龙纹牡丹碗	直径16cm	250,420	伦敦邦瀚斯	2014.05.15
清康熙 素三彩暗花龙纹牡丹碗	直径16cm	210,880	伦敦邦瀚斯	2014.05.15
清康熙 素三彩暗刻龙纹"花果彩蝶"图碗	直径14.8cm	276,500	香港苏富比	2014.04.08
清康熙 素三彩暗刻龙纹花果图盘	直径24.8cm	1,150,000	中国嘉德	2014.11.20
清康熙 素三彩暗刻龙纹山石牡丹图大盘（一对）	直径32cm×2	1,495,000	上海敬华	2014.07.01
清康熙 素三彩暗刻云龙花蝶纹碗（一对）	直径151cm×2	690,000	北京中汉	2014.11.21
清康熙 素三彩瓷器（三件）	尺寸不一	26,360	伦敦苏富比	2014.05.14
清康熙 素三彩福禄寿三星壶	高24.5cm	74,750	北京保利	2014.04.26
清康熙 素三彩海马纹瓜棱罐	高10cm	57,500	北京盈时	2014.05.31
清康熙 素三彩和合二仙像	高25cm	17,250	中国嘉德	2014.09.21
清康熙 素三彩火珠龙纹印泥盒	长9.8cm	17,250	太平洋	2014.06.25
清康熙 釉里三彩山水人物图笔筒	直径18cm	230,000	中国嘉德	2014.05.18
清康熙 釉下三彩"松下闲居"图缸	直径22.1cm	109,250	北京东正	2014.05.18
清康熙 釉下三彩山水人物图笔筒	高14.3cm	44,800	天津文物	2014.11.15
清康熙 素三彩人物海棠式四足几	长13.5cm	64,400	北京翰海	2014.10.26
清乾隆 黄地素三彩云龙纹葫芦瓶	高18.5cm	309,000	北京中联	2014.09.09
清乾隆外霁红内釉下三彩鱼藻纹洗	直径162cm	138,000	北京中汉	2014.11.21
清中期 黄地素三彩鹤鹿同春图狮耳方瓶（一对）	高39cm×2	20,700	中国嘉德	2014.09.21
清中期 三彩仿竹节式笔筒	高11.3cm	34,500	北京中汉	2014.05.17
清中期 素三彩云龙纹出戟尊（一对）	高27.2cm×2	40,250	中国嘉德	2014.06.21
清道光 素三彩双龙戏珠纹盘（一对）	直径10.7cm×2	48,300	北京诚轩	2014.05.19
清光绪 黄地褐绿彩洗	直径25cm	20,700	北京保利	2014.04.26
清光绪 黄地素三彩云龙纹小盘	直径10.8cm	11,500	北京中汉	2014.09.22
清光绪 墨地三彩人物瓶	高47cm	11,500	北京保利	2014.08.02
清光绪 墨地素三彩花鸟瓶	高49cm	10,350	北京保利	2014.04.26
清光绪 素三彩雕瓷山水笔筒	高14cm	10,350	北京保利	2014.04.26
清光绪 素三彩卣	宽18cm	25,300	北京保利	2014.04.26
清晚期 素三彩蝠形杯	长10cm	13,800	中国嘉德	2014.03.23
清宣统 黄地赭绿龙盘	直径14.5cm	13,800	北京翰海	2014.04.13
清 黄地素三彩堆塑福寿纹花口瓶	高32.5cm	100,800	成都金沙	2014.11.16
清 黄地素三彩莲托八吉祥福寿纹折沿大盘	直径35cm	63,250	北京中汉	2014.09.22
清 黄地素三彩云龙纹盘（一对）	直径11.3cm×2	20,700	中国嘉德	2014.03.23
清 墨地开光三彩山水人物棒槌瓶	高62cm	101,200	广州皇玛	2014.04.27
清 墨地三彩花鸟方瓶（两件）	高50.5cm×2	11,500	北京翰海	2014.11.23
清 墨地三彩人物罐	高43cm	11,500	北京保利	2014.04.26
清 素三彩花卉四方瓶	高50cm	92,000	朵云轩	2014.06.29
清 素三彩花口盘	长17.5cm	23,000	北京华辰	2014.05.17
清 素三彩龙纹攒盘	直径37.5cm	23,000	深圳市拍	2014.01.05
清 素三彩镂雕花卉纹四方笔筒	高16.8cm	17,250	中国嘉德	2014.09.21
民国素三彩花鸟白釉帽筒（四件）	尺寸不一	25,300	北京保利	2014.08.02
素三彩加红龙寿纹观音瓶	高43cm	528,000	中信拍卖	2014.07.14
黄地素三彩龙纹大盘	口径45.3cm	3,520,000	中信拍卖	2014.07.14
乌金釉素三彩双龙捧珠抱月瓶	高39.3cm	6,820,000	中信拍卖	2014.07.14
粉彩				
清早期 粉彩花卉笔筒	高11.5cm	55,200	北京翰海	2014.05.10
清康熙 洒蓝地描金粉彩开光式花鸟纹葫芦式带盖执壶（一对）	高18.8cm×2	98,850	伦敦苏富比	2014.05.14
清康熙 粉彩鸡缸杯	直径6.7cm	1,189,920	佳士得	2014.05.28
清康熙 粉彩鸡缸杯	直径6.6cm	996,960	佳士得	2014.05.28
清康熙 粉彩花蝶杯	直径6cm	34,500	北京翰海	2014.05.11
清康熙 粉彩杯	直径6.3cm	753,750	佳士得	2014.05.28
清雍正 粉彩花卉纹梅瓶	高26.5cm	220,000	北京九歌	2014.12.17
清雍正 粉彩玉堂富贵天球瓶	高51cm	9,680,160	佳士得	2014.05.28
清雍正 粉彩仕女婴戏图瓶	高20.3cm	24,805	伦敦苏富比	2014.11.05
清雍正 粉彩仕女图棒槌瓶	高47.6cm	57,500	中国嘉德	2014.03.23
清雍正 粉彩仕女读书软棒槌瓶	高42cm	184,000	北京保利	2014.06.06
清雍正 粉彩人物纹盘口瓶	高31.8cm	17,250	中国嘉德	2014.06.21
清雍正 粉彩人物图棒槌瓶	高35.5cm	412,000	北京中联	2014.09.09
清雍正 粉彩人物对弈图软棒槌瓶	高43cm	287,500	广州皇玛	2014.01.02
清雍正 粉彩撇口瓶	高24.5cm	28,011,360	佳士得	2014.05.28
清雍正 粉彩麻姑献寿观音瓶	高46cm	138,000	太平洋	2014.03.21
清雍正 粉彩教子图锥把瓶	高21.5cm	43,700	中国嘉德	2014.03.23
清雍正 粉彩花鸟长颈瓶	高32cm	1,672,320	佳士得	2014.05.28
清雍正 粉彩花卉纹五孔梅瓶	高21.7cm	59,800	中国嘉德	2014.06.21
清雍正 粉彩花蝶梅瓶	高25cm	161,000	北京保利	2014.08.02
清雍正 粉彩荷花纹蒜头瓶	高25cm	112,000	北京荣宝	2014.06.15
清雍正 粉彩和合二仙图棒槌瓶	高40.3cm	23,000	中国嘉德	2014.09.21
清雍正 粉彩二乔瓶	高19.5cm	134,400	武汉中信	2014.10.23
清雍正 粉彩刀马人物纹盘口瓶	高38.5cm	17,250	中国嘉德	2014.06.21
清雍正 粉彩八宝纹撇口观音瓶	高21.3cm	2,773,800	澳门中信	2014.06.08

2014瓷器拍卖成交汇总

(成交价RMB：1万元以上)

拍品名称	物品尺寸	成交价RMB	拍卖公司	拍卖日期
清雍正 粉彩花卉纹壶	长14.2cm	17,250	中国嘉德	2014.03.23
清雍正 粉彩折枝花卉纹提梁盖壶（一对）	高16.4cm×2	369,040	伦敦苏富比	2014.05.14
清雍正 御窑粉彩"感恩念母"之花蝶杯	直径8.7cm	2,990,000	北京东正	2014.05.18
清雍正 粉彩喜鹊登梅图小杯	直径5.5cm	920,000	中国嘉德	2014.11.20
清雍正 粉彩西厢记撇口杯杯连托（四件套）	直径10.2cm；直径6.3cm	32,200	中国嘉德	2014.05.18
清雍正 粉彩菊花纹笠式杯	直径10.1cm	4,018,280	香港苏富比	2014.10.08
清雍正 粉彩花卉纹杯	直径7.2cm	40,250	北京中汉	2014.05.17
清雍正 粉彩花卉纹杯	直径7.3cm	32,200	北京中汉	2014.09.22
清雍正 粉彩花蝶纹折腰杯	直径7cm	36,800	中国嘉德	2014.09.21
清雍正 粉彩花蝶纹杯	直径8.5cm	53,664	纽约苏富比	2014.09.16
清雍正 粉彩海棠菊花纹小杯	直径6.4cm	36,800	北京中汉	2014.11.21
清雍正 斗彩加粉彩云蝠图小杯	直径6.8cm	2,499,560	香港苏富比	2014.10.08
清雍正粉彩花卉纹套杯（四只）	尺寸不一	230,000	北京东正	2014.05.18
清雍正 粉彩花卉小杯（一对）	直径6cm×2	230,000	北京保利	2014.10.25
清雍正 粉彩福禄马蹄杯（一对）	直径6.1cm×2	552,000	北京东正	2014.11.20
清雍正 珊瑚红地粉彩花卉碗	直径13cm	25,300	北京东正	2014.06.07
清雍正 墨地粉彩缠枝花卉纹碗	直径7cm	593,250	香港苏富比	2014.10.08
清雍正 粉彩没骨花蝶纹碗	直径14.8cm	494,375	香港苏富比	2014.10.08
清雍正 粉彩没骨花蝶纹碗	直径14.7cm	168,088	香港苏富比	2014.10.08
清雍正 粉彩花卉纹碗	直径16.8cm	1,849,200	澳门中信	2014.06.08
清雍正 粉彩花卉纹马蹄碗	直径18cm	832,140	澳门中信	2014.06.08
清雍正 粉彩福禄图茶碗	直径9.5cm	46,000	中国嘉德	2014.03.23
清雍正 粉彩福禄寿纹碗	直径9.3cm	264,500	上海敬华	2014.07.01
清雍正 粉彩洞石花蝶纹碗	直径18.6cm	103,500	北京中汉	2014.04.16
清雍正粉彩"柳荫春睡"图小碗	直径11.1cm	23,000	北京中汉	2014.11.21
清雍正 粉彩榴开百子花卉碗（两件）	直径12cm	2,530,000	北京翰海	2014.10.25
清雍正 御窑黄地粉彩八鹤纹碗（一对）	直径14.9cm×2	3,450,000	北京东正	2014.05.18
清雍正粉彩竹石延年图碗（一对）	直径14.3cm×2	126,500	北京诚轩	2014.05.19
清雍正 粉彩折腰盖碗（一对）	直径9cm×2	241,500	华艺国际	2014.05.31
清雍正粉彩虞美人花卉碗（一对）	直径9.5cm×2	6,325,000	北京保利	2014.06.04
清雍正 粉彩碗（一对）	直径13.5cm×2	74,750	南京经典	2014.04.27
清雍正 粉彩蝶恋花小碗	直径9cm	1,265,000	中国嘉德	2014.11.20
清雍正 粉彩花卉纹碗（一对）	直径9.2cm×2	2,828,235	纽约佳士得	2014.03.20
清雍正 粉彩花卉纹碗（一对）	直径18.5cm×2	48,300	中国嘉德	2014.06.21
清雍正 粉彩花卉纹碗（一对）	直径9.5cm×2	10,350	北京保利	2014.10.25
清雍正 珊瑚红地粉彩九秋纹碗	直径7.2cm	1,552,500	上海道明	2014.12.11
清雍正 官窑粉彩富贵牡丹纹盘	直径19.4cm	920,000	北京东正	2014.05.18
清雍正 粉彩折枝花卉纹小盘	直径179cm	184,000	北京中汉	2014.11.21
清雍正 粉彩折枝花卉纹盘	直径16cm	10,350	中国嘉德	2014.03.23
清雍正 粉彩纹章瓷盘	直径31.5cm	23,800	景薰楼	2014.06.15
清雍正粉彩双龙捧寿云鹤纹大盘	直径54cm	897,000	保利厦门	2014.11.02
清雍正 粉彩人物纹盘	直径20cm	832,140	澳门中信	2014.06.08
清雍正 粉彩人物盘	直径15cm	13,800	北京翰海	2014.11.23
清雍正 粉彩灵芝花卉盘	直径15.6cm	69,000	北京翰海	2014.05.11
清雍正 粉彩花蝶纹盘	直径14.9cm	28,750	北京中汉	2014.09.22
清雍正 粉彩花蝶纹盘	长19.9cm	134,400	天津文物	2014.11.15
清雍正 粉彩汉钟离直立盘	直径16cm	654,120	保利香港	2014.04.07
清雍正 粉彩海水龙纹盘	口径14.7cm	175,100	北京中联	2014.09.09
清雍正 粉彩过枝福寿双全盘	直径21cm	4,084,320	佳士得	2014.05.28
清雍正 粉彩过墙福寿盘	直径20.5cm	828,000	南京经典	2014.01.06
清雍正 粉彩福寿纹盘	直径20.7cm	37,016,160	佳士得	2014.05.28
清雍正 粉彩蝶恋花盘	直径15cm	187,863	香港苏富比	2014.10.08
清雍正 粉彩八仙图大盘	直径36cm	36,800	中国嘉德	2014.06.21
清雍正 粉彩花卉瓜蝶绵绵盘（两件）	直径14cm	97,750	北京翰海	2014.10.26
清雍正 粉彩仕女图盘（一对）	直径16.6cm×2	690,000	北京东正	2014.11.20

拍品名称	物品尺寸	成交价RMB	拍卖公司	拍卖日期
清雍正 粉彩人物纹盘（一对）	直径22.3cm×2	11,500	中国嘉德	2014.09.21
清雍正 粉彩花卉纹盘（一对）	直径14.9cm×2	575,000	北京东正	2014.05.18
清雍正 粉彩花虫纹盘（一对）	直径15.4cm×2	51,750	中国嘉德	2014.06.21
清雍正 粉彩过墙花卉纹盘（一对）	直径14cm×2	197,455	中信国际	2014.03.30
清雍正 矾红地粉彩鸿福齐天大盘	直径50.6cm	632,500	北京保利	2014.12.03
清雍正 粉彩仕女折沿盘	直径19cm	747,500	北京保利	2014.12.03
清雍正 粉彩花卉纹盘 矾红墨彩高士图盘各一只	尺寸不一	10,350	中国嘉德	2014.06.21
清雍正 斗彩团花内粉彩团蝶盘（詹兴祥加粉彩）（一对）	直径14.6cm×2	1,265,000	中国嘉德	2014.05.18
清雍正 粉彩渔家乐纹缸	直径23cm	402,500	太平洋	2014.09.19
清雍正 粉彩花鸟八角缸	直径35cm	345,000	广州皇玛	2014.01.02
清雍正 粉彩云龙纹笔筒	高12.5cm	12,650	北京保利	2014.04.26
清雍正 粉彩人物故事笔筒	高11.3cm	78,400	北京荣宝	2014.03.23
清雍正 粉彩人物故事笔筒	直径20cm	17,250	北京保利	2014.04.26
清雍正 粉彩神仙人物纹四方花盆	长22.7cm	48,300	中国嘉德	2014.03.23
清雍正 粉彩镂空高仕图香熏	高30.5cm	34,500	太平洋	2014.06.25
清雍正 粉彩花卉盖罐	高15cm	46,000	深圳市拍	2014.01.05
清雍正 粉彩花果山水纹八方盖罐（一对）	高69.5cm×2	471,295	伦敦苏富比	2014.11.05
清雍正 粉彩福禄寿仕女故事纹折沿洗	直径41.5cm	160,000	北京九歌	2014.12.17
清乾隆 粉彩地藏王菩萨坐像	高26.5cm	1,150,000	北京盈时	2014.12.07
清乾隆 御窑粉彩描金无量寿佛座像	高29cm	6,210,000	北京东正	2014.11.20
清乾隆 粉彩无量寿佛像	高15.2cm	784,000	天津文物	2014.11.15
清乾隆 粉彩描金无量寿佛像	高30cm	1,286,400	佳士得	2014.05.28
清乾隆 粉彩观音坐像	高20.1cm	69,000	北京中汉	2014.09.22
清乾隆 粉彩观音坐像	高22cm	69,000	北京中汉	2014.11.21
清乾隆 粉彩雕瓷地藏菩萨像	高33cm	3,220,000	北京华辰	2014.05.17
清乾隆 粉彩立鹰（一对）	高38cm×2	434,088	伦敦苏富比	2014.11.05
清乾隆 粉彩立鹰（一对）	高27.5cm×2	372,075	伦敦苏富比	2014.11.05
清乾隆 粉彩立鹰（一对）	高27cm×2	347,270	伦敦苏富比	2014.11.05
清乾隆 粉彩立鹰（一对）	高17cm×2	235,648	伦敦苏富比	2014.11.05
清乾隆 粉彩锦鸡（一对）	高32cm×2	248,050	伦敦苏富比	2014.11.05
清乾隆 粉彩金釉无量寿佛	高7.8cm	345,000	北京中汉	2014.05.17
清乾隆 粉彩太平有象（一对）	高27.3cm	2,300,000	北京保利	2014.12.03
清乾隆 绿地粉彩八吉祥莲纹长颈瓶（一对）	高31cm×2	7,763,965	伦敦苏富比	2014.11.05
清乾隆 霁蓝描金粉彩开光诗文花卉壁瓶（一对）	高20.2cm×2	2,070,000	北京华辰	2014.04.27
清乾隆粉彩人物六角塔瓶（一对）	高29.5cm×2	195,500	广州皇玛	2014.01.02
清乾隆粉彩麻姑献寿图瓶（一对）	高21.3cm×2	11,500	中国嘉德	2014.09.21
清乾隆 御制粉彩双龙桃蝠纹螭龙耳抱月瓶	高21.5cm	2,303,864	伦敦邦瀚斯	2014.05.15
清乾隆 洋彩开光绘萱草轿瓶	高17.3cm	345,000	翰风国际	2014.04.30
清乾隆 洋彩黄地镂空开光双鱼纹瓶	高40cm	64,239	中信国际	2014.04.19
清乾隆 松石绿地粉彩双螭耳大瓶	高75.7cm	23,508,960	佳士得	2014.05.28
清乾隆 松石绿地粉彩开光群仙祝寿双耳大瓶	高82cm	1,380,000	中国嘉德	2014.05.18
清乾隆 松石绿地粉彩花卉纹瓶	高37.3cm	504,000	北京荣宝	2014.03.23
清乾隆 松石绿地粉彩花卉开光御製诗文壁瓶	高205cm	575,000	北京中汉	2014.11.21
清乾隆 松石绿地粉彩缠枝勾莲纹橄榄瓶	高27cm	25,888,800	澳门中信	2014.06.08
清乾隆 珊瑚红地粉彩描金开光婴戏纹瓶	高20.1cm	28,750	北京中汉	2014.11.21
清乾隆 青绿地轧道粉彩折枝花卉纹壁瓶	高17.5cm	536,268	宝港国际	2014.05.27
清乾隆 柠檬黄底粉彩葫芦瓶	高18.3cm	295,872	澳门中信	2014.06.08
清乾隆 蓝地粉彩蟠螭八宝纹瓶	高30cm	1,236,000	北京中联	2014.09.09

拍品名称	物品尺寸	成交价RMB	拍卖公司	拍卖日期
清乾隆 酱釉描金开光粉彩高仕图双兽耳小瓶	高10.8cm	46,000	北京中汉	2014.09.22
清乾隆 黄地洋彩轧道锦地折枝洋花玉壶春瓶	高29.3cm	45,276,840	香港苏富比	2014.10.08
清乾隆 黄地粉彩嵌剔红“山水庭廓”图双耳撇口瓶	高17cm	1,610,000	保利厦门	2014.11.01
清乾隆 黄地粉彩乐舞仕女图小瓶	高18.7cm	28,750	中国嘉德	2014.03.23
清乾隆 黄地粉彩开光四季花卉纹双螭耳瓶	高24.3cm	920,000	北京中汉	2014.11.21
清乾隆 黄地粉彩缠枝花卉八吉祥赍巴瓶	高26cm	3,450,000	北京翰海	2014.10.26
清乾隆 粉青地开光粉彩山水图瓶	高28cm	313,600	北京荣宝	2014.06.15
清乾隆 粉红地粉彩开光式御制诗“花卉”图灯笼瓶	高28.8cm	15,578,800	香港苏富比	2014.04.08
清乾隆 粉彩轧道花卉开光双耳转心瓶	高38cm	17,600,000	中信拍卖	2014.07.14
清乾隆 粉彩亭台山水人物纹灯笼瓶	高27cm	115,000	北京中汉	2014.04.16
清乾隆 粉彩松石花卉纹天球瓶	高22.2cm	1,109,520	澳门中信	2014.06.08
清乾隆 粉彩山水人物纹螭耳瓶	高33.7cm	207,000	中国嘉德	2014.03.23
清乾隆 粉彩山水花卉纹盘口瓶	高21.3cm	1,571,820	澳门中信	2014.06.08
清乾隆 粉彩绿地开光山水小瓶	高12.5cm	43,700	广州皇玛	2014.04.27
清乾隆 粉彩罗汉图灯笼瓶	高41.5cm	323,610	宝港国际	2014.05.27
清乾隆 粉彩六角瓶	高45cm	3,698,400	佳士得	2014.05.28
清乾隆 粉彩开光婴戏图壁瓶	高19.8cm	229,425	中国嘉德	2014.04.09
清乾隆 粉彩开光人物螭龙耳扁方瓶	高19cm	747,500	朵云轩	2014.06.29
清乾隆 粉彩锦地折枝花卉纹包袱联体瓶	高31.5cm	1,030,000	北京中联	2014.09.09
清乾隆 粉彩花卉诗文小瓶	高19cm	59,800	北京中汉	2014.09.22
清乾隆 粉彩花卉瓶	高23cm	276,000	北京保利	2014.01.11
清乾隆 粉彩耕织图通景大瓶	长63cm	71,415	中信国际	2014.05.18
清乾隆 粉彩福寿纹抱月瓶	高25cm	92,000	南京经典	2014.08.04
清乾隆 粉彩福寿双龙纹抱月瓶	高22cm	3,680,000	保利厦门	2014.11.01
清乾隆 粉彩凤凰牡丹轧道瓶	高39cm	112,700	广州皇玛	2014.04.27
清乾隆粉彩百花不落地玉壶春小瓶	高13cm	20,600	北京中联	2014.09.09
清乾隆 矾红地粉彩绘福禄万代小瓶	高8.3cm	138,000	苏州东方	2014.10.30
清乾隆 豆青釉开光粉彩花卉纹瓶	高26.5cm	43,700	南京经典	2014.01.06
清乾隆 豆青釉粉彩竹节形壁瓶	高15.5cm	1,680,000	北京荣宝	2014.03.23
清乾隆 豆青釉粉彩安居乐业图瓶	高19cm	80,500	北京匡时	2014.12.03
清乾隆 黄地压道粉彩葫芦瓶	高39.5cm	3,829,629	香港九龙	2014.7.28
清乾隆 珊瑚红地描金开光粉彩人物瓶	高24cm	504,000	北京荣宝	2014.11.30
清乾隆 松石地粉彩御题诗葫芦壁瓶	高19cm	253,000	西泠拍卖	2014.12.13
清乾隆 松石绿地洋彩胭脂料彩苍龙教子天球瓶	高54.5cm	14,375,000	北京保利	2014.12.03
清乾隆 豆青釉描金加粉彩五蝠鱼藻纹内胆瓶	高20cm	920,000	北京保利	2014.12.03
清乾隆 粉彩缠枝八宝纹花觚	高27cm	226,600	北京中联	2014.09.09
清乾隆 御窑洋彩蟠桃九熟天球尊	高50cm	14,950,000	北京东正	2014.11.20
清乾隆 窑变红釉粉彩鹤鹿同春图尊	高33.7cm	84,000	天津文物	2014.05.16
清乾隆 粉彩人物故事象耳尊	高68cm	920,000	北京盈时	2014.05.31
清乾隆 珊瑚红开光粉彩山水碗（一对）	直径19cm×2	32,200	广州皇玛	2014.04.27
清乾隆 民国 珊瑚红描金开光粉彩花卉纹提梁壶 田鹤仙款粉彩梅花纹壶各一把	尺寸不一	13,800	中国嘉德	2014.06.21
清乾隆 珊瑚红釉描金花卉开光粉彩“吉庆升平”婴戏图提梁壶	高14.2cm	32,200	中国嘉德	2014.03.23
清乾隆 粉彩人物图茶壶	宽17cm	289,960	伦敦邦瀚斯	2014.05.15
清乾隆 豆青釉地粉彩山水纹茶盅	直径11cm	33,037	香港普艺	2014.04.12
清乾隆 粉彩籁瓜纹碗（一对）	直径11cm×2	1,150,000	辽宁中正	2014.05.25
清乾隆粉彩过枝癞瓜纹碗（一对）	直径10.8cm	980,840	香港苏富比	2014.10.08
清乾隆 粉彩缠枝花卉碗（一对）	直径12.5cm	299,000	北京保利	2014.06.04

拍品名称	物品尺寸	成交价RMB	拍卖公司	拍卖日期
清乾隆 洋彩花卉碗	直径15cm	402,500	北京盈时	2014.05.31
清乾隆 青釉粉彩大吉图碗	直径18cm	17,250	中国嘉德	2014.09.21
清乾隆 墨地粉彩花卉碗	直径11.8cm	207,000	北京翰海	2014.05.11
清乾隆 黄地洋彩“佛日长明”碗	直径11.5cm	517,500	北京东正	2014.11.20
清乾隆 黄地粉彩缠枝花卉纹碗	直径15.2cm	2,606,525	纽约苏富比	2014.09.16
清乾隆 粉彩婴戏图碗	直径15cm	1,725,000	北京中汉	2014.05.17
清乾隆 粉彩西洋人物纹碗	直径19.5cm	23,000	中国嘉德	2014.09.21
清乾隆 粉彩松下高士图碗	直径18.7cm	23,000	中国嘉德	2014.09.21
清乾隆 粉彩山水楼阁纹碗	直径18.4cm	1,334,509	伦敦苏富比	2014.11.05
清乾隆 粉彩三多纹碗	直径15cm	782,000	北京保利	2014.06.04
清乾隆 粉彩描金西洋人物狩猎图大碗	直径28.9cm	54,381	邦瀚斯	2014.10.09
清乾隆 粉彩莲花三戟碗	直径11.4cm	82,800	南京经典	2014.01.06
清乾隆 粉彩癞瓜碗	直径10.8cm	92,000	北京翰海	2014.01.12
清乾隆 粉彩开光花卉纹碗	直径16.6cm	1,294,440	澳门中信	2014.06.08
清乾隆 粉彩花卉纹碗	直径18cm	462,300	澳门中信	2014.06.08
清乾隆 粉彩花卉墩式碗	直径15cm	287,500	北京盈时	2014.05.31
清乾隆 粉彩过枝癞瓜纹碗	直径11.2cm	321,600	香港苏富比	5/27/2014
清乾隆 粉彩过枝瓜蝶碗	直径11.1cm	92,000	北京翰海	2014.05.11
清乾隆 粉彩过枝瓜瓞绵绵纹碗	直径11cm	149,500	苏州东方	2014.10.30
清乾隆 粉彩过枝芙蓉大碗	直径38.5cm	34,500	北京保利	2014.08.02
清乾隆 粉彩大吉图碗	直径18.1cm	56,000	天津文物	2014.05.16
清乾隆 黄地洋彩花卉五福宫碗	直径18.5cm	2,300,000	北京保利	2014.12.03
清乾隆 豆青釉粉彩花卉诗文碗	直径14.6cm	17,250	北京中汉	2014.11.21
清乾隆 粉彩四季花卉纹攒盘连剔红松下高士图扇形盖盒	尺寸不一	1,092,500	北京匡时	2014.06.04
清乾隆 青釉粉彩花卉纹盘 矾红福寿纹盘各一只	尺寸不一	25,300	中国嘉德	2014.03.23
清乾隆粉彩杂锦九子盘（一套）	直径14cm	63,250	广州皇玛	2014.01.02
清乾隆 黄地粉彩花卉盘（一对）	直径19.5cm	552,000	北京保利	2014.06.06
清乾隆 豆青粉彩花鸟盘（一对）	直径15cm×2	89,600	武汉中信	2014.10.23
清乾隆 豆青地粉彩皮球花盘（一对）	直径16cm	97,750	苏州东方	2014.05.30
清乾隆 粉彩盘（十件）	直径15.5cm	10,350	北京保利	2014.04.26
清乾隆 粉彩盘（六只）	尺寸不一	11,500	中国嘉德	2014.03.23
清乾隆 胭脂红地粉彩缠枝花卉纹盘	直径19.8cm	161,000	北京保利	2014.06.06
清乾隆 胭脂地粉彩花卉盘	直径23cm	13,800	北京保利	2014.10.25
清乾隆 藕粉地粉彩西番莲纹折沿盘	直径38.4cm	552,000	上海道明	2014.03.27
清乾隆 米黄釉粉彩折枝花卉纹盘	直径15.3cm	17,250	中国嘉德	2014.03.23
清乾隆 黄地粉彩螭龙纹高足盘	长14cm	46,000	北京东正	2014.06.07
清乾隆 红釉描金粉彩八仙过海深腹盘	高4cm	82,400	北京中联	2014.09.09
清乾隆 瓜皮绿地轧道粉彩花卉纹盘	直径25.5cm	425,600	北京荣宝	2014.03.23
清乾隆 粉彩仙人盘	直径20cm	462,300	澳门中信	2014.06.08
清乾隆 粉彩四季花卉大盘	直径37.5cm	11,500	中鸿信	2014.11.22
清乾隆 粉彩镂空仿石纹锦鸡牡丹纹盘	直径25.5cm	47,460	广东省拍	2014.06.22
清乾隆 粉彩花鸟盘	直径18.6cm	287,500	八益拍卖	2014.10.24
清乾隆 粉彩花卉鹤纹盘	直径20cm	48,300	北京保利	2014.04.26
清乾隆 粉彩大雁花卉纹盘	直径22.5cm	351,348	澳门中信	2014.06.08
清乾隆 粉彩百花不露地椭圆盘	长16.5cm	2,070,000	北京保利	2014.06.04
清乾隆 粉彩安居乐业纹盘	直径16cm	69,000	太平洋	2014.09.19
清乾隆 粉彩安居乐业图盘	直径15.6cm	32,200	北京中汉	2014.09.22
清乾隆 粉彩三秋盘（一对）	直径10.8cm	115,000	北京保利	2014.12.05
清乾隆 松石绿地粉彩螭龙番莲纹长方花盆（一对）	长25cm	2,300,000	中国嘉德	2014.05.18
清乾隆 洋彩粉红锦地西番莲葵口花盆	长18.8cm	1,012,000	上海道明	2014.03.27
清乾隆 蓝地粉彩蝠莲纹长方水仙盆	长19cm	95,200	天津文物	2014.11.15
清乾隆 粉彩花蝶纹海棠形水仙盆	直径21.6cm	212,800	天津文物	2014.11.15
清乾隆 霁蓝釉描金开光粉彩山水瓜棱罐（两件）	高9.5cm	1,840,000	北京翰海	2014.10.25
清乾隆 洋彩五福临门纹盖罐	高30cm	37,168	中信国际	2014.03.30

2014瓷器拍卖成交汇总

(成交价RMB：1万元以上)

拍品名称	物品尺寸	成交价RMB	拍卖公司	拍卖日期
清乾隆 松石绿地粉彩描金螭龙穿花纹罐	高21cm	230,000	北京中汉	2014.09.22
清乾隆 粉彩云龙纹盖罐	高21cm	1,355,835	纽约佳士得	2014.03.20
清乾隆 粉彩人物奏乐图太白罐	高19.7cm	40,250	北京保利	2014.06.06
清乾隆粉彩御题诗鸡缸杯（一对）	直径6.5cm	7,590,000	北京保利	2014.06.04
清乾隆粉彩花卉花口杯（一对）	单只直径10cm	32,200	南京经典	2014.01.06
清乾隆粉彩百花不地纹杯（一对）	直径8.5cm	184,000	香港富得	2014.07.25
清乾隆珊瑚红地粉彩梅花纹小杯	直径6.8cm	125,210	伦敦邦瀚斯	2014.05.15
清乾隆 粉彩御制诗小鸡缸杯	直径5.7cm	55,200	北京诚轩	2014.05.19
清乾隆 粉彩杏花杯	高4.2cm	46,669	保利香港	2014.10.07
清乾隆 粉彩麻姑献寿纹杯	直径66cm	32,200	北京中汉	2014.11.21
清乾隆 粉彩灵芝仙桃诗文方杯	宽9cm	632,500	中国嘉德	2014.11.20
清乾隆 粉彩百花不露地杯	直径8.5cm	276,000	保利厦门	2014.11.02
清乾隆 粉彩八仙人物纹杯	直径12cm	138,000	北京华辰	2014.05.17
清乾隆 粉彩宝相花高足杯	直径9.3cm	345,000	北京保利	2014.12.03
清乾隆 粉彩御题诗鸡缸杯	直径6.7cm	299,000	北京保利	2014.12.05
清乾隆 粉彩花卉纹小碟	直径7.5cm	13,440	北京荣宝	2014.06.15
清乾隆 黄地洋彩福禄纹斋戒牌	长6.5cm	517,500	北京盈时	2014.05.31
清乾隆 粉彩描金福禄"斋戒"牌	长6.5cm	517,500	北京东正	2014.11.20
清乾隆 粉彩葫芦形斋戒牌	长6.7cm	191,027	中国嘉德	2014.10.07
清乾隆 粉彩婴戏图墨床	长8.5cm	33,600	天津文物	2014.11.15
清乾隆 粉彩高士图墨床	长8.5cm	59,360	天津文物	2014.05.16
清乾隆 粉彩开光山水笔筒、山水杯（两件）	高8cm；直径8cm	10,350	北京保利	2014.10.25
清乾隆 青釉粉彩山水庭廓图诗文四方小笔筒	高9.6cm	138,000	北京中汉	2014.11.21
清乾隆 粉彩山水高士图海棠形笔筒	高8.5cm	31,360	天津文物	2014.11.15
清乾隆 粉彩墨书御制诗圆笔筒	直径10.2cm	10,947,440	香港苏富比	2014.10.08
清乾隆 粉彩包袱书卷笔筒	高12.5cm	126,500	八益拍卖	2014.10.24
清乾隆 仿竹纹粉彩开光花卉纹方笔筒	直径8.3cm	1,075,760	香港苏富比	2014.10.08
清乾隆 粉彩绘人物图瓷板屏风（四件）	97.5cm×29.5cm×4	1,265,000	苏州东方	2014.10.30
清乾隆 黄地粉彩缠枝莲瓷板（一对）	36.5cm×12.5cm×2	36,800	北京保利	2014.10.25
清乾隆粉彩山水纹瓷板（三块）	长31cm	15,000	北京华辰	2014.03.15
清乾隆 粉彩御题诗牧牛图瓷板	25cm×9.5cm	517,500	中国嘉德	2014.11.20
清乾隆 粉彩山水瓷板	高68cm	115,000	北京保利	2014.10.25
清乾隆 粉彩山水瓷板	59cm×22.5cm	46,000	北京保利	2014.10.25
清乾隆 粉彩"竹林七贤"图瓷板	长22.5cm	78,200	北京东正	2014.11.20
清乾隆 粉彩仿生荔枝	长6cm	690,000	北京翰海	2014.10.26
清乾隆 胭脂红地粉彩轧道缠枝花卉纹鼓墩式迎手	高20.7cm	1,927,600	香港苏富比	2014.04.08
清乾隆 仿松石釉粉彩折枝花卉纹小鼓墩（一对）	高26cm×2	57,500	中国嘉德	2014.06.21
清乾隆 松石绿地粉彩描金福寿茶船	长14cm	161,000	北京传是	2014.06.05
清乾隆 松石绿地粉彩花卉盏托（一对）	长13.8cm×2	46,000	中贸圣佳	2014.07.06
清乾隆 粉彩山水纹盏托	直径11cm	11,500	中国嘉德	2014.03.23
清乾隆 松石绿地粉彩福寿双喜大折沿洗	直径45cm	1,725,000	北京保利	2014.06.04
清乾隆 松石绿地粉彩缠枝莲开光五子登图洗	直径35.5cm	55,200	中国嘉德	2014.09.21
清乾隆 粉彩仙人五福金玉满堂折沿洗	直径40cm	276,000	北京保利	2014.12.03
清乾隆 珊瑚红地镂空锦纹开光粉彩仕女图香熏	直径7cm	13,800	中国嘉德	2014.09.21
清乾隆 绿地粉彩缠枝佛塔	高38cm	766,875	纽约佳士得	2014.03.20
清乾隆 粉彩喜鹊登枝图诗文小插屏	高23cm	437,000	中国嘉德	2014.11.20
清乾隆 粉彩山水人物图镇纸	长5.8cm	42,560	天津文物	2014.11.15
清乾隆 粉彩山水人物方盒	长5.9cm	69,000	北京翰海	2014.05.11
清乾隆 粉彩人物故事盖盒	直径11cm	16,800	北京荣宝	2014.03.23
清乾隆 粉彩描金镂空夔龙莲花纹香熏	高8.5cm	747,500	上海敬华	2014.07.01

拍品名称	物品尺寸	成交价RMB	拍卖公司	拍卖日期
清乾隆 粉彩镂空六方形花篮	高16.8cm	92,000	中国嘉德	2014.05.18
清乾隆 粉彩高士图香插	直径10.5cm	11,500	中国嘉德	2014.06.21
清乾隆粉彩太平有象花插（一对）	高22.5cm	402,500	北京盈时	2014.12.07
清乾隆 粉彩浮雕佛塔	高42.5cm	12,650,000	北京盈时	2014.05.31
清乾隆 粉彩佛供莲花座（一对）	直径15cm	69,000	北京中汉	2014.11.21
清乾隆/嘉庆 粉彩山水人物图笔筒	高19cm	593,250	香港苏富比	2014.10.08
清乾隆/嘉庆 粉彩瓶	高74.3cm	1,093,440	佳士得	2014.05.28
清乾隆/嘉庆 粉彩描金"五云迎晓日"挂瓶	高18.7cm	498,469	纽约苏富比	2014.03.18
清嘉庆 绿地粉彩缠枝莲托喜字纹云耳瓶	高31cm	1,150,000	西泠拍卖	2014.12.13
清嘉庆 御窑粉彩"九秋图"双龙耳瓶（一对）	高73.5cm	5,405,000	北京东正	2014.11.20
清嘉庆 御窑粉彩青绿地"吉祥如意"瓶	高29cm	6,785,000	北京东正	2014.05.18
清嘉庆 胭脂紫地粉彩八宝纹象耳瓶	高27.4cm	550,620	中国嘉德	2014.04.09
清嘉庆 松石绿地粉彩开光花卉纹壁瓶	高19cm	1,265,000	北京华辰	2014.04.27
清嘉庆 松石绿地粉彩花卉赏瓶	高29cm	212,750	北京传是	2014.06.05
清嘉庆 松绿地粉彩番莲龙凤纹双耳瓶	高33cm	230,063	纽约苏富比	2014.03.18
清嘉庆 嫩绿地粉彩群仙祝寿图双耳瓶	高70cm	2,613,464	保利香港	2014.10.07
清嘉庆 黄地粉彩群仙祝寿双耳瓶	高31.8cm	690,000	北京翰海	2014.10.26
清嘉庆 粉彩群仙祝寿双耳瓶	高63cm	23,000	北京保利	2014.10.25
清嘉庆 粉彩牡丹花卉灯笼瓶	高11.1cm	437,000	深圳市拍	2014.01.05
清嘉庆 粉彩锦地开光百子图螭龙耳大瓶	高68cm	897,000	广州皇玛	2014.04.27
清嘉庆 粉彩福寿绵长双耳瓶	高28.8cm	345,000	上海泓盛	2014.06.26
清嘉庆 粉彩缠枝莲螭龙纹福寿撇口瓶	高28.6cm	1,090,200	保利香港	2014.04.07
清嘉庆 粉彩八仙祝寿图瓶	高32.2cm	412,000	北京中联	2014.09.09
清嘉庆 粉彩八仙人物瓶	高28.2cm	63,250	北京翰海	2014.10.26
清嘉庆 淡绿地粉彩"福寿连纹"图灯笼盖瓶	高32.6cm	474,000	香港苏富比	2014.04.08
清嘉庆 黄地粉彩缠枝莲托八宝花觚	高23.5cm	632,500	北京保利	2014.10.25
清嘉庆 粉彩婴戏图牺耳尊	高31.2cm	566,500	北京中联	2014.09.09
清嘉庆 粉彩花蝶纹尊	高10.6cm	48,300	深圳市拍	2014.01.05
清嘉庆 青花加粉彩缠枝花卉贲巴壶	高18.7cm	5,750,000	北京保利	2014.06.04
清嘉庆 金地粉彩八吉祥宝相花纹龙嘴贲巴壶	高20.0cm	690,000	上海泓盛	2014.06.26
清嘉庆 粉彩御题诗茶壶	高16cm	566,500	北京中联	2014.09.09
清嘉庆 粉彩婴戏图壶	高15cm	92,000	北京中汉	2014.09.22
清嘉庆 粉彩百子图执壶	长11.4cm	92,000	北京保利	2014.12.04
清嘉庆 松石绿地粉彩宝相花纹莲子壶	长18cm	1,725,000	北京匡时	2014.12.03
清嘉庆 官窑粉彩过枝籁瓜杯（一对）	直径11cm	920,000	北京东正	2014.11.20
清嘉庆 胭脂紫地粉彩寿字纹杯	高5.6cm	336,000	北京荣宝	2014.11.30
清嘉庆粉彩折枝花卉杯（一对）	直径6cm×2	560,000	武汉中信	2014.10.23
清嘉庆 矾红粉彩百合花卉杯（一对）	直径6.2cm×2	575,000	翰风国际	2014.04.30
清嘉庆粉彩人物故事套杯（九件）	尺寸不一	11,500	北京翰海	2014.05.11
清嘉庆 粉彩竹纹酒杯	直径5cm	112,000	北京荣宝	2014.03.23
清嘉庆 粉彩无双谱人物故事诗文卧足杯	直径8cm	28,750	中国嘉德	2014.06.21
清嘉庆 粉彩人物图六角杯	直径7.6cm	122,700	纽约苏富比	2014.03.18
清嘉庆 粉彩翠竹蜻蜓卧足小杯	直径5cm	184,000	中国嘉德	2014.11.20
清嘉庆 粉彩穿花龙纹折腰花口杯	直径6.8cm	17,250	中国嘉德	2014.03.23
清嘉庆 粉彩百花不落地小杯	直径8cm	10,350	北京翰海	2014.04.13
清嘉庆 粉彩"白鹿古洞"图四方斗杯	直径9.4cm	17,250	北京中汉	2014.11.21
清嘉庆 粉彩荷花伞盖碗（三对）盘（两对）	尺寸不一	92,000	北京东正	2014.11.20

拍品名称	物品尺寸	成交价RMB	拍卖公司	拍卖日期
清嘉庆 粉红地粉彩“年年有余”图碗（一对）	直径18.2cm×2	979,600	香港苏富比	2014.04.08
清嘉庆 粉地粉彩连年有余图碗（一对）	直径18cm×2	473,018	中国嘉德	2014.10.07
清嘉庆 粉彩藤阁高风山水诗文四方委角碗（一对）	长17.5cm×2	20,700	中国嘉德	2014.03.23
清嘉庆 粉彩兰花小碗（四件）	直径9.5cm	18,400	北京保利	2014.04.26
清嘉庆 珊瑚红地粉彩九秋图碗	直径10.7cm	126,500	苏州东方	2014.10.30
清嘉庆 蓝地轧道粉彩内青花四开光菊花纹重阳节御用碗	直径18.3cm	126,500	北京东正	2014.11.20
清嘉庆 黄地粉彩莲开八宝开光“万寿无疆”碗	直径13cm	575,000	北京华辰	2014.04.27
清嘉庆 黄地粉彩开光五谷丰登图碗	直径18cm	184,050	纽约佳士得	2014.03.20
清嘉庆 黄地粉彩开光佛日常明碗	直径11.5cm	126,500	北京诚轩	2014.05.19
清嘉庆 粉彩折枝花卉纹碗	直径10.6cm	84,000	天津文物	2014.11.15
清嘉庆 粉彩石榴纹小碗	高6.1cm	113,300	北京中联	2014.09.09
清嘉庆 粉彩三多纹碗	直径15cm	173,635	伦敦苏富比	2014.11.05
清嘉庆 粉彩黄地开光“万年甲子”碗	直径18.5cm	50,084	伦敦邦瀚斯	2014.05.15
清嘉庆 粉彩荷莲海棠形碗	直径27cm×18cm	34,500	广州皇玛	2014.01.02
清嘉庆 粉彩福寿纹大碗	直径19.7cm	207,000	南京经典	2014.04.27
清嘉庆 粉彩雕瓷花卉碗	直径17cm	230,000	八益拍卖	2014.10.24
清嘉庆 粉彩螭龙花卉纹莲瓣式碗	直径9.4cm	29,663	香港苏富比	2014.10.08
清嘉庆 黄地洋彩花卉纹碗	直径15.7cm	517,500	北京匡时	2014.12.03
清嘉庆 粉彩百子图碗	直径11.7cm	245,320	纽约苏富比	2014.09.16
清嘉庆 粉彩“百花春晓”通景山水贡碗	直径14.5cm	504,000	北京荣宝	2014.06.15
清嘉庆 黄地粉彩开光御制诗茶盘（一对）	长16cm×2	632,500	保利厦门	2014.11.02
清嘉庆 粉彩内五蝠捧寿图外喜字盘（一对）	直径16.8cm×2	92,000	中国嘉德	2014.09.21
清嘉庆 粉彩花卉吉祥如意盘（一对）	直径17.5cm×2	97,750	广州皇玛	2014.01.02
清嘉庆 松石绿地粉彩折枝花卉桃纹盘	直径16.4cm	20,700	中国嘉德	2014.06.21
清嘉庆 黄地粉彩御题诗纹盘	直径15.7cm	199,870	保利香港	2014.04.07
清嘉庆 粉彩五谷丰登纹盘	直径16.7cm	218,500	辽宁中正	2014.05.25
清嘉庆 粉彩五蝠捧寿盘	直径23cm	20,700	北京翰海	2014.11.23
清嘉庆 粉彩万寿无疆八宝盘	直径15cm	36,800	北京翰海	2014.11.23
清嘉庆 粉彩寿字红彩五蝠捧寿盘	直径16.8cm	57,500	北京翰海	2014.10.26
清嘉庆 粉彩瓜蝶纹折沿大盘	长41cm	134,400	武汉中信	2014.10.23
清嘉庆 粉彩福寿盘	直径16cm	14,950	北京保利	2014.10.25
清嘉庆 绿地粉彩御题诗海棠盘	长15.8cm	345,000	北京保利	2014.12.03
清嘉庆 珊瑚红地开光御题诗椭圆盘（一对）	长16cm	1,495,000	北京保利	2014.12.03
清嘉庆 绿地粉彩缠枝莲八吉祥纹三足炉	高32.6cm	651,844	纽约苏富比	2014.03.18
清嘉庆 绿地粉彩缠枝莲八宝纹香炉	高28.9cm	977,500	北京东正	2014.11.20
清嘉庆 粉彩龙凤呈祥纹罐	高26cm	1,291,640	伦敦苏富比	2014.05.14
清嘉庆 秋葵绿地粉彩缠枝莲开光御製诗文海棠洗	长156cm	287,500	北京中汉	2014.11.21
清嘉庆 御制黄花梨嵌粉彩山水人物图瓷板屏风十二扇	宽383cm×高175cm	8,250,680	伦敦邦瀚斯	2014.05.15
清嘉庆 粉彩七珍火焰形供器	高30.7cm	805,000	北京匡时	2014.06.04
清嘉庆 粉彩缠枝莲纹福寿茶船	长15cm	22,713	保利香港	2014.04.07
清嘉庆 粉彩缠枝莲托八宝纹香熏	高27cm	3,565,000	北京东正	2014.05.18
清嘉庆 粉彩“福寿双喜”纹小碟（一对）	直径7.6cm×2	59,325	香港苏富比	2014.10.08
清嘉庆 白地粉彩缠枝莲托八宝纹烛台（一对）	高28.6cm×2	1,265,000	北京东正	2014.11.20
清嘉庆粉彩人物山水纹海棠型笔筒	高8.5cm	69,000	西泠拍卖	2014.12.13

拍品名称	物品尺寸	成交价RMB	拍卖公司	拍卖日期
清嘉庆 粉彩童子婴戏插屏	高62cm	276,000	北京保利	2014.12.05
清嘉庆 绿地粉彩御题诗海棠纹盏托（一对）	长16.2cm；宽12.3cm	575,000	上海道明	2014.12.11
清嘉庆 粉彩花卉纹缸	高16.3cm	332,856	澳门中信	2014.06.08
清中期 内松石绿地粉彩晓岚雅制外胭脂红釉盖碗（一对）	直径9cm×2	10,350	中国嘉德	2014.09.21
清中期 粉彩折枝花卉纹盏托（一对）	直径10.7cm×2	23,000	中国嘉德	2014.09.21
清中期 粉彩一路连科图大缸	直径53cm	253,000	中国嘉德	2014.06.21
清中期 粉彩西厢记人物故事图香熏	长18.2cm	17,250	中国嘉德	2014.06.21
清中期 粉彩无量寿佛	高25.3cm	138,000	北京保利	2014.06.06
清中期 粉彩神仙人物纹盖碗（一对）	直径8.5cm×2	40,250	华艺国际	2014.05.31
清中期 粉彩山水人物笔筒	高13.5cm	23,000	北京传是	2014.06.05
清中期 粉彩三多纹小碗	直径10.6cm	18,400	北京中汉	2014.11.21
清中期 粉彩群仙贺寿纹双耳大瓶	高85cm	667,000	广州皇玛	2014.01.02
清中期 粉彩莲瓣高足碗	直径17.9cm	10,350	中国嘉德	2014.06.21
清中期 粉彩开光绘花鸟纹菱形笔筒（一对）	高10.2cm×2	57,500	苏州东方	2014.05.30
清中期 粉彩九子攒盘		115,000	北京翰海	2014.01.12
清中期 粉彩江西十景“东湖夜月”山水楼阁图折腰杯	直径7cm	13,800	中国嘉德	2014.06.21
清中期 粉彩江西十景“白鹿古洞”山水楼阁图杯	直径6.7cm	25,300	中国嘉德	2014.06.21
清中期 粉彩花卉纹凤尾尊	高44.5cm	28,750	中国嘉德	2014.09.21
清中期 粉彩花卉方瓶（一对）	高25.5cm×2	74,750	广州皇玛	2014.01.02
清中期 粉彩洞石竹纹镂空盘	直径26.5cm	17,250	北京翰海	2014.11.23
清中期 粉彩雕瓷婴戏图印盒	直径8.1cm	34,500	中国嘉德	2014.03.23
清中期 粉彩雕瓷方瓶（一对）	高31cm×2	41,400	北京保利	2014.04.26
清中期 粉彩赤壁赋人物故事图盖盒	高16.5cm	20,700	中国嘉德	2014.09.21
清中期 粉彩百子婴戏图石榴尊	高34.5cm	25,300	中国嘉德	2014.03.23
清中期 粉彩百子婴戏图花口碗	直径14.3cm	11,500	中国嘉德	2014.06.21
清中期 粉彩百子图案缸	直径20.6cm	115,000	北京东正	2014.11.20
清中期 粉彩“五子闹春”婴戏图果盘	长33.8cm	10,350	中国嘉德	2014.03.23
清道光 松石绿地粉彩花卉纹盘螭葫芦瓶	高28cm	1,725,000	北京匡时	2014.06.04
清道光 绿地粉彩云龙纹双耳瓶	高30.2cm	345,000	北京翰海	2014.10.26
清道光 绿地粉彩花卉双耳瓶	高29.7cm	506,000	上海道明	2014.03.27
清道光 金地粉彩缠枝花卉葫芦瓶	高27cm	207,000	南京经典	2014.08.04
清道光 粉彩婴戏图瓶	高38.3cm	32,200	深圳市拍	2014.01.05
清道光 粉彩杏林春燕图瓶	高30.2cm	5,040,000	天津文物	2014.11.15
清道光 粉彩无双谱银锭式双联瓶	高30cm	36,800	北京翰海	2014.04.13
清道光 粉彩石榴花卉纹螭耳瓶	高28.7cm	92,000	中国嘉德	2014.03.23
清道光 粉彩人物方瓶	高43cm	46,000	安徽艺海	2014.04.30
清道光 粉彩描金玉壶春瓶	高16cm	1,552,500	南京经典	2014.01.06
清道光 粉彩金鱼荇草图荸荠瓶	高294cm	414,000	北京中汉	2014.11.21
清道光 粉彩绘九龙纹双耳瓶	高31.2cm	207,000	苏州东方	2014.10.30
清道光 粉彩花卉瓶	高28.5cm	149,500	北京东正	2014.06.07
清道光 粉彩红楼梦人物四方瓶	高29.4cm	67,200	北京荣宝	2014.03.23
清道光粉彩“喜上眉梢”图梅瓶	高26cm	6,676,040	香港苏富比	2014.10.08
清道光 粉彩绿地描金缠枝香莲纹瓶	高33.5cm	135,072	罗芙奥	2014.05.25
清道光 粉彩百花不露地包袱大地瓶（一对）	高118.5cm×2	2,645,000	北京保利	2014.06.04
清道光 松石绿地粉彩八吉祥花觚	高42.5cm	437,000	北京保利	2014.06.04
清道光 绿地粉彩缠枝莲纹壶	宽20.3cm×高17cm	2,645,000	保利厦门	2014.11.01
清道光 粉彩无双谱人物故事图壶	长14cm	46,000	中国嘉德	2014.03.23
清道光 粉彩无双谱人物故事诗文壶 折腰杯各一件	尺寸不一	11,500	中国嘉德	2014.03.23

2014瓷器拍卖成交汇总

(成交价RMB：1万元以上)

拍品名称	物品尺寸	成交价RMB	拍卖公司	拍卖日期
清道光 胭脂红地粉彩寿字莲纹杯	直径8cm	131,800	伦敦苏富比	2014.05.14
清道光 粉彩婴戏图杯	直径7.2cm	23,000	北京中汉	2014.09.22
清道光 粉彩凸雕莲蓬荷花杯	直径7.5cm	80,500	北京匡时	2014.06.04
清道光 粉彩三多纹杯	宽8.6cm	100,800	武汉中信	2014.10.23
清道光 粉彩蝴蝶瓜果铃铛杯	直径7.5cm	172,500	北京保利	2014.10.25
清道光粉彩鹤鹿同春杯（两件）	直径9cm	172,500	北京翰海	2014.05.11
清道光粉彩人物纹套杯（十只）	尺寸不一	92,000	中国嘉德	2014.06.21
清道光粉彩七政宝纹杯（一对）	高5.8cm×2	425,600	北京荣宝	2014.06.15
清道光粉彩寒江独钓图杯（一对）	直径5.8cm×2	17,250	北京中汉	2014.09.22
清道光 粉彩无双谱人物故事诗文杯盏（六套）	尺寸不一	40,250	中国嘉德	2014.09.21
清道光 胭脂紫地轧道开光粉彩花卉纹碗	直径14.8cm	448,000	天津文物	2014.05.16
清道光 胭脂红地粉彩轧道开光五谷丰登图碗	直径14.6cm	195,500	北京诚轩	2014.05.19
清道光 胭脂红地粉彩轧道开光九秋玉兔碗	直径14.6cm	230,000	保利厦门	2014.11.02
清道光 内青花外黄地轧道洋彩花卉开光三羊开泰图碗	直径14.8cm	322,000	中国嘉德	2014.03.23
清道光 米黄地粉彩花虫纹碗	直径16.8cm	28,000	天津文物	2014.05.16
清道光 蓝地轧道开光粉彩四季花卉碗	直径14.8cm	345,000	北京保利	2014.06.06
清道光 蓝地轧道开光粉彩人物碗	直径14cm	29,900	北京保利	2014.08.02
清道光 蓝地粉彩开光描金人物纹碗	口径16.3cm	66,950	北京中联	2014.09.09
清道光 黄地轧道开光粉彩山水人物图碗	直径14.9cm	358,400	天津文物	2014.11.15
清道光 黄地洋彩洋花内五福纹宫碗	直径18.6cm	345,000	北京中汉	2014.05.17
清道光 黄地洋彩洋花内五福纹宫碗	直径18.4cm	207,000	北京中汉	2014.05.17
清道光 黄地洋彩花卉佛日常明碗	直径11.8cm	184,000	八益拍卖	2014.10.25
清道光 黄地洋彩缠枝花卉五蝠碗	直径15cm	862,500	保利厦门	2014.11.01
清道光 黄地粉彩四季花卉纹碗	直径15cm	97,750	北京保利	2014.06.06
清道光 黄地粉彩花卉纹碗	直径18.5cm	322,000	华艺国际	2014.05.31
清道光 黄地粉彩花卉纹碗	直径14.9cm	112,000	天津文物	2014.11.15
清道光 黄地粉彩佛日常明碗	直径11.5cm	63,250	苏州东方	2014.05.30
清道光黄地粉彩缠枝西洋花卉纹碗	直径15cm	115,000	北京诚轩	2014.05.19
清道光 官窑黄地洋彩西洋花卉碗	直径18.1cm	460,000	北京东正	2014.11.20
清道光 粉红地轧道锦地粉彩开光花卉纹碗	直径15cm	248,050	伦敦苏富比	2014.11.05
清道光 粉彩轧道开光花卉纹碗	直径15cm	74,750	北京传是	2014.06.05
清道光粉彩御制诗三阳开泰纹笠式碗	直径13.6cm	138,000	北京中汉	2014.11.21
清道光 粉彩婴戏图碗	直径13.4cm	184,000	北京诚轩	2014.11.20
清道光 粉彩五谷丰登碗	直径14cm	134,400	武汉中信	2014.10.23
清道光 粉彩文王访贤图折沿碗	直径17.9cm	40,250	北京中汉	2014.04.16
清道光 粉彩松树人物碗	直径11cm	138,000	北京翰海	2014.10.26
清道光 粉彩四季花卉纹碗	直径18.5cm	92,000	北京盈时	2014.05.31
清道光 粉彩三阳开泰题诗斗笠碗	口径13.9cm	90,800	中拍国际	2014.06.04
清道光 粉彩三羊开泰图墩式碗	直径15cm	483,000	中国嘉德	2014.06.21
清道光 粉彩三羊开泰斗笠碗	直径14cm	379,500	北京翰海	2014.10.26
清道光 粉彩三多纹碗	直径15.1cm	74,750	北京诚轩	2014.05.19
清道光 粉彩三多纹碗	直径15.2cm	45,998	纽约苏富比	2014.09.16
清道光 粉彩三多纹墩式碗	直径15cm	448,500	北京中汉	2014.05.17
清道光 粉彩三多墩式碗	直径15.2cm	132,250	北京翰海	2014.05.11
清道光 粉彩七珍八宝纹碗	直径14.4cm	106,400	天津文物	2014.11.15
清道光 粉彩描金过枝牡丹纹碗	直径16.5cm	185,400	北京中联	2014.09.09
清道光 粉彩描金八吉祥寿纹碗	直径21.8cm	30,675	纽约苏富比	2014.03.18
清道光 粉彩灵仙祝寿碗	直径18.1cm	172,500	北京翰海	2014.05.11
清道光 粉彩莲瓣碗	直径10.8cm	13,800	中国嘉德	2014.06.21
清道光 粉彩金玉满堂纹碗	直径9.3cm	32,200	太平洋	2014.06.25
清道光 粉彩花神碗	直径11cm	10,350	北京保利	2014.10.25
清道光 粉彩花卉纹盖碗	直径10.5cm	168,000	天津文物	2014.05.16
清道光 粉彩花卉凤纹碗	直径16.9cm	55,200	南京经典	2014.04.27
清道光 粉彩花卉凤纹碗	直径16.9cm	51,750	南京经典	2014.01.06
清道光 粉彩花蝶纹碗	直径15cm	550,620	中国嘉德	2014.04.09
清道光 粉彩花蝶花口碗	直径14cm	23,000	北京保利	2014.04.26
清道光 粉彩荷塘鸳鸯御製诗文茶碗	直径10.6cm	805,000	北京中汉	2014.11.21
清道光 粉彩过枝癞瓜纹碗	直径11cm	224,060	伦敦苏富比	2014.05.14
清道光 粉彩瓜果蝠纹花口碗	直径17cm	13,800	北京保利	2014.08.02
清道光 粉彩富贵牡丹纹碗	直径9.6cm	224,000	北京荣宝	2014.06.15
清道光 粉彩福寿花卉纹喜字碗	直径21.3cm	36,800	中国嘉德	2014.03.23
清道光 粉彩粉红地轧道开光花卉纹碗	直径14.6cm	237,240	伦敦邦瀚斯	2014.05.15
清道光 粉彩雕瓷花卉碗	直径22cm	230,000	八益拍卖	2014.10.24
清道光 粉彩博古花纹碗	直径17.5cm	34,500	广州皇玛	2014.04.27
清道光 粉彩八吉祥纹小碗	直径10.9cm	13,800	北京中汉	2014.09.22
清道光 粉彩八吉祥纹碗	直径12.9cm	71,300	苏州东方	2014.05.30
清道光 黄地轧道粉彩开光山水人物碗（两件）	直径15cm	345,000	北京翰海	2014.05.11
清道光 粉地粉彩花卉福寿喜字碗（两件）	直径21cm	287,500	北京翰海	2014.10.26
清道光 粉彩花鸟碗（两件）	直径11.5cm	69,000	北京翰海	2014.10.26
清道光 粉彩花鸟盖碗（两件）	直径11cm	184,000	北京翰海	2014.10.26
清道光米黄釉粉彩花卉碗（两件）	直径13cm×2	17,250	北京翰海	2014.11.23
清道光 粉彩无双谱八卦式盖碗（两件套）	直径13cm；直径9cm	55,200	中国嘉德	2014.05.18
清道光粉彩无双谱盖碗（六件）	直径11.5cm	51,750	北京保利	2014.04.26
清道光洋彩莲瓣纹盖碗（一对）	高9.4cm×2	977,500	北京东正	2014.11.20
清道光 胭脂紫地轧道粉彩开光山水碗（一对）	直径15cm×2	264,500	上海敬华	2014.07.01
清道光 外黄釉堆花花卉纹内粉彩桃纹碗（一对）	直径22cm×2	345,000	苏州东方	2014.10.30
清道光 外粉彩内青花八宝花卉纹碗（一对）	直径14.5cm×2	253,000	北京传是	2014.06.05
清道光 珊瑚红地粉彩牡丹纹碗（一对）	直径11cm×2	474,600	香港苏富比	2014.10.08
清道光 内青花外粉彩五谷丰登图碗（一对）	直径14.8cm	195,500	中国嘉德	2014.03.23
清道光 蓝地轧道粉彩牛郎织女图碗（一对）	直径15cm×2	287,500	北京盈时	2014.05.31
清道光 黄地轧道开光粉彩四季山水纹碗（一对）	直径14.8cm×2	667,000	北京东正	2014.05.18
清道光 黄地轧道粉彩花卉开光四季山水纹碗（一对）	直径14.9cm×2	345,000	北京中汉	2014.05.17
清道光 黄地洋彩洋花内五福纹宫碗（一对）	直径15cm×2	598,000	北京中汉	2014.11.21
清道光 粉红地粉彩轧道开光丹桂玉兔纹碗（一对）	直径147cm×2	805,000	北京中汉	2014.11.21
清道光 粉彩粉红地宝相花喜字碗	直径21.4cm	280,000	北京荣宝	2014.11.30
清道光粉彩福禄寿喜碗（一对）	直径14cm	460,000	北京保利	2014.12.03
清道光粉彩过枝癞瓜盖碗（一对）	直径11cm	713,000	北京保利	2014.12.05
清道光 胭脂紫地粉彩花卉碗	直径15.1cm	246,400	北京荣宝	2014.11.30
清道光 粉彩花卉纹描金墩式碗	直径18cm	120,000	北京九歌	2014.12.17
清道光粉彩婴戏竹报平安图碗（一对）	直径14cm×2	517,500	北京匡时	2014.12.03
清道光粉彩衣锦还乡纹碗（一对）	直径14cm×2	46,000	北京保利	2014.06.06
清道光 粉彩绿地蝠寿双喜纹碗（一对）	直径14.5cm×2	158,160	伦敦邦瀚斯	2014.05.15
清道光 粉彩六棱盖碗（一对）	高9cm×2	109,250	中贸圣佳	2014.07.06
清道光粉彩吉庆有余纹碗（一对）	直径12.7cm×2	53,681	纽约佳士得	2014.03.20
清道光 粉彩花鸟纹碗（一对）	直径9.5cm×2	183,540	中国嘉德	2014.04.09
清道光粉彩花卉纹盖碗（一对）	直径19.8cm×2	99,694	纽约苏富比	2014.03.18
清道光 粉彩花卉碗（一对）	直径14cm×2	11,500	北京保利	2014.08.02
清道光 粉彩花果纹小折腰碗（一对）	直径11cm×2	69,000	中国嘉德	2014.09.21
清道光 粉彩福寿纹碗（一对）	直径11.5cm×2	115,500	武汉中信	2014.10.23
清道光粉彩洞石花鸟纹碗（一对）	直径15cm×2	264,500	北京中汉	2014.05.17

拍品名称	物品尺寸	成交价RMB	拍卖公司	拍卖日期
清道光粉彩八宝吉祥盖碗（一对）	高9.5cm×2	368,000	保利厦门	2014.11.02
清道光粉彩花卉盖碗（一套十件）	直径10.8cm	55,200	北京保利	2014.06.06
清道光 粉彩花卉夔凤纹 花卉开光山水人物纹四方倭角碗各一只	直径13.5cm	13,800	中国嘉德	2014.03.23
清道光 内洋彩“海鹤蟠桃”图外黄釉云龙纹盘	直径16.2cm	13,800	中国嘉德	2014.03.23
清道光 绿地粉彩勾莲盘	直径15cm	86,250	北京翰海	2014.04.13
清道光 黄地粉彩花卉红蝠盘	直径16.5cm	299,000	北京翰海	2014.10.26
清道光 粉彩山水婴戏图盘	直径23.2cm	34,500	北京翰海	2014.10.26
清道光 粉彩人物纹攒盘	尺寸不一	43,700	中国嘉德	2014.03.23
清道光 粉彩人物纹盘	直径18.5cm	295,872	澳门中信	2014.06.08
清道光 粉彩群仙祝寿盘	直径23.6cm	332,856	澳门中信	2014.06.08
清道光 粉彩花卉灵芝盘	直径15.2cm	43,700	南京经典	2014.04.27
清道光 粉彩花蝶过枝纹盘	直径12.5cm	20,700	北京中汉	2014.09.22
清道光 粉彩福禄寿盘	直径13cm	46,000	北京保利	2014.10.25
清道光 粉彩八吉祥花卉纹盘	直径14.9cm	145,600	天津文物	2014.11.15
清道光 绿地粉彩缠枝花卉盘（两件）	直径15cm	103,500	北京翰海	2014.10.26
清道光 粉彩寿字红彩五蝠捧寿盘（两件）	直径24cm	172,500	北京翰海	2014.10.26
清道光粉彩山水人物盘（两件）	直径7.5cm	34,500	北京翰海	2014.05.11
清道光 粉彩无双谱盘（四件）	尺寸不一	17,250	北京保利	2014.08.02
清道光 轧道粉彩仙人图花口盘（一对）	直径13.5cm×2	34,500	北京中汉	2014.09.22
清道光珊瑚红粉彩花鸟盘（一对）	直径12cm×2	23,000	北京保利	2014.01.11
清道光粉彩绘折枝菊纹盘（一对）	直径15.1cm×2	178,250	苏州东方	2014.10.30
清道光 粉彩仕女图六方盘一对 粉彩无双谱人物故事诗文花口碗一只	直径16.2cm×2	11,500	中国嘉德	2014.09.21
清道光 粉彩鱼藻纹花盆	宽31.5cm	138,000	中国嘉德	2014.11.20
清道光 粉彩无双谱花盆	宽24.5cm	13,800	北京保利	2014.04.26
清道光 粉彩花盆（一对）	直径24cm×2	43,700	安徽艺海	2014.04.30
清道光 粉彩无双谱人物故事诗文冬瓜罐	高34cm	17,250	中国嘉德	2014.03.23
清道光 胭脂红地粉彩吉庆连连盖罐	高25cm	253,000	北京保利	2014.12.03
清道光 粉彩折枝梅花洗	直径13.5cm	57,500	北京保利	2014.12.05
清道光 粉彩鱼藻纹洗	直径27.5cm	34,500	中国嘉德	2014.11.20
清道光 粉彩冰梅纹四方倭角洗	长15cm	28,750	中国嘉德	2014.09.21
清道光粉彩山水人物香插（一对）	高11.7cm×2	17,250	西泠拍卖	2014.05.06
清道光 粉彩三羊开泰象耳尊	高33cm	57,500	上海嘉泰	2014.06.19
清道光 粉彩九秋图笔筒	高11cm	97,750	北京东正	2014.11.20
清道光 粉彩贾宝玉立像	长30cm	105,800	江苏爱涛	2014.07.06
清道光 粉彩花鸟纹笔筒	高11.5cm	28,750	上海道明	2014.03.27
清道光 粉彩花卉笔筒	高12.5cm	103,500	八益拍卖	2014.10.24
清道光 粉彩蝈蝈花草图笔筒 双方圈矾红	高11.1cm	38,344	纽约佳士得	2014.03.20
清道光 粉彩番莲福寿纹朝官耳三足炉（一对）	高32cm×2	979,600	香港苏富比	2014.04.08
清咸丰 粉彩人物图碗	直径12.2cm	138,000	中贸圣佳	2014.07.06
清咸丰 粉彩人物图碗	直径10.7cm	122,700	纽约苏富比	2014.03.18
清咸丰 粉彩人物故事纹碗	直径19cm	10,925	太平洋	2014.09.19
清咸丰 粉彩开光五谷丰登碗	直径14cm	207,000	八益拍卖	2014.10.25
清咸丰 粉彩吉庆有余碗	直径17.8cm	80,500	深圳市拍	2014.01.05
清咸丰 粉彩黄地花卉纹碗	直径13.8cm	80,170	景薰楼	2014.06.15
清咸丰 粉彩花卉龙纹长方盆	长27cm	184,000	北京翰海	2014.01.12
清咸丰 粉彩福寿盘（四件）	直径23.6cm	17,250	北京翰海	2014.10.26
清咸丰 粉彩福寿龙纹碗（一对）	直径18.6cm×2	82,800	广州皇玛	2014.01.02
清咸丰/同治 粉彩长亭送别人物故事图杯盏（一对）	尺寸不一	13,800	中国嘉德	2014.03.23
清同治 粉彩无双谱双耳瓶	高29cm	13,800	北京保利	2014.04.26
清同治 粉彩无双谱六方瓶	高36cm	17,250	北京保利	2014.04.26
清同治 粉彩无双谱方瓶	高38cm	17,250	北京保利	2014.04.26
清同治 粉彩山水双狮耳瓶	高61cm	74,750	北京保利	2014.04.26
清同治 粉彩三星瓶	高43cm	34,500	北京保利	2014.04.26
清同治 粉彩人物瓶	高44.5cm	23,000	北京翰海	2014.04.13
清同治 粉彩人物瓶	高27cm	10,350	北京翰海	2014.08.24

拍品名称	物品尺寸	成交价RMB	拍卖公司	拍卖日期
清同治 粉彩人物方瓶	高34cm	34,500	北京翰海	2014.01.11
清同治 粉彩花鸟瓶	高45cm	23,000	北京翰海	2014.04.13
清同治 粉彩花鸟瓶	高45cm	20,700	北京翰海	2014.04.13
清同治 粉彩雕瓷六方瓶	高57cm	25,300	北京保利	2014.04.26
清同治 粉彩百蝶大地瓶	高137cm	1,150,000	北京保利	2014.06.04
清同治 豆青地粉彩“百鸟朝凤”纹大瓶	高90cm	287,500	广州皇玛	2014.04.27
清同治粉彩人物故事大瓶（一对）	高109cm×2	23,000	北京保利	2014.04.26
清同治 粉彩开光人物六角双桃耳瓶（一对）	高58cm×2	126,500	广州皇玛	2014.01.02
清同治粉彩开光白蛇传故事纹盘口瓶	高44cm	19,550	太平洋	2014.09.19
清同治 粉彩婴戏茶壶	长21cm	35,650	北京保利	2014.08.02
清同治 粉彩山水人物诗文壶	高17.2cm	11,500	中国嘉德	2014.06.21
清同治 黄地粉彩花卉开光万寿无疆杯（两件）	直径5.7cm	322,000	北京翰海	2014.05.11
清同治 粉彩暗八仙杯（一对）	直径6.5cm×2	46,000	深圳市拍	2014.01.05
清同治 薄胎珊瑚红地粉彩花蝶杯（一对）	直径9.5cm×2	36,800	北京保利	2014.04.26
清同治 黄地粉彩喜鹊登梅纹碗	直径14.5cm	156,800	天津文物	2014.11.15
清同治 黄地粉彩绿竹纹碗	直径14.3cm	97,750	北京诚轩	2014.11.20
清同治 黄地粉彩蝴蝶纹碗	直径14cm	32,200	南京经典	2014.04.27
清同治 粉彩四爱图花口碗	直径16cm	20,700	北京保利	2014.04.26
清同治 粉彩麻姑献寿盖碗	直径8.5cm	18,400	北京翰海	2014.11.23
清同治 粉彩八宝碗	直径20cm	32,200	北京保利	2014.04.26
清同治粉彩云龙纹盖碗（五只）	直径10.7cm	51,750	中国嘉德	2014.03.23
清同治 粉彩碗（八件）	尺寸不一	11,500	北京保利	2014.08.02
清同治粉彩四季花高足碗（两件）	直径13.5cm×2	13,800	北京翰海	2014.11.23
清同治粉彩花卉瓜棱碗（十件）	尺寸不一	17,250	北京保利	2014.04.26
清同治 粉彩龙凤纹碗（一对）	直径15.5cm×2	168,713	纽约佳士得	2014.03.20
清同治粉彩绘花鸟纹碗（一对）	直径15.1cm×2	126,500	苏州东方	2014.10.30
清同治 粉彩花蝶纹碗（一对）	直径15.3cm×2	57,500	苏州东方	2014.05.30
清同治粉彩福禄寿喜纹碗（一对）	直径13cm×2	67,800	辽宁建投	2014.06.08
清同治 粉彩花卉盖碗（一组）	直径10cm×2	17,250	北京传是	2014.06.05
清同治 黄地粉彩喜上梅梢盘	直径34cm	23,000	北京保利	2014.04.26
清同治 黄地粉彩绿竹纹盘	直径22.2cm	103,500	北京诚轩	2014.11.20
清同治 粉彩龙纹花口高足盘	直径18cm	46,000	北京华辰	2014.05.17
清同治 粉彩癞瓜纹盘	长15.1cm	84,000	天津文物	2014.11.15
清同治 粉彩博古盘	直径34.5cm	18,400	北京翰海	2014.01.12
清同治 粉彩博古盘	直径29.5cm	10,350	北京翰海	2014.01.12
清同治 粉彩八宝图盘	直径18.5	92,000	深圳市拍	2014.01.05
清同治 粉彩无双谱盘（四件）	直径20cm	20,700	北京保利	2014.04.26
清同治 粉彩云龙纹盘（一对）	直径20.5cm×2	33,600	蓝天国拍	2014.09.26
清同治 粉彩八宝花纹碟	直径25cm	46,000	广州皇玛	2014.01.02
清同治 粉彩人物缸	直径23cm	11,500	北京保利	2014.04.26
清同治 胭脂红地粉彩岁寒三友图蟋蟀罐（一组）	罐直径13.2cm	184,000	北京诚轩	2014.11.20
清同治粉彩折枝花卉纹捧盒（一对）	直径31cm×2	943,000	保利厦门	2014.11.02
清同治 蓝地粉彩花蝶纹扇形水仙盆	长25.3cm	78,200	北京中汉	2014.11.21
清同治 黄地粉彩福在眼前百花“富贵吉祥”花盆	直径35.5cm	94,300	中国嘉德	2014.03.23
清同治 粉彩无双谱花盆	宽25cm	17,250	北京保利	2014.04.26
清同治 粉彩无双谱花盆	宽25cm	11,500	北京保利	2014.04.26
清同治 粉彩十二花神花盆	宽22.5cm	11,500	北京保利	2014.04.26
清同治 黄地粉彩富贵吉祥纹花盆（一对）	直径37.5cm×2	69,000	中国嘉德	2014.11.20
清同治 粉彩人物帽筒	高28cm	25,300	北京翰海	2014.11.23
清同治 粉彩人物帽筒（一对）	高29cm×2	20,700	北京保利	2014.04.26
清同治 粉彩八仙帽筒（一对）	高28cm×2	28,750	北京保利	2014.08.02
清同治 粉彩开光人物香薰	高35cm	172,500	八益拍卖	2014.10.25
清同治粉彩三阳开泰图碗（一对）	直径14.5cm×2	161,000	北京匡时	2014.12.03
清光绪 霁蓝釉粉彩九桃琮式瓶	高30cm	57,500	北京保利	2014.12.05

拍品名称	物品尺寸	成交价RMB	拍卖公司	拍卖日期
清光绪 粉彩百蝶纹赏瓶	高39cm	80,500	西泠拍卖	2014.12.13
清光绪 粉彩菊花纹观音瓶（一对）	高41cm×2	74,750	西泠拍卖	2014.05.06
清光绪 粉彩花鸟方瓶（一对）	高57cm×2	379,500	北京保利	2014.04.26
清光绪 粉彩博古图瓶（一对）	高42cm×2	55,200	北京保利	2014.04.26
清光绪 粉彩百蝶纹赏瓶（一对）	高39cm×2	517,500	保利厦门	2014.11.02
清光绪 粉彩百蝶赏瓶（一对）	高39.5cm×2	184,000	北京保利	2014.04.26
清光绪粉彩八吉祥博古瓶（一对）	高30.5cm×2	552,000	八益拍卖	2014.10.24
清光绪 豆青地粉彩福寿贯耳瓶（一对）	高31cm×2	782,000	八益拍卖	2014.10.24
清光绪 粉彩钟鼎插花瓶（两件）	高43cm×2	11,500	北京翰海	2014.01.12
清光绪 粉彩富贵白头瓶（两件）	高43cm×2	13,800	北京翰海	2014.01.12
清光绪 粉彩富贵白头瓶（两件）	高44cm×2	10,350	北京翰海	2014.01.12
清光绪 墨地粉彩开光人物象耳瓶（两件）	高29cm	17,250	北京翰海	2014.04.13
清光绪 粉彩人物瓶（两件）	高42cm	23,000	北京翰海	2014.04.13
清光绪 御窑粉彩花鸟纹蒜头瓶	高21.5cm	713,000	北京东正	2014.11.20
清光绪 松石绿地粉彩双联瓶	高20cm	13,800	北京保利	2014.10.25
清光绪 青釉地粉彩福寿贯耳方瓶	高30.3cm	115,000	北京保利	2014.06.04
清光绪 绿地粉彩开光花鸟瓶	高44cm	17,250	北京翰海	2014.08.24
清光绪 蓝釉粉彩九桃大瓶	高71cm	34,500	北京保利	2014.04.26
清光绪 蓝地粉彩钟鼎纹象耳方瓶	高30cm	25,300	北京翰海	2014.04.13
清光绪 黄地粉彩九桃天球瓶	高59cm	218,500	北京保利	2014.04.26
清光绪 黄地粉彩福寿纹六方大瓶	高41cm	11,500	中国嘉德	2014.03.23
清光绪 官釉粉彩双龙贯耳瓶	高30.5cm	287,500	八益拍卖	2014.10.24
清光绪 粉彩云龙纹赏瓶	高39cm	93,267	帝图艺术	2014.06.22
清光绪 粉彩云龙纹赏瓶	高28.6cm	276,000	苏州东方	2014.10.30
清光绪 粉彩云蝠纹赏瓶	高39cm	392,000	北京荣宝	2014.06.15
清光绪 粉彩云蝠纹荸荠瓶	高34.5cm	109,250	北京保利	2014.04.26
清光绪 粉彩云蝠纹荸荠瓶	高32.3cm	17,250	中国嘉德	2014.03.23
清光绪 粉彩云蝠赏瓶	高39cm	126,500	北京翰海	2014.10.26
清光绪 粉彩云蝠赏瓶	高39cm	69,000	北京翰海	2014.10.26
清光绪 粉彩云蝠扁瓶	高32.7cm	460,000	北京翰海	2014.05.11
清光绪 粉彩云蝠扁肚瓶	高33cm	43,700	北京翰海	2014.04.13
清光绪 粉彩云蝠荸荠瓶	高34cm	57,500	北京保利	2014.08.02
清光绪 粉彩云福荸荠瓶	高33cm	126,500	广州皇玛	2014.01.02
清光绪 粉彩云福纹赏瓶	高40.8cm	138,000	北京诚轩	2014.05.19
清光绪 粉彩云福纹赏瓶	高39cm	126,500	上海敬华	2014.07.01
清光绪 粉彩喜鹊登梅天球瓶	高54cm	149,500	北京翰海	2014.04.13
清光绪 粉彩喜鹊登梅天球瓶	高58cm	40,250	北京保利	2014.08.02
清光绪 粉彩无双谱观音瓶	高45cm	32,200	北京保利	2014.04.26
清光绪 粉彩万花不落地蒜头瓶	高40.6cm	230,000	苏州东方	2014.05.30
清光绪 粉彩双龙争珠赏瓶	高41cm	149,500	广州皇玛	2014.01.02
清光绪 粉彩双耳如意翻口瓶	高14.5cm	63,250	南京经典	2014.04.27
清光绪 粉彩人物大瓶	高61cm	40,250	北京翰海	2014.04.13
清光绪 粉彩龙纹赏瓶	长38cm；宽24cm	95,220	中信国际	2014.05.18
清光绪 粉彩龙凤玉壶春瓶	高29cm	138,000	太平洋	2014.03.21
清光绪 粉彩龙凤纹赏瓶	高39cm	126,500	上海敬华	2014.07.01
清光绪 粉彩龙凤纹赏瓶	高41cm	103,500	西泠拍卖	2014.05.06
清光绪 粉彩龙凤纹荸荠瓶	高32cm	184,000	华艺国际	2014.04.13
清光绪 粉彩开光山水诗文瓶	高30cm	46,000	北京保利	2014.08.02
清光绪 粉彩开光人物大赏瓶	高70cm	86,250	北京保利	2014.04.26
清光绪 粉彩九桃纹天球瓶	高53cm	197,700	伦敦邦瀚斯	2014.05.15
清光绪 粉彩九桃纹天球瓶	高35cm	145,600	武汉中信	2014.10.23
清光绪 粉彩九桃图天球瓶	高50.5cm	230,000	中国嘉德	2014.06.21
清光绪 粉彩九桃天球瓶	高55cm	138,000	广州皇玛	2014.01.02
清光绪 粉彩九桃天球瓶	高33.5cm	115,000	苏州东方	2014.10.30
清光绪 粉彩九桃赏瓶	高40cm	71,300	北京匡时	2014.06.04
清光绪 粉彩锦鸡花卉大瓶	高61cm	34,500	北京保利	2014.04.26
清光绪 粉彩花鸟蒜头瓶	高36.5cm	690,000	北京保利	2014.06.06
清光绪 粉彩花鸟大瓶	高60cm	10,350	北京翰海	2014.01.12
清光绪 粉彩花鸟棒槌瓶	高45cm	24,150	北京保利	2014.04.26

拍品名称	物品尺寸	成交价RMB	拍卖公司	拍卖日期
清光绪 粉彩花卉小瓶	高25cm	20,700	北京翰海	2014.04.13
清光绪 粉彩花卉纹玉壶春瓶	高30cm	34,500	长风拍卖	2014.01.05
清光绪 粉彩花卉双耳瓶	高23cm	34,500	北京翰海	2014.08.24
清光绪 粉彩花卉寿字象耳瓶	高35cm	17,250	北京翰海	2014.08.24
清光绪 粉彩花卉诗文象耳瓶	高41cm	11,500	北京保利	2014.04.26
清光绪 粉彩洪福齐天纹瓶	高33cm	148,830	伦敦苏富比	2014.11.05
清光绪 粉彩荷花鸳鸯戏水四方瓶	高55cm	17,250	北京保利	2014.10.25
清光绪 粉彩福寿纹赏瓶	高38cm	25,000	北京华辰	2014.03.15
清光绪 粉彩矾红龙纹赏瓶	高40cm	82,400	北京中联	2014.09.09
清光绪 粉彩雕瓷十二生肖大瓶	高73cm	20,700	北京保利	2014.04.26
清光绪 粉彩百鹤图赏瓶	高39cm	46,000	北京保利	2014.10.25
清光绪 粉彩百蝠祥云荸荠瓶	高32cm	42,451	罗芙奥	2014.05.25
清光绪 粉彩百蝠纹荸荠瓶	高32cm	184,000	中国嘉德	2014.05.18
清光绪 粉彩百蝠赏瓶	高39cm	310,500	北京保利	2014.06.04
清光绪 粉彩百蝠赏瓶	高38.5cm	264,500	苏州东方	2014.05.30
清光绪 粉彩百蝠赏瓶	高39cm	28,750	北京保利	2014.04.26
清光绪 粉彩百蝠荸荠瓶	高33cm	80,500	北京保利	2014.04.26
清光绪 粉彩百蝠荸荠瓶	高34cm	287,500	八益拍卖	2014.10.24
清光绪 粉彩百蝶纹赏瓶	高39.5cm	392,000	北京荣宝	2014.06.15
清光绪 粉彩百蝶纹赏瓶	高39.5cm	248,600	广东省拍	2014.06.22
清光绪 粉彩百蝶纹赏瓶	高39.1cm	207,200	天津文物	2014.05.16
清光绪 粉彩百蝶纹赏瓶		91,379	日本伊斯特	2014.01.19
清光绪 粉彩百蝶纹赏瓶	高39.8cm	280,000	天津文物	2014.11.15
清光绪 粉彩百蝶纹赏瓶	高39.5cm	57,500	中国嘉德	2014.11.20
清光绪 粉彩百蝶图赏瓶	高39cm	101,200	中国嘉德	2014.06.21
清光绪 粉彩百蝶图赏瓶	高39.5cm	40,250	中国嘉德	2014.03.23
清光绪 粉彩百蝶赏瓶	高39cm	230,000	北京翰海	2014.05.11
清光绪 粉彩百蝶赏瓶	高38.3cm	207,000	苏州东方	2014.05.30
清光绪 粉彩百蝶赏瓶	高39cm	184,000	北京保利	2014.06.04
清光绪 粉彩百蝶赏瓶	高38.8cm	138,000	北京翰海	2014.05.11
清光绪 粉彩百蝶赏瓶	高38.7cm	103,500	北京翰海	2014.05.11
清光绪 粉彩百蝶赏瓶	高39cm	63,250	北京保利	2014.08.02
清光绪 粉彩百蝶赏瓶	高39.3cm	253,000	北京翰海	2014.10.26
清光绪 粉彩百蝶赏瓶	高39cm	149,500	广州皇玛	2014.09.27
清光绪 粉彩八仙天球瓶	高53cm	94,300	北京保利	2014.08.02
清光绪 粉彩龙凤云纹玉壶春瓶	高29cm	124,300	广东省拍	2014.06.22
清光绪 粉彩花卉壶	长12.6cm	40,250	深圳市拍	2014.01.05
清光绪 黄地粉彩桃纹双耳尊	高27cm	14,950	北京保利	2014.08.02
清光绪 粉彩鱼藻纹尊	高34cm	115,000	广州皇玛	2014.04.27
清光绪 粉彩鹿头尊	高33cm	25,300	北京保利	2014.10.25
清光绪 粉彩花卉纹牲头尊	高35cm	672,000	北京荣宝	2014.06.15
清光绪 粉彩花卉凤尾尊	高40cm	13,800	北京保利	2014.08.02
清光绪 粉彩荷莲鸳鸯纹大口尊	高32cm	517,500	广州皇玛	2014.01.02
清光绪 粉彩百鹿尊	高68cm	74,750	北京保利	2014.04.26
清光绪 粉彩百鹿尊	高45cm	299,000	北京匡时	2014.09.17
清光绪 轧道外粉彩内青花碗（一对）	直径15cm×2	368,000	远方拍卖	2014.06.02
清光绪 松石绿地粉彩花鸟纹碗（一对）	直径10.5cm×2	224,000	北京荣宝	2014.03.23
清光绪 珊瑚红洋彩开光碗（一对）	直径11cm×2	107,350	江苏爱涛	2014.07.05
清光绪 内青花外粉彩花卉草虫碗（一对）	直径15cm×2	268,800	北京荣宝	2014.06.15
清光绪 黄地粉彩开光龙凤纹碗（一对）	直径20cm×2	126,500	北京保利	2014.06.06
清光绪 黄地粉彩锦纹开光九秋图碗（一对）	直径12.7cm×2	43,700	北京诚轩	2014.05.19
清光绪 黄地粉彩福寿纹碗（一对）	直径11.1cm×2	57,500	苏州东方	2014.05.30
清光绪 粉彩万寿无疆碗（一对）	直径19cm×2	34,500	北京保利	2014.04.26
清光绪 粉彩万寿无疆碗（一对）	直径12.5cm×2	14,950	北京保利	2014.04.26
清光绪 粉彩绿龙纹碗（一对）	直径10.5cm×2	201,600	北京荣宝	2014.03.23
清光绪 粉彩九龙图盖碗（一对）	直径10.7cm×2	10,350	中国嘉德	2014.06.21
清光绪 粉彩过枝瓜瓞绵绵碗（一对）	直径14cm×2	138,000	苏州东方	2014.10.30

拍品名称	物品尺寸	成交价RMB	拍卖公司	拍卖日期
清光绪 粉彩宝相花小碗（一对）	直径13.5cm×2	25,300	北京保利	2014.06.06
清光绪 粉彩八吉祥盖碗（一对）	直径10.5cm×2	112,700	八益拍卖	2014.10.24
清光绪 粉彩花蝶纹碗（一对）	直径14cm	56,000	北京荣宝	2014.11.30
清光绪 粉彩八宝纹碗（一对）	直径12cm×2	11,500	北京保利	2014.01.11
清光绪粉彩万寿无疆碗（四件）	直径12.5cm	25,300	北京保利	2014.04.26
清光绪 各式粉彩碗（十件）	尺寸不一	11,500	北京保利	2014.08.02
清光绪粉彩万寿无疆碗（三件）	直径12cm	32,200	北京保利	2014.04.26
清光绪 粉彩梅花碗（两件）	直径18cm×2	34,500	北京翰海	2014.08.24
清光绪粉彩过枝瓜蝶盖碗（两件）	直径10.5cm	109,250	北京翰海	2014.05.11
清光绪 粉彩八吉祥碗（两件）	直径11.8cm	115,000	北京翰海	2014.10.26
清光绪 黄地粉彩万寿无疆碗 盘共十八件	尺寸不一	36,800	北京保利	2014.08.02
清光绪 玉海堂款万字锦纹描金四开光粉彩花鸟纹碗	直径11.8cm	35,074	景薰楼	2014.06.15
清光绪 松石绿地粉彩花鸟纹盖碗	直径10.7cm	23,000	中国嘉德	2014.06.21
清光绪 珊瑚红地粉彩花卉纹小碗	直径11.2cm	23,000	中国嘉德	2014.09.21
清光绪 黄地轧道粉彩开光三羊开泰青花碗	直径15.1cm	80,500	北京翰海	2014.05.11
清光绪 黄地轧道粉彩开光三羊开泰青花碗	直径15.1cm	69,000	北京翰海	2014.05.11
清光绪 黄地粉彩五蝠捧寿碗	直径17.4cm	23,000	北京翰海	2014.05.11
清光绪 黄地粉彩开光万寿无疆纹碗	直径12.5cm	22,400	天津文物	2014.05.16
清光绪 黄地粉彩开光三羊开泰纹碗	直径15.2cm	99,694	纽约苏富比	2014.03.18
清光绪 黄地粉彩开光描金龙纹碗	直径21.2cm	172,500	南京经典	2014.01.06
清光绪 黄地粉彩福寿纹碗	口径11.2cm	51,500	北京中联	2014.09.09
清光绪 黄地粉彩福寿纹大碗	直径21.1cm	20,700	中国嘉德	2014.09.21
清光绪 黄地粉彩福禄万代开光山水人物纹碗	直径16.9cm	13,800	中国嘉德	2014.03.23
清光绪 粉彩三羊开泰图碗	直径12.7cm	28,750	中国嘉德	2014.09.21
清光绪 粉彩人物纹碗	直径18.6cm	249,642	澳门中信	2014.06.08
清光绪 粉彩皮球花纹碗	直径18.7cm	91,995	纽约苏富比	2014.09.16
清光绪 粉彩夔凤穿花纹碗	直径20.6cm	161,044	纽约苏富比	2014.03.18
清光绪 粉彩九桃碗	直径17.8cm	69,000	北京翰海	2014.05.11
清光绪 粉彩花卉碗	直径17.5cm	37,950	北京保利	2014.04.26
清光绪 粉彩花卉碗	直径17cm	34,500	北京保利	2014.04.26
清光绪 粉彩花卉碗	直径17cm	23,000	北京保利	2014.04.26
清光绪 粉彩花卉盖碗	直径10.8cm	34,500	深圳市拍	2014.01.05
清光绪 粉彩荷塘鹭鸶纹盖碗	直径10.6cm	32,480	天津文物	2014.05.16
清光绪 粉彩八仙人物碗	直径14cm	11,500	北京保利	2014.04.26
清光绪 粉彩“三多图”碗	直径15cm	57,500	广州皇玛	2014.01.02
清光绪粉彩五福捧寿碟（两件）	直径11cm×2	20,700	北京翰海	2014.08.24
清光绪 粉彩八宝花纹碟	直径25cm	36,800	广州皇玛	2014.01.02
清光绪 黄地粉彩万寿无疆杯（一对）	直径6cm×2	34,500	北京保利	2014.08.02
清光绪粉彩万花不落地杯（一对）	直径8.4cm×2	132,250	苏州东方	2014.05.30
清光绪 粉彩秋操杯（一对）	宽17cm×2	54,579	中国嘉德	2014.10.07
清光绪粉彩兰花芝草纹杯（一对）	高5cm×2	48,240	罗芙奥	2014.05.25
清光绪 粉彩花卉小杯（一对）	直径6cm×2	23,000	中国嘉德	2014.11.20
清光绪 粉彩花卉杯（一对）	直径5cm×2	50,400	武汉中信	2014.10.23
清光绪 粉彩八宝纹杯（一对）	直径8.3cm×2	36,800	北京中汉	2014.09.22
清光绪 粉彩鱼藻纹小杯（四只）	直径5.8cm	57,500	中国嘉德	2014.11.20
清光绪 粉彩龙纹杯（四件）	直径5.7cm	57,500	北京保利	2014.06.06
清光绪 粉彩鸡缸杯（两件）	直径6.5cm；直径8.5cm	126,500	北京保利	2014.04.26
清光绪 粉彩荷花杯（两件）	直径5.5cm×2	92,000	北京翰海	2014.04.13
清光绪 粉彩荷花杯（两件）	直径5.5cm×2	57,500	北京翰海	2014.04.13
清光绪 粉彩百花不落地纹杯	直径8.6cm	32,200	北京中汉	2014.11.21
清光绪 内矾红五蝠纹外黄地洋彩缠枝花卉纹盘（一对）	直径16.7cm×2	161,000	中国嘉德	2014.09.21
清光绪 黄地粉彩团寿字盘（一对）	直径18cm×2	23,000	中国嘉德	2014.09.21

拍品名称	物品尺寸	成交价RMB	拍卖公司	拍卖日期
清光绪 黄地粉彩花卉纹五蝠盘（一对）	直径17cm×2	56,000	江苏爱涛	2014.07.05
清光绪 黄地粉彩福寿纹盘（一对）	直径11cm×2	43,260	北京中联	2014.09.09
清光绪 黄地粉彩缠枝莲小盘（一对）	直径11cm×2	17,250	北京保利	2014.01.11
清光绪 粉彩云蝠纹大盘（一对）	直径33.9cm×2	161,000	北京中汉	2014.09.22
清光绪粉彩五福捧寿纹盘（一对）	直径15.5cm×2	31,640	辽宁建投	2014.06.08
清光绪 粉彩珊瑚红竹纹盘（一对）	直径17cm×2	230,000	北京华辰	2014.05.17
清光绪 粉彩葡萄纹盘（一对）	直径10.2cm×2	63,250	深圳市拍	2014.01.05
清光绪 粉彩皮球花纹盘（一对）	直径17cm×2	172,500	北京华辰	2014.05.17
清光绪 粉彩龙凤纹盘（一对）	直径25cm×2	40,250	太平洋	2014.09.19
清光绪 粉彩福寿纹盘（一对）	直径16cm×2	33,900	广东省拍	2014.06.22
清光绪粉彩福寿双全图盘（一对）	直径17.8cm×2	46,013	纽约佳士得	2014.03.20
清光绪 黄地粉彩万寿无疆盘（六只）	直径24cm	36,000	北京华辰	2014.03.15
清光绪 粉彩花卉盘（八件）	直径9.6cm	20,700	北京翰海	2014.10.26
清光绪 粉彩各式果盘（八件）	尺寸不一	20,700	北京保利	2014.08.02
清光绪 粉彩茶盘 壶（四件）	尺寸不一	11,500	北京保利	2014.08.02
清光绪 外蓝地内粉彩八宝纹大盘	直径38cm	40,250	北京保利	2014.06.06
清光绪 松石绿地粉彩藤萝花鸟图盘	直径22cm	86,250	北京诚轩	2014.05.19
清光绪 绿地粉彩葡萄纹花卉盘	直径22.2cm	78,200	北京翰海	2014.05.11
清光绪 黄地喜上眉梢纹盘	直径23cm	28,750	北京盈时	2014.05.31
清光绪 黄地粉彩团寿纹盘	直径18cm	13,440	天津文物	2014.05.16
清光绪 黄地粉彩开光万寿无疆盘	直径19.5cm	11,500	北京保利	2014.01.11
清光绪 黄地粉彩花卉纹盘	直径16.7cm	61,600	天津文物	2014.05.16
清光绪 黄地粉彩福寿纹盘	直径18.5cm	36,800	太平洋	2014.09.19
清光绪 黄地粉彩福寿万代纹盘	直径22cm	28,000	天津文物	2014.11.15
清光绪 黄地粉彩福禄万代开光五谷丰登图盘	直径18.1cm	17,250	中国嘉德	2014.03.23
清光绪 粉彩芝仙祝寿纹盘	直径14.6cm	22,400	天津文物	2014.05.16
清光绪 粉彩芝仙祝寿纹盘	直径14.6cm	21,280	天津文物	2014.11.15
清光绪 粉彩云龙纹盘	直径35cm	74,750	上海敬华	2014.07.01
清光绪 粉彩云龙纹盘	直径18.3cm	17,250	中国嘉德	2014.03.23
清光绪 粉彩云龙纹大盘	直径56cm	322,000	广州皇玛	2014.04.27
清光绪 粉彩云蝠盘	直径34cm	36,800	北京保利	2014.10.25
清光绪 粉彩云蝠盘	直径34cm	40,250	北京翰海	2014.11.23
清光绪 粉彩喜鹊登梅图大盘	直径53cm	80,500	中国嘉德	2014.09.21
清光绪 粉彩万花堆大盘	直径50.1cm	613,300	纽约苏富比	2014.09.16
清光绪 粉彩双龙纹大盘	直径48cm	161,000	华艺国际	2014.05.31
清光绪 粉彩寿字盘	直径22cm	11,500	北京翰海	2014.04.13
清光绪 粉彩仕女纹盘	直径23.7cm	184,920	澳门中信	2014.06.08
清光绪 粉彩仕女人物盘	直径20.5cm	51,750	南京经典	2014.01.06
清光绪 粉彩人物大盘	直径46cm	17,250	北京保利	2014.04.26
清光绪 粉彩龙纹盘	直径34cm	13,800	北京保利	2014.08.02
清光绪 粉彩龙描金方盘	21.5cm×13cm	89,700	广州皇玛	2014.04.27
清光绪 粉彩龙穿牡丹大盘	直径47.5cm	78,200	北京翰海	2014.04.13
清光绪 粉彩蓝地龙纹大盘	长52cm	99,000	武汉中信	2014.10.23
清光绪 粉彩夔凤纹盘	直径17cm	16,800	北京荣宝	2014.06.15
清光绪 粉彩夔凤纹盘	直径16.8cm	28,000	天津文物	2014.11.15
清光绪 粉彩九桃盘	直径38cm	126,500	北京保利	2014.04.26
清光绪 粉彩九桃盘	直径34cm	103,500	北京保利	2014.04.26
清光绪 粉彩九桃大盘	直径47cm	109,250	北京翰海	2014.11.23
清光绪 粉彩花鸟盘	直径19cm	36,800	深圳市拍	2014.01.05
清光绪 粉彩花蝶盘	直径24cm	16,100	朵云轩	2014.06.29
清光绪 粉彩过枝花卉纹大盘	直径523cm	253,000	北京中汉	2014.11.21
清光绪 粉彩百鹿盘	直径47cm	161,000	北京翰海	2014.04.13
清光绪 粉彩八吉祥纹盘	直径34.5cm	46,000	上海敬华	2014.07.01
清光绪 粉彩八宝纹盘	直径25cm	34,500	太平洋	2014.03.21
清光绪 粉彩八宝纹盘	直径34.5cm	57,500	太平洋	2014.09.19
清光绪 粉彩八宝纹盘	直径25cm	34,500	太平洋	2014.09.19
清光绪 粉彩八宝纹盘	直径25cm	28,750	中国嘉德	2014.06.21

(成交价RMB：1万元以上)

拍品名称	物品尺寸	成交价RMB	拍卖公司	拍卖日期
清光绪 粉彩八宝盘	直径34cm	10,350	北京保利	2014.08.02
清光绪 粉彩八宝盘	直径15.5cm	25,300	北京翰海	2014.04.13
清光绪 粉彩八宝大盘	直径34cm	23,000	北京保利	2014.08.02
清光绪 蓝地粉彩瓜瓞绵绵刻瓷盘（一对）	口径14.7cm	92,000	西泠拍卖	2014.12.13
清光绪 外粉彩内珊瑚红地留白竹纹盘（一对）	直径16.9cm	224,000	北京荣宝	2014.11.30
清光绪 粉彩龙纹香炉	直径18cm	23,000	北京保利	2014.08.02
清光绪 绿地雕瓷粉彩五福捧寿盖盒	直径25cm	23,000	北京保利	2014.08.02
清光绪 粉彩云鹤开光花鸟纹捧盒	直径27cm	48,300	中国嘉德	2014.03.23
清光绪 粉彩花卉捧盒	直径26cm	28,750	北京保利	2014.04.26
清光绪 粉彩花鸟纹罐（一对）	高30.3cm×2	552,000	苏州东方	2014.05.30
清光绪 黄地轧道粉彩缠枝莲开光花鸟纹盖罐	高26cm	25,300	中国嘉德	2014.09.21
清光绪 粉彩开光花卉盖罐	高42cm	26,450	北京保利	2014.04.26
清光绪 粉彩锦鸡牡丹盖罐	高43cm	23,000	北京保利	2014.08.02
清光绪 松石绿粉彩花卉小花盆（一对）	直径10.5cm×2	11,500	北京保利	2014.01.11
清光绪黄地粉彩寿字花盆（一对）	直径35cm×2	172,500	北京保利	2014.04.26
清光绪黄地粉彩寿字花盆（一对）	直径37cm×2	97,750	北京保利	2014.08.02
清光绪黄地粉彩福寿花盆（一对）	直径37.5cm×2	172,500	北京保利	2014.04.26
清光绪黄地粉彩福寿花盆（一对）	直径36.5cm×2	115,000	北京保利	2014.04.26
清光绪粉彩开光福山寿海花盆（一对）	直径36cm×2	126,500	北京保利	2014.04.26
清光绪 "体和殿制"款黄地粉彩芭蕉花卉纹花盆（一对）	直径17cm×2	517,500	保利厦门	2014.11.02
清光绪粉彩花鸟长方花盆（两件）	长10.8cm	299,000	北京翰海	2014.10.26
清光绪 黄地粉彩寿字花盆	直径25cm	34,500	北京保利	2014.04.26
清光绪 黄地粉彩福寿花卉开光云龙纹花盆	直径40.5cm	20,700	中国嘉德	2014.09.21
清光绪 黄地粉彩百寿花盆	直径37cm	105,800	广州皇玛	2014.01.02
清光绪 粉彩云鹤开光青花松鹤延年图花盆	直径25.2cm	28,750	中国嘉德	2014.09.21
清光绪 粉彩婴戏游龙折沿盆	直径38cm	17,250	北京保利	2014.04.26
清光绪 粉彩四季花卉花盆	长21cm	36,800	北京保利	2014.08.02
清光绪 粉彩寿字纹盆	直径28cm	23,000	西泠拍卖	2014.05.06
清光绪 粉彩人物方花盆	长20cm	23,000	北京保利	2014.04.26
清光绪 粉彩开光花鸟六方花盆	宽25cm	35,650	北京保利	2014.04.26
清光绪 粉彩开光花鸟花盆	直径35cm	20,700	北京保利	2014.04.26
清光绪 粉彩花鸟诗文水仙盆	27cm×16cm	57,500	北京匡时	2014.06.04
清光绪 粉彩花鸟诗文花盆	直径37cm	48,300	北京保利	2014.04.26
清光绪 粉彩花鸟花盆	宽39cm	230,000	北京保利	2014.08.02
清光绪 粉彩花鸟花盆	直径40cm	46,000	北京保利	2014.08.02
清光绪 粉彩花鸟盖盆	直径27cm	20,700	北京保利	2014.04.26
清光绪 粉彩花卉水仙盆	长27cm	28,750	北京保利	2014.04.26
清光绪 粉彩花卉诗文花盆	直径25cm	23,000	北京保利	2014.04.26
清光绪 粉彩花卉花盆	直径20cm	28,750	北京保利	2014.04.26
清光绪 粉彩花卉花盆	高17cm	28,750	北京保利	2014.04.26
清光绪 粉彩花卉花盆	高16.5cm	23,000	北京保利	2014.04.26
清光绪 粉彩花卉花盆	直径25cm	20,700	北京保利	2014.04.26
清光绪 粉彩花卉花盆	直径27cm	17,250	北京保利	2014.04.26
清光绪 粉彩花卉大花盆	直径41cm	40,250	北京保利	2014.04.26
清光绪 粉彩博古图花盆	直径33cm	18,400	北京保利	2014.04.26
清光绪 粉彩博古方盆	高21cm	20,700	北京翰海	2014.04.13
清光绪 粉彩八哥花卉诗文花盆	高37cm	97,750	北京保利	2014.04.26
清光绪 粉彩暗八仙纹长方形水仙盆	长47cm	402,500	北京翰海	2014.10.25
清光绪 豆青粉彩花卉花盆	宽38cm	51,750	北京保利	2014.08.02
清光绪 大雅斋款粉彩花鸟纹长方花盆	直径17.9cm	201,600	天津文物	2014.11.15
清光绪粉彩开光花鸟缸（一对）	直径36cm×2	11,500	北京保利	2014.01.11
清光绪 粉彩花卉纹缸（一对）	高65.5cm×2	1,910,265	中国嘉德	2014.10.07
清光绪大雅斋粉彩花卉缸（一对）	直径42cm×2	69,000	中鸿信	2014.11.22
清光绪 绿地粉彩开光花鸟大缸	直径53cm	138,000	北京保利	2014.04.26
清光绪 蓝釉开光粉彩花鸟缸	直径36cm	28,750	北京保利	2014.04.26

拍品名称	物品尺寸	成交价RMB	拍卖公司	拍卖日期
清光绪 粉彩云龙纹缸	直径37cm	40,250	中国嘉德	2014.03.23
清光绪 粉彩龙纹大缸	直径53cm	149,500	北京保利	2014.04.26
清光绪 粉彩龙凤纹大缸	直径47cm	34,500	北京保利	2014.01.11
清光绪 粉彩花鸟缸	直径40cm	36,800	北京保利	2014.04.26
清光绪 粉彩花鸟盖缸	高22cm	16,100	北京保利	2014.08.02
清光绪 粉彩褐地开光八仙人物图缸	直径40cm	39,540	伦敦邦瀚斯	2014.05.15
清光绪 大雅斋款粉彩荷塘鹭鸶纹缸	直径29.1cm	168,000	天津文物	2014.11.15
清光绪 粉彩人物烛台	高21cm	12,650	北京保利	2014.04.26
清光绪 粉彩福禄寿洗（一对）	长27cm×2	25,300	北京保利	2014.04.26
清光绪 黄地粉彩梅兰纹水洗	直径14cm	13,800	太平洋	2014.06.25
清光绪 粉彩云龙纹折沿洗	直径32.1cm	55,200	中国嘉德	2014.03.23
清光绪 粉彩双龙八宝纹洗	直径32cm	149,500	广州皇玛	2014.04.27
清光绪 粉彩龙纹折沿洗	直径32cm	14,950	北京保利	2014.08.02
清光绪 粉彩龙凤纹折沿洗	直径38.8cm	103,500	上海道明	2014.03.27
清光绪 粉彩花鸟洗	宽27cm	20,700	北京保利	2014.04.26
清光绪 粉彩花鸟诗文方洗	长20cm	13,800	北京保利	2014.04.26
清光绪 粉彩百鹿图大笔洗	直径34cm	115,000	北京保利	2014.08.02
清光绪 粉彩矾红龙纹折沿洗	口径32cm	57,500	西泠拍卖	2014.12.13
清光绪 蓝地粉彩福寿延年渣斗	直径19cm	28,750	北京保利	2014.08.02
清光绪 粉彩凸雕花鸟 珊瑚釉笔筒（两件）	高12cm×2	11,500	北京翰海	2014.08.24
清光绪 粉彩四喜童子	长6.5cm	25,300	北京东正	2014.06.07
清光绪 粉彩人物帽筒	高29cm	11,500	北京翰海	2014.01.12
清光绪 粉彩袈裟弥勒佛	高27cm	35,200	武汉中信	2014.10.23
清光绪 粉彩荷花香薰	宽17cm	16,100	北京保利	2014.04.26
清光绪 粉彩释迦牟尼像	高31.5cm	138,000	北京匡时	2014.12.03
清光绪粉彩花鸟瓶帽筒（三件）	尺寸不一	10,350	北京翰海	2014.11.23
清光绪 粉彩纺织图瓷板	出31.8cm	23,520	天津文物	2014.05.16
清宣统 外粉彩内青花荷纹碗	直径17.5cm	195,500	保利厦门	2014.11.02
清宣统 粉彩折枝花卉纹玉壶春瓶	高27.5cm	40,250	北京中汉	2014.04.16
清宣统 粉彩描金云蝠纹赏瓶	高38.7cm	74,750	上海道明	2014.03.27
清宣统 粉彩梅花杯	直径8.5cm	13,800	中国嘉德	2014.11.20
清宣统 粉彩莲花形盖碗	高19.6cm	92,000	苏州东方	2014.05.30
清宣统 粉彩花篮纹盘（一对）	直径19.3cm×2	69,019	纽约苏富比	2014.03.18
清宣统 粉彩福寿纹双兽耳水盂	直径15.7cm	43,700	上海敬华	2014.07.01
清宣统 粉彩福寿纹大盘	直径33cm	57,500	太平洋	2014.09.19
清宣统 粉彩百蝶赏瓶	高38.5cm	460,000	北京翰海	2014.05.11
清约1720年 粉彩法国皇家徽章纹妇洗器	长52.3cm	161,233	伦敦苏富比	2014.11.05
清1735年外销粉彩耶稣受难图盘	直径21.5cm	125,210	伦敦苏富比	2014.05.14
约1738年粉彩开光欧洲人物图罐	高55.5cm	92,260	伦敦邦瀚斯	2014.05.15
约1900年 粉彩花卉纹兽耳方壶	高43cm	369,040	伦敦苏富比	2014.05.14
清18世纪 粉彩蝶恋花纹罐	高24cm	39,540	伦敦苏富比	2014.05.14
清18世纪 粉彩开光仕女图折沿盆带座	直径30cm	322,000	北京华辰	2014.04.27
清18世纪 粉彩凸瓷花卉瓷板连架（两件）	41cm×28cm×2	53,227	香港今是	2014.05.04
清18世纪/19世纪 粉彩花卉纹碗（一对）	直径14.5cm×2	230,000	北京华辰	2014.04.27
清18世纪粉彩"福如东海"图杯	直径12.5cm	65,325	香港苏富比	5/27/2014
清19世纪 仿木纹粉彩通景山村归舟图笔筒	高11cm	49,438	香港苏富比	2014.10.08
清19世纪 粉彩百鹿尊	高48.8cm	168,658	纽约苏富比	2014.09.16
清19世纪 粉彩缠枝莲纹斋戒牌	长5.4cm	65,184	纽约苏富比	2014.03.18
清19世纪 粉彩开光人物故事图双耳大瓶	高132.5cm	79,080	伦敦邦瀚斯	2014.05.15
清19世纪 粉彩开光山水人物图葫芦瓶	高42cm	250,420	伦敦邦瀚斯	2014.05.15
清19世纪粉彩龙凤纹五供（一套）	最高76.3cm	291,318	纽约苏富比	2014.09.16
清19世纪 粉彩山水楼阁纹瓷板	37.5cm×29cm	47,130	伦敦苏富比	2014.11.05
清19世纪 粉彩一路连封纹大缸	直径62.2cm	690,188	纽约苏富比	2014.03.18
清19世纪 黄地粉彩缠枝花卉八吉祥纹笛	长56.2cm	168,713	纽约佳士得	2014.03.20
清19世纪 镂空粉彩花卉龙凤纹如意	长47.5cm	920,000	北京华辰	2014.04.27

拍品名称	物品尺寸	成交价RMB	拍卖公司	拍卖日期
清19世纪 青釉粉彩花蝶纹三连葫芦瓶	高30.5cm	61,350	纽约苏富比	2014.03.18
清19世纪/20世纪 胭脂红地开光粉彩婴戏瓶	高26cm	181,700	保利香港	2014.04.07
清19世纪下半叶 粉彩开光人物故事图狮耳大瓶（一对）	高132cm×2	498,306	纽约苏富比	2014.09.16
清19世紀 粉彩牡丹花式洗	直径11.8cm	170,850	香港苏富比	5/27/2014
清 粉彩八骏图兽耳瓶	高33cm	138,000	西泠拍卖	2014.12.13
清 粉彩桃花纹瓶	高10cm	92,000	西泠拍卖	2014.12.13
清 粉彩兽耳瓶	高23cm	92,000	西泠拍卖	2014.12.13
清 粉彩无双谱人物故事诗文方瓶（一对）	高54.7cm×2	66,700	中国嘉德	2014.03.23
清 粉彩松石绿地开光花卉纹螭耳壁瓶（一对）	高21.3cm×2	246,400	成都金沙	2014.11.16
清 粉彩神仙人物纹铺首方瓶（一对）	高54cm×2	10,350	中国嘉德	2014.03.23
清 粉彩人物纹象耳大瓶（一对）	高60.5cm×2	17,250	中国嘉德	2014.06.21
清 粉彩人物纹螭耳大瓶（一对）	高61.7cm×2	51,750	中国嘉德	2014.03.23
清 粉彩群仙贺寿图捧槌大瓶（一对）	高61cm×2	86,250	广州皇玛	2014.01.02
清 粉彩花鸟纹地瓶（一对）	高87cm×2	169,500	辽宁建投	2014.06.08
清 粉彩荷花双狮耳大瓶（一对）	高60cm×2	23,000	北京保利	2014.08.02
清 粉彩刀马人物纹兽耳大瓶（一对）	高145cm×2	78,200	中国嘉德	2014.06.21
清 粉彩刀马人物纹狮耳方瓶（一对）	高39.5cm×2	25,300	中国嘉德	2014.09.21
清 墨地粉彩云龙瓶（两件）	高44cm×2	46,000	北京翰海	2014.01.12
清 粉彩人物瓶（两件）	高46cm×2	20,700	北京翰海	2014.08.24
清 粉彩人物方瓶（两件）	高30cm×2	20,700	北京翰海	2014.11.23
清 粉彩花鸟瓶（两件）	高44cm×2	17,250	北京翰海	2014.01.12
清 粉彩花鸟大瓶（两件）	高58cm×2	28,750	北京翰海	2014.08.24
清 粉彩仕女瓶（两件）	高42cm	13,800	北京翰海	2014.04.13
清 粉彩人物狮耳瓶（两件）	高38.5cm	11,500	北京翰海	2014.04.13
清粉彩八仙拜寿狮耳瓶（两件）	高43cm	20,700	北京翰海	2014.04.13
清 胭脂红地彩花卉灯笼瓶	高20cm	230,000	广州皇玛	2014.01.02
清 天青釉粉彩博古纹葫芦瓶	高25cm	80,640	武汉中信	2014.10.23
清 天蓝釉粉彩人物方瓶	高25.7cm	80,500	北京翰海	2014.05.11
清 松石绿缠枝莲双耳葫芦瓶	高17cm	11,500	北京保利	2014.10.25
清 绿地粉彩缠枝花卉如意耳葫芦瓶	高18cm	43,700	北京翰海	2014.10.26
清 蓝地粉彩九桃瓶	高69cm	20,700	北京翰海	2014.08.24
清 黄地粉彩花鸟纹天球瓶	高49cm	322,000	北京翰海	2014.04.13
清 黄地粉彩花卉天球瓶	高43cm	103,500	北京翰海	2014.08.24
清 黄地粉彩花卉群仙祝寿抱月瓶	高31.2cm	80,500	北京翰海	2014.10.26
清 粉彩轧道开光人物瓶	高24cm	34,500	北京翰海	2014.08.24
清 粉彩轧道花卉橄榄瓶	高27.3cm	632,500	北京翰海	2014.10.26
清 粉彩云龙纹赏瓶	高38.5cm	51,750	中国嘉德	2014.06.21
清 粉彩云蝠纹赏瓶	高39.7cm	11,500	中国嘉德	2014.09.21
清 粉彩云蝠纹荸荠瓶	高32.5cm	13,800	中国嘉德	2014.09.21
清 粉彩婴戏盘口瓶	高36cm	12,650	北京翰海	2014.11.23
清 粉彩胭脂红绿底缠枝花卉开光红彩山水纹瓶	高37cm	38,543	中信国际	2014.04.19
清 粉彩喜鹊登梅瓶	高20cm	207,000	北京翰海	2014.08.24
清 粉彩无双谱观音瓶	高47cm	13,800	北京翰海	2014.11.23
清 粉彩万字地开光龙凤团寿纹天球瓶	高54.5cm	1,792,000	成都金沙	2014.11.16
清 粉彩双宿双栖图大瓶	高53.8cm	48,300	中国嘉德	2014.03.23
清 粉彩仕女婴戏狮耳瓶	高36cm	13,800	北京翰海	2014.08.24
清 粉彩神仙故事狮耳瓶	高33.5cm	13,800	北京翰海	2014.01.12
清 粉彩山水瓶	高45.5cm	11,500	北京翰海	2014.11.23
清 粉彩三娘教子橄榄瓶	高22cm	69,000	北京翰海	2014.05.11
清 粉彩三多纹赏瓶	高27cm	80,640	武汉中信	2014.10.23
清 粉彩人物双龙耳瓶	高30cm	11,500	北京翰海	2014.04.13
清 粉彩人物双耳大瓶		10,350	北京翰海	2014.04.13

拍品名称	物品尺寸	成交价RMB	拍卖公司	拍卖日期
清 粉彩人物狮耳花口瓶	高36cm	17,250	北京翰海	2014.08.24
清 粉彩人物瓶	高60cm	17,250	北京保利	2014.01.11
清 粉彩人物瓶	高19.1cm	69,000	北京翰海	2014.10.26
清 粉彩人物瓶	高57cm	11,500	北京翰海	2014.08.24
清 粉彩人物瓶	高43.5cm	10,350	北京翰海	2014.04.13
清 粉彩人物盘口瓶	高48.5cm	32,200	北京翰海	2014.11.23
清 粉彩人物盘口瓶	高39cm	20,700	北京翰海	2014.04.13
清 粉彩人物故事双狮瓶	高23.5cm	24,150	北京翰海	2014.11.23
清 粉彩人物故事狮耳盘口瓶	高56.6cm	17,250	北京翰海	2014.01.12
清 粉彩人物大瓶	高62cm	20,700	北京翰海	2014.11.23
清 粉彩描金皮球花观音瓶	高8.1cm	241,500	北京翰海	2014.05.11
清 粉彩梅竹瓶	高21cm	46,000	北京翰海	2014.04.13
清粉彩镂雕云龙画八仙图三管瓶	高24.5cm	437,000	上海敬华	2014.07.01
清 粉彩龙凤纹荸荠瓶	高32cm	43,700	中国嘉德	2014.03.23
清 粉彩龙凤纹荸荠瓶	高32.5cm	11,500	中国嘉德	2014.09.21
清 粉彩开光诗书花卉福寿纹瓶	高32.5cm	224,000	成都金沙	2014.11.16
清 粉彩开光蕃莲纹敞口瓶	高29.8cm	179,200	成都金沙	2014.11.16
清 粉彩九桃纹观音瓶	高43cm	33,900	广东省拍	2014.06.22
清 粉彩九桃天球瓶	高57cm	10,350	北京保利	2014.08.02
清 粉彩九桃瓶	高28cm	28,750	上海嘉泰	2014.06.19
清 粉彩江山福寿纹瓶	高22cm	78,591	中信国际	2014.06.22
清 粉彩花瓶	高32cm	1,735,800	佳士得	2014.11.26
清 粉彩花鸟天球瓶	高50cm	10,350	北京保利	2014.01.11
清 粉彩花卉诗文蒜口瓶	高19.6cm	471,500	北京翰海	2014.10.26
清 粉彩花卉观音瓶	高57cm	13,800	北京翰海	2014.04.13
清 粉彩花蝶石榴耳瓶	高60.5cm	31,050	北京翰海	2014.01.11
清 粉彩花蝶瓶	高16cm	57,500	北京翰海	2014.10.26
清 粉彩花蝶瓶	高43.5cm	17,250	北京翰海	2014.04.13
清 粉彩胡人戏狮图盘口瓶	高48.4cm	28,750	中国嘉德	2014.09.21
清 粉彩鹤耳人物大瓶	高64.5cm	23,000	北京翰海	2014.04.13
清粉彩福山寿海龙纹描金夔耳瓶	高48.5cm	3,136,000	成都金沙	2014.11.16
清 粉彩福禄寿喜瓶	高31.5cm	29,900	北京翰海	2014.11.23
清 粉彩蕃莲纹贯耳瓶	高38cm	1,120,000	成都金沙	2014.11.16
清 粉彩多子多福纹天球瓶	高50cm	448,000	成都金沙	2014.11.16
清 粉彩螭龙捧寿包袱壁瓶	高12cm	74,750	中鸿信	2014.11.22
清 粉彩百花不落地葫芦瓶	高27cm	51,750	北京保利	2014.04.26
清 粉彩百花不露地葫芦瓶	高58cm	2,912,000	成都金沙	2014.11.16
清 粉彩百蝶图赏瓶	高38.3cm	36,800	中国嘉德	2014.09.21
清 粉彩八桃天球瓶	高54cm	9,856,000	成都金沙	2014.11.16
清 仿木釉粉彩开光福寿纹瓶	高22cm	17,250	北京保利	2014.01.11
清 粉彩红龙花卉花觚（两件）	高40cm	13,800	北京翰海	2014.04.13
清 粉彩刀马人物花觚	高44cm	17,250	北京翰海	2014.08.24
清 粉彩缠枝花卉花觚	高25cm	11,500	北京保利	2014.01.11
清 粉彩百鹿尊、盘（一组）	高45cm；直径45cm	862,500	华艺国际	2014.05.31
清 绿地粉彩四方小尊	高10.5cm	34,500	上海道明	2014.03.27
清 黄地粉彩花卉纹四方尊	高10.5cm	138,000	苏州东方	2014.05.30
清 黄地堆塑洋彩六方尊	44cm×20cm	149,500	上海嘉泰	2014.06.19
清 粉彩人物仕女图四方双耳尊	高34.5cm	242,000	中信拍卖	2014.07.14
清 粉彩人物鹿头尊	高37cm	17,250	北京翰海	2014.11.23
清 粉彩花卉开光人物吉庆有余如意耳尊	高36cm	230,000	北京翰海	2014.10.26
清 粉彩福寿象耳尊	高44cm	345,000	北京翰海	2014.05.11
清 粉彩人物寿星壶	高32cm	10,350	北京翰海	2014.08.24
清 粉彩茶壶（两件）	尺寸不一	11,500	北京翰海	2014.08.24
清 粉彩无双谱人物故事图盖碗五彩花鸟纹盘各一只	尺寸不一	10,350	中国嘉德	2014.06.21
清 粉彩八宝花口碗 粉彩无双谱笔筒（两件）	尺寸不一	28,750	北京翰海	2014.08.24
清 黄地轧道开光粉彩山水人物纹碗 粉彩福寿纹盘各一只	尺寸不一	17,250	中国嘉德	2014.06.21
清 黄地粉彩仙鹤纹碗（一对）	直径10.5cm×2	138,000	苏州东方	2014.10.30
清 粉彩杂宝碗（一对）	直径11cm×2	86,250	南京经典	2014.04.27
清 粉彩五谷丰登碗（一对）	直径14.5cm×2	168,000	武汉中信	2014.10.23
清 粉彩寿字碗（一对）	直径14.5cm×2	28,750	北京保利	2014.01.11

2014瓷器拍卖成交汇总

(成交价RMB：1万元以上)

拍品名称	物品尺寸	成交价RMB	拍卖公司	拍卖日期
清 粉彩山水小碗（一对）	直径10.8cm×2	23,000	北京保利	2014.06.06
清 粉彩花卉盖碗（一对）	直径25.5cm×2	46,000	广州皇玛	2014.04.27
清 粉彩缠枝暗八宝纹绽形碗（一对）	直径23cm×2	43,700	广州皇玛	2014.01.02
清 粉彩人物碗（两件）	直径19.5cm×2	23,000	北京翰海	2014.08.24
清 粉彩癞瓜碗（两件）	直径13cm×2	20,700	北京翰海	2014.08.24
清 粉彩开光龙凤碗（两件）	直径9.5cm×2	23,000	北京翰海	2014.11.23
清 粉彩八宝碗（两件）	直径12.5cm×2	20,700	北京翰海	2014.11.23
清粉彩八宝黄地蓝花卧足碗（两件）		40,250	北京翰海	2014.11.23
清 粉彩云龙盖碗（4件）	直径15.5cm	20,700	北京翰海	2014.04.13
清 洋彩黄釉地安居乐业富贵碗	口径15.3cm	440,000	中信拍卖	2014.07.14
清 珊瑚红花卉碗	直径11cm	20,700	北京保利	2014.04.26
清 黄地粉彩开光花卉万寿无疆碗	直径12.7cm	43,700	南京经典	2014.04.27
清 黄地粉彩开光花卉碗	直径15cm	13,800	北京保利	2014.08.02
清 黄地粉彩缠枝莲开光博古图碗	直径14.2cm	23,000	中国嘉德	2014.03.23
清 粉彩山水红彩佛手碗	直径14.5cm	34,500	北京翰海	2014.05.11
清 粉彩三羊开泰碗	直径14.5cm	20,700	北京翰海	2014.04.13
清 粉彩花鸟诗文花口碗	直径14.2cm	126,500	北京翰海	2014.05.11
清 粉彩荷塘鸳鸯纹碗	直径9.3cm	11,200	天津文物	2014.11.15
清 粉彩福寿碗	直径12cm	13,800	北京翰海	2014.11.23
清 粉彩八宝碗	直径11cm	23,000	北京翰海	2014.11.23
清珊瑚红地粉彩花蝶纹杯（一对）	直径5.9cm×2	20,700	中国嘉德	2014.03.23
清黄地粉彩蝴蝶喜字杯（一对）	直径8cm×2	11,500	北京保利	2014.01.11
清 粉彩八宝纹杯（一对）	直径8.6cm×2	10,350	中国嘉德	2014.06.21
清 粉彩杯（十只）	直径7cm	17,250	中国嘉德	2014.09.21
清 粉彩杯（十只）	直径9.5cm	13,800	中国嘉德	2014.09.21
清粉彩十二花神诗文杯（十二件）	直径8.5cm	828,000	北京翰海	2014.05.11
清 粉彩芦雁诗文杯（两件）	直径7cm×2	10,350	北京翰海	2014.08.24
清 粉彩山水诗文杯（两件）	直径7.6cm	11,500	北京翰海	2014.04.13
清 粉彩三星图仰钟杯	高10.7cm	28,750	中国嘉德	2014.03.23
清 粉彩花鸟图杯碟（一套）	尺寸不一	20,700	中国嘉德	2014.11.20
清 粉彩花卉诗文杯	直径6.1cm	34,500	北京翰海	2014.05.11
清 粉彩御题诗鸡缸杯粉彩御题诗鸡缸杯	高6.2cm；口径7cm	172,500	西泠拍卖	2014.12.13
清 粉彩御题诗鸡缸杯（一对）	直径6cm	207,000	北京保利	2014.12.05
清 粉彩人物纹花盆带佺（一对）	高18cm×2	17,250	中国嘉德	2014.06.21
清 粉彩描金九龙盘（一对）	直径24.3cm×2	43,700	深圳市拍	2014.01.05
清 粉彩鱼藻纹盘（两件）		32,200	北京翰海	2014.11.23
清 粉彩龙盘（两件）	直径15cm×2	11,500	北京翰海	2014.11.23
清 绿地粉彩花卉调色盘	长11cm	69,000	北京翰海	2014.08.24
清 蓝地粉彩云龙盘	直径23.5cm	20,700	北京翰海	2014.11.23
清 黄地粉彩过枝福寿大盘	直径55.7cm	138,000	北京翰海	2014.10.26
清 红地粉彩御题诗文描金海棠盘	长16.3cm	89,600	成都金沙	2014.11.16
清 粉彩四妃十六子婴戏图大盘	口径35cm	89,600	成都金沙	2014.11.16
清 粉彩九桃大盘	直径48cm	69,000	北京翰海	2014.01.11
清 粉彩花卉盘	直径19.3cm	57,500	北京翰海	2014.05.11
清 粉彩花卉花口盘	直径37.5cm	10,350	北京翰海	2014.04.13
清 粉彩福寿盘	直径18cm	17,250	北京翰海	2014.11.23
清 粉彩百子婴戏图盘	直径23cm	17,250	中国嘉德	2014.03.23
清 粉彩百子闹龙灯盘	直径29cm	17,250	北京翰海	2014.08.24
清 黄地粉彩花果纹花盆（一对）	直径37cm×2	43,700	中国嘉德	2014.09.21
清 黄地粉彩蝴蝶纹方盆（一对）	长30cm×2	115,000	南京经典	2014.04.27
清 黄地粉彩缠枝莲花瓣盆（一对）	直径23.5cm×2	23,000	上海嘉泰	2014.06.19
清 粉彩荣华图花盆	直径39.5cm	368,000	北京保利	2014.12.05
清 海棠形粉彩花盆（一对）	长52.5cm×2	276,000	远方拍卖	2014.06.02
清 粉彩花卉纹大花盆（一对）	直径48cm×2	34,500	中国嘉德	2014.06.21
清粉彩洪福万寿纹大花盆（一对）	高62cm；宽53cm	172,500	浙江世贸	2014.07.27
清 粉彩鱼藻纹四方倭角花盆	长31.5cm	174,800	香港淳浩	2014.07.30
清 粉彩开光花鸟山水花盆	直径21cm	18,400	北京翰海	2014.11.23
清 粉彩花鸟六方花盆	高22cm	28,750	北京翰海	2014.04.13
清 粉彩花卉折沿盆	直径38cm	11,500	北京翰海	2014.01.12
清 粉彩官上加官纹花盆	口径29cm	22,400	武汉中信	2014.10.23
清 粉彩二龙戏珠方盆	长36.5cm	34,500	北京翰海	2014.01.12
清 绿地粉彩缠枝莲托八宝纹朝冠耳炉	高31cm	28,750	中国嘉德	2014.03.23
清 粉彩描金福寿带盖三足炉	宽18.5cm	46,000	香港淳浩	2014.07.30
清 粉彩金地龙凤兽耳熏炉	高38.3cm	275,000	中信拍卖	2014.07.14
清 嘉庆 粉彩盖盒	20.8cm×17cm	55,752	中信国际	2014.03.30
清 粉彩双喜牡丹捧盒	直径27.5cm	55,200	北京翰海	2014.11.23
清 粉彩九桃捧盒	直径26cm	28,750	北京翰海	2014.01.12
清 粉彩花卉调色盒	直径18.5cm	11,500	北京翰海	2014.01.12
清 粉彩福寿纹捧盒	直径28cm	10,350	北京翰海	2014.08.24
清 粉彩雕瓷灵芝纹盖盒	宽7cm	13,800	北京保利	2014.01.11
清 各式粉彩罐（十件）	尺寸不一	20,700	北京保利	2014.08.02
清 粉彩人物罐（两件）	高23.5cm×2	13,800	北京翰海	2014.11.23
清 洒蓝釉开光粉彩花卉罐	高33cm	13,800	北京翰海	2014.01.12
清 粉彩花鸟罐	高8.5cm	40,250	北京翰海	2014.05.11
清 粉彩花卉沙口盖罐	高22cm	11,500	北京翰海	2014.04.13
清 粉彩福禄寿罐	高19cm	16,800	武汉中信	2014.10.23
清 粉彩盖缸 高足碗 勺（一组十三件）	尺寸不一	18,400	北京保利	2014.08.02
清 各式粉彩盖缸（十二件）	尺寸不一	40,250	北京保利	2014.08.02
清 祭蓝开光粉彩人物缸	直径36cm	34,500	北京翰海	2014.11.23
清 粉彩折枝花卉八宝开光八仙人物纹缸	直径51cm	40,250	中国嘉德	2014.09.21
清 粉彩花卉锦鸡大缸	直径47cm	34,500	北京保利	2014.10.25
清 粉彩花蝶大缸	高47cm	92,000	北京翰海	2014.10.26
清 粉彩开光龙凤纹绣墩		322,000	中贸圣佳	2014.07.06
清 粉彩花卉纹小鼓墩	高8.7cm	11,500	中国嘉德	2014.06.21
清 粉彩缠枝莲纹绣墩	高32cm	11,500	中国嘉德	2014.03.23
清 粉彩花蝶纹碟	直径20cm	55,200	香港富得	2014.07.25
清 粉彩无双谱帽筒	高27cm	11,500	北京翰海	2014.08.24
清 粉彩红龙帽筒	高28cm	10,350	北京翰海	2014.08.24
清 粉彩嵌景泰蓝花卉帽架	高28cm	69,000	北京保利	2014.10.25
清 各式粉彩笔洗（十件）	尺寸不一	86,250	北京保利	2014.08.02
清 粉彩麻姑献寿图折沿洗	直径37.8cm	10,350	中国嘉德	2014.03.23
清 粉彩八仙人物故事纹大笔洗	直径45cm	20,160	蓝天国拍	2014.02.28
清 粉彩雕瓷山水人物瓷板挂屏（四块）	23cm×14.7cm×4	230,000	苏州东方	2014.05.30
清 粉彩山水人物纹瓷板（一套四件）	25cm×38cm×4	38,640	香港淳浩	2014.07.30
清 粉彩折桂图瓷板	38cm×25.5cm	63,250	深圳市拍	2014.01.05
清 粉彩人物图瓷板	55.7cm×28.2cm	63,250	北京匡时	2014.06.04
清 粉彩花卉石榴纹瓷板	24cm×33cm	30,199	中信国际	2014.03.30
清 粉彩人物故事笔筒	直径19.5cm	17,250	北京保利	2014.10.25
清 粉彩开光山水笔筒	高15.5cm	28,750	北京保利	2014.01.11
清 粉彩“大雅斋”款笔筒	高11.5cm	34,500	长风拍卖	2014.01.05
清 粉彩无量寿佛	高11cm	28,750	北京保利	2014.04.26
清 粉彩太平有象瓷塑	高11.5cm	230,000	保利厦门	2014.11.02
清 粉彩十手观音	高26cm	48,300	河南日信	2014.06.01
清 粉彩人物一品锅	直径28cm	25,300	北京翰海	2014.01.12
清 粉彩弥勒佛	高19cm	40,250	河南日信	2014.06.01
清 粉彩鼓上弥勒佛	高17cm	36,800	河南日信	2014.06.01
清 粉彩地藏菩萨像	高33.6cm	627,200	天津文物	2014.11.15
清 粉彩持卷观音像	高12cm	23,000	西泠拍卖	2014.05.06
清 粉彩持莲观音坐像	高25.8cm	58,977,750	澳门中信	2014.11.30
清 松石地粉彩蕃莲蝠纹冰鉴	口径25.5cm	145,600	成都金沙	2014.11.16
清/民国 粉彩瓷器（十一件）	尺寸不一	23,000	中国嘉德	2014.06.21
清 粉彩斋戒牌	长5.6cm	23,000	西泠拍卖	2014.05.06
清 粉彩童子香插（一对）	宽11.8cm×2	34,500	西泠拍卖	2014.05.06
清 粉彩兰花渣斗（一对）	高9cm×2	48,300	北京保利	2014.01.11
清 粉彩花卉璎珞佛塔	高48.5cm	23,000	上海嘉泰	2014.06.19
清 粉彩福寿盏托（一对）	直径20cm×2	72,800	武汉中信	2014.10.23
清 粉彩福寿纹温锅	高18cm	26,450	北京翰海	2014.01.12
清 粉彩瓷器（六件）	尺寸不一	17,250	中国嘉德	2014.03.23
清 粉彩茶具（十五件）	尺寸不一	17,250	中国嘉德	2014.06.21
清 粉彩暗花彩蝶花卉纹水丞	直径6cm	12,542	罗芙奥	2014.05.25
清 粉彩 素三彩文房（三件）	尺寸不一	32,200	中国嘉德	2014.03.23

拍品名称	物品尺寸	成交价RMB	拍卖公司	拍卖日期
清 道光窑 御製黄地洋彩钩洋莲纹碗	口径14.8cm	87,837	宝港国际	2014.05.27
清 道光粉彩十八罗汉雕瓷瓷板一对挂屏	95cm×36.5cm×2	254,380	香港富得	2014.03.29
清晚期 青釉粉彩人物大瓶（一对）	高64cm×2	10,350	北京保利	2014.01.11
清晚期 绿地粉彩缠枝莲托八宝纹鼓式罐	高28.8cm	28,750	中国嘉德	2014.03.23
清晚期 黄地粉彩缠枝莲开光山水人物瑞兽纹铺首尊	高70.5cm	46,000	中国嘉德	2014.06.21
清晚期 粉地轧道粉彩开光六方瓶	高44cm	172,500	中贸圣佳	2014.07.06
清晚期 粉彩婴戏图 五彩云龙纹盖盒（五件）	尺寸不一	13,800	中国嘉德	2014.06.21
清晚期 粉彩喜鹊登梅图天球瓶	高34cm	63,250	中国嘉德	2014.09.21
清晚期 粉彩无双谱人物故事诗文瓶	高24cm	23,000	中国嘉德	2014.09.21
清晚期 粉彩狩猎图铺首瓶（一对）	高51.5cm×2	11,500	中国嘉德	2014.03.23
清晚期 粉彩十七尊者像	尺寸不一	172,500	苏州东方	2014.05.30
清晚期 粉彩山水人物扁瓶	高20.5cm	32,200	朵云轩	2014.06.29
清晚期 粉彩人物纹瓶 太白罐各一件	尺寸不一	13,800	中国嘉德	2014.09.21
清晚期 粉彩人物纹笔筒	高19.9cm	42,024	台湾世家	2014.04.13
清晚期 粉彩人物故事瓶	高44cm	23,000	北京保利	2014.08.02
清晚期 粉彩内福禄万代外锦地开光“福禄寿喜”碗	直径13.3cm	48,300	中国嘉德	2014.03.23
清晚期 粉彩鹿头尊	高35.5cm	79,104	台湾世家	2014.04.13
清晚期 粉彩龙柄勺	长38cm	10,350	中国嘉德	2014.03.23
清晚期 粉彩教子图小笔筒 粉彩三羊开泰图瓶各一件	尺寸不一	20,700	中国嘉德	2014.03.23
清晚期 粉彩鸡缸杯	直径7.9cm	63,250	中国嘉德	2014.06.21
清晚期 粉彩花卉纹小双联瓶	高12.9cm	10,350	中国嘉德	2014.06.21
清晚期 粉彩花蝶纹大缸	直径55cm	126,500	中国嘉德	2014.03.23
清晚期 粉彩关公像	高25.5cm	115,000	北京东正	2014.06.07
清晚期 粉彩仿生供果（九件）	尺寸不一	13,800	中国嘉德	2014.06.21
清晚期粉彩百鹿纹双耳尊（一对）	高45cm×2	487,660	伦敦邦瀚斯	2014.05.15
清晚期程门粉彩山水瓷板（一对）	21.8cm×19cm×2	57,500	上海道明	2014.03.27
清晚期 金品卿粉彩仙鹤瓷板	34.2cm×23.3cm	402,500	上海道明	2014.03.27
清晚期 粉彩贾宝玉像	高37.5cm	460,000	北京保利	2014.12.05
清晚期 粉彩梅妻鹤子图瓷板	38.3cm×25.2cm	69,000	北京保利	2014.12.02
清或民国 黄地粉彩瓜蝶纹烛台（一对）	高32cm×2	23,000	北京中汉	2014.11.21
民国初 粉彩九桃天球瓶	高38.5cm	322,000	北京东正	2014.11.20
民国 粉彩百花不落地雕红龙天球瓶	高40cm	34,500	北京翰海	2014.01.12
民国 粉彩花卉水呈	高8cm	14,950	北京翰海	2014.01.12
民国 “毕伯涛”款粉彩花鸟笔筒	高12.4cm	48,300	苏州东方	2014.05.30
民国 “何许人”款粉彩山水人物四方瓶连木座	高35cm	322,000	北京匡时	2014.06.04
民国 “刘希任”款粉彩人物瓷板	38cm×25.5cm	92,000	苏州东方	2014.05.30
民国 “汪少平”款粉彩山水人物瓶（一对）	高25cm×2	310,500	苏州东方	2014.05.30
民国 “汪小亭款”粉彩描金山水人物纹琮式瓶	高33.5cm	120,000	北京九歌	2014.12.17
民国 “张玉藩”款矾红描金粉彩开光绘人物故事图砚屏	高27.3cm	184,000	苏州东方	2014.10.30
民国 “子安”款粉彩山水人物瓷板	29.5cm×25cm	63,250	苏州东方	2014.05.30
民国〈大清乾隆年制〉款粉彩花卉开窗透雕龙纹转心瓶	高35cm	304,150	香港富得	2014.03.29
民国 <汪云山>粉彩山水人物瓷板挂屏（一套四张）		69,000	香港富得	2014.07.25
民国 1932年 田鹤仙 粉彩秋山林雨图笔筒	高19cm	1,782,500	北京保利	2014.12.02
民国 1932年 徐仲南 粉彩拟古山水瓷板册页挂屏（一套）	21cm×13.3cm	1,150,000	北京保利	2014.12.02
民国 1937年作 粉彩百花纹盖盘（一对）	直径20.1cm×2	17,250	中国嘉德	2014.09.21
民国 1940年 田鹤仙 粉彩梅花幻影瓷板	25cm×19cm	287,500	北京保利	2014.12.02
民国 薄胎粉彩安居乐业诗文杯（一对）	高5cm×2	89,600	北京荣宝	2014.11.30
民国 毕伯涛 秋江冷艳·粉彩瓷板	高39cm；宽26cm	322,000	景德镇华艺	2014.10.20
民国 毕伯涛 双宿双飞·粉彩笔筒	高11cm	82,800	景德镇华艺	2014.10.20
民国 毕伯涛粉彩花鸟瓶	高35.2cm	345,000	上海道明	2014.03.27
民国 毕伯涛粉彩花鸟瓶	高28.2cm	149,500	上海道明	2014.03.27
民国 毕伯涛绘粉彩花鸟瓷板	高38cm	51,750	中鸿信	2014.11.22
民国 陈善模款粉彩花鸟纹挂盘	直径18.8cm	20,160	天津文物	2014.11.15
民国 程意亭 粉彩松鹤延年梅瓶	高28.5cm	62,712	罗芙奥	2014.05.25
民国 程意亭款粉彩花鸟纹瓷板	39.2cm×26cm	34,500	中国嘉德	2014.03.23
民国 程意亭款粉彩花鸟纹挂屏	高57.3cm	56,000	天津文物	2014.05.16
民国 瓷仿紫檀框粉彩仕女图砚屏	高20cm	23,000	中国嘉德	2014.09.21
民国 邓肖禹绘粉彩双宿双飞图对瓶	高34cm	124,850	中拍国际	2014.06.04
民国 段子安粉彩伯牙抚琴瓷板	37.4cm×23.8cm	184,000	上海道明	2014.03.27
民国 段子安粉彩绘山水纹花盆	长42.8cm	437,000	上海道明	2014.03.27
民国 段子安粉彩四爱图瓷片	42cm×25cm	552,000	上海道明	2014.03.27
民国 方云峰粉彩瓷板（三块）	尺寸不一	172,500	上海道明	2014.03.27
民国 仿雕漆开光粉彩花鸟壁瓶	高26cm	17,250	北京保利	2014.04.26
民国 仿古铜釉粉彩开光山水人物铺首尊	高38.3cm	517,500	苏州东方	2014.05.30
民国 粉彩“景象升平”纹象形摆件（一对）	长30cm×2	166,750	广州皇玛	2014.01.02
民国 粉彩“五志图”纹观音瓶	高34cm	115,000	广州皇玛	2014.04.27
民国 粉彩安居乐业花盆	直径19cm	18,400	北京保利	2014.04.26
民国 粉彩安居乐业瓶	高11.2cm	34,500	北京翰海	2014.10.26
民国 粉彩安居乐业图杯	直径6.4cm	47,040	天津文物	2014.05.16
民国粉彩安居乐业图双耳瓶（一对）	高16.8cm×2	28,750	北京中汉	2014.11.21
民国 粉彩安居乐业图天球瓶	高44.3cm	115,000	中国嘉德	2014.06.21
民国 粉彩八宝供具（八件）	高38cm	207,000	北京翰海	2014.11.23
民国 粉彩八宝纹温酒杯	高11cm	34,500	太平洋	2014.03.21
民国 粉彩八骏图纹盘（一对）	直径18cm×2	560,000	北京荣宝	2014.03.23
民国 粉彩八仙图瓶	高46cm	17,250	北京保利	2014.04.26
民国 粉彩八仙图瓶（一对）	高33.5cm×2	862,500	上海道明	2014.03.27
民国 粉彩百花不露地碗	直径12cm	13,800	北京翰海	2014.11.23
民国 粉彩百花不落地雕螭虎水呈	直径13cm	25,300	北京翰海	2014.11.23
民国 粉彩百花不落地方花盆（两件）	长18cm	92,000	北京翰海	2014.01.11
民国 粉彩百花不落地瓶	高23.5cm	48,300	北京翰海	2014.08.24
民国 粉彩百花不落地瓶	高44cm	13,800	北京保利	2014.04.26
民国 粉彩百花不落地石榴尊	高23cm	92,000	北京保利	2014.10.25
民国粉彩百花开光人物纹瓶（一对）	高22.5cm×2	46,000	中国嘉德	2014.09.21
民国 粉彩百鹿图鹿头尊	高44.8cm	156,800	天津文物	2014.05.16
民国 粉彩笔筒	高11.5cm	20,700	北京翰海	2014.08.24
民国粉彩博古人物帽筒（四件）	尺寸不一	13,800	北京保利	2014.08.02
民国 粉彩博古花盆（一对）	直径26cm×2	23,000	北京保利	2014.04.26
民国 粉彩博古图棒槌瓶	高45.6cm	58,240	天津文物	2014.05.16
民国 粉彩博古图锥把瓶	高18.3cm	31,360	天津文物	2014.05.16
民国 粉彩博古纹方花盆	高34cm	23,000	北京保利	2014.04.26
民国 粉彩缠枝花卉开光山水人物纹如意万代耳尊	高29.7cm	460,000	中国嘉德	2014.03.23
民国 粉彩缠枝花卉开光山水图镂雕盖罐（一对）	高24.7cm×2	107,363	纽约佳士得	2014.03.20
民国 粉彩缠枝花卉三足狮钮炉	高22.5cm	71,300	北京保利	2014.12.05
民国 粉彩缠枝莲纹五子登科瓶	高21.2cm	11,500	中国嘉德	2014.09.21
民国 粉彩雏鸡牡丹图赏瓶	高38cm	55,200	北京保利	2014.01.11
民国粉彩大雅斋盘盖碗（四件）		18,400	北京翰海	2014.11.23
民国 粉彩东方朔图瓶	高44cm	28,750	北京保利	2014.04.26
民国 粉彩凤凰牡丹碗	直径12cm	32,200	北京翰海	2014.11.23
民国 粉彩凤鸟纹转旋瓶	高25cm	246,400	武汉中信	2014.10.23
民国 粉彩福寿纹盘（一对）	直径14.7cm×2	17,250	中国嘉德	2014.09.21
民国 粉彩富贵长春瓶	高40cm	13,800	北京保利	2014.04.26

2014瓷器拍卖成交汇总

（成交价RMB：1万元以上）

拍品名称	物品尺寸	成交价RMB	拍卖公司	拍卖日期
民国粉彩盖罐文具（一组四件）	尺寸不一	20,700	北京保利	2014.08.02
民国 粉彩盖盒 盖罐（六件）	尺寸不一	37,950	北京保利	2014.08.02
民国 粉彩高士人物图瓷板（四件一套）	尺寸不一	74,670	保利香港	2014.10.07
民国 粉彩高士图瓷板	39cm×26cm	25,300	中国嘉德	2014.03.23
民国 粉彩各式盖盆（五件）	尺寸不一	149,500	北京保利	2014.08.02
民国 粉彩过枝梅花高足盘	直径24cm	13,800	北京保利	2014.04.26
民国 粉彩荷花天球瓶	高17cm	48,300	北京翰海	2014.04.13
民国 粉彩荷塘图瓶	高32.8cm	46,000	中国嘉德	2014.09.21
民国 粉彩红楼梦人物故事图瓶	高34.5cm	17,250	中国嘉德	2014.09.21
民国 粉彩花虫纹瓷板	长38.5cm	34,720	天津文物	2014.05.16
民国 粉彩花蝶瓶	高46cm	17,250	北京保利	2014.04.26
民国 粉彩花蝶纹瓶	高10.7cm	1,437,500	北京中汉	2014.09.22
民国 粉彩花蝶折沿盖盆	直径19.5cm	17,250	北京翰海	2014.01.12
民国粉彩花卉人物花盆炉（两件）	尺寸不一	36,800	北京保利	2014.08.02
民国 粉彩花卉包袱瓶（一对）	高22.5cm×2	97,750	广州皇玛	2014.04.27
民国 粉彩花卉杯（四件）	直径8cm	17,250	北京保利	2014.04.26
民国 粉彩花卉笔筒	直径21.5cm	25,300	北京保利	2014.04.26
民国 粉彩花卉博古四屏	高173cm	345,000	北京保利	2014.08.02
民国 粉彩花卉大花盆	直径40cm	43,700	北京保利	2014.04.26
民国 粉彩花卉橄榄式瓶	高24.5cm	55,200	北京翰海	2014.04.13
民国 粉彩花卉观音瓶	高40cm	36,800	北京保利	2014.04.26
民国 粉彩花卉观音瓶	高47cm	24,150	北京保利	2014.04.26
民国 粉彩花卉观音瓶	高43cm	28,750	北京翰海	2014.04.13
民国 粉彩花卉观音瓶	高44cm	23,000	北京翰海	2014.04.13
民国 粉彩花卉贯耳瓶（一对）	高12cm×2	34,500	北京保利	2014.04.26
民国 粉彩花卉蝴蝶瓶	高40cm	36,800	北京翰海	2014.08.24
民国 粉彩花卉花口花盆	直径22cm	13,800	北京保利	2014.04.26
民国 粉彩花卉花盆（四件）	尺寸不一	32,200	北京保利	2014.08.02
民国 粉彩花卉火锅	宽25cm	23,000	北京保利	2014.04.26
民国 粉彩花卉开光山水瓶	高40cm	80,500	北京保利	2014.04.26
民国 粉彩花卉帽筒（四件）	尺寸不一	23,000	北京保利	2014.08.02
民国 粉彩花卉瓶	高17cm	69,000	北京翰海	2014.04.13
民国 粉彩花卉瓶	高46cm	10,350	北京保利	2014.04.26
民国 粉彩花卉瓶	高23cm	13,800	北京翰海	2014.08.24
民国 粉彩花卉人物瓶（六件）	尺寸不一	23,000	北京保利	2014.08.02
民国 粉彩花卉山水四屏	尺寸不一	63,250	北京保利	2014.08.02
民国 粉彩花卉赏瓶	高40cm	11,500	北京保利	2014.10.25
民国 粉彩花卉赏瓶	高40cm	20,700	北京翰海	2014.11.23
民国 粉彩花卉什锦盘（两件）	长18.5cm×2	20,700	北京翰海	2014.11.23
民国粉彩花卉诗文花盆（一对）	宽25cm×2	86,250	北京保利	2014.04.26
民国 粉彩花卉诗文瓶	高47cm	43,700	北京保利	2014.04.26
民国 粉彩花卉纹瓶	高20cm	61,600	天津文物	2014.05.16
民国 粉彩花卉纹瓶	高22.2cm	35,840	天津文物	2014.05.16
民国 粉彩花卉纹赏瓶	高39.9cm	64,960	天津文物	2014.05.16
民国 粉彩花卉纹水盂	直径6.4cm	112,000	天津文物	2014.11.15
民国 粉彩花卉纹小杯	直径6.3cm	11,500	中国嘉德	2014.11.20
民国 粉彩花卉小杯（四件）	尺寸不一	17,250	北京翰海	2014.08.24
民国 粉彩花卉小座屏	高50cm	20,700	北京保利	2014.08.02
民国 粉彩花卉烛台（两件）	高28cm；高30cm	11,500	北京保利	2014.08.02
民国粉彩花鸟花卉花盆（四件）	尺寸不一	20,700	北京保利	2014.08.02
民国 粉彩花鸟盖罐	高23cm	36,800	北京保利	2014.04.26
民国 粉彩花鸟挂屏（四件）	44cm×28cm	57,500	北京翰海	2014.08.24
民国 粉彩花鸟花觚（一对）	高31cm×2	23,000	北京保利	2014.04.26
民国 粉彩花鸟花盆	直径36cm	32,200	北京保利	2014.04.26
民国 粉彩花鸟棱形笔筒	高13.5cm	161,000	北京翰海	2014.11.23
民国 粉彩花鸟帽筒（两对）	尺寸不一	51,750	北京保利	2014.08.02
民国 粉彩花鸟帽筒（两件）	高27cm；高28cm	25,300	北京保利	2014.08.02
民国 粉彩花鸟帽筒（四件）	尺寸不一	17,250	北京保利	2014.08.02
民国 粉彩花鸟帽筒（四件）	尺寸不一	13,800	北京保利	2014.08.02
民国 粉彩花鸟帽筒（四件）	尺寸不一	10,350	北京保利	2014.08.02
民国 粉彩花鸟帽筒（一对）	高28cm×2	48,300	北京保利	2014.08.02
民国 粉彩花鸟铭文四屏	高39cm；高37cm	18,400	北京保利	2014.08.02
民国 粉彩花鸟撇口瓶	高28.5cm	11,500	北京翰海	2014.01.12
民国 粉彩花鸟瓶	高33.5cm	57,500	深圳市拍	2014.01.05

拍品名称	物品尺寸	成交价RMB	拍卖公司	拍卖日期
民国 粉彩花鸟瓶	高36cm	57,500	北京翰海	2014.08.24
民国 粉彩花鸟瓶	高22cm	46,000	北京翰海	2014.04.13
民国 粉彩花鸟瓶	高19.5cm	40,250	北京翰海	2014.08.24
民国 粉彩花鸟瓶	高42cm	23,000	北京保利	2014.04.26
民国 粉彩花鸟瓶	高45cm	20,700	北京保利	2014.04.26
民国 粉彩花鸟瓶	高43cm	17,250	北京保利	2014.04.26
民国 粉彩花鸟瓶	高19cm	43,700	北京翰海	2014.11.23
民国 粉彩花鸟瓶	高21.7cm	11,500	北京翰海	2014.04.13
民国 粉彩花鸟瓶	高21cm	10,350	北京翰海	2014.11.23
民国 粉彩花鸟瓶	高33cm	16,800	武汉中信	2014.10.23
民国 粉彩花鸟瓶（两件）		17,250	北京翰海	2014.04.13
民国 粉彩花鸟瓶（一对）	高42cm×2	11,500	北京保利	2014.04.26
民国粉彩花鸟瓶 花觚罐（5件）		32,200	北京翰海	2014.04.13
民国 粉彩花鸟赏瓶	高31cm	11,500	北京翰海	2014.04.13
民国 粉彩花鸟诗文花盆	直径26cm	20,700	北京保利	2014.01.11
民国 粉彩花鸟诗文花盆	直径26.5cm	13,800	北京保利	2014.01.11
民国 粉彩花鸟诗文瓶	高46cm	23,000	北京保利	2014.04.26
民国 粉彩花鸟诗文小缸	直径20cm	109,250	北京保利	2014.04.26
民国 粉彩花鸟四条屏	高153cm	782,000	北京保利	2014.04.26
民国 粉彩花鸟天球瓶	高48cm	11,500	北京保利	2014.08.02
民国 粉彩花鸟纹八角花盆	直径24.4cm	72,800	天津文物	2014.05.16
民国 粉彩花鸟纹方花盆	直径25.3cm	95,200	天津文物	2014.05.16
民国 粉彩花鸟纹方花盆	直径22.7cm	53,760	天津文物	2014.11.15
民国 粉彩花鸟纹观音瓶	高36.3cm	84,000	天津文物	2014.11.15
民国 粉彩花鸟纹花觚	高21.3cm	38,080	天津文物	2014.05.16
民国 粉彩花鸟纹瓶	尺寸不一	47,040	天津文物	2014.05.16
民国 粉彩花鸟纹瓶	高23.5cm	39,200	天津文物	2014.05.16
民国 粉彩花鸟小碗（两件）	直径9cm×2	20,700	北京翰海	2014.11.23
民国 粉彩花盆（四件）	尺寸不一	40,250	北京保利	2014.08.02
民国 粉彩绘麻姑祝寿图瓶	高37.6cm	36,800	苏州东方	2014.05.30
民国 粉彩鸡缸杯（一对）	直径8cm×2	17,250	中国嘉德	2014.09.21
民国 粉彩加官进爵人物瓷板	36cm×23cm	31,360	武汉中信	2014.10.23
民国 粉彩江南春信纹瓷板	高37cm	12,000	北京华辰	2014.03.15
民国 粉彩教子图水盂	高5.7cm	11,500	北京传是	2014.06.05
民国粉彩金底万花四方人物瓶（一对）	高30.8cm×2	172,500	上海道明	2014.03.27
民国粉彩锦地开光花鸟纹瓶（一对）	高27.3cm×2	13,800	中国嘉德	2014.09.21
民国 粉彩锦地开光四季花卉纹碗（一对）	直径13.1cm×2	32,200	苏州东方	2014.05.30
民国 粉彩锦地喜鹊登梅花觚	高25.4cm	34,500	北京翰海	2014.10.26
民国 粉彩九桃过枝碗	直径12.5cm	25,300	北京翰海	2014.11.23
民国 粉彩九桃瓶	高45cm	17,250	北京保利	2014.10.25
民国 粉彩九桃天球瓶	高55cm	25,300	北京保利	2014.01.11
民国 粉彩九桃图天球瓶	高55.5cm	13,800	中国嘉德	2014.03.23
民国 粉彩骏马图烛台	高24cm	17,250	北京保利	2014.04.26
民国 粉彩开光花卉瓶	高34.5cm	11,500	北京保利	2014.08.02
民国 粉彩开光花卉瓶	高36cm	17,250	北京翰海	2014.04.13
民国 粉彩开光花卉碗（两件）	直径15cm	20,700	北京保利	2014.08.02
民国 粉彩开光花鸟草虫纹凤尾尊	高40cm	240,396	澳门中信	2014.06.08
民国 粉彩开光花鸟大盘	直径53cm	21,850	北京保利	2014.08.02
民国 粉彩开光龙凤纹瓶	高72cm	11,500	北京保利	2014.04.26
民国 粉彩开光人物葫芦瓶	高30cm	92,000	北京保利	2014.04.26
民国 粉彩开光人物瓶	高59cm	37,950	北京保利	2014.04.26
民国 粉彩开光人物双耳瓶	高35cm	43,700	北京保利	2014.04.26
民国 粉彩开光人物小笔筒	高7.8cm	11,500	北京翰海	2014.04.13
民国 粉彩开光山水斗笠碗	直径19cm	16,100	北京保利	2014.08.02
民国 粉彩开光山水花盆	直径37cm	25,300	北京保利	2014.04.26
民国 粉彩开光山水人物鹿头尊	高31cm	32,200	北京保利	2014.10.25
民国 粉彩开光山水天球瓶	高50cm	34,500	北京保利	2014.04.26
民国 粉彩灵猴献寿纹灯笼瓶	高18.8cm	207,000	中国嘉德	2014.05.18
民国 粉彩灵仙祝寿纹灯笼瓶	高28.5cm	36,800	北京中汉	2014.09.22
民国 粉彩刘海戏金蟾瓷板	38cm×25cm	14,950	北京保利	2014.04.26
民国 粉彩柳树黄莺观音瓶	高44cm	11,500	北京翰海	2014.01.12
民国 粉彩鹿鹤同春小缸	直径19cm	11,500	北京保利	2014.08.02
民国 粉彩鹿头尊	高33cm	40,250	北京翰海	2014.04.13
民国 粉彩罗汉图瓷板	38cm×25cm	29,900	北京保利	2014.10.25
民国 粉彩麻姑寿星公纹瓶	高30cm	73,968	香港拍得高	2014.05.27
民国 粉彩麻姑献寿诗文瓶	高20cm	92,000	北京翰海	2014.10.26
民国 粉彩麻姑献寿图瓶	高22.7cm	35,840	天津文物	2014.11.15

拍品名称	物品尺寸	成交价RMB	拍卖公司	拍卖日期
民国粉彩麻姑献寿图瓶（一对）	高18.5cm×2	245,400	纽约佳士得	2014.03.20
民国 粉彩梅燕图瓶	高45cm	13,800	北京保利	2014.04.26
民国 粉彩弥勒佛（福建会馆）	高23cm	41,800	武汉中信	2014.10.23
民国 粉彩弥勒佛像	高26cm	11,500	北京翰海	2014.08.24
民国 粉彩弥勒像	高25cm	11,500	中国嘉德	2014.03.23
民国 粉彩牡丹纹小碗（五只）	直径9.2cm	23,000	中国嘉德	2014.06.21
民国粉彩牧童骑牛图小瓶（一对）	高12cm×2	69,000	广州皇玛	2014.01.02
民国 粉彩皮球开光花鸟瓶	高33cm	25,300	北京翰海	2014.08.24
民国 粉彩瓶（六件）	尺寸不一	13,800	中国嘉德	2014.06.21
民国 粉彩瓶（三件）	高8cm	20,700	北京翰海	2014.11.23
民国 粉彩群仙高会瓷板	长37cm	23,000	北京保利	2014.04.26
民国 粉彩群仙祝寿铺首耳尊	高38.5cm	138,000	北京翰海	2014.08.24
民国 粉彩群仙祝寿图薄胎碗	直径13.2cm	13,800	中国嘉德	2014.03.23
民国粉彩人物花卉花盆（四件）	尺寸不一	23,000	北京保利	2014.08.02
民国粉彩人物花卉帽筒（四件）	尺寸不一	69,000	北京保利	2014.08.02
民国 粉彩人物摆件	高46cm	28,750	北京翰海	2014.01.12
民国 粉彩人物棒槌瓶	高40cm	20,700	北京翰海	2014.01.11
民国 粉彩人物薄胎瓶（一对）	17cm×2	67,200	武汉中信	2014.10.23
民国 粉彩人物博古五屏	尺寸不一	43,700	北京保利	2014.08.02
民国 粉彩人物瓷板	长38cm	13,800	北京保利	2014.04.26
民国 粉彩人物瓷板（四件）	尺寸不一	18,400	中鸿信	2014.11.22
民国 粉彩人物橄榄瓶	高23.5cm	34,500	北京翰海	2014.11.23
民国 粉彩人物故事棒槌瓶	高45cm	11,500	北京保利	2014.10.25
民国 粉彩人物故事杯	口径10.2cm	48,300	北京传是	2014.06.05
民国 粉彩人物故事笔筒	直径16cm	63,250	北京保利	2014.04.26
民国粉彩人物故事花盆（一对）	高18.3cm×2	44,800	北京荣宝	2014.06.15
民国粉彩人物故事图盘（一对）	直径31cm×2	115,000	苏州东方	2014.10.30
民国 粉彩人物故事纹观音瓶	高23cm	138,000	太平洋	2014.03.21
民国粉彩人物故事纹瓶（两件）	高45cm	22,400	蓝天国拍	2014.02.28
民国 粉彩人物挂盘	直径25cm	17,250	北京保利	2014.08.02
民国 粉彩人物挂屏（一对）	长37.5cm×2	34,500	北京保利	2014.10.25
民国 粉彩人物观音瓶	高44cm	17,250	北京保利	2014.04.26
民国 粉彩人物观音瓶	高46cm	14,950	北京保利	2014.04.26
民国粉彩人物花卉花盆（四件）	尺寸不一	25,300	北京保利	2014.08.02
民国 粉彩人物花鸟挂屏（一对）	112cm×28cm×2	34,500	北京保利	2014.08.02
民国 粉彩人物花盆（四件）	尺寸不一	32,200	北京保利	2014.08.02
民国 粉彩人物花盆（四件）	尺寸不一	28,750	北京保利	2014.08.02
民国 粉彩人物将军罐（两件）	高44cm×2	13,800	北京翰海	2014.08.24
民国 粉彩人物六方瓶（两件）	高58cm×2	51,750	北京翰海	2014.11.23
民国 粉彩人物帽筒（四件）	尺寸不一	46,000	北京保利	2014.08.02
民国 粉彩人物帽筒（四件）	尺寸不一	32,200	北京保利	2014.08.02
民国 粉彩人物帽筒（四件）	尺寸不一	23,000	北京保利	2014.08.02
民国 粉彩人物帽筒（四件）	尺寸不一	23,000	北京保利	2014.08.02
民国 粉彩人物帽筒（四件）	尺寸不一	17,250	北京保利	2014.08.02
民国 粉彩人物帽筒（四件）	尺寸不一	13,800	北京保利	2014.08.02
民国 粉彩人物瓶	高20cm	51,750	北京翰海	2014.08.24
民国 粉彩人物瓶	高28cm	74,750	北京翰海	2014.10.26
民国 粉彩人物瓶	高33.5cm	40,250	北京翰海	2014.11.23
民国 粉彩人物瓶	高33cm	23,000	北京翰海	2014.04.13
民国 粉彩人物瓶	高16cm	17,250	北京翰海	2014.01.12
民国 粉彩人物瓶	高25cm	13,800	北京翰海	2014.08.24
民国 粉彩人物瓶（六件）	尺寸不一	74,750	北京保利	2014.08.02
民国 粉彩人物瓶（五件）	尺寸不一	36,800	北京保利	2014.08.02
民国 粉彩人物瓶（一对）	高22cm×2	23,000	北京保利	2014.04.26
民国 粉彩人物诗文方瓶	高56cm	57,500	北京保利	2014.04.26
民国 粉彩人物狮耳盘口瓶	高44.5cm	11,500	北京翰海	2014.01.12
民国 粉彩人物蒜头瓶	高20cm	273,700	北京翰海	2014.08.24
民国 粉彩人物碗（两件）	直径12.5cm×2	86,250	北京翰海	2014.11.23
民国 粉彩人物碗（两件）	直径10.5cm×2	20,700	北京翰海	2014.11.23
民国粉彩人物纹撇口瓶（一对）	高19cm×2	57,500	太平洋	2014.03.21
民国 粉彩人物纹瓶（三件）	尺寸不一	40,250	中国嘉德	2014.09.21
民国 粉彩人物小缸（两件）	尺寸不一	14,950	北京保利	2014.04.26
民国 粉彩三羊开泰如意耳瓶	高42cm	46,000	北京保利	2014.08.02
民国 粉彩三羊开泰诗文瓶（两件）	高43cm×2	18,400	北京翰海	2014.11.23
民国 粉彩三羊开泰图瓶	高26cm	11,500	中国嘉德	2014.09.21
民国 粉彩三羊开泰婴戏图洗	直径36.7cm	11,500	中国嘉德	2014.09.21

拍品名称	物品尺寸	成交价RMB	拍卖公司	拍卖日期
民国 粉彩山水花卉帽筒（四件）	尺寸不一	28,750	北京保利	2014.08.02
民国 粉彩山水人物瓶（四件）	尺寸不一	55,200	北京保利	2014.08.02
民国 粉彩山水瓷板（两件）	73cm×18cm	230,000	北京保利	2014.10.25
民国 粉彩山水方瓶（一对）	高16.5cm×2	25,300	北京保利	2014.04.26
民国 粉彩山水花卉 花鸟帽筒（三件）	高27cm	17,250	北京保利	2014.08.02
民国 粉彩山水花卉方瓶	高19cm	184,000	北京翰海	2014.04.13
民国 粉彩山水花盆	宽15cm	23,000	北京保利	2014.08.02
民国 粉彩山水界画瓷板	33.5cm×22cm	437,000	上海道明	2014.03.27
民国 粉彩山水菱形小瓶	高16.5cm	13,800	北京翰海	2014.04.13
民国 粉彩山水菱形小瓶	高16.5cm	13,800	北京翰海	2014.04.13
民国 粉彩山水六方瓶	高58cm	20,700	北京保利	2014.04.26
民国 粉彩山水帽筒（两对）	高28cm; 高28.5cm	32,200	北京保利	2014.08.02
民国 粉彩山水帽筒（六件）	尺寸不一	10,350	北京保利	2014.08.02
民国 粉彩山水瓶	高20.5cm	32,200	深圳市拍	2014.01.05
民国 粉彩山水瓶	高20cm	29,900	北京翰海	2014.01.12
民国 粉彩山水人物故事天球瓶	高30cm	207,000	苏州东方	2014.05.30
民国 粉彩山水人物梅瓶	高25.3cm	42,320	香港淳浩	2014.07.30
民国 粉彩山水人物诗文瓷板（两件）	39cm×25.5cm	207,000	北京保利	2014.10.25
民国 粉彩山水人物图棒槌瓶（一对）	高31.7cm×2	268,406	纽约佳士得	2014.03.20
民国 粉彩山水人物图瓷板	长39cm	39,200	天津文物	2014.05.16
民国 粉彩山水人物图瓷板	长43.3cm	31,360	天津文物	2014.11.15
民国 粉彩山水人物纹瓷板	长39cm	10,350	中国嘉德	2014.06.21
民国粉彩山水人物纹瓷板（四方）	39cm×26cm	109,250	中国嘉德	2014.03.23
民国 粉彩山水人物纹灯笼瓶	高27.8cm	23,000	中国嘉德	2014.09.21
民国 粉彩山水人物纹洗	直径19.5cm	17,250	中国嘉德	2014.09.21
民国 粉彩山水人物洗	直径22cm	11,500	北京保利	2014.04.26
民国 粉彩山水人物玉米瓶	高20.4cm	34,500	苏州东方	2014.05.30
民国 粉彩山水图瓶	高22cm	20,700	北京保利	2014.04.26
民国 粉彩山水纹棒槌瓶	高33cm	628,728	澳门中信	2014.06.08
民国 粉彩山水纹瓷板	43cm×81cm	11,200	北京荣宝	2014.06.15
民国粉彩山水纹瓷板（一套四件）	38cm×25cm×4	71,760	香港淳浩	2014.07.30
民国 粉彩山水尊	高37cm	89,600	武汉中信	2014.10.23
民国 粉彩山水尊	高35cm	67,200	武汉中信	2014.10.23
民国 粉彩诗文盖罐	高17cm	20,700	北京保利	2014.08.02
民国 粉彩诗文鸡缸杯	直径8cm	13,800	北京匡时	2014.09.17
民国 粉彩诗文鸡缸杯（一对）	直径6.6cm×2	172,500	北京匡时	2014.06.04
民国 粉彩十八罗汉图天球瓶	高28.5cm	57,500	中国嘉德	2014.09.21
民国 粉彩石榴赏瓶	高42cm	23,000	北京保利	2014.08.02
民国 粉彩仕女花盆	直径37cm	11,500	北京保利	2014.08.02
民国 粉彩仕女六方瓶	高58cm	28,750	北京保利	2014.04.26
民国 粉彩仕女帽筒（一对）	高28.5cm×2	17,250	北京保利	2014.08.02
民国 粉彩仕女捧盒	直径23cm	23,000	北京保利	2014.04.26
民国 粉彩仕女瓶（六件）	尺寸不一	23,000	北京保利	2014.08.02
民国粉彩仕女人物小瓶（四件）	高6cm	32,200	北京保利	2014.04.26
民国粉彩仕女人物座屏（两件）	高40cm×2	529,000	北京保利	2014.08.02
民国 粉彩仕女诗文花盆	直径37cm	25,300	北京保利	2014.04.26
民国粉彩仕女诗文帽筒（一对）	高28cm×2	32,200	北京保利	2014.08.02
民国 粉彩仕女图盖罐	高20.2cm	69,440	天津文物	2014.05.16
民国 粉彩仕女图瓶	高15.6cm	78,400	天津文物	2014.11.15
民国 粉彩仕女图筒瓶	高22.1cm	78,400	天津文物	2014.05.16
民国 粉彩仕女婴戏诗文蒜头瓶	高19cm	11,500	北京保利	2014.10.25
民国 粉彩仕女婴戏图花盆	直径16.5cm	35,840	天津文物	2014.05.16
民国 粉彩寿星羲之爱鹅瓷板（两件）	尺寸不一	23,000	北京保利	2014.01.11
民国 粉彩书卷式臂搁	长19cm；宽12cm	195,500	远方拍卖	2014.06.02
民国 粉彩双面开光农耕图万字耳瓶（一对）	高31.5cm×2	1,955,000	北京匡时	2014.06.04
民国 粉彩双宿双栖图花口瓶	高35cm	11,500	中国嘉德	2014.06.21
民国 粉彩四季功名纹碗（一对）	直径13.3cm×2	30,675	纽约苏富比	2014.03.18
民国 粉彩四季花鸟瓷碟（一套四只）	直径22cm×4	46,230	书画艺拍	2014.05.30
民国粉彩四季花鸟瓷盘（一套四件）	直径24.5cm	207,000	上海道明	2014.03.27

2014瓷器拍卖成交汇总

(成交价RMB：1万元以上)

拍品名称	物品尺寸	成交价RMB	拍卖公司	拍卖日期
民国 粉彩松鹤遐令瓷板	25cm×39cm	36,800	香港淳浩	2014.07.30
民国 粉彩松鹤延年撇口瓶	高20cm	23,000	太平洋	2014.03.21
民国 粉彩桃花双燕花盆	高40cm	32,200	北京保利	2014.08.02
民国 粉彩套杯（两组）	尺寸不一	13,800	北京保利	2014.08.02
民国 粉彩天球瓶	高57cm	25,300	北京翰海	2014.04.13
民国 粉彩通景人物故事图灯笼瓶	高22.5cm	39,200	天津文物	2014.11.15
民国 粉彩通景人物故事图观音瓶	高31.1cm	72,800	天津文物	2014.11.15
民国 粉彩通景人物故事图瓶	高31.4cm	89,600	天津文物	2014.05.16
民国 粉彩通景人物故事图瓶	高37.7cm	61,600	天津文物	2014.05.16
民国 粉彩通景山水人物图卷口瓶	高33.4cm	336,000	天津文物	2014.11.15
民国 粉彩团寿弥勒佛	高17cm	31,360	武汉中信	2014.10.23
民国 粉彩文房（一组三件）	尺寸不一	11,500	北京保利	2014.08.02
民国 粉彩无双谱瓶	高18cm	11,500	北京保利	2014.10.25
民国 粉彩五老观画图瓶	高45cm	43,700	北京保利	2014.04.26
民国 粉彩五子夺魁大碗	直径37.5cm	43,700	北京保利	2014.04.26
民国 粉彩喜鹊登梅四方瓶	高23cm	20,700	北京翰海	2014.04.13
民国 粉彩喜鹊登梅天球瓶	高44cm	322,000	北京东正	2014.05.18
民国 粉彩喜鹊登梅纹天球瓶	高45.9cm	168,000	天津文物	2014.11.15
民国 粉彩喜鹊登梅小天球瓶	高21cm	17,250	北京保利	2014.04.26
民国 粉彩喜上眉梢图盘	直径21cm	25,300	北京保利	2014.04.26
民国 粉彩仙鹤图花盆（一对）	直径23cm×2	28,750	北京保利	2014.04.26
民国 粉彩仙人故事瓶	高34cm	80,500	北京保利	2014.04.26
民国 粉彩香山九老图观音瓶（两件）	高44cm	46,000	北京翰海	2014.01.11
民国 粉彩一品富贵盖罐	高17cm	11,500	北京保利	2014.08.02
民国 粉彩婴戏笔筒	高13cm	16,100	北京保利	2014.04.26
民国 粉彩婴戏螭龙耳瓶	高31.5cm	94,300	北京翰海	2014.10.26
民国 粉彩婴戏瓶	高28cm	43,700	北京翰海	2014.08.24
民国 粉彩婴戏瓶	高27.5cm	36,800	北京翰海	2014.08.24
民国 粉彩婴戏如意耳瓶	高40cm	51,750	苏州东方	2014.05.30
民国 粉彩婴戏筒式瓶	高25cm	34,500	北京翰海	2014.08.24
民国 粉彩婴戏图茶壶	高19.3cm	56,000	天津文物	2014.05.16
民国 粉彩婴戏图缠枝花卉纹瓶	高38.5cm	145,706	纽约佳士得	2014.03.20
民国 粉彩婴戏图盖罐	直径22.5cm	48,160	天津文物	2014.05.16
民国 粉彩婴戏图盖罐	口径14.5cm	84,000	天津文物	2014.11.15
民国 粉彩婴戏图盖盒	直径22cm	100,800	天津文物	2014.05.16
民国 粉彩婴戏图鸡缸杯	直径6.7cm	56,000	天津文物	2014.05.16
民国 粉彩婴戏图帽筒（一对）	高28cm×2	13,800	中国嘉德	2014.03.23
民国 粉彩婴戏图瓶	高34.8cm	13,800	中国嘉德	2014.03.23
民国 粉彩婴戏图赏瓶	高22.9cm	51,520	天津文物	2014.11.15
民国 粉彩婴戏图小瓶（一对）	高23cm×2	69,000	广州皇玛	2014.01.02
民国 粉彩婴戏图长颈瓶	高21cm	17,250	北京保利	2014.10.25
民国 粉彩婴戏碗（两件）	直径13.2cm	69,000	北京翰海	2014.10.26
民国 粉彩婴戏纹杯（一对）	直径8.3cm×2	20,700	北京中汉	2014.09.22
民国 粉彩婴戏纹双耳瓶	高18.5cm	75,898	日本伊斯特	2014.05.31
民国 粉彩婴戏纹天球瓶	高12cm	22,400	武汉中信	2014.10.23
民国 粉彩鱼藻纹双耳瓶	高23cm	36,800	香港淳浩	2014.07.30
民国 粉彩御题诗陶渊明爱菊图瓶（一对）	高22.2cm×2	207,000	北京东正	2014.05.18
民国 粉彩云龙纹花盆	高22.7cm	23,000	中国嘉德	2014.03.23
民国 粉彩执梅仕女诗文瓶	高13.7cm	130,369	纽约佳士得	2014.03.20
民国粉彩钟鼎插花诗文瓶（两件）	高58cm×2	17,250	北京翰海	2014.08.24
民国 粉彩钟馗题瓶	高40cm	69,144	香港拍得高	2014.05.27
民国 粉彩钟旭图瓶	高27.3cm	17,250	中国嘉德	2014.09.21
民国粉彩竹林七贤图瓶（一对）	高34.8cm×2	32,200	中国嘉德	2014.09.21
民国 粉彩竹纹小碗（两件）	直径12.5cm×2	46,000	北京翰海	2014.11.23
民国 粉彩转心瓶	高23cm	368,000	翰风国际	2014.04.30
民国 粉彩紫地轧道“亿斯万年”三龙纹瓶	高24cm	92,025	纽约佳士得	2014.03.20
民国 粉彩坐佛	高29cm	128,800	香港淳浩	2014.07.30
民国 粉地粉彩开光钟鼎插花双耳瓶（两件）	高23cm	97,750	北京翰海	2014.10.26
民国 粉青釉开光粉彩山水人物图葫芦瓶	高29.6cm	134,400	天津文物	2014.11.15
民国 各式粉彩碗（八件）	尺寸不一	11,500	北京保利	2014.08.02
民国 何许人粉彩寒江独钓瓷板	38.5cm×25cm	517,500	上海道明	2014.03.27
民国 何许人粉彩花鸟笔筒	高12.5cm	805,000	上海道明	2014.03.27
民国 红木镶粉彩梅花诗文瓷板砚屏	高54.5cm	184,000	北京翰海	2014.10.25
民国 洪宪年制粉彩花鸟插屏	46cm×52cm	36,708	香港今是	2014.05.04
民国 黄地粉彩缠枝福寿开光花卉纹花盆（一对）	直径36cm×2	32,200	中国嘉德	2014.09.21
民国 黄地粉彩缠枝莲开光山水人物纹桥耳炉	直径13cm	13,800	中国嘉德	2014.09.21
民国 黄地粉彩花卉大盘（两件）	直径34.5cm×2	11,500	北京翰海	2014.08.24
民国 黄地粉彩花卉狮耳罐	高17cm	13,800	北京翰海	2014.04.13
民国 黄地粉彩花卉纹瓶	高19.9cm	13,440	天津文物	2014.05.16
民国 黄地粉彩花卉纹碗	直径14.2cm	33,600	天津文物	2014.11.15
民国 黄地粉彩花鸟碗（两件）	直径14cm	25,300	北京翰海	2014.04.13
民国 黄地粉彩开光安居乐业瓶	高40cm	69,000	北京保利	2014.04.26
民国 黄地粉彩开光花卉小尊	高18cm	43,700	北京翰海	2014.04.13
民国 黄地粉彩开光人物故事双龙耳瓶	高56cm	69,000	北京保利	2014.08.02
民国 黄地粉彩开光人物故事图双狮耳尊	高17cm	82,800	北京匡时	2014.09.17
民国 黄地粉彩开光婴戏瓶	高36cm	23,000	北京保利	2014.08.02
民国 黄地粉彩五谷丰登缠枝莲开光教子图灵芝耳瓶（一对）	高23cm×2	138,000	中国嘉德	2014.09.21
民国黄地粉彩喜报春梅碗（一对）	直径16.6cm×2	57,500	中鸿信	2014.11.22
民国 黄地粉彩喜鹊梅花葫芦瓶	高40cm	11,500	北京保利	2014.08.02
民国 黄地开光粉彩花卉花盆（一对）	直径22cm×2	28,750	北京保利	2014.04.26
民国 黄地轧道粉彩皮球花瓶	高21.5cm	63,250	北京翰海	2014.08.24
民国 黄地轧道粉彩人物瓶	高46cm	11,500	北京保利	2014.10.25
民国 黄釉开光粉彩花卉纹小天球瓶（一对）	高23.5cm×2	40,250	中国嘉德	2014.09.21
民国 金地万花万事如意双耳缶尊双面开光“风尘三侠”粉彩赏瓶（一对）	高31.6cm×2	920,000	中贸圣佳	2014.07.06
民国 静远堂款粉彩花蝶纹瓷板	长32.3cm	24,640	天津文物	2014.11.15
民国 蓝地轧道粉彩花卉天球瓶	高22cm	28,750	北京翰海	2014.08.24
民国 李明亮款粉彩草虫纹挂屏	长57cm	145,600	天津文物	2014.11.15
民国 料彩仿石纹开光粉彩高士图瓶	高21.3cm	40,250	中国嘉德	2014.03.23
民国 料彩加粉彩开光人物风景图盖盒	直径121cm	59,800	北京中汉	2014.11.21
民国 刘禅绘粉彩雪景山水瓶（一对）	高17cm×2	96,475	中拍国际	2014.06.04
民国 刘希任 粉彩人物插屏	37.5cm×24.5cm	103,500	北京匡时	2014.12.02
民国 刘希任粉彩人物玉米瓶（一对）	高12.3cm×2	126,500	上海道明	2014.03.27
民国 刘雨岑粉彩虫草茶壶	高8.5cm	103,500	上海道明	2014.03.27
民国 刘雨岑粉彩山水瓷板（一套四片）	38cm×25cm	862,500	上海道明	2014.03.27
民国 刘雨岑粉彩四季花鸟瓷板（四块）	71cm×19cm	6,785,000	上海道明	2014.03.27
民国 刘雨岑武陵春色瓷板 刘雨岑紫燕双飞瓷板 刘雨岑粉彩菊耀金秋 刘雨岑溪边情趣图	长43.5cm	8,064,000	成都金沙	2014.11.16
民国 刘雨楼 老圃秋客·粉彩瓷板	高82cm；宽22cm	172,500	景德镇华艺	2014.10.20
民国 刘仲卿款粉彩山水人物图挂盘	直径24.1cm	13,440	天津文物	2014.05.16
民国 绿地粉彩开光山水诗文壶	宽16.5cm	69,000	北京保利	2014.12.05
民国 绿地粉彩山水人物扁瓶	高37cm	17,250	北京翰海	2014.08.24
民国 墨地粉彩雕瓷八仙过海瓶	高44cm	23,000	北京保利	2014.08.02
民国 泥金粉彩开光人物松鹤纹尊	高33.5cm	11,500	北京保利	2014.08.02
民国 潘匋宇 三友图·粉彩瓷板	高39cm；宽26cm	828,000	景德镇华艺	2014.10.20

拍品名称	物品尺寸	成交价RMB	拍卖公司	拍卖日期
民国 潘匋宇款粉彩吉祥图双联瓶	高14.2cm	672,000	天津文物	2014.05.16
民国 潘庸秉款铁骨泥描金开光粉彩山水人物图双耳尊	高18.4cm	537,600	天津文物	2014.11.15
民国 嵌粉彩瓷板四条屏	尺寸不一	115,000	香港淳浩	2014.07.30
民国 珊瑚红描金开光粉彩花卉盆	直径37cm	28,750	北京保利	2014.04.26
民国 珊瑚红釉开光粉彩山水人物图双耳瓶	高22.4cm	56,000	天津文物	2014.11.15
民国 石宇初款粉彩花鸟纹挂屏	长56.8cm	39,200	天津文物	2014.11.15
民国 松石绿地粉彩缠枝花卉葫芦瓶	高30cm	28,750	北京保利	2014.08.02
民国 松石绿地粉彩开光仕女瓶	高40cm	18,400	北京保利	2014.04.26
民国 天蓝釉描金团花开光粉彩高士图葫芦瓶	高29.5cm	287,500	中国嘉德	2014.06.21
民国 田鹤仙 粉彩梅花图瓶	高13cm	207,000	北京匡时	2014.12.02
民国 田鹤仙 梅清图文房之粉彩白梅糊斗	63cm×63cm×67cm	1,058,000	北京匡时	2014.06.03
民国 田鹤仙、刘雨岑、徐仲南、张志汤 四时芳卉图粉彩琮式瓶	高28cm	4,197,500	北京匡时	2014.12.02
民国 万云岩 粉彩人物插屏	38cm×24.5cm	82,800	北京匡时	2014.12.02
民国 万云岩绘粉彩人物瓷板	19.5cm×12cm	54,480	中拍国际	2014.06.04
民国 万云岩绘粉彩钟馗嫁妹图蝠耳瓶（一对）	高35cm×2	2,497,000	中拍国际	2014.06.04
民国 汪晓棠 采花送福·粉彩瓷板	高39cm；宽26cm	805,000	景德镇华艺	2014.10.20
民国 汪晓棠款粉彩加官进爵图瓶	高33.2cm	537,600	天津文物	2014.11.15
民国 汪晓棠款粉彩人物故事图瓷板	长38.6cm	22,400	天津文物	2014.05.16
民国 汪晓棠制粉彩四爱图花盆	高23.5cm	115,000	太平洋	2014.06.25
民国 汪野亭绘粉彩山水砚屏瓷板	23cm×16cm	158,900	中拍国际	2014.06.04
民国 汪野亭制粉彩山水薄胎瓶	高19.2cm	280,014	保利香港	2014.10.07
民国 汪野亭作粉彩“雨过山含翠”瓷板	长40.7cm；宽27cm	175,100	北京中联	2014.09.09
民国 汪云山绘粉彩山水梅瓶	高17cm	136,200	中拍国际	2014.06.04
民国 王大凡 东山报捷粉彩瓷板	74cm×20.5cm	1,265,000	北京匡时	2014.12.02
民国 王大凡归去来兮、汪大沧更上一层楼、徐仲南松鹤延年、程意亭耄耋富贵等粉彩瓷板	高39cm；宽26cm	4,370,000	景德镇华艺	2014.10.20
民国 王琦粉彩课子图瓶	高18.8cm	1,610,000	上海道明	2014.03.27
民国 王琦绘粉彩人物砚屏瓷板（三片）	20cm×13cm	1,475,500	中拍国际	2014.06.04
民国 魏洪泰款粉彩弥勒和尚像	高29.2cm	33,600	天津文物	2014.11.15
民国 吴寄甑绘粉彩郭子仪遇仙图瓷板	37cm×24cm	43,130	中拍国际	2014.06.04
民国 邢凡仙绘粉彩人物瓷板	39cm×26cm	51,075	中拍国际	2014.06.04
民国 熊梦亭粉彩花鸟玉米瓶	高27cm	69,000	上海道明	2014.03.27
民国 熊梦亭款粉彩松鹤延年图挂屏	长44cm	16,800	天津文物	2014.05.16
民国 徐韵泉绘粉彩风尘三侠图瓶	高16cm	31,780	中拍国际	2014.06.04
民国 徐仲南 粉彩垂柳双蝉图瓶	高14.2cm	517,500	北京匡时	2014.06.03
民国 徐仲南 粉彩山水花虫图册页（一组四件）	19.5cm×12.5cm×4	1,150,000	北京匡时	2014.12.02
民国 徐仲南 粉彩竹石图诗文水盂	直径10.6cm	828,000	北京匡时	2014.06.03
民国 徐仲南款粉彩花鸟纹瓶	高12.9cm	28,000	天津文物	2014.05.16
民国 徐仲南款粉彩山水诗文瓶	高38.5cm	57,500	中国嘉德	2014.06.21
民国 徐仲南款粉彩竹石纹坐镜	高49.6cm	50,400	天津文物	2014.05.16
民国 雪景粉彩文具（四件套）	尺寸不一	1,265,000	中贸圣佳	2014.07.06
民国 胭脂红轧道粉彩开光花蝶捧盒	直径24cm	17,250	北京保利	2014.08.02
民国 胭脂水釉开光粉彩梅鹤图双联瓶	高14.5cm	56,000	天津文物	2014.11.15

拍品名称	物品尺寸	成交价RMB	拍卖公司	拍卖日期
民国 胭脂紫地轧道开光粉彩花鸟纹委角方花盆	长22.5cm	43,680	天津文物	2014.05.16
民国 洋彩西洋人物杯	直径8.1cm	20,700	中鸿信	2014.11.22
民国 轧道粉彩开光花鸟瓶	高32cm	29,900	北京保利	2014.04.26
民国 张晓畊粉彩花鸟（四件）	42cm×29.3cm	920,000	上海道明	2014.03.27
民国 张志汤粉彩花卉图瓷板	25cm×18cm	101,200	上海道明	2014.03.27
民国 张志汤作“亦匋斋”款粉彩山水人物图笔筒	口径18cm	77,250	北京中联	2014.09.09
民国 郑慕康绘 粉彩山水茶具（一套）		11,500	朵云轩	2014.04.21
民国 朱永记 粉彩罗汉	高28cm	43,240	香港拍得高	2014.08.01
民国 朱友麟观山行旅图、毕伯涛 毕澜明咏梅图、王人杰争雄图、汪大沧明月林东等粉彩瓷板	尺寸不一	345,000	景德镇华艺	2014.10.20
民国珠山八友王大凡粉彩人物瓷板画	长28cm；宽26cm	1,120,000	成都金沙	2014.11.16
民国 邹文侯绘粉彩山水人物纹水丞 果蔬花鸟纹砚盒各一件	尺寸不一	23,000	中国嘉德	2014.09.21
民国（洪宪） 郭葆昌款粉彩山水图赏瓶	高32.1cm	123,600	北京中联	2014.09.09
民国时期 粉彩人物山水插屏	26cm×37cm	86,250	浙江骏成	2014.06.22
乾隆年制款 粉彩仕女图梅瓶	高23.6cm	48,300	苏州东方	2014.05.30
大清嘉庆年制款 大清嘉庆年制款粉彩描金开光三娘教子高足碗	直径18.5cm	55,000	北京贞观	2014.09.27
大清雍正年制款学地洋彩九秋纹碗	直径20.5cm	1,320,000	北京贞观	2014.09.27
粉彩‘湖光山色’瓶	高31cm	91,770	香港普艺	2014.04.12
粉彩缠枝花卉纹灯笼瓶	高26cm	4,339,500	中国艺海	2014.11.15
粉彩春宫图押手杯（四个）	口径8.1cm×4	1,920,000	荣盛国际	2014.07.26
粉彩粉红地轧道折枝花卉纹胆瓶	高28.3cm	59,310	伦敦邦瀚斯	2014.05.15
粉彩凤穿牡丹纹绣墩（一对）	高47cm×2	78,400	未来四方	2014.04.30
粉彩瓜果盘	直径27.5cm	224,000	荣盛国际	2014.07.26
粉彩荷莲大盘	直径36.5cm	11,500	北京翰海	2014.04.13
粉彩花卉纹杯（四件）	直径5.6cm	145,706	纽约佳士得	2014.03.20
粉彩花卉纹鹿头尊	高45cm	34,960	香港淳浩	2014.07.30
粉彩花鸟笔筒	高13cm	2,256,540	中国艺海	2014.11.15
粉彩花鸟壶	高11cm	13,800	北京匡时	2014.06.03
粉彩黄地九龙大盘	口径45.2cm	2,640,000	荣盛国际	2014.07.26
粉彩将军罐	高36cm	1,388,640	中国艺海	2014.11.15
粉彩九桃瓶（一对）	高56.5cm×2	67,200	未来四方	2014.04.30
粉彩九桃瓶（一对）	高43cm×2	33,600	未来四方	2014.04.30
粉彩九桃天球瓶	高59.7cm	57,516	纽约佳士得	2014.03.20
粉彩九桃天球瓶	高53cm	1,562,220	中国艺海	2014.11.15
粉彩开光花卉狮耳方瓶（两件）	高47cm	17,250	北京翰海	2014.04.13
粉彩开光花鸟双耳瓶	高23.5cm	2,000,000	荣盛国际	2014.07.26
粉彩描金瓶（一对）	高29.8cm×2	437,000	北京匡时	2014.06.03
粉彩秋蝉纹瓶	高24.5cm	76,360	香港淳浩	2014.07.30
粉彩人物双耳六方瓶（一对）	高45cm×2	201,600	未来四方	2014.04.30
粉彩人物纹大瓶（一对）	高58cm×2	47,040	未来四方	2014.04.30
粉彩山水人物故事纹汤盆	口径24.6cm	1,040,000	荣盛国际	2014.07.26
粉彩山水人物纹碗	口径13cm	1,735,800	中国艺海	2014.11.15
粉彩双龙捧寿纹八角式笔筒	高12.5cm	76,688	纽约佳士得	2014.03.20
粉彩四妃十六子大盆	口径38cm	1,631,652	中国艺海	2014.11.15
粉彩四季山水（一套四件）	79cm×20.7cm×4	17,250	北京匡时	2014.06.03
粉彩桃花纹盖碗（一对）	直径11cm×2	13,800	中国嘉德	2014.09.21
粉彩云副纹赏瓶	高34cm	1,041,480	中国艺海	2014.11.15
粉彩山水瓷盘	直径25cm	32,200	景德镇华艺	2014.05.31
金地粉彩万花薄胎碗	直径15.5cm	23,000	北京匡时	2014.06.03
近代 粉彩人物瓶（两件）	高25cm×2	13,800	北京翰海	2014.01.12
近代 粉彩人物诗词菱形笔筒	高14cm	41,400	安徽艺海	2014.04.30
近代 粉彩一路连科罐	高29.5cm	57,500	北京翰海	2014.01.12
近代 王步制粉彩花卉壶	宽15cm	92,000	中国嘉德	2014.11.21
近代 王锡良粉彩羲之爱鹅瓷壶	宽16.5cm	161,000	中国嘉德	2014.11.21
近代 章仕保粉彩花鸟瓷壶	宽14.5cm	32,200	中国嘉德	2014.11.21
景德镇市陶瓷研究所 1965年 四季花卉粉彩笔筒	高16cm	287,500	景德镇华艺	2014.05.25
建国初 江西建国瓷业公司邓肖禹绘粉彩花鸟瓶	高22cm	124,850	中拍国际	2014.06.04
建国初 汪小亭绘粉彩山水盖杯	高13cm	51,075	中拍国际	2014.06.04

(成交价RMB：1万元以上)

拍品名称	物品尺寸	成交价RMB	拍卖公司	拍卖日期
建国初 汪小亭绘粉彩通景山水亚洲壶	长23cm	227,000	中拍国际	2014.06.04
建国初 游海滨绘矾红开光粉彩山水镶器瓶		68,100	中拍国际	2014.06.04
建国初 余翰青绘粉彩花卉 翎毛走兽 虫草纹四方笔筒	高16.5cm	3,632,000	中拍国际	2014.06.04
建国初 余文襄绘粉彩雪景山水盖杯	高11cm	39,725	中拍国际	2014.06.04
建国后 粉彩山水瓷板（一对）	44cm×28cm×2	39,725	中拍国际	2014.06.04
建国后 粉彩通景山水镶器瓶	高27cm	31,780	中拍国际	2014.06.04
建国后 龚耀庭绘粉彩通景山水执壶	高18cm	136,200	中拍国际	2014.06.04
建国后 汪以俊绘粉彩雄鸡图瓶	高12cm	107,825	中拍国际	2014.06.04
建国后 王云泉绘粉彩山水瓷板（一对）	81cm×21cm×2	454,000	中拍国际	2014.06.04
建国后 徐焕文绘粉彩漓江图中堂瓷板	58cm×31cm	340,500	中拍国际	2014.06.04
建国后 中国景德镇制粉彩人物瓶（一对）	高25cm×2	90,800	中拍国际	2014.06.04
1932年 粉彩人物花鸟图瓷板	39.4cm×24.9cm	289,960	伦敦邦瀚斯	2014.05.15
1934年 独钓寒江雪·粉彩瓷板	高39cm；宽26cm	103,500	景德镇华艺	2014.10.20
1943年 水榭松风·粉彩瓷板	高39cm；宽26cm	115,000	景德镇华艺	2014.10.20
1974年 锦鸡牡丹·粉彩薄胎皮灯	高31.5cm	48,300	景德镇华艺	2014.10.20
1983年 张松茂 粉彩花鸟瓷盘	直径33cm	2,300,000	北京保利	2014.12.02
1992年 潘文复粉彩文房（八件套一组）	尺寸不一	1,150,000	上海道明	2014.03.27
1992年 鍾莲生 粉彩汉宫秋月图瓷板	71cm×104cm	1,495,000	北京保利	2014.12.02
1997年 李小聪 粉彩海天旭日图瓶	高28cm	115,000	北京保利	2014.12.02
2008年 王成之 粉彩花鸟象耳瓶	高33.5cm	69,000	北京保利	2014.12.02
20世纪（传）何许人 珊瑚红地描金粉彩山水人物图螭耳扁壶	高15cm	124,025	伦敦苏富比	2014.11.05
20世纪 毕伯涛 粉彩花鸟纹方笔筒	高16.8cm	62,013	伦敦苏富比	2014.11.05
20世纪 粉彩古月轩人物观音瓶	2.9cm×14cm	48,300	上海嘉泰	2014.06.19
20世纪 粉彩花卉纹螭耳六方瓶	高43cm	2,543,800	保利香港	2014.04.07
20世纪 粉彩人物纹琮式瓶	高27.3cm	28,750	中国嘉德	2014.06.21
20世纪 刘仲卿制粉彩平安图瓶	高14.2cm	93,338	保利香港	2014.10.07
20世纪50-70年代 高白粉彩爆竹瓶（一对）	高18.4cm×2	23,000	上海道明	2014.03.27
20世纪50-70年代 艺术瓷厂粉彩酒壶（一把）	高22.8cm	23,000	上海道明	2014.03.27
20世纪50年代 粉彩花鸟盘	直径32.3cm	138,000	上海道明	2014.03.27
20世纪50年代 粉彩人物灯笼瓶	高23.5cm	69,000	上海道明	2014.03.27
20世纪50年代 粉彩人物瓶	高21.8cm	80,500	北京匡时	2014.12.02
20世纪50年代-60年代 粉彩人物双耳瓶	高31.6cm	368,000	上海道明	2014.03.27
20世纪60年代 粉彩南昌孺子亭瓷板	29.3cm×20.8cm	63,250	上海道明	2014.03.27
20世纪60年代 王隆夫 麻姑寿星粉彩图瓶	高35cm	460,000	北京匡时	2014.12.02
20世纪70年代 部所粉彩花卉茶壶（一套）	尺寸不一	57,500	上海道明	2014.03.27
20世纪70年代 粉彩“毛主席诗词山水绘画”小碗（一套八件）	直径11.5cm×8	34,500	浙江骏成	2014.06.22
20世纪70年代 粉彩薄胎仕女直径撇口瓶	高16.8cm	23,000	上海道明	2014.03.27
20世纪70至80年代 粉彩五烘炉（一套五件）	高54cm；高58cm	36,800	香港富得	2014.07.25
20世纪80年代 汪桂英粉彩绘山水撇口瓶	高29cm	230,000	上海道明	2014.03.27
20世纪早期 粉彩开光山水图花盆连底盘（一对）	高19cm×2	98,850	伦敦邦瀚斯	2014.05.15
80年代 毕德芳粉彩小熊猫文房（一套）	尺寸不一	138,000	上海道明	2014.03.27
安德宇 2014年 五卉图·粉彩瓷瓶	高26cm	17,250	景德镇华艺	2014.10.20

拍品名称	物品尺寸	成交价RMB	拍卖公司	拍卖日期
毕伯涛粉彩花鸟水盂草虫印盒（两件）	高8.5cm	69,000	北京保利	2014.12.02
毕伯涛 粉彩菊花小鸟瓶	高25.8cm	977,500	北京匡时	2014.06.03
毕渊明 1935年 钟馗照镜·粉彩瓷板	高39cm；宽26cm	230,000	景德镇华艺	2014.10.20
1972年 毕渊明 威震山岗粉彩瓷板	35cm×23cm	1,380,000	景德镇华艺	2014.05.31
部所红色官窑粉彩蝶恋花滑石子高白玉兰杯	高13.5cm	40,250	中国嘉德	2014.11.22
蔡昌鉴 玉堂富贵粉彩瓷板	44cm×78.5cm	11,500	北京匡时	2014.06.03
曾静 2011年 春意·粉彩瓷盘	直径49.5cm	23,000	景德镇华艺	2014.10.20
曾亚林 2008年 粉彩“凌波仙子”瓷瓶	43cm×24.5cm	57,500	浙江骏成	2014.06.22
曾玉成 2013年 雨后青翠粉彩瓷板	134cm×46cm	34,500	景德镇华艺	2014.05.31
曾玉成 2014年 暮歌之春·粉彩瓷板	高111cm；宽31cm	23,000	景德镇华艺	2014.10.20
陈淑娟 2013年 梅开五福粉彩六条屏	148cm×39cm×6	345,000	景德镇华艺	2014.05.31
陈秀雅绘粉彩松龄鹤寿图瓶	高40cm	47,670	中拍国际	2014.06.04
陈彧 2014年 松泉风粉彩瓷板	81cm×45cm	40,250	景德镇华艺	2014.05.31
程意亭 粉彩花鸟纹梅瓶	高19.3cm	39,688	伦敦苏富比	2014.11.05
程意亭（传）粉彩翠鸟石榴纹瓷板	38.5cm×25.5cm	37,208	伦敦苏富比	2014.11.05
程正喜 听禅　粉彩瓷板	100cm×65cm	46,000	中国嘉德	2014.11.22
戴荣华 1981年 粉彩江南春色茶具（一套）	尺寸不一	345,000	北京保利	2014.06.05
戴荣华 1988年 李太白醉酒粉彩瓷盘	直径31cm	402,500	景德镇华艺	2014.05.25
戴荣华 1993年 “年年有余”粉彩瓷瓶	高34.5cm	460,000	景德镇华艺	2014.10.20
1993年 戴荣华 “娃娃乐”粉彩瓷瓶	高29cm	517,500	景德镇华艺	2014.10.20
戴荣华 2006年 绝代有佳人粉彩瓷瓶	高30cm	632,500	景德镇华艺	2014.05.31
2013年 戴荣华 雅趣盎然粉彩瓷瓶	高59cm	2,070,000	景德镇华艺	2014.05.25
戴荣华 2013年作 粉彩“花随玉指添春色”瓷瓶	高37.5cm	1,840,000	北京万隆	2014.06.04
戴荣华 春风满面粉彩瓷瓶	高34.5cm	483,000	北京匡时	2014.06.03
戴荣华 春满人间　粉彩瓷瓶	高31cm	207,000	中国嘉德	2014.11.22
戴荣华 粉彩仕女瓷瓶	高36cm	862,500	翰文今博	2014.06.28
戴荣华 粉彩仕女瓷瓶	高23.3cm	345,000	中国嘉德	2014.11.22
戴荣华 其乐融融粉彩瓶	高35.5cm	575,000	北京匡时	2014.12.02
戴玉梅 白鹰寒梅图粉彩瓶	高33cm	51,750	北京匡时	2014.12.02
戴玉梅 粉彩花蝶瓶	高25cm	115,000	北京保利	2014.06.05
戴玉梅 闹春粉彩花鸟瓷瓶	高35cm	218,500	北京匡时	2014.06.03
邓必诏（无款）粉彩“麻姑献寿”爆竹瓶	高35cm	55,200	浙江骏成	2014.06.22
邓肖禹 1960年 “含翠共摇风”粉彩笔筒	高14cm	25,300	景德镇华艺	2014.10.20
邓幼堂 2006年 “松荫听泉”粉彩瓷板	高80cm；宽44cm	138,000	景德镇华艺	2014.10.20
邓幼堂 粉彩山水瓷板	53cm×32cm	28,750	北京匡时	2014.06.03
东坡玩砚粉彩瓷瓶	高35.3cm	207,000	北京匡时	2014.06.03
董如雄 2013年 春城无处不飞花粉彩瓷瓶	高44cm	51,750	景德镇华艺	2014.05.31
豆青釉粉彩冠上加冠瓷瓶	高46.2cm	36,800	北京匡时	2014.06.03
杜浩生 1996年 琵琶行·粉彩抱月瓶	高34cm	57,500	景德镇华艺	2014.10.20
范丽霞 粉彩人物瓷瓶	高49.3cm	57,500	中国嘉德	2014.11.22
范敏祺 朱丹忱 1985年作 粉彩“昭君出塞”瓷板	56cm×32cm	57,500	北京万隆	2014.06.04
方李莉 乐女 粉彩装饰四条屏	31cm×31cm	184,000	翰文今博	2014.06.28
方毅2013年 君子雅集·粉彩笔筒	高22cm	11,500	景德镇华艺	2014.10.20
方毅 2013年 梅兰竹菊粉彩琮式瓶	高47cm	34,500	景德镇华艺	2014.05.31
方毅 2014年 三友图·粉彩镶器	高28.5cm；长41cm	13,800	景德镇华艺	2014.10.20
方毅 粉彩四方瓷瓶	高46.5cm	18,400	中国嘉德	2014.05.20
方毅 粉彩镶器	高25.5cm	10,350	中国嘉德	2014.05.20

(成交价RMB：1万元以上)

拍品名称	物品尺寸	成交价RMB	拍卖公司	拍卖日期
方云峰 1939年 牧牛图·粉彩册页	高20cm；宽12cm	230,000	景德镇华艺	2014.10.20
仿木纹釉粉彩开光人物瓶（一对）	高15.4cm×2	51,750	北京匡时	2014.06.03
冯金玲 2013年 四美图粉彩四条屏	74cm×20cm×4	92,000	景德镇华艺	2014.05.31
冯金玲 粉彩瓷瓶	高41cm	34,500	中国嘉德	2014.11.22
冯祥 2014年 闹新春·粉彩瓷瓶	高31cm	20,700	景德镇华艺	2014.10.20
付长敏 西施浣纱粉彩仕女瓶	高48cm	40,250	北京匡时	2014.06.03
龚保家 2011年 荷塘粉彩瓷板	高50cm	80,500	景德镇华艺	2014.05.31
龚保家 2012年 清趣·粉彩瓷板	高36cm；宽36cm	46,000	景德镇华艺	2014.10.20
龚耀庭 1961年 春耕出工图粉彩薄胎瓶	高12.5cm	460,000	景德镇华艺	2014.05.25
郭琪美 2012年 迎春粉彩瓷板	直径50cm	69,000	景德镇华艺	2014.05.31
何笠农 2009年 粉彩“凝听牧歌”瓷板	58cm×58cm	34,500	浙江骏成	2014.06.22
何叔水 2003年 粉彩“仕女图”瓷瓶	24cm×53cm	92,000	浙江骏成	2014.06.22
何叔水 2009年 粉彩“春风拂槛露华浓”瓷瓶	38cm×26cm	138,000	浙江骏成	2014.06.22
何许人 粉彩雪景山水小瓶	高12cm	149,500	北京保利	2014.12.02
何许人　山阴仿戴　粉彩瓷板　水阁幽昤　粉彩瓷板	高18cm×2	69,000	中国嘉德	2014.11.22
侯一波 朝辉　粉彩瓷盘	直径30.5cm	11,500	中国嘉德	2014.11.22
胡光震 粉彩瓷瓶	高39cm	34,500	中国嘉德	2014.11.22
黄昌校粉彩“雄鸡”挂盘（一组）	高23cm×4	78,200	北京万隆	2014.06.04
黄地粉彩刻画鹤衔 八宝纹碗	直径25.2cm	6,472,200	澳门中信	2014.06.08
黄国斌 2013年作 春韵 粉彩装饰瓷板	80cm×42cm	51,750	翰文今博	2014.06.28
黄国斌 紫气东来 粉彩装饰瓷板	79cm×42cm	43,700	翰文今博	2014.06.28
黄金山 陈振中1982年作　粉彩花鸟瓷板	55cm×34cm	40,250	北京万隆	2014.06.04
黄娟 2011年 粉彩“战地黄花分外香”肖像瓷板	80cm×80cm	34,500	浙江骏成	2014.06.22
黄勇 1994年作 粉彩“白云生处有人家”山水瓶	高37cm	80,500	北京万隆	2014.06.04
江葆华、汪雪媛 2008年 烟江帆影粉彩双面釉瓷板	长54cm	86,250	景德镇华艺	2014.05.31
江汉 秋风执扇图　粉彩瓷板	53cm×31cm	57,500	中国嘉德	2014.11.22
江金承 1993年 大吉图·粉彩笔筒	高14cm	20,700	景德镇华艺	2014.10.20
江民辉 2014年 琴棋书画·粉彩四方镶器	高52.5cm	17,250	景德镇华艺	2014.10.20
江生元2013年 紫气东来粉彩瓷板	高54cm	32,200	景德镇华艺	2014.05.31
江西瓷业 粉彩青桃杯	直径8cm	36,816	帝图艺术	2014.06.22
江振声 2014年 瑶池赴筵·粉彩瓷板	高80cm；宽43cm	43,700	景德镇华艺	2014.10.20
近代 邹甫仁 粉彩雪景图瓷板	44.5cm×79.5cm	161,000	北京匡时	2014.12.02
赖宗有2011年四友图·粉彩四条屏	高110cm；宽13cm	13,800	景德镇华艺	2014.10.20
李家正 2011年 清泉响龙潭粉彩瓷瓶	高42cm	32,200	景德镇华艺	2014.05.31
李峻1991年作粉彩薄胎竹节花鸟瓶	高42cm	460,000	北京万隆	2014.06.04
李峻 1992年作 粉彩“俏也不争春”薄胎皮灯	高26cm	345,000	北京万隆	2014.06.04
1993年 李峻 朱竹伴清音·粉彩瓷瓶	高46cm	517,500	景德镇华艺	2014.10.20
李峻 1993年作 粉彩“李仙图”瓷瓶	高32cm	322,000	北京万隆	2014.06.04
李峻 1995年 鳜鱼粉彩瓷盘	直径18cm	92,000	景德镇华艺	2014.05.31
李峻 2003年 李仙图·粉彩瓷板	高58cm；宽46cm	402,500	景德镇华艺	2014.10.20
李峻 采菊东篱下粉彩瓷板	67cm×43.5cm	609,500	北京匡时	2014.12.02
李峻 晨歌粉彩瓶	高40.5cm	276,000	北京匡时	2014.12.02
李峻 赤壁赋 粉彩瓷板	68cm×42.5cm	575,000	中国嘉德	2014.05.20
李峻 粉彩四方瓷瓶	高39.5cm	575,000	中国嘉德	2014.11.22
李峻 觅梅粉彩瓷瓶	高41.7cm	425,500	北京匡时	2014.06.03
李竣 米芾拜石图粉彩瓷板	48cm×48cm	575,000	北京匡时	2014.12.02
李磊颖 2005年 小风车·粉彩瓷瓶	高30cm	43,700	景德镇华艺	2014.10.20

拍品名称	物品尺寸	成交价RMB	拍卖公司	拍卖日期
李磊颖 2010年 粉彩“鱼乐图”瓷瓶	37cm×19cm	34,500	浙江骏成	2014.06.22
李磊颖 中国传统竞技—中华武术粉彩盘	直径51cm	86,250	北京匡时	2014.06.03
李明亮款 粉彩翠竹自生凉瓷板	41.7cm×26.6cm	34,500	深圳市拍	2014.01.05
李文跃 1997年 济公活佛得意图·粉彩瓷板	高36cm；宽24cm	46,000	景德镇华艺	2014.10.20
李小聪 1997年 粉彩粤东早春图瓷板	36cm×24cm	172,500	北京保利	2014.06.05
李小聪 1998年 粉彩“赤壁夜游图”瓷板	17cm×25cm	80,500	北京保利	2014.06.05
李小聪 2000年 粉彩“小溪幽趣”瓷板	40cm×40cm	207,000	浙江骏成	2014.06.22
李小聪 2000年 居静间话图·粉彩瓷瓶	高31cm	368,000	景德镇华艺	2014.10.20
李小聪 2000年 幽鹤泉韵·粉彩瓷盘	直径52cm	253,000	景德镇华艺	2014.10.20
2005年 李小聪 粉彩四季山水四条屏（一套）	68cm×15cm×4	2,530,000	北京保利	2014.06.05
李小聪 2013年 松阴闲坐图粉彩瓷板	80cm×44cm	448,500	景德镇华艺	2014.05.31
李小聪 粉彩瓷瓶	高51cm	345,000	中国嘉德	2014.11.22
李小聪 溪山静居图粉彩笔筒	高17cm	230,000	北京匡时	2014.12.02
李燕 2012年 粉彩“琴棋书画”挂屏（一套四件）	50cm×50cm×4	57,500	浙江骏成	2014.06.22
李一来 2013年 四季山水粉彩瓷板四条屏	110cm×41cm×4	126,500	景德镇华艺	2014.05.31
李志良 2013年 清风晓岸·粉彩镶器	高33cm	17,250	景德镇华艺	2014.10.20
刘平 1987年 紫藤春燕·粉彩瓷盘	直径24cm	48,300	景德镇华艺	2014.10.20
刘伟 粉彩“村寨渔歌”综合装饰瓷瓶	39cm×18cm	46,000	浙江骏成	2014.06.22
刘文斌2013年 松山鹤语粉彩瓷板	82cm×44cm	34,500	景德镇华艺	2014.05.31
刘文斌 2014年 松山水长流·粉彩瓷瓶	高37cm	40,250	景德镇华艺	2014.10.20
刘希任1956年粉彩“长征图”瓷板	30cm×18cm	69,000	浙江骏成	2014.06.22
刘新凯 2012年 双虎图粉彩瓷板	高80cm；宽43cm	32,200	景德镇华艺	2014.05.31
刘雨岑 粉彩描金凤凰瓶	高30cm	782,000	北京匡时	2014.06.03
刘雨岑粉彩山水四季瓷板（一套）	38cm×25cm×4	1,150,000	北京保利	2014.12.02
刘雨岑 粉彩雄鹰旭日双耳瓶	高19cm	690,000	北京保利	2014.12.02
刘雨岑款 粉彩花卉图瓷板	25cm×17.3cm	126,500	深圳市拍	2014.01.05
1962年 刘仲卿 天青釉描金双面开光粉彩花鸟天球瓶	高31.5cm；直径18cm	2,875,000	景德镇华艺	2014.05.25
陆如 2000年作 粉彩“松鹤延年”瓷盘 新彩“天伦之乐”瓷盘	尺寸不一	86,250	北京万隆	2014.06.04
2002年 陆如 春夏秋冬·粉彩笔筒	高16.5cm	552,000	景德镇华艺	2014.10.20
陆如 粉彩瓷盘	直径32cm	230,000	中国嘉德	2014.05.20
罗厚发溪山远影粉彩瓷板	56.5cm×111cm	55,200	北京匡时	2014.06.03
毛建辉 2012年 四季花鸟·粉彩四条屏	高74cm；宽21cm	23,000	景德镇华艺	2014.10.20
宁钢2012年粉彩“鱼戏荷塘”瓷瓶	39cm×20cm	103,500	浙江骏成	2014.06.22
宁远四季花鸟粉彩瓷板（一套四件）	74cm×20.8cm×4	20,700	北京匡时	2014.06.03
欧阳敏 2014年作 粉彩“雪霁鹿鸣”瓷板	60cm×60cm	80,500	北京万隆	2014.06.04
潘文复 1998年作 粉彩“山兰烂漫时”瓷瓶	高40cm	230,000	北京万隆	2014.06.04
潘庸秉 1938年 粉彩梅雀报喜纹天球瓶	高39.8cm	62,013	伦敦苏富比	2014.11.05
彭竞强 2014年 六鹤同春 一路清廉粉彩瓷壶	高14cm；高12.5cm	57,500	景德镇华艺	2014.05.31
彭元清绘红地粉彩梅花纹瓶	高38cm	68,100	中拍国际	2014.06.04
秋菊　粉彩笔筒	高14cm	13,800	中国嘉德	2014.11.22
裘名亨 1935年 粉彩人物故事瓷板	37cm×24cm	32,200	浙江骏成	2014.06.22
饶晓晴 2003年 母子情粉彩瓷瓶	高46cm	345,000	景德镇华艺	2014.05.25
饶晓晴 欢天喜地色釉粉彩瓷瓶	高33.7cm	264,500	北京匡时	2014.06.03

2014瓷器拍卖成交汇总

(成交价RMB：1万元以上)

拍品名称	物品尺寸	成交价RMB	拍卖公司	拍卖日期
饶晓晴 马到成功 粉彩瓷盘	直径78cm	1,380,000	中国嘉德	2014.05.20
饶晓晴 秋霜诗韵色釉粉彩瓷板	39cm×38cm	115,000	北京匡时	2014.12.02
上世纪30年代 徐仲南 牧牛图·粉彩花口瓶	高22cm	897,000	景德镇华艺	2014.10.20
上世纪30年代前 邓碧珊 寒梅授带·粉彩楹联瓷板	高75cm；宽42cm	1,150,000	景德镇华艺	2014.10.20
上世纪50年代 刘雨岑 粉彩花鸟纹耳盅	高5cm	46,000	景德镇华艺	2014.05.25
上世纪60、70年代 曹达柏 百花洲电影院·粉彩瓷板	长32.5cm；宽22cm	94,300	景德镇华艺	2014.10.20
上世纪70、80年代 陈秀雅 蝶恋花·粉彩瓷瓶	高48cm	17,250	景德镇华艺	2014.10.20
上世纪70、80年代 黄卖九（传）大地回春·粉彩茶具（九头）	高16cm	13,800	景德镇华艺	2014.10.20
上世纪70、80年代 黄卖九（传）大地回春·粉彩温酒壶	高12cm	13,800	景德镇华艺	2014.10.20
上世纪70、80年代 天女散花·粉彩薄胎皮灯	高34cm	94,300	景德镇华艺	2014.10.20
上世纪70、80年代 余惠光 独钓寒江雪·粉彩薄胎瓶	高16cm	13,800	景德镇华艺	2014.10.20
上世纪70年代 金地万花粉彩薄胎碗	直径11.5cm	28,750	景德镇华艺	2014.10.20
上世纪70年代末 向巧云 井冈山上杜鹃红粉彩瓷盘	直径21.5cm	805,000	景德镇华艺	2014.05.25
上世纪80.90年代 邹甫仁 天牛·粉彩皮灯（一对）	高15cm×2	40,250	景德镇华艺	2014.10.20
上世纪80年代 烟含北渚遥·粉彩薄胎碗	直径19.5cm	10,350	景德镇华艺	2014.10.20
上世纪80年代 重工粉彩开光人物瓶	高54cm	11,500	景德镇华艺	2014.10.20
沈盛生 粉彩通景雪景瓶	高38.2cm	51,750	北京匡时	2014.06.03
舒惠娟 2003年 春风花草香·粉彩笔筒	高20cm	92,000	景德镇华艺	2014.10.20
舒惠娟 2010年作 粉彩"桃红又是一年春"瓷瓶	高38cm	138,000	北京万隆	2014.06.04
舒克中 2013年作 粉彩"渔樵耕读"四条屏	55cm×31cm×4	92,000	北京万隆	2014.06.04
舒克中 2014年作 粉彩"严子陵垂钓"瓷瓶	高53cm	32,200	北京万隆	2014.06.04
1929年 田鹤仙 秋风落叶满空山·粉彩瓷瓶	高19cm	747,500	景德镇华艺	2014.10.20
田鹤仙 1936年 粉彩"梅花图"册页（四块）	21cm×13.5cm×4	1,380,000	浙江骏成	2014.06.22
田鹤仙 粉彩山水瓷瓶	高22.3cm	1,610,000	北京匡时	2014.06.03
同治 粉彩寿字缸	直径23cm	39,200	安徽艺海	2014.04.30
涂序生 松间情趣粉彩瓷瓶	高38cm	51,750	北京匡时	2014.06.03
涂序生 松下问童子粉彩瓶	高59cm	103,500	北京匡时	2014.12.02
涂志浩 2013年 翠谷烟云粉彩瓷瓶	高56cm	172,500	景德镇华艺	2014.05.25
涂志浩 2013年 万里浮云卷碧山粉彩瓷板	170cm×60cm	460,000	景德镇华艺	2014.05.25
汪大沧 豆青釉粉彩开光四季山水象耳尊	高33cm	690,000	北京保利	2014.06.05
汪桂英 1992年作 粉彩"江南春色早"瓷瓶	高26cm	103,500	北京万隆	2014.06.04
汪桂英 青山绿野四方镶器粉彩瓷瓶	高27.5cm	172,500	北京匡时	2014.06.03
汪明 2013年作 粉彩"山郭水琅烟雨中"瓷板	114cm×56cm	89,700	北京万隆	2014.06.04
汪平孙 粉彩山水笔筒	高15.5cm	57,500	北京匡时	2014.06.03
汪平孙 粉彩山水壶（一对）	尺寸不一	23,000	北京匡时	2014.06.03
汪平孙　秋情　粉彩笔斗	高19.5cm	46,000	中国嘉德	2014.11.22
汪沁 粉彩山水瓷板挂屏	38.5cm×38.5cm	11,500	中国嘉德	2014.11.22
汪小亭 烁江帆影粉彩山水瓷板	24.7cm×37.5cm	345,000	北京匡时	2014.06.03
汪晓棠 献寿图粉彩梅瓶	高31.5cm	1,058,000	北京匡时	2014.06.03
1939年画 汪野亭 粉彩山水图瓷板	81.9cm×20.7cm	498,469	纽约苏富比	2014.03.18

拍品名称	物品尺寸	成交价RMB	拍卖公司	拍卖日期
汪云山　秋山红树多　粉彩柿形壶	长15.5cm	11,500	中国嘉德	2014.11.22
王安维 2008年 岁岁平安粉彩瓷瓶	高34cm	69,000	景德镇华艺	2014.05.31
王安维 2009年 粉彩"万紫千红总是春"瓷瓶	49.5cm×26cm	46,000	浙江骏成	2014.06.22
王安维 粉彩箭筒	高59.6cm	36,800	中国嘉德	2014.11.22
王昌彪 2011年 四季山水·粉彩四条屏	高111cm；宽31cm	138,000	景德镇华艺	2014.10.20
王昌彪 2014年 雪山访友粉彩瓷板	50cm×50cm	51,750	景德镇华艺	2014.05.31
王成之 2003年 粉彩"豆花纺织娘"玉米瓶	高36cm	59,800	北京保利	2014.06.05
王大凡 粉彩酿酒图仕女瓶	高35cm	943,000	北京保利	2014.12.02
王大明 1974年 八蛮进宝·粉彩薄胎碗	直径11.5cm	28,750	景德镇华艺	2014.10.20
王怀俊 1992年 麻姑献寿·粉彩瓷板	高74cm；宽41cm	161,000	景德镇华艺	2014.10.20
王璜 古藤新绿春满人间 粉彩瓷板	宽79cm	57,500	中国嘉德	2014.05.20
王隆夫 1989年 粉彩"钟馗图"瓷板	55cm×31cm	287,500	浙江骏成	2014.06.22
王隆夫 麻姑献寿粉彩瓷盘	直径30.5cm	414,000	北京匡时	2014.06.03
王琦 粉彩"对弈图"瓷板	39cm×25.5cm	690,000	北京保利	2014.06.05
王青 粉彩"喜上眉梢"瓷板	118cm×118cm	57,500	浙江骏成	2014.06.22
王清丽 2013年 粉彩"秋桐栖禽"瓷板	113cm×28cm	55,200	浙江骏成	2014.06.22
1988年 王秋霞 四大诗人粉彩四条屏	112cm×32cm	920,000	景德镇华艺	2014.05.25
王秋霞 2000年 粉彩"荷花图"瓷瓶	高41cm	57,500	浙江骏成	2014.06.22
王秋霞 2006年 春风杨柳粉彩瓷瓶	高35.5cm	89,700	景德镇华艺	2014.05.31
王秋霞 2006年作 粉彩"春风花草香"瓷瓶	高45cm	103,500	北京万隆	2014.06.04
王秋霞 2009年作 粉彩仕女瓷瓶	高46cm	126,500	北京万隆	2014.06.04
王秋霞 2010年 红艳露华容粉彩瓷瓶	高35cm	80,500	景德镇华艺	2014.05.31
王秋霞 2013年 幽兴在桃园粉彩瓷瓶	高35cm	92,000	景德镇华艺	2014.05.31
王秋霞 2014年 浣纱女·粉彩瓷瓶	高35cm	86,250	景德镇华艺	2014.10.20
王秋霞 2014年 曲江清晖粉彩笔筒	高17cm	92,000	景德镇华艺	2014.05.25
王秋霞 方形粉彩花鸟笔筒	高17.3cm	51,750	北京匡时	2014.12.02
王秋霞 绿梅粉彩高白釉瓷瓶	高27.3cm	51,750	北京匡时	2014.06.03
王秋霞 秋赏粉彩瓶	高42.3cm	63,250	北京匡时	2014.12.02
王秋霞 赛车粉彩瓷瓶	高44.6cm	115,000	北京匡时	2014.06.03
王秋霞　柳荫午憩　粉彩茶壶	长17.5cm	23,000	中国嘉德	2014.11.22
王淑凝 2011年 粉彩"乐果园"瓷瓶	高63cm	345,000	北京保利	2014.06.05
王希怀 粉彩茶具（一套）	尺寸不一	69,000	上海道明	2014.03.27
1944年 王锡良 粉彩"蟠桃献寿"中堂瓷板配书法长条瓷板	41.7cm×27cm；41.7cm×12cm×2	2,530,000	北京保利	2014.06.05
1973年 王锡良 庐山二景颜色釉刻花粉彩双耳瓶	高34cm	4,830,000	景德镇华艺	2014.05.25
王锡良 1993年 过垂虹粉彩瓷瓶	高27cm	1,725,000	景德镇华艺	2014.05.31
王锡良 粉彩人物瓷瓶	高21cm	414,000	北京匡时	2014.06.03
王锡良 粉彩人物对盘	直径22.1cm×2	575,000	北京匡时	2014.06.03
王锡良 江上数峰青粉彩瓷板	39cm×39cm	575,000	北京匡时	2014.12.02
王锡良 陆羽品茶图粉彩瓷板	44cm×80cm	862,500	北京匡时	2014.12.02
王锡良 天蓝地粉彩人物图琮式瓶（一对）	高27.3cm×2	99,220	伦敦苏富比	2014.11.05
王锡良、傅建文 2014年 桃源问津粉彩箭筒	高50.5cm	57,500	景德镇华艺	2014.05.25
王云泉 1945年 鹤踞乔松好山河·粉彩瓷板	高38cm；宽25cm	368,000	景德镇华艺	2014.10.20
王云泉 1980年 晚归图粉彩瓷板	长37cm；宽25cm	138,000	景德镇华艺	2014.05.31
王云泉 粉彩山水对瓶	高25.2cm×2	69,000	北京匡时	2014.06.03
王云泉 粉彩山水座屏	24cm×16.5cm	17,250	中国嘉德	2014.11.22
魏柳杨 2007年 与友携琴上翠微粉彩瓷板	高50cm；宽23cm	32,200	景德镇华艺	2014.05.31

拍品名称	物品尺寸	成交价RMB	拍卖公司	拍卖日期
魏晓阳 月上青松顶粉彩人物瓷瓶	高49.3cm	17,250	北京匡时	2014.06.03
魏墉生 1929年 东方朔·粉彩瓷板	高47.5cm；宽32.5cm	126,500	景德镇华艺	2014.10.20
文革时期 粉彩"喜上眉梢、花开富贵"瓷盘（一对）	直径25cm×2	32,200	浙江骏成	2014.06.22
吴成仁 永结同心 粉彩茶壶	长15cm	13,800	中国嘉德	2014.11.22
吴惠明 一苇渡江粉彩瓷板	79cm×43cm	71,300	北京匡时	2014.12.02
吴惠明 一苇渡江粉彩瓷瓶	高38cm	69,000	北京匡时	2014.06.03
吴火良 2010年 粉彩"美人芭蕉"瓷板	113cm×56cm	34,500	浙江骏成	2014.06.22
吴锦华 粉彩瓷壶	宽16.5cm	115,000	中国嘉德	2014.11.22
吴锦华 弦音绕秋树 粉彩瓷板	40cm×40cm	920,000	中国嘉德	2014.05.20
吴兰芳 2014年 紫园乐粉彩瓷瓶	高48cm	69,000	景德镇华艺	2014.05.31
现代 汪桂英 湖山清晓粉彩山水胆瓶	高31cm	80,500	北京匡时	2014.12.02
现代汪平孙翠边矩形粉彩山水对瓶	高27.3cm×2	138,000	北京匡时	2014.12.02
现代 汪平孙 清秋访友粉彩瓶	高48cm	69,000	北京匡时	2014.12.02
熊钢如 2008年 粉彩"富贵大吉"瓶	高42cm	36,800	北京保利	2014.06.05
熊汉中 粉彩瓷瓶	宽21cm	57,500	中国嘉德	2014.11.22
熊晓峰 1987年 粉彩山水册页（一套四件）	高19cm×4	92,000	景德镇华艺	2014.05.31
徐国明 2014年 清淡生活·粉彩镶器	高44cm；长175cm；宽175cm	40,250	景德镇华艺	2014.10.20
徐国明 田园风光 粉彩镶器	高52cm	57,500	中国嘉德	2014.05.20
徐焕文 1991年 漓江帆影粉彩瓷盘	直径21.5cm	63,250	景德镇华艺	2014.05.31
徐焕文 粉彩山水薄胎高颈瓶	高45cm	322,000	北京万隆	2014.06.04
徐晓云 2013年 珠山八友粉彩瓷板	长172cm；宽86cm	172,500	景德镇华艺	2014.05.31
徐亚凤 2010年 粉彩水点桃花茶具（一套九件）	尺寸不一	46,000	浙江骏成	2014.06.22
徐亚凤 2011年 粉彩水点桃花宝塔瓶	高41cm	103,500	浙江骏成	2014.06.22
徐亚凤 春讯 粉彩瓷瓶	高38cm	115,000	中国嘉德	2014.05.20
徐亚凤 粉彩花鸟盘	直径21.8cm	34,500	北京保利	2014.06.05
徐亚凤 秋菊 粉彩瓷瓶	高40cm	115,000	中国嘉德	2014.05.20
徐亚凤 小园春暖 粉彩瓷瓶	高39.5cm	115,000	中国嘉德	2014.05.20
徐亚凤 重工粉彩开光山水瓷瓶	高30cm	69,000	中国嘉德	2014.05.20
徐仲南 1939年 粉彩竹报平安纹瓷板	38.8cm×25.5cm	68,214	伦敦苏富比	2014.11.05
徐仲南 粉彩"水仙图"瓷瓶	高24cm	138,000	浙江骏成	2014.06.22
徐仲南 粉彩《春枝栖息图》小赏瓶	高11.5cm高14.5cm	1,150,000	北京保利	2014.12.02
徐仲南 粉彩人物瓶（一对）	高15.5cm×2	2,990,000	北京匡时	2014.06.03
徐仲南 花中偏爱菊 粉彩印泥盒	直径6.8cm	115,000	中国嘉德	2014.11.22
宴乐长春清赏款 宴乐长春清赏款枣皮红地粉彩描金缠枝西番莲碗	直径14.4cm	96,800	北京贞观	2014.09.27
杨树霖 1986年 红楼梦·粉彩薄胎皮灯	高26.5cm	78,200	景德镇华艺	2014.10.20
洋彩开光花鸟庭园六棱天球瓶	高50.5cm	26,400,000	中信拍卖	2014.07.14
艺术瓷厂 粉彩描金鸳鸯莲子缸	直径47cm	92,000	中国嘉德	2014.11.22
艺术瓷厂 粉彩人物故事册页（一套八件）	17cm×12cm×8	437,000	浙江骏成	2014.06.22
余磁 2013年 清香粉彩瓷板	高49cm；宽44cm	74,750	景德镇华艺	2014.05.25
余少石 1986年 大吉图·粉彩瓷板	高54cm；宽32cm	13,800	景德镇华艺	2014.10.20
俞瑞林 2013年 伏虎图·粉彩扇形瓷板	长118cm；宽44cm	34,500	景德镇华艺	2014.10.20
袁世文 2013年 飞阁欲浮空粉彩棱形镶器（一双）	高50cm	264,500	景德镇华艺	2014.05.31
袁世文 2014年 雪映山川秀·粉彩月光瓶	高33.5cm	138,000	景德镇华艺	2014.10.20
袁世文 粉彩瓷瓶	高39.5cm	57,500	中国嘉德	2014.11.22
袁智勇 2014年 春夏秋冬·粉彩四方镶器	高26.5cm	36,800	景德镇华艺	2014.10.20
占昌赣 2014年 粉彩花鸟图瓷瓶（一组四件）	高47cm	69,000	景德镇华艺	2014.05.31
占昌赣 六鹤同春 粉彩装饰瓷板	80cm×58cm	51,750	翰文今博	2014.06.28

拍品名称	物品尺寸	成交价RMB	拍卖公司	拍卖日期
张虹 2013年 粉彩"春韵春暖春意春趣"四条屏	83cm×33cm×4	32,200	浙江骏成	2014.06.22
张景辉 2012年作 晨雾 粉彩装饰瓷板	56cm×56cm	218,500	翰文今博	2014.06.28
张景辉 2012年作 秋意 粉彩装饰瓷板	38cm×43cm	134,400	翰文今博	2014.06.28
张景寿 1985年作 粉彩花鸟瓷板	163cm×74cm	287,500	北京万隆	2014.06.04
张景寿 1986年 东篱秋色·粉彩四方镶器	高39cm	172,500	景德镇华艺	2014.10.20
1990年 张松茂 黄山四景粉彩山水四条屏	高30.5cm；宽22cm	3,047,500	景德镇华艺	2014.05.25
张松茂 1992年 飞流直下三千尺粉彩薄胎对瓶	高18cm×2	977,500	景德镇华艺	2014.05.31
张松茂 2002年 粉彩红地"梅"瓶	高37.4cm	805,000	北京保利	2014.06.05
张松茂 粉彩瓷板	27cm×42cm	2,070,000	中国嘉德	2014.05.20
张松茂 粉彩瓷盘	直径48.5cm	4,600,000	中国嘉德	2014.05.20
张松茂 粉彩瓷盘	直径22cm	138,000	中国嘉德	2014.05.20
张松茂 粉彩红地白梅瓷盘	直径23cm	184,000	北京万隆	2014.06.04
张松茂 粉彩红军长征瓷盖杯	高14cm	149,500	中国嘉德	2014.11.21
张松茂 粉彩山水瓷盘	直径26.2cm	184,000	中国嘉德	2014.05.20
张松茂 老梅开花花更红粉彩瓷瓶	高29.3cm	322,000	北京匡时	2014.06.03
张松茂 柳宗元江雪诗意 粉彩瓷盘	直径23.3cm	138,000	中国嘉德	2014.11.22
张松茂 徐亚凤 2007年作 粉彩"金秋"瓷板	90cm×20.5cm	218,500	北京万隆	2014.06.04
张松茂 竹林七贤 粉彩瓷壶	宽16.5cm	287,500	中国嘉德	2014.05.20
张松涛 1979年 粉彩花鸟盘	直径22cm	34,500	北京保利	2014.06.05
张松涛 1986年 万紫千红粉彩瓷板	高78cm	172,500	景德镇华艺	2014.05.31
张松涛 戏鸡图粉彩薄胎瓶	高18cm	40,250	景德镇华艺	2014.05.31
张晓杰 粉彩瓷瓶	高48cm	57,500	中国嘉德	2014.11.22
张晓杰 2011年 国色天香粉彩瓷瓶	高41cm	40,250	景德镇华艺	2014.05.31
张晓杰 茶梅 粉彩瓷板	49cm×49cm	48,300	中国嘉德	2014.05.20
张晓杰 春牡 粉彩瓷板	49cm×49cm	43,700	中国嘉德	2014.05.20
张晓杰 和谐 粉彩瓷板	48.5cm×48.5cm	40,250	中国嘉德	2014.05.20
张育贤 2003年 猫趣粉彩瓷盘	直径27.5cm	48,300	景德镇华艺	2014.05.31
张志汤 1957年 粉彩菊花纹耳盅	高5cm	46,000	景德镇华艺	2014.05.25
张志汤 1964年 粉彩"溪山叠翠"瓷板	20cm×13cm	86,250	浙江骏成	2014.06.22
张志汤 金地万花粉彩天圆地方瓶（一对）	35cm×16cm×2	3,795,000	浙江骏成	2014.06.22
张志汤（传）豆青釉粉彩开光四季山水象耳尊	高35cm	1,150,000	北京保利	2014.06.05
张志汤款 粉彩山水图瓷板	39cm×27cm	126,500	深圳市拍	2014.01.05
章鉴 1987年 八骏图粉彩薄胎瓶	高29.5cm	1,725,000	景德镇华艺	2014.05.25
章鉴 重工粉彩四季四兽瓷板（一套四件）	75cm×21.5cm×4	8,280,000	北京匡时	2014.06.03
章亮 1987年 扑蝶图粉彩薄胎爆竹瓶	高25cm	43,700	景德镇华艺	2014.05.31
章亮 2004年 娥皇女英粉彩瓷瓶	高36cm	36,800	景德镇华艺	2014.05.31
章仕保款 粉彩带子归宗瓶	高22cm	483,000	深圳市拍	2014.01.05
章文超 粉彩仕女瓷板挂屏（一张）	宽46cm；高81cm	34,523	香港富得	2014.03.29
赵惠民 童子观音薄胎粉彩瓶	高21.2cm	805,000	北京匡时	2014.06.03
赵惠民款粉彩"愉快的假日"瓷板	56.8cm×32.3cm	11,500	中国嘉德	2014.03.23
赵世文 2013年 松下赏雪不动云·粉彩瓷板	高58cm；宽40cm	51,750	景德镇华艺	2014.10.20
赵紫云 2009年 粉彩"童趣图"瓷瓶	高40cm	80,500	浙江骏成	2014.06.22
赵紫云2006年 粉彩"贵妃图"瓷瓶	高44cm	207,000	浙江骏成	2014.06.22
钟齐宝 2013年 张家界粉彩瓷板	长80cm；宽42cm	57,500	景德镇华艺	2014.05.31
重工粉彩开窗人物瓷瓶	高29.2cm	149,500	北京匡时	2014.06.03
周峰 2014年 漓江归渔·粉彩瓷板	长80cm；宽44cm	17,250	景德镇华艺	2014.10.20
周鹏 荷花粉彩瓷瓶	高59.7cm	11,500	北京匡时	2014.06.03
朱建平 2014年 抱琴访友·粉彩蝠耳尊	高20cm	37,950	景德镇华艺	2014.10.20

2014瓷器拍卖成交汇总

(成交价RMB：1万元以上)

拍品名称	物品尺寸	成交价RMB	拍卖公司	拍卖日期
邹甫仁 1998年 紫云珠帐·粉彩瓷板	高55cm；宽31cm	46,000	景德镇华艺	2014.10.20
邹甫仁 2004年 粉彩“江天雪霁”瓶	高35cm	40,250	北京保利	2014.06.05
邹甫仁 粉彩瓷瓶	高33.5cm	57,500	中国嘉德	2014.05.20
邹甫仁 雄鹰粉彩扇形瓷板（一对）	21.5cm×54cm×2	322,000	北京匡时	2014.06.03
邹甫仁 硬木镶粉彩鱼藻纹瓷板镜架（一套四幅）	高87cm	38,640	香港普艺	2014.08.02
邹甫仁 竹林翠鸟粉彩瓷瓶	高45.7cm	66,700	北京匡时	2014.06.03
邹甫仁绘粉彩秋色清华图瓶	高43cm	62,425	中拍国际	2014.06.04
邹国钧 手工薄胎粉彩八角碗	直径12cm	322,000	中国嘉德	2014.05.20
邹国钧 双马石哨口 粉彩高白玉兰杯	高13cm	63,250	中国嘉德	2014.11.22
珐琅彩				
清康熙 御制黄地珐琅彩花卉纹碗	直径142cm	13,539,360	佳士得	2014.05.28
清雍正 珐琅彩暗龙穿花纹小碗	直径9.2cm	264,500	北京诚轩	2014.11.20
清雍正 珐琅彩花鸟纹瓶（一对）	高21cm×2	466,320	香港华洋	2014.06.25
清雍正 黄地花鸟荷叶洋瓷洗（一对）	长22.5cm×2	172,500	上海道明	2014.03.27
清雍正 胭脂紫地画珐琅九秋小碗	直径9cm	172,500	北京保利	2014.06.06
清雍正 御窑霁红釉珐琅彩梅花杯（一对）	直径5.7cm×2	2,760,000	北京东正	2014.05.18
大清雍正年制款 大清雍正年制款描金珐琅彩百蝶纹铃铛杯	高7.3cm	16,500	北京贞观	2014.09.27
清乾隆 珐琅彩花卉纹双耳大吉顶盖盅	23cm×19cm	65,044	中信国际	2014.03.30
清乾隆 画珐琅十八罗汉灯笼瓶	高9.5cm	345,000	上海嘉泰	2014.06.19
清乾隆 珐琅彩百花小碟	直径10.5cm	943,000	北京保利	2014.12.03
清乾隆 珐琅彩开光花鸟纹贯耳小瓶	高9.8cm	6,325,000	上海泓盛	2014.12.15
清乾隆 御制珐琅彩描金花鸟纹双耳瓶	高43cm	20,059,961	香港九龙	2014.7.28
清中期 胭脂紫地画珐琅九秋图盘	直径15cm	448,000	北京荣宝	2014.11.30
清同治 珊瑚红开光珐琅彩人物盘	直径18.5cm	46,000	北京保利	2014.10.25
清 珐琅彩锦地开光山水纹棒槌瓶（一对）	高45cm×2	111,504	中信国际	2014.03.30
清 珐琅彩花鸟纹胆瓶	高17cm	52,626,300	澳门中信	2014.11.30
清 珐琅彩花鸟纹长颈瓶	高22cm	10,888,200	澳门中信	2014.11.30
珐琅彩花卉碗	口径15.2cm	1,650,000	中信拍卖	2014.07.14
珐琅彩山水纹方瓶	高59cm	27,738	香港普艺	2014.05.31
民国 珐琅彩“孟母教子”图人物瓶	高15.5cm	253,000	北京匡时	2014.06.03
民国 珐琅彩拐子龙纹桥耳炉	直径20cm	322,000	华艺国际	2014.04.13
民国 珐琅彩花卉盘	直径17cm	32,200	深圳市拍	2014.01.05
民国 珐琅彩花卉诗文双耳瓶	高23.5cm	920,000	北京翰海	2014.01.11
民国 珐琅彩花鸟爆竹瓶	高24cm	138,000	上海道明	2014.03.27
民国 珐琅彩花鸟杯（两件）	高6.5cm×2	23,000	北京翰海	2014.11.23
民国 珐琅彩教子图瓶	高13.5cm	23,000	深圳市拍	2014.01.05
民国 珐琅彩锦地开光花鸟纹瓶	高29.9cm	51,750	北京中汉	2014.04.16
民国 珐琅彩锦鸡瓷板	42.5cm×27.5cm	43,700	北京保利	2014.10.25
民国 珐琅彩牧牛图胆瓶	高24cm	249,700	中拍国际	2014.06.04
民国 珐琅彩人物螭龙耳瓶（两件）	高33.5cm	1,380,000	北京翰海	2014.10.26
民国 珐琅彩山水人物纹瓶	高8cm	126,500	上海敬华	2014.07.01
民国 珐琅彩外灵芝福纹及内珐琅彩龙纹碗（一对）	尺寸不一	140,818	香港拍得高	2014.03.30
民国 仿珐琅彩花卉纹小瓶（一对）	高5.5cm×2	36,708	中国嘉德	2014.04.09
民国 仿珐琅彩教子图诗文小蒜头瓶（一对）	高9.5cm×2	46,000	中国嘉德	2014.09.21
民国 仿珐琅彩瑞兽纹小瓶（一对）	高6cm×2	48,300	中国嘉德	2014.03.23
民国 仿珐琅彩山水人物纹小罐	高17.5cm	11,500	中国嘉德	2014.09.21
民国 仿珐琅彩西洋人物纹镂空花口盘	直径18.7cm	28,750	中国嘉德	2014.09.21
民国 仿珐琅彩雪景西洋人物纹薄胎小罐（一对）	直径7.5cm×2	103,500	中国嘉德	2014.03.23
民国 画珐琅双耳人物扁瓶	高11cm	113,000	辽宁建投	2014.06.08
三娘教子·珐琅彩瓷瓶	高15.5cm	253,000	景德镇华艺	2014.10.20
易查理 “安居乐业”新珐琅彩瓷瓶	高47cm	184,000	中国嘉德	2014.11.22
广彩				
清雍正 广彩仕女图花浇	高32.5cm	345,000	北京保利	2014.06.06
清雍正 广彩十八罗汉图纹盘（一对）	直径23cm×2	67,800	广东省拍	2014.06.22
清乾隆 洛克菲勒风格广彩人物故事纹茶杯（六件）	直径9cm	51,980	广东省拍	2014.06.22
清乾隆 广彩赭石色人物故事纹圆盘	直径24.5cm	45,200	广东省拍	2014.06.22
清乾隆 广彩洛克菲勒风格山水纹盘	直径19.5cm	50,850	广东省拍	2014.06.22
清乾隆 广彩开光人物大碗	直径28.5cm	11,500	北京保利	2014.08.02
清中期 广彩通景人物故事图大碗	高41.5cm	271,200	广东省拍	2014.06.22
清中期 广彩水浒人物双耳瓶（一对）	高37cm×2	46,000	广州皇玛	2014.04.27
清中期 广彩人物故事图大碗	直径41cm	11,500	北京保利	2014.04.26
清中期 广彩人物大碗镶铜饰	直径70cm	43,700	北京保利	2014.01.11
清中期 广彩人物大碗	直径28.8cm	35,650	深圳市拍	2014.01.05
清中期 广彩缕空花边人物盘（一对）	直径30cm×2	69,000	广州皇玛	2014.04.27
清咸丰 广彩开光人物花鸟纹大碗	直径37cm	115,000	华艺国际	2014.05.31
清同治 广彩仕女图盘	直径41cm	17,250	北京保利	2014.04.26
清同治 广彩开光人物双耳盖瓶（一对）	高42cm×2	46,000	广州皇玛	2014.01.02
清19世纪 广彩开光花鸟人物莲口瓶	高94.2cm	92,025	纽约苏富比	2014.03.18
清 广彩人物纹象耳瓶（一对）	高46cm×2	34,500	中国嘉德	2014.09.21
清 广彩人物大碗	直径34cm	103,500	广州皇玛	2014.01.02
清 广彩人物大碗	直径31cm	17,250	北京翰海	2014.04.13
清 广彩人物大碗	直径31cm	14,950	北京翰海	2014.01.12
清 广彩人物大碗	直径41cm	11,500	北京翰海	2014.08.24
清 广彩楼阁图大碗	直径63cm	71,300	中国嘉德	2014.03.23
清 广彩开光人物纹布袋口双耳瓶	高36cm	25,180	中信国际	2014.02.23
清 广彩花鸟人物纹大缸	直径57cm	11,500	中国嘉德	2014.06.21
清 广彩花卉开光花鸟人物纹大瓶	高58.5cm	13,800	中国嘉德	2014.03.23
清 广彩花蝶开光人物纹兽耳瓶（一对）	高62cm×2	25,300	中国嘉德	2014.06.21
清 广彩缠枝莲开光花鸟人物纹大碗	直径37.2cm	46,000	中国嘉德	2014.06.21
民国 广彩人物碗	直径28cm	17,250	北京翰海	2014.04.13
民国 广彩人物瓶（两件）	高40cm×2	11,500	北京翰海	2014.01.12
珐华彩				
明早期 珐华八仙过海纹罐	高33cm	747,500	北京东正	2014.05.18
清中期 仿珐琫荷塘图梅瓶（一对）	高28.5cm×2	32,200	中国嘉德	2014.09.21
明中期 珐华人物纹大罐	高38.5cm	483,000	北京保利	2014.06.05
明中期 珐华彩璎珞花卉纹梅瓶	高24.7cm	36,800	北京中汉	2014.11.21
明中期 珐华彩缠枝花卉纹葫芦瓶	高33.2cm	92,000	北京中汉	2014.09.22
明中期 珐华彩“一鹭连科”图鼓钉绣墩	高34cm	92,000	北京中汉	2014.09.22
明16世纪 珐华莲塘纹罐	高20.9cm	69,019	纽约苏富比	2014.03.18
明 弘治黑地珐华彩花鸟璎珞纹罐	高50cm	291,200	成都金沙	2014.11.16
明 珐华三彩佛塔	高95cm	287,500	北京东正	2014.11.20
明 珐华镂雕人物图盖罐		184,050	纽约苏富比	2014.03.18
浅绛彩				
清咸丰 浅绛山水人物笔筒	高17.2cm	172,500	北京翰海	2014.10.26
清同治 浅绛彩太白醉酒双象耳瓶	高17cm	40,250	北京保利	2014.10.25
清光绪 浅绛彩诗文象耳瓶	高30cm	448,500	北京保利	2014.04.26
清光绪 浅绛彩山水诗文方瓶	高29.5cm	126,500	北京保利	2014.04.26
清光绪 浅绛彩柳燕象耳瓶	高37cm	11,500	北京保利	2014.10.25
清光绪 浅绛彩花鸟人物方瓶	高31cm	161,000	北京保利	2014.04.26
清光绪 浅绛彩人物象耳方瓶（两件）	高24cm×2	184,000	北京翰海	2014.04.13
清光绪 浅绛彩松鹿鹿头尊	高48cm	46,000	北京保利	2014.10.25
清光绪 浅绛彩山水人物鹿头尊	高34cm	13,800	北京保利	2014.08.02

拍品名称	物品尺寸	成交价RMB	拍卖公司	拍卖日期
清光绪 金品卿款浅绛彩山水人物图茶壶	高17.2cm	224,000	天津文物	2014.11.15
清光绪 浅绛彩山水诗文玉壶春瓶	高21.5cm	253,000	北京保利	2014.04.26
清光绪 浅绛彩周友松诗文四方花盆	长28cm	299,000	北京保利	2014.04.26
清光绪 浅绛彩双牛图花盆	直径24cm	23,000	北京保利	2014.04.26
清光绪 浅绛彩诗文花盆	高34.5cm	51,750	北京保利	2014.04.26
清光绪 浅绛彩山水诗文花盆	直径27cm	13,800	北京保利	2014.04.26
清光绪 浅绛花鸟诗文四方花盆	19cm×19cm	36,320	中拍国际	2014.06.04
清光绪 浅绛彩花鸟花盆（一对）	高47cm×2	126,500	北京保利	2014.04.26
清光绪 浅绛彩婴戏笔筒	直径19.5cm	11,500	北京保利	2014.10.25
清光绪 浅绛彩人物诗文盖盒	直径27cm	34,500	北京保利	2014.08.02
清光绪 浅绛彩人物瓷板	直径37cm	345,000	北京保利	2014.04.26
清光绪 浅绛彩花鸟纹碗	直径12.5cm	11,500	太平洋	2014.09.19
清光绪 浅绛彩花鸟诗文笔筒	直径13cm	80,500	北京保利	2014.04.26
清光绪 浅绛彩博古诗文炉	直径25cm	17,250	北京保利	2014.04.26
清光绪 高心田浅绛彩山水人物盘（一对）	直径24cm×2	23,000	北京保利	2014.06.06
清光绪 浅绛四方供盘（一对）	高8cm×2	31,780	中拍国际	2014.06.04
清光绪 1878年 程门 浅绛彩绘画集锦琮瓶	高30cm	345,000	北京保利	2014.12.02
清光绪 1881年 任焕章 浅绛彩绘画集锦兽耳琵琶方尊	高49cm	1,380,000	北京保利	2014.12.02
清 汪介眉绘浅绛彩喜鹊登梅大笔筒	直径19cm	34,500	浙江世贸	2014.07.27
清 浅绛彩山水人物天球瓶	高57cm	43,700	北京保利	2014.08.02
清 浅绛彩山水人物瓷板台屏	瓷板39cm×25cm	38,640	香港淳浩	2014.07.30
清 浅绛彩人物鹿头尊	高50cm	28,750	北京翰海	2014.08.24
清 浅绛彩花卉方瓶	高48.5cm	11,500	北京翰海	2014.11.23
清 程门款浅绛彩山水诗文笔筒	高13.6cm	20,700	中国嘉德	2014.09.21
清晚期/民国 浅绛彩公鸡图执壶	高17cm	10,350	中贸圣佳	2014.07.06
清晚期 金品卿 玲珑傲霜影·浅绛彩瓷板	高39cm；宽26cm	172,500	景德镇华艺	2014.10.20
清晚期 程门 浅绛彩山水人物挂屏	24.5cm×38cm	72,680	香港拍得高	2014.03.30
清晚期-民国 浅绛彩大吉图小象耳尊	高20.8cm	46,000	中国嘉德	2014.09.21
清晚期 王少维款浅绛彩山水纹象耳尊	高43.5cm	1,012,000	中国嘉德	2014.09.21
清晚期 青釉开光浅绛彩花鸟纹象耳尊（一对）	高46cm×2	13,800	中国嘉德	2014.06.21
清晚期 蒋玉卿款浅绛彩八仙人物纹铺首方瓶	高43cm	13,800	中国嘉德	2014.03.23
清晚期 程门款浅绛彩山水人物纹小瓶	高14.9cm	34,500	中国嘉德	2014.09.21
浅绛彩花鸟纹双鹿首耳尊	高33cm	40,682	香港普艺	2014.05.31
民国 浅绛彩渔家乐方瓶	高56cm	51,750	北京保利	2014.04.26
民国 浅绛彩松鹿瓶	高32.5cm	13,800	北京翰海	2014.04.13
民国 浅绛彩松鹿盘口瓶	高67cm	34,500	北京翰海	2014.11.23
民国 浅绛彩山水诗文瓶	高38cm	86,250	北京保利	2014.04.26
民国 浅绛彩山水人物瓶	高40cm	71,300	北京保利	2014.04.26
民国 浅绛彩人物诗文瓶	高35cm	23,000	北京保利	2014.04.26
民国 浅绛彩人物棒槌瓶	高33cm	32,200	北京保利	2014.04.26
民国 浅绛彩罗汉诗文象耳瓶	高43cm	63,250	北京保利	2014.04.26
民国 浅绛彩福禄寿三星瓶	高27cm	20,700	北京保利	2014.04.26
民国 浅绛彩大吉博古方瓶	高55cm	80,500	北京保利	2014.04.26
民国 浅绛彩八哥诗文瓶	高46cm	28,750	北京保利	2014.04.26
民国 何明谷绘浅绛彩卦侯爵禄纹琮式瓶	高43cm	28,125	中鸿信	2014.11.22
民国 浅绛彩花鸟人物茶壶（八件）	尺寸不一	17,250	北京保利	2014.08.02
民国 汪野亭浅绛彩山水诗文盘	长27cm	92,000	中鸿信	2014.11.22
民国 浅绛彩仕女诗文花盆	直径33cm	161,000	北京保利	2014.04.26
民国 浅绛彩仕女诗文方花盆	宽31cm	86,250	北京保利	2014.04.26
民国 浅绛彩人物诗文花盆	直径38cm	563,500	北京保利	2014.04.26
民国 浅绛彩人物诗文花盆	宽31cm	402,500	北京保利	2014.04.26
民国 浅绛彩人物诗文方花盆	长29cm	402,500	北京保利	2014.04.26

拍品名称	物品尺寸	成交价RMB	拍卖公司	拍卖日期
民国 浅绛彩人物故事大花盆	直径54cm	529,000	北京保利	2014.04.26
民国 浅绛彩花卉诗文方花盆	长30cm	770,500	北京保利	2014.04.26
民国 浅绛彩柳燕桃花花盆（三件）	直径28cm	16,100	北京保利	2014.08.02
民国 浅绛彩人物花盆（一对）	直径27cm×2	28,750	北京保利	2014.04.26
民国 浅绛彩博古诗文花盆（一对）	高38cm×2	230,000	北京保利	2014.04.26
民国 浅绛彩仕女帽筒（两件）	高28cm×2	28,750	北京保利	2014.08.02
民国 浅绛彩山水帽筒（两件）	高28cm×2	57,500	北京保利	2014.08.02
民国 浅绛彩山水帽筒（两件）	高28cm×2	36,800	北京保利	2014.08.02
民国 浅绛彩山水帽筒（两件）	高28cm×2	25,300	北京保利	2014.08.02
民国 浅绛彩山水帽筒（两件）	高28.5cm×2	25,300	北京保利	2014.08.02
民国 浅绛彩仕女帽筒（一对）	高27.5cm×2	59,800	北京保利	2014.08.02
民国 浅绛彩人物帽筒（一对）	高28cm×2	103,500	北京保利	2014.08.02
民国 浅绛彩山水人物文房（一套五件）	尺寸不一	28,750	北京保利	2014.08.02
民国 浅绛彩山水笔筒	高14cm	48,300	北京保利	2014.04.26
民国 浅绛彩花鸟（四屏）	高180cm×4	195,500	北京保利	2014.10.25
民国 浅绛彩 粉彩瓷器（七件）	尺寸不一	20,700	中国嘉德	2014.06.21
程门款 浅绛彩溪山烟雨图瓷板	35.5cm×24cm	172,500	深圳市拍	2014.01.05
19世纪 俞子明 浅绛彩山水纹圆瓷板及圆盘	直径26cm	24,805	伦敦苏富比	2014.11.05
1917年作 浅绛彩花鸟纹蟠龙瓶（一对）	高28.5cm×2	25,300	中国嘉德	2014.09.21
1915年作 马庆云款浅绛彩山水人物诗文香熏	长17.5cm	34,500	中国嘉德	2014.09.21
1901年作 浅绛彩仕女诗文帽筒（一对）	高29cm×2	17,250	中国嘉德	2014.09.21
1889年 程门 携琴访友·浅绛彩瓷板	高39cm；宽26cm	172,500	景德镇华艺	2014.10.20
1883年作 金品卿款浅绛彩花鸟纹高足碗（一对）	直径16.5cm×2	71,300	中国嘉德	2014.09.21
1882年作 汪照藜款浅绛彩花鸟诗文帽筒	高29.2cm	17,250	中国嘉德	2014.09.21
1877年 王少维 "晋爵添筹"浅绛彩瓷板	高43cm；宽33cm	1,035,000	景德镇华艺	2014.10.20
红彩				
明宣德 红彩盘	直径12.5cm	69,000	北京东正	2014.06.07
明嘉靖 矾红九龙图杯	直径8.8cm	287,500	中国嘉德	2014.06.21
明弘治 白地矾红彩五鱼纹盘	直径21.1cm	920,000	北京中汉	2014.05.17
清康熙 洒蓝釉描金龙纹梵红彩鱼纹棒槌瓶	高47.5cm	69,000	北京翰海	2014.10.26
清康熙 绿地矾红彩龙纹盘	直径21.9cm	184,000	北京诚轩	2014.11.20
清康熙 矾红山水纹瓶	高18.8cm	28,750	北京东正	2014.06.07
清康熙 矾红龙纹锥把瓶	高34cm	80,500	北京保利	2014.08.02
清康熙 矾红龙纹盘	直径17.5cm	184,000	北京华辰	2014.05.17
清康熙 矾红莲花托金寿字杯	直径6cm	91,770	中国嘉德	2014.04.09
清康熙 矾红彩跃鲤纹棒槌瓶	高24.4cm	168,000	天津文物	2014.11.15
清康熙 矾红彩盘绕纹瓶（一对）	高26cm×2	85,670	伦敦苏富比	2014.05.14
清雍正 米黄釉矾红彩三鱼五福纹盘（一对）	直径11.6cm×2	920,000	北京诚轩	2014.11.20
清雍正 矾红外团龙内洪福纹杯	直径6.9cm	299,000	北京中汉	2014.05.17
清雍正 矾红九龙罐	高18cm	345,000	中鸿信	2014.11.22
清雍正 矾红凤纹小碟	直径11.2cm	89,700	南京经典	2014.04.27
清雍正 矾红缠枝莲纹盘（一对）	直径15cm×2	1,232,000	北京荣宝	2014.06.15
清雍正 矾红彩描金云龙纹六方花觚	高42.8cm	10,472,840	香港苏富比	2014.10.08
清雍正 白釉胭脂红蟠螭尊	高19.5cm	734,160	中国嘉德	2014.04.09
清雍正 豆青填红釉五蝠纹碗	直径15.5cm	168,000	天津文物	2014.11.15
清乾隆 松石绿釉红彩五蝠纹碗	直径17.6cm	195,500	中国嘉德	2014.05.18
清乾隆 料彩矾红龙纹抱月瓶	高18cm	1,610,000	华艺国际	2014.05.31
清乾隆 红彩鎏金福禄寿纹六角碗（一对）		462,300	澳门中信	2014.06.08
清乾隆 矾红翼龙天鸡高足盖碗	直径15.8cm	1,150,000	上海道明	2014.03.27
清乾隆 矾红蝠纹盘	直径15cm	80,500	北京保利	2014.04.26
清乾隆 矾红彩御题三清诗碗	直径10.7cm	280,000	天津文物	2014.11.15

2014瓷器拍卖成交汇总

(成交价RMB：1万元以上)

拍品名称	物品尺寸	成交价RMB	拍卖公司	拍卖日期
清乾隆 矾红彩双龙赶珠纹小杯（一对）	直径6.2cm×2	493,750	香港苏富比	2014.04.08
清乾隆 矾红彩双龙赶珠纹小杯（一对）	直径4.8cm×2	474,600	香港苏富比	2014.10.08
清乾隆 矾红彩描金双龙四系牡丹纹壁瓶	高26.5cm	1,150,000	中国嘉德	2014.11.20
清乾隆 矾红彩龙纹小杯（四只）	直径6.2cm×4	908,500	保利香港	2014.04.07
清乾隆矾红彩立犬（一对）	高27cm×2	186,038	伦敦苏富比	2014.11.05
清乾隆矾红彩藏草瓶	高22cm	943,000	华艺国际	2014.05.31
清乾隆 矾红彩八宝纹碗（一对）	直径13cm×2	46,000	华艺国际	2014.04.13
清乾隆 矾红龙纹天鸡碗（一对）	直径15.5cm	690,000	北京保利	2014.12.05
清乾隆 豆青地矾红团凤纹碗	直径14.3cm	230,000	苏州东方	2014.10.30
清嘉庆 梵红彩花果御制诗文碗	直径10.8cm	69,000	北京翰海	2014.10.26
清中期 梵红彩景福堂制如意蝠纹盖碗（两件）	直径9.3cm	103,500	北京翰海	2014.05.11
清道光 蓝地红彩云龙小杯（两件）	直径4.6cm	10,350	北京翰海	2014.04.13
清道光 红彩红蝠盘（两件）	直径15.5cm×2	115,000	北京翰海	2014.04.13
清道光 矾红渔纹卧足杯（一对）	直径6cm×2	11,500	北京保利	2014.04.26
清道光 矾红鱼纹碗（一对）	直径9.5cm×2	72,772	中国嘉德	2014.10.07
清道光 矾红西番莲纹折沿卧足杯（一对）	直径7.2cm×2	103,500	北京东正	2014.11.20
清道光 矾红寿字碗	直径19cm	11,500	北京保利	2014.04.26
清道光 矾红龙纹小杯（一对）	直径6cm×2	92,000	中国嘉德	2014.11.20
清道光 矾红龙纹杯	直径5.9cm	110,124	中国嘉德	2014.04.09
清道光 矾红龙纹杯	直径6cm	17,250	北京保利	2014.04.26
清道光 矾红彩描金“赶珠云龙”图太白尊	直径11.8cm	2,499,560	香港苏富比	2014.10.08
清道光 矾红彩金玉满堂图小碗（一对）	直径9.3cm×2	53,681	纽约佳士得	2014.03.20
清道光 矾红彩缠枝莲纹杯	直径8cm	92,000	保利厦门	2014.11.02
清道光 矾红百福纹碗（一对）	直径12.3cm×2	230,000	北京东正	2014.05.18
清道光 矾红彩“福寿万代”纹碗（一对）	直径12.4cm×2	392,000	北京荣宝	2014.11.30
清咸丰 矾红地留白竹纹碗	直径16cm	184,000	北京中汉	2014.11.21
清同治 黄地矾红蝠纹碗（一对）	直径14.5cm×2	80,500	中国嘉德	2014.09.21
清同治 红彩墨彩诗文碗（两件）	直径14.5cm×2	149,500	北京翰海	2014.11.23
清同治 梵红彩龙凤杯（两件）	直径6.1cm	28,750	北京翰海	2014.05.11
清同治 矾红彩五福盘（一对）	直径14.3cm×2	184,000	深圳市拍	2014.01.05
清同治 矾红彩蝠纹盖碗	直径10.4cm	44,800	天津文物	2014.05.16
清光绪矾红洪福齐天图盘 清宣统黄地褐绿彩云龙纹盘各一只	尺寸不一	28,750	中国嘉德	2014.09.21
清光绪 胭脂红团凤碗（两件）	直径14.7cm	92,000	北京翰海	2014.05.11
清光绪 胭脂红料团凤纹折腰小碗	直径9.3cm	28,750	北京诚轩	2014.11.20
清光绪 抹红云龙纹酒杯（两件）	直径5.8cm	26,880	蓝天国拍	2014.02.28
清光绪 黄地胭脂红彩龙纹高足盘	高9.5cm	11,500	北京匡时	2014.06.04
清光绪 黄地红彩喜字渣斗（两件）	高9cm	89,700	北京翰海	2014.10.26
清光绪 红彩云龙盘	直径25cm	23,000	北京翰海	2014.04.13
清光绪 红彩云龙大盘	直径34cm	143,750	北京翰海	2014.11.23
清光绪 红彩云龙杯	高5cm	57,500	北京翰海	2014.04.13
清光绪 红彩云龙杯	高5cm	13,800	北京翰海	2014.04.13
清光绪 红彩红蝠盘（两件）	直径15.5cm×2	80,500	北京翰海	2014.04.13
清光绪 矾红云龙纹杯（一对）	直径5.9cm×2	34,500	中国嘉德	2014.03.23
清光绪 矾红云龙纹杯（一对）	直径5.9cm×2	71,300	中国嘉德	2014.09.21
清光绪 矾红云龙纹杯（一对）	直径6cm×2	46,000	中国嘉德	2014.09.21
清光绪 矾红龙纹长颈瓶	高22cm	80,500	北京东正	2014.06.07
清光绪 矾红龙纹小杯（一对）	直径6.5cm×2	42,176	伦敦邦瀚斯	2014.05.15
清光绪 矾红龙纹盘（一对）	直径33.5cm×2	10,350	北京保利	2014.01.11

拍品名称	物品尺寸	成交价RMB	拍卖公司	拍卖日期
清光绪 矾红龙纹盘	直径35cm	92,000	中宝拍卖	2014.07.06
清光绪 矾红龙纹花盆	直径23cm	18,400	北京保利	2014.04.26
清光绪 矾红洪福齐天图盘（一对）	直径15cm×2	51,750	太平洋	2014.06.25
清光绪 矾红海水龙纹小杯（一对）	直径6cm×2	58,240	北京荣宝	2014.06.15
清光绪 矾红二龙赶珠杯（一对）	高5cm×2	57,500	北京传是	2014.06.05
清光绪 矾红彩蝠纹盘	直径15.6cm	47,040	天津文物	2014.11.15
清宣统 矾红双龙纹小杯（一对）	直径6.1cm×2	57,500	广州皇玛	2014.01.02
清晚期 矾红云龙纹锥把瓶	高23.3cm	20,700	中国嘉德	2014.03.23
清晚期 矾红留白喜鹊登梅图缸	直径40cm	13,800	中国嘉德	2014.06.21
清晚期 矾红“金玉满堂”大天球瓶	高436cm	483,000	北京中汉	2014.11.21
清19世纪 矾红彩印章纹瓷板（一组四件）	37.5cm×25.4cm×4	138,038	纽约佳士得	2014.03.20
清 轧道矾红龙纹盏托	直径13cm	17,250	北京保利	2014.04.26
清 胭脂红螭龙纹花插	高25cm	92,000	北京保利	2014.04.26
清 米黄地矾红婴戏小笔筒	高9.5cm	25,300	北京保利	2014.10.25
清 绿地矾红释迦摩尼佛	高50cm	172,500	翰风国际	2014.04.30
清 黄地胭脂红龙纹烛台	高37cm	43,700	北京中汉	2014.09.22
清 红彩云龙纹锥把瓶	高22.2cm	69,000	北京翰海	2014.10.26
清 红彩双龙戏珠碗	直径14cm	11,500	北京翰海	2014.08.24
清 矾红折枝西番莲纹甘露瓶	高22cm	920,000	北京传是	2014.06.05
清 矾红鱼纹小杯（六只）	直径4.3cm	28,750	中国嘉德	2014.11.20
清 矾红童子献寿杯	高4cm	115,000	北京传是	2014.06.05
清 矾红山水人物纹笔筒	高10.7cm	20,700	中国嘉德	2014.06.21
清 矾红三清诗文碗	直径10.5cm	10,350	北京保利	2014.08.02
清 矾红金玉满堂花盆（一对）	直径36cm×2	10,350	北京保利	2014.08.02
清 矾红地开光彩山水人物梅瓶	高37cm	97,750	广州皇玛	2014.01.02
清 矾红缠枝纹盖碗（一对）	口径11.5cm×2	67,200	成都金沙	2014.11.16
清 矾红彩折枝莲纹铺首衔环耳高足杯	高11.5cm	56,000	天津文物	2014.11.15
民国 胭脂红山水文具（一套九件）	高1.2-11.7cm	57,500	北京翰海	2014.05.11
民国 胭脂红彩螭龙纹瓶	高17.5cm	71,300	中国嘉德	2014.03.23
民国 王步绘矾红彩无量寿佛纹瓶（一对）	高23cm×2	45,230	中信国际	2014.05.18
民国 红彩五蝠捧寿盘（六件）	直径10cm	48,300	北京翰海	2014.11.23
民国 红彩花卉开光山水人物瓶	高24.8cm	34,500	北京翰海	2014.10.26
刘平 7501高白釉釉上水点桃花酒具（一套十一头）	尺寸不一	552,000	浙江骏成	2014.06.22
道光 矾红彩福寿纹碗（一对）	直径12.5cm×2	84,640	香港拍得高	2014.08.01
7501高白釉釉下翠竹红梅水果托盘	直径19.5cm	126,500	浙江骏成	2014.06.22
7501高白釉釉上翠竹红梅8寸和合器	高10cm；直径24cm	161,000	浙江骏成	2014.06.22
黄彩				
明嘉靖 红地黄彩海水云龙纹盖罐	高27.5cm	2,875,000	北京翰海	2014.05.11
明嘉靖 红地黄彩龙纹罐	高26cm	103,040	成都金沙	2014.11.16
明嘉靖 红地黄彩云龙纹葫芦瓶	高23cm	3,220,000	北京保利	2014.12.04
明万历 红底黄彩云龙纹御用笔杆	长17cm	460,000	翰风国际	2014.04.30
明弘治 御窑红底黄龙纹盘	直径21.8cm	12,650,000	北京东正	2014.11.20
清康熙 蓝地黄彩“赶珠云龙”图撇口碗	直径14cm	692,125	香港苏富比	2014.10.08
清康熙 绿地黄彩云龙纹盘	直径32cm	402,500	北京翰海	2014.10.26
清雍正 柠檬黄彩酒杯	直径6.3cm	1,453,600	香港苏富比	2014.04.08
清雍正 柠檬黄彩撇口盘（一对）	直径10.8cm×2	1,835,120	香港苏富比	2014.10.08
清乾隆 柠檬黄彩束腰盘（一对）	直径11.4cm×2	979,600	香港苏富比	2014.04.08
绿彩				
唐 长沙窑 绿彩盖盒	口径8.3cm	40,653	宝港国际	2014.11.27
明弘治 白地绿彩龙纹碗	直径18.4cm	460,000	北京东正	2014.05.18
明嘉靖 黄地绿彩云龙纹碗	直径15.6cm	207,000	北京翰海	2014.05.11

拍品名称	物品尺寸	成交价RMB	拍卖公司	拍卖日期
明嘉靖 黄釉绿彩凤穿牡丹鹤寿纹方碗	宽19cm	103,500	北京保利	2014.12.04
明万历 黄地绿彩双龙纹杯	直径6.8cm	115,000	北京诚轩	2014.11.20
明正德 白釉暗刻绿彩龙纹盘	直径18cm	195,500	北京传是	2014.06.05
明正德 黄釉绿彩龙纹盘	直径19.7cm	12,650	中鸿信	2014.11.22
明正德 绿彩暗刻龙纹盘	直径18cm	287,500	北京东正	2014.05.18
明 绿彩龙纹盘	直径17.8cm	184,000	北京保利	2014.12.04
清康熙 暗刻海水绿龙纹碗	直径13.8cm	345,000	北京诚轩	2014.05.19
清康熙 黄地绿彩花果纹碗	直径11cm	115,000	北京东正	2014.11.20
清康熙 黄地绿彩花卉龙纹碗（两件）	直径11.5cm×2	805,000	北京翰海	2014.10.25
清康熙 黄地绿彩云龙纹碗	直径12.8cm	448,000	北京荣宝	2014.06.15
清康熙 黄地绿彩云龙纹碗	直径10.2cm	23,000	北京中汉	2014.09.22
清康熙 黄地绿彩云纹碗	直径15cm	230,000	北京翰海	2014.08.24
清康熙 黄地绿彩长寿如意龙纹碗（两件）	直径11.9cm	172,500	北京翰海	2014.05.11
清康熙 黄地紫绿彩双龙戏珠纹盘（两件）	直径13.3cm×2	91,995	纽约苏富比	2014.09.16
清康熙 蓝地绿彩云龙纹碗	直径14cm	32,200	北京中汉	2014.09.22
清康熙 绿彩"赶珠云龙"图盘	直径25.2cm	257,075	香港苏富比	2014.10.08
清雍正 黄地绿彩福禄万代纹鸡心碗	直径122cm	3,220,000	北京中汉	2014.11.21
清雍正 黄地绿彩海水白鹤纹碗	直径15.1cm	1,782,500	上海道明	2014.03.27
清雍正 黄地绿彩花鸟纹碗	直径12.2cm	690,000	北京东正	2014.05.18
清雍正 黄地绿彩刻宝相花纹碟（一对）	直径11.5cm×2	896,000	北京荣宝	2014.03.23
清雍正 黄地绿彩西番莲纹盘（一对）	直径113cm×2	345,000	北京东正	2014.11.20
清雍正 黄地绿彩婴戏图碗	直径15cm	782,000	中国嘉德	2014.05.18
清雍正 黄地绿彩婴戏图碗	直径14.9cm	838,460	香港苏富比	2014.10.08
清雍正 黄地绿彩云龙赶朱纹碗（一对）	直径15.2cm×2	536,813	纽约苏富比	2014.03.18
清雍正 黄地绿彩云龙纹碗	直径14.3cm	1,150,000	北京保利	2014.06.04
清雍正 绿彩龙纹盘	直径19.5cm	92,000	北京保利	2014.04.26
清雍正 黄地绿彩暗皇八子闹园图纹碗（一对）	直径15cm	1,380,000	朵云轩	2014.12.19
清雍正 黄釉绿彩花卉小杯	直径5.5cm	69,000	北京保利	2014.12.05
清乾隆 白地绿彩龙纹盘	直径17.6cm	115,000	北京保利	2014.06.06
清乾隆 白地外绿彩赶珠云龙纹内矾红五福纹盘（一对）	直径16.2cm×2	747,500	北京匡时	2014.09.17
清乾隆 白釉绿彩龙纹盘	直径17cm	138,000	北京翰海	2014.10.25
清乾隆 黄地刻填绿彩龙纹花口盘	直径13.2cm	112,000	天津文物	2014.11.15
清乾隆 黄地绿彩苍龙教子图玉壶春瓶	高29cm	529,000	北京中汉	2014.09.22
清乾隆 黄地绿彩龙纹菱口盘（三只）	口径13.5cm	92,700	北京中联	2014.09.09
清乾隆 黄地绿彩龙戏珠纹花口小盘	直径13.3cm	268,406	纽约苏富比	2014.03.18
清乾隆 黄地绿彩龙戏珠纹花口小盘	直径13.2cm	138,038	纽约苏富比	2014.03.18
清乾隆 黄地绿彩折枝莲纹盘	直径15.7cm	32,200	中国嘉德	2014.09.21
清乾隆 黄绿彩龙纹盘	直径18.5cm	212,951	景薰楼	2014.06.15
清乾隆 黄釉绿彩佛花盘	直径15.8cm	184,000	北京翰海	2014.10.26
清乾隆 绿彩暗刻海水云龙纹盘	直径17.5cm	184,000	保利厦门	2014.11.02
清乾隆 绿龙盘	直径17cm	70,150	广州皇玛	2014.01.02
清嘉庆 黄地绿彩龙纹盘	直径13.2cm	195,500	北京保利	2014.06.04
清嘉庆 黄地绿彩云龙纹碗	直径10.4cm	25,300	北京中汉	2014.09.22
清嘉庆 轧道海水绿彩云龙纹小碗	直径11.2cm	184,000	中国嘉德	2014.06.21
清道光 白釉暗刻海水绿彩龙纹盘（一对）	直径18.1cm×2	313,600	北京荣宝	2014.06.15
清道光 黄地绿彩龙纹花口盘（一对）	直径13cm×2	149,500	苏州东方	2014.05.30
清道光 黄地绿彩寿字碗	直径18.2cm	34,500	太平洋	2014.03.21
清道光 黄地绿彩云龙纹盘	直径18.5cm	36,800	北京中汉	2014.09.22
清道光 黄地绿彩云龙纹碗	直径18cm	92,000	中国嘉德	2014.03.23

拍品名称	物品尺寸	成交价RMB	拍卖公司	拍卖日期
清道光 绿彩暗刻海水云龙纹盘（一对）	直径18.2cm×2	586,500	北京华辰	2014.04.27
清道光 绿彩云龙纹盘	直径17.8cm	69,000	中国嘉德	2014.09.21
清道光 绿彩云龙纹盘（一对）	直径18cm×2	172,500	中国嘉德	2014.09.21
清道光 绿龙盘	直径17.7cm	34,500	广州皇玛	2014.01.02
清道光 绿龙纹盘（一对）	直径18cm×2	134,400	武汉中信	2014.10.23
清道光 黄地绿彩万寿纹盘（一对）	直径14.8cm×2	63,250	北京匡时	2014.12.03
清同治 黄釉绿彩竹纹碗（一对）	直径14cm×2	460,000	北京匡时	2014.12.03
清同治 白地绿龙盘	直径17.6cm	34,500	北京保利	2014.06.06
清同治 黄地绿彩花鸟纹碗	直径12.5cm	39,100	北京中汉	2014.09.22
清光绪 黄地绿彩穿花龙纹花口盘	直径13cm	25,300	中国嘉德	2014.03.23
清光绪 黄地绿彩龙纹花口盘（一对）	直径18.7cm×2	36,800	北京保利	2014.06.06
清光绪 黄地绿彩龙纹攒盘	直径37cm	57,500	太平洋	2014.09.19
清光绪 黄地绿彩龙戏珠纹花口小盘	直径13.7cm	43,409	伦敦苏富比	2014.11.05
清光绪 黄地绿龙葵口盘	直径13.5cm	34,500	广州皇玛	2014.04.27
清光绪 黄釉绿彩龙碗	直径15cm	43,700	太平洋	2014.06.25
清光绪 绿彩周龙生鼎	宽23cm	17,250	北京保利	2014.04.26
清 暗刻海水纹绿彩龙纹盘	口径18.5cm	134,400	成都金沙	2014.11.16
清 黄地绿彩花鸟纹碗（一对）	直径12cm×2	10,350	北京保利	2014.01.11
清 绿彩龙纹盘	直径18cm	10,350	北京保利	2014.04.26
清 绿彩云龙纹盘（一对）	直径23.5cm×2	17,250	中国嘉德	2014.03.23
紫彩				
清康熙 绿地紫彩云龙纹碗	直径11.4cm	59,250	香港苏富比	2014.04.08
清康熙 绿地紫龙纹碗	直径13cm	747,500	北京华辰	2014.05.17
清康熙 绿地紫彩龙纹盘	直径25cm	978,360	佳士得	2014.11.26
清光绪 绿地紫龙纹碗（一对）	直径15cm×2	241,500	北京华辰	2014.05.17
赭彩				
清嘉庆 绿地赭彩龙纹碗	直径11cm	230,000	苏州东方	2014.10.30
清晚期 黄地龙纹盘（一对）	直径20cm×2	11,500	北京保利	2014.01.11
金彩				
宋 吉州窑描金寿山福海盏	直径11.5cm	163,530	保利香港	2014.04.07
明 红釉描金花卉开光凤凰牡丹图执壶	高21cm	17,250	中国嘉德	2014.03.23
明 内青花外珊瑚红描金碗（一对）	直径14.5cm×2	161,000	北京匡时	2014.06.04
清康熙 矾红描金花卉大胆瓶（一对）	高45cm×2	184,000	北京保利	2014.06.06
清康熙 矾红描金龙纹盘	直径18cm	253,000	八益拍卖	2014.10.24
清康熙 仿定白釉描金螭龙纹多穆壶	高23.2cm	149,500	北京中汉	2014.04.16
清康熙 粉青地描金内"山水亭阁"图外"缠枝番莲"纹葵形洗	直径14.3cm	691,250	香港苏富比	2014.04.08
清康熙 蓝釉金彩牡丹纹大碗	直径34.5cm	172,500	华艺国际	2014.04.13
清康熙 洒蓝描金题诗纹花觚	高43cm	115,000	华艺国际	2014.05.31
清康熙 洒蓝釉描金赤壁赋笔筒	高15.5cm	97,750	西泠拍卖	2014.05.06
清康熙 洒蓝釉描金耕织图棒槌瓶	高27cm	13,800	太平洋	2014.09.19
清康熙 矾红描金龙纹锥把瓶	高33.5cm	75,000	北京九歌	2014.12.17
清康熙/雍正 矾红描金莲托寿字纹杯	直径6.1cm	172,500	北京诚轩	2014.11.20
清雍正 矾红描金彩蝶纹葵花形连托小杯	盏托直径11.6cm	28,750	北京诚轩	2014.11.20
清雍正 矾红描金花卉纹油槌瓶	高46cm	34,500	中国嘉德	2014.06.21
清雍正 矾红描金云龙纹杯（一对）	直径6.2cm×2	172,500	中国嘉德	2014.06.21
清雍正 金彩碗	直径15.4cm	36,800	北京翰海	2014.08.24
清雍正 金彩碗	直径11.4cm	248,050	伦敦苏富比	2014.11.05
清雍正 乌金描金扁瓶	高20cm	115,000	广州皇玛	2014.04.27
雍正年制款 雍正年制款盖雪红堆塑描金龙折肩瓶	高23cm	165,000	北京贞观	2014.09.27
清乾隆 豆青地描金团龙爵杯（一对）	高12.1cm×2	5,175,000	北京盈时	2014.05.31
清乾隆 仿古铜酱釉描金银三羊洗	宽26.2cm	5,184,075	纽约佳士得	2014.03.20

2014瓷器拍卖成交汇总

(成交价RMB：1万元以上)

拍品名称	物品尺寸	成交价RMB	拍卖公司	拍卖日期
清乾隆 仿黑漆描金皮球花卧足小瓷杯	直径6.7cm	690,000	中国嘉德	2014.11.20
清乾隆 仿木釉描金三果盆	直径18.2cm	437,000	北京翰海	2014.10.26
清乾隆 粉青地描金“瑞莲捧寿”纹铺兽耳鼓式花插（一对）	高10.2cm×2	6,670,000	保利厦门	2014.11.01
清乾隆 红釉描金小扁壶	高16cm	165,186	中国嘉德	2014.04.09
清乾隆 霁蓝釉描金团螭纹碗	直径19.8cm	16,800	天津文物	2014.05.16
清乾隆 青釉描金桃蝠笔舔	长8.6cm	138,000	中国嘉德	2014.06.21
清乾隆 珊瑚红地描金花卉纹高足杯	高9.5cm	34,500	中国嘉德	2014.11.20
清乾隆 珊瑚红地描金五福捧寿纹花盆（一对）	直径20.3cm×2	759,000	北京中汉	2014.05.17
清乾隆 珊瑚红描金开光人物杯	高9cm	63,250	北京保利	2014.01.11
清乾隆 珊瑚红描金寿字缠枝花卉五孔瓶	高18cm	207,000	南京经典	2014.08.04
清乾隆 松石绿地描金折沿盘	直径39.5cm	1,035,000	北京华辰	2014.05.17
清乾隆 胭脂红描金八宝纹花觚	高27.6cm	2,530,000	北京匡时	2014.06.04
清乾隆 蓝料彩描金矾红正龙小扁瓶	高18cm	1,725,000	北京保利	2014.12.03
清乾隆 祭蓝描金福寿连绵开光御题诗壁瓶	高22cm	920,000	北京保利	2014.12.05
清乾隆-嘉庆 珊瑚红地描金加炉钧釉释迦牟尼像	高14.5cm	1,782,500	北京保利	2014.06.04
清嘉庆 蓝地金彩瓶	高31.1cm	4,102,800	佳士得	2014.11.26
清嘉庆 蓝地描金云龙纹贲巴瓶	高19.3cm	14,950,000	北京华辰	2014.04.27
清嘉庆 青釉描金花卉福寿直颈瓶	高28.8cm	1,035,000	北京翰海	2014.10.26
清嘉庆 青釉描金夔龙纹井字洗	宽14cm	115,000	北京保利	2014.10.25
清嘉庆 珊瑚红地描金缠枝花卉纹开光“甲子万年”文盘	直径15.7cm	11,500	北京中汉	2014.11.21
清嘉庆 珊瑚红地描金缠枝西番莲托寿字纹五管瓶	高31.6cm	552,000	北京中汉	2014.11.21
清嘉庆 御制珊瑚红地描金缠枝莲纹葫芦瓶	高20.4cm	1,797,752	伦敦邦瀚斯	2014.05.15
清嘉庆 珊瑚红金彩福寿太平有象方瓶	高21cm	1,495,000	北京保利	2014.12.03
清嘉庆/道光 仿木纹釉描金花果纹小盆	直径17.5cm	69,000	北京诚轩	2014.11.20
清道光 矾红描金八宝纹喜字罐	高22.5cm	138,000	苏州东方	2014.05.30
清道光 仿古铜釉描金金文供盘	长27.1cm	17,250	中国嘉德	2014.06.21
清道光 粉青釉描金花卉荸荠瓶	高27cm	5,750,000	北京盈时	2014.05.31
清道光 红地描金天球瓶	高29.5cm	138,000	南京经典	2014.04.27
清道光 霁蓝釉描金螭龙纹碗	直径17cm	23,000	上海敬华	2014.07.01
清道光 慎德堂制霁蓝釉描金花口瓶	高30.2cm	690,000	北京东正	2014.11.20
清咸丰 红地金彩双耳瓶	高31.1cm	2,682,600	佳士得	2014.11.26
清同治 霁蓝釉描金钟鼎插花五福捧寿碗（两件）	直径16.9cm	161,000	北京翰海	2014.05.11
清同治 描金兰花诗文帽筒（一对）	高26.5cm×2	23,000	北京保利	2014.04.26
清同治 珊瑚红地描金皮球花壁瓶（两件）	高11.9cm	92,000	北京翰海	2014.05.11
清宣统 白釉描金小盘	直径11cm	20,700	中国嘉德	2014.03.23
清宣统 矾红描金三多图碗（一对）	直径19cm×2	46,000	广州皇玛	2014.01.02
清光绪 白地加彩描金云龙戏珠圆盖盒	直径29.2cm	364,266	纽约苏富比	2014.03.18
清光绪 白釉描金团龙云纹爵杯	高11cm	161,000	中国嘉德	2014.11.20
清光绪 矾红金彩双龙抢珠纹钵	直径29cm	34,500	深圳市拍	2014.01.05
清光绪 矾红描金团龙纹盘（一对）	直径22.5cm×2	25,300	太平洋	2014.09.19
清光绪 矾红描金云龙纹盘	口径14.7cm	17,250	西泠拍卖	2014.05.06
清光绪 祭兰釉描金百蝠纹赏瓶	高38cm	253,000	中国嘉德	2014.05.18
清光绪 祭兰釉描金人物双耳瓶	高31cm	12,650	北京保利	2014.08.02
清光绪 祭蓝描金花卉象耳方瓶	高30cm	13,800	北京保利	2014.04.26
清光绪 祭蓝描金皮球花赏瓶	高40cm	34,500	北京保利	2014.04.26
清光绪 祭蓝描金松鹿纹赏瓶	高37.5cm	138,000	西泠拍卖	2014.05.06
清光绪 祭蓝釉描金福寿赏瓶	高39cm	23,000	北京保利	2014.10.25
清光绪 祭蓝釉描金皮球花赏瓶	高39cm	57,500	北京翰海	2014.11.23
清光绪 祭蓝釉描金皮球花纹赏瓶	高40cm	13,800	北京保利	2014.08.02
清光绪 霁蓝釉描金花鸟贯耳瓶	高30cm	138,000	北京翰海	2014.05.11
清光绪 霁蓝釉描金龙凤云纹赏瓶（两件）	高37cm	402,500	北京翰海	2014.10.26
清光绪 霁蓝釉描金皮球花赏瓶	高38.4cm	345,000	北京翰海	2014.05.11
清光绪 霁蓝釉描金皮球花赏瓶	高38cm	345,000	北京翰海	2014.05.11
清光绪 霁蓝釉描金皮球花赏瓶	高38.5cm	287,500	北京翰海	2014.10.26
清光绪 蓝釉描金龙凤高足盖盆（一对）	直径18cm×2	69,000	北京保利	2014.10.25
清光绪 蓝釉描金双龙戏珠纹赏瓶（一对）	高38.1cm×2	306,750	纽约佳士得	2014.03.20
清光绪 蓝釉描金团花纹赏瓶	高38.4cm	214,725	纽约佳士得	2014.03.20
清光绪 蓝釉描金云蝠纹荸荠瓶	高34cm	48,300	北京保利	2014.04.26
清光绪 蓝釉描金云蝠纹荸荠瓶	高33cm	28,750	中国嘉德	2014.03.23
清光绪 洒蓝釉描金皮球花纹赏瓶	高38.8cm	65,900	伦敦邦瀚斯	2014.05.15
清光绪 珊瑚红地描金“喜”字渣斗（一对）	高9cm×2	16,100	北京保利	2014.08.02
清光绪 珊瑚釉描金开光山水人物瓶	高40cm	28,750	北京翰海	2014.08.24
清光绪 蓝釉描金松鹿纹天球瓶	高38.5cm	41,808	香港拍得高	2014.05.27
清光绪 矾红描金团龙纹碗（一对）	直径10cm×2	69,000	北京匡时	2014.12.03
大清乾隆年制款白地描金绿行龙纹碗	在13.8cm	220,000	北京贞观	2014.09.27
清 矾红描金开光人物盘口瓶（两件）	高30cm	69,000	北京翰海	2014.01.11
清 矾红描金松鼠葡萄瓶	高23cm	17,250	北京翰海	2014.08.24
清 粉青釉描金开光人物花卉纹八方瓶	高58cm	313,600	成都金沙	2014.11.16
清 霁蓝描金十八罗汉纹瓶	高49cm	40,250	广州皇玛	2014.01.02
清 金彩法轮	高27cm	74,750	北京保利	2014.04.26
清 蓝料彩描金斋戒牌	长6.5cm	13,800	中国嘉德	2014.09.21
清 料彩描金龙纹斗笠碗	直径13.7cm	115,000	北京翰海	2014.05.11
清 炉钧透雕描金十八罗汉天球瓶（一对）	高32.5cm×2	28,750	上海嘉泰	2014.06.19
清 墨地描金开光人物盘口瓶	高79cm	690,000	北京翰海	2014.01.11
清 乾隆 酱釉描金银彩宝相花纹圆盒	口径6.2cm	171,647	宝港国际	2014.11.27
清 乾隆矾红描金松石釉盖蝈蝈罐	高15.3cm	33,600	成都金沙	2014.11.16
清 乾隆炉钧釉描金夔龙耳尊	高29.5cm	141,120	成都金沙	2014.11.16
清 珊瑚地描金开光花卉方瓶	高24cm	11,500	北京翰海	2014.11.23
清 珊瑚红描金花卉纹长颈瓶	高45.5cm	40,480	香港淳浩	2014.07.30
清 珊瑚红釉描金缠枝莲纹瓶	高19.2cm	57,500	中国嘉德	2014.03.23
清 唐英款霁蓝釉金彩朱夫子家训瓷板	长49.1cm	179,200	天津文物	2014.11.15
清 天蓝釉描金松鹤延年纹盘龙瓶	高56cm	113,500	中拍国际	2014.06.04
清 铁红釉弦纹描金盘口瓶	高26cm	336,000	成都金沙	2014.11.16
清 紫金釉描金罗汉坐像	高17cm	126,500	浙江世贸	2014.04.13
清 紫砂墨地描金天球瓶	高37cm	23,000	北京翰海	2014.08.24
清18世纪 金彩袖珍觚式瓶	高10.9cm	53,681	纽约佳士得	2014.03.20
清18世纪/19世纪 褐釉描金加彩三世佛（一组三尊）	高10.8cm	306,650	纽约苏富比	2014.09.16
清18世纪后半期（可能）仿钧窑天蓝釉酱地描金汉钟离 蓝采和 韩湘子和曹国舅坐像（一组四件）		53,903	斯沃德	2014.04.29
清晚期 珊瑚红描金喜字碗、珊瑚红描金喜字开光碗	直径21cm×2	287,500	中贸圣佳	2014.07.06
民国 薄胎珊瑚红描金开光仕女纹瓶（一对）	高17cm×2	31,798	香港拍得高	2014.03.30
民国 矾红描金三国人物图瓶	高9.9cm	63,250	北京匡时	2014.06.03
民国 霁蓝描金开光松竹梅转心瓶（一对）	高34.5cm×2	1,058,000	翰风国际	2014.04.30
民国 珊瑚地开光山水花卉描金瓶	高33cm	18,400	北京翰海	2014.11.23
民国 珊瑚红描金花卉帽筒（五件）	尺寸不一	17,250	北京保利	2014.08.02

拍品名称	物品尺寸	成交价RMB	拍卖公司	拍卖日期
白花				
北宋 磁州系白地划牡丹纹枕	宽28cm	383,438	纽约佳士得	2014.03.20
南宋 吉州窑仿剔犀如意云纹梅瓶		642,688	邦瀚斯	2014.10.09
南宋 吉州窑褐地卷草纹梅瓶	高21cm	229,988	纽约苏富比	2014.09.16
南宋 吉州窑黑地剔白龙凤梅瓶	高28.1cm	2,303,880	佳士得	2014.11.26
宋 磁州窑黑地百花蝶梅瓶	高36.5cm	36,800	上海嘉泰	2014.06.19
宋 磁州窑剔花花卉纹烛台	直径26cm	409,343	中国嘉德	2014.10.07
宋 吉州窑如意云纹梅瓶	高26cm	406,532	宝港国际	2014.11.27
西夏 磁州窑茶叶末釉留白花卉扁壶	高29cm	2,860,000	中信拍卖	2014.07.14
元 吉州仿剔犀如意云纹梅瓶	高21cm	322,465	伦敦苏富比	2014.11.05
元 吉州窑黑地白斑纹罐	口径15.3cm	186,038	伦敦苏富比	2014.11.05
金 磁州系褐地划卷草纹梅瓶	高29.8cm	46,013	纽约佳士得	2014.03.20
清康熙 矾红留白龙纹盘	直径15.5cm	402,500	北京传是	2014.06.05
清康熙 矾红留白暗刻云龙纹盘	直径16cm	126,500	北京匡时	2014.12.03
清康熙 酱釉堆白云龙纹斗笠碗	直径19.5cm	57,500	北京匡时	2014.12.03
清雍正 洒蓝地留白沥粉出筋花卉纹花口碗	直径19.1cm	713,000	北京中汉	2014.04.16
清乾隆 矾红留白竹纹碗	直径11.8cm	207,000	北京中汉	2014.04.16
清乾隆 珊瑚红地留白缠枝花卉纹碗	直径13cm	272,550	保利香港	2014.04.07
清乾隆 珊瑚红地竹纹碗（两件）	直径11.8cm×2	402,500	北京翰海	2014.10.26
清乾隆 松石绿釉堆白花卉纹赏瓶	高35.5cm	460,000	苏州东方	2014.10.30
清中期 豆青白花牛头双耳瓶	高53cm	161,000	广州皇玛	2014.01.02
清中期 豆青加白花蝶纹撇口瓶	高51.5cm	36,800	北京匡时	2014.09.17
清中期 珊瑚红留白竹纹盘（四只）	直径24.2cm	10,350	中国嘉德	2014.09.21
清道光 矾红留白花卉纹葵口碗	直径18cm	36,800	中宝拍卖	2014.07.06
清道光 珊瑚红地留白竹纹碗	直径11.8cm	63,250	北京诚轩	2014.11.20
清道光 珊瑚红地竹纹盘	直径23.6cm	34,500	北京翰海	2014.05.11
清道光 珊瑚红留白缠枝花卉碗（一对）	直径13cm×2	483,000	北京保利	2014.06.04
清道光 松石绿釉堆白缠枝莲纹喜字瓶	高28cm	2,530,000	保利厦门	2014.11.02
清光绪 矾红留白竹纹碗（一对）	直径12.6cm×2	80,500	北京匡时	2014.06.04
清光绪 珊瑚地竹纹碗	直径12cm	28,750	北京翰海	2014.04.13
清嘉庆 珊瑚红地留白缠枝花卉碗	直径13cm	34,500	北京保利	2014.06.06
清 蓝釉白花八宝纹五管瓶	高39.2cm	32,200	香港淳浩	2014.07.30
清 炉钧釉贴塑瓜蝶罐	高39.6cm	40,250	中鸿信	2014.11.22
清19世纪 蓝地堆白花花鸟纹长颈胆瓶	高53.5cm	34,268	伦敦苏富比	2014.05.14
上世纪50年代 天青釉堆白葡萄纹挂盘	直径46cm	575,000	景德镇华艺	2014.10.20
墨彩				
南宋 吉州窑仿剔犀开光如意纹瓶（一对）	高23cm×2	651,844	纽约佳士得	2014.03.20
宋/金 磁州窑 "酒色财气"白底黑花大洗子	口径17.6cm	138,690	宝港国际	2014.05.27
宋 磁州窑白釉黑花梅花纹小罐	高10.6cm	54,204	宝港国际	2014.11.27
宋 磁州窑白釉黑花罐	口径12cm	180,681	宝港国际	2014.11.27
金/元 磁州窑黄地黑彩虎形小枕		49,438	邦瀚斯	2014.10.09
元/明 磁州窑如意形白釉黑彩诗文枕	长27.7cm	92,000	北京东正	2014.05.18
元 磁州窑曼萱纹玉壶春瓶	高32.8cm	56,856	台湾世家	2014.04.13
明嘉靖 绿地墨彩花卉纹盘	直径35.1cm	345,000	北京东正	2014.11.20
明 磁州窑人物花卉纹瓶	高29cm	92,000	南京经典	2014.08.04
明 磁州窑白地黑花开光人物故事图瓶	高28cm	46,130	伦敦邦瀚斯	2014.05.15
清中期 墨彩人物盖碗	直径10cm	10,350	北京翰海	2014.01.12
清中期 豆青墨彩竹石纹花盆（三件）	宽26cm	46,000	北京保利	2014.08.02
清雍正 墨彩通景山水绣墩	高25cm	368,000	上海敬华	2014.07.01
清雍正 墨彩山水纹盘口瓶	高36.5cm	69,000	中国嘉德	2014.03.23
清雍正 墨彩山水人物杯	直径6.6cm	17,250	北京翰海	2014.05.11
清雍正 墨彩高士套杯（四件）	尺寸不一	17,250	北京保利	2014.10.25
清雍正 墨彩笔筒	高17.9cm	9,197,760	佳士得	2014.05.28

拍品名称	物品尺寸	成交价RMB	拍卖公司	拍卖日期
清乾隆 青釉墨彩竹纹诗文铺首尊	高31.5cm	66,700	中国嘉德	2014.06.21
清乾隆 墨彩诗文瓷板	24.5cm×15.4cm	109,250	上海道明	2014.03.27
清乾隆 墨彩诗文笔筒	高10.5cm	86,250	北京东正	2014.06.07
清乾隆 墨彩诗文笔筒	高11.3cm	287,500	北京翰海	2014.10.26
清乾隆 墨彩山水诗文笔筒	高10cm	3,911,495	中国嘉德	2014.10.07
清乾隆 墨彩马蹄型水盂	高3.9cm	17,250	上海道明	2014.03.27
清乾隆 仿木釉纹墨彩松竹梅三清图诗文六方笔筒	高12.7cm	63,250	苏州东方	2014.05.30
清乾隆 矾红墨彩灵石诗文盘	直径15.3cm	13,800	中国嘉德	2014.06.21
清乾隆 矾红墨彩立犬（一对）	高25cm×2	248,050	伦敦苏富比	2014.11.05
清嘉庆 墨彩携琴访友瓷板	28cm×21cm	175,100	北京中联	2014.09.09
清道光 墨彩山水马蹄杯（套组十件）	尺寸不一	74,750	中国嘉德	2014.05.18
清道光 墨彩加料彩山水点景人物瓷板	19.5cm×28cm	77,180	中拍国际	2014.06.04
清道光 墨彩八仙盖碗	直径10cm	14,950	北京保利	2014.10.25
清道光 绿地墨彩团鹤盘（十四件）	直径24cm	92,000	北京翰海	2014.10.26
清同治/光绪 墨彩花卉纹花盆奁成对	尺寸不一	76,688	纽约苏富比	2014.03.18
清同治 墨彩诗文碗（两件）	直径14.5cm×2	92,000	北京翰海	2014.08.24
清同治 黄地墨彩水仙花纹花盒	13cm×158cm	134,400	江苏爱涛	2014.07.05
清同治 黄地墨彩牡丹花卉缸（两件）	高35.6cm	2,645,000	北京翰海	2014.05.11
清宣统 1911年作 矾红墨彩秋操高足杯（五只）	直径10cm	66,700	中国嘉德	2014.09.21
清光绪 墨彩二龙戏珠捧盒	直径29.5cm	115,000	北京翰海	2014.11.23
清光绪 黄地墨彩内壁青花纹碗（一对）	直径15cm×2	40,250	北京东正	2014.06.07
清光绪 黄地墨彩花卉纹盆奁（一对）	长15cm×2	392,000	北京荣宝	2014.06.15
清光绪 黄底墨彩牡丹花卉纹缸	直径53cm	900,480	佳士得	2014.05.28
清光绪 大雅斋款绿地墨彩花鸟纹捧盒	长29.2cm	201,600	天津文物	2014.05.16
清光绪 松石绿地墨彩大雅斋大缸（一对）	直径52cm	1,380,000	北京保利	2014.12.05
清19世纪 绿地墨彩穿花龙纹狮耳大瓶（一对）	高90cm×2	367,980	纽约苏富比	2014.09.16
清晚期/民国 仿木纹釉墨彩山水纹笔筒	高19cm	198,440	伦敦苏富比	2014.11.05
清晚期/民国 陈泽西为幸汤生刻墨梅图瓷板	直径41cm	115,000	中国嘉德	2014.09.21
清晚期 黄地矾红墨彩花鸟纹盘（一对）	直径23.5cm；直径23.2cm	10,350	中国嘉德	2014.03.23
清 墨彩仙人楼阁瓶	高20.5cm	34,500	北京翰海	2014.08.24
清 墨彩龙纹橄榄瓶	高16cm	10,350	北京保利	2014.08.02
清 绿地墨彩山水菊瓣盘	直径21.5cm	287,500	北京翰海	2014.08.24
清 红釉描金鲤鱼内墨彩鱼龙纹茶船	长15.5cm	23,000	北京保利	2014.06.06
民国 汪野亭款墨彩山水瓷板	长32cm	13,800	北京保利	2014.08.02
民国 汪晓棠款矾红墨彩仕女图灯笼瓶	高28.8cm	172,500	中国嘉德	2014.09.21
民国 珊瑚地墨彩山水人物筒瓶	高16cm	11,500	西泠拍卖	2014.05.06
民国 青釉矾红连年有余开光墨彩山水纹瓶	高24cm	101,200	中国嘉德	2014.03.23
民国 墨彩邹邻山水瓶	高26.5cm	74,750	上海道明	2014.03.27
民国 墨彩雄鹰长颈瓶	高18cm	11,500	北京翰海	2014.04.13
民国 墨彩山水纹小瓶	高22cm	33,600	蓝天国拍	2014.02.28
民国 墨彩山水人物四方倭角笔筒	高17.7cm	287,500	苏州东方	2014.05.30
民国 墨彩山水瓷板	39cm×26cm	10,350	北京保利	2014.10.25
民国 墨彩牡丹诗文碗	直径15.2cm	245,400	纽约佳士得	2014.03.20
民国 墨彩描金鼎定河山瓶（一对）	高21cm×2	13,800	北京保利	2014.04.26
民国 墨彩刻瓷人物瓶	高37cm	48,300	北京翰海	2014.04.13
民国 墨彩金文杯（九只）	高8.8cm	11,500	中国嘉德	2014.03.23
民国 墨彩矾红人物图瓶	高27.8cm	115,000	苏州东方	2014.05.30
民国 墨彩风景人物纹笔筒（一对）	高12cm×2	67,200	北京荣宝	2014.11.30

2014瓷器拍卖成交汇总

(成交价RMB：1万元以上)

拍品名称	物品尺寸	成交价RMB	拍卖公司	拍卖日期
民国 黄地矾红墨彩喜鹊登梅图捧盒（一对）	直径27.6cm×2	10,350	中国嘉德	2014.03.23
民国 矾红墨彩山水人物纹小尊	高9.5cm	13,800	中国嘉德	2014.06.21
墨彩山水纹瓷板（两件）	长26cm	33,600	蓝天国拍	2014.02.28
墨彩花卉纹碗（一对）	直径14.8cm×2	31,280	香港拍得高	2014.08.01
墨彩瓶（一对）	长40cm×2	63,250	河南原田	2014.08.17
李文跃 2006年作 粉墨彩“论语”瓷板	69cm×34cm	89,700	北京万隆	2014.06.04
邓肖禹　墨龙禹门三级壶	长18.5cm	34,500	中国嘉德	2014.11.22
磁州窑白釉剔花黑彩诗文枕	长42.2cm	69,000	北京中汉	2014.09.22
夏忠勇 月宫嫦娥墨彩描金瓷盘	直径35.4cm	40,250	北京匡时	2014.06.03
夏忠勇 天女散花墨彩描金瓷瓶	高26.2cm	92,000	北京匡时	2014.06.03
夏忠勇 天女散花墨彩描金瓷板	53cm×32cm	94,300	北京匡时	2014.06.03
夏忠勇 2002年 仙女散花墨彩描金瓷瓶	高31.5cm	69,000	景德镇华艺	2014.05.31
夏忠勇 1983年作 墨彩描金“梅花春神”瓷瓶	高42cm	69,000	北京万隆	2014.06.04
夏忠勇 1942年 西厢记·墨彩描金薄胎瓶	高22.5cm	63,250	景德镇华艺	2014.10.20
夏忠勇 嫦娥奔月墨彩描金高白釉瓶	高26.2cm	80,500	北京匡时	2014.12.02
夏忠勇 贵妃戏鹦鹉墨彩描金瓶	高45.8cm	63,250	北京匡时	2014.12.02
吴惠民 2005年 三英战吕布·墨彩描金瓷瓶	高29cm	287,500	景德镇华艺	2014.10.20
王锡良 情歌墨彩人物画瓷瓶	高39cm	575,000	北京匡时	2014.06.03
仿古铜彩				
清 仿古铜彩三足炉	高10cm	34,500	广州皇玛	2014.01.02
清乾隆 古铜彩螭龙纹铺首耳笔洗	长6.8cm	57,500	北京翰海	2014.10.26
清乾隆 雕瓷仿古铜彩宝相花印盒	直径6cm	161,000	北京保利	2014.12.05
其他彩				
唐 巩县窑洒蓝碗	口径17.4cm	73,968	宝港国际	2014.05.27
明中期 孔雀绿釉加蓝彩暗刻荷塘鸳鸯纹笔鼓	直径12.5cm	36,800	北京中汉	2014.09.22
清康熙 染锦柿绘式加彩花卉纹螭龙胆瓶	高22cm	36,904	伦敦苏富比	2014.05.14
清雍正 褐釉洒蓝釉梅瓶	高35cm	230,000	北京东正	2014.05.18
雍正款花觚（一对）	高43.1cm×2	26,813,400	澳门中信	2014.06.08
清乾隆 胭脂地轧道开光仕女图折沿盆	直径37cm	575,000	华艺国际	2014.05.31
清乾隆 唐英制仿古玉釉戟耳炉	宽12.8cm	345,000	北京保利	2014.06.04
清乾隆 松石绿珍珠地山水纹带钩	长8cm	80,500	华艺国际	2014.05.31
清乾隆 抹红花口杯	直径8cm	207,000	北京翰海	2014.04.13
清乾隆 绿地赭龙碗	直径15cm	230,000	北京翰海	2014.05.11
清乾隆 料彩云龙纹小瓶	高8.3cm	22,660	北京中联	2014.09.09
清乾隆 仿象牙釉花鸟纹竹节形笔筒	高10.5cm	109,250	苏州东方	2014.10.30
清嘉庆 天蓝地开光福在眼前六方绣墩	高45cm	34,500	北京翰海	2014.01.12
清嘉庆 黄地花卉喜福长方盒	长16cm	57,500	北京翰海	2014.04.13
清中期 桃花洞小瓶	高18cm	40,250	北京保利	2014.08.02
清中期 松石地花鸟花觚	高37cm	17,250	北京翰海	2014.04.13
清中期 单色釉小瓶（一组）	尺寸不一	20,700	北京中汉	2014.09.22
清中期 宝蓝堆白六方花盆	20cm×13.5cm	51,750	上海道明	2014.04.12
清道光 绿地赭龙碗	直径11cm	55,200	北京翰海	2014.05.11
清道光 龙海八怪纹碗	高19cm	80,500	北京传是	2014.06.05
清道光 雕瓷加彩山水人物笔筒	高14cm	46,000	北京保利	2014.10.25
清约1750年 染锦柿绘式加彩鹌鹑纹盘	直径22.8cm	10,544	伦敦苏富比	2014.05.14
清约1745-1755年 加彩外销碗及茶叶罐	罐高10.5cm	19,770	伦敦苏富比	2014.05.14
清约1740年 墨地加彩乐师纹盘	直径13cm	49,610	伦敦苏富比	2014.11.05
清约1740年 墨地加彩乐师纹带盖奶壶	直径13.7cm	37,208	伦敦苏富比	2014.11.05
清约1740年 墨地加彩乐师纹杯及盏	直径11.5cm	52,091	伦敦苏富比	2014.11.05
清光绪　黄地万寿无疆碗	直径14.5cm	112,700	北京翰海	2014.04.13
清光绪 松石绿地藤萝花鸟纹渣斗	直径10cm	38,543	中国嘉德	2014.04.09
清光绪 松石绿地藤萝花鸟纹水仙盆	长39.2cm	25,300	北京中汉	2014.11.21
清光绪 松石绿地花鸟纹碗（一对）	直径13.8cm×2	52,900	北京中汉	2014.09.22
清光绪 墨绿地开光花鸟鱼缸	高30cm	66,700	广州皇玛	2014.01.02
清光绪 墨地喜上眉梢纹碗	直径19.5cm	69,000	华艺国际	2014.05.31
清光绪 刻瓷仕女花卉壶（两件）	宽16cm×2	13,800	北京保利	2014.04.26
清光绪 刻瓷铭文捧盒	直径27cm	10,350	北京保利	2014.04.26
清光绪 刻瓷灞桥风雪笔筒	高13cm	36,800	北京保利	2014.04.26
清光绪 黄地轧道开光三羊启泰碗	直径15cm	65,320	香港拍得高	2014.08.01
清光绪 黄地云龙盘	直径17.5cm	55,200	北京翰海	2014.04.13
清光绪 黄地四季花卉方瓶（两件）		34,500	北京翰海	2014.11.23
清光绪 黄地刻双龙戏珠纹碟（一对）	直径13cm×2	76,688	纽约佳士得	2014.03.20
清光绪 黄地暗刻紫绿双龙盘（一对）	直径11cm×2	39,550	江苏爱涛	2014.07.05
清光绪 花卉纹盘	直径19.6cm	166,428	澳门中信	2014.06.08
清光绪 各式小碗（五件）	尺寸不一	10,350	北京保利	2014.08.02
清光绪 各式茶壶（十件）	尺寸不一	34,500	北京保利	2014.08.02
清光绪 各式茶壶（十件）	尺寸不一	28,750	北京保利	2014.08.02
清光绪 各式笔筒（十一件）	尺寸不一	184,000	北京保利	2014.08.02
清光绪 雕瓷人物杯（三件）	直径8.5cm	25,300	北京保利	2014.04.26
清光绪 雕瓷瓜果乘盘（四件）	尺寸不一	13,800	北京保利	2014.08.02
清光绪 博古大盘	直径34cm	18,400	北京翰海	2014.08.24
清光绪 博古大盘	直径34cm	10,350	北京翰海	2014.08.24
清17世纪至19世纪 单色釉瓷器（六件）	尺寸不一	168,658	纽约苏富比	2014.09.16
清 周圆林制满彩水盆	宽34.5cm	138,000	上海春秋堂	2014.09.07
清 雍正年制铭仿铜编钟	高50cm	112,700	中国嘉德	2014.05.19
清 雪青地缠枝莲万寿纹碗	直径15.4cm	115,000	上海嘉泰	2014.06.19
清 松石绿地开窗山水纹兽耳瓶	高13.2cm	65,540	广东省拍	2014.06.22
清 施釉梅花赏瓶	高41.5cm	32,200	远方拍卖	2014.06.03
清 珊瑚红地开光折枝牡丹碗	直径11.1cm	31,280	香港拍得高	2014.08.01
清 珊瑚地彩花卉瓶	高14cm	25,300	北京翰海	2014.11.23
清 山水瓷板	80cm×46cm	368,000	北京盘古	2014.06.25
清 三阳开泰荸荠瓶	高31cm	32,200	北京保利	2014.04.26
清 漆金瓷释迦牟尼佛大立像	高155cm	2,556,920	伦敦邦瀚斯	2014.05.15
清 捏塑彩绘文昌星坐像	高335cm	103,500	北京中汉	2014.11.21
清 绿地轧道松鹤人物瓶	高26cm	69,000	北京翰海	2014.10.26
清 绿地花鸟碗（两件）	直径19.5cm×2	11,500	北京翰海	2014.11.23
清 刻瓷人物纹大瓷板	41.5cm×28.5cm	44,160	香港淳浩	2014.07.30
清 蕉叶洞石大吉图碗	口径13.5cm	1,456,000	成都金沙	2014.11.16
清 加彩葫芦套壶	高145cm；宽13cm	43,700	远方拍卖	2014.06.03
清 黄地轧道雕博古纹方瓶	高37.5cm	80,500	广州皇玛	2014.01.02
清 黄地双龙天球瓶（一对）	高40cm×2	55,200	河南日信	2014.06.01
清 各式小碗（七件）	尺寸不一	17,250	北京保利	2014.08.02
清 各式小缸（五件）	尺寸不一	32,200	北京保利	2014.08.02
清 各式碗（七件）	尺寸不一	13,800	北京保利	2014.08.02
清 各式人物 花卉小缸（十件）	尺寸不一	63,250	北京保利	2014.08.02
清 各式帽筒（四件）	尺寸不一	28,750	北京保利	2014.08.02
清 各式花盆（三件）	尺寸不一	37,950	北京保利	2014.08.02
清 柿红竹石瓶	高30cm	229,425	香港今是	2014.05.04
清 仿生瓷灵芝花插	高13.7cm	40,250	苏州东方	2014.05.30
清 单色釉文房（十件）	尺寸不一	17,250	中国嘉德	2014.06.21
清 单色釉瓶（六件）	尺寸不一	13,800	北京保利	2014.08.02
清 单色釉罐（五件）	尺寸不一	13,800	北京保利	2014.08.02
清 单色釉瓷器（六件）	尺寸不一	10,350	中国嘉德	2014.06.21
清 瓷仿雕漆大吉葫芦挂屏	高53cm	19,550	北京保利	2014.10.26
清 瓷茶壶（两件）	尺寸不一	17,250	北京翰海	2014.11.23
清 瓷板画众仙拥佛	42.5cm×30.5cm	46,000	河南日信	2014.06.01
民国 “王琦”款钟馗驱邪瓷板	39cm×26cm	253,000	远方拍卖	2014.06.02
民国〈石宇前〉山水人物瓷板挂屏（一套二件）	30.5cm×135cm	109,020	香港富得	2014.03.29
民国 毕伯涛 花鸟瓷板	42cm×27cm	28,750	北京盘古	2014.06.25
民国 毕伯涛“松龄吉庆”瓷板	75cm×23cm	230,000	北京保利	2014.06.06
民国 彩暗八宝纹玉壶春瓶	高23cm	115,000	广州皇玛	2014.01.02

拍品名称	物品尺寸	成交价RMB	拍卖公司	拍卖日期
民国 彩花鸟花盆（一对）	高23cm×2	51,750	广州皇玛	2014.01.02
民国 彩山水人物瓷片	长39cm	36,800	广州皇玛	2014.01.02
民国 曾龙升制罗汉瓷雕	高20cm	90,800	中拍国际	2014.06.04
民国 程意亭、许钟蓝瓷板（三件套）	尺寸不一	1,667,500	上海道明	2014.03.27
民国 瓷板 盖盒 杯等（四件）	尺寸不一	17,250	北京保利	2014.08.02
民国 瓷板画（五幅）	尺寸不一	31,360	安徽艺海	2014.04.30
民国 鼎定河山瓶（一对）	高22cm×2	39,200	北京荣宝	2014.06.15
民国 粉地轧道开光花卉瓶	高29cm	32,200	北京翰海	2014.08.24
民国 各式花卉瓶（六件）	尺寸不一	20,700	北京保利	2014.08.02
民国 何许人 雪景瓷板（四块）	19cm×12cm×4	7,130,000	上海道明	2014.03.27
民国 红地轧道开光人物瓶	高25cm	36,800	北京翰海	2014.08.24
民国 黄地花卉瓜棱罐（两件）	高25cm×2	78,200	北京翰海	2014.11.23
民国 黄地开光福寿双耳瓶	高39cm	13,800	北京保利	2014.10.25
民国 酱釉开光山水人物双耳瓶	高22cm	48,300	北京翰海	2014.10.26
民国 金品卿瓷板画	37.5cm×24.5cm	138,000	安徽艺海	2014.04.30
民国 料彩山水诗文笔筒	高10.1cm	28,750	中国嘉德	2014.03.23
民国 刘雨岑瓷板（一对）	55cm×11cm×2	34,500	北京盘古	2014.06.25
民国 刘雨岑花鸟瓷板（四幅）	33cm×29cm×4	34,500	北京盘古	2014.06.25
民国 绿地龙纹胆瓶	高35cm	32,160	香港拍得高	2014.05.27
民国 绿地山水人物马图纹方盒	直径7cm	57,040	香港富得	2014.07.25
民国 绿地轧道花卉龙纹盘口瓶	高17.6cm	69,000	北京翰海	2014.10.26
民国 抹红地开光花鸟瓶	高21cm	25,300	北京翰海	2014.08.24
民国 山水人物瓷板挂屏（一套四件）	43cm×155cm	181,700	香港富得	2014.03.29
民国 珊瑚地开光人物玉壶春（两件）	高18cm×2	36,800	北京翰海	2014.11.23
民国 珊瑚地婴戏图小蒜头瓶	高15cm	63,250	北京翰海	2014.08.24
民国 珊瑚釉花鸟瓶	高25.5cm	10,350	北京翰海	2014.08.24
民国 松菊人物图缨络纹盘口瓶	高35cm	784,000	成都金沙	2014.11.16
民国 汪潘童子高士瓷板	36cm×25cm	57,500	北京盘古	2014.06.25
民国 汪野亭四季青绿山水瓷板（四块）	39cm×26cm×4	3,450,000	上海道明	2014.03.27
民国 汪友棠 山水人物瓷板	36cm×26cm	46,000	北京盘古	2014.06.25
民国 王大凡武松打虎瓷板	38cm×25cm	368,000	上海道明	2014.03.27
民国 魏洪泰造 大肚佛	高26cm	26,532	香港拍得高	2014.05.27
民国 新彩木兰从军故事灯笼瓶	高31.8cm	2,240,000	成都金沙	2014.11.16
民国 新彩松虎纹象鼻耳洗口瓶	高42.5cm	69,440	成都金沙	2014.11.16
民国 胭脂水地轧道花卉花觚	高18cm	28,750	北京翰海	2014.04.13
民国 诸葛勋制花卉诗文兰花盆	高13.5cm	113,500	中拍国际	2014.06.04
何许人 矾红描金四方琮式瓶	高27.3cm	2,415,000	北京匡时	2014.06.03
“寻幽”茶具套组		17,250	北京翰海	2014.10.25
1955年 凸凤盘	直径30cm	690,000	景德镇华艺	2014.05.25
1975年 “7501”釉下翠竹红梅笔筒	高14cm	322,000	景德镇华艺	2014.05.25
1975年 “7501”釉下翠竹红梅果盘	直径19.5cm	287,500	景德镇华艺	2014.05.25
1975年 釉下芙蓉对花碗	直径12cm	690,000	景德镇华艺	2014.05.25
1984年 十二生肖瓷邮票收藏盘	直径10.5cm	25,300	景德镇华艺	2014.10.20
19世纪 胭脂红开光瓷碗（一对）	直径16.2cm×2	36,816	帝图艺术	2014.06.22
20世纪50年代–70年代 女娲补天艺术高白薄胎瓶	高28.6cm	46,000	上海道明	2014.03.27
20世纪60–70年代 早期刷花酒具（一套）	尺寸不一	34,500	上海道明	2014.03.27
20世纪60年代 兰庭序人物故事大瓶	高60.5cm	230,000	上海道明	2014.03.27
20世纪60年代 釉上彩红卫兵薄胎撇口瓶	高16.8cm	74,750	上海道明	2014.03.27
20世纪70年代 大清乾隆年制款花鸟纹双耳瓶（一对）	高46cm×2	40,883	香港富得	2014.03.29
20世纪70年代 郭琳山 影青半刀泥“牧羊图”瓷盘	直径33cm	437,000	浙江骏成	2014.06.22
20世纪70年代 新彩“红太阳”茶具（九件）	尺寸不一	34,500	北京保利	2014.06.05
20世纪70年代中期 釉下彩赤脚医生盘	直径33.2cm	3,450,000	北京保利	2014.06.05
60年代 高白薄胎八角红叶蝴蝶灯罩	直径22.8cm	23,000	上海道明	2014.03.27

拍品名称	物品尺寸	成交价RMB	拍卖公司	拍卖日期
Ann Van Hoey 几何容器（三件）	尺寸不一	36,800	北京保利	2014.04.29
KPM柏林 陶板‘皇妃玛丽路易丝’		102,803	日本伊斯特	2014.01.19
阿波罗·周 2013年 马到成功·高温颜色釉瓷板	84cm×78cm	32,200	景德镇华艺	2014.10.20
安迪沃霍尔“双面猫王”限量艺术瓷板	52cm×52cm	51,750	浙江骏成	2014.06.22
奥运长城鼎	高22.3cm	172,500	河南原田	2014.08.17
奥运珍藏纪念瓷大全套(495件)	尺寸不一	632,500	北京匡时	2014.09.17
八开光珊瑚釉花鸟人物纹赏瓶	高41cm	2,082,960	中国艺海	2014.11.15
八仙双龙戏珠犬耳尊	高20cm	51,750	南京经典	2014.08.04
巴勃罗·毕加索 对话花瓶	高28cm	28,750	上海天衡	2014.06.29
包铜边盘	口径17.5cm	34,500	北京翰海	2014.04.12
辈辈封侯（猴）	高20cm	63,250	河南原田	2014.08.17
毕加索 1957年 限量陶瓷艺术盘（螺旋彩绘）	直径24cm	69,000	浙江骏成	2014.06.22
毕加索 1963年 限量陶瓷艺术盘（脸）	直径26cm	80,500	浙江骏成	2014.06.22
毕加索 1963年 限量陶瓷艺术盘（女人体）	直径26cm	103,500	浙江骏成	2014.06.22
布少华 舞 瓷板	38cm×38cm	58,200	新加坡33拍卖	2014.10.11
步步高升（梅瓶）	高32cm	40,250	河南原田	2014.08.17
彩釉达摩像缸	高24cm	36,800	香港普艺	2014.08.02
曾龙升作 瘦骨罗汉雕像	高36.5cm	51,500	北京中联	2014.09.09
曾圣 觅月图 釉下彩瓷瓶	高37cm	57,500	中国嘉德	2014.05.20
曾圣 釉下彩瓷板	81.5cm×58cm	71,300	中国嘉德	2014.11.22
曾亚林 水仙 釉上彩瓷瓶	高47cm	115,000	中国嘉德	2014.05.20
茶壶	长18cm	138,000	河南原田	2014.08.17
禅道合一（达摩）	高25cm	55,200	河南原田	2014.08.17
陈爱明 雨荷梅子青钵	直径30cm	149,500	北京匡时	2014.06.03
陈冬阳 2013年 英雄	高48cm	25,300	北京保利	2014.06.05
陈家泠“春暖花开”瓷瓶	高35cm	78,200	上海东方	2014.07.01
陈金生 2009年作 釉上彩“秋声”瓷瓶	高40cm	36,800	北京万隆	2014.06.04
陈显林 粉青大丽菊刻花盘	直径55cm	241,500	中国嘉德	2014.05.20
陈训成 2014年 和境·高温颜色釉三条屏	高168cm	55,200	景德镇华艺	2014.10.20
程国民 2014年 花季·釉上彩瓷板	64cm×45cm	51,750	景德镇华艺	2014.10.20
程明生 雕刻“八仙过海”瓷板	70cm×33cm	59,800	北京万隆	2014.06.04
程晓红 2012年作 富贵图 古雅彩装饰瓷板	44cm×80cm	126,500	翰文今博	2014.06.28
程晓红 2012年作 松溪访友图 古雅彩装饰瓷板	50cm×79cm	138,000	翰文今博	2014.06.28
程元璋 古雅彩瓷板	48cm×97cm	115,000	中国嘉德	2014.05.20
瓷戟耳炉	高5cm	230,000	北京翰海	2014.04.12
葱翠欲滴（鹅颈瓶）	高23cm	43,700	河南原田	2014.08.17
崔迪 2014年作 山云 陶艺	尺寸不一	57,500	翰文今博	2014.06.28
崔迪 轮回 陶艺	高28cm	69,000	翰文今博	2014.06.28
大卫·帕斯科特 水乡 瓷板	82cm×82cm	69,840	新加坡33拍卖	2014.10.11
大型现代瓷板画（千峰万壑怀云烟）	高158cm；宽736cm	40,682,400	澳门中信	2014.06.08
大型现代瓷板画（盛世永芳）	高158cm；宽736cm	36,984,000	澳门中信	2014.06.08
戴敦邦水浒一百零捌将瓷盘一套	直径60cm	3,450,000	北京宏正	2014.01.09
戴雨享 本空若怡系列8 陶艺	44.5cm×45cm	161,000	中国嘉德	2014.05.20
当代 龙泉哥弟窑茶道具（一组）	尺寸不一	39,550	广东省拍	2014.06.22
德雷斯顿 陶板“掠夺纽西普士的女儿”	29.0cm×22.0cm	201,894	日本伊斯特	2014.04.26
德累斯顿卡尔蒂姆工坊 神话纹装饰盖壶（一对）		57,113	日本伊斯特	2014.01.19
邓碧珊荷塘虾藻纹官帽筒（一对）	高28cm×2	69,000	南京经典	2014.08.04
邓正 2014年 福在眼前·釉上彩瓷板	112cm×55cm	23,000	景德镇华艺	2014.10.20
滴水观音盘	直径13cm	46,000	河南原田	2014.08.17

2014瓷器拍卖成交汇总

(成交价RMB：1万元以上)

拍品名称	物品尺寸	成交价RMB	拍卖公司	拍卖日期
丁传国 2013年作 花地芬芳 颜色釉装饰瓷板	56cm × 56cm	80,500	翰文今博	2014.06.28
丁传国 春景如画 颜色釉综合装饰瓷板	54cm × 54cm	80,500	翰文今博	2014.06.28
丁松氏 浅降彩山水纹挂屏	32cm × 47cm	31,356	香港拍得高	2014.05.27
樊欣野 2004年作 大漠无语 新彩装饰瓷板	54cm × 107cm	89,600	翰文今博	2014.06.28
反书毛体薄胎碗 周培荣	直径29cm	2,773,800	澳门中信	2014.06.08
范敏祺 2014年 鄱湖春早·高温颜色釉瓷板	50cm × 50cm	138,000	景德镇华艺	2014.10.20
方瓶	高34.6cm	43,700	河南原田	2014.08.17
飞虎瓶	高22cm	34,500	河南原田	2014.08.17
冯林华 2014年作 综合装饰“春风得意”瓷板	55cm × 55cm	43,700	北京万隆	2014.06.04
冯祥 定力	64cm × 32cm	103,500	广东保利	2014.07.20
冯祥 敦煌遗韵 本真	170cm × 67cm	97,750	广东保利	2014.07.20
冯祥 敦煌遗韵 相见	130cm × 130cm	207,000	广东保利	2014.07.20
冯祥 敦煌遗韵 众生	110cm × 85cm	115,000	广东保利	2014.07.20
冯祥 奉持	65cm × 33cm	101,200	广东保利	2014.07.20
冯祥 佛的传递 传法	65cm × 33cm	103,500	广东保利	2014.07.20
冯祥 佛的传递 弘法	65cm × 35cm	101,200	广东保利	2014.07.20
冯祥 佛的传递 悟道	65cm × 34cm	101,200	广东保利	2014.07.20
冯祥 佛说系列 供养三宝 敬奉 佛说	尺寸不一	230,000	广东保利	2014.07.20
冯祥 佛心	93cm × 48cm	345,000	广东保利	2014.07.20
冯祥 过去现在未来佛	80cm × 80cm	115,000	广东保利	2014.07.20
冯祥 吉祥如意 求真	123cm × 42cm × 2	115,000	广东保利	2014.07.20
冯祥 吉祥如意 圆觉	123cm × 60cm	69,000	广东保利	2014.07.20
冯祥 门神尉迟恭 秦琼	65cm × 45cm × 2	253,000	广东保利	2014.07.20
冯祥 拈花	48cm × 71cm	184,000	广东保利	2014.07.20
冯祥 菩提树天 功德圆满	123cm × 60cm × 2	161,000	广东保利	2014.07.20
冯祥 千佛	200cm × 130cm	690,000	广东保利	2014.07.20
冯祥 清凉	80cm × 80cm	66,700	广东保利	2014.07.20
冯祥 如意	170cm × 87cm	124,200	广东保利	2014.07.20
冯祥 入幻	120cm × 100cm	103,500	广东保利	2014.07.20
冯祥 三宝住世 讲经	尺寸不一	299,000	广东保利	2014.07.20
冯祥 水月观音	87cm × 87cm	74,750	广东保利	2014.07.20
冯祥 未佛	170cm × 67cm	92,000	广东保利	2014.07.20
冯祥 无相	59cm × 20cm	69,000	广东保利	2014.07.20
冯祥 无形即象 即相	93cm × 48cm	345,000	广东保利	2014.07.20
冯祥 印象	83cm × 36cm	32,200	广东保利	2014.07.20
冯祥 执念	82cm × 82cm	149,500	广东保利	2014.07.20
冯祥 自在	123cm × 60cm	80,500	广东保利	2014.07.20
冯志伟 常胜将军	长65cm	10,350	北京保利	2014.06.05
傅尧笙 1993年作 釉上彩“吴彩鸾跨虎进山图”瓷板	114cm × 59cm	690,000	北京万隆	2014.06.04
钢君 瓷盘一	36cm × 36cm	32,000	国际艺术品	2014.01.06
高振宇 柴烧瓷大水器	直径41cm；高28cm	402,500	中国嘉德	2014.05.20
龚保家 1985年 宋韵牡丹综合装饰瓷板	高50cm；宽37cm	57,500	景德镇华艺	2014.05.31
龚循明 2005年 祥云绕千韧釉上彩瓷板	102cm × 202cm	1,035,000	景德镇华艺	2014.05.31
龚循明 吹笛子的少女釉上彩瓷瓶	高52cm	149,500	北京匡时	2014.06.03
关兰 2013年作 石榴白头翁	111cm × 32cm	56,000	湖南逸典	2014.01.11
关兰 2014年作 打开窗帘打开心	瓷板直径60cm	42,560	湖南逸典	2014.09.27
关兰 2014年作 尊荣以前必有谦卑	110cm × 32cm	95,200	湖南逸典	2014.05.18
郭文光 2013年作 观音大士妙像	110cm × 55cm	201,600	湖南逸典	2014.05.18
郭文光 2013年作 罗汉像	110cm × 55cm	190,400	湖南逸典	2014.05.18
郭文光 鹰虎图	110cm × 55cm	168,000	湖南逸典	2014.05.18
韩美林 1980年作 大公鸡	直径24.4cm	13,799	邦瀚斯	2014.09.15
汉斯柯帕杯		57,113	日本伊斯特	2014.01.19
何叔水 2009年作 釉上彩“春风得意冠群芳”瓷瓶	高27cm	115,000	北京万隆	2014.06.04
何叔水 醉沐春风 釉上彩瓷板	48cm × 48cm	34,500	中国嘉德	2014.11.22
红叶八哥 高白泥茶壶	长23.5cm	17,250	中国嘉德	2014.11.22
洪江军 2014年作 雕刻彩绘“鹭鹭莲升”瓷板	109cm × 50cm	46,000	北京万隆	2014.06.04

拍品名称	物品尺寸	成交价RMB	拍卖公司	拍卖日期
鸿运当头（活环瓶）	高32cm	43,700	河南原田	2014.08.17
胡芳 2012年 醉美吟综合装饰瓷瓶	高43cm	69,000	景德镇华艺	2014.05.31
胡宁娜 欧洲风情瓶	高65cm	28,000	上海驰翰	2014.06.26
胡小军 山口雪霭 高温颜色釉瓷瓶	高71cm	149,500	中国嘉德	2014.05.20
胡小军 山口雪晴 高温颜色釉瓷瓶	高70cm	172,500	中国嘉德	2014.11.22
皇家维也纳 彩绘盘“掌管文艺的女神们”	34.0cm × 62.5cm	38,826	日本伊斯特	2014.04.26
黄阿忠“秋叶栖禽”瓷瓶	高35.5cm	32,200	上海东方	2014.07.01
黄地茄绿龙盘（一对）	直径13.6cm × 2	38,157	香港拍得高	2014.03.30
黄鉴 2013年 枯枝青瓷存茶罐	高29cm	32,200	北京保利	2014.06.02
黄卖九 2001年 高洁图·釉上彩瓷板	70cm × 70cm	184,000	景德镇华艺	2014.10.20
黄美尧 寿鹤延年 釉下装饰瓷瓶	高51cm	89,700	翰文今博	2014.06.28
黄萍 鹤舞 颜色釉综合装饰镶器	高64cm	66,700	翰文今博	2014.06.28
黄胜 清塘荷韵	直径30.6cm	32,200	保利厦门	2014.11.02
黄松坚 太上老君（原作）	高33cm	161,000	华艺国际	2014.05.31
黄修林 2009年作 水上人家	54cm × 55cm	57,500	中拍国际	2014.07.27
黄勇 群峰竞秀釉上彩瓷瓶	高41cm	40,250	北京匡时	2014.06.03
黄勇 山水釉上彩盘	直径35.7cm	20,700	北京匡时	2014.06.03
黄有彬 2013年 秋水无纤尘·高温颜色釉四条屏	高112cm	46,000	景德镇华艺	2014.10.20
加藤唐九郎 信乐壶	高27.3cm	84,711	日本伊斯特	2014.04.26
建国后 补网人物瓷雕	高23cm	31,780	中拍国际	2014.06.04
建国后 读书女孩人物瓷雕	高16cm	34,050	中拍国际	2014.06.04
建国后 王恩怀绘春晓图薄胎瓶	高17cm	90,800	中拍国际	2014.06.04
建盏	尺寸不一	86,250	远方拍卖	2014.06.03
鉴真大师	高30cm	80,500	河南原田	2014.08.17
江和平 祭石 刻瓷瓶	高54cm	322,000	中国嘉德	2014.05.20
江和平 新彩瓷板	56cm × 56cm	34,500	中国嘉德	2014.05.20
江金承 孔雀开屏釉上彩瓷瓶	高41.5cm	17,250	北京匡时	2014.06.03
解强 秋韵 釉上彩瓷瓶	高34cm	11,500	中国嘉德	2014.05.20
解强 瑞雪丰年综合装饰瓶	高39.8cm	23,000	北京匡时	2014.06.03
解强 屋韵 釉下彩小口四方镶器	高34cm	43,700	中国嘉德	2014.05.20
近代 姜学炳 西湖民间故事盘（十二件）	直径21.6cm × 12	92,000	北京翰海	2014.11.23
近代 金戈铁马茶盘套装（十二件）	尺寸不一	63,250	北京保利	2014.01.11
近代 汪以俊绘双骏图瓶	高12.8cm	34,500	苏州东方	2014.05.30
近代 王云泉绘山水人物灯笼瓶（一对）	高60cm × 2	92,000	中鸿信	2014.11.22
近代 张松茂 颐和园之景盘（八件）	直径21.6cm × 8	69,000	北京翰海	2014.11.23
近代 张松茂 中国宫廷花卉盘（六件）	直径21.6cm × 6	69,000	北京翰海	2014.11.23
近代 赵惠民 红楼梦十二金钗盘（十二件）	直径21.6cm × 12	138,000	北京翰海	2014.11.23
晋晓童 三足鼎	高39cm	57,500	河南原田	2014.08.17
晋晓曈 柴烧笔筒	高21.2cm	195,500	北京盘古	2014.06.25
晋晓曈 柴烧将军罐	高23.3cm	184,000	北京盘古	2014.06.25
晋佩章 三羊尊	高38cm	51,750	河南原田	2014.08.17
卷草纹地锦鸡牡丹天球瓶	高35cm	1,301,850	中国艺海	2014.11.15
孔相卿 纸槌瓶	高30cm	345,000	北京盘古	2014.06.25
孔相卿 梅瓶	高度28.4cm	207,000	北京盘古	2014.06.25
孔相卿 小口瓶	高20cm	161,000	北京盘古	2014.06.25
旷军民 2013年 花样年华高温色釉瓷瓶	112cm × 56cm	34,500	景德镇华艺	2014.05.31
旷军民 2013年 女人花·高温颜色釉瓷板	80cm × 72cm	28,750	景德镇华艺	2014.10.20
葵花尊	高30cm	43,700	河南原田	2014.08.17
赖德全 2005年作 珍珠釉“春江渔歌”瓷瓶	高40cm	86,250	北京万隆	2014.06.04
赖德全 2011年 泼彩“旭日耀中华”梅瓶	高58cm	51,750	浙江骏成	2014.06.22
赖德全 2013年作 泼彩“春到江南”瓷瓶	高40cm	34,500	北京万隆	2014.06.04

拍品名称	物品尺寸	成交价RMB	拍卖公司	拍卖日期
赖德全 春风又绿江南岸瓷瓶	高22cm	51,750	北京匡时	2014.06.03
赖德全 雨后 珍珠彩瓷板	39cm×39cm	57,500	中国嘉德	2014.11.22
雷菲力 高温色釉“夏天·湖”瓷板	46cm×58cm	17,250	北京保利	2014.06.05
李丹 2014年 清梦·釉上彩瓷板	78cm×41cm	17,250	景德镇华艺	2014.10.20
李晖 釉下彩“遥远的地方”瓷板	154cm×80cm	575,000	北京万隆	2014.06.04
李家正 2014年 黄河壶口·高温颜色釉瓷板	73cm×56cm	51,750	景德镇华艺	2014.10.20
李菊生 2010年作 高温颜色釉“丰收歌舞”瓷瓶	高41cm	322,000	北京万隆	2014.06.04
李菊生 2014年 帘卷西风·高温颜色釉瓷板（一对）	高113.5cm；宽28.5cm×2	2,300,000	景德镇华艺	2014.10.20
李菊生 高温颜色釉“大吉图”陶艺	20cm×21cm	138,000	浙江骏成	2014.06.22
李菊生 高温颜色釉瓷瓶	高51cm	1,035,000	中国嘉德	2014.05.20
李菊生 窑变人物瓷盘	直径51.5cm	230,000	北京匡时	2014.06.03
李泉 2009年 河畔风景·高温颜色釉瓷板	148cm×67cm	161,000	景德镇华艺	2014.10.20
李尚春 2013年 高原情釉上彩瓷板	80cm×80cm	34,500	景德镇华艺	2014.05.31
李沃源 釉下彩“灯塔”瓷板	30cm×30cm	55,200	北京万隆	2014.06.04
李沃源 釉下彩“赏樱”瓷板	30cm×30cm	57,500	北京万隆	2014.06.04
李延龄 煤窑釉下彩“鳜鱼图”瓷瓶	高39cm	36,800	北京万隆	2014.06.04
李元斐 大寿·合欢 釉下彩瓷瓶	高115cm	138,000	中国嘉德	2014.11.22
林玉宇 2014年 家园四季·高温颜色釉四条屏	高111cm	69,000	景德镇华艺	2014.10.20
刘富安 富贵瓶	高度25.2cm	2,990,000	北京盘古	2014.06.25
刘富安 橄榄瓶	高5.54cm	1,035,000	北京盘古	2014.06.25
刘富安 橄榄瓶	高31.6cm	483,000	北京盘古	2014.06.25
刘富安 观音瓶	高31.3cm	1,725,000	北京盘古	2014.06.25
刘富安 莱菔尊	高31.7cm	299,000	北京盘古	2014.06.25
刘富安 莱菔尊	高30.2cm	253,000	北京盘古	2014.06.25
刘富安 龙耳尊	高20.3cm	1,092,500	北京盘古	2014.06.25
刘富安 罗汉钵	高10.2cm	287,500	北京盘古	2014.06.25
刘富安 梅瓶	高37.5cm	460,000	北京盘古	2014.06.25
刘富安 蘑菇瓶	高39cm	747,500	北京盘古	2014.06.25
刘富安 盘口瓶	高34.8cm	943,000	北京盘古	2014.06.25
刘富安 如意瓶	高48.7cm	1,092,500	北京盘古	2014.06.25
刘富安 兽耳瓶	高度21.5cm	2,070,000	北京盘古	2014.06.25
刘富安 兽耳瓶	高21.7cm	552,000	北京盘古	2014.06.25
刘富安 兽耳瓶	高21.8cm	517,500	北京盘古	2014.06.25
刘富安 兽耳瓶	高21.7cm	437,000	北京盘古	2014.06.25
刘富安 兽耳尊	高25.2cm	920,000	北京盘古	2014.06.25
刘富安 四方瓶	高36.6cm	368,000	北京盘古	2014.06.25
刘富安 蒜头瓶	高43cm	759,000	北京盘古	2014.06.25
刘富安 提梁壶	高17.5cm	1,380,000	北京盘古	2014.06.25
刘富安 天目釉碗	高6.3cm	598,000	北京盘古	2014.06.25
刘富安 秀玉瓶	高度30.3cm	207,000	北京盘古	2014.06.25
刘富安 一统尊	高34.4cm	1,265,000	北京盘古	2014.06.25
刘富安 益寿瓶	高度47.6cm	3,795,000	北京盘古	2014.06.25
刘富安 益寿瓶	高47.7cm	3,450,000	北京盘古	2014.06.25
刘富安 鱼瓶	高31.1cm	483,000	北京盘古	2014.06.25
刘富安 渣斗	口径10.7cm	379,500	北京盘古	2014.06.25
刘富安 龙耳尊	24cm×17cm	32,200	河南原田	2014.08.17
刘桂芳 2014年 李逵闹江州	长40cm	10,350	北京保利	2014.06.05
刘海峰 2011年作 釉上彩“精真妙明”瓷板	113cm×56cm	55,200	北京万隆	2014.06.04
刘亨 “修竹生风”瓷瓶	高60.5cm	32,200	上海东方	2014.07.01
刘红生 螭龙画缸	高44.3cm	80,500	北京盘古	2014.06.25
刘红生 魑龙画缸	高47cm	69,000	北京盘古	2014.06.25
刘红生 花语系列 蝶恋花	高44cm	74,750	北京盘古	2014.06.25
刘建军 道玄钵	高14.7cm	97,750	北京盘古	2014.06.25
刘藕生制 辛弃疾造像	高41cm	40,680	广东省拍	2014.06.22
刘平 大吉图釉上彩瓷瓶	高47.7cm	109,250	北京匡时	2014.06.03
刘平 水点桃花（一组三件）	尺寸不一	78,200	北京匡时	2014.06.03
刘胜利 2014年 风吹芦动·高温颜色釉瓷板	111cm×56cm	34,500	景德镇华艺	2014.10.20
刘伟 1998年作 釉上彩“春江”瓷板	56cm×33cm	36,800	北京万隆	2014.06.04
刘伟 2009年 高温颜色釉“春山幽居”瓷板	直径52cm	126,500	浙江骏成	2014.06.22
刘伟 2009年 高温窑变“依山傍水”瓷瓶	高42cm	126,500	浙江骏成	2014.06.22
刘伟 2014年 万山红遍·釉上彩瓷瓶	高40.5cm	402,500	景德镇华艺	2014.10.20
刘颖睿 山水间 瓷塑	高85.5cm	109,250	中国嘉德	2014.05.20
刘泽棉 1986年 达摩	30cm×27cm×22cm	920,000	北京保利	2014.06.05
刘正 2012年 釉上彩“钟馗图”瓷板	80cm×80cm	172,500	浙江骏成	2014.06.22
刘正 2013年 栖石·釉上彩瓷板	152cm×39cm	172,500	景德镇华艺	2014.10.20
刘正 惊蛰 瓷板	55cm×55cm	232,800	新加坡33拍卖	2014.10.11
刘正 猫头鹰 釉上彩瓷盘	直径51.6cm	126,500	中国嘉德	2014.11.22
刘正 戏蟾 釉上彩瓷板	50cm×50cm	230,000	中国嘉德	2014.05.20
刘志军 海棠式水仙盆	口径22.2cm	23,000	北京盘古	2014.06.25
刘志为 2013年 晨曲综合装饰瓷板	42cm×27cm	34,500	景德镇华艺	2014.05.31
陆春涛 2012年作 荷塘No.8 镶器	高59cm	93,120	新加坡33拍卖	2014.10.11
陆云华 “春光”瓷瓶	高40cm	32,200	上海东方	2014.07.01
露西里尔茶釉镶嵌刻线纹碗		91,379	日本伊斯特	2014.01.19
露西里尔镐文圆柱形花瓶		62,822	日本伊斯特	2014.01.19
露西里尔熔岩釉大盘（混粉红色）		74,246	日本伊斯特	2014.01.19
露西里尔铜釉碗		74,246	日本伊斯特	2014.01.19
吕歌 2013年作 春风满林 颜色釉综合装饰瓷板	56cm×55cm	48,300	翰文今博	2014.06.28
吕歌 春山明丽 颜色釉综合装饰瓷板	56cm×70cm	80,500	翰文今博	2014.06.28
吕江 瓷板画	22cm×80cm×6	69,000	江苏九德	2014.07.06
麻汇源 2013年 影·战之六十九·釉上彩四条屏	高169cm	92,000	景德镇华艺	2014.10.20
马到成功（盘）	直径36.5cm	115,000	河南原田	2014.08.17
马丁民 2013年 家园·高温颜色釉瓷板	113cm×58cm	86,250	景德镇华艺	2014.10.20
马小娟 “荷塘赏音”瓷瓶	高60cm	101,200	上海东方	2014.07.01
迈森彩绘圣母圣婴盘	直径22.86cm	57,500	上海嘉泰	2014.06.18
迈森瓷器 天使繁花恋人纹罐（一对）		37,123	日本伊斯特	2014.01.19
迈森瓷器 天使和花鸟纹圆镜	高137.0cm	91,770	日本伊斯特	2014.04.26
迈森瓷器 天使和花纹烛台（一对）		34,266	日本伊斯特	2014.01.19
迈森瓷器 叶卡捷琳娜女王的爱犬		68,537	日本伊斯特	2014.01.19
迈森瓷器 中世纪贵族纹罐		125,651	日本伊斯特	2014.01.19
毛丹阳 丹阳虎壶	宽21.5cm	92,000	中国嘉德	2014.05.20
梅文鼎 石湾窑彩釉‘享受人生’	直径29cm	33,286	香港普艺	2014.05.31
孟丽 肖像画瓷盘	直径51cm	57,500	中国嘉德	2014.11.22
孟昭丽 葡萄瓷盘	直径35cm	11,500	中国嘉德	2014.11.22
孟昭丽 书法瓷盘	直径35cm	11,500	中国嘉德	2014.11.22
孟昭丽 釉上彩竹子瓷盘	直径35cm	13,800	中国嘉德	2014.11.22
苗锡锦 富贵瓶	高33.2cm	97,750	北京盘古	2014.06.25
苗长强 凤火瓶	高45.5cm	92,000	北京盘古	2014.06.25
苗长强 吉祥尊	高19.5cm	103,500	北京盘古	2014.06.25
苗长强 如意尊	高21.5cm	103,500	北京盘古	2014.06.25
南方 “节节高”瓷瓶	高60cm	34,500	上海东方	2014.07.01
宁钢 1999年 鱼戏莲塘综合装饰瓷瓶	高50cm	103,500	景德镇华艺	2014.05.31
宁钢 2010年作 高温颜色釉“年年有余”四面镶器	高38cm	138,000	北京万隆	2014.06.04
宁钢 2012年作 釉上彩“红梅争艳”瓷板	55cm×42cm	36,800	北京万隆	2014.06.04
宁钢 2014年 岁岁祥和·综合装饰瓷瓶	高51cm	345,000	景德镇华艺	2014.10.20
宁钢 荷鹤 综合装饰瓷瓶	高45.5cm	253,000	中国嘉德	2014.05.20
宁钢 金色年华 综合装饰陶艺	直径29cm	299,000	中国嘉德	2014.11.22
宁勤征 2009年 高温中华红颜色釉“秋鹤风情”瓷瓶	37.5cm×20cm	34,500	浙江骏成	2014.06.22

2014瓷器拍卖成交汇总

(成交价RMB：1万元以上)

拍品名称	物品尺寸	成交价RMB	拍卖公司	拍卖日期
潘超安 英雄风	宽56cm	18,400	北京保利	2014.06.05
戚培才 国色天香 釉上彩指画瓷瓶	高38cm	276,000	中国嘉德	2014.05.20
钱大统 2012年作 心醉花香 釉下装饰瓷瓶	高43cm	34,500	翰文今博	2014.06.28
钱大统 天韵飞花 釉下装饰瓷瓶	高43cm	34,500	翰文今博	2014.06.28
浅降彩雪景图如意琵琶	通长29cm	704,000	荣盛国际	2014.07.26
青玉花卉神面兽双耳瑞兽钮玉瓶	高30.8cm	1,320,000	中信拍卖	2014.07.14
邱瑞敏 "秋味"瓷瓶	高49cm	32,200	上海东方	2014.07.01
饶晓晴 2008年作 高温颜色釉"姐弟情深"瓷板	70cm×41cm	299,000	北京万隆	2014.06.04
任星航 罗汉钵	高13cm	115,000	北京盘古	2014.06.25
任星航 如意尊	高22.5cm	126,500	北京盘古	2014.06.25
任星航 益寿画缸	高24cm	253,000	北京盘古	2014.06.25
任英歌 罐	高17cm	34,500	北京盘古	2014.06.25
上世纪50年代 虎斑釉梅瓶	高40cm	80,500	景德镇华艺	2014.05.25
20世纪50年代末 美人醉太白尊	直径16.5cm	1,817,000	景德镇华艺	2014.05.25
上世纪50年代末 潘庸秉 和平鸽祭红堆白瓷盘	直径19.5cm	517,500	景德镇华艺	2014.05.25
上世纪60年代 郎红棋子瓶	高37cm	89,700	景德镇华艺	2014.10.20
上世纪60年代 美人醉金钟碗	直径15.5cm	103,500	景德镇华艺	2014.10.20
上世纪60年代 王希怀 金玉满堂综合装饰胆瓶（二只）	高25cm	161,000	景德镇华艺	2014.05.25
上世纪70、80年代 釉中彩孔雀纹薄胎皮灯	高39cm	43,700	景德镇华艺	2014.10.20
上世纪70年代 松鹤延年·釉中彩薄胎碗	直径15.5cm	149,500	景德镇华艺	2014.10.20
上世纪70年代 釉中彩花卉纹薄胎碗	直径15.5cm	69,000	景德镇华艺	2014.10.20
上世纪70年代 釉中彩花卉纹挂盘	直径24cm	115,000	景德镇华艺	2014.10.20
上世纪70年代 釉中彩兰花小鸟纹挂盘	直径25cm	161,000	景德镇华艺	2014.10.20
20世纪70年代 张松茂 井冈山·釉下彩瓷盘	直径39.5cm	575,000	景德镇华艺	2014.10.20
上世纪70年代末 陈庆长 鱼嬉图釉上彩皮灯	高27cm	230,000	景德镇华艺	2014.05.25
上世纪80年代 孔雀综合装饰瓷盘	直径23cm	55,200	景德镇华艺	2014.05.25
石禅 "寒枝文禽"瓷瓶	高84cm	36,800	上海东方	2014.07.01
石山哲也 日式下午茶具（一壶三杯）		13,800	北京保利	2014.04.29
石山哲也（日本） 2014年作 零的轨迹	高55cm; 宽77cm	80,500	翰文今博	2014.06.28
释迦牟尼	高40cm	43,700	中贸圣佳	2014.07.06
舒惠娟 红豆诗意釉上彩瓷瓶	高37cm	115,000	北京匡时	2014.06.03
四大美女瓷板画	29cm×17.5cm	880,000	荣盛国际	2014.07.26
孙清华 堆雕山水笔筒	高26.5cm	40,250	北京匡时	2014.06.03
太上老君（十三件套）	高60cm	46,000	河南原田	2014.08.17
唐圣耀 2014年作 高温颜色釉"虔诚"瓷板	82cm×82cm	299,000	北京万隆	2014.06.04
藤町 2013年 恒器敦煌泥中彩瓷板（系列之一）	123cm×48cm	287,500	景德镇华艺	2014.05.31
天目釉茶具（一壶四杯）（一套）		690,000	河南原田	2014.08.17
天人合一（钵）	高27cm	92,000	河南原田	2014.08.17
铁姑娘	高27cm	51,750	河南原田	2014.08.17
亭台楼阁	高34cm	138,000	河南原田	2014.08.17
汪浩 2013年作 碧水香风 颜色釉综合装饰瓷板	55cm×55cm	51,750	翰文今博	2014.06.28
汪浩 瑞雪丰年 颜色釉综合装饰瓷板	54cm×54cm	66,700	翰文今博	2014.06.28
汪开潮 2013年 陆游烟艇记·釉上彩瓷板	108cm×27cm	28,750	景德镇华艺	2014.10.20
汪少平作 1947年 题诗"竹馆书声"图瓷板	高19.5cm	26,360	伦敦苏富比	2014.05.14
汪向军 高温窑变堆白釉"白桦林"瓷板		218,500	浙江骏成	2014.06.22
汪志杰 瓷盘-人物	直径46cm	39,100	上海嘉泰	2014.06.18
王安维 紫气东来釉上彩瓷板	55cm×31cm	37,950	北京匡时	2014.06.03

拍品名称	物品尺寸	成交价RMB	拍卖公司	拍卖日期
王步 1959年 稀土粉地色釉堆白"扶桑花"瓷板	64cm×32cm	4,025,000	浙江骏成	2014.06.22
王恩怀 2009年 釉上彩"东风浩荡"瓷板	40cm×40cm	115,000	浙江骏成	2014.06.22
王恩怀 春晓釉上彩花鸟瓷盘	直径26cm	46,000	北京匡时	2014.06.03
王家银 春牛图浮筒	高45cm	92,000	南京经典	2014.01.05
王家银 风净荷香梅瓶	50cm×26cm	63,250	南京经典	2014.01.05
王家银 风净荷香小口瓶	高44cm	51,750	南京经典	2014.01.05
王家银 荷花塘钵	31cm×26cm	43,700	南京经典	2014.01.05
王家银 荷花塘钵	31cm×26cm	36,800	南京经典	2014.01.05
王家银 荷花天球瓶	高40cm	46,000	南京经典	2014.01.05
王家银 牧归玉壶春	高60cm	138,000	南京经典	2014.01.05
王家银 牧牛图梅瓶	高50cm	92,000	南京经典	2014.01.05
王家银 牧牛图梅瓶	高45cm	46,000	南京经典	2014.01.05
王家银 清风梅瓶	50cm×26cm	69,000	南京经典	2014.01.05
王家银 晴雪图梅瓶	高43cm	46,000	南京经典	2014.01.05
王家银 山田石榴瓶	高33cm	92,000	南京经典	2014.01.05
王家银 山月随人归大盘子	口径37cm	34,500	南京经典	2014.01.05
王家银 细雨江南水洗	24cm×22cm	32,200	南京经典	2014.01.05
王家银 杨柳岸浮筒	高45cm	92,000	南京经典	2014.01.05
王雷 2013年作 和合二仙 综合装饰瓷板	113cm×28cm	57,500	翰文今博	2014.06.28
王雷 寻乐图 综合装饰瓷板	58cm×58cm	48,300	翰文今博	2014.06.28
王强 2013年 影青刻花"文殊菩萨"瓷板	50cm×110cm	80,500	浙江骏成	2014.06.22
王秋霞 心畅百虑釉上彩销笔筒	高17cm	55,200	北京匡时	2014.06.03
王天德 2002年作 水墨瓷罐	高22.5cm	69,000	北京诚轩	2014.05.16
韦奇伍德彩绘人物圣杯	高23cm	69,000	上海嘉泰	2014.06.18
文革时期 "革命圣地"纪念瓷板（一套五件）	19cm×13.5cm×5	74,750	浙江骏成	2014.06.22
吴锦华 2012年作 风寒雪急勇追寇 釉上装饰瓷瓶	高42cm	1,840,000	翰文今博	2014.06.28
吴锦华 紫荆花掩五色窗 釉上装饰瓷板	56cm×32cm	977,500	翰文今博	2014.06.28
吴康 洛神图瓷板	57.3cm×33.5cm	402,500	北京匡时	2014.06.03
吴礼新 2012年作 雅趣宜人 釉上彩瓷板	42cm×79cm	34,500	翰文今博	2014.06.28
吴礼新 秋色有香 釉上彩装饰瓷板	79cm×42cm	34,500	翰文今博	2014.06.28
吴凌之 釉上彩瓷板	38cm×38cm	28,750	中国嘉德	2014.11.22
吴珉权 炫 瓷板	50cm×50cm	58,200	新加坡33拍卖	2014.10.11
吴也凡 2012年作 天驹·釉上彩瓷板	112cm×55cm	11,500	景德镇华艺	2014.10.20
吴也凡 天驹图 釉上彩瓷板	50cm×100cm	69,000	中国嘉德	2014.05.20
吴也凡 天驹图 釉上彩瓷板	99.5cm×49cm	63,250	中国嘉德	2014.11.22
西洋人物开光花卉纹盖盅	高26.5	2,773,800	澳门中信	2014.06.08
西游记故事纹瓶	高29.6cm	1,201,980	澳门中信	2014.06.08
希恩丁陶瓷 萨尔瓦多达利餐具组合（100件）	尺寸不一	70,593	日本伊斯特	2014.04.26
锡良 2006年 王庐山写生系列作品六条屏	40cm×40cm×6	5,980,000	景德镇华艺	2014.05.25
夏徐玲 釉上彩"十二金钗"瓷盘	直径26cm×12	40,250	北京万隆	2014.06.04
现代 毕渊明猛虎图瓶（一对）	高25cm×2	55,200	上海敬华	2014.07.01
现代 刘远常雕瓷天女散花摆件	40cm×19cm	33,037	中信国际	2014.04.19
现代 婺窑灰釉刻宝相花斗笠碗	直径60cm	168,000	上海国拍	2014.06.28
晓芳窑（一组两件）	尺寸不一	20,700	北京匡时	2014.09.17
谢璇 2012年作 花花幼儿园---犬系列二十八	直径70cm	23,280	新加坡33拍卖	2014.10.11
谢璇 2012年作 花花幼儿园---犬系列二十七	直径80cm	23,280	新加坡33拍卖	2014.10.11
新工艺"马"	高25cm	92,000	河南原田	2014.08.17
新中国 胡卢黄山四季风景瓷板（四块）	25cm×18cm×4	4,600,000	上海道明	2014.03.27
熊汉中 河趣彩绘瓷瓶	高59cm	80,500	北京匡时	2014.06.03
熊亚辉 高温颜色釉瓷板	173cm×63cm	230,000	中国嘉德	2014.05.20
徐定昌 梅子青弦纹瓶	高34cm	207,000	中国嘉德	2014.05.20
徐定昌 窈窕淑女粉青瓶	高29.7cm	207,000	北京匡时	2014.06.03
徐建明 2011年作 清凉境界	42cm×79cm	34,500	江苏龙城	2014.07.26

拍品名称	物品尺寸	成交价RMB	拍卖公司	拍卖日期
徐江云 2011年 瑞鹤迎春综合装饰瓷瓶	高34cm	80,500	景德镇华艺	2014.05.31
徐江云 高温窑变“归”钵	26cm×33cm	46,000	浙江骏成	2014.06.22
徐江云 高温窑变“岚风”瓷板	79cm×79cm	161,000	浙江骏成	2014.06.22
徐江云 高温窑变“林中飞燕”瓷板	80cm×45cm	66,700	浙江骏成	2014.06.22
徐瑞鸿 2014年 翠鸟荷炉	33cm×16cm	135,700	北京保利	2014.03.02
徐小明 贵妃品茶图 釉上彩瓷板	69cm×49cm	36,800	中国嘉德	2014.11.22
徐小明 釉上彩瓷瓶	高40.5cm	17,250	中国嘉德	2014.11.22
闫保山 2012年 铁绘龙凤纹梅瓶	高38.5cm	17,250	景德镇华艺	2014.10.20
杨士明 釉上彩山水瓷板	113cm×57cm	92,000	中国嘉德	2014.11.22
杨知行 昆布 瓷板	84cm×83cm	58,200	新加坡33拍卖	2014.10.11
杨志 佛尊	高44cm	230,000	北京盘古	2014.06.25
杨志 富贵无边	高11cm	230,000	北京盘古	2014.06.25
杨志 长寿瓶	高59.2cm	287,500	北京盘古	2014.06.25
杨志 龙耳尊	25cm×22cm	32,200	河南原田	2014.08.17
姚永康 2012年“水”瓷塑	长25cm	805,000	北京保利	2014.06.05
尹志军 2013年 探幽釉上彩瓷板	110cm×28cm	32,200	景德镇华艺	2014.05.31
尹志军 2014年 暗香·釉上彩瓷板	90cm×44cm	23,000	景德镇华艺	2014.10.20
尹志军 2014年 秋山清韵·釉上彩瓷板	111cm×18cm	32,200	景德镇华艺	2014.10.20
英国皇家库尔顿 贵妇人肖像画珠宝装饰绘盘（1两件）	直径25.6cm×2	60,003	日本伊斯特	2014.04.26
应为平 金色的巅峰 高温颜色釉瓷板	57cm×113cm	149,500	中国嘉德	2014.11.22
应为平 美丽的圣湖 高温颜色釉瓷板	57cm×113cm	115,000	中国嘉德	2014.11.22
于长征 2013年 黄山云海釉上彩瓷板	55cm×55cm	34,500	景德镇华艺	2014.05.31
余水贵 2014年 唐诗画意·综合装饰瓷板	80cm×78cm	103,500	景德镇华艺	2014.10.20
俞军 高温窑变瓷板	60cm×60cm	109,250	浙江骏成	2014.06.22
俞军 高温窑变雪花釉“乡情”瓷瓶（柴窑）	高45cm	69,000	浙江骏成	2014.06.22
俞晓夫“趣味”瓷瓶	高50cm	32,200	上海东方	2014.07.01
袁冬斌 2013年作 云山清和 釉上彩瓷板	40cm×72cm	31,360	翰文今博	2014.06.28
袁冬斌 釉上彩瓷板（四件）	宽26.5cm×4	28,750	中国嘉德	2014.11.22
袁鑫 2014年作 熊猫 釉上彩装饰瓷板（一对）	40cm×40cm×2	33,600	翰文今博	2014.06.28
袁鑫 釉上彩瓷板	38cm×37.5cm	18,400	中国嘉德	2014.11.22
约1930-1950年 李明亮 彩绘蝉纹瓷板（一对）	12.3cm×19.3cm×2	24,805	伦敦苏富比	2014.11.05
詹伟 白云深处有人家 综合装饰瓷板	111cm×49cm	138,000	中国嘉德	2014.11.22
詹伟 山外山 综合装饰瓷板	112cm×55.5cm	149,500	中国嘉德	2014.05.20
战天斗地（铁姑娘）	高32cm	57,500	河南原田	2014.08.17
张保增 釉上彩书法瓷盘（一对）	高径34.5cm；直径35cm	23,000	中国嘉德	2014.11.22
张芳邨 2013年作 釉上彩“BZ-c3号作品”瓷板	55cm×55cm	552,000	北京万隆	2014.06.04
张芳邨 2013年作 釉上彩“BZ-c6号作品”瓷板	55cm×55cm	552,000	北京万隆	2014.06.04
张桂铭“多子”瓷瓶	高37.5cm	78,200	上海东方	2014.07.01
张国君 新安梦痕 釉上彩瓷板	25cm×200cm	172,500	中国嘉德	2014.05.20
朱景辉 2007年作 春雨 瓷板	56cm×56cm	186,240	新加坡33拍卖	2014.10.11
张景辉 山雨蒙蒙瓷板	80cm×43.3cm	437,000	北京匡时	2014.06.03
张景辉 釉上彩瓷板	55cm×55cm	34,500	中国嘉德	2014.11.22
张松根 六合同春		168,000	中联环球	2014.01.12
张闻冰 2012年作 桃花迎春闹 综合装饰瓷板	29cm×56cm	82,800	翰文今博	2014.06.28
张闻冰 春蕊红颜之一 综合装饰瓷板	39cm×39cm	80,500	翰文今博	2014.06.28
张闻冰 江南莲花开 综合装饰镶器	高62cm	241,500	翰文今博	2014.06.28
张志安 春风得意釉上彩瓷板	37.3cm×36cm	34,500	北京匡时	2014.06.03
章朝辉 2013年作 高温颜色釉“贵妃醉酒”瓷板	82cm×42cm	36,800	北京万隆	2014.06.04

拍品名称	物品尺寸	成交价RMB	拍卖公司	拍卖日期
章鉴 文革时期 毛主席釉上彩瓷板	64cm×40cm	1,840,000	景德镇华艺	2014.05.25
章鉴 釉上彩“华彩盈天”瓷瓶	高29cm	1,035,000	北京万隆	2014.06.04
赵兰涛 处处莲花开 瓷塑	高64cm	92,000	中国嘉德	2014.05.20
赵少昂、杨善深 牡丹蜜蜂	直径30.5cm	197,250	佳士得	2014.11.24
赵少昂、杨善深 朱竹草虫	高25cm	187,388	佳士得	2014.11.24
赵无极 1996年 无题	56cm×56.2cm	543,125	佳士得	2014.04.05
赵无极 2007年 碑第五号	26cm×58cm	256,425	佳士得	2014.11.23
赵无极 2007年 石碑 第二号	长42cm	296,250	佳士得	2014.04.05
赵无极 2007年作 石碑 第十号	46.5cm×34cm	251,250	佳士得	2014.05.25
赵紫云 童趣釉上彩瓷瓶	高34.2cm	43,700	北京匡时	2014.06.03
郑灿煌 高温颜色釉瓷瓶	高45.5cm	34,500	中国嘉德	2014.11.22
郑灿煌 马球图 高温颜色釉瓷板	55cm×55cm	34,500	中国嘉德	2014.05.20
郑吉永 小马灯与小马杯（四件）	尺寸不一	17,250	北京保利	2014.04.29
郑善禧 1999年作 获花秋衡刻方瓶	高29cm	39,270	帝图艺术	2014.06.22
郑云一 2013年 高温色釉“合张影”瓷板	55cm×112cm	172,500	北京保利	2014.06.05
智取威虎山	27cm×30cm	287,500	河南原田	2014.08.17
钟莲生 2007年 水木清华·釉上彩瓷板	长113cm；宽57cm	598,000	景德镇华艺	2014.10.20
钟汝荣 达摩（原作）	高25.5cm	92,000	华艺国际	2014.05.31
钟汝荣 铁拐李（原作）	高26cm	149,500	华艺国际	2014.05.31
钟声 2014年 净念	直径11.9cm	46,000	北京保利	2014.06.05
钟声 造物-茶盏（一组三件）		57,500	北京保利	2014.04.29
钟振华 2014年 荷边弄水一身香·综合装饰瓷板	111cm×54cm	78,200	景德镇华艺	2014.10.20
钟振华 2014年 三人行综合装饰瓷板	高55cm；宽55cm	57,500	景德镇华艺	2014.05.31
钟振华 2014年作 半刀泥刻花装饰“春江水暖”瓷瓶	高59cm	71,300	北京万隆	2014.06.04
钟振华 半刀泥装饰镶器	高62cm	126,500	中国嘉德	2014.05.20
周国桢 巨龙回首 雕塑瓷	32cm×45cm	287,500	翰文今博	2014.06.28
周国桢 马踏雄风 瓷雕	长31cm	115,000	中国嘉德	2014.05.20
周国桢 马踏雄风 雕塑瓷	高38cm	126,500	翰文今博	2014.06.28
朱道平 胜似春光瓶	高43.5cm	28,000	上海驰翰	2014.06.26
朱德群 2002年作 瓷画 F2（方）瓷板	52.8cm×53cm×4cm	139,680	新加坡33拍卖	2014.10.11
朱德群 2002年作 瓷画 F2（圆）盘	直径53.2cm	139,680	新加坡33拍卖	2014.10.11
朱德群 2004年作 无题	高52.5cm	78,100	香港苏富比	2014.01.23
朱德群 2005年 长方形花瓶F26	高57cm	177,525	佳士得	2014.11.23
朱德群 2005年作 红色圆形花瓶F30	尺寸不一	130,650	佳士得	2014.05.25
朱德群 2005年作 矩形花瓶 F27	高56cm	190,950	佳士得	2014.05.25
朱斐翡 2012年作 依偎 颜色釉装饰瓷瓶	高58cm	48,300	翰文今博	2014.06.28
朱建安 2012年作 好天气 颜色釉综合装饰瓷板	48.5cm×20cm	69,000	翰文今博	2014.06.28
朱建安 山里姑娘 颜色釉综合装饰瓷板	80cm×43cm	178,250	翰文今博	2014.06.28
朱建安 幽静的古村·高温颜色釉瓷板	80cm×44cm	46,000	景德镇华艺	2014.10.20
朱乐耕 乡村牧牛窑变色釉瓷瓶	高21.7cm	32,200	北京匡时	2014.06.03
朱文 2013年作 梦里水乡 颜色釉装饰瓷板	54cm×53cm	86,250	翰文今博	2014.06.28
朱新建 大地山河	高43cm	356,500	江苏聚德	2014.06.21
朱新建 闺中少妇不知愁 笔筒	通高20cm	113,500	江苏聚德	2014.10.06
朱新建 身在西山红雨中	高59cm	310,500	江苏聚德	2014.06.21
朱者赤 2013年作 平平安安之一颜色釉装饰瓷板	10.5cm×56.5cm	34,500	翰文今博	2014.06.28
朱者赤 无题-敦煌之三 颜色釉装饰瓷板	80cm×43cm	172,500	翰文今博	2014.06.28
朱振洪 2013年（癸巳年）戏曲人物高温色釉瓷板	81cm×55cm	161,000	景德镇华艺	2014.05.31
朱振洪 2014年 风景·高温颜色釉瓷板	85cm×83cm	172,500	景德镇华艺	2014.10.20
朱正荣 2008年 釉下彩“五福报春”瓷瓶	39cm×26.5cm	34,500	浙江骏成	2014.06.22

2014瓷器拍卖成交汇总

(成交价RMB：1万元以上)

拍品名称	物品尺寸	成交价RMB	拍卖公司	拍卖日期
紫气东来（出戟尊）		51,750	河南原田	2014.08.17
宗成武 童趣 釉上彩瓷板	40cm×40cm	10,350	中国嘉德	2014.11.22
宗美美 风清日暖闲 釉上彩瓷板	41cm×41cm	14,950	中国嘉德	2014.11.22
邹宝林 教子图釉上彩莲子瓶	高36cm	17,250	北京匡时	2014.06.03
邹甫仁 釉上彩薄胎瓷皮灯	高24.5cm	46,000	北京匡时	2014.06.03
邹甫仁 云屏初展釉上彩瓷板	44cm×80cm	115,000	北京匡时	2014.06.03
5. 色釉瓷				
青釉				
元/明 青釉菊瓣盏	直径8cm	23,000	太平洋	2014.03.21
元 粉青釉贴塑刻花龙纹盘	直径33.7cm	110,400	中鸿信	2014.11.22
明14世纪 青釉涩胎仙人鹤纹菱口盘	直径17cm	39,540	伦敦邦瀚斯	2014.05.15
明早期 青釉刻龙纹盘	直径34.5cm	391,000	中贸圣佳	2014.07.06
明永乐 青釉葵口缠枝莲纹杯托	直径18.8cm	172,500	翰风国际	2014.04.30
明宣德 豆青釉花口盘	直径8.5cm	166,750	北京华辰	2014.05.17
明15世纪 青釉镂雕狮戏绣球图坐墩	高41.2cm	153,375	纽约佳士得	2014.03.20
明 青釉弥勒像	高16.3cm	11,500	中国嘉德	2014.06.21
明 青釉龙凤纹折沿大盘	直径34cm	107,363	纽约佳士得	2014.03.20
明 青釉葫芦形执壶	高31cm	149,500	中国嘉德	2014.11.22
明 青釉八卦纹三足炉	高19cm	34,500	东拍国际	2014.07.31
明 官窑粉青釉弦纹三足炉	直径12.5cm	600,000	北京九歌	2014.12.17
清康熙 青釉壶	高9cm	1,641,120	佳士得	2014.11.26
清康熙 青釉海水云龙纹三弦尊	高19.6cm	14,013,905	纽约苏富比	2014.09.16
清康熙 青釉螭龙纹花觚	高45cm	34,500	北京保利	2014.10.25
清康熙 青釉暗刻牡丹纹水丞	直径7.7cm	46,000	中国嘉德	2014.03.23
清康熙 青釉暗刻花卉纹花口洗	直径8.7cm	34,500	中国嘉德	2014.03.23
清康熙 青釉暗刻海水云龙纹大罐	直径36.2cm	161,000	北京中汉	2014.09.22
清康熙 青釉暗刻海水螭龙纹大笔筒	高18.3cm	69,000	北京中汉	2014.05.17
清康熙 青釉暗刻穿花龙纹观音瓶	高69.6cm	23,000	中国嘉德	2014.06.21
清康熙 青釉暗刻螭龙穿云纹长颈瓶	高41.3cm	57,500	北京中汉	2014.09.22
清康熙 浅青釉浮雕花卉纹水盂	高9.4cm	59,325	香港苏富比	2014.10.08
清康熙 粉青釉刻划荷花纹梅瓶	高31.5cm	77,250	北京中联	2014.09.09
清康熙 仿龙泉青釉刻缠枝牡丹蕉叶纹花觚	高47cm	46,013	纽约佳士得	2014.03.20
清康熙 豆青釉竹节形笔筒	高14.5cm	48,300	广州皇玛	2014.04.27
清康熙 豆青釉饕餮纹尊	高26.5cm	69,000	远方拍卖	2014.06.02
清康熙 豆青釉模印灵芝花纹铁锈兽耳小尊	高16.6cm	46,000	中国嘉德	2014.11.20
清康熙 豆青釉暗刻花卉兽耳尊	高32.55cm	69,000	北京盈时	2014.05.31
清康熙 冬青釉龙穿花盘口尊	高33.5cm	226,000	辽宁建投	2014.06.08
清康熙 冬青釉刻山水龙纹花觚	高40cm	322,000	北京保利	2014.06.06
清康熙 冬青釉浮雕如意云纹马蹄尊	高7.3cm	1,264,000	香港苏富比	2014.04.08
清康熙 粉青釉刻螭龙纹笔筒	高16.5cm	80,500	西泠拍卖	2014.12.13
清雍正 冬青釉三孔花插	高7.5cm	2,070,000	北京保利	2014.12.03
清雍正 粉青釉浮雕菊瓣弦纹瓶	高24.2cm	3,450,000	北京匡时	2014.12.03
清雍正 粉青釉浮雕如意纹撇口盌	直径24cm	672,000	北京荣宝	2014.11.30
清雍正 粉青釉浅浮雕刻缠枝莲纹碗（一对）	直径11.6cm×2	4,715,000	北京匡时	2014.12.03
清雍正 粉青釉小口尊	高12.5cm	552,000	北京匡时	2014.12.03
清雍正 御制豆青釉料长颈瓶	高224cm	2,154,720	佳士得	2014.05.28
清雍正 影青釉暗刻花卉纹高足碗	直径20.5cm	69,000	北京诚轩	2014.05.19
清雍正 青釉瓶	高25.1cm	11,609,760	佳士得	2014.05.28
清雍正 青釉夔龙捧寿纹方形小花盆	长15.8cm	149,500	北京诚轩	2014.05.19
清雍正 粉青釉印夔龙纹碗	直径23.1cm	593,250	香港苏富比	2014.10.08
清雍正 粉青釉弦纹碗	直径171cm	1,189,920	佳士得	2014.05.28
清雍正 粉青釉碗	直径12cm	1,768,800	佳士得	2014.05.28
清雍正 粉青釉四足花盆	直径19.5cm	460,000	上海道明	2014.03.27
清雍正 粉青釉双弦纹六方贯耳瓶	高27.9cm	13,320,440	香港苏富比	2014.10.08
清雍正 粉青釉模印如意云纹撇口大碗	直径14cm	230,000	北京中汉	2014.11.21
清雍正 粉青釉模印如意云头纹撇口大碗	直径23.7cm	414,000	北京中汉	2014.05.17
清雍正 粉青釉莲瓣口瓶	高19.5cm	400,849	景薰楼	2014.06.15

拍品名称	物品尺寸	成交价RMB	拍卖公司	拍卖日期
清雍正 粉青釉花口三足洗	直径23.2cm	356,500	苏州东方	2014.10.30
清雍正 粉青釉灯笼瓶	高25.3cm	4,079,775	纽约苏富比	2014.03.18
清雍正 粉青釉缠枝莲纹灵芝耳抱月瓶	高29.2cm	12,541,985	纽约苏富比	2014.09.16
清雍正 豆青釉模印暗八仙碗	直径21.8cm	172,500	中国嘉德	2014.05.18
清雍正 豆青釉暗刻灵芝纹盘（一对）	直径11.7cm×2	143,750	苏州东方	2014.05.30
清雍正 冬青釉暗刻螭龙捧寿纹盘	直径20.5cm	120,750	华艺国际	2014.05.31
清乾隆 仿汝天青釉瓜棱贯耳瓶（一对）	高28.9cm×2	103,500	北京中汉	2014.11.21
清乾隆 粉青釉六方瓶	高29.5cm	1,150,000	北京保利	2014.12.05
清乾隆 青釉葫芦瓶	高32cm	690,000	西泠拍卖	2014.12.13
清乾隆 豆青釉苍龙教子云龙纹天球瓶	高57cm	805,000	北京保利	2014.12.03
清乾隆 粉青釉雕龙凤呈祥八方瓶	高32.5cm	13,225,000	北京保利	2014.12.03
清乾隆 青釉刻花缠枝莲纹橄榄瓶	高37cm	51,750	西泠拍卖	2014.12.13
清乾隆 青釉团螭纹瓶	高23.5cm	103,500	中国嘉德	2014.09.21
清乾隆 青釉瓶	高24.7cm	2,777,280	佳士得	2014.11.26
清乾隆 青釉胆瓶	高28.8cm	55,200	中国嘉德	2014.06.21
清乾隆 粉青釉五孔弦纹琮式瓶	高29cm	9,200,000	北京保利	2014.06.04
清乾隆 粉青釉双耳瓶	高17.8cm	161,000	北京匡时	2014.06.04
清乾隆 粉青釉六连瓶	高22.8cm	2,990,000	上海道明	2014.03.27
清乾隆 粉青釉灵芝夔龙纹贯耳瓶	高30.5cm	7,820,000	中国嘉德	2014.05.18
清乾隆 粉青釉葫芦瓶	高31.5cm	3,960,000	中信拍卖	2014.07.14
清乾隆 粉青釉葫芦瓶	高32.3cm	1,286,400	佳士得	2014.05.28
清乾隆 粉青釉葫芦瓶	高32.5cm	667,000	上海敬华	2014.07.01
清乾隆 粉青釉葫芦瓶	高32.7cm	517,500	苏州东方	2014.05.30
清乾隆 粉青釉贯耳瓶	高31.1cm	230,000	中鸿信	2014.11.22
清乾隆 粉青釉瓜棱双耳蒜头瓶	高40.5cm	43,700	北京中汉	2014.11.21
清乾隆 粉青釉缠枝花卉纹贯耳瓶	高33.3cm	7,392,675	纽约佳士得	2014.03.20
清乾隆 粉青釉八棱长颈瓶	高21cm	1,120,056	保利香港	2014.10.07
清乾隆 粉青釉暗刻缠枝花卉福寿如意耳抱月瓶	高48.4cm	1,725,000	北京翰海	2014.05.11
清乾隆 粉青暗刻如意头纹双羊耳瓶	高25cm	69,000	广州皇玛	2014.01.02
清乾隆 粉青暗刻菊瓣纹双耳瓶	高40cm	69,000	广州皇玛	2014.01.02
清乾隆 豆青釉刻仿古夔龙纹盘口纸搥瓶	直径9.8cm	2,689,400	香港苏富比	2014.10.08
清乾隆 豆青釉葫芦瓶	高32.2cm	896,000	天津文物	2014.11.15
清乾隆 豆青釉浮雕海水云龙纹天球瓶	高54cm	2,266,000	北京中联	2014.09.09
清乾隆 豆青地堆塑竹节纹诗词玉壶春瓶	高32.5cm	172,500	苏州东方	2014.10.30
清乾隆 冬青釉葫芦瓶	高32cm	1,127,000	苏州东方	2014.10.30
清乾隆 冬青釉大吉葫芦瓶	高323cm	109,250	北京中汉	2014.11.21
清乾隆 冬青釉穿带瓶	高23.2cm	43,130	中拍国际	2014.06.04
清乾隆 青釉仿古盘口尊	高38cm	34,558,200	佳士得	2014.11.26
清乾隆 青釉暗刻缠枝莲纹铺首尊	高42cm	17,250	中国嘉德	2014.03.23
清乾隆 粉青釉夔龙纹双耳尊	高22.2cm	8,865,075	纽约佳士得	2014.03.20
清乾隆 粉青釉浮雕蝉纹四系盘口尊	高18.7cm	2,686,000	香港苏富比	2014.04.08
清乾隆 豆青釉如意团龙纹太白尊	高13cm	36,708	中信国际	2014.04.19
清乾隆 豆青釉刻花双狮耳尊	高36.5cm	43,700	华艺国际	2014.04.13
清乾隆 影青釉暗刻缠枝莲纹高足碗	直径15	172,500	北京诚轩	2014.05.19
清乾隆 粉青釉缠枝牡丹纹大碗	直径26.5cm	198,440	伦敦苏富比	2014.11.05
清乾隆 豆青釉折腰盖碗	直径12.7cm	287,500	北京翰海	2014.05.11
清乾隆 豆青釉暗花水波纹折沿花口碗	直径25.8cm	258,750	苏州东方	2014.10.30
清乾隆 冬青釉刻花卉纹碗	直径26.4cm	460,000	北京保利	2014.12.03
清乾隆 豆青釉碗（一对）	直径18.3cm×2	392,000	北京荣宝	2014.11.30
清乾隆 青釉棱口折腰碟	直径8.3cm	25,300	北京中汉	2014.11.21
清乾隆 青釉暗刻云蝠碟	直径11.3cm	138,000	八益拍卖	2014.10.24
清乾隆 豆青釉福寿如意纹碟	直径11cm	57,500	中宝拍卖	2014.07.06
清乾隆 青釉如意纹小花口盘（一对）	直径8.5cm×2	63,250	中国嘉德	2014.06.21
清乾隆 粉青釉盘（一对）	直径32.5cm×2	122,700	纽约苏富比	2014.03.18

拍品名称	物品尺寸	成交价RMB	拍卖公司	拍卖日期
清乾隆 豆青釉团凤高足盘（一对）	直径18cm×2	28,750	北京保利	2014.04.26
清乾隆 天青釉盘	直径16.8cm	69,000	翰风国际	2014.04.30
清乾隆 敬畏堂制豆青釉暗刻龙纹盘	口径16.5cm	13,800	朵云轩	2014.04.21
清乾隆 粉青釉暗刻花卉纹高足盘	直径168cm	105,800	北京中汉	2014.11.21
清乾隆 豆青釉螭龙纹盘	直径16.7cm	13,800	中国嘉德	2014.09.21
清乾隆 青釉兽足双耳炉	宽31.5cm	552,000	北京保利	2014.01.11
清乾隆 青釉鼓钉罐	高13.8cm	28,750	中国嘉德	2014.06.21
清乾隆 粉青釉月牙耳盖罐	高18.4cm	118,500	香港苏富比	2014.04.08
清乾隆 粉青釉鼓钉罐	高15.7cm	212,750	苏州东方	2014.05.30
清乾隆 粉青釉浮雕“苍龙教子”图罐	高34.4cm	74,512,200	香港苏富比	2014.10.08
清乾隆 豆青釉月牙罐	高22cm	57,500	北京保利	2014.01.11
清乾隆 豆青釉月牙罐	高187cm	103,500	北京中汉	2014.11.21
清乾隆 豆青釉日月罐	高19cm	471,500	北京翰海	2014.10.26
清乾隆 豆青釉日月罐	高19cm	172,500	苏州东方	2014.10.30
清乾隆 豆青釉鼓式钉罐	高16.8cm	207,000	保利厦门	2014.11.02
清乾隆 豆青铺首鼓钉罐	高16.2cm	392,000	武汉中信	2014.10.23
清乾隆 翠青釉铺首鼓式罐	高16.3cm	92,000	北京诚轩	2014.05.19
清乾隆 粉青釉鼓钉罐	高16.5cm	667,000	北京保利	2014.12.03
清乾隆 粉青釉双狮耳鼓钉罐	高16.5cm	460,000	北京匡时	2014.12.03
清乾隆 青釉荷叶洗	直径25cm	17,250	中国嘉德	2014.03.23
清乾隆 粉青釉六方洗	长24cm	11,500	北京盘古	2014.06.25
清乾隆 粉青釉花插	高6.8cm	1,479,360	佳士得	2014.05.28
清乾隆 粉青釉福寿万代纹方壶	高34.9cm	8,862,185	纽约苏富比	2014.09.16
清乾隆 粉青釉杯（一对）	高5cm×2	275,584	景薰楼	2014.06.15
清乾隆 粉青釉暗刻夔龙花口洗	直径27.5cm	655,500	北京翰海	2014.10.26
清乾隆 粉青釉暗刻缠枝莲纹直口洗	直径26cm×高7.5cm	1,610,000	保利厦门	2014.11.01
清乾隆 冬青釉水洗	直径13.5cm	172,500	华艺国际	2014.05.31
清嘉庆 青釉钱纹罐	高19.5cm	11,500	中国嘉德	2014.09.21
清嘉庆 豆青釉莲托福寿纹瓶	高29.2cm	69,019	纽约佳士得	2014.03.20
清嘉庆 豆青釉葫芦瓶	高32cm	2,760,000	广州皇玛	2014.04.27
清嘉庆 豆青釉暗刻方笔洗	长9.5cm	115,000	八益拍卖	2014.10.24
清中期 青釉鱼篓尊	高37cm	17,250	北京保利	2014.08.02
清中期 青釉印龙纹三孔瓶	高30cm	14,950	北京保利	2014.04.26
清中期 青釉蟠龙小蒜头瓶	高10.5cm	51,750	中国嘉德	2014.09.21
清中期 青釉镂空夔龙笔筒	直径19cm	43,700	北京保利	2014.04.26
清中期 青釉夔龙纹盖罐	直径24cm	10,350	北京保利	2014.08.02
清中期 青釉缠枝花卉水仙盆	长45cm	43,700	北京保利	2014.04.26
清中期 豆青釉椭圆洗	长19.8cm	20,700	中国嘉德	2014.03.23
清中期 豆青釉龙纹尊	高23cm	33,750	中鸿信	2014.11.22
清中期 豆青釉加彩群仙贺寿纹双耳大瓶（一对）	高64cm×2	92,000	广州皇玛	2014.01.02
清中期 豆青釉荷莲水丞	长11.5cm	11,500	中国嘉德	2014.03.23
清中期 豆青釉螭龙纹方杯	高11.5cm	103,500	中国嘉德	2014.11.20
清中期 豆青釉暗刻缠枝莲鱼浅	直径60cm	690,000	北京华辰	2014.05.17
清中期 冬青釉橄榄瓶	高23.5cm	181,700	保利香港	2014.04.07
清道光 青釉莲子盖罐	高5.8cm	69,000	北京翰海	2014.10.26
清道光 青釉莲蓬印盒	高6cm	92,000	中国嘉德	2014.06.21
清道光 粉青釉琮式八卦纹瓶	高28cm	517,500	中贸圣佳	2014.07.06
清道光 豆青釉折腰盘	直径16.9cm	39,200	天津文物	2014.11.15
清道光 豆青釉铺首鼓钉纹罐	高16.3cm	207,000	北京中汉	2014.05.17
清同治 粉青釉八卦琮式瓶	高28.5cm	276,000	苏州东方	2014.05.30
清同治 豆青釉鱼龙变换洗口瓶	高21cm	23,000	北京翰海	2014.08.24
清光绪 周鲁匜盘	宽25cm	28,750	北京保利	2014.04.26
清光绪 青釉兽耳尊	高28cm	32,200	中国嘉德	2014.09.21
清光绪 青釉鼓钉罐	高16.2cm	78,200	中国嘉德	2014.09.21
清光绪 青釉八卦琮式瓶（一对）	高23cm×2	48,300	北京保利	2014.04.26
清光绪 青釉八卦琮式瓶	高28cm	287,500	八益拍卖	2014.10.24
清光绪 青釉八卦琮式瓶	高28cm	115,000	八益拍卖	2014.10.24
清光绪 粉青釉杏圆贯耳方壶	高29cm	158,160	伦敦苏富比	2014.05.14
清光绪 粉青釉贯耳瓶	高30.9cm	280,000	天津文物	2014.05.16
清光绪 粉青釉贯耳瓶	高30.2cm	224,000	天津文物	2014.11.15
清光绪 粉青釉贯耳瓶	高31cm	94,300	太平洋	2014.09.19
清光绪 粉青釉穿带瓶	高30.2cm	345,000	北京翰海	2014.10.26

拍品名称	物品尺寸	成交价RMB	拍卖公司	拍卖日期
清光绪 粉青釉八卦纹琮式瓶	高27.5cm	336,000	北京荣宝	2014.06.15
清光绪 粉青釉八卦纹琮式瓶	高27.3cm	336,000	天津文物	2014.11.15
清光绪 粉青釉八卦方瓶	高27.1cm	224,250	北京翰海	2014.05.11
清光绪 粉青釉八卦琮式瓶	高28cm	166,750	苏州东方	2014.05.30
清光绪 粉青釉八卦琮式瓶	高27.7cm	287,500	北京翰海	2014.10.26
清光绪 粉青釉八卦琮式瓶	高30cm	207,000	中鸿信	2014.11.22
清光绪 豆青釉杏圆贯耳瓶	高31.0cm	46,000	上海泓盛	2014.06.26
清光绪 豆青釉杏圆贯耳瓶	高29cm	121,339	保利香港	2014.10.07
清光绪 豆青釉象耳方瓶	高29cm	218,500	北京翰海	2014.10.26
清光绪 豆青釉八卦纹琮式瓶	高27.7cm	59,800	中国嘉德	2014.03.23
清光绪 豆青釉八卦琮式瓶	高27.6cm	322,000	北京翰海	2014.10.26
清光绪 粉青釉贯耳瓶	高30.5cm	56,000	北京荣宝	2014.11.30
清光绪 豆青釉暗刻夔龙洗	直径16.6cm	34,500	太平洋	2014.06.25
清晚期 青釉暗刻缠枝莲纹梅瓶	高21.6cm	10,350	中国嘉德	2014.06.21
清18世纪 粉青釉团龙纹双耳八棱杯	直径9.5cm	52,720	伦敦苏富比	2014.05.14
清18世纪 豆青釉黄蜀葵纹盘	直径35cm	38,344	纽约苏富比	2014.03.18
清18世纪 青釉山水人物图大瓶	高52.5cm	79,080	伦敦邦瀚斯	2014.05.15
清18世纪/19世纪 龙泉青釉胆瓶	高27.7cm	98,850	伦敦邦瀚斯	2014.05.15
清 天青釉四方瓶	高36cm	200,000	浙江世贸	2014.07.27
清 天青釉刻蕉叶螭龙纹圆腹尊	高29.3cm	313,600	成都金沙	2014.11.16
清 天青釉贯耳瓶	高51cm	259,900	辽宁建投	2014.06.08
清 天青釉瓜棱弦纹瓶	高24cm	107,520	成都金沙	2014.11.16
清 青釉竹节纹胆瓶	高23cm	421,760	伦敦苏富比	2014.05.14
清 粉青釉兽耳瓶	高31cm	517,500	西泠拍卖	2014.12.13
清 青釉莲纹盖罐	口径7.1cm	92,000	西泠拍卖	2014.12.13
清 天青釉莲瓣纹盘	口径20.2cm	195,500	西泠拍卖	2014.12.13
清 青釉月牙罐	高19cm	20,700	北京保利	2014.04.26
清 青釉倭角瓶	高27cm	46,000	北京保利	2014.08.02
清 青釉四季花卉方瓶	高25cm	71,300	深圳市拍	2014.01.05
清 青釉三羊开泰瓶	高20cm	17,250	北京翰海	2014.11.23
清 青釉花卉瓶	高25cm	13,800	北京保利	2014.10.25
清 青釉螭龙蒜头瓶	高30cm	10,350	北京保利	2014.08.02
清 粉青釉水呈	高8cm	34,500	北京翰海	2014.11.23
清 粉青釉绳纹尊	高17.7cm	55,200	北京中汉	2014.05.17
清 粉青釉夔凤纹笔筒	高17.2cm	57,500	北京翰海	2014.05.11
清 粉青釉鸠耳尊	高19.8cm	51,750	北京中汉	2014.05.17
清 粉青釉暗刻花卉花觚	高44.8cm	57,500	北京翰海	2014.11.23
清 粉青刻花蕉叶纹双耳尊	高25cm	45,200	广东省拍	2014.06.22
清 豆青釉月芽罐	高23cm	1,849,200	澳门中信	2014.06.08
清 豆青釉水洗	直径28cm	11,500	北京保利	2014.01.11
清 豆青釉刻八仙纹八方瓶	高61cm	896,000	成都金沙	2014.11.16
清 豆青釉花卉纹梅瓶	高37.5cm	47,840	香港富得	2014.07.25
清 豆青釉葫芦瓶	高33cm	36,800	北京保利	2014.08.02
清 豆青釉矾红云鹤纹卷缸	直径25.5cm	48,300	太平洋	2014.06.25
清 豆青釉八卦瓶	高27.5cm	230,000	北京翰海	2014.04.13
清 豆青堆粉人物瓶	高47cm	13,800	北京翰海	2014.04.13
清 豆青地雕螭虎小瓶	高24cm	80,500	北京翰海	2014.11.23
清 豆青暗刻花卉狮耳尊	高32cm	32,200	北京翰海	2014.11.23
清 雕瓷梅花鼓式罐	高12cm	29,900	北京翰海	2014.01.11
清 道光窑 粉青釉模印缠枝花卉纹碗	口径12.7cm	92,460	宝港国际	2014.05.27
青塘山房 天青釉围棋罐（一对）	宽15cm×2	13,800	北京保利	2014.06.05
乾隆御题天青釉笠式碗	直径20.5cm	12,420,000	北京保利	2014.06.04
民国 天青釉刻瓜果纹大缸	直径55cm	17,250	北京翰海	2014.04.13
民国 青釉三羊尊	高36cm	16,100	北京保利	2014.04.26
民国 粉青釉小花觚（一对）	高11.2cm×2	17,250	中国嘉德	2014.09.21
民国 粉青釉水盂	口径6.3cm	22,400	天津文物	2014.05.16
民国 豆青釉龙纹六方瓶	高26.5cm	13,800	北京保利	2014.04.26
民国 豆青模印花卉尊	高26cm	28,750	北京保利	2014.10.25
民国“陶局图案室制”豆青釉高脚盘	直径22cm	34,050	中拍国际	2014.06.04
周华 青釉莲瓣罐	高16.5cm	57,500	中国嘉德	2014.11.22
周华 青釉将军罐	高21cm	48,300	中国嘉德	2014.05.20
周华 青釉福洗	宽22.5cm	57,500	中国嘉德	2014.05.20
周华 青釉福罐	高11.7cm	59,800	中国嘉德	2014.11.22
赵兰涛 自在 青釉瓷雕	高48.5cm	69,000	中国嘉德	2014.11.22

2014瓷器拍卖成交汇总

(成交价RMB：1万元以上)

拍品名称	物品尺寸	成交价RMB	拍卖公司	拍卖日期
赵兰涛 2012年作 沈思 瓷雕	高61cm	69,840	新加坡33拍卖	2014.10.11
杨建琴 粉青青果陶艺	高40.5cm	63,250	中国嘉德	2014.11.22
上世纪60年代 豆青釉加彩花卉茶具（一套六头）	高20cm	92,000	景德镇华艺	2014.05.25
毛丹阳 梅子青吉祥尊	高28.5cm	103,500	中国嘉德	2014.11.22
毛丹阳 梅子青灰釉跳刀纹万壑松风香熏	直径17cm	97,750	中国嘉德	2014.11.22
刘颖睿 山水间秋水 瓷雕	高59cm	112,700	中国嘉德	2014.11.22
连伟 出水荷花　青瓷浮雕瓷瓶	高48cm	57,500	中国嘉德	2014.11.22
季友泉 梅子青直颈瓶	高28cm	32,200	中国嘉德	2014.11.22
季友泉 梅子青镂空香熏	高23.5cm	55,200	中国嘉德	2014.11.22
季友泉 梅子青凤尾瓶	高18.5cm	11,500	中国嘉德	2014.11.22
韩美林 青瓷瓶	高34cm	483,000	中国嘉德	2014.11.22
二代諏访苏山作袴腰青瓷香炉	高11cm	28,750	北京匡时	2014.06.05
二代諏访苏山袴腰青瓷香炉	高10cm	28,750	北京匡时	2014.06.05
邓必浩　天青釉双面开光雪景图壶	长17.8cm	11,500	中国嘉德	2014.11.22
陈显林 粉青龙潭春翠陶艺	直径32.5cm	218,500	中国嘉德	2014.11.22
陈显林 禅莲粉青釉尊	直径22.6cm	195,500	北京匡时	2014.06.03
1962年 天青釉开光釉中彩花鸟挂盘	直径19.5cm	943,000	景德镇华艺	2014.05.25
王锡良 影青釉开光仕女、松林景笔筒	高14cm；直径12.6cm	1,035,000	北京匡时	2014.12.02
红釉				
宋 红釉双耳三足炉	高23.3cm	28,662,600	澳门中信	2014.06.08
宋 磁州窑柿红釉小盏	口径8.1cm	45,170	宝港国际	2014.11.27
金 耀州窑柿红釉长颈瓶	高21.5cm	225,851	宝港国际	2014.11.27
金 耀州窑柿红釉香炉	口径11.7cm	90,341	宝港国际	2014.11.27
明成化 油红高足杯	高6.5cm	4,647,120	香港华洋	2014.06.26
明宣德 镶边红釉碗	直径9cm×高8.5cm	920,000	保利厦门	2014.11.02
明宣德 霁红葫芦瓶	高20cm	1,078,000	中信拍卖	2014.07.14
明或更早 建窑柿红釉天目盏	高10.5cm	57,500	保利厦门	2014.11.02
明成化 宝石红釉碗	直径16.5cm	34,500	北京翰海	2014.11.23
明 祭红釉暗刻龙纹盘	直径22.5cm	103,824	台湾世家	2014.04.13
清早期 红釉尊	直径20cm	20,700	中国嘉德	2014.06.21
清早期 祭红釉荸荠瓶	高30cm	32,200	北京保利	2014.06.06
清早期/中期 豇豆红釉梅瓶	高24cm	69,216	台湾世家	2014.04.13
清康熙 红釉大盘	直径27.5cm	43,700	华艺国际	2014.05.31
清康熙 红釉盘	直径16cm	25,300	北京保利	2014.08.02
清康熙 红釉摇铃尊	高16.5cm	20,700	中国嘉德	2014.03.23
清康熙 霁红釉盘	直径19.5cm	151,200	天津文物	2014.05.16
清康熙 霁红釉盘	直径15.5cm	56,000	天津文物	2014.05.16
清康熙 霁红釉盘	直径16.1cm	46,000	中鸿信	2014.11.22
清康熙 霁红釉盘	直径15.5cm	33,600	武汉中信	2014.10.23
清康熙 豇豆红莱服瓶	高26cm	638,000	中信拍卖	2014.07.14
清康熙 豇豆红嵌玉太白尊	高11.3cm	64,272	台湾世家	2014.04.13
清康熙 豇豆红镗锣洗	直径12cm	345,000	北京保利	2014.10.25
清康熙 豇豆红镗锣洗	直径11.5cm	36,800	中鸿信	2014.11.22
清康熙 豇豆红釉暗刻团螭纹太白尊	直径12.6cm	782,000	北京中汉	2014.05.17
清康熙 豇豆红釉暗刻团螭纹太白尊	高8.7cm	448,500	北京匡时	2014.06.04
清康熙 豇豆红釉暗刻团螭纹太白尊	直径122cm	322,000	北京中汉	2014.11.21
清康熙 豇豆红釉柳叶瓶	高15.5cm	3,910,000	北京保利	2014.06.04
清康熙 豇豆红釉太白尊	直径12.6cm	1,382,880	佳士得	2014.05.28
清康熙 豇豆红釉太白尊	高12.5cm	1,264,000	香港苏富比	2014.04.08
清康熙 豇豆红釉太白尊	直径12.7cm	690,000	中国嘉德	2014.05.18
清康熙 豇豆红釉汤罗洗	直径119cm	460,000	北京中汉	2014.11.21
清康熙 豇豆红釉汤罗洗	直径119cm	138,000	北京中汉	2014.11.21
清康熙 豇豆红釉镗罗洗	直径12cm	483,000	翰风国际	2014.04.30
清康熙 豇豆红釉镗锣洗	直径8.2cm	504,000	北京荣宝	2014.06.15
清康熙 豇豆红釉镗锣洗	直径12.3cm	536,638	纽约苏富比	2014.09.16
清康熙 豇豆红釉团螭纹太白尊	直径12.8cm	782,000	中国嘉德	2014.03.23
清康熙 豇豆红釉洗	直径11.5cm	80,500	北京翰海	2014.05.11
清康熙 豇豆红釉印泥盖盒	直径7.4cm	496,100	伦敦苏富比	2014.11.05
清康熙 豇豆红釉印泥盒	7.1cm×3.8cm	598,000	北京华辰	2014.04.27
清康熙 豇豆红釉印色盒	直径7.2cm	1,796,969	纽约苏富比	2014.09.16

拍品名称	物品尺寸	成交价RMB	拍卖公司	拍卖日期
清康熙 豇豆红印盒	直径7.2cm	2,127,500	北京保利	2014.12.03
清康熙 刻乾隆御题诗郎窑红梅瓶	高26cm	345,000	北京保利	2014.06.04
清康熙 郎窑红釉观音瓶	高41.2cm	372,075	伦敦苏富比	2014.11.05
清康熙 郎窑红釉观音瓶	高41.7cm	207,000	保利厦门	2014.11.02
清康熙 郎窑红釉刻乾隆御题诗胆瓶	高18.1cm	3,448,760	香港苏富比	2014.10.08
清康熙 郎窑红釉莲瓣瓶	高21cm	128,478	中国嘉德	2014.04.09
清康熙 郎窑红釉碗	直径12cm	59,800	华艺国际	2014.05.31
清康熙 郎窑红釉碗	直径208cm	92,000	北京中汉	2014.11.21
清康熙 郎窑红釉洗	直径27cm	672,000	北京荣宝	2014.03.23
清康熙 郎窑红釉小花觚	高9.5cm	66,700	中国嘉德	2014.03.23
清康熙 郎窑红釉小花觚	高8.8cm	25,300	中国嘉德	2014.09.21
清康熙 郎窑红釉锥把瓶	高42cm	57,500	中鸿信	2014.11.22
清康熙 郎窑红锥把瓶	高22.2cm	23,000	上海道明	2014.03.27
清康熙 郎窑红月牙罐	高20cm	1,552,500	中宝拍卖	2014.07.06
清康熙 郎窑红直颈瓶	高16cm	161,000	中宝拍卖	2014.07.06
清康熙 年红盘	直径16cm	92,000	广州皇玛	2014.04.27
清康熙 珊瑚红釉胆瓶	高21cm	138,000	保利厦门	2014.11.02
清康熙 珊瑚红釉卧足碗（一对）	直径13.1cm×2	322,000	北京诚轩	2014.05.19
清康熙 豇豆红釉太白尊	高8.5cm	747,500	北京匡时	2014.12.03
清康熙 郎窑红水丞	宽6.8cm	97,750	北京保利	2014.12.04
清康熙/雍正 红釉盘	直径20.3cm	92,025	纽约佳士得	2014.03.20
清雍正 宝石红釉卧足碗	直径13.2cm	218,500	北京中汉	2014.05.17
清雍正 宝石红釉长颈弦纹小梅瓶	高196cm	218,500	北京中汉	2014.11.21
清雍正 宝石红釉尊	高119cm	1,610,000	北京中汉	2014.11.21
清雍正 红釉高足碗	直径16.8cm	172,500	中国嘉德	2014.05.18
清雍正 红釉杯	直径7.4cm	483,000	北京保利	2014.06.06
清雍正 红釉荸荠瓶	高20cm	178,250	北京保利	2014.04.26
清雍正 红釉大碗	直径31.8cm	1,282,215	纽约佳士得	2014.03.20
清雍正 红釉斗笠碗（一对）	直径13.2cm×2	402,500	中国嘉德	2014.11.20
清雍正 红釉高足碗	直径18.5cm	92,000	华艺国际	2014.04.13
清雍正 红釉高足碗	直径15.5cm	25,300	中国嘉德	2014.06.21
清雍正 红釉高足碗	直径15cm	10,350	中国嘉德	2014.09.21
清雍正 红釉莲苞式水盂	直径6.2cm	1,455,440	香港苏富比	2014.10.08
清雍正 红釉梅瓶	高19cm	46,000	华艺国际	2014.05.31
清雍正 红釉盘	直径16.4cm	94,300	中国嘉德	2014.03.23
清雍正 红釉盘	直径16.6cm	79,080	伦敦苏富比	2014.05.14
清雍正 红釉盘	直径16.2cm	43,700	中国嘉德	2014.09.21
清雍正 红釉盘（两件）	尺寸不一	92,025	纽约佳士得	2014.03.20
清雍正 红釉碗	直径14cm	299,000	保利厦门	2014.11.02
清雍正 红釉碗	直径11.2cm	109,250	中鸿信	2014.11.22
清雍正 红釉卧足碗	直径13.4cm	368,000	北京诚轩	2014.11.20
清雍正 祭红釉橄榄瓶	高28.5cm	115,000	北京传是	2014.06.05
清雍正 祭红釉高足碗	直径15cm	20,700	北京华辰	2014.05.17
清雍正 祭红釉盘	直径12cm	92,000	华艺国际	2014.04.13
清雍正 祭红釉盘	直径16.3cm	83,950	太平洋	2014.03.21
清雍正 祭红釉盘	直径20.6cm	57,500	太平洋	2014.03.21
清雍正 祭红釉盘	直径20.5cm	48,300	北京传是	2014.06.05
清雍正 祭红釉水洗	直径10.7cm	437,000	苏州东方	2014.10.30
清雍正 祭红釉水盂	直径7cm	1,273,510	中国嘉德	2014.10.07
清雍正 祭红釉碗	直径18.5cm	46,000	北京盈时	2014.05.31
清雍正 祭红釉玉壶春瓶	高30cm	2,070,000	朵云轩	2014.06.29
清雍正 霁红碗	直径14.4cm	92,000	翰风国际	2014.04.30
清雍正 霁红碗	直径18.6cm	92,000	中贸圣佳	2014.07.06
清雍正 霁红碗（一对）	直径13cm×2	103,500	中贸圣佳	2014.07.06
清雍正 霁红釉杯	高7.2cm	43,700	北京中汉	2014.09.22
清雍正 霁红釉高足碗	口径15.2cm	231,150	宝港国际	2014.05.27
清雍正 霁红釉高足碗	直径16cm	224,060	伦敦邦瀚斯	2014.05.15
清雍正 霁红釉高足碗	直径18cm	134,400	天津文物	2014.05.16
清雍正 霁红釉高足碗	直径18.1cm	92,000	北京诚轩	2014.11.20
清雍正 霁红釉盘	直径16.5cm	72,680	保利香港	2014.04.07
清雍正 霁红釉盘	直径20.9cm	26,450	中鸿信	2014.11.22
清雍正 霁红釉盘（一对）	直径16.5cm×2	195,500	华艺国际	2014.05.31
清雍正 霁红釉瓶	高21.2cm	761,600	天津文物	2014.05.16
清雍正 霁红釉石榴尊	高17.5cm	32,200	北京中汉	2014.09.22
清雍正 霁红釉碗	直径18.6cm	40,250	北京中汉	2014.04.16
清雍正 霁红釉卧足碗	直径13cm	28,750	北京中汉	2014.11.21

拍品名称	物品尺寸	成交价RMB	拍卖公司	拍卖日期
清雍正 霁红釉玉壶春瓶	高31.5cm	713,000	八益拍卖	2014.10.24
清雍正 年窑红釉杯（六只）	直径5.9cm	48,300	中国嘉德	2014.03.23
清雍正 年窑红釉小杯 钧红釉碗各一只	尺寸不一	28,750	中国嘉德	2014.03.23
清雍正 填红釉三果纹碗	直径13.2cm	280,000	天津文物	2014.11.15
清雍正 胭脂红小杯	高3.5cm	345,720	香港拍得高	2014.05.27
清雍正 胭脂红釉盘	直径24cm	1,797,555	纽约佳士得	2014.03.20
清雍正 胭脂红釉小杯	直径8.3cm	207,000	苏州东方	2014.05.30
清雍正 胭脂红釉小碗	直径9.9cm	690,000	北京中汉	2014.05.17
清雍正 御用红釉小水丞	高6.5cm	1,865,280	佳士得	2014.05.28
清雍正/乾隆 祭红釉高足碗	高11.5cm	28,750	北京传是	2014.06.05
清雍正/乾隆 霁红釉蒜头瓶	高23.4cm	94,300	北京诚轩	2014.11.20
清雍正 仿宣德宝石红釉卧足碗	直径14.8cm	172,500	北京保利	2014.12.05
清雍正 红釉橄榄瓶	高21cm	1,150,000	北京保利	2014.12.03
清雍正 红釉碗（一对）	直径11.7cm×2	537,600	北京荣宝	2014.11.30
清雍正 祭红釉橄榄瓶	高28cm	63,250	北京匡时	2014.12.03
清雍正 祭红釉高足碗	直径18.7cm	149,500	北京保利	2014.12.05
清雍正 祭红釉玉壶春瓶	高30.2cm	2,070,000	上海道明	2014.12.11
清雍正 霁红釉盘（一对）	直径21cm	161,000	西泠拍卖	2014.12.13
清乾隆 仿雕漆红釉海棠形盘	直径17.5cm	112,000	天津文物	2014.11.15
清乾隆 盖雪红洪福齐天盘（一对）	直径15.5cm×2	230,000	北京华辰	2014.05.17
清乾隆 官窑霁红釉荸荠瓶	高19.4cm	1,265,000	北京东正	2014.05.18
清乾隆 红釉胆瓶	高32.8cm	336,000	北京荣宝	2014.11.30
清乾隆 红釉高足盘	直径21cm	69,000	北京保利	2014.06.06
清乾隆 红釉观音瓶	高28cm	84,000	成都金沙	2014.11.16
清乾隆 红釉鸡心碗	直径15.1cm	55,062	中国嘉德	2014.04.09
清乾隆 红釉梅瓶	高24.2cm	172,500	中国嘉德	2014.03.23
清乾隆 红釉梅瓶	高29.2cm	980,840	香港苏富比	2014.10.08
清乾隆 红釉盘	直径20.6cm	92,025	纽约苏富比	2014.03.18
清乾隆 红釉盘	直径18cm	36,800	北京保利	2014.08.02
清乾隆 红釉盘	直径18cm	49,438	香港苏富比	2014.10.08
清乾隆 红釉盘（三件）	直径20.6cm	168,658	纽约苏富比	2014.09.16
清乾隆 红釉盘（一对）	直径20.7cm×2	94,300	中国嘉德	2014.03.23
清乾隆 红釉水盂	高7cm	13,800	北京保利	2014.10.25
清乾隆 红釉碗（一对）	直径16.5cm×2	214,725	纽约佳士得	2014.03.20
清乾隆 红釉碗（一对）	直径11.5cm×2	86,250	上海敬华	2014.07.01
清乾隆 红釉碗（一组三只）	尺寸不一	44,050	中信国际	2014.04.19
清乾隆 红釉小天球瓶	高30.8cm	105,800	中国嘉德	2014.11.20
清乾隆 红釉玉壶春	高29cm	230,000	北京保利	2014.10.25
清乾隆 红釉玉壶春瓶	高29.7cm	342,680	伦敦苏富比	2014.05.14
清乾隆 祭红碗	口径19.5cm	28,750	朵云轩	2014.06.29
清乾隆 祭红釉胆瓶	高22cm	272,895	中国嘉德	2014.10.07
清乾隆 祭红釉胆瓶	高24cm	747,500	北京匡时	2014.12.03
清乾隆 祭红釉高足碗	直径15cm	115,000	北京华辰	2014.05.17
清乾隆 祭红釉盘	直径21cm	86,250	苏州东方	2014.05.30
清乾隆 祭红釉盘	直径18.5cm	69,000	苏州东方	2014.05.30
清乾隆 祭红釉盘	直径18cm	43,700	北京保利	2014.06.06
清乾隆 祭红釉盘（一对）	直径21cm×2	97,750	北京匡时	2014.06.04
清乾隆 祭红釉盘（一对）	直径16.5cm	57,500	北京保利	2014.12.05
清乾隆 祭红釉天球瓶	高29cm	51,750	苏州东方	2014.05.30
清乾隆 祭红釉碗	直径19.8cm	69,000	华艺国际	2014.05.31
清乾隆 祭红釉玉壶春瓶	高30cm	1,322,500	北京华辰	2014.04.27
清乾隆 祭红釉玉壶春瓶	高29.5cm	529,000	苏州东方	2014.05.30
清乾隆 霁红梅瓶	高14cm	33,600	武汉中信	2014.10.23
清乾隆 霁红釉钵	高11cm	66,571	宝港国际	2014.05.27
清乾隆 霁红釉胆瓶	高35cm	1,064,000	北京荣宝	2014.11.30
清乾隆 霁红釉橄榄瓶	高355cm	112,700	北京中汉	2014.11.21
清乾隆 霁红釉高足碗	直径19.5	34,500	北京诚轩	2014.05.19
清乾隆 霁红釉鸡心碗	直径15cm	34,500	北京诚轩	2014.11.20
清乾隆 霁红釉马蹄尊	直径7cm	57,500	北京中汉	2014.09.22
清乾隆 霁红釉梅瓶	高22.5cm	920,000	北京东正	2014.11.20
清乾隆 霁红釉盘	18.2cm	84,000	天津文物	2014.05.16
清乾隆 霁红釉盘	直径18.1cm	72,680	保利香港	2014.04.07
清乾隆 霁红釉盘	直径16.3cm	57,500	上海道明	2014.03.27
清乾隆 霁红釉盘	直径18cm	36,800	广州皇玛	2014.01.02
清乾隆 霁红釉盘	直径20.5cm	36,340	保利香港	2014.04.07
清乾隆 霁红釉盘	直径21.1cm	74,750	中鸿信	2014.11.22
清乾隆 霁红釉盘	直径25cm	57,500	北京东正	2014.11.20
清乾隆 霁红釉盘	直径18.5cm	29,900	北京翰海	2014.05.11
清乾隆 霁红釉盘	直径20.8cm	20,160	天津文物	2014.05.16
清乾隆 霁红釉盘	直径15.7cm	20,160	天津文物	2014.05.16
清乾隆 霁红釉盘（一对）	直径21cm×2	55,200	广州皇玛	2014.01.02
清乾隆 霁红釉天球瓶	高29cm	69,000	北京翰海	2014.10.26
清乾隆 霁红釉碗	直径16.5cm	115,000	北京诚轩	2014.05.19
清乾隆 霁红釉洗	宽15.9cm	80,500	北京诚轩	2014.05.19
清乾隆 霁红釉玉壶春	高29.5cm	598,000	北京翰海	2014.05.11
清乾隆 霁红釉渣斗	直径12cm	347,200	天津文物	2014.11.15
清乾隆 年红盘	直径21cm	36,800	广州皇玛	2014.04.27
清乾隆 珊瑚红雕瓷仿漆帽架	高16.7cm	13,800,000	北京盈时	2014.05.31
清乾隆 珊瑚红釉仿生笔架（一对）	长10.5cm；长10.3cm	32,200	中国嘉德	2014.03.23
清乾隆 珊瑚红釉瓜形水丞	长7.6cm	20,700	中国嘉德	2014.09.21
清乾隆 珊瑚红釉水丞	长8cm	36,800	中国嘉德	2014.03.23
清乾隆 珊瑚红釉洗	直径8.5cm	37,208	伦敦苏富比	2014.11.05
清乾隆 珊瑚红釉直口瓶	高20.8cm	11,500	北京中汉	2014.09.22
清乾隆 外珊瑚红釉内银釉海棠形杯、杯托（一套）	尺寸不一	69,000	北京中汉	2014.11.21
清乾隆 鲜红釉水呈	直径8.2cm	575,000	中国嘉德	2014.11.20
清乾隆 胭脂红釉碗	直径11.8cm	34,500	太平洋	2014.03.21
清乾隆 胭脂红釉小杯（一对）	直径7cm×2	310,500	中国嘉德	2014.05.18
清乾隆/清嘉庆 红釉 胭脂红釉碗盘（三只）	尺寸不一	23,000	中国嘉德	2014.03.23
清中期或稍晚 郎窑红釉琵琶尊	高30.4cm	287,500	北京中汉	2014.05.17
清中期 胭脂红釉碗	直径16.6cm	34,500	中国嘉德	2014.06.21
清中期 珊瑚红釉小梅瓶	高14cm	218,500	中国嘉德	2014.05.18
清中期 朗窑红釉荸荠扁瓶	高188cm	71,300	北京中汉	2014.11.21
清中期 郎红釉敞口瓶	高29cm	115,000	华艺国际	2014.05.31
清中期 钧红釉大瓶	高58cm	32,200	广州皇玛	2014.01.02
清中期 祭红小锥把瓶	高19.5cm	18,400	北京翰海	2014.11.23
清中期 霁红釉天球瓶	高42cm	95,200	北京荣宝	2014.11.30
清中期 火焰红釉三足鼎式炉	直径119cm	59,800	北京中汉	2014.11.21
清中期 红釉长颈瓶	高22.5cm	25,300	北京中汉	2014.09.22
清中期 红釉仰钟式杯	直径17.2cm	66,700	中国嘉德	2014.05.18
清中期 红釉小天球瓶	高29cm	43,700	中国嘉德	2014.09.21
清中期 红釉小荸荠瓶	高15.5cm	23,000	北京保利	2014.04.26
清中期 红釉天球瓶	高39.5cm	43,700	北京保利	2014.04.26
清中期 红釉双桃耳瓶	高49cm	32,200	北京保利	2014.04.26
清中期 红釉赏瓶	高39cm	25,300	北京保利	2014.04.26
清中期 红釉瓶（一对）	高56cm×2	43,700	北京保利	2014.04.26
清中期 红釉橄榄瓶	高26cm	32,200	深圳市拍	2014.01.05
清中期 各式釉色小碗（六件）	尺寸不一	40,250	北京翰海	2014.05.11
清嘉庆 红釉盘	直径18.2cm	61,350	纽约佳士得	2014.03.20
清道光 胭脂红釉觯式小尊	高12cm	552,000	北京中汉	2014.05.17
清道光 珊瑚红玉壶春	高15.5cm	17,250	北京保利	2014.08.02
清道光 霁红釉玉壶春	高29.6cm	345,000	北京翰海	2014.05.11
清道光 霁红釉碗	直径15.5cm	20,160	天津文物	2014.05.16
清道光 霁红釉盘	直径20.5cm	23,000	北京诚轩	2014.11.20
清道光 霁红釉盘	直径18.4cm	16,800	天津文物	2014.11.15
清道光 霁红釉盘	直径21cm	13,440	天津文物	2014.05.16
清道光 祭红玉壶春	高31cm	97,750	北京翰海	2014.08.24
清道光 红釉小椎把瓶	高20.5cm	149,500	中国嘉德	2014.11.20
清道光 红釉碗（一对）	直径15.4cm×2	172,500	中国嘉德	2014.06.21
清道光 红釉盘（一对）	直径21cm×2	57,500	中国嘉德	2014.09.21
清道光 红釉盘（两件）	直径20cm×2	65,163	纽约苏富比	2014.09.16
清道光 红釉橄榄瓶	高28.5cm	46,000	中国嘉德	2014.06.21
清咸丰 红釉碗（一对）	直径15.5cm×2	103,500	北京保利	2014.10.25
清咸丰 祭红釉盘	直径18.5cm	66,700	远方拍卖	2014.06.02
清同治 豇豆红釉玉壶春瓶	高30cm	184,000	华艺国际	2014.04.13
清同治 胭脂红釉玉壶春瓶	高29.4cm	71,300	北京中汉	2014.05.17
清晚期 红釉小天球瓶	高32cm	36,800	中国嘉德	2014.03.23
清晚期 豇豆红釉柳叶瓶	高16.6cm	46,000	中国嘉德	2014.03.23
清晚期 胭脂红釉小杯（一对）	直径5.8cm×2	11,500	中国嘉德	2014.11.20
清晚期 胭脂红釉云龙纹箭筒	高60.5cm	25,300	北京中汉	2014.09.22
清宣统 胭脂红釉玉壶春瓶	高24cm	115,000	广州皇玛	2014.01.02
清光绪 胭脂水碗	直径15cm	12,650	北京保利	2014.08.02

2014瓷器拍卖成交汇总

(成交价RMB：1万元以上)

拍品名称	物品尺寸	成交价RMB	拍卖公司	拍卖日期
清光绪 胭脂水花口瓶	高35cm	40,250	北京保利	2014.10.25
清光绪 胭脂红釉碗	直径17.2cm	63,250	北京诚轩	2014.05.19
清光绪 胭脂红釉碗	直径17.4cm	69,000	中鸿信	2014.11.22
清光绪 胭脂红釉盘	直径18.5cm	40,250	北京盈时	2014.05.31
清光绪 珊瑚红釉双耳瓶	高28.5cm	28,750	北京保利	2014.04.26
清光绪 豇豆红釉太白尊	高8cm	13,800	北京传是	2014.06.05
清光绪 豇豆红釉菊瓣瓶	高17cm	13,800	中国嘉德	2014.09.21
清光绪 豇豆红苹果尊	直径10cm	13,800	中鸿信	2014.11.22
清光绪 红釉盘（三件）	直径20.9cm	99,661	纽约苏富比	2014.09.16
17世纪/18世纪 郎窑红釉直口瓶	高19.7cm	57,500	北京中汉	2014.04.16
18世纪 红釉长颈瓶	高60cm	280,014	保利香港	2014.10.07
18世纪/19世纪 胭脂红釉蒜头瓶	高22.3cm	138,038	纽约佳士得	2014.03.20
18世纪/19世纪 胭脂红釉菊瓣盘	直径18.1cm	49,847	纽约佳士得	2014.03.20
18世纪 豇豆红釉碗	直径21.2cm	88,988	香港苏富比	2014.10.08
18世纪 红釉玉壶春瓶	高30cm	99,694	纽约佳士得	2014.03.20
19世纪 红釉瓶	高29.2cm	53,681	纽约苏富比	2014.03.18
清 胭脂红釉盘（两件）	直径14.5cm	13,800	北京翰海	2014.04.13
清 珊瑚红釉壶	长18cm	51,750	中国嘉德	2014.03.23
清 郎窑红釉胆式瓶	高36cm	832,140	澳门中信	2014.06.08
清 郎窑红天球瓶	高54.8cm	1,485,000	中信拍卖	2014.07.14
清 郎红釉观音瓶（一对）	高65cm×2	470,400	成都金沙	2014.11.16
清 豇豆红长颈瓶	高20cm	57,500	西泠拍卖	2014.05.06
清 豇豆红釉碗	口径14cm	32,200	西泠拍卖	2014.05.06
清 豇豆红釉菊瓣瓶	高20.5cm	10,350	太平洋	2014.09.19
清 豇豆红印盒	直径7.5cm	51,750	西泠拍卖	2014.05.06
清 豇豆红小瓶	高16cm	23,000	北京翰海	2014.08.24
清 豇豆红细颈瓶	高23cm	51,750	南京经典	2014.04.27
清 豇豆红太白尊	高9.5cm	73,632	帝图艺术	2014.06.22
清 豇豆红马蹄尊	高8cm	89,600	成都金沙	2014.11.16
清 豇豆红罐	带座高18.5cm	43,700	西泠拍卖	2014.05.06
清 豇豆红杯	直径5.5cm	40,250	北京保利	2014.10.25
清 祭红釉天球瓶	高50cm	69,000	北京翰海	2014.01.11
清 祭红釉天球瓶	高38cm	57,500	北京翰海	2014.04.13
清 祭红釉塔顶	高32cm	13,800	北京翰海	2014.08.24
清 祭红釉盖碗尊	高62cm	25,300	北京翰海	2014.04.13
清 祭红釉笔洗 铜勺（两件）	直径11cm×2	18,400	北京翰海	2014.08.24
清 祭红盘（两件）	直径19.5cm	11,500	北京翰海	2014.04.13
清 红釉御题诗文菊瓣盘	口径18.5cm.	336,000	成都金沙	2014.11.16
清 红釉玉壶春瓶	高29.3cm	20,700	中国嘉德	2014.03.23
清 红釉小罐（两件）	高8cm	17,250	北京翰海	2014.04.13
清 红釉系列（五件）	尺寸不一	690,000	广州皇玛	2014.01.02
清 红釉太白尊、瓶（共四件）	尺寸不一	34,500	北京保利	2014.04.26
清 红釉四方葫芦瓶	高62.5cm	63,250	上海嘉泰	2014.06.19
清 红釉瓶	高44.4cm	39,200	天津文物	2014.05.16
清 红釉盘	直径21cm	43,700	北京保利	2014.08.02
清 红釉花觚	高43cm	119,600	香港淳浩	2014.07.30
清 红釉茶罐		11,500	北京匡时	2014.06.05
青塘山房 豇豆红文房茶器（一套）	尺寸不一	115,000	北京保利	2014.06.05
民国 胭脂水罐	高18cm	28,750	北京保利	2014.08.02
民国 豇豆红釉菊瓣瓶	高16.2cm	13,800	北京中汉	2014.09.22
豇豆红将军罐	通高28cm	1,560,000	荣盛国际	2014.07.26
霍兰制 红釉狮（一对）	高25cm×2	46,330	广东省拍	2014.06.22
红釉梅瓶	高20cm	1,024,122	中国艺海	2014.11.15
红釉暗刻龙纹大碗	口径27cm	1,128,270	中国艺海	2014.11.15
仿清郎窑宝石红荸荠尊	高17.5cm	34,500	北京翰海	2014.10.25
黄釉				
宋 米黄釉三耳三足炉	高7.6cm	19,416,600	澳门中信	2014.06.08
明宣德 柠檬黄碗	直径12.1cm	2,733,600	佳士得	2014.05.28
明弘治 娇黄釉大碗	直径20cm	920,000	北京保利	2014.06.05
明弘治 娇黄釉盘	直径21.8cm	1,150,000	中国嘉德	2014.05.18
明弘治 娇黄釉盘	直径15.3cm	97,750	北京诚轩	2014.05.19
明弘治 娇黄釉盘	直径215cm	161,000	北京中汉	2014.11.21
明正德 黄釉盘	直径21cm	402,500	华艺国际	2014.05.31
明正德 黄釉盘	直径15.2cm	230,000	北京东正	2014.05.18
明正德 黄釉盘	直径17.7cm	230,000	北京东正	2014.11.20
明正德 黄釉碗	直径16.2cm	83,688	中国嘉德	2014.10.07
明正德/嘉靖 黄釉牺耳尊	高32cm	115,000	中国嘉德	2014.05.18

拍品名称	物品尺寸	成交价RMB	拍卖公司	拍卖日期
明嘉靖 黄釉暗刻云鹤纹盘	直径29.1cm	20,700	北京中汉	2014.11.21
明嘉靖 黄釉杯（一对）	直径5.8cm×2	230,000	广东省拍	2014.06.22
明嘉靖 黄釉盖罐	高20cm	86,250	北京保利	2014.10.25
明嘉靖 黄釉盘	直径21cm	230,000	北京翰海	2014.05.11
明嘉靖 黄釉盘	直径19cm	63,250	北京保利	2014.01.11
明嘉靖 黄釉盘	直径18cm	57,500	华艺国际	2014.05.31
明嘉靖 黄釉盘	直径17.2cm	287,500	北京东正	2014.11.20
明嘉靖 黄釉盘	直径19cm	63,250	北京保利	2014.10.25
明嘉靖 黄釉盘（一对）	直径11.7cm×2	172,500	北京盈时	2014.05.31
明嘉靖 黄釉双耳罐	高32cm	43,700	北京保利	2014.10.25
明嘉靖 黄釉碗	直径19.5cm	69,000	北京保利	2014.06.06
明嘉靖 黄釉小药瓶	高10cm	36,800	北京东正	2014.05.18
明嘉靖 黄釉云鹤纹盘（一对）	直径34cm×2	912,056	伦敦邦瀚斯	2014.05.15
明嘉靖 娇黄釉杯	直径6.8cm	34,500	北京中汉	2014.04.16
明嘉靖 黄釉盘	直径21cm	230,000	北京保利	2014.12.04
明万历 鸡油黄釉盘	直径13.5cm	161,000	北京保利	2014.06.05
清早期 黄釉雕瓷梅花纹水盂	直径12.2cm	18,400	中鸿信	2014.11.22
清早期 黄釉碗	直径13.3cm	11,500	中国嘉德	2014.09.21
清康熙 黄釉暗刻龙纹碗	径10.3cm	25,300	北京传是	2014.06.05
清康熙 黄釉大碗	直径36.2cm	1,429,455	纽约佳士得	2014.03.20
清康熙 黄釉大碗	直径37cm	287,500	北京保利	2014.08.02
清康熙 黄釉墩式碗	直径13.8cm	494,375	香港苏富比	2014.10.08
清康熙 黄釉墩式碗（一对）	直径14cm×2	368,000	北京东正	2014.05.18
清康熙 黄釉罐	高22cm	138,000	北京保利	2014.01.11
清康熙 黄釉龙纹大盘	直径51.5cm	848,792	伦敦邦瀚斯	2014.05.15
清康熙 黄釉素三彩兽耳炉	长13.5cm	17,250	中国嘉德	2014.06.21
清康熙 黄釉碗	直径12cm	34,500	北京保利	2014.10.25
清康熙 黄釉牺耳罐	高25cm	23,000	北京中汉	2014.09.22
清康熙 黄釉仰铺杯	高9.5cm	88,140	广东省拍	2014.06.22
清康熙 黄釉仰钟杯	直径12.9cm	13,800	中国嘉德	2014.03.23
清康熙 柠檬黄釉仰钟杯	直径6cm	132,250	远方拍卖	2014.06.02
清雍正 黄釉暗刻八吉祥高足碗	高10cm	287,500	上海敬华	2014.07.01
清雍正 黄釉暗刻缠枝花卉纹盘	直径15.7cm	40,250	北京中汉	2014.11.21
清雍正 黄釉暗刻缠枝莲盘	直径15.1cm	126,500	北京保利	2014.06.06
清雍正 黄釉暗刻龙凤纹盘（一对）	直径14cm×2	1,150,000	北京诚轩	2014.11.20
清雍正 黄釉暗刻云龙纹盘	直径17cm	149,500	北京华辰	2014.04.27
清雍正 黄釉暗刻云龙纹小墩式碗	直径10.5cm	46,000	中国嘉德	2014.09.21
清雍正 黄釉茶圆（一对）	直径9.1cm×2	1,897,500	北京诚轩	2014.05.19
清雍正 黄釉铃铛杯	口径8.5cm	51,750	深圳市拍	2014.01.05
清雍正 柠檬黄釉茶盅（一对）	直径5cm×2	43,700	上海嘉泰	2014.06.19
清雍正 柠檬黄釉小杯（一对）	直径6.4cm×2	1,955,000	中国嘉德	2014.11.20
清雍正 柠檬黄釉小盘（一对）	直径94cm×2	1,035,000	北京中汉	2014.11.21
清雍正 鳝黄釉蒜口瓶	高36cm	57,500	广州皇玛	2014.01.02
清雍正 御窑柠檬黄釉墩子杯（一对）	直径10cm×2	2,242,500	北京东正	2014.11.20
清雍正 御窑柠檬黄釉花口碗	直径15.4cm	1,610,000	北京东正	2014.11.20
清雍正 御制柠檬黄釉碗（一对）	直径9.9cm×2	1,096,381	伦敦苏富比	2014.11.05
清雍正 御製黄釉暗刻龙凤八吉祥纹盘（一对）	口径14cm×2	758,172	宝港国际	2014.05.27
清雍正 御製黄釉刻云龙纹大盘	口径32cm	138,690	宝港国际	2014.05.27
清乾隆 黄釉暗刻莲托八宝纹高足碗	直径17.5cm	51,750	中国嘉德	2014.06.21
清乾隆 黄釉暗刻龙纹瓷板	直径31.4cm	80,500	北京中汉	2014.04.16
清乾隆 黄釉暗刻龙纹盘（一对）	口径14cm×2	253,000	北京传是	2014.06.05
清乾隆 黄釉暗刻球花纹碗	直径12cm	414,400	北京荣宝	2014.06.15
清乾隆 黄釉杯	直径9.4cm	13,800	北京中汉	2014.09.22
清乾隆 黄釉蒜头口小瓶	高12cm	575,000	北京翰海	2014.10.26
清乾隆 米黄釉万字不到头洗	直径18cm	22,248	台湾世家	2014.04.13
清乾隆 米黄釉折腰碗	直径15cm	115,000	华艺国际	2014.05.31
清乾隆 柠檬黄葫芦瓶	高23.8cm	1,109,520	澳门中信	2014.06.08
清乾隆 柠檬黄碗	直径11.4cm	900,480	佳士得	2014.05.28
清乾隆 柠檬黄釉碗	直径11.5cm	1,265,000	北京华辰	2014.05.17
清乾隆 柠檬黄釉小盘	直径8.8cm	402,500	北京中汉	2014.05.17
清乾隆 柠檬黄釉小盘	直径8.9cm	310,500	中国嘉德	2014.11.20

拍品名称	物品尺寸	成交价RMB	拍卖公司	拍卖日期
清乾隆 柠檬黄釉折腰小盘（一对）	直径113cm×2	437,000	北京中汉	2014.11.21
清乾隆 御制黄料八棱瓶	高144cm	603,000	佳士得	2014.05.28
清乾隆 御制黄料簋式炉	高13cm	3,698,400	佳士得	2014.05.28
清乾隆 琉璃黄釉刻缠枝花卉碗（两件）	直径18cm；直径20cm	287,500	北京保利	2014.12.05
清中期 黄釉缠枝莲纹轴头（一对）	高5.1cm×2	23,000	上海道明	2014.03.27
清中期 黄釉盖罐	高35.8cm	86,250	北京中汉	2014.09.22
清嘉庆 黄釉盘	直径21cm	76,688	纽约苏富比	2014.03.18
清嘉庆 黄釉暗刻龙纹碗	直径15cm	38,205	中国嘉德	2014.10.07
清嘉庆 黄釉龙纹盘	直径21cm	20,700	北京翰海	2014.04.13
清嘉庆 黄釉紫绿双龙盘	直径10.5cm	126,500	广州皇玛	2014.01.02
清嘉庆 娇黄釉荸荠瓶	高25.5cm	322,000	北京匡时	2014.06.04
清嘉庆 黄釉暗刻龙纹大碗	口径17cm	218,500	西泠拍卖	2014.12.13
清道光 黄釉暗刻龙纹碗	直径24cm	17,250	北京保利	2014.08.02
清道光 黄釉暗刻龙纹碗（一对）	直径11cm×2	36,800	翰风国际	2014.04.30
清道光 黄釉暗刻云龙纹墩式碗	直径14cm	149,500	北京中汉	2014.05.17
清道光 黄釉暗刻云龙纹碗	直径12.3cm	95,200	天津文物	2014.11.15
清道光 黄釉雕瓷大吉笔筒	高11.5cm	23,000	北京保利	2014.10.25
清道光 黄釉雕瓷湖山雅居笔筒	高13.8cm	92,000	上海嘉泰	2014.06.19
清道光 黄釉雕瓷山水笔筒	高11.5cm	29,900	太平洋	2014.03.21
清道光 黄釉雕瓷山水人物杯连盏	宽12.5cm	110,124	中国嘉德	2014.04.09
清道光 黄釉雕瓷云鹤福寿龙纹如意	长38cm	253,000	北京翰海	2014.10.26
清道光 黄釉绿龙碗	直径15.5cm	43,700	北京盈时	2014.05.31
清道光 黄釉盘	直径16.5cm	78,400	天津文物	2014.05.16
清道光 黄釉盘	直径14.5cm	34,873	中国嘉德	2014.04.09
清道光 黄釉碗	直径14.8cm	51,750	中国嘉德	2014.06.21
清道光 米黄釉花卉草虫盘（两件）	直径10.9cm	46,000	北京翰海	2014.05.11
清道光 黄釉仿竹形踏雪寻梅图笔筒	高12cm	918,400	北京荣宝	2014.11.30
清咸丰 黄釉碗	直径14.8cm	32,200	中国嘉德	2014.09.21
清咸丰 黄釉刻龙凤碗（一对）	直径11.2cm	253,000	北京保利	2014.12.05
清同治 黄釉暗刻龙凤纹碗（一对）	直径11cm×2	74,750	上海敬华	2014.07.01
清同治 黄釉江崖海水碗（一对）	直径10cm×2	36,800	中鸿信	2014.11.22
清同治 黄釉双龙赶珠纹杯	直径9.1cm	57,497	纽约苏富比	2014.09.16
清同治 黄釉双龙戏珠纹盘（一对）	直径13.7cm×2	65,900	伦敦邦瀚斯	2014.05.15
清光绪 黄釉暗刻龙纹碗	径15cm	34,500	北京传是	2014.06.05
清光绪 黄釉暗刻龙纹碗	直径15.6cm	28,750	上海道明	2014.03.27
清光绪 黄釉暗刻龙纹碗（一对）	直径12.4cm×2	168,000	北京荣宝	2014.06.15
清光绪 黄釉暗刻龙纹直颈瓶	高38cm	17,250	北京保利	2014.08.02
清光绪 黄釉暗刻云龙纹碗	直径14.3cm	100,800	天津文物	2014.11.15
清光绪 黄釉暗刻云龙纹小盘（一对）	直径10.9cm×2	11,500	中国嘉德	2014.06.21
清光绪 黄釉杯		28,750	太平洋	2014.09.19
清光绪 黄釉大碗	直径18.5cm	11,500	中国嘉德	2014.09.21
清光绪 黄釉雕喜鹊登梅纹竹节形笔筒	高13.8cm	20,160	天津文物	2014.05.16
清光绪 黄釉簋	长29cm	46,000	北京保利	2014.04.26
清光绪 黄釉划赶珠游龙纹碗	直径14.3cm	52,091	伦敦苏富比	2014.11.05
清光绪 黄釉刻龙纹大碗	直径23.5cm	46,000	北京保利	2014.06.06
清光绪 黄釉模印云雷纹豆	高24.5cm	34,050	中拍国际	2014.06.04
清光绪 黄釉碗	直径17cm	34,500	北京保利	2014.10.25
清光绪 黄釉碗（一对）	直径18.5cm×2	55,200	北京保利	2014.06.06
清光绪 柠檬黄釉暗刻云龙纹碗	直径14.3cm	56,000	天津文物	2014.11.15
清光绪 柠檬黄釉菊瓣盘	直径18cm	43,700	南京经典	2014.04.27
清光绪 黄釉暗刻龙纹碗（一对）	直径12.4cm×2	168,000	北京荣宝	2014.11.30
清宣统 黄釉将军罐	高33cm	115,000	北京传是	2014.06.05
清宣统 黄釉碗	直径14cm	71,300	北京翰海	2014.11.23

拍品名称	物品尺寸	成交价RMB	拍卖公司	拍卖日期
清晚期 黄釉四方瓶	高56.2cm	11,500	北京中汉	2014.11.21
清晚期 淡黄釉雕瓷山水笔筒	高15cm	115,000	北京保利	2014.12.05
清 黄釉暗刻云龙纹印盒	直径8.5cm	11,500	中国嘉德	2014.09.21
清 黄釉雕瓷花卉纹花盆	长23cm	45,200	广东省拍	2014.06.22
清 黄釉雕瓷龙纹带钩	长9.1cm	32,200	中鸿信	2014.11.22
清 黄釉罐	高21.5cm	84,640	香港淳浩	2014.07.30
清 黄釉花卉笔筒	高12cm	33,600	北京荣宝	2014.03.23
清 黄釉描金皮球花如意耳尊	高19.5cm	46,000	北京翰海	2014.10.26
清 黄釉铺首衔环耳瓶	高19.1cm	76,688	纽约佳士得	2014.03.20
清 浇黄墩式盅	5cm×8cm	57,500	上海嘉泰	2014.06.19
民国 陈国治黄釉柳下牧马笔筒	高15.5cm	56,000	北京荣宝	2014.11.30
黄釉缠枝花卉纹壶	高33cm	1,475,430	中国艺海	2014.11.15
黄釉龙纹绶带葫芦瓶（一对）	高24.5cm×2	7,480,000	中信拍卖	2014.07.14
黄釉龙纹象耳盘口瓶	高36.5cm	1,650,000	中信拍卖	2014.07.14
绿釉				
汉 绿釉陶塑胡人骑马		16,809	邦瀚斯	2014.10.09
唐 绿釉盘口盖罐	高15.7cm	72,853	纽约佳士得	2014.03.20
宋 磁州窑绿釉枕	宽35.5cm	109,158	中国嘉德	2014.10.07
宋 钧窑绿釉茶入	口径11.2cm	135,511	宝港国际	2014.11.27
辽 绿釉皮囊壶	高30.5cm	53,681	纽约佳士得	2014.03.20
明弘治 绿釉划"云龙"图盘	直径17.8cm	128,375	香港苏富比	2014.04.08
清早期 绿釉罐	高21cm	11,500	北京保利	2014.04.26
清康熙 孔雀绿釉暗刻花卉纹八方花觚	直径11cm	392,000	天津文物	2014.11.15
清康熙 孔雀绿釉棒槌瓶	高56cm	92,000	北京中汉	2014.04.16
清康熙 孔雀绿釉斗笠碗	直径20.6cm	40,250	北京中汉	2014.04.16
清康熙 孔雀绿釉瓜形竹节执壶	高16.3cm	129,444	宝港国际	2014.05.27
清康熙 孔雀绿釉瓶	高21.5cm	13,800	中国嘉德	2014.03.23
清康熙 孔雀绿釉小天球瓶	高20cm	17,250	中国嘉德	2014.03.23
清康熙 孔雀绿釉真武神龛	高29.2cm	53,681	纽约苏富比	2014.03.18
清康熙 孔雀绿釉真武坐像	高25.7cm	38,344	纽约苏富比	2014.03.18
清康熙 郎窑绿小罐	高11cm	247,200	北京中联	2014.09.09
清康熙 绿釉罐	高22cm	138,038	纽约佳士得	2014.03.20
清康熙 嫩绿釉盘	直径20.6cm	36,800	北京诚轩	2014.11.20
清雍正 绿釉橄榄瓶	高9.5cm	11,500	北京保利	2014.01.11
清雍正 绿釉盘	直径21.2cm	2,114,520	佳士得	2014.11.26
清乾隆 淡绿釉暗花六联瓶	高17cm	3,452,300	保利香港	2014.04.07
清乾隆 瓜皮绿釉盘	直径20.7cm	25,300	北京东正	2014.06.07
清乾隆 孔雀绿镂雕莲托八吉祥四系花罐	高10cm；直径16.2cm	2,613,464	保利香港	2014.10.07
清乾隆 孔雀绿釉花口尊	高13.5cm	713,000	八益拍卖	2014.10.24
清乾隆 孔雀绿釉双耳瓶	高23cm	138,000	北京保利	2014.04.26
清乾隆 绿釉雕瓷雅集笔筒	高19.5cm	460,000	上海嘉泰	2014.06.19
清乾隆 绿釉洗	直径25cm	32,200	北京保利	2014.08.02
清乾隆 苹果绿釉荸荠瓶	高18.8cm	1,840,000	苏州东方	2014.10.30
清乾隆 苹果绿釉鱼篓尊	高15cm	115,000	华艺国际	2014.05.31
清乾隆 松石绿釉雕瓷凤穿花纹梅瓶	高30cm	3,220,000	北京传是	2014.06.05
清乾隆 松石绿釉堆白缠枝莲纹罐	高19cm	23,000	中国嘉德	2014.03.23
清乾隆 松石绿釉蕉叶螭龙纹花觚	高13.1cm	1,150,000	北京华辰	2014.04.27
清乾隆 外胭脂红内松石绿釉杯（一对）	直径5.5cm×2	32,200	北京保利	2014.06.06
清嘉庆 松石绿釉加白吉庆有余双耳瓶	高31.8cm	2,300,000	北京保利	2014.06.04
清中期 孔雀绿釉暗刻云龙纹象耳尊	高23.3cm	28,750	中国嘉德	2014.06.21
清中期 孔雀绿釉仿青铜兽面纹盖鼎	高26.4cm	71,300	北京中汉	2014.09.22
清中期 孔雀绿釉海棠形瓶	高24.7cm	11,500	中国嘉德	2014.03.23
清中期 孔雀绿釉瓶	高37cm	28,750	北京保利	2014.04.26
清中期 孔雀绿釉烛台（一对）	高13.8cm×2；高13.5cm×2	23,000	中国嘉德	2014.06.21
清中期 绿釉花觚、瓶（两件）	高21cm；高22cm	11,500	北京保利	2014.10.25
清中期 苹果绿釉敞口葫芦瓶	高13cm	69,000	华艺国际	2014.05.31
清中期 苹果绿釉葫芦瓶	高20.5cm	97,750	华艺国际	2014.05.31
清道光 黄地绿釉龙纹盘（一对）	直径13.2cm×2	118,620	伦敦邦瀚斯	2014.05.15

2014瓷器拍卖成交汇总

(成交价RMB：1万元以上)

拍品名称	物品尺寸	成交价RMB	拍卖公司	拍卖日期
清道光 孔雀绿釉长方水仙盆	长25.8cm	92,000	北京翰海	2014.10.26
清道光 绿釉暗刻龙纹寿字碗	直径9.9cm	34,500	北京翰海	2014.10.26
清道光 苹果绿釉暗刻云龙纹碗	直径10cm	34,500	太平洋	2014.03.21
清道光 松石绿釉大盘	直径39cm	57,500	北京保利	2014.06.06
清道光 松石绿釉莲瓣盘	直径20.5cm	51,750	北京匡时	2014.06.04
清光绪 吹绿釉雕瓷豆	高20cm	32,200	北京保利	2014.08.02
清光绪 吹绿釉鼎	高20cm	13,800	北京保利	2014.04.26
清光绪 吹绿釉豆	高20cm	57,500	北京盈时	2014.05.31
清光绪 绿地暗刻龙凤盘（两件）	直径14.4cm	34,500	北京翰海	2014.10.26
清光绪 绿釉暗刻龙纹盘（一对）	直径13.5cm×2	42,940	江苏爱涛	2014.07.05
清光绪 松石釉大碗（一对）	口径16.6cm	74,750	西泠拍卖	2014.12.13
清光绪 绿釉雕瓷豆	高17cm	13,800	北京保利	2014.04.26
清光绪 绿釉荷花盖罐	高16cm	32,200	北京保利	2014.04.26
清光绪 绿釉龙纹簋	宽23cm	10,350	北京保利	2014.04.26
清光绪 绿釉象耳方瓶	高30cm	28,750	北京保利	2014.04.26
清光绪 松石绿地仿古“仿元大德簋”字四足簋	长22cm	84,356	纽约佳士得	2014.03.20
清光绪 松石绿釉仿明至德坛炉	长17cm	25,300	中国嘉德	2014.03.23
清 湖绿釉葵瓣广口尊	高23cm	97,750	上海嘉泰	2014.06.19
清 吉州绿灯笼瓶	高30cm	36,800	广州皇玛	2014.01.02
清 孔雀绿釉大瓶	高46cm	39,550	广东省拍	2014.06.22
清 孔雀绿釉天球瓶	高33cm	33,600	天津文物	2014.11.15
清 孔雀绿锥把瓶	高22.5cm	17,250	北京翰海	2014.04.13
清 绿哥釉瓶	高24.5cm	17,250	北京中汉	2014.09.22
清 绿釉鼎式熏炉	高11.5cm	34,500	远方拍卖	2014.06.03
清 绿釉凤首壶	高14.5cm	17,250	北京翰海	2014.11.23
清 绿釉海水龙纹雕瓷浅碗	直径13.5cm	174,225	中信国际	2014.03.30
清 绿釉花卉匜形杯（两件）	长14cm	34,500	北京翰海	2014.05.11
清 绿釉瓶	高40.5cm	36,800	远方拍卖	2014.06.03
清 绿釉贴花八宝纹缸	直径41cm	11,500	北京保利	2014.10.25
清 绿釉小梅瓶	高17.5cm	17,250	北京翰海	2014.08.24
清 绿釉云雷纹方鼎	高16cm	17,250	西泠拍卖	2014.05.06
清 松石绿釉雕云蝠纹如意	长45cm	112,000	天津文物	2014.05.16
清 松石绿釉夔龙纹福寿象耳方瓶	高29.5cm	115,000	北京翰海	2014.05.11
清 松石绿釉长方花盆	长22.8cm	40,250	中贸圣佳	2014.07.06
民国 绿釉摇铃尊（两件）	高30.5cm×2	18,400	北京翰海	2014.11.23
松石绿釉螭龙杂宝花卉纹瓶	高24cm	92,000	南京经典	2014.08.04
孔雀绿釉如意	长57cm	275,000	中信拍卖	2014.07.14
蓝 釉				
明嘉靖 蓝釉梅瓶	高38cm	13,800	北京保利	2014.04.26
明晚期 宜兴窑仿钧天蓝釉玉兰洗	长181cm	667,000	北京中汉	2014.11.21
明万历 蓝釉暗刻龙纹小罐	高12.5cm	172,500	中国嘉德	2014.05.18
明万历 蓝釉大碗	直径30.5cm	210,880	伦敦邦瀚斯	2014.05.15
明宣德 霁蓝釉暗刻云龙纹盘	直径20cm	504,000	天津文物	2014.11.15
明宣德 蓝釉留白龙凤碗	高9.5cm	3,531,811	香港华洋	2014.06.26
明宣德 雪花蓝釉暗刻双龙赶珠纹盘	直径15.2cm	230,000	北京中汉	2014.04.16
清早期 蓝釉开光大盘	直径45cm	10,350	北京翰海	2014.01.12
清康熙 祭蓝釉盘	直径16cm	45,483	中国嘉德	2014.10.07
清康熙 祭蓝釉碗	口径12.6cm	231,150	宝港国际	2014.05.27
清康熙 霁蓝釉盘	直径20.7cm	134,400	天津文物	2014.11.15
清康熙 孔雀蓝釉刻螭龙灵芝卷草纹筒瓶	高22cm	76,688	纽约佳士得	2014.03.20
清康熙 蓝上蓝长颈瓶	高19cm	69,000	中宝拍卖	2014.07.06
清康熙 洒蓝棒槌瓶	高45cm	17,250	北京保利	2014.08.02
清康熙 洒蓝盘	直径21cm	11,500	北京保利	2014.10.25
清康熙 洒蓝釉留白云龙纹花口盘	直径15.8cm	36,800	中国嘉德	2014.03.23
清康熙 洒蓝釉梅瓶	高22cm	40,250	西泠拍卖	2014.05.06
清康熙 洒蓝釉盘	直径16.2cm	65,184	纽约佳士得	2014.03.20
清康熙 洒蓝釉长颈瓶	高43.5cm	61,350	纽约佳士得	2014.03.20
清康熙 天蓝釉苹果尊	高7.5cm	92,000	上海泓盛	2014.06.26
清康熙 天蓝釉双月牙耳梅瓶	高21cm	40,250	北京中汉	2014.09.22
清康熙 天蓝釉汤罗洗	直径11.8cm	287,500	北京中汉	2014.11.21
清康熙 天蓝釉线条罐	直径27cm	2,185,000	北京保利	2014.08.02
清康熙 雪花蓝釉凤尾尊	高45cm	166,428	宝港国际	2014.05.27
清康熙 天蓝釉鼓钉小花觚	高18.5cm	2,990,000	北京保利	2014.12.03

拍品名称	物品尺寸	成交价RMB	拍卖公司	拍卖日期
清康熙 天蓝釉柳条缸	直径26.2cm	943,000	上海道明	2014.12.11
清雍正 宝石蓝釉高足碗	直径18cm	207,000	北京中汉	2014.11.21
清雍正 宝石蓝釉小杯	直径71cm	253,000	北京中汉	2014.11.21
清雍正 宝石蓝釉小杯	直径7.3cm	230,000	中国嘉德	2014.11.20
清雍正 祭蓝高足碗（两件）	高12cm×2	184,000	北京翰海	2014.04.13
清雍正 祭蓝卷缸	直径25cm	34,500	中鸿信	2014.11.22
清雍正 祭蓝釉梅瓶	高26.5cm	3,408,960	佳士得	2014.05.28
清雍正 祭蓝釉盘	直径20.7cm	126,500	中国嘉德	2014.05.18
清雍正 祭蓝釉盘	直径17cm	69,000	太平洋	2014.03.21
清雍正 霁蓝釉高足碗	直径17.8cm	97,750	北京诚轩	2014.05.19
清雍正 霁蓝釉观音瓶	高38.4cm	8,552,760	佳士得	2014.11.26
清雍正 霁蓝釉梅瓶	高30.5cm	2,530,000	北京保利	2014.06.04
清雍正 霁蓝釉碗	直径14.8cm	69,000	北京中汉	2014.09.22
清雍正 蓝釉杯	直径7.5cm	34,500	中国嘉德	2014.06.21
清雍正 蓝釉高足碗	直径15.2cm	287,578	纽约苏富比	2014.03.18
清雍正 蓝釉盘	直径16.2cm	72,490	伦敦邦瀚斯	2014.05.15
清雍正 蓝釉盘	直径16.4cm	69,000	中国嘉德	2014.09.21
清雍正 蓝釉盘（一对）	直径16cm×2	122,700	纽约佳士得	2014.03.20
清雍正 蓝釉撇口碗	直径12cm	474,600	香港苏富比	2014.10.08
清雍正 蓝釉兽耳瓶	高6cm	47,040	武汉中信	2014.10.23
清雍正 蓝釉洗	直径13.9cm	23,000	中国嘉德	2014.09.21
清雍正 蓝釉印花缠枝纹敞口瓶	高50cm	184,000	华艺国际	2014.04.13
清雍正 天蓝釉高足碗	直径22cm	57,500	中国嘉德	2014.09.21
清雍正 天蓝釉六方花盆	长27.9cm	195,500	中国嘉德	2014.09.21
清雍正 天蓝釉梅花环耳方瓶	高36cm	1,035,000	北京保利	2014.06.04
清雍正 天蓝釉盘	直径17.7cm	51,750	北京中汉	2014.09.22
清雍正 天蓝釉双耳瓶	高30.5cm	632,500	八益拍卖	2014.10.24
清雍正 天蓝釉团寿心葵花式盏托	长13.8cm	4,140,000	北京匡时	2014.06.04
清雍正 天蓝釉碗	直径12cm	184,520	伦敦苏富比	2014.05.14
清雍正 天蓝釉弦纹碗	直径18.2cm	287,500	北京翰海	2014.10.26
清雍正 天蓝釉象耳方瓶	高30cm	575,000	北京翰海	2014.05.11
清雍正 天蓝釉象耳方瓶	高30.5cm	575,000	北京翰海	2014.05.11
清雍正 御窑天蓝釉蒜头瓶	高28cm	10,350,000	北京东正	2014.05.18
清乾隆 宝石兰釉碗（一对）	直径17cm×2	280,000	北京荣宝	2014.03.23
清乾隆 宝石蓝釉胆瓶	高39.5cm	172,500	北京中汉	2014.05.17
清乾隆 宝石蓝釉天球瓶	高49cm	616,000	北京荣宝	2014.03.23
清乾隆 仿雕漆蓝釉团寿纹盖碗	直径11.5cm	89,600	天津文物	2014.11.15
清乾隆 祭兰釉大天球瓶	高56cm	2,012,500	中国嘉德	2014.11.20
清乾隆 祭蓝高足碗	直径16cm	40,250	北京翰海	2014.11.23
清乾隆 祭蓝釉胆式瓶	高41cm	63,250	北京保利	2014.10.25
清乾隆 祭蓝釉盘	直径26.5cm	45,483	保利香港	2014.10.07
清乾隆 祭蓝釉碗	直径17.6cm	46,000	太平洋	2014.06.25
清乾隆 祭蓝釉碗（一对）	直径19.6cm×2	66,700	太平洋	2014.03.21
清乾隆 霁蓝琮式瓶	高37cm	392,000	武汉中信	2014.10.23
清乾隆 霁蓝釉胆瓶	高32cm	115,000	上海道明	2014.03.27
清乾隆 霁蓝釉胆瓶	高25.9cm	28,000	天津文物	2014.11.15
清乾隆 霁蓝釉豆	高18cm	11,500	北京中汉	2014.11.21
清乾隆 霁蓝釉橄榄瓶	高13cm	287,500	北京翰海	2014.10.26
清乾隆 霁蓝釉罐	高34cm	92,000	北京翰海	2014.05.11
清乾隆 霁蓝釉天球瓶	高55.5cm	2,493,240	佳士得	2014.11.26
清乾隆 霁蓝釉象耳琮式瓶	高29.3cm	395,000	香港苏富比	2014.04.08
清乾隆 霁蓝釉象耳琮式瓶	高29.1cm	327,750	苏州东方	2014.05.30
清乾隆 霁蓝釉象耳方瓶	高28.9cm	138,000	北京翰海	2014.05.11
清乾隆 霁蓝玉壶春瓶	高42cm	713,000	广州皇玛	2014.01.02
清乾隆 蓝釉大碗	直径19cm	11,500	北京保利	2014.08.02
清乾隆 蓝釉胆瓶	高32.5cm	115,000	中国嘉德	2014.09.21
清乾隆 蓝釉豆	高26cm	172,500	北京盈时	2014.05.31
清乾隆 蓝釉豆	高24cm	138,000	中国嘉德	2014.06.21
清乾隆 蓝釉祭红釉文房小瓶（三件）	尺寸不一	25,300	北京匡时	2014.06.04
清乾隆 蓝釉盘（一对）	直径19.5cm×2	69,000	北京保利	2014.04.26
清乾隆 蓝釉碗（一对）	直径19.1cm×2	36,800	中国嘉德	2014.06.21
清乾隆 蓝釉云龙纹大地瓶	高70.5cm	32,200	北京东正	2014.06.07
清乾隆 洒蓝梅瓶	高24cm	115,000	北京保利	2014.10.25
清乾隆 洒蓝釉梅瓶	高27cm	206,000	北京中联	2014.09.09
清乾隆 洒蓝釉梅瓶	高24.4cm	11,500	中国嘉德	2014.09.21
清乾隆 天蓝釉鎏金夔纹双耳熏炉	长12cm	97,850	北京中联	2014.09.09

拍品名称	物品尺寸	成交价RMB	拍卖公司	拍卖日期
清乾隆 天蓝釉模印暗花缠枝莲梅瓶	高22.5cm	13,800	中鸿信	2014.11.22
清乾隆 天蓝釉盘口尊	高34cm	36,800	华艺国际	2014.05.31
清乾隆 天蓝釉饕餮纹三足爵杯	高17.7cm	138,000	中鸿信	2014.11.22
清乾隆 御窑天蓝釉双龙耳瓶	高31.8cm	40,250,000	北京东正	2014.05.18
清乾隆 霁蓝釉碗	直径15cm	86,250	安徽艺海	2014.04.30
清乾隆 孔雀蓝釉烛台（一对）	高13.5cm×2	57,500	北京匡时	2014.12.03
清中期 霁蓝釉仰钟式大碗	直径193cm	20,700	北京中汉	2014.11.21
清中期 孔雀蓝釉出脊尊（一对）	高33.5cm×2	45,200	广东省拍	2014.06.22
清中期 孔雀蓝釉琮式瓶	高34.2cm	11,500	中国嘉德	2014.03.23
清中期 孔雀蓝釉花觚	高23cm	25,300	中国嘉德	2014.03.23
清中期 蓝釉大瓶	高63cm	11,270	北京翰海	2014.04.13
清中期 蓝釉梅瓶	高18.8cm	40,250	中国嘉德	2014.03.23
清中期 蓝釉贴花花蝶纹双耳瓶（一对）	高89cm×2	46,000	北京保利	2014.10.25
清嘉庆 祭蓝豆	高25.5cm	172,500	北京盈时	2014.05.31
清嘉庆 祭蓝釉豆	高27cm	345,000	中国嘉德	2014.05.18
清嘉庆 霁蓝釉簋	长24cm	92,000	北京中汉	2014.05.17
清嘉庆 霁蓝釉碗	直径15cm	40,250	北京中汉	2014.05.17
清道光 祭蓝盘	直径16.2cm	40,250	北京盈时	2014.05.31
清道光 祭蓝碗	直径18cm	69,000	北京盈时	2014.05.31
清道光 祭蓝釉盘	直径16cm	36,800	太平洋	2014.09.19
清道光 霁蓝象耳琮式瓶（一对）	高29.5cm×2	437,000	翰风国际	2014.04.30
清道光 霁蓝釉碗	直径10.9cm	95,200	天津文物	2014.11.15
清道光 霁蓝釉象耳方瓶	高29.5cm	57,500	北京翰海	2014.05.11
清道光 霁蓝釉象耳方瓶	高29.2cm	230,000	北京翰海	2014.10.26
清道光 霁蓝釉象耳瓶	高29.5cm	368,000	八益拍卖	2014.10.24
清道光 霁蓝釉小杯（一对）	直径9.1cm×2	138,000	北京诚轩	2014.05.19
清道光 蓝釉双象耳方瓶	高30cm	92,000	北京保利	2014.04.26
清道光 蓝釉碗	直径18cm	34,500	北京保利	2014.04.26
清道光 蓝釉象耳方瓶	高29cm	23,000	北京保利	2014.04.26
清咸丰 祭蓝釉豆	高24cm	560,000	北京荣宝	2014.06.15
清咸丰 祭蓝釉碗	直径11cm	34,500	太平洋	2014.06.25
清咸丰 蓝釉碗	直径11cm	36,800	北京保利	2014.10.25
清同治 霁蓝釉象耳方瓶	高29.5cm	115,000	北京翰海	2014.05.11
清同治 霁蓝釉象耳方瓶	高29.7cm	92,000	北京翰海	2014.05.11
清光绪 祭蓝釉八卦纹琮式瓶	高29cm	25,085	罗芙奥	2014.05.25
清光绪 祭兰釉象耳琮式瓶	高28.5cm	161,000	苏州东方	2014.05.30
清光绪 祭兰釉象耳琮式瓶（一对）	高29.1cm×2	230,000	苏州东方	2014.10.30
清光绪 祭蓝釉八卦琮式瓶	高30cm	27,600	北京保利	2014.06.06
清光绪 祭蓝釉琮式瓶	高30cm	66,700	太平洋	2014.03.21
清光绪 祭蓝釉碗	直径10.8cm	23,000	北京翰海	2014.08.24
清光绪 霁蓝釉描金花蝶象耳方瓶	高29.5cm	57,500	北京翰海	2014.10.26
清光绪 霁蓝釉赏瓶	高38.7cm	138,000	北京翰海	2014.10.26
清光绪 霁蓝釉象耳琮式瓶	高29.5cm	95,200	天津文物	2014.05.16
清光绪 霁蓝釉象耳方瓶	高29.2cm	115,000	北京翰海	2014.05.11
清光绪 霁蓝釉象耳方瓶	高29cm	69,000	北京中汉	2014.05.17
清光绪 霁蓝釉象耳方瓶	高29.5cm	69,000	北京翰海	2014.10.26
清光绪 霁蓝釉象耳方瓶	高29.8cm	34,500	北京翰海	2014.10.26
清光绪 孔雀蓝釉龙纹水洗	直径24cm	23,000	北京嘉德	2014.04.26
清光绪 蓝地雕荷花瓶（两件）	高24cm×2	69,000	北京翰海	2014.11.23
清光绪 蓝釉琮式瓶	高21cm	57,500	广州皇玛	2014.04.27
清光绪 蓝釉豆	高17cm	28,750	北京保利	2014.04.26
清光绪 蓝釉开光五彩人物故事缸	直径46cm	33,350	北京保利	2014.08.02
清光绪 蓝釉象耳方瓶	高29cm	80,500	北京保利	2014.08.02
清光绪 蓝釉象耳方瓶	高29.5cm	71,300	中国嘉德	2014.03.23
清光绪 蓝釉象耳方瓶	高29.2cm	115,000	中国嘉德	2014.09.21
清光绪 蓝釉象耳方瓶	高30cm	57,500	中国嘉德	2014.11.20
清光绪 蓝釉象耳瓶	高29.6cm	36,800	中国嘉德	2014.06.21
清光绪 蓝釉小碗	直径10.8cm	20,700	中国嘉德	2014.03.23
清光绪 天蓝釉镗锣洗	直径11.5cm	11,500	中国嘉德	2014.09.21
清光绪 祭蓝釉赏瓶	高39cm	246,400	北京荣宝	2014.11.30
清光绪 霁蓝釉象耳方瓶	高29.5cm	90,000	北京九歌	2014.12.17
清晚期 天蓝釉铺首尊	高18cm	13,800	中国嘉德	2014.09.21
清 雕瓷蓝釉象耳瓶（一对）	高16.5cm×2	57,500	浙江世贸	2014.07.27
清 祭蓝釉天球瓶	高68cm	1,568,000	成都金沙	2014.11.16
清 祭蓝釉小缸	高13cm	207,000	北京翰海	2014.11.23
清 祭蓝锥把瓶	高40cm	23,000	北京翰海	2014.04.13
清 霁蓝釉花口洗	直径13.3cm	11,500	北京翰海	2014.05.11
清 霁蓝釉兽耳六方瓶	高42cm	63,250	北京盘古	2014.06.25
清 霁蓝釉天球瓶	高22cm	10,350	北京翰海	2014.11.23
清 霁蓝釉弦纹贯耳瓶	高51.5cm	42,560	成都金沙	2014.11.16
清 蓝釉螭虎瓶	高20cm	20,700	北京翰海	2014.08.24
清 蓝釉花盆	长35cm	11,500	北京保利	2014.01.11
清 蓝釉三足炉	直径26.5cm	11,500	北京翰海	2014.01.12
清 蓝釉双耳瓶	高37cm	27,600	北京翰海	2014.04.13
清 蓝釉玉壶春瓶	高31cm	89,600	成都金沙	2014.11.16
清 洒兰釉小罐	高22cm	20,700	北京翰海	2014.01.12
清 天兰釉蕉叶夔纹刻花如意耳八方扁瓶	高47cm	448,000	成都金沙	2014.11.16
清 天蓝釉螭虎瓶	高20cm	34,500	北京翰海	2014.08.24
清 天蓝釉雕瓷贯耳方瓶	高30cm	92,000	北京翰海	2014.08.24
清 天蓝釉爵杯	高17.5cm	92,000	北京传是	2014.06.05
清 天蓝釉开光花卉龙纹双耳花口瓶	高26.7cm	80,500	北京翰海	2014.05.11
清 天蓝釉铺耳衔环瓶	高30cm	86,250	北京翰海	2014.05.11
清 天蓝釉水仙盆	长23cm	172,500	北京翰海	2014.08.24
清 天蓝釉天球瓶	高55.3cm	92,000	上海道明	2014.03.27
清 天蓝釉弦纹铺首尊	高35cm	184,000	西泠拍卖	2014.05.06
清 天蓝釉胭脂红花卉尊	高18.4cm	126,500	北京翰海	2014.10.26
清 天蓝釉摇铃尊	高25cm	115,000	西泠拍卖	2014.05.06
清 天蓝釉葫芦瓶	高33.8cm	517,500	西泠拍卖	2014.12.13
清 天蓝釉弦纹赏瓶	高10cm	207,000	西泠拍卖	2014.12.13
清18世纪 蓝釉长颈胆瓶	高40.3cm	124,025	伦敦苏富比	2014.11.05
清18世纪 蓝釉梅瓶	高20.5cm	79,080	伦敦邦瀚斯	2014.05.15
民国 蓝釉贯耳瓶	高32cm	20,700	北京保利	2014.04.26
民国 蓝釉模印花卉瓶	高27cm	25,300	北京保利	2014.04.26
民国 蓝釉赏瓶	高39cm	13,800	北京翰海	2014.01.12
民国 蓝釉兽耳尊	直径25cm	10,350	北京保利	2014.04.26
民国 蓝釉水仙盆（一对）	宽25cm×2	25,300	北京保利	2014.08.02
民国 蓝釉天鸡纹尊	高17.5cm	92,000	北京保利	2014.01.11
民国 天蓝釉花口洗	直径17cm	13,800	中国嘉德	2014.09.21
民国 天蓝釉铺首尊	高16.2cm	28,750	中国嘉德	2014.06.21
民国 天蓝釉铺首尊	高26.2cm	17,250	中国嘉德	2014.09.21
民国 天蓝釉兽耳尊	高24.2cm	10,350	中国嘉德	2014.09.21
民国 天蓝釉水仙盆	长28cm	17,250	中国嘉德	2014.09.21
民国 天蓝釉洗	直径14.5cm	23,000	中国嘉德	2014.03.23
1954年 紫蓝金釉"金玉满堂"瓶	高33.5cm	747,500	北京保利	2014.06.05
1954年 紫蓝釉金玉满堂图凤尾尊	高34.3cm	245,400	纽约佳士得	2014.03.20
1986；无年代 王修功蓝釉瓷瓶 黄釉瓷瓶	高17cm	17,877	台北艺流	2014.10.25
霁蓝釉盘口尊	高12.2cm	112,000	荣盛国际	2014.07.26
霁蓝釉天球瓶	高47cm	190,400	未来四方	2014.04.30
天蓝釉铺首耳尊	高19.5cm	172,500	上海泛华	2014.10.29
金 釉				
唐 古玉堆金花卉纹罐（一对）	高15cm×2	53,627	中信国际	2014.06.22
黄金釉万寿开光松鹤龙耳瓶	高38.5cm	7,150,000	中信拍卖	2014.07.14
清中期 金彩元宝洗	长8.1cm	23,000	中国嘉德	2014.03.23
酱 釉				
北宋 酱定梅瓶	高34cm	204,473	香港华洋	2014.06.26
北宋 耀州窑柿釉笠式碗	直径13.3cm	92,025	纽约佳士得	2014.03.20
北宋 耀州窑柿釉梅瓶	高25.4cm	1,479,360	佳士得	2014.05.28
宋 定窑柿釉瓣口碗	直径17cm	498,306	纽约苏富比	2014.09.16
宋 耀州窑柿釉盏	直径12cm	72,680	保利香港	2014.04.07
宋/元 酱釉梅瓶	高43.5cm	92,000	河南日信	2014.06.01
明 酱釉狮枕	长30cm	32,200	中贸圣佳	2014.06.01
明嘉靖 酱釉盘	直径15cm	498,469	纽约佳士得	2014.03.20
清康熙 酱釉堆白双龙赶珠纹碗	直径19.6cm	230,063	纽约苏富比	2014.03.18
清雍正 褐彩双弦浅口碗	直径17cm	316,000	香港苏富比	2014.04.08
清乾隆 酱釉花口盘（一对）	直径20.5cm×2	325,922	纽约苏富比	2014.03.18
清乾隆 酱釉弦纹盘	直径16.5cm	90,400	广东省拍	2014.06.22
清乾隆 酱釉折腰高足碗	直径17.7cm	207,000	北京保利	2014.12.05
清中期 酱釉梅瓶	高28.5cm	36,800	华艺国际	2014.04.13

(成交价RMB：1万元以上)

拍品名称	物品尺寸	成交价RMB	拍卖公司	拍卖日期
清光绪 紫金釉碗	直径12.5cm	42,560	天津文物	2014.11.15
清 酱釉暗刻开光花觚	高18.5cm	20,700	北京翰海	2014.08.24
清 酱釉雕荷花洗	长17.5cm	17,250	北京翰海	2014.08.24
清 酱釉弦纹碗	直径17cm	11,500	北京保利	2014.01.11
清 酱釉玉壶春	高28cm	25,300	北京保利	2014.08.02
清 酱釉折腰碗	直径17.5cm	90,160	香港淳浩	2014.07.30
清 紫金釉碗	直径17.3cm	13,800	中国嘉德	2014.03.23
民国 曾龙升款酱釉罗汉像	高39.5cm	92,000	中国嘉德	2014.09.21
青塘山房 紫金釉梵文盖碗及字金刚杵缸杯（一套）	尺寸不一	11,500	北京保利	2014.06.05
铁锈釉				
清乾隆 铁锈釉双耳尊	高31.2cm	168,000	北京荣宝	2014.03.23
清乾隆 铁锈釉洗口瓶	高35cm	82,800	广州皇玛	2014.01.02
清乾隆 铁锈釉双耳尊	高31.2cm	89,600	北京荣宝	2014.11.30
清19世纪 铁锈花釉壶	高30.4cm	92,025	纽约苏富比	2014.03.18
清 仿古玉釉橄榄罐	高23cm	40,250	北京保利	2014.08.02
清 铁锈红釉回纹炉	高7.8cm	57,500	北京翰海	2014.05.11
窑变釉				
宋 山西怀仁窑 窑变釉梅瓶	高21cm	351,348	宝港国际	2014.05.27
清雍正 窑变釉斑鸠耳尊	高20cm	1,610,000	北京翰海	2014.05.11
清雍正 窑变釉如意耳弦纹瓶	高37.7cm	2,875,600	香港苏富比	2014.04.08
清雍正 窑变釉石榴尊	高18cm	69,000	广州皇玛	2014.04.27
清雍正 窑变釉双耳瓶	高23.8cm	552,000	南京经典	2014.01.06
清雍正 窑变釉洗	直径16.5cm	138,000	广州皇玛	2014.01.02
清雍正 窑变釉玄纹直径瓶	高38.2cm	92,000	上海道明	2014.03.27
清雍正 窑变釉折沿尊	高27.3cm	3,737,500	北京诚轩	2014.05.19
清雍正 窑变釉扳沿洗	口径23cm	345,000	西泠拍卖	2014.12.13
清乾隆 官窑窑变釉杏圆贯耳瓶	高29.8cm	897,000	北京东正	2014.11.20
清乾隆 嘉庆 窑变釉贯耳瓶	高35.6cm	34,500	北京中汉	2014.04.16
清乾隆 窑变贯耳瓶	高30cm	460,000	翰风国际	2014.04.30
清乾隆 窑变贯耳瓶	高30cm	126,500	雍和嘉诚	2014.05.31
清乾隆 窑变葫芦瓶	高38cm	134,400	武汉中信	2014.10.23
清乾隆 窑变六方贯耳尊	高36cm	1,265,000	翰风国际	2014.04.30
清乾隆 窑变如意耳盖碗尊	高29.1cm	161,000	翰风国际	2014.04.30
清乾隆 窑变釉荸荠瓶	高35.5cm	828,000	翰风国际	2014.04.30
清乾隆 窑变釉胆瓶	高46.8cm	1,380,000	北京华辰	2014.04.27
清乾隆 窑变釉胆瓶	高46.3cm	172,500	北京中汉	2014.05.17
清乾隆 窑变釉胆瓶	高46cm	134,400	成都金沙	2014.11.16
清乾隆 窑变釉胆瓶	高23.4cm	57,500	北京翰海	2014.10.26
清乾隆 窑变釉鼓式罐	高15.6cm	97,750	北京东正	2014.11.20
清乾隆 窑变釉贯耳方瓶	高30cm	795,200	北京荣宝	2014.06.15
清乾隆 窑变釉贯耳瓶	高29.5cm	805,000	北京匡时	2014.06.04
清乾隆 窑变釉贯耳瓶	高30.5cm	722,264	伦敦邦瀚斯	2014.05.15
清乾隆 窑变釉贯耳瓶	高29.6cm	517,500	苏州东方	2014.05.30
清乾隆 窑变釉贯耳瓶	高29cm	517,500	北京盈时	2014.05.31
清乾隆 窑变釉贯耳瓶	高29.5cm	1,092,500	保利厦门	2014.11.02
清乾隆 窑变釉贯耳瓶	高30.5cm	483,000	八益拍卖	2014.10.24
清乾隆 窑变釉贯耳瓶	高30.3cm	149,500	苏州东方	2014.10.30
清乾隆 窑变釉罐	高13.5cm	264,500	苏州东方	2014.10.30
清乾隆 窑变釉海棠式花觚	高26.5cm	253,000	中国嘉德	2014.05.18
清乾隆 窑变釉花觚	高27cm	184,000	西泠拍卖	2014.05.06
清乾隆 窑变釉鸠耳尊	高16.5cm	1,782,500	北京华辰	2014.05.17
清乾隆 窑变釉梅瓶	高16.5cm	86,250	太平洋	2014.03.21
清乾隆 窑变釉梅瓶	高30cm	253,000	北京翰海	2014.10.26
清乾隆 窑变釉梅瓶	高18.5cm	94,300	太平洋	2014.09.19
清乾隆 窑变釉撇口大瓶	高57cm	23,000	北京保利	2014.10.25
清乾隆 窑变釉石榴瓶	高19.7cm	347,270	伦敦苏富比	2014.11.05
清乾隆 窑变釉石榴尊	高21.3cm	184,000	西泠拍卖	2014.05.06
清乾隆 窑变釉石榴尊	高18cm	713,000	北京保利	2014.10.25
清乾隆 窑变釉石榴尊	高20.5cm	46,000	太平洋	2014.09.19
清乾隆 窑变釉兽头双耳尊	高20cm	126,500	北京东正	2014.05.18
清乾隆 窑变釉双螭龙耳瓶	高21.5cm	138,000	苏州东方	2014.05.30
清乾隆 窑变釉双耳三足炉	直径151cm	32,200	北京中汉	2014.11.21
清乾隆 窑变釉双耳长颈瓶	高2.1cm	933,380	香港苏富比	2014.10.08
清乾隆 窑变釉水洗	直径27cm	172,500	广州皇玛	2014.01.02
清乾隆 窑变釉五弦瓶	高39.5cm	138,000	广州皇玛	2014.01.02
清乾隆 窑变釉弦纹瓶	高37cm	138,000	中国嘉德	2014.11.20
清乾隆 窑变釉弦纹瓶	高37.1cm	115,000	北京中汉	2014.09.22

拍品名称	物品尺寸	成交价RMB	拍卖公司	拍卖日期
清乾隆 窑变釉杏圆贯耳方壶	高30.5cm	543,813	香港苏富比	2014.10.08
清乾隆 窑变釉杏圆贯耳方壶	高29cm	248,050	伦敦苏富比	2014.11.05
清乾隆 窑变釉玉壶春瓶	高31cm	1,911,100	里昂&腾博	2014.06.04
清乾隆 窑变釉玉壶春瓶	高30cm	2,594,480	香港苏富比	2014.10.08
清乾隆 窑变釉锥把瓶	高46.3cm	1,035,000	北京翰海	2014.10.26
清乾隆 御窑窑变釉太白坛	高33cm	2,875,000	北京东正	2014.05.18
清乾隆款 窑变贯耳方瓶		45,690	日本伊斯特	2014.01.19
清乾隆 窑变釉花觚	高26.7cm	126,500	北京匡时	2014.12.03
清乾隆 窑变釉石榴尊	高19.5cm	172,500	北京保利	2014.12.05
清乾隆 窑变釉双耳盖碗尊	高21.5cm	517,500	西泠拍卖	2014.12.13
清嘉庆 窑变天球瓶	高52cm	32,200	北京翰海	2014.04.13
清嘉庆 窑变釉贯耳方瓶	高30cm	537,600	北京荣宝	2014.03.23
清嘉庆 窑变釉贯耳瓶	高30.2cm	517,500	苏州东方	2014.10.30
清嘉庆 窑变釉石榴尊	高20.5cm	172,500	中国嘉德	2014.11.20
清中期 窑变釉弦纹瓶	高40cm	92,000	西泠拍卖	2014.12.13
清中期 窑变冬瓜罐（两件）	高30cm×2	23,000	北京翰海	2014.11.23
清中期 窑变瓶	高22cm	17,250	北京翰海	2014.01.12
清中期 窑变天球瓶	高40cm	40,250	北京翰海	2014.11.23
清中期 窑变天球瓶	高22cm	23,000	北京翰海	2014.08.24
清中期 窑变釉八方瓶	高51cm	36,800	北京保利	2014.04.26
清中期 窑变釉胆瓶	高351cm	86,250	北京中汉	2014.11.21
清中期 窑变釉方瓶	高60cm	10,350	北京保利	2014.01.11
清中期 窑变釉瓜棱瓶	高28.2cm	34,500	中国嘉德	2014.03.23
清中期 窑变釉铺首尊	高31cm	73,450	广东省拍	2014.06.22
清中期 窑变釉双耳尊	高37cm	57,500	中国嘉德	2014.05.18
清中期 窑变釉直颈瓶	高30.5cm	57,500	北京保利	2014.06.06
清中期 窑变釉锥把瓶	高48.5cm	92,000	北京保利	2014.06.06
清中期 窑变锥把瓶	高48cm	56,350	北京翰海	2014.11.23
清道光 窑变釉贯耳瓶	高30cm	207,000	北京保利	2014.10.25
清道光 窑变釉贯耳尊	高30.5cm	207,000	北京传是	2014.06.05
清道光 窑变釉石榴尊	高19.5cm	336,000	北京荣宝	2014.06.15
清道光 窑变釉石榴尊	高28.5cm	287,500	苏州东方	2014.05.30
清道光 窑变釉石榴尊	高19cm	69,000	北京盈时	2014.05.31
清道光 窑变釉石榴尊	高19.2cm	72,800	天津文物	2014.11.15
清道光 窑变釉双耳瓶	高22.3cm	632,500	中贸圣佳	2014.07.06
清道光 窑变釉尊	高55cm	17,250	北京保利	2014.08.02
清道光 窑变釉石榴尊	高19cm	616,000	北京荣宝	2014.11.30
清光绪 窑变穿带瓶	高30cm	51,750	北京翰海	2014.04.13
清光绪 窑变穿带瓶	高31cm	40,250	北京翰海	2014.11.23
清咸丰 窑变釉贯耳瓶	高30cm	103,500	北京匡时	2014.06.04
清同治 窑变葫芦瓶	高23cm	11,500	北京翰海	2014.08.24
清同治 窑变釉贯耳瓶	高30cm	126,500	上海敬华	2014.07.01
清同治 窑变釉贯耳瓶	高30cm	207,000	八益拍卖	2014.10.24
清同治 窑变釉贯耳瓶	高29.5cm	172,500	中国嘉德	2014.11.20
清同治 窑变釉贯耳瓶	高275cm	138,000	北京中汉	2014.11.21
清光绪 窑变釉贯耳方瓶	高30cm	74,750	北京保利	2014.10.25
清光绪 窑变釉贯耳瓶	高29.8cm	310,500	北京翰海	2014.05.11
清光绪 窑变釉贯耳瓶	30.4cm	201,600	天津文物	2014.05.16
清光绪 窑变釉贯耳瓶	高30cm	80,500	北京保利	2014.06.06
清光绪 窑变釉贯耳瓶	高29.7cm	313,600	天津文物	2014.11.15
清光绪 窑变釉贯耳瓶	高29.5cm	253,000	北京翰海	2014.10.26
清光绪 窑变釉贯耳瓶	高30.2cm	230,000	北京翰海	2014.10.26
清光绪 窑变釉贯耳瓶	高30.3cm	218,500	北京翰海	2014.10.26
清光绪 窑变釉贯耳瓶	高29.7cm	184,000	北京翰海	2014.10.26
清光绪 窑变釉贯耳瓶	高29.6cm	92,000	中国嘉德	2014.09.21
清光绪 窑变釉贯耳瓶	高29.8cm	11,500	中国嘉德	2014.06.21
清光绪 窑变釉贯耳瓶（一对）	高30cm×2	214,700	江苏爱涛	2014.07.05
清光绪 窑变釉贯耳瓶	高30.5cm	184,000	南京经典	2014.08.04
清光绪 窑变釉杏圆贯耳方壶	高30.2cm	131,800	伦敦苏富比	2014.05.14
清晚期 窑变釉贯耳瓶	高30.4cm	57,500	中国嘉德	2014.06.21
清 窑变穿带瓶	高30cm	253,000	北京翰海	2014.04.13
清 窑变冬瓜罐（两件）		20,700	北京翰海	2014.11.23
清 窑变盖碗尊	高27.5cm	517,500	上海嘉泰	2014.06.19
清 窑变汉壶尊	高66cm	575,000	雍和嘉诚	2014.05.31
清 窑变天球瓶	高21cm	40,250	北京翰海	2014.08.24
清 窑变釉大锥把瓶	高64.4cm	36,800	中国嘉德	2014.03.23
清 窑变釉方尊（两件）	高60cm×2	36,800	北京翰海	2014.04.13
清 窑变釉盖碗尊	高53cm	23,000	北京翰海	2014.04.13

拍品名称	物品尺寸	成交价RMB	拍卖公司	拍卖日期
清 窑变釉贯耳瓶	高31cm	34,500	中贸圣佳	2014.06.01
清 窑变釉三孔花插	高12.7cm	20,700	中国嘉德	2014.03.23
清 窑变釉双耳瓶	高36cm	57,500	中国嘉德	2014.09.21
清 窑变釉水盂	直径10cm	17,250	北京翰海	2014.08.24
清 窑变釉弦纹瓶	高28.3cm	25,300	中国嘉德	2014.03.23
清 窑变釉云耳瓶	高23cm	59,800	中国嘉德	2014.03.23
清18世纪 窑变釉胆瓶	高52.5cm	69,019	纽约佳士得	2014.03.20
清18世纪 窑变釉梅瓶	高34.3cm	161,233	伦敦苏富比	2014.11.05
清18世纪/19世纪 窑变釉梅瓶	高23cm	128,538	香港苏富比	2014.10.08
清18世纪末 窑变釉长颈瓶	高66cm	414,750	香港苏富比	2014.04.08
窑变釉弦纹扁瓶	高21cm	65,928	香港拍得高	2014.05.27
洪江军 2012年作 堆雕 窑变釉上彩"旭日雄心"瓷板	56cm×43cm	34,500	北京万隆	2014.06.04
李增龙 "赤霞"高温窑变釉八方器皿	高26.8cm	23,000	中贸圣佳	2014.07.06
刘国华 石湾窑窑变釉'禅定'	高68cm	38,833	香港普艺	2014.05.31
山崎督 窑变黑胡麻带耳花入	高21.5cm	92,000	北京保利	2014.12.02
炉钧釉				
清雍正 炉钧釉蚰耳炉	直径17.5cm	5,712,360	佳士得	2014.11.26
清雍正 炉钧釉水仙盘	长23cm	1,725,000	八益拍卖	2014.10.24
清雍正 炉钧釉三足洗	直径25cm	1,150,000	北京翰海	2014.05.11
清雍正 炉钧釉梅瓶	高16.3cm	172,500	苏州东方	2014.10.30
清雍正 炉钧釉瓜瓞绵绵葫芦形笔掭	长24.1cm	5,726,840	香港苏富比	2014.10.08
清雍正 炉钧釉树根型笔筒	高11.7cm	460,000	北京匡时	2014.12.03
清雍正 炉钧釉灯笼尊	高24.2cm	691,250	香港苏富比	2014.04.08
清乾隆时期 炉钧釉兽头铺首小壁瓶	高8.5cm	36,984	宝港国际	2014.05.27
清乾隆 炉钧釉玉壶春瓶	高28cm	46,000	上海嘉泰	2014.06.19
清乾隆 炉钧釉小象耳尊	高9.8cm	43,700	中国嘉德	2014.06.21
清乾隆 炉钧釉小瓶（三件）		92,000	上海道明	2014.03.27
清乾隆 炉钧釉小瓶	高14cm	48,300	北京保利	2014.08.02
清乾隆 炉钧釉小梅瓶	高15.8cm	55,200	中国嘉德	2014.03.23
清乾隆 炉钧釉小花觚	高15cm	13,800	中国嘉德	2014.09.21
清乾隆 炉钧釉象耳尊	高30.3cm	517,500	北京匡时	2014.06.04
清乾隆 炉钧釉象耳橄榄盘口瓶	高29.5cm	406,800	广东省拍	2014.06.22
清乾隆 炉钧釉象鼻耳尊	高20.8cm	172,500	北京诚轩	2014.11.20
清乾隆 炉钧釉四方倭角水丞	直径6.5cm	43,700	中国嘉德	2014.03.23
清乾隆 炉钧釉双龙耳尊	高21cm	402,500	北京翰海	2014.10.26
清乾隆 炉钧釉兽耳尊	高21cm	322,000	远方拍卖	2014.06.02
清乾隆 炉钧釉铺首方瓶	高22cm	45,885	中国嘉德	2014.04.09
清乾隆 炉钧釉瓶	高10cm	34,500	北京保利	2014.10.25
清乾隆 炉钧釉盘口夔耳瓶	高22cm	2,875,000	中国嘉德	2014.11.20
清乾隆 炉钧釉梅瓶	高11.8cm	94,300	北京华辰	2014.04.27
清乾隆 炉钧釉观音尊	高39.6cm	46,000	北京东正	2014.11.20
清乾隆 炉钧釉观音瓶	高32.5cm	920,000	广州皇玛	2014.01.02
清乾隆 炉钧釉灯笼尊	高24.1cm	740,625	香港苏富比	2014.04.08
清乾隆 炉钧釉灯笼尊	高23.2cm	186,038	伦敦苏富比	2014.11.05
清乾隆 炉钧釉螭龙纹瓶	高13.3cm	103,500	西泠拍卖	2014.12.13
清乾隆 炉钧釉象耳尊	高13cm	138,000	西泠拍卖	2014.12.13
清中期 蜗寄款炉钧釉玲珑供石	高32cm	57,500	上海嘉泰	2014.06.19
清中期 炉钧釉小象耳尊	高14.1cm	51,750	北京诚轩	2014.05.19
清中期 炉钧釉水仙盆	长29.2cm	11,500	中国嘉德	2014.03.23
清中期 炉钧釉双龙耳花口瓶	高22.6cm	57,500	华艺国际	2014.04.13
清中期 炉钧釉荷叶笔洗	高11.5cm	16,950	广东省拍	2014.06.22
清中期 炉钧釉仿瘿木随形笔筒	高12.1cm	57,500	北京中汉	2014.11.21
清嘉庆 炉钧釉灯笼尊	高24cm	805,000	北京保利	2014.12.03
清道光 炉钧釉碗（一对）	直径13.5cm×2	11,500	北京保利	2014.01.11
清同治 炉钧釉碗	直径15.2cm	35,840	天津文物	2014.11.15
清光绪 炉钧釉钟式瓶	高42cm	11,500	北京保利	2014.10.25
清光绪 炉钧釉雕瓷象耳瓶（一对）	高30cm×2	32,200	北京保利	2014.08.02
清光绪 炉钧釉螭龙纹宝葟	长15.7cm	10,350	中国嘉德	2014.09.21
清光绪 炉均釉大碗	直径21cm	40,250	北京华辰	2014.05.17
清 炉钧釉云脚长方盆	长39cm	46,000	浙江世贸	2014.04.13
清 炉钧釉小瓶	高13cm	39,550	广东省拍	2014.06.22
清 炉钧釉五峰笔架	长15.3cm	36,800	北京翰海	2014.05.11
清 炉钧釉四方花盆	长20cm	36,800	远方拍卖	2014.06.02

拍品名称	物品尺寸	成交价RMB	拍卖公司	拍卖日期
清 炉钧釉水呈	高4.5cm	29,900	北京翰海	2014.11.23
清 炉钧釉三足洗	直径14.4cm	23,000	中国嘉德	2014.03.23
清 炉钧釉南瓜式洗	直径12.5cm	46,310	罗芙奥	2014.05.25
清 炉钧釉壶	宽22cm	34,500	北京保利	2014.04.26
清 炉钧釉观音瓶（两件）	高48cm	13,800	北京翰海	2014.04.13
清 炉钧釉瓜型水盂	长11.5cm	13,800	北京翰海	2014.01.12
清 炉钧釉仿石纹笔山	长18cm	12,777	中信国际	2014.03.30
清 炉钧六管瓶	高18cm	82,800	上海嘉泰	2014.06.19
清 炉钧沥粉贲巴壶	高17cm	57,500	上海嘉泰	2014.06.19
清 葛明祥炉钧釉双龙耳瓶	高47cm	115,000	上海嘉泰	2014.06.19
19世纪 炉钧釉海螺型水盂	高5.3cm	16,800	北京荣宝	2014.06.15
19世纪 炉钧釉供养菩萨跪像	高40.5cm	414,000	北京华辰	2014.04.27
清晚期 炉钧釉捆竹笔筒	高11.5cm	17,250	中国嘉德	2014.03.23
清晚期 炉钧釉开光雕瓷松鼠葡萄山水人物纹狮耳海棠瓶	高27cm	20,700	中国嘉德	2014.09.21
清晚期 炉钧釉八卦纹琮式瓶	高28cm	50,000	北京九歌	2014.12.17
炉钧釉香炉	宽13cm	11,500	上海泛华	2014.10.29
仿官釉				
元 郊坛官窑贯耳小瓶	高11.5cm	391,000	北京保利	2014.06.05
明成化 仿官釉瓜棱贯耳瓶	高12.8cm	92,000	上海泓盛	2014.06.26
明 仿官釉荷叶形小洗	长9cm	322,000	北京保利	2014.06.05
明 仿官釉花口盘	宽17.3cm	230,000	北京保利	2014.06.06
明 官釉菊瓣盘	直径16cm	34,500	北京保利	2014.08.02
明 官釉贯耳八方瓶	高14cm	5,750,000	北京保利	2014.12.04
明 官釉小瓶	高9cm	172,500	北京保利	2014.12.05
明或更早 仿官釉四方水洗	长4.5cm	218,500	华艺国际	2014.05.31
明晚期 仿官釉炉	直径16.6cm	94,300	北京中汉	2014.05.17
清或更早 葫芦瓶	高23cm	11,500	北京翰海	2014.04.12
清早期 仿官釉海棠形瓶 红釉小天球瓶 墨地五彩花卉纹梅瓶各一件	尺寸不一	43,700	中国嘉德	2014.03.23
清康熙 仿官釉六方贯耳瓶	高19cm	537,600	成都金沙	2014.11.16
清雍正 仿官窑穿带瓶	高28.5cm	977,500	雍和嘉诚	2014.05.31
清雍正 仿官釉八方贯耳瓶	高27.8cm	299,000	北京中汉	2014.11.21
清雍正 仿官釉抱月三孔瓶	高53cm	1,840,000	远方拍卖	2014.06.02
清雍正 仿官釉荸荠瓶	高23cm	2,070,000	北京华辰	2014.05.17
清雍正 仿官釉瓜棱式贯耳瓶	高34.4cm	498,469	纽约佳士得	2014.03.20
清雍正 仿官釉贯耳大方壶	高48.2cm	1,265,000	北京保利	2014.06.04
清雍正 仿官釉六方垂肩花大瓶	高67cm	7,475,000	北京保利	2014.06.04
清雍正 仿官釉六棱式双耳瓶	高28.5cm	291,413	纽约佳士得	2014.03.20
清雍正 仿官釉梅花形水洗	直径9cm	103,500	华艺国际	2014.05.31
清雍正 仿官釉瓶	高24cm	2,114,520	佳士得	2014.11.26
清雍正 仿官釉倭角瓶	直径16cm	47,460	广东省拍	2014.06.22
清雍正 仿官釉小瓶	高13.5cm	28,750	北京保利	2014.10.25
清雍正 仿官釉鱼篓尊	高34cm	2,300,000	北京盈时	2014.05.31
清雍正 仿官釉渣斗	直径11cm	460,000	华艺国际	2014.05.31
清雍正 仿官釉尊	高37.5cm	92,000	中国嘉德	2014.09.21
清雍正 官窑贯耳瓶	高24cm	466,320	香港华洋	2014.06.25
清雍正 仿官釉橄榄瓶	高29cm	9,545,000	北京盈时	2014.12.07
清雍正 仿官釉绶带耳尊	高21cm	782,000	北京盈时	2014.12.07
清乾隆 仿官釉贯耳方瓶	高31.7cm	1,265,000	北京保利	2014.12.03
清乾隆 仿官贯耳瓶	高31cm	694,400	武汉中信	2014.10.23
清乾隆 仿官窑苹果绿釉贯耳瓶	高14.8cm	22,400	成都金沙	2014.11.16
清乾隆 仿官窑双耳钫	高25cm	494,400	北京中联	2014.09.09
清乾隆 仿官窑釉瓶	高17cm	92,000	广州皇玛	2014.01.02
清乾隆 仿官釉螭龙捧寿双耳瓶	高20.2cm	207,000	中鸿信	2014.11.22
清乾隆 仿官釉灯笼瓶	高24cm	632,500	北京保利	2014.06.06
清乾隆 仿官釉贯耳方瓶	高31cm	805,000	北京保利	2014.06.06
清乾隆 仿官釉贯耳壶	高34.3cm	2,024,960	香港苏富比	2014.10.08
清乾隆 仿官釉贯耳小瓶	高9cm	80,500	中国嘉德	2014.11.20
清乾隆 仿官釉花口碗	直径11.8cm	161,000	北京匡时	2014.06.04
清乾隆 仿官釉鸠耳尊	高34.5cm	1,748,000	香港拍得高	2014.08.01
清乾隆 仿官釉莱菔尊	高21cm	1,455,440	香港苏富比	2014.10.08
清乾隆 仿官釉六方贯耳瓶	高30.6cm	2,070,000	中国嘉德	2014.05.18
清乾隆 仿官釉梅瓶	高12.5cm	34,500	华艺国际	2014.04.13
清乾隆 仿官釉梅瓶	高21cm	28,750	北京保利	2014.10.25
清乾隆 仿官釉双耳瓶	高26.5cm	126,500	苏州东方	2014.10.30
清乾隆 仿官釉水盂	长11cm	56,000	蓝天国拍	2014.02.28

2014瓷器拍卖成交汇总

(成交价RMB：1万元以上)

拍品名称	物品尺寸	成交价RMB	拍卖公司	拍卖日期
清乾隆 仿官釉蒜头瓶	高11.2cm	310,500	苏州东方	2014.10.30
清乾隆 仿官釉蒜头瓶	高19cm	20,700	北京翰海	2014.01.12
清乾隆 仿官釉桃形洗	长14.8cm	230,000	北京诚轩	2014.05.19
清乾隆 仿官釉小缸	直径23.6cm	32,200	中国嘉德	2014.03.23
清乾隆 仿官釉小贯耳瓶	高201cm	40,250	北京中汉	2014.11.21
清乾隆 官窑仿官釉蒜头瓶	高27cm	1,610,000	北京东正	2014.11.20
清乾隆 官釉六方贯耳尊	高46cm	3,795,000	八益拍卖	2014.10.24
清乾隆 御窑仿官釉双象耳橄榄尊	高30cm	3,047,500	北京东正	2014.11.20
清嘉庆 仿官八卦琮式瓶	高27cm	358,400	武汉中信	2014.10.23
清中期 仿官釉双象耳瓶	高24cm	20,700	北京保利	2014.08.02
清中期 仿官釉小六方贯耳瓶	高19cm	46,000	中国嘉德	2014.09.21
清中期 开片洗口瓶	高46cm	34,500	广州皇玛	2014.01.02
清道光 仿官八卦琮式瓶	高37cm	392,000	武汉中信	2014.10.23
清道光 仿官釉八卦琮式瓶	高28cm	575,000	北京保利	2014.10.25
清道光 仿官釉琮式瓶	高281cm	149,500	北京中汉	2014.11.21
清道光 仿官釉贯耳方瓶	高31cm	575,000	北京保利	2014.10.25
清道光 仿官釉花口碗	直径12cm	135,600	广东省拍	2014.06.22
清咸丰 仿官釉八卦琮式瓶	高28cm	253,000	北京保利	2014.10.25
清同治 仿官釉八卦琮式瓶	高28.3cm	207,000	北京翰海	2014.10.26
清同治 仿官釉琮式瓶	高28.5cm	253,000	北京保利	2014.06.04
清同治 仿官釉贯耳瓶	高31cm	253,000	北京保利	2014.04.26
清同治 仿官釉贯耳瓶	高31cm	40,250	北京翰海	2014.04.13
清同治 官釉贯耳瓶	高31cm	460,000	八益拍卖	2014.10.24
清光绪 仿官釉八卦琮式瓶	高27.5cm	145,706	纽约苏富比	2014.03.18
清光绪 仿官釉贯耳方瓶	高30.5cm	299,000	北京保利	2014.06.06
清光绪 官釉贯耳瓶	高31cm	345,000	八益拍卖	2014.10.24
清 仿官釉八卦纹琮式瓶	高32cm	906,108	澳门中信	2014.06.08
清 仿官釉茶壶	长21.5cm	586,500	北京翰海	2014.08.24
清 仿官釉螭龙纹贯耳瓶	高31cm	20,700	中国嘉德	2014.09.21
清 仿官釉花口碗	直径14cm	23,000	中国嘉德	2014.09.21
清 仿官釉双耳瓶	高29cm	17,250	北京保利	2014.10.25
清 官釉贯耳瓶	高20cm	28,750	北京翰海	2014.01.12
清 仿官釉长颈弦纹瓶	高23.5cm	230,000	北京保利	2014.12.05
清18世纪 仿官釉八卦琮式瓶	高13.6cm	91,995	纽约苏富比	2014.09.16
清18世纪 仿官釉袖珍贯耳方壶	高8.8cm	122,700	纽约佳士得	2014.03.20
官窑大碗	高12cm	139,414	香港华洋	2014.06.26
官窑双龙耳扁瓶	高16.6cm	14,400,000	荣盛国际	2014.07.26
官窑水仙盆	长24cm	1,760,000	中信拍卖	2014.07.14
官釉刻字兽耳方瓶	高26cm	5,207,400	中国艺海	2014.11.15
仿哥釉				
元 仿哥窑倭角八方洗	直径11.5cm	575,000	北京翰海	2014.05.11
元/明 哥窑方形印池	长5.4cm	220,467	景薰楼	2014.06.15
元/明 哥釉六角洗	宽14.6cm	734,160	中国嘉德	2014.04.09
元/明 哥窑小洗	直径9.8cm	1,322,500	北京保利	2014.06.05
元/明 哥窑碗	直径7cm	218,500	北京东正	2014.05.18
元末明早期 哥釉大碗	直径22cm	10,350	中国嘉德	2014.03.23
明宣德 仿哥釉葵口折腰小碟	直径8.8cm	517,500	北京诚轩	2014.05.19
明 哥釉弦纹瓶	高19.5cm	32,200	深圳市拍	2014.01.05
明 哥釉双鱼耳炉	宽15cm	172,500	北京保利	2014.06.06
明 哥釉三足炉	宽11cm	690,000	北京保利	2014.06.05
明 哥釉花口碗	直径11.6cm	39,375	中鸿信	2014.11.22
明 哥窑瓶	高14cm	931,020	佳士得	2014.11.26
明 哥窑笔舔	长12cm	161,000	远方拍卖	2014.06.02
明 哥窑六方花口洗	直径7.7cm	287,500	北京匡时	2014.12.03
明 仿哥釉小抱月瓶	高16.5cm	36,800	中国嘉德	2014.03.23
明 仿哥窑花口盘	直径16.5cm	46,669	保利香港	2014.10.07
明 仿哥窑大琮式瓶	高40.5cm	385,000	中信拍卖	2014.07.14
清早期 仿哥釉罗汉坐像	高28cm	172,500	中国嘉德	2014.05.18
清康熙/雍正 仿哥釉三足炉	直径13.4cm	61,350	纽约佳士得	2014.03.20
清雍正 米色哥釉双桥耳小炉	高7.5cm	99,935	保利香港	2014.04.07
清雍正 黄哥釉蚰耳炉	长16cm	11,500	中国嘉德	2014.06.21
清雍正 黄哥釉筒式炉	直径9.3cm	66,700	中国嘉德	2014.09.21
清雍正 哥釉双系兽耳扁瓶	高24cm	161,000	北京翰海	2014.05.11
清雍正 哥釉三足炉	直径7cm	17,250	北京保利	2014.04.26
清雍正 仿哥釉弦纹瓶	高18.5cm	3,335,000	保利厦门	2014.11.01
清雍正 仿哥釉太白罐	高33cm	28,750	北京保利	2014.10.25
清雍正 仿哥釉水盂	直径5.5cm	34,500	北京保利	2014.10.25
清雍正 仿哥釉双牺耳汉壶尊	高46cm	989,000	北京中汉	2014.11.21

拍品名称	物品尺寸	成交价RMB	拍卖公司	拍卖日期
清雍正 仿哥釉双龙耳大瓶	高37cm	46,000	北京保利	2014.10.25
清雍正 仿哥釉双耳尊	高15.5cm	597,400	北京中联	2014.09.09
清雍正 仿哥釉双耳抱月瓶	高52cm	4,008,120	佳士得	2014.11.26
清雍正 仿哥釉镂空器座	直径23cm	207,000	保利厦门	2014.11.02
清雍正 仿哥釉贯耳瓶	高27cm	395,400	伦敦邦瀚斯	2014.05.15
清雍正 仿哥釉葫芦瓶	高13.5cm	57,500	北京匡时	2014.12.03
清雍正 哥釉双耳炉	宽13cm	57,500	北京保利	2014.12.04
清雍正/乾隆 仿哥釉双耳炉	直径12.5cm	161,000	北京中汉	2014.05.17
清乾隆 御窑仿哥釉汉壶尊	高32.7cm	8,050,000	北京东正	2014.11.20
清乾隆 绿哥釉蚰耳炉	长13.5cm	40,250	中国嘉德	2014.03.23
清乾隆 官窑仿哥釉杏圆贯耳瓶	高31cm	1,012,000	北京东正	2014.05.18
清乾隆 官窑仿哥釉穿带琮式瓶	高29.5cm	2,127,500	北京东正	2014.05.18
清乾隆 哥釉铺首海棠形扁瓶	高21cm	28,750	太平洋	2014.09.19
清乾隆 哥釉开片洗口瓶	高39cm	63,250	广州皇玛	2014.04.27
清乾隆 哥釉开片太白尊	高35cm	32,200	广州皇玛	2014.04.27
清乾隆 哥釉八卦方瓶	高27cm	149,500	北京翰海	2014.05.11
清乾隆 哥窑开片方瓶	高30cm	126,500	广州皇玛	2014.04.27
清乾隆 哥瓷铁锈花瓶	高41cm	28,750	北京翰海	2014.01.12
清乾隆 仿哥釉象耳琮式瓶	高35cm	100,800	天津文物	2014.11.15
清乾隆 仿哥釉铁锈花回纹铺首尊	高24.2cm	17,250	中国嘉德	2014.03.23
清乾隆 仿哥釉双如意耳瓶	高33cm	207,000	北京东正	2014.06.07
清乾隆 仿哥釉双联小笔筒	高8cm	11,500	中国嘉德	2014.03.23
清乾隆 仿哥釉葵口花盆（一对）	直径22.5cm×2	40,250	中国嘉德	2014.09.21
清乾隆 仿哥釉花口碗（一对）	宽11.8cm×2	368,000	北京保利	2014.06.06
清乾隆 仿哥釉贯耳瓶	高31.2cm	517,500	翰风国际	2014.04.30
清乾隆 仿哥釉贯耳瓶	高37cm	46,000	北京保利	2014.08.02
清乾隆 仿哥釉贯耳瓶	高31cm	1,150,000	保利厦门	2014.11.02
清乾隆 仿哥釉贯耳橄榄瓶	高32.9cm	1,437,500	苏州东方	2014.10.30
清乾隆 仿哥釉贯耳穿带瓶	高12.8cm	17,250	北京中汉	2014.09.22
清乾隆 仿哥釉贯耳穿带方瓶	高49.5cm	7,820,000	保利厦门	2014.11.01
清乾隆 仿哥釉琮式瓶	高29.8cm	1,036,849	伦敦佳士得	2014.11.07
清乾隆 仿哥釉朝天耳炉	直径10.8cm	36,800	中国嘉德	2014.09.21
清乾隆 仿哥釉缠枝莲纹炉	直径22.7cm	396,880	伦敦苏富比	2014.11.05
清乾隆 仿哥釉荸荠瓶	高26.6cm	43,700	北京中汉	2014.04.16
清乾隆 仿哥釉八卦纹琮式瓶	高28.9cm	1,418,168	伦敦邦瀚斯	2014.05.15
清乾隆 仿哥釉八卦纹琮式瓶	高28.5cm	679,657	伦敦苏富比	2014.11.05
清乾隆 仿哥釉案缸	直径21cm；高14cm	920,000	保利厦门	2014.11.02
清乾隆 仿哥窑螭龙纹天球瓶	高38.5cm	69,000	北京翰海	2014.05.11
清嘉庆 仿哥釉杏圆贯耳瓶	高31.5cm	210,880	伦敦邦瀚斯	2014.05.15
清嘉庆 仿哥釉天圆地方琮式瓶	高29cm	287,500	翰风国际	2014.04.30
清嘉庆 仿哥釉八卦纹琮式瓶	高29cm	207,000	西泠拍卖	2014.12.13
清中期 仿哥釉羽殇杯（四件）	长12.5cm	66,700	北京保利	2014.12.05
清中期 哥釉铁锈花双耳瓶	高57cm	34,500	北京保利	2014.04.26
清中期 哥窑荷叶水洗	长15.5cm	36,800	西泠拍卖	2014.05.06
清中期 仿哥釉小口尊 小贯耳瓶各一件	高14.8cm；高10.6cm	28,750	中国嘉德	2014.09.21
清中期 仿哥釉文房用瓷（一组三件）	尺寸不一	126,500	北京诚轩	2014.05.19
清中期 仿哥釉双耳炉	直径9.5cm	23,000	北京中汉	2014.11.21
清中期 哥釉荷叶形洗	长16.5cm	69,000	西泠拍卖	2014.12.13
清道光 蓝哥釉琮式瓶	高28.7cm	11,500	中国嘉德	2014.09.21
清道光 仿哥釉贯耳瓶	高30.6cm	616,000	天津文物	2014.11.15
清道光 仿哥釉八卦纹琮式瓶	高28cm	461,300	伦敦邦瀚斯	2014.05.15
清道光 仿哥釉八方瓶	高33.2cm	632,500	中国嘉德	2014.09.21
清同治 仿哥釉贯耳琮式瓶	高37.5cm	149,500	华艺国际	2014.05.31
清19世纪 仿哥釉双贯耳瓶	高20cm	33,768	香港拍得高	2014.05.27
清18世纪/19世纪 仿哥釉古铜纹水丞	直径14cm	76,688	纽约佳士得	2014.03.20
清18世纪 仿哥釉洗	直径11.1cm	52,720	伦敦邦瀚斯	2014.05.15
清18世纪 仿哥釉双贯耳瓶	高21cm	104,520	香港拍得高	2014.05.27
清18世纪 仿哥釉双耳三足炉	口径17cm	44,381	宝港国际	2014.05.27
清光绪 哥釉双耳三足炉	高17cm	63,250	北京保利	2014.10.25
清光绪 哥釉铭文贯耳瓶	高31cm	36,800	北京保利	2014.04.26
清 浆胎仿哥釉八卦纹小琮式瓶	高13.6cm	13,800	中国嘉德	2014.09.21
清 哥釉折沿盘	直径20.5cm	25,300	北京保利	2014.04.26

拍品名称	物品尺寸	成交价RMB	拍卖公司	拍卖日期
清 哥釉双耳蒜头瓶	高22cm	14,950	北京保利	2014.10.25
清 哥釉方瓶	高33cm	20,700	北京保利	2014.10.25
清 哥窑风字瓷砚	10cm×6.7cm	28,750	西泠拍卖	2014.05.06
清 哥瓷太白尊（两件）	高49cm	23,000	北京翰海	2014.04.13
清 哥瓷琮式瓶	高22.5cm	23,000	北京翰海	2014.04.13
清 哥瓷笔洗	直径17cm	18,400	北京翰海	2014.01.12
清 哥瓷八破花口碗（两件）	直径14.5cm×2	17,250	北京翰海	2014.11.23
清 仿哥釉双龙耳长颈瓶	高24.5cm	1,725,000	浙江世贸	2014.07.27
清 仿哥釉帽筒（一对）	高25.5cm×2	11,500	中国嘉德	2014.09.21
清 仿哥釉花觚	高22.5cm	92,000	中国嘉德	2014.11.20
清 仿哥釉缸	直径30.5cm	11,500	中国嘉德	2014.03.23
清 仿哥釉琮式瓶	高21cm	11,500	北京保利	2014.04.26
清 仿哥釉朝天耳炉	直径17.5cm	13,800	中国嘉德	2014.03.23
清 仿哥釉朝冠耳炉	高29cm	11,500	中国嘉德	2014.09.21
清 仿哥釉杯 荷叶洗各一件	直径12cm；直径8cm	17,250	中国嘉德	2014.09.21
清 仿哥釉八卦琮式壁瓶	高28.5cm	17,250	太平洋	2014.09.19
清 仿哥釉八方贯耳瓶	高31cm	448,000	成都金沙	2014.11.16
清 仿哥窑纸槌瓶（带座）	高23.5cm	31,640	广东省拍	2014.06.22
清 仿哥窑窑双耳瓶	高26.5cm	32,200	香港富得	2014.07.25
清 仿哥窑三足香炉	直径12cm	41,400	南京经典	2014.01.06
清 仿哥窑瓶	高14cm	46,000	南京经典	2014.01.06
清 仿哥窑瓶	高17cm	46,000	南京经典	2014.04.27
清 仿哥窑戟耳炉	高8.5cm	175,150	江苏爱涛	2014.07.05
民国 黄哥釉水洗 豇豆红水盂	直径24cm；直径10cm	17,250	北京保利	2014.08.02
毛丹阳 哥窑弟窑天地尊	高27.5cm	80,500	中国嘉德	2014.05.20
金逸瑞 哥窑兽首双环瓶	高14.8cm	46,000	北京匡时	2014.06.03
哥釉六棱胆瓶	高14.8cm	267,800	北京中联	2014.09.09
哥窑纸槌瓶	高20cm	13,941,360	香港华洋	2014.06.26
哥窑双耳瓶	高17cm	8,800,000	荣盛国际	2014.07.26
哥窑双耳炉	口径12.5cm	6,600,000	荣盛国际	2014.07.26
哥窑三羊开泰尊	通高32.8cm	9,600,000	荣盛国际	2014.07.26
哥窑葵口盘	高4cm	1,672,963	香港华洋	2014.06.26
当代 哥窑金丝球形瓶	直径26cm	45,200	广东省拍	2014.06.22
当代 哥窑金丝瓶一花之约	直径21cm	62,150	广东省拍	2014.06.22
当代 金逸瑞 哥窑觚式尊	高26.6cm	97,750	北京匡时	2014.12.02
仿汝釉				
清雍正 御窑仿汝釉弦纹贯耳瓶	高26.8cm	5,635,000	北京东正	2014.05.18
清雍正 仿汝釉尊	直径14.5cm	917,700	中国嘉德	2014.04.09
清雍正 仿汝釉六方长颈瓶	高66.4cm	2,415,000	中国嘉德	2014.11.20
清雍正 仿汝釉六方盆	高26cm	189,750	远方拍卖	2014.06.02
清雍正 仿汝釉大盘	直径45.7cm	76,688	纽约佳士得	2014.03.20
清雍正 仿汝釉官窑	高32.8cm	4,485,000	北京匡时	2014.12.03
清雍正 仿汝釉小天球瓶	高8.8cm	517,500	北京匡时	2014.12.03
清乾隆 官窑仿汝釉八方灯笼瓶	高32.6cm	1,092,500	北京东正	2014.11.20
清乾隆 仿汝釉鱼篓尊	高29.8cm	19,550,000	北京翰海	2014.05.11
清乾隆 仿汝釉小水仙盆	长15.8cm	632,500	北京保利	2014.06.04
清乾隆 仿汝釉弦纹尊	高42.7cm	78,400	天津文物	2014.11.15
清乾隆 仿汝釉桃式洗	长25.1cm	1,548,400	香港苏富比	2014.04.08
清乾隆 仿汝釉双耳三足鱼篓尊	宽25cm	10,915,800	中国嘉德	2014.10.07
清乾隆 仿汝釉双耳瓶	高30.3cm	184,000	北京中汉	2014.05.17
清乾隆 仿汝釉双耳瓶	高29cm	161,000	中国嘉德	2014.05.18
清乾隆 仿汝釉三羊纹尊	高34.3cm	9,430,000	北京华辰	2014.04.27
清乾隆 仿汝釉花觚	高27.2cm	3,596,725	伦敦苏富比	2014.11.05
清乾隆 仿汝釉贯耳瓶	高14.8cm	690,000	北京翰海	2014.10.25
清乾隆 仿汝釉贯耳六方壶	高47.5cm	2,879,240	香港苏富比	2014.10.08
清乾隆 仿汝釉耳杯	直径11.5cm	322,465	伦敦苏富比	2014.11.05
清乾隆 仿汝釉出戟犠耳尊	高26.5cm	17,825,000	北京盈时	2014.05.31
清乾隆 仿汝釉苍龙教子纹尊	高25cm	474,600	广东省拍	2014.06.22
清乾隆 仿汝釉八卦纹琮式瓶	高28.7cm	917,785	伦敦苏富比	2014.11.05
清乾隆 仿汝釉八方瓶	高33.5cm	448,000	北京荣宝	2014.06.15
清乾隆 仿汝釉八方壶	33cm	1,418,168	伦敦苏富比	2014.05.14
清乾隆 仿汝窑青瓷香炉	直径10cm	51,750	南京经典	2014.04.27
清乾隆 仿汝釉贯耳小瓶	高14.5cm	230,000	北京保利	2014.12.05
清乾隆 仿汝釉花觚	高26.5cm	3,967,500	上海道明	2014.12.11
清乾隆 仿汝釉桃式洗	长24.7cm	2,070,000	上海道明	2014.12.11
清嘉庆 仿汝釉八方瓶	高32.5cm	805,000	北京翰海	2014.10.26

拍品名称	物品尺寸	成交价RMB	拍卖公司	拍卖日期
清道光 仿汝釉八方瓶	33.7cm	448,000	天津文物	2014.05.16
清光绪 仿汝窑八卦纹琮式瓶	高28cm	126,500	中宝拍卖	2014.07.06
清光绪 仿汝釉八卦琮式瓶	高27.7cm	241,500	北京保利	2014.12.05
清 仿汝釉小花觚（一对）	高11.1cm×2	28,750	上海道明	2014.03.27
清 仿汝窑水洗	高22cm 口径13cm	40,250	西泠拍卖	2014.05.06
清 仿汝窑梅瓶	高18cm	21,850	北京保利	2014.08.02
仿汝釉琮式壁瓶	高29cm	254,380	香港拍得高	2014.03.30
20世纪60年代 仿雍正仿汝弦纹瓶	高16.5cm	322,000	景德镇华艺	2014.05.25
晓芳窑仿汝釉茶具（一组三件）	尺寸不一	28,750	北京匡时	2014.06.05
仿钧釉				
明 广钧窑茶盏	直径11cm	80,500	北京保利	2014.06.06
明 钧窑镂雕贴花座	高15.5cm	249,234	纽约苏富比	2014.03.18
明 钧窑玫瑰紫花盆	直径21cm	253,000	北京翰海	2014.10.25
明 钧窑玫瑰紫水仙盆	长22cm	55,200	北京保利	2014.08.02
明 钧窑双耳瓶	高21cm	13,800	北京保利	2014.10.25
明 钧窑小杯	直径57cm	28,750	北京中汉	2014.11.21
明 钧窑尊	高20cm	13,800	北京保利	2014.10.25
明 清 仿钧釉葵口三足洗	直径166cm	161,000	北京中汉	2014.11.21
明或更早 钧窑天蓝釉盘	直径14.3cm	57,500	保利厦门	2014.11.02
明宣德 仿钧窑玫瑰紫釉茶钟	直径10.2cm	3,345,360	佳士得	2014.11.26
明以前钧窑钵式茶盏（一组四件）	口径10.2cm	460,000	西泠拍卖	2014.05.06
明以前 钧窑天蓝釉盘	直径17.3cm	161,000	西泠拍卖	2014.05.06
明以前 钧窑月白釉碟	口径14.7cm	103,500	西泠拍卖	2014.05.06
明早期 钧窑月白釉鼓钉洗	直径19.7cm	494,500	北京中汉	2014.04.16
明初期 钧窑仰钟式花盆	高20cm	2,875,000	北京匡时	2014.12.03
明以前 钧窑天蓝釉红斑双系罐	高7.2cm	74,750	西泠拍卖	2014.12.13
清早期 红钧釉天球瓶	长37cm；宽22cm	30,947	中信国际	2014.05.18
清雍正 仿钧红釉瓜棱象耳盘口瓶	高36.2cm	230,000	苏州东方	2014.05.30
清雍正 钧釉文房山子	高56cm	13,800	中鸿信	2014.11.22
清中期 仿钧釉鼓钉洗	直径27cm	168,000	北京荣宝	2014.11.30
清 仿钧釉连座小瓶 仿哥釉杯各一件	高11cm	11,500	中国嘉德	2014.03.23
清 钧釉灯座（一对）	高42cm×2	51,750	北京盘古	2014.06.25
民国 仿钧釉小瓶（一对）	高17cm×2	51,750	北京中汉	2014.11.21
钧瓷荷口瓶（一组八件）	高14.5cm	3,680,000	河南日信	2014.06.01
钧瓷虎头瓶（一组八件）	高16cm	3,795,000	河南日信	2014.06.01
钧窑虎头益寿古玉春瓶（四十件）	高26.5cm	23,115,000	澳门中信	2014.06.08
刘志军 鼓钉洗	高度9cm；口径25cm；足径17.5cm；重量1.9kg	23,000	北京盘古	2014.06.25
仿铜釉				
清乾隆 仿古铜釉出戟尊	高20.5cm	181,930	中国嘉德	2014.10.07
清乾隆 官窑仿古铜釉三足香炉	直径8.7cm	437,000	北京东正	2014.11.20
清乾隆 仿铜釉香炉	长13.5cm	40,250	北京东正	2014.06.07
清乾隆 古铜彩螭龙纹方杯	高7.5cm	92,000	中国嘉德	2014.05.18
清中期 仿古铜釉缠枝莲纹象耳尊	高51cm	127,351	中国嘉德	2014.10.07
清光绪 仿古铜釉雕瓷兽面纹贯耳尊	高20.1cm	32,200	中国嘉德	2014.09.21
清 仿古铜兽面纹牺耳尊	高46.3cm	31,050	北京中汉	2014.09.22
仿木釉				
清雍正 仿木纹釉提桶	37.2cm×22cm	1,725,000	上海嘉泰	2014.06.19
清乾隆 官窑仿黄花梨木纹釉桶	高22.5cm	2,070,000	北京东正	2014.11.20
清乾隆 仿木釉诗文杯托（一组）	直径11cm	20,700	北京保利	2014.10.25
清乾隆 仿木纹釉折沿碗	直径12.6cm	59,800	中国嘉德	2014.05.18
清乾隆 仿木纹釉水洗	直径11.5cm	25,300	北京翰海	2014.08.24
清嘉庆 仿木釉桶（一对）	直径17cm×2	57,500	北京保利	2014.10.25
清中期 仿木纹釉三友图腕枕	14.2cm×2.5cm	43,700	上海嘉泰	2014.06.19
清 仿木釉碗	直径13cm	10,350	北京保利	2014.10.25
清 仿木釉诗文笔筒	高10cm	11,500	北京保利	2014.01.11
仿石釉				
清乾隆 仿石纹釉折沿题诗碗	直径20.5cm	92,000	北京保利	2014.06.06
清乾隆 仿石纹釉笔筒	高6.4cm	46,000	上海道明	2014.03.27
清乾隆 豆青仿石纹釉笔筒	高10.7cm	57,500	上海道明	2014.03.27

2014瓷器拍卖成交汇总

(成交价RMB：1万元以上)

拍品名称	物品尺寸	成交价RMB	拍卖公司	拍卖日期
清乾隆 仿石釉开光山水笔筒	高9.5cm	218,500	西泠拍卖	2014.12.13
清 仿石釉开光诗文印盒	长7cm	63,250	北京翰海	2014.04.13
清 仿石纹釉御题诗文洗	直径13.5cm	60,950	中鸿信	2014.11.22
民国 石纹釉长方盆	长24cm	86,250	远方拍卖	2014.06.02
民国 仿石釉笔筒	高15cm	20,700	北京翰海	2014.01.12
茄皮紫釉				
清早期 茄皮紫釉大罐	高40cm	10,350	中国嘉德	2014.06.21
清康熙 茄皮紫釉牺耳罐	高27cm	59,800	北京中汉	2014.09.22
清康熙 茄皮紫釉碗（一对）	直径124cm×2	264,500	北京中汉	2014.11.21
清康熙 茄皮紫釉斗笠碗（一对）	直径20.5cm×2	43,700	北京保利	2014.08.02
清康熙 茄皮紫釉暗刻龙纹盘	直径25.3cm	287,500	保利厦门	2014.11.02
清康熙 茄皮紫釉暗刻花卉纹盆	长25.7cm	115,000	北京东正	2014.05.18
清康熙 茄皮紫凤尾尊	高41cm	230,000	广州皇玛	2014.01.02
清雍正 茄皮紫釉刻八吉祥小盘（一对）	直径11.3cm×2	543,125	香港苏富比	2014.04.08
清雍正 茄皮紫釉刻八吉祥小盘（一对）	直径11.5cm×2	276,850	香港苏富比	2014.10.08
清雍正 茄皮紫釉暗刻龙纹碗	直径10.5cm	2,154,720	佳士得	2014.05.28
清雍正 茄皮紫三孔花插	直径7.5cm	575,000	雍和嘉诚	2014.05.31
清雍正 茄皮紫釉刻八吉祥纹盘（一对）	直径11.3cm	460,000	北京保利	2014.12.05
清乾隆 茄皮紫釉弦纹蒜头瓶（一对）	高24.5cm×2	8,510,000	北京保利	2014.06.04
清乾隆 茄皮紫釉桃形倒流壶	高15.9cm	13,800	中国嘉德	2014.03.23
清乾隆 茄皮紫釉盘口瓶	高31.3cm	34,500	北京中汉	2014.09.22
清乾隆 茄皮紫釉爵形杯	高12.5cm	1,092,500	江苏爱涛	2014.07.05
清乾隆 茄皮紫釉爵杯	高12.5cm	805,000	保利厦门	2014.11.02
清乾隆 茄皮紫天球瓶	高32cm	34,500	广州皇玛	2014.01.02
清乾隆 茄皮紫瓜棱形贯耳瓶	高27.3cm	80,500	苏州东方	2014.05.30
清乾隆 茄皮紫胆式瓶	高15.7cm	57,500	苏州东方	2014.05.30
清嘉庆 绿地茄皮紫釉龙纹碗	直径11cm	138,000	八益拍卖	2014.10.25
清中期 茄皮紫釉双兽耳炉	直径22.7cm	10,350	北京中汉	2014.11.21
清光绪 茄皮紫釉暗刻云龙纹碗（两件）	直径15.3cm	161,000	北京翰海	2014.05.11
清道光 茄皮紫釉暗刻龙纹碗	直径15.5cm	115,000	北京华辰	2014.05.17
清18世纪/19世纪 白地茄皮紫孔雀蓝釉菩萨跪像	高29.8cm	115,031	纽约佳士得	2014.03.20
茶叶末釉				
宋 建窑茶叶末釉盏	直径9.5cm	33,900	广东省拍	2014.06.22
元 王世襄藏、赠韵荪茶叶末釉大罐	高58cm	34,500	北京保利	2014.06.05
清中期 茶叶末釉小贯耳瓶	高10.3cm	32,200	北京保利	2014.06.06
清中期 茶叶末铺首双耳瓶	高25cm	41,400	广州皇玛	2014.01.02
清雍正 茶叶末釉兽面四足水仙盆	直径23.5cm	575,000	中国嘉德	2014.11.20
清雍正 茶叶末釉梅瓶	高29cm	5,338,560	佳士得	2014.05.28
清雍正 茶叶末釉灯笼瓶	高27.3cm	4,107,000	北京华辰	2014.04.27
清雍正 茶叶末釉案缸	高19.9cm	3,565,000	北京华辰	2014.04.27
清咸丰 鳝黄釉荸荠瓶	高34cm	747,500	广州皇玛	2014.01.02
清咸丰 茶叶末釉荸荠瓶	高33cm	437,000	苏州东方	2014.10.30
清同治 茶叶末釉盘螭龙扁瓶	高16.8cm	57,500	太平洋	2014.06.25
清乾隆 鳝鱼青釉扁瓶	高32.9cm	920,000	北京翰海	2014.05.11
清乾隆 官窑茶叶末釉杏圆贯耳瓶	高35cm	2,300,000	北京东正	2014.05.18
清乾隆 官窑茶叶末釉鸠耳尊	高19.5cm	2,530,000	北京东正	2014.11.20
清乾隆 官窑茶叶末釉荸荠瓶	高32.5cm	977,500	北京东正	2014.11.20
清乾隆 茶叶末直颈瓶	高19cm	1,955,000	北京保利	2014.06.04
清乾隆 茶叶末釉壮罐（一对）	高30cm×2	276,000	苏州东方	2014.10.30
清乾隆 茶叶末釉纸槌瓶	高19.5cm	943,000	八益拍卖	2014.10.24
清乾隆 茶叶末釉长颈瓶	高33cm	395,400	伦敦邦瀚斯	2014.05.15
清乾隆 茶叶末釉长方倭角四足炉	长22.5cm	690,000	北京翰海	2014.10.26
清乾隆 茶叶末釉羊首尊	高26.2cm	3,680,000	北京匡时	2014.06.04
清乾隆 茶叶末釉小梅瓶	高16.3cm	94,300	北京中汉	2014.09.22
清乾隆 茶叶末釉香炉	宽11.6cm	172,500	北京保利	2014.06.06
清乾隆 茶叶末釉天球瓶	高12.2cm	598,000	北京华辰	2014.04.27
清乾隆 茶叶末釉双耳葫芦瓶	高26.5cm	1,495,000	北京保利	2014.06.04
清乾隆 茶叶末釉绶带葫芦瓶	高34cm	920,000	中宝拍卖	2014.07.06
清乾隆 茶叶末釉三兽足香炉	高22.5cm	69,000	北京华辰	2014.05.17
清乾隆 茶叶末釉模印卷草纹贯耳瓶	高30.2cm	63,250	北京中汉	2014.04.16

拍品名称	物品尺寸	成交价RMB	拍卖公司	拍卖日期
清乾隆 茶叶末釉阔口瓶	口径13.6cm	1,360,520	香港苏富比	2014.10.08
清乾隆 茶叶末釉花觚	高20cm	2,070,000	八益拍卖	2014.10.24
清乾隆 茶叶末釉海棠形水仙盆	长23cm	161,000	北京中汉	2014.11.21
清乾隆 茶叶末釉贯耳瓶	高35cm	138,000	苏州东方	2014.05.30
清乾隆 茶叶末釉贯耳瓶	高31cm	1,437,500	保利厦门	2014.11.02
清乾隆 茶叶末釉出戟花觚	高20cm	63,250	上海道明	2014.03.27
清乾隆 茶叶末釉扁瓶	高32.7cm	690,000	北京翰海	2014.05.11
清乾隆 茶叶末釉荸荠瓶	高33.5cm	1,725,000	北京盈时	2014.05.31
清乾隆 茶叶末釉荸荠瓶	高27cm	1,380,000	北京传是	2014.06.05
清乾隆 茶叶末釉荸荠瓶	高215cm	1,189,920	佳士得	2014.05.28
清乾隆 茶叶末釉荸荠瓶	高32.8cm	884,800	香港苏富比	2014.04.08
清乾隆 茶叶末釉荸荠瓶	高32.7cm	460,000	苏州东方	2014.05.30
清乾隆 茶叶末釉荸荠瓶	高23cm	345,000	苏州东方	2014.05.30
清乾隆 茶叶末釉荸荠瓶	高32.3cm	540,500	苏州东方	2014.10.30
清乾隆 茶叶末釉荸荠扁瓶	高33cm	560,000	天津文物	2014.05.16
清乾隆 茶叶末釉鸠耳尊	高19.5cm	3,680,000	北京保利	2014.12.03
清乾隆 茶叶末釉如意耳葫芦瓶	高26cm	402,500	北京保利	2014.12.05
清乾隆 茶叶末釉绶带耳葫芦瓶	高25.5cm	575,000	西泠拍卖	2014.12.13
清乾隆 茶叶末釉弦纹瓶	高27cm	126,500	西泠拍卖	2014.12.13
清乾隆 蟹甲青釉荸荠瓶	高26.5cm	1,265,000	北京保利	2014.06.04
清乾隆 蟹甲青釉荸荠瓶	高33cm	345,000	北京中汉	2014.11.21
清道光 鳝鱼黄釉绶带葫芦瓶	高26cm	782,000	翰风国际	2014.04.30
清道光 鳝鱼黄釉葫芦形笔洗	长9.5cm	287,500	北京盈时	2014.05.31
清道光 茶叶末釉洗	直径26.5cm	137,655	中国嘉德	2014.04.09
清道光 茶叶末釉盆	直径25.3cm	105,440	伦敦苏富比	2014.05.14
清道光 茶叶末釉仿青铜壶	高30.5cm	920,000	西泠拍卖	2014.12.13
清光绪 鳝鱼黄釉扁瓶	高31cm	57,500	北京翰海	2014.05.11
清光绪 鳝鱼黄釉扁瓶	高33cm	184,000	北京翰海	2014.10.26
清光绪 鳝鱼黄釉荸荠扁瓶	高32.2cm	224,000	天津文物	2014.11.15
清光绪 茶叶末釉杏圆贯耳瓶	高31.5cm	89,600	北京荣宝	2014.03.23
清光绪 茶叶末釉赏瓶	高38.6cm	55,200	中国嘉德	2014.03.23
清光绪 茶叶末釉贯耳方瓶	高30cm	69,000	北京保利	2014.06.06
清光绪 茶叶末釉荸荠瓶	高32cm	207,000	中国嘉德	2014.05.18
清光绪 茶叶末釉荸荠瓶	高34cm	195,500	北京保利	2014.04.26
清光绪 茶叶末釉荸荠瓶	高32.6cm	149,500	北京中汉	2014.05.17
清光绪 茶叶末釉荸荠瓶	高33cm	145,600	北京荣宝	2014.06.15
清光绪 茶叶末釉荸荠瓶	高36.5cm	97,750	北京诚轩	2014.05.19
清光绪 茶叶末釉荸荠瓶	高33cm	184,000	北京翰海	2014.10.25
清光绪 茶叶末釉荸荠瓶	高32.5cm	92,000	中国嘉德	2014.09.21
清光绪 茶叶末釉荸荠瓶	高327cm	36,800	北京中汉	2014.11.21
清光绪 茶叶末釉荸荠扁瓶	高32.4cm	280,000	天津文物	2014.05.16
清光绪 茶叶末孛荠瓶	高32.7cm	172,500	翰风国际	2014.04.30
清 鳝鱼青笔洗	直径25cm	28,750	北京翰海	2014.01.12
清 鳝鱼黄笔洗	直径20cm	13,800	北京翰海	2014.01.12
清 茶叶末釉杯（两件）	直径8.5cm×2	10,350	北京保利	2014.08.02
清 茶叶末贯耳尊	高21cm	10,350	北京翰海	2014.11.23
民国 茶叶末雕瓷福寿瓶	高42cm	23,000	北京保利	2014.04.26
茶叶末釉菊瓣碟	口径9cm	6,820,000	中信拍卖	2014.07.14
茶叶末釉荸荠瓶	高32.5cm	739,680	澳门中信	2014.06.08
茶叶末釉蒜头瓶	高26cm	1,301,850	中国艺海	11/15/2014
6. 反瓷				
南宋 素胎瓷塑人物坐像		187,863	邦瀚斯	2014.10.09
宋 罗汉人物塑像	高27cm	3,192,000	安徽艺海	2014.04.30
元 素瓷罗汉造像	高51cm	93,936	台湾世家	2014.04.13
清乾隆 浆胎仿定窑划花盖盒	直径78cm	71,300	北京中汉	2014.11.21
清 反瓷镂空云鹤开光人物笔筒	高16.5cm	92,000	北京翰海	2014.08.24
清 反瓷雕云龙纹笔筒	高14.7cm	13,800	中国嘉德	2014.06.21
清晚期 素胎雕瓷花鸟瓷板（一组九件）	尺寸不一	20,700	北京保利	2014.08.02
清晚期 反瓷雕“群仙会”龙舟摆件	高21.7cm	63,250	中国嘉德	2014.03.23
民国 雕瓷人物帽筒（四件）	尺寸不一	19,550	北京保利	2014.08.02
民国 雕瓷人物帽筒（四件）	尺寸不一	25,300	北京保利	2014.08.02
浆胎白釉刻兰花纹茶壶	宽9.9cm	26,360	伦敦邦瀚斯	2014.05.15
谢集贤 高浮雕缕空青山人家笔筒	高13cm	40,250	中国嘉德	2014.11.22